ANTOLOGÍA DE

AUTORES ESPAÑOLES

ANTIGUOS Y MODERNOS

2 Modernos

ANTOLOGÍA DE
AUTORES

FERNANDO IBARRA
UNIVERSITY OF FLORIDA

ALBERTO MACHADO DA ROSA
UNIVERSITY OF CALIFORNIA, LOS ANGELES

ESPAÑOLES

ANTIGUOS Y MODERNOS

2 MODERNOS

PRENTICE HALL, Englewood Cliffs, New Jersey 07632

Library of Congress Catalog Card Number: 72-75354

Printed in the United States of America
14 15 16

ISBN 0-13-387085-5

Prentice-Hall International (UK) Limited, London
Prentice-Hall of Australia Pty. Limited, Sydney
Prentice-Hall Canada Inc., Toronto
Prentice-Hall Hispanoamericana, S.A., Mexico
Prentice-Hall of India Private Limited, New Delhi
Prentice-Hall of Japan, Inc., Tokyo
Pearson Education Asia Pte. Ltd., Singapore
Editoria Prentice-Hall do Brasil, Ltda., Rio De Janeiro

Acknowledgements

THE METROPOLITAN MUSEUM OF ART:

Fotografías en páginas 20, 242, 261: Tejido, España (Mallorca), siglos 18–19. The Metropolitan Museum of Art. Comprado con el Rogers Fund, 1926.

Fotografías en páginas 37, 67, 123, 189, 309: Figuras de ajedrez. España, siglos 18–19. The Metropolitan Museum of Art. Regalo de Gustavus A. Pfeiffer, 1948.

Fotografía en página 137: *Corona para la Virgen,* plata y piedras preciosas. Portugal, siglo 18. The Metropolitan Museum of Art. Comprado en 1912, Rogers Fund.

Fotografía en página 269: Estandarte con el escudo de armas de España. España, siglo 18. The Metropolitan Museum of Art, Rogers Fund, 1911.

THE ART INSTITUTE OF CHICAGO:

Fotografía en página 129: Velázquez, Diego Rodríguez de Silva, Español (1599–1660). Detalle del cuadro *La criada.* The Art Institute of Chicago, Robert A. Walker Collection.

THE MUSEUM OF MODERN ART:

Fotografía en página 359: Picasso, Pablo. Español (1881–   ). *Cabeza,* 1940. Collection, The Museum of Modern Art, New York. Regalo del Sr. y la Sra. Gordon Bunshaft.

UNITED PRESS PHOTO:

Fotografía en página 409: Picasso, Pablo. Español (1881–   ). *Jarras.* United Press Photo.

Fotografía en página 434: Picasso, Pablo. Español (1881–   ). *Cuarta dimensión.* United Press Photo.

Fotografía en página 438: El pintor Pablo Picasso con su hijo Claude, 1955. United Press Photo.

Índice

Al lector

Los autores de esta Antología han tenido presente en todo momento un claro y preciso objetivo: ayudar al estudiante de Lengua y Literatura Española a entender y gozar el valor lingüístico y el contenido literario de los textos aquí seleccionados. De ordinario, los cursos de *survey* o de introducción a la Literatura Española en general son el primer contacto que el estudiante tiene con el tesoro literario del mundo hispano. Pero los autores también han pensado en los maestros. Muchos de los profesores de Literatura Española son hombres dedicados a sus propias investigaciones literarias en campos especializados de la crítica y de la historia de la literatura. Aunque quisieran no tendrían tiempo para preparar una serie bien escogidà y organizada de lecturas de textos literarios. Los autores de esta Antología, pensado en ellos, han procurado poner en manos de sus colegas el material necesario para sus cursos básicos de Literatura Española. Por esta razón la abundancia de material es excepcionalmente abundante en ambos volúmenes. La riqueza literaria de la lengua española es inmensa ya desde sus orígenes con obras de valor universal y extraordinario.

La abundancia de material aquí ofrecido obedece a dos razones. La primera es que el valor literario de muchos textos exige su inclusión en la Antología. Con frecuencia los profesores se llevan una pequeña desilusión cuando no encuentran en una Antología de literatura textos que ellos consideran importantes por sí mismos y útiles a los estudiantes. Segundo, dada la imposibilidad de satisfacer todas las necesidades particulares y los gustos individuales de los posibles lectores, los autores consideran que lo más práctico y factible es proporcionar material suficientemente abundante y de calidad para que cada profesor pueda seleccionar sus textos.

En la mayoría de las universidades americanas los cursos generales de Literatura Española se dan en dos semestres o en tres trimestres. Es decir que no es mucho el material literario que los estudiantes pueden leer, analizar y disfrutar estéticamente. El profesor escogerá aquellas partes y textos que sean convenientes y oportunos a las necesidades y objetivos de la clase.

En su afán de ofrecer una obra bien conjuntada y completa, los autores presentan una muestra de todos los autores y estilos, desde los comienzos de la lengua española hasta nuestros días, desde los orígenes mismos de la literatura hasta los autores que hoy están en plena producción. Si los escritores del pasado han superado las exigencias de la crítica y han sido consagrados, no así muchos de los escritores contemporáneos. Sin embargo no se puede menos de incluirlos en una Antología que quiere presentar un panorama lo más completo posible de la actividad literaria española de nuestro tiempo.

Los textos se presentan en general por orden cronológico. La razón de ello es que la mayoría de las historias de la literatura siguen esta ordenación cronológica como más fácil y adecuada. Es evidente que no basta la lectura de una Antología para tener una idea completa o adecuada de la Literatura Española. El alumno necesita familiarizarse intimamente con esa literatura para poder comprender la evolución y transformación de la misma. Para ayudar al estudiante a situar el autor y su época a cada selección le precede una breve introducción biográfica. Así mismo se han intercalado estudios que presentan o introducen las corrientes literarias, las tendencias culturales y los movimientos sociopolíticos que dominan en cada época. Estas introducciones generales y particulares son convenientes para ayudar a relacionar lo social e histórico con lo literario. De una forma u otra las actividades culturales de un pueblo no pueden desarticularse de sus vicisitudes históricas. En el caso de la literatura española esta relación entre el arte y la vida del pueblo es especialmente íntima y vigorosa y visible en todo momento.

La presente Antología no lleva vocabulario especial al final de cada volumen. La razón que ha motivado esta decisión es simplemente el hecho de que en el nivel de español en que se usa esta Antología, segundo o tercer año universitario, los alumnos tienen ya un conocimiento suficientemente amplio de la lengua española, que les permite entender y traducir los textos sin muchas dificultades. Cuando se trata de palabras poco comunes o de expresiones difíciles el alumno encontrará notas aclaratorias al pie de la página. Las notas,—significado de palabras, aclaración de frases, interpretación de modismos y explicaciones históricas— son abundantes y les ayudarán sin duda en su estudio. Estas notas, especialmente interesantes y útiles a los alumnos, representan un minucioso y detallado esfuerzo para facilitar la compresión de los textos. Aun así el estudiante necesita la colaboración del profesor para penetrar el sentido metafórico o simbólico del texto, para percibir la peculiaridad del lenguaje y el alcance de muchas expresiones propias del escritor, de la época o de la sensibilidad española.

Como es bien sabido y experimentado por todos los profesores de español, es imposible hacer una antología que sea *perfecta* y totalmente diferente de las anteriores. No todas las obras de los escritores, ni todas sus páginas tienen el mismo valor literario, ni el mismo interés humano. Por eso es imposible que algunas selecciones no se repitan. Al fin y al cabo el Partenón es

inevitable en un tratado de arquitectura y la Capilla Sixtina en uno de pintura y *El Quijote* en literatura. El mérito y el valor de la presente Antología, cuando repite textos ya usados anteriormente, está en las notas abundantes con que se explican y se aclaran detalles que requieren ayuda. Confiamos que la presente Antología no sea una más de las que disponen los maestros de Literatura Española, sino una nueva y mejor Antología.

Esta obra, en dos volúmenes, ha sido concebida y escrita como una unidad. Las líneas fundamentales de su estructura fueron pensadas y decididas por los tres autores en colaboración. La ejecución material de cada volumen quedó a cargo de las autores cuyos nombres encabezan los volúmenes respectivos.

Antonio Sanchez-Romeralo
Fernando Ibarra
Alberto Machado da Rosa

2 MODERNOS

Arquitectura, España, s. XVI (1506–1515). Arco del patio del Castillo de Los Vélez, Vélez Blanco, Almería. Mármol de Macael (Sierra de Filabres) The Metropolitan Museum of Art. Regalo de George Blumenthal, 1941. Erigido en 1964 con el Ann y George Blumenthal Fund.

Prefacio

Una antología literaria será siempre una obra de carácter forzosamente provisional. Cada época tiene sus gustos. Periódicamente, a veces de generación a generación, asistimos a una revaluación de autores y de obras; y en ese proceso, unos autores suben en el aprecio de las gentes y otros bajan. Y es que en cada época hay algo así como unas necesidades espirituales propias (ideológicas y estéticas) que la gran literatura viene a colmar. Por eso, hasta las obras más grandes y afortunadas, aquéllas que han sido y son siempre gustadas, no siempre gustan por las mismas razones. Ni son siempre las mismas páginas, o los mismos valores, lo que cada generación de lectores va a buscar en ellas.

La antología aquí reunida creemos que es, sobre todo, una antología de nuestro tiempo, una antología pensada y formada teniendo en cuenta la actualidad de sus páginas, su valor e interés para el lector actual, y presentada y comentada teniendo también siempre en cuenta a este lector.

En sus dos volúmenes, se cubren cerca de mil años de historia literaria española. El primer volumen comienza con unas antiquísimas canciones (del siglo XI las más antiguas) y termina en 1700, fecha tradicional divisoria de la historia española, simbolizada por un cambio de dinastía. El segundo volumen se abre en ese mismo año de 1700 y comprende los siglos XVIII, XIX y XX, hasta llegar a nuestros días.

Nuestro criterio ha sido muy selectivo: hemos limitado el número de autores y obras representados, incluyendo sólo a los más auténticamente grandes (o, por una u otra razón, importantes). En vez de incluir a muchos autores escasamente representados, hemos preferido que un número reducido de autores (los escogidos) quedara suficiéntemente dado a conocer en las páginas antologizadas de su obra. La ausencia de algunis nombres importantes se debe—no había otro remedio—a la necesidad de limitar de algún modo la extensión de esta antología. En cuanto a los autores contemporáneos todavía en activo, la selección fue difícil. Los omitidos son muchos (los más) y los escogidos, muy pocos. Los que se incluyen en esta antología aparecen, además de por su valor propio (de todos reconocido y respetado), como representantes de sus respectivas generaciones literarias. Pero del contenido del volumen II de esta antología ya se habla en aquel volumen.

Señalemos ahora, en este prefacio, algunos aspectos que se refieren a este volumen I y que ayudarán a comprender su orientación ye el criterio seguido para formarlo.

Siempre que la estructura de la obra lo permitió, reprodujimos la obra entera y sin cortes (*Lazarillo de Tormes, Égloga I* de Garcilaso), o se seleccionaron unidades autónomas dentro de una obra (un *milagro* de Berceo, un cuento de *El conde Lucanor*). Cuando esto era imposible (*La Celestina, Don Quijote*) se procuró reunir, en todo caso, amplias selecciones de cada obra, capaces de comunicar al lector el sentido y el valor de la totalidad de ella; y además se suplieron las partes omitidas con resúmenes explicativos.

La materia aparece ordenada en épocas y periodos significativos. Cada época o periodo va precedido de una introducción en la que se señalan los aspectos histórico-sociales, culturales, artísticos y específicamente literarios más importantes. Del mismo modo, cada autor y cada obra van precedidos de su correspondiente introducción. Pero se ha huído de la acumulación de datos excesivos, procurando siempre dirigir la atención del lector a lo esencial. La antología va así provista de la adecuada información, necesaria para que los textos estudiados no aparezcan en el vacío, sino encuadrados en la sociedad y el arte de su época. Todas las introducciones han sido escritas en español.

Los textos medievales anteriores al siglo XV se dan en versiones semimodernizadas o modernizadas; el carácter de la obra se conserva, pero se facilita la comprensión de la lengua. Las versiones del *Cantar de Mio Cid,* los *Milagros de Nuestra Señora* y *El conde Lucanor* se deben a uno de los autores de esta antología (A.S.R.). Las estrofas del *Libro de Buen Amor* proceden de la versión modernizada, ya clásica, hecha con tanto acierto, talento y buen gusto por doña María Brey Mariño,* a quien damos aquí las gracias por su amable y generosa autorización.

Las notas son abundantes, si bien unos textos van más anotados que otros, según su dificultad. Por supuesto, las notas no lo aclaran *todo;* esto no sería posible ni conveniente. Hemos hecho un esfuerzo selectivo y procurado aclarar lo más necesitado de aclaración, pero el lector deberá acudir a la lectura pertrechado de un buen diccionario y de toda su capacidad de atención activa y comprensión, porque hay textos

* Juan Ruiz, *Libro de Buen Amor.* Texto íntegro en versión de María Brey Mariño, 5ª edición revisada, Madrid, Editorial Castalia, Colección "Odres nuevos", 1966.

que siguen siendo difíciles a pesar de las notas. Las notas van normalmente en inglés por habernos parecido ésta la mejor solución, ahorrándole tiempo al lector y espacio al editor.

La ayuda de Janne Hughes y Suzanne Petersen en la preparación de las notas de este volumen fue valiosísima y queremos expresarles en estas páginas nuestro agradecimiento.

El volumen se completa con una serie de apéndices destinados a facilitar su estudio y comprensión: un conjunto de mapas, unas nociones de versificación española, unas tablas cronológicas y una bibliografía seleccionada (ordenada por materias, épocas y géneros) donde el lector interesado podrá encontrar orientación para más amplias lecturas.

Antonio Sanchez-Romeralo
Fernando Ibarra

1

EL SIGLO XVIII

Goya, Francisco. Español (1746–1828). *Amantes sentados en una roca.* The Metropolitan Museum of Art, Harris Brisbane Dick Fund, 1935.

Goya, Francisco. Español (1746–1828). *Autorretrato,* pintado entre 1808–13.
Smith College Museum of Art.

Larra: La Nochebuena de 1836   Vuelva Ud mañana
                                    * mejorar
Moratin: La Comedia Nueva

neoclasicismo
Romanticismo

Espronceda: Poemas - Cancion del pirata   (Preromanticismo)
            El Estudiante de Salamanca   Romanticismo liberal
                                           - avanzado como en
                                             Europa
Zorrilla: Don Juan Tenorio
                                        Romaticismo tradicional
postRomanticismo   mas moderna
Rosalia de Castro: pg 179 En los ecos del órgano
                          Dicen que no hablan las plantas

Gustavo Adolfo Bécquer Rimas IV, LXI, LII, LIII
Juan Valera: Pepita Jimenez
Benito Pérez Galdós: Doña Perfecta
Emilia Pardo Bazán: La cana

España, tierra de contrastes, inicia el siglo XVIII bajo el signo del cambio. La muerte de Carlos II (1700), último Ausburgo, significa el fin del mundo antiguo, de lo que se ha considerado por mucho tiempo lo castizo español. La venida al trono español de un Borbón, de un nieto del «rey sol», equivale a una apertura de puertas y ventanas del viejo palacio medieval. Las estructuras sociales, religiosas y aun políticas no van a cambiar radicalmente, pues España y el pueblo español son lentos psicológicamente para el cambio de postura ideológica. Pero la nueva cabeza de la monarquía, los jefes y directores de la vida nacional, no tienen raíces tradicionalistas y al orientar la vida del pueblo no miran al pasado español, sino a los progresos que la filosofía y las ciencias hacen en Europa. Se trata de una minoría selecta, previsora y patriótica. Este patriotismo tiene caracteres nuevos y, a diferencia del patriotismo sentimental, violento y popular, es racional y abierto al exterior. Los tres primeros Borbones, Felipe V (1700–1746), Fernando VI (1746–1759) y Carlos III (1759–1788) son varones de maneras cortesanas, de tendencias europeizantes y de orientación renovadora. No son hombres geniales, pero saben rodearse de auxiliares inteligentes. Son tiranos benévolos. Creen que el poder absoluto del rey «viene de Dios» y que debe ejercerse paternalmente sobre los súbditos. En cambio su sucesor Fernando VII (1808–1833) se ha hecho hombre de la tierra, ha cerrado su horizonte europeo, vuelve al aislamiento y a la tiranía de las conciencias. El grupo reducido de hombres que gobiernan a España bajo los primeros Borbones adopta una actitud nueva que es mirar hacia fuera. No todo lo español es lo mejor, como San Isidoro de Sevilla y luego Alfonso X habían afirmado al decir que «esta tierra es como el paraíso de Dios . . . España sobre todas es adelantada en grandeza . . .» Frente a la idea de que la nobleza de la sangre es una garantía de todo bien, aparece la idea de que el trabajo es una ocupación digna y noble, al menos para la plebe.

Esta actitud mental de los nuevos dirigentes da lugar a varios cambios en la vida española. En lo político se robustece la idea del absolutismo del rey. La corte, sea Versalles o el Prado, es el Olimpo desde el que un benigno «rey sol» dirige las actividades de sus vasallos, de quienes debe recibir una constante adoración reverente. La ley sálica, exclusión de las mujeres como herederas del trono, tan contraria a la tradición española, es implementada por los Borbones, y dará ocasión a terribles guerras civiles en el siglo XIX. En la mentalidad de estos pequeños déspotas ilustrados, los reyes Borbones, se desarrolla la idea de que, como dioses que son, deben proveer al bienestar de sus súbditos. Éstos parecen vivir en un constante estado de infantilismo y de incapacidad de autogobierno. Lo cual da lugar a que las medidas políticas, económicas y sociales procedan, no del pueblo, sino de la cabeza del monarca. Es la revolución desde arriba. A diferencia de la administración de los reyes austríacos, en la que el poder real se delegaba en un valido, y se ejercía silenciosamente por medio de secretarios, ahora el poder real se efectúa a través de un equipo de ministros, que se suponen especialistas en su ramo.

La economía mejora, aunque las riquezas de la América española llegan con menos abundancia que en el pasado. Pero el progreso económico se desplaza hacia la periferia de la nación. Hasta el siglo XVIII la riqueza de la España peninsular se localizaba preferentemente en el centro, en la meseta y en su ganadería trashumante. Ahora, mientras el eje político se mantiene en Madrid, los centros industriales y de producción de riqueza se desplazan a la costa. España sigue siendo una nación pobre y un poder político de segundo orden en Europa. Pero ya no es una aldea apartada y cerrada a todo progreso. En la agricultura se intensifica el cultivo del maíz, se introduce la patata. En la industria continúan la fabricación de tejidos, cristales, porcelanas. Así al final del siglo un escritor podía decir que «Cataluña es una pequeña Inglaterra en el corazón de España». El comercio se desarrolla gracias a la supresión de las aduanas interiores y a la desaparición del monopolio de la Casa de Contratación de Sevilla para el comercio de América. Se abren nuevos caminos y canales y se aumenta la marina mercante.

Las clases sociales siguen dentro de los límites que el pasado había establecido. La «Grandeza» lo acaparaba todo; mientras una hidalguía pobre y miserable vegetaba sin gloria. Campomanes afirmaba que «las leyes podrán consignar que no hay deshonra en ser zapatero o sastre, pero mientras no digan que es deshonra la holganza, habrá siempre hidalgos que considerarán la ociosidad como la compañera inseparable de la nobleza». La nobleza disfruta todos los privilegios en lo jurídico y en lo financiero, los cuales no comienza a perder hasta muy entrado el siglo XIX. La reducida clase media no ejerce en el siglo XVIII poder alguno, pues integrada por pequeños industriales, empleados y comerciantes, y separada de la nobleza, no tiene cohesión y conciencia de clase. El pueblo, pobres campesinos en su inmensa mayoría, sin trabajo estable, sin instrucción, sin ayuda de ninguna clase, es una masa inerte y poco productiva.

En 1712 España tiene ocho millones de habitantes, pobres y sin esperanza. En 1756 se funda una organización con el nombre y la idea tan ajenas a la mentalidad española de *Sociedad Económica de Amigos del País*. Es la señal de los nuevos tiempos. Además de la teología y de la literatura, las ideas económicas podían interesar y ser útiles a los españoles.

Para comprender la situación peculiar y contradictoria de España en el siglo XVIII, hay que tener en cuenta el contraste entre un estado joven (poder central), de mentalidad ajena a lo tradicional español y una organización social vieja e inoperante, que opone resistencia al cambio.

La Iglesia, como estado dentro del estado, sigue ocupando una posición de excesivo privilegio. Culturalmente bloquea la renovación ideológica (el sacerdote Feijoo es perseguido por sus ideas renovadoras) y económicamente, poseyendo una cuarta parte de los ingresos de la nación, no participa en la actividad productiva. Esta situación de ventaja económica se prolonga hasta el siglo XIX. En lo ideológico, aunque la mayoría del clero bajo permanece inculto y atado a un tradicionalismo folklórico y sin grandeza, hay obispos y varios sacerdotes que se distinguen por su espíritu renovador y por su participación en la formación de un orden político y religioso nuevo, como lo demostrarán más adelante en las Cortes de Cádiz (1812).

Ha sido un tópico repetido continuamente la idea de que el siglo XVIII, cultural y literariamente, es una época de poca importancia en la historia de España. Es cierto que ese siglo no ha dejado una sola muestra de arte, literatura, pintura, arquitectura, que pueda sugerir la comparación con lo producido en el Siglo de Oro, o con las obras de los siglos XIX y XX. En cambio, España tiene una deuda difícil de pagar con el siglo XVIII y en especial con los hombres que dirigieron el país. Mientras las viejas universidades (Salamanca, Alcalá) languidecían en la enseñanza de temas medievales y de una moral casuística barroca, estos hombres «ilustrados» fundan los «institutos científicos» como el Real Seminario de Vergara o el instituto Asturiano de Gijón cuya finalidad es la enseñanza de las ciencias modernas con una metodología experimental y de laboratorio. El siglo XVIII es una época básica, de preparación del terreno, para el futuro de España. Los espíritus más destacados tratan de desterrar la superstición, la ignorancia, la barbarie intelectual y social del pueblo por medio del estudio de la naturaleza y las nuevas técnicas del trabajo. Ha sido en años ya pasados costumbre reírse de las empolvadas pelucas, de los encajes y adornos, usados por los serios varones de la Ilustración. Pero no hay que olvidar que entre el polvo de rapé, los abanicos nacarados y las lentas pavanas se movían hombres de ideal que tomaban muy en serio la educación y dignificación del rústico humilde español.

En contraste con la revolución filosófica de los enciclopedistas franceses, la renovación cultural de España por medio de los «ilustrados» se hace sin romper con la tradición católica. Feijoo, Campomanes, Jovellanos son sinceramente religiosos y buscan la compatibilidad de la fe y de la razón, de la crítica y de la tradición cristiana. El rey Carlos III, que expulsa de sus dominios de Europa y América a los jesuitas, es un católico devoto. Se prohiben por algún tiempo los autos sacramentales, pero al mismo tiempo se apagan las hogueras de la Inquisición.

El hecho artístico más importante del siglo XVIII español es la ruptura con la tradición barroca (fenómeno que se da exclusivamente en la clase culta de la sociedad, no en el pueblo) y el paso al neoclasicismo. Siguiendo la estética de Boileau, Ignacio de Luzán publica su *Poética o reglas de la poesía en general y de sus principales especies* (1737) defendiendo la finalidad docente y moralizadora de la poesía y reafirmando las ideas de Aristóteles en relación con el teatro. Sus opiniones fueron seguidas por los escritores neoclásicos hasta la revolución romántica.

Si la literatura no dejó obras maestras, inició en cambio una corriente de actividad literaria que lleva en sí la señal de los nuevos tiempos. Las revistas son en el siglo XVIII una forma de periodismo, orientado en general hacia la educación por medio de la difusión del nuevo espíritu científico. El *Diario de los literatos de España*, siguiendo el modelo francés del *Journal des savantes*, informa a los españoles de las novedades científicas y culturales del mundo. El *Mercurio* de España o el *Diario Noticioso, curioso, erudito y comercial*, *El Semanario Económico* y otras publicaciones dan al siglo XVIII su peculiar carácter de ansiosa búsqueda de una explicación racional y a poder ser científico-experimental de los fenómenos naturales. Evidentemente era muy difícil que los hombres preocupados con la economía y el progreso científico con fines utilitarios y pedagógicos, encontraran en ellos una fuente de inspiración artística de altos vuelos.

El siglo XVIII, tanto en política como en literatura, tuvo una marcada tendencia moralizadora. Los fabulistas más famosos de la literatura española, Felix María de Samaniego (1745–1801) y Tomás de Iriarte (1750–1791), son de este siglo. Aunque ninguno de los dos ha producido obras literarias de primera magnitud, con todo lograron hacer muy populares algunas de las fábulas clásicas (*El burro flautista*, de J. Iriarte, *La lechera*, de F. Samaniego). Los poetas líricos cultivaron una poesía superficial y refinada. De ellos el más famoso es Juan Meléndez Valdés (1754–1817) que escribió poesía bucólica imitando a Garcilaso y a los latinos, y cultivó también la poesía filosófica. De los dramaturgos sobresalen Leandro Fernández de Moratín (incluido en esta Antología) y Vincente García de la Huerta (1734–1787) que escribió varias tragedias de las cuales la más famosa fue *Raquel*. En contraste con los escritores neoclásicos y afrancesados de este siglo destaca Ramón de la Cruz (1737–1794). Escritor popular y castizo conoció muy bien la vida de las gentes humildes y escribió muchas (542) piezas cortas de teatro llamadas *sainetes*. El pueblo de Madrid, que nunca aceptó la tragedia neoclásica francesa, se sentía feliz viéndose retratado por la pluma ágil, graciosa, humorística y realista de Ramón de la Cruz. El sainete, comedia breve en un acto, da a conocer la vida y las costumbres de la gente pobre de Madrid, criticando con humor y gracia los defectos y poniendo de relieve las buenas cualidades del pueblo bajo. En sus divertidísimos sainetes criticó y se burló graciosamente del afrancesamiento de algunos españoles que se creían más cultos y más elegantes que sus compatriotas, por seguir e imitar las costumbres y las maneras francesas. *Manolo, El muñuelo, La casa de tócame Roque* son algunas de sus piezas más famosas. Entre los prosistas se distinguió Gaspar Melchor de Jovellanos (1744–1811). Hombre de ideas progresistas, fue ministro de Justicia y fomentó la renovación cultural, científica e industrial de España. Son importantes sus *Informes* sobre agricultura, comercio y

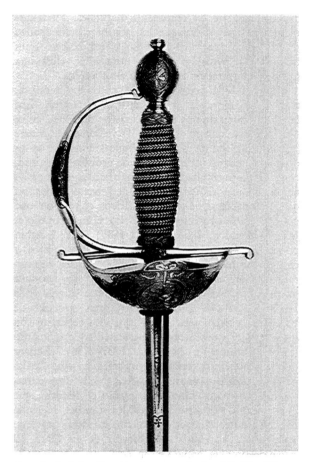

Espada de lujo. España, época de Carlos III. The Metropolitan Museum of Art. Regalo de Jean Jacques Reubell, 1926, en memoria de su madre, Julia C. Cosher y de su esposa, Adeline, E. Post, ambas de New York City.

los espectáculos públicos escritos en estilo claro y noble.

El siglo XVIII no es una época de literatos de primera fila, pero en su lugar trae consigo una mentalidad, un modo de pensar nuevo, que conduce a la paulatina renovación de España como pueblo y como nación. El siglo XVIII no ha dejado una huella profunda en la poesía ni en el teatro, ni en la novela, pero fundó la *Real Academia de la Lengua*, cuya misión es educar a los españoles en el bien hablar. (La Real Academia Española fue fundada en 1813 bajo Felipe V. En 1815 adoptó un emblema, símbolo de su finalidad, un crisol con la leyenda muy versallesca de «Limpia, fija y da esplendor»). La arquitectura nacional se enriqueció con monumentos de gran valor arquitectónico, pero no originales, como el Palacio Real de Madrid, el palacio de la Granja, el Museo del Prado, el Observatorio Astronómico y otros muchos. La arquitectura se completa con la pintura de uno de los mayores genios de la paleta. Goya (1746–1828) no sólo es un pintor extraordinario, precursor de nuevas orientaciones artísticas, sino también un documento patente de la vida social y política de la España convulsionada que pasa del 1700 al 1800. Pero como se ha notado oportunamente, fue aquella una revolución de arriba abajo, que no modificó la manera íntima de ser de los españoles. Los «ilustrados», dirigentes de la nación, con el rey a su frente, orientaron con acierto, en general, los destinos de España, pero no llegaron a asimilar ni a comprender al pueblo bajo y castizo. Por eso, con el fracaso de la monarquía frente a Napoleón, la obra se vino abajo. Quedaron sin embargo semillas que rebrotarían muchos años más tarde, aunque con signo republicano y no monárquico. El racionalismo del siglo XVIII se hace filosofía Kantiana y Krausista en el XIX.

Romanticismo: Sentimiento desgraciado poor wretch
desacuerdo con el mundo (libertad) lucha entre políticos/society
El "yo" - el "genio" aislarse, individualismo, intimidad
desbora sentimientos y pasiones
Libertad Rechaza, barreras de sociedad, políticos, reglas (neoclasisim)
~ angustia por destino, deseo conocer but frustrado
Naturaleza adapta a los estados de ánimo del escritor
vida = problema
de no alcanzarlo
Historia del pueblo: tratan de mejorar con genarios of what
could be, what has been and is liked

Benito Jerónimo Feijoo (1676–1764)

Natural de Galicia, se hizo monje benedictino a los diez y seis años. Pasó casi toda su vida en Oviedo, capital de Asturias, en cuya universidad fue profesor de teología. Trabajador infatigable, agitador de ideas, su labor de divulgación científica provocó violentas polémicas, sobre todo entre 1729 y 1750. Sus trabajos forman dos extensas colecciones: *El teatro crítico universal o discursos varios en todo género de materias para desengaño de errores comunes* (1726–1739), en ocho volúmenes, y *Cartas eruditas y curiosas en que por la mayor parte se continúa el designio del Teatro crítico universal, impugnando o reduciendo a dudosas varias opiniones comunes* (1742–1760), en cinco volúmenes.

La superstición y la creencia en lo misterioso y en lo milagroso estaban sumamente extendidas en la vida española, no sólo entre la gente inculta sino también entre los que se consideraban instruídos, en especial el clero bajo. Feijoo tiene un propósito decidido: luchar contra el atraso cultural, pero sobre todo contra la infantil credibilidad de sus compatriotas. Para ello lee cuanto puede, en especial cuanto viene de Francia, entonces el centro cultural de Europa. Piensa que el medio mejor para arrancar la superstición y las falsas creencias, es dar a conocer las explicaciones científicas de los fenómenos ordinarios en la vida diaria. Así en sus discursos y cartas escribe sobre astrología, medicina, los eclipses, los cometas, la edad del mundo, la adivinación, las profecías, en fin sobre todos los temas que los hombres discuten en la conversación ordinaria.

Feijoo no es un investigador de laboratorio, no es un sabio que busca nuevos descubrimientos, ni un filósofo original. Es un hombre culto de gran honradez moral que sufre viendo la ignorancia de su pueblo y pone todo su esfuerzo en ilustrarlo. Por eso sus dos grandes armas son la razón y la experiencia. Insiste en ver las cosas objetivamente, convencido de que casi todo lo que la gente tiene por extraordinario o fantástico es algo que puede explicarse de una manera racional.

A pesar de su ortodoxia, Feijoo representa en España lo que los enciclopedistas en Francia; es el primer español de la «ilustración» y quiere iniciar una época en que el «sentido común» y la «razón» orienten las ideas de sus compatriotas. Es valiente y no titubea en criticar antiguas creencias y supersticiones, lo cual provoca situaciones difíciles con la Inquisición y con los tradicionalistas.

La fuerza íntima de toda la obra de Feijoo hay que buscarla en su amor a España y a la verdad. Equilibrado y lógico, condena los abusos de la colonización de América, pero reconoce sus éxitos, y no deja de enaltecer la contribución de España a la cultura mundial

Se considera a Feijoo un ensayista, pues sus trabajos se identifican hoy con este género literario. En su tiempo influyó extraordinariamente en todo el mundo de lengua española. Su estilo es claro y ameno, y excepcionalmente inteligible.

En las páginas que siguen explica la razón de por qué en España las ciencias no han progresado. Dos hechos explican la mentalidad española: primero, mientras los científicos extranjeros estudian la ciencia experimental, los filósofos españoles pierden su tiempo en disquisiciones escolásticas; segundo, los pensadores españoles no pueden aceptar las verdades científicas porque han sido propuestas por Leibnitz, Boyle y Newton, que no son católicos. Feijoo trata de hacer comprender que las verdades de orden físico pertenecen a la razón natural, no a la fe dogmática. Insiste en que la fe y la ciencia tienen sus esferas propias de influencia, independientes la una de la otra.

CARTAS ERUDITAS

Causas del atraso que se padece en España en orden a las ciencias naturales

Muy señor mío: A vuelta de las expresiones de sentimiento que vuestra merced hace en la suya,[1] de los cortos y lentos progresos que en nuestra España logran la *física* y *matemática*, aún después que los extranjeros en tantos libros nos presentan las grandes luces que han adquirido en estas ciencias; me insinúa un deseo curioso de saber la causa de este atraso literario de nuestra nación, suponiendo que yo habré hecho algunas reflexiones sobre esta materia. Es así que las he hecho, y con franqueza manifestaré a vuestra merced lo que ellas me han descubierto.

No es una sola, señor mío, la causa de los cortísimos progresos de los españoles en las facultades expresadas, sino muchas, y tales, que aunque cada una por sí sola haría poco daño, el complejo de todas forman un obstáculo casi absolutamente invencible.

La primera es el corto alcance de algunos de nuestros profesores. Hay una especie de ignorantes perdurables, precisados a saber siempre poco, no por otra razón, sino porque piensan que no hay más que saber que aquello poco que saben. Habrá visto vuestra merced más de cuatro, como yo he visto más de treinta, que sin tener el entendimiento adornado más que de aquella lógica y metafísica, que se enseña en nuestras escuelas (no hablo aquí de la *teología*, porque para el asunto presente no es de el caso), viven tan satisfechos de su saber, como si poseyesen toda la enciclopedia. Basta nombrar la nueva filosofía, para conmover a estos el estómago.[2] Apenas pueden oír sin mofa y carcajada el nombre de Descartes.[3] Y si les preguntan qué dijo Descartes, o qué opiniones nuevas propuso al mundo, no saben ni qué responder, porque ni aun por mayor tienen noticia[4] de sus máximas, ni aun de alguna de ellas. Poco ha sucedido en esta ciudad, que concurriendo en conversaciones un anciano escolástico y versadísimo en las aulas,[5] con dos caballeros seculares, uno de los cuales está bastantemente impuesto en las materias filosóficas, y ofreciéndose hablar de Descartes, el escolástico explicó el desprecio con que miraba a aquel filósofo. Replicóle el caballero, que propusiese

cualquiera opinión o máxima cartesiana, la que a él se le antojase, y le arguyese contra ella, que él estaba pronto a defenderla. ¿En qué paró el desafío? En que el escolástico enmudeció, porque no sabía de la *filosofía cartesiana* más que el nombre de filosofía cartesiana.—

La máxima de que a nadie se puede condenar sin oírle es generalísima. Pero los escolásticos de quienes hablo, no sólo fulminan la sentencia[6] sin oír al reo, mas aun sin tener noticia alguna del cuerpo del delito. Ni escucharon testigos, ni vieron autos, ni aun admiten que alguno defienda a los que en rebeldía[7] tratan como delincuentes, porque luego en la sentencia envuelven al abogado como reo. ¿Puede haber más violenta y tiránica transgresión de todo lo que es justicia y equidad?

La segunda causa es la preocupación que reina en España contra toda novedad. Dicen muchos, que basta en las doctrinas el título de nuevas para reprobarlas, porque las novedades en punto de doctrina son sospechosas. Esto es confundir a Poncio de Aguirre con Poncio Pilato.[8] Las doctrinas nuevas en las ciencias sagradas[9] son sospechosas, y todos los que con juicio han reprobado las novedades doctrinales, de éstas han hablado. Pero extender esta ojeriza a cuanto parece nuevo en aquellas facultades, que no salen del recinto de la naturaleza,[10] es prestar con un despropósito patrocinio a la obstinada ignorancia.

Mas sea norabuena[11] sospechosa toda novedad. A nadie se condena por meras sospechas. Con que[12] estos escolásticos nunca se pueden escapar de ser injustos. La sospecha induce al examen, no a la decisión; esto en todo género de materias, exceptuando sólo la de la fe, donde la sospecha objetiva es odiosa, y como tal, damnable.—

Ni advierten que de ella se sigue un absurdo, que cae a plomo sobre sus cabezas. En materia de ciencias y artes no hay descubrimiento o invención que no haya sido un tiempo nueva. Contraigamos esta verdad a Aristóteles. Inventó éste aquel sistema físico (si todavía se puede llamar físico) que hoy siguen estos enemigos de las novedades. ¿No fue nuevo este sistema en el tiempo inmediato a su invención, o en todo el resto de la vida de Aristóteles, y más nuevo entonces que hoy lo es, pongo por ejemplo, el sistema cartesiano, el cual ya tiene un siglo y algo más de antigüedad? Ya se ve. Luego los filósofos de aquel siglo justamente le reprobarían por el odioso título de nuevo. Los que seguían la filosofía corpuscular,[13] común en aquel tiempo, tendrían la misma razón para excluir la introducción de la aristotélica, que hoy alegan los aristotélicos para excluir la cartesiana. Era antigua entonces la filosofía corpuscular, porque venía, no sólo de Leucipo,[14] anterior más de un siglo a Aristóteles, mas de un filósofo fenicio, llamado Moscho, que floreció, según Posidonio,[15] antes de la guerra troyana; era nueva la aristotélica. Ve aquí cómo se hallaban los filósofos corpusculistas en la misma situación y con el mismo derecho respecto de los aristotélicos, que hoy los aristotélicos respecto de los cartesianos y demás corpusculistas modernos. Con que, deben confesar los aristotélicos que no faltó otra cosa para que no existiese su filosofía en el mundo, sino que el mundo consintiese entonces en la justa demanda de los corpusculistas.

La tercera causa es el errado concepto de que cuanto nos presentan los nuevos filósofos se reduce a unas curiosidades inútiles. Esta nota prescinde de la verdad o falsedad. Sean norabuena, dicen muchos de los nuestros, verdaderas algunas máximas de los modernos pero de nada sirven; y así, ¿para qué se ha de gastar el calor natural[16] en ese estudio? En este modo de discurrir se viene a los ojos una contradicción manifiesta. Implica ser verdad y ser inútil. No hay verdad alguna, cuya percepción no sea útil al entendimiento, porque todas concurren a saciar su natural apetito de saber. Este apetito le vino al entendimiento del Autor de la naturaleza. ¿No es grave injuria de la Deidad, pensar que ésta infundiese al alma el apetito de una cosa inútil?

Pero ¿no es cosa admirable que los filósofos de nuestras aulas desprecien las investigaciones de los modernos por inútiles? ¿Cuál será más útil, explorar en el examen del mundo físico las obras del Autor de la naturaleza, o investigar en largos tratados del *ente de razón*[17] y de abstracciones lógicas y metafísicas, las ficciones del humano entendimiento? Aquello naturalmente eleva la mente a contemplar con admiración la grandeza y sabiduría del Creador; ésta la detiene como encarcelada en los laberintos que

ella misma fabrica. Dijo admirablemente Aristóteles, que es fastidio indigno y pueril despreciar el examen del más vil animal del mundo, porque no hay obra natural, por baja que sea, en que la naturaleza (digamos nosotros, como debemos decirlo el *Autor de la naturaleza*) no se ostente admirable.—

[1] **A vuelta de ... la suya** In response to ... your letter. [2] **conmover el estómago** to unsettle the stomach, or make sick to the stomach. [3] **René Descartes** (1596–1650) French mathematician and philosopher, father of the modern scientific method. Descartes challenged the metaphysical view of the universe dividing it into mutually interacting spirit and matter, with spirit subject to reason and matter subject to mechanical laws. The resulting philosophy is called *cartesian* after its creator. [4] **por mayor ... noticia** a general idea or vague notion. [5] **escolástico y versadísimo en las aulas** a medieval Schoolman, extremely learned in the subjects taught at the universities (controlled by the Church, which insisted that the philosophical system taught be reconcilable with Christian doctrine). [6] **fulminar la sentencia** to condemn or denounce in loud or violent terms. [7] **ni aun admiten ... rebeldía** nor is it admissible to defend anyone considered guilty of rebelling (against the established order). [8] The reference is to one of the characters in Quevedo's *Historia de la Vida del Buscón* ..., in which a converted Jew by the name of Poncio de Aguirre becomes enraged when the «pícaro» deliberately calls him Poncio Pilato; i.e., the Roman Governor, Pontius Pilate, who condemned Christ to death. [9] **ciencias sagradas** sacred (as opposed to profane or secular) subject matter taught by the Church. [10] **recinto de la naturaleza** scope of the natural sciences. [11] **sea norabuena** (en hora buena) Well and good!; that's fine ...; well all right... [12] **Con que** and so; so then; so that ... (in the sense of: So now we see or now we have it...). [13] **filosofía corpuscular** the atomist theory. (Dating from pre-Socratic times, the philosophy of atomism holds that the entire universe is composed of an irreducible and unchanging set of atoms which circulate in a void and link to form an unlimited number of worlds, or bodies.) [14] Leucippus (fl. 450 B.C.) A Greek philosopher, author of the atomist theory described above. [15] Posidonius (c. 135 B.C.–c. 51 B.C.) Stoic philosopher. Just as Aristotle sums up the achievement of the classical period, so Posidonius epitomized the Hellenistic culture and transmitted it to the Renaissance Age. [16] **calor natural** energy. [17] **ente de razón** a possible though non-existent entity created by the intellect; a product of the mind.

Trajo en una ocasión a mi celda don Juan d'Elgar, excelente anatómico francés, que hoy vive en esta ciudad, el corazón de un carnero, para que todos los maestros de este colegio nos enterásemos de aquella admirable fábrica. Con prolijidad inevitable nos fue mostrando, parte por parte, todas las visibles que componen aquel todo, explicando juntamente sus usos. Puedo asegurar con verdad, que no sólo fue admiración, fue estupor el que produjo en todos nosotros el conocimiento que logramos de tan prodigiosa contextura. ¡Cuánta variedad de instrumentos! ¡Qué delicados algunos, y juntamente qué valientes! ¡Cuánta variedad de ministerios,[18] conspirantes todos al mismo fin! ¡Qué armonía! ¡Qué combinación tan artificiosa entre todas las partes y los usos de ellas! La muestra de Londres[19] más delicada y de más multiforme estructura es una fábrica groserísima en comparación de esta noble entraña. Al fin, todos convinimos en que no habíamos jamás visto o contemplado cosa que nos diese idea tan clara, tan sensible, tan viva y eficaz, del poder y sabiduría del supremo Artífice.—

La cuarta causa es la diminuta o falsa noción[20] que tienen acá muchos de la filosofía moderna, junta con la bien o mal fundada preocupación contra Descartes. Ignoran casi enteramente lo que es la nueva filosofía, y cuanto se comprende debajo de este nombre, juzgan que es parto de Descartes. Como tengan, pues, formada una siniestra idea de este filósofo, derraman este mal concepto sobre toda la física moderna.—

La quinta causa es un celo, pío sí, pero indiscreto y mal fundado; un vano temor de que las doctrinas nuevas en materia de filosofía traigan algún perjuicio a la religión. Los que están dominados de este religioso miedo, por dos caminos recelan que suceda el daño: o ya porque en las doctrinas filosóficas extranjeras vengan envueltas algunas máximas que, o por sí, o por sus consecuencias, se opongan a lo que nos enseña la fe; o ya porque haciéndose los españoles a la libertad, con que discurren los extranjeros (los franceses, verbi gracia) en las cosas naturales, pueden ir soltando la rienda para razonar con la misma en las sobrenaturales.

Digo que ni uno ni otro hay apariencia de que suceda. No lo primero, porque abundamos de sujetos hábiles y bien instruídos en los dogmas, que sabrán discernir lo que se opone a la fe de lo que no se opone, y prevendrán al Santo Tribunal,[21] que vela sobre la pureza de la doctrina, para que aparte del licor la ponzoña, o arroje la zizaña al fuego, dejando intacto el grano. Este remedio está siempre a mano para asegurarnos, aun respecto de aquellas opiniones filosóficas, que vengan de países infectos de la herejía. Fuera de que es ignorancia[22] de que en todos los reinos donde domina el error se comunique su veneno a la física. En Inglaterra reina la filosofía newtoniana. Isaac Newton, su fundador, fue tan hereje como lo son por lo común los demás habitadores de aquella isla. Con todo, en su filosofía no se ha hallado hasta ahora cosa que se oponga, ni directa ni indirectamente, a la verdadera creencia.

Para no temer razonablemente lo segundo,[23] basta advertir que la teología y la filosofía tienen bien distinguidos sus límites, y que ningún español ignora que la doctrina revelada tiene un derecho de superioridad sobre el discurso humano, de que carecen todas las ciencias naturales; que por consiguiente, en éstas, como en propio territorio, pueden discurrir con franqueza; a aquélla[24] sólo doblar la rodilla con veneración. Pero doy que[25] alguno se desenfrene, y osadamente quiera pisar la sagrada margen, que contra las travesuras del entendimiento humano señala la Iglesia. ¿No está pronto el mismo remedio? En ninguna parte menos que en España se puede temer ese daño, por la vigilancia del Santo Tribunal, no sólo en cortar tempestivamente las ramas y el tronco, pero aun en extirpar las más hondas raíces del error.

Doy que sea un remedio precautorio contra el error nocivo cerrar la puerta a toda doctrina nueva. Pero es un remedio, sobre no necesario, muy violento. Es poner el alma en una durísima esclavitud. Es atar la razón humana con una cadena muy corta. Es poner en estrecha cárcel a un entendimiento inocente, sólo por evitar una contingencia remota de que cometa algunas travesuras en adelante.

La sexta y última causa es la emulación (acaso se le podría dar peor nombre), ya personal, ya nacional, ya faccionaria. Si vuestra merced examinase los corazones de algunos, y no pocos, de los que declaman contra la nueva filosofía, o generalmente, por decirlo mejor, contra toda la literatura distinta de aquella común que ellos estudiaron en el aula, hallaría en ellos unos efectos bien distintos de aquellos que suenan en sus labios. Óyeseles reprobarla, o ya como inútil, o ya como peligrosa. No es esto lo que pasa allá dentro. No la desprecian o aborrecen; la envidian. No les desplace aquella literatura, sino el sujeto que brilla con ella.—

Esta emulación en algunos pocos es puramente nacional. Aun no está España convalecida en todos sus miembros de su ojeriza contra Francia. Aun hay en algunos reliquias bien sensibles de esta antigua dolencia. Quisieran éstos que los Pirineos llegasen al cielo, y el mar que baña las costas de Francia estuviese sembrado de escollos, porque[26] nada pudiese pasar de aquella nación a la nuestra. Permítase a los vulgares, tolérese en los idiotas tan justo ceño.[27] Pero es insufrible en los profesores de las ciencias, que deben tener presentes los motivos que nos hermanan con las demás naciones, especialmente con las católicas.

Acuérdome de haber leído en las *Causas célebres* de Gayot de Pitaval,[28] que una señora española mató unos papagayos de la reina doña María Luisa de Borbón, primera esposa de nuestro Carlos II,[29] indignada de oirlos hablar francés, y aquellos míseros animales pagaron con la vida el gran delito de haber sido doctrinados en París, en algunas voces de la lengua francesa; ira y simpleza no muy de extrañar en una mujer ignorante.—

Algo más común que ésta, es la emulación faccionaria o de partido. Son muchos los que exaltarían al cielo tal o tal prenda, tal o tal habilidad, colocada en un sujeto de su gremio o adherencia, y la desprecian o pintan con los peores colores que pueden, por verla en un sujeto de otro partido.

Pero la más común de todas es la emulación personal.— El que lograre algún especial aplauso en cualquiera prenda intelectual, se debe hacer la cuenta de que tiene por émulos cuantos solicitan ser aplaudidos en la misma, si no logran igual nombre o fama.

Considera un anciano doctor (quiero llamarle Theopompo) muy bien puestos sus créditos en orden a aquellas facultades que se enseñan en nuestras aulas.[30] Especialmente se atribuye el honor de gran filósofo, porque disputó quinientas veces pública-

mente, a su parecer muy bien, sobre «si la materia tiene propia existencia; si la unión se distingue de las partes; si la substancia es inmediatamente operativa»,[31] etc. Sucede que Theopompo en algunas concurrencias privadas, en que asisten otras personas de alguna inteligencia, se encuentra con Charistio, otro doctor, que ha estudiado, como él, en las aulas, y está impuesto, por lo menos igualmente bien, en todo lo que se enseña en ellas; pero no contento con aquella telita superficial de filosofía, que realmente nada es más que esto, extendió su estudio por el vasto campo de la naturaleza, procurando instruirse en lo que, ya de útil, ya de hermoso, ya de cierto, ya de disputable, nos enseñan autores extranjeros sobre tan dilatada

[18] **ministerios** Feijoo echoes the Greek physician Galen's (130?–200?) thesis that the bodily organs are in perfect relation to the functions to which they *minister*. [19] **la muestra de Londres** goods manufactured in London. [20] **la diminuta o falsa noción** lack of knowledge or misinformation. [21] **Santo Tribunal** The Holy Tribunal of the Inquisition. [22] **Fuera . . . es ignorancia** Besides, it is sheer ignorance (to think that. . .). [23] **lo segundo** refers to the second of the two objections raised by Feijoo and set forth under **la quinta causa,** namely, that once Spaniards become accustomed to free and open discussion of scientific matters they will carry this same freedom over to religious matters. [24] **en éstas . . . a aquélla** the latter . . . the former. (In English, of course, the position of these two pronouns is reversed so that the sentence would read: ". . . before the former (the God-given doctrine) Spaniards can only kneel in reverence; as for the latter (the natural sciences), they can discuss them as freely as they wish. . ."). [25] **Doy que** Granted, or I'll admit, for the sake of argument. [26] **porque** para que. [27] **justo ceño** self-righteous frown or expression of disapproval. [28] F. Gayot de Pitaval (1673–1743) French lawyer and author of *Causes célebres et intéressantes.* [29] **Carlos II** Last king of the Hapsburg dynasty; ruled Spain from 1665–1700. [30] **Considera . . . aulas** Take the case of a learned old man (we'll call him Theopompo) proficient in all the subjects taught in our universities. (Note the choice of a high-sounding pretentious name like Theopompo, meaning "Glory of God;" and a few lines later, Charistio, meaning "gift of God".) [31] The favorite hairsplitting topics current among the medieval Schoolmen.

materia. Y porque los asistentes dan motivo para ello, viene a meterse la conversación en la filosofía. Con cuya ocasión, Charistio, que no es tan humilde, que le pese de hallarla,[32] para mostrar lo poco o mucho que sabe, se pone muy de intento a explicar los varios sistemas físicos de los extranjeros, especialmente el de Descartes, el de Gasendo y el de Newton, tocando algo de paso del de Leibnitz.[33] Como Descartes se inclinó a la opinion copernicana[34] de la constitución del mundo, de lo que habla de aquel filósofo toma asidero para tratar de los sistemas que tocan a esta materia, haciendo un exacto análisis del de Ptolomeo,[35] del de Copérnico y del de Tycho Brahe;[36] y proponiendo sumariamente lo que hay en contra y a favor de cada uno. Pasando de aquí a la amplísima región, o región de regiones, de la física experimental, se extiende en los raros fenómenos de la máquina pneumática[37] y en las observaciones del barómetro, da alguna cuenta de las curiosas investigaciones de Boyle,[38] de los muchos y útiles descubrimientos que han hecho los sabios, miembros de varias academias, especialmente los que componen la parisiense de las Ciencias y la sociedad Regia de Londres.[39]—

Es Theopompo uno de aquellos aristotélicos que se escandalizan, o muestran escandalizarse, aun de las voces de *sistema* y *fenómeno*, con que es fácil considerar con cuánta mortificación está oyendo a Charistio, mayormente al advertir que los demás concurrentes le escuchan con gusto. Bien quisiera él entrar su hoz en tan fecunda mies.[40] Quisiera estar, no sólo igualmente, pero aun más instruído que Charistio en todas aquellas materias, para brillar más que él a los ojos de los concurrentes, y se duele interiormente de la ignorancia que padece en ellas. Aprecia en su mente las noticias que oye a Charistio; no sólo las aprecia, las envidia. ¿Pero lo dará a entender jamás? Eso no. Antes bien ostentará un tedioso desprecio de todas ellas, diciendo que no son otra cosa que sueños o caprichos disparatados, con que los extranjeros quieren engaitar las gentes; que aun cuando hubiese alguna verdad o utilidad en aquellas novedades, se debían repeler por sospechosas, siendo verisímil, que viniendo de países infestados de la herejía, y no muy seguros en la verdadera creencia, venga en la capa de la filosofía embozado algún veneno teológico.[41] Y aquí entra lo de

los aires infectos del Norte, expresión que ya se hizo vulgar en escritores pedantes.

Pues ¿qué si llega a saber que Leibnitz, Boyle y Newton fueron herejes? Aquí es donde prorrumpe en exclamaciones capaces de hacer temblar las pirámides egipcíacas; aquí es donde se inflama el enojo, cubierto con la capa de celo. ¿Herejes? ¿Y éstos se citan? ¿O se hace memoria para cosa alguna de unos autores impíos, blasfemos, enemigos de Dios y de su Iglesia? ¡Oh mal permitida libertad!

¡Oh mal paliada envidia! Podría acaso exclamar yo. ¡Oh ignorancia, abrigada de la hipocresía! Si estas declamaciones sólo se oyeran al rudo vulgo, bien pudieran creerse, aunque ridículas, sinceras. Pocos años ha sucedió que a una ciudad de España, que padece penuria de agua, se ofrecieron a conducírsela,[42] por una agria cuesta, ciertos ingenieros del Norte.[43] Supongo que los que governaban el pueblo no se convinieron con ellos, por parecerles excesivo el gasto. Pero entre tanto que se hablaba del ajuste, muchos de la plebe, entre quienes se mostraba alguno de superior clase, clamaban, indignados, que no querían agua conducida por manos de herejes, teniendo éste por un atentado injurioso a la religión del pueblo. Así es el vulgo, y al vulgo, es de creer que le salen muy del corazón tales simplezas.

Mas dificulto asentir a que hablen con las mismas veras[44] aquellos escolásticos, que con igual o mayor execración condenan la doctrina, puramente natural y filosófica, que nos viene de autores herejes o sospechosos en la fe, sólo por el título de su errada creencia. Y ¿por qué dificulto creérselo? Porque son escolásticos. Oiga vuestra merced una prueba concluyente de mi disenso. No ignoran, ni pueden ignorar, siendo escolásticos, que santo Tomás citó muchas veces con aprecio, en materias físicas y metafísicas, como autores de particular distinción, a Averroes y Avicena,[45] notorios mahometanos, ya confirmando con ellos su sentencia, ya explicándolos cuando se alegaban por la opuesta. Preguntaré ahora a estos escolásticos si se tienen por más celosos de la pureza de la fe que santo Tomás, y si los mahometanos son más píos o menos enemigos de la Iglesia de Dios, que los luteranos y calvinistas. Bien saben lo que deben responder a uno y otro; pero no es fácil que hallen qué responder a la instancia. Citaron asimismo muy frecuentemente a Avicena y Averroes, después de santo Tomás, los escolásticos que escribieron cursos de artes, con estimación de su autoridad.

Pero ¿qué es menester acordarnos[46] de estos filósofos árabes? ¿Su mismo príncipe, su adorado jefe Aristóteles, tuvo mejor creencia que Leibnitz, Boyle y Newton? ¿No se hace palpable en muchas partes de sus escritos la idolatría? ¿Puede darse más viva pintura de la impiedad, que aquella que hizo Lactancio[47] de la de Aristóteles, cuando dijo de él: *Deum nec coluit, nec curavit?*[48]

Y ¿pueden tampoco ignorar estos señores que el reprobar la doctrina y lectura de los autores de que se ha hablado, es una indirecta represión contra los magistrados, en quienes reside la facultad de permitirnos o prohibirnos su uso? El Santo Tribunal con ciencia y advertencia permite en España la lectura de los tratados físicos de Boyle y Newton, por más herejes que sean, sin que hasta ahora haya mandado borrar ni una línea en alguno de los dichos tratados de estos autores, fuera de las censuras generales. Con ciencia, digo, y advertencia, porque éstos no son algunos autores incógnitos u obscuros, sino de quienes todo el mundo tiene noticia. Por otra parte, es manifiesto que tiene el mismo tribunal obligación de prohibir todos los libros que contienen doctrina perniciosa, o peligrosa hacia la fe o hacia las buenas costumbres. Luego los que condenan el uso de estos autores como nocivo, indirectamente acusan, o de poca ciencia, o de tibio celo, a los ministros del Santo Tribunal. Mas no es esa su intención, ya se ve. Con que, lo que debemos inferir es, que estas declamaciones no son más que un modo de hablar teatral y afectado, que podemos oír como no significativo de lo que suena, pero que tiene su uso favorable para estos señores, pues con él procuran dar a entender, que si ignoran la

the mechanistic world view of Descartes and an advocate of the atomist theory.   **Gottfried Wilhelm Leibnitz** (1646–1716) German scientist and philosopher. A major figure in the German enlightenment, he believed in a preestablished harmony, created by God, of matter and spirit.   [34] **opinión copernicana** refers to the theory advanced by the Polish astronomer, Nicolaus Copernicus (1473–1543) who laid the foundations for modern astronomy by upsetting the Ptolemaic system and establishing that the earth and all the other planets revolved around the sun in individual orbits while spinning on their axes.   [35] **Ptolemy** (or Claudius Ptolomaeus, fl. 127–151 A.D.) Alexandrian astronomer and geographer. The Ptolemaic system, as it is called, stipulates that the sun, the planets, and the stars, revolve around the earth, and was accepted until the 16th century.   [36] **Tycho Brahe** (1546–1601) Danish astronomer who attempted to establish a system of astronomy midway between that of Copernicus and that of Ptolemy. The earth was motionless, and the five planets revolved around the sun, which circled the earth once every year.   [37] **máquina pneumática** the pneumatic engine, operated by or making use of compressed air.   [38] **Robert Boyle** (1627–1691) Anglo-Irish physicist and chemist. He was the first to distinguish between a chemical element and a compound, and he defined clearly the nature of a chemical reaction and of chemical analysis.   [39] **Royal Society of London** founded about 1660 with the royal patronage of Charles II, and dedicated to the advancement of science.   [40] **entrar ... mies** to dig into such a rich harvest. (The idea being that the envious Theopompo would like a share of the glory that Charistio is basking in.)   [41] **veneno teológico** heresy.   [42] **conducírsela** to build a conduit for conveying water to the city.   [43] **ingenieros del Norte** engineers from a northern European city.   [44] **dificulto ... veras** I find it hard to believe that those Schoolmen speak with the same sincerity (as the common people do ...).   [45] **Averroes** or **Averrhoes** (1126–1198) Muslim philosopher and scholar of Córdoba, best known for his commentaries on Aristotle, which had an important influence on medieval Christian scholasticism. **Avicenna** (c. 980–c. 1037) Philosopher and physician of Moorish Spain. His *Canon of Medicine* was used in Europe as the standard textbook until the seventeenth century. His philosophical treatises reveal his own adaptations of Aristotle's philosophy.   [46] **¿qué ... acordarnos ...?** why speak of, or bring to mind ...?   [47] *Lactantius* (c. 260–c. 340) Early Christian author and apologist, converted during the persecutions. His works, which were influenced by Cicero and Seneca, are a chief source for the history of the persecutions.   [48] **Deum ... curavit** He neither worshipped God nor showed any concern for Him.

---

[32] **Con ... hallarla** Charistio doesn't mind in the least that he has found an opening in the conversation which gives him a chance to show off ...   [33] **Pierre Gassendi** (1596–1655) French priest and philosopher who taught mathematics at the *Collège de France*. He was an opponent of

filosofía extranjera, no es por falta de aplicación o capacidad, sino por amor de la religión.

Confieso que son muy pocos y muy raros los escolásticos de este violento carácter. Pero esos pocos, vertiendo al público sus ideas por medio de la estampa, hacen mucho daño; porque amedrentando a la juventud estudiosa con el pretendido peligro de la religión, retraen de la lectura de los libros extranjeros muchos bellos ingenios, que pudieran por ellos hacerse excelentes filósofos, y aprender otras muchas cosas muy útiles, sin dejar por eso de hacerse, con el estudio regular de la aula, unos grandes escolásticos. Esto, bien entendido, viene a ser querer escudar la religión con la barbarie, defender la luz con el humo, y dar a la ignorancia el glorioso atributo de necesaria para la seguridad de la fe.

A lo que vuestra merced me dice con admiración y lástima, al fin de su carta, que ha visto profesores de filosofía, que no sólo niegan aun el peso del aire, mas lo desprecian como quimera filosófica, le referiré un chiste, que leí en la cuarta parte de la *Menagian'a*,[49] y que espero convierta su lástima y admiración en risa.

Reinando en Inglaterra Carlos II,[50] habiendo resuelto la Regia sociedad de Londres enviar quienes hiciesen experimentos del peso del aire sobre el pico de Tenerife,[51] diputaron dos de su cuerpo para pedir al embajador de España una carta de recomendación al governador de las Canarias. El Embajador, juzgando que aquella diputación era de alguna compañía de mercaderes, que querían hacer algún empleo considerable[52] en el excelente licor que producen aquellas islas, les preguntó qué cantidad de vino querían comprar. Respondieron los diputados que no pensaban en eso, sino en pesar el aire sobre la altura del pico de Tenerife.

«¿Cómo es eso?, replicó el Embajador. ¿Queréis pesar el aire?

—Esa es nuestra intención,» repusieron ellos.

No bien lo oyó el buen señor, cuando los mandó echar de casa por locos, y al momento pasó al palacio de Witheal a decir al Rey y a todos los palaciegos, que habían ido a su casa dos locos, con la graciosa extravagancia de decir que querían pesar el aire, acompañando el Embajador la relación con grandes carcajadas. Pero éstas se convirtieron en confusión suya, mayormente sabiendo luego que el mismo Rey y su hermano el duque de York eran los principales autores de aquella expedición filosófica.

Salterio, España, siglo XVIII. The Metropolitan Museum of Art.
The Crosby Brown Collection of Musical Instruments, 1889.

José Cadalso (1741–1782)

Militar, viajero, poeta, precursor del ensayismo moderno. Cadalso fue un hombre de gran simpatía personal y de exquisita sensibilidad artística, que le valieron la amistad de los intelectuales más importantes de su tiempo. Viajó por Europa, se enamoró locamente de una famosa actriz de teatro, María Ignacia Ibáñez, y murió luchando contra los ingleses en Gibraltar.

Se cuenta que la muerte de su amada le produjo un desequilibrio nervioso que casi acabó en franca locura. Y este hecho dio lugar a que escribiera sus *Noches lúgubres* (1780–1790) imitando los *Night Thoughts* de Young, que representa un prematuro romanticismo. Otra obra de cierta importancia es *Los eruditos a la violeta* (1772), el más popular de sus escritos durante algún tiempo. Se trata de una sátira contra los pseudosabios o eruditos superficiales. Su obra más significativa, *Cartas Marruecas* (1789), tuvo como modelo las *Lettres Persanes* de Montesquieu. En la introducción a aquellas noventa cartas se dice que fueron «escritas por un moro llamado Gazel Ben-Aly a Ben-Beley, amigo suyo, sobre los usos y costumbres de los españoles antiguos y modernos, con algunas respuestas de Ben-Beley, y otras cartas relativas a éstas ».

Cadalso critica más al hombre en general que al español en particular. Su sensibilidad y su visión del mundo son esencialmente estóicas. Ve a España como una nación estática, decadente. Se burla, a veces con sarcasmo, de los defectos de la sociedad, atacando en especial la pedantería, la grosería de algunas costumbres y la pereza de sus contemporáneos.

Su estilo es vivo, dinámico. Nunca cae en la pesadez didáctica que caracteriza la literatura crítica de su tiempo. En este y en otros sentidos, se puede considerar a Cadalso, como a Mariano José de Larra, precursor de la generación de 1898.

Sin haber producido una gran obra, Cadalso inspira honda simpatía y admiración a muchos lectores modernos. No es su naturaleza «tétrica y adusta,» como él mismo la define, lo que prende la atención, sino su inteligencia, su sensibilidad, su actitud estóica.

CARTAS MARRUECAS[1]

CARTA VII

En el imperio de Marruecos[2] todos somos igualmente despreciables en el concepto del emperador y despreciados en el de la plebe: o por mejor decir, todos somos plebe, siendo muy accidental la distinción de uno u otro individuo por el mismo, y de ninguna esperanza para sus hijos; pero en Europa son varias las clases de vasallos en el dominio de cada monarca.

La primera consta de hombres que poseen inmensas riquezas de sus padres, y dejan por el mismo motivo a sus hijos considerables bienes. Ciertos empleos se dan a estos solos, y gozan con más inmediación el favor del soberano. A esta jerarquía sigue otra de nobles menos condecorados y poderosos. Su mucho número

---

[49] **Menagian'a** A posthumous collection of the works of the French scholar Gilles Ménage (1613–1692) which enjoyed considerable popularity during the eighteenth century. [50] **Charles II of England** (1660–1685) His reign was productive of much in literature, science, and architecture. [51] **Pico de Tenerife** Mt. Teide or Mt. Teyde (12,192 ft.), a snow-capped volcanic mountain on the island of Tenerife, it is the tallest peak in the Canary Islands group. [52] **empleo considerable** good sized investment (of capital, in the wines of the Canary Islands).

---

[1] *Cartas escritas por un moro llamado Gazel Ben-Aly, a Ben-Beley, amigo suyo, sobre los usos y costumbres de los españoles antiguos y modernos con algunas respuestas de Ben-Beley, y otras cartas relativas a estas.* (Using the device of an exchange of correspondence between two Moors, one of whom is travelling in Spain, Cadalso reveals himself as a penetrating critic of the Spanish society of his day.) [2] **Marruecos** Morocco; bounded on the northwest coast of Africa by the Mediterranean and the Atlantic, it lies just opposite the southern tip of Spain.

Pintor español desconocido. *Una judía de Tánger*. Siglos 18–19.
The Metropolitan Museum of Art. Comprado, 1871.

llena los empleos de las tropas, armadas, tribunales, magistraturas y otros, que en el gobierno monárquico no suelen darse a los plebeyos, sino por algún mérito sobresaliente.

Entre nosotros, siendo todos iguales, y poco duraderas las dignidades y posesiones, no se necesita diferencia en el modo de criar los hijos; pero en Europa la educación de la juventud debe mirarse como objeto de la mayor importancia. El que nace en la ínfima clase de las tres, y que ha de pasar su vida en ella, no necesita estudios, sino saber el oficio de sus padres en los términos en que se lo ve ejercer. El de la segunda ya necesita otra educación para desempeñar los empleos que ha de ocupar con el tiempo. Los de la primera se ven precisados a esto mismo con más fuerte obligación, porque a los veinticinco años, o antes, han de gobernar sus estados, que son muy vastos, disponer de inmensas rentas, mandar cuerpos militares, concurrir con los embajadores, frecuentar el palacio, y ser el dechado de los de la segunda clase.[3]

Esta teoría no siempre se verifica con la exactitud que se necesita. En este siglo se nota alguna falta de esto en España. Entre risa y llanto me contó Nuño[4] un lance que parece de novela, en que se halló, y que prueba evidentemente esta falta, tanto más sensible cuanto de él mismo se prueba la viveza de los talentos de la juventud española, singularmente en algunas provincias; pero antes de contarlo, puso el preludio siguiente:

—Días ha que vivo en el mundo, como si me hallara fuera de él. En este supuesto, no sé a cuántos estamos de educación pública; y lo que es más, tampoco quiero saberlo. Cuando yo era capitán de infantería, me hallaba en frecuentes concursos de gentes de todas clases: noté esta misma desgracia; y queriendo remediarla en mis hijos, si Dios me los daba, leí, oí, medité y hablé mucho sobre esta materia. Hallé diferentes pareceres: unos sobre que convenía tal educación, otros, sobre que convenía tal otra y también algunos sobre que no convenía ninguna.

Me acuerdo que yendo a Cádiz,[5] donde se hallaba mi regimiento de guarnición, me extravié y me perdí en un monte. Iba anocheciendo, cuando me encontré con un caballero de hasta unos veintidós años, de buen porte y presencia.[6] Llevaba un arrogante caballo, sus dos pistolas primorosas, calzón y ajustador de ante con muchas docenas de botones de plata, el pelo dentro de una redecilla blanca, capa de verano caída sobre el anca del caballo, sombrero blanco finísimo y pañuelo de seda morada al cuello.[7] Nos saludamos, como era regular, y preguntándole por el camino de tal parte me respondió que estaba lejos de allí; que la noche ya estaba encima y dispuesta a tornar; que el monte no era seguro; que mi caballo estaba cansado, y, que, en vista de todo esto, me aconsejaba y suplicaba que fuese con él a un cortijo de su abuelo, que estaba a media legua corta. Lo dijo todo con tanta franqueza y agasajo, y lo instó con tanto empeño, que acepté la oferta. La conversación cayó, según costumbre, sobre el tiempo y cosas semejantes; pero en ella manifestaba el mozo una luz natural clarísima con varias salidas[8] de viveza y feliz penetración, lo cual, junto con una voz muy agradable y gesto muy proporcionado, mostraba en él todos los requisitos naturales de un perfecto orador; pero de los artificiales, esto es, de los que enseña el arte por medio del estudio, no se hallaba ni uno siquiera. Salimos ya del monte, cuando no pudiendo menos de notar lo hermoso de los árboles le pregunté si cortaban de aquella madera para construcción de navíos.

—¿Qué sé yo de eso? —me respondió con presteza. Para eso, mi tío[9] el comendador. En todo el día no

---

[3] Cadalso never questions the rights and privileges of the nobility, but at the same time he underscores the need for a high standard of education which would prepare them for their privileged role in the rigidly structured society of his time.   [4] **Nuño** Nuño is actually Cadalso's *alter ego*; however, within the literary framework of the «Cartas», he is a wise and mature Spaniard who acts as friend and advisor to the young Moroccan Gazel, who is writing this letter.   [5] **Cádiz** seaport city and capital of Cádiz province in Andalucía, SW Spain.   [6] **buen porte y presencia** fine looking young man of noble bearing.   [7] Cadalso draws a picture here of the typical «petimetre» (petit maître) of the period who affected the elegant dress and manners of the French. The «petimetre» also considered it "chic" to fraternize with the lower classes.   [8] **salidas** remarks.   [9] **Para eso, mi tío** For that (kind of information), my uncle (is the one to talk to).

habla sino de navíos, brulotes, fragatas y galeras.[10] ¡Válgame Dios, y qué pesado está el buen caballero! Poquitas veces hemos oído de su boca, algo trémula por sobra de años y falta de dientes, la batalla de Tolón, la toma de los navíos la *Princesa* y el *Glorioso*, la colocación de los navíos de Leso en Cartagena.[11] Tengo la cabeza llena de almirantes holandeses e ingleses. Por cuanto hay en el mundo dejará de rezar todas las noches a San Telmo por los navegantes; y luego entra en un gran parladillo[12] sobre los peligros de la mar, al que se sigue otro[13] sobre la pérdida de toda una flota entera, no sé qué año, en que se escapó el buen señor nadando, y luego una digresión natural y bien traída sobre lo útil que es el saber nadar. Desde que tengo uso de razón no le he visto corresponderse por escrito sino con el marqués de la Victoria, ni le he conocido más pesadumbre que la que tuvo cuando supo la muerte de don Jorge Juan.[14] El otro día estábamos muy descuidados comiendo, y al dar el reloj las tres, dio una gran palmada en la mesa, que hubo de romperla o romperse las manos, y dijo, no sin mucha cólera: —A esta hora fue cuando se llegó a nosotros, que íbamos en el navío la *Princesa*, el tercer navío inglés. Y a fe que era muy hermoso y de noventa cañones. ¡Y qué velero! De eso no he visto. Lo mandaba un señor oficial. Si no es por él, los otros dos no hubieran contado el lance. ¿Pero qué se ha de hacer? ¡Tantos a uno! —En esto le asaltó la gota que padece días ha,[15] y que nos valió un poco de descanso, porque si no, tenía traza[16] de irnos contando de uno en uno todos los lances de mar que ha habido en el mundo desde el arca de Noé.

Cesó por un rato el mozalbete la murmuración contra su tío, tan respetable según lo que él mismo contaba; y al entrar en un campo muy llano, con dos lugarcillos que se descubrían a corta distancia el uno del otro. —¡Bravo campo[17] —dije yo— para disponer setenta mil hombres en batalla! —Con ésas a mi primo[18] el cadete de Guardias —respondió el señorito con igual desembarazo—, que sabe cuántas batallas se han dado desde que los ángeles buenos derrotaron a los malos.[19] Y no es lo más esto, sino que sabe también las que se perdieron, por qué se perdieron y las que se ganaron, por qué se ganaron, y por qué se quedaron indecisas las que ni se perdieron ni ganaron.

Ya lleva gastados no sé cuántos doblones[20] en instrumentos de matemáticas, y tiene un baúl lleno de unos que él llama planos, y son unas estampas feas que ni tienen caras ni cuerpos.

Procuré no hablarle más de ejército que de marina,[21] y sólo le dije: —No sería lejos de aquí la batalla que se dió en tiempo de don Rodrigo,[22] y fue tan costosa como nos dice la historia. —¡Historia! —dijo—. Me alegrara que estuviera aquí mi hermano el canónigo de Sevilla. Yo no la he aprendido, porque Dios me ha dado en él una biblioteca viva de todas las historias del mundo. Es mozo que sabe de qué color era el vestido que llevaba puesto el rey San Fernando cuando tomó a Sevilla.[23]

Llegábamos ya cerca del cortijo,[24] sin que el caballero me hubiese contestado a materia alguna de cuantas le toqué.[25] Mi natural sinceridad me llevó a preguntarle cómo le habían educado, y me respondió: —A mi gusto, al de mi madre y al de mi abuelo, que era un señor muy anciano, que me quería como a las niñas de sus ojos. Murió de cerca de cien años de edad. Había sido capitán de Lanzas de Carlos II,[26] en cuyo palacio se había criado. Mi padre bien quería que yo estudiase, pero tuvo poca vida y autoridad para conseguirlo. Murió sin tener el gusto de verme escribir. Ya me había buscado un ayo, y la cosa iba de veras, cuando cierto accidentillo lo descompuso todo.

—¿Cuáles fueron sus primeras lecciones? —le pregunté. —Ninguna —respondió el mocito—: en sabiendo leer un romance y tocar un polo,[27] ¿para qué necesita más un caballero? Mi *dómine*[28] bien quiso meterme en honduras;[29] pero le fue muy mal y hubo de irle mucho peor. El caso fue que había yo ido con otros camaradas a un encierro.[30] Súpolo el buen maestro y vino tras mí a oponerse a mi voluntad. Llegó precisamente a tiempo que los vaqueros me andaban enseñando cómo se toma la vara.[31] No pudo su desgracia traerle a peor ocasión. A la segunda palabra que quiso hablar, le di un varazo tan divino en medio de los sentidos;[32] que le abrí la cabeza en más cascos que una naranja; y gracias que me contuve, porque mi primer pensamiento fué ponerle una vara lo mismo que a un toro de diez años; pero, por primera vez, me contenté con lo dicho. Todos gritaban: ¡Viva el señorito!; y hasta el tío Gregorio, que es hombre de pocas palabras, exclamó: Lo ha hecho usía[33] como un ángel del cielo.

—¿Quién es ese tío Gregorio? —preguntéle atónito de que aprobase tal insolencia; y me respondió: —El tío Gregorio es un carnicero de la ciudad que suele acompañarnos a comer, fumar y jugar. ¡Poquito lo queremos todos los caballeros de por acá! Con ocasión de irse mi primo Jaime María a Granada y yo a Sevilla, hubimos de sacar la espada sobre quién se lo había de llevar; y en esto hubiera parado la cosa, si en aquel tiempo mismo no le hubiera preso la Justicia por no sé qué puñaladillas y otras friolerillas[34] semejantes, que todo ello se compuso al mes de cárcel.

Dándome cuenta del carácter del tío Gregorio y otros iguales personajes, llegamos al cortijo. Presentóme a los que allí se hallaban, que eran varios amigos o parientes suyos de la misma edad, clase y crianza, que se habían juntado para ir a una cacería, y esperando la hora competente[35] pasaban la noche jugando, cenando, cantando y bailando; para todo lo que se hallaban muy bien provistos, porque habían concurrido algunas gitanas con sus venerables padres, dignos esposos y preciosos hijos. Allí tuve la dicha de conocer al señor tío Gregorio. A su voz ronca y hueca, patilla larga, vientre redondo, modales bastos, frecuentes juramentos y trato familiar, se distinguía entre todos. Su oficio era hacer cigarros, dándolos ya encendidos de su boca a los caballeritos, atizar los velones,[36] decir el nombre y mérito de cada gitana, llevar el compás con las palmas de las manos cuando bailaba alguno de sus apasionados protectores, y brindar a su salud con medios cántaros de vino. Conociendo que venía cansado, me hicieron cenar luego y me llevaron a un cuarto algo apartado para dormir, destinando a un mozo del cortijo para que me llamase y condujese al camino. Contarte los dichos y hechos de aquella academia fuera imposible, o tal vez indecente; sólo diré que el humo de los cigarros, los gritos y palmadas del tío Gregorio, la bulla de voces, el ruido de las castañuelas, lo destemplado de la guitarra, el chillido de las gitanas sobre cuál había de tocar el polo para que lo bailase Preciosilla, el ladrido de los perros y el desentono de los que cantaban, no me dejaron pegar los ojos[37] en toda la noche. Llegada la hora de marchar, monté a caballo, diciéndome a mí mismo en voz baja:

¿Así se cría una juventud que pudiera ser tan útil si fuera la educación igual al talento? Y un hombre serio, que al parecer estaba de mal humor con aquel género de vida, oyéndome, me dijo con lágrimas en los ojos: —Sí, señor; así se cría.

[10] **brulotes** fire ships; the ships that were filled with combustibles or explosives, set afire and directed toward enemy targets. **fragatas** frigates. **galeras** galleys. [11] **Battle of Toulon** On Feb. 11, 1744 a British fleet unsuccessfully engaged an allied fleet of French and Spanish vessels just off the French naval base of Toulon. The British Admiral was later court-martialed and dismissed from service; the Spanish Commander received the title of Marqués de la Victoria referred to below. **Blas de Leso (or Lezo) (1687–1741)** noted Spanish mariner who defended the port of Cartagena against the British. [12] **parladillo** long rambling speech. [13] **otro** refers to « parladillo » above. [14] **Don Jorge Juan y Santacilla (1712–1773)** Spanish mariner and geographer who made several voyages around the world. [15] **En esto ... días ha** At this point he felt a stab of pain from the gout which he has been suffering from for some time now ... [16] **tenía traza** he showed signs, or gave every indication. [17] **¡Bravo campo!** Excellent field! (for the deployment of troops in battle). [18] **Con ésas a mi primo** My cousin is the one to talk to about that ... [19] **los malos** refers to the evil angels who were cast out of heaven ... [20] **doblón** doubloon; an old Spanish gold coin. [21] **Procuré ... de Marina** I avoided both army and navy talk. [22] Refers to the Battle of Gualdalete (711 A.D.) in which the Moors defeated Rodrigo, the last Visigothic king of Spain. [23] Saint Fernando III (1201–1252), king of Castile and León who reconquered Seville from the Moors in 1248. He was canonized in 1671. [24] **cortijo** typical cattle ranch of Southern Spain. [25] **to qué** the subjects I touched upon or brought up. [26] **Carlos II** see Feijoo note 29. [27] **polo** popular Andalusian song in Flamenco style. [28] **dómine** irreverent way of referring to his teacher. [29] **meterme en honduras** to get me more deeply involved. [30] **encierro** an enclosure where cattle is rounded up for the branding and selection of bulls. [31] **tomar la vara** to hold or grasp the lance on horseback when the bull charges. [32] **los sentidos** the head. [33] **usía** (su señoría) your excellency. [34] **friolerillas** trivial, insignificant things. [35] **la hora competente** the appropriate or the right time (to leave for the hunt). [36] **atizar los velones** to tend to the lamps; keep them burning. [37] **pegar los ojos** sleep a wink.

Leandro Fernández de Moratín (1760–1828) *Prosa*

Leandro Fernández de Moratín, hijo de Nicolás Fernández de Moratín, que también fue escritor, es el dramaturgo más destacado del período neoclásico. Viajó por Francia, Inglaterra e Italia. Escribió *La derrota de los pedantes*, sátira contra «unas cuantas docenas de pedantones, copleros ridículos, literatos presumidos, críticos ignorantes, autores de tanta traducción galicada, tanto compendio superficial, tantos versillos infelices». En *Apuntaciones sueltas de Inglaterra* y *Viaje de Italia*, libros publicados póstumamente, dejó una gran cantidad de datos curiosos, ideas y opiniones sobre arte, política, etc. Además de traducir el *Hamlet* de Shakespeare y varios dramas del francés, escribió un tratado erudito sobre los *Orígenes del teatro español*.

La comedia nueva o el Café y *El sí de las niñas* son sus principales comedias y también las mejores de la literatura española del período neoclásico. Moratín define el género como «imitación en diálogo de un suceso ocurrido en un lugar y en pocas horas entre personas particulares por medio del cual y de la oportuna expresión de afectos y caracteres resultan puestos en ridículo los vicios y errores comunes de la sociedad y recomendadas, por consiguiente, la verdad y la virtud». Es decir, piensa en un teatro didáctico. Insiste en especial sobre algunas ideas, como la educación de la mujer y su libertad en la elección del marido, tema de *El sí de las niñas*.

La comedia nueva o el Café es una obra muy representativa de su orientación neoclásica, su tendencia moralizadora y su habilidad técnica. Las figuras están imitadas de la naturaleza con esmerada fidelidad, el diálogo es natural y animado; todo está organizado con propiedad, lógica, medida y armonía.

El teatro moratiniano, inspirado en los modelos del clasicismo francés, fue una pausa entre el teatro barroco y el romántico.

LA COMEDIA NUEVA O EL CAFÉ

Non ego ventosae plebis suffragia venor.
(Horat., Epist. 19, Lib. I.)

Personajes

DON ELEUTERIO   DON PEDRO
DOÑA AGUSTINA   DON ANTONIO
DOÑA MARIQUITA   DON SERAPIO
DON HERMÓGENES   PIPÍ

La escena es en un café de Madrid, inmediato a un teatro

El teatro representa una sala con mesas, sillas y aparador de café; en el foro, una puerta con escalera a la habitación principal, y otra puerta a un lado, que da paso a la calle

La acción empieza a las cuatro de la tarde y acaba a las seis

Acto primero

Escena primera

DON ANTONIO, PIPÍ

DON ANTONIO.—(*Sentado junto a una mesa; Pipí paseándose.*) Parece que se hunde el techo, Pipí.

PIPÍ.—Señor.

DON ANTONIO.—¿Qué gente hay arriba, que anda tal estrépito? ¿Son locos?

PIPÍ.—No, señor; poetas.

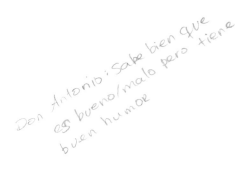

Don Antonio: sabe bien que es bueno/malo pero tiene buen humor

*Un lugar
un argumento
un día*

DON ANTONIO.—¿Cómo poetas?

PIPÍ.—Sí, señor; ¡así lo fuera yo! ¡No es cosa! Y han tenido una gran comida: Burdeos, pajarete, marrasquino,[1] ¡uh!

DON ANTONIO.—¿Y con qué motivo se hace esa francachela?

PIPÍ.—Yo no sé; pero supongo que será en celebridad[2] de la comedia nueva que se representa esta tarde, escrita por uno de ellos.

DON ANTONIO.—¿Conque han hecho una comedia? ¡Vaya picarillos!

PIPÍ.—Pues qué, ¿no lo sabía usted?

DON ANTONIO.—No, por cierto.

PIPÍ.—Pues ahí está el anuncio en el *Diario*.

DON ANTONIO.—En efecto, aquí está (*Leyendo en el* Diario, *que está sobre la mesa*:) COMEDIA NUEVA INTITULADA EL GRAN CERCO DE VIENA ¡No es cosa! Del sitio de una ciudad hacen una comedia. ¡Si son el diantre! ¡Ay, amigo Pipí, cuánto más vale ser mozo de café que poeta ridículo!

PIPÍ.—Pues mire usted, la verdad, yo me alegrara de saber hacer, así, alguna cosa . . .

DON ANTONIO.—¿Cómo?

PIPÍ.—Así, de versos . . . ¡Me gustan tanto los versos!

DON ANTONIO.—¡Oh!, los buenos versos son muy estimables; pero hoy día son tan pocos los que saben hacerlos . . ., tan pocos, tan pocos . . .

PIPÍ.—No, pues los de arriba bien se conoce que son de arte. ¡Válgame Dios! ¡Cuántos han echado por aquella boca! Hasta las mujeres.

DON ANTONIO.—¡Oiga! ¿También las señoras decían coplillas?

PIPÍ.—¡Vaya! Allí hay una doña Agustina, que es mujer del autor de la comedia . . . ¡Qué! ¡Si usted viera! . . . Unas décimas componía de repente . . . No es así la otra, que en toda la mesa no ha hecho más que retozar con aquel don Hermógenes, y tirarle miguitas de pan al peluquín.

DON ANTONIO.—¿Don Hermógenes está arriba? ¡Gran pedantón!

PIPÍ.—Pues con ése se ha estado jugando; y cuando le decían: «Mariquita, una copla, vaya una copla», se hacía la vergonzosa; y por más que la estuvieron azuzando a ver si rompía, nada. Empezó una décima, y no la pudo acabar, porque decía que no encontraba el consonante; pero doña Agustina, su cuñada . . . ¡Oh!, aquélla sí. Mire usted lo que es . . . Ya se ve, en teniendo vena.[3]

DON ANTONIO.—Seguramente. ¿Y quién es ése que cantaba poco ha, y daba aquellos gritos tan descompasados?

PIPÍ.—¡Oh! Ése es don Serapio.

DON ANTONIO.—Pero ¿qué es? ¿Qué ocupación tiene?

PIPÍ.—Él es . . ., mire usted, a él le llaman don Serapio.

DON ANTONIO.—¡Ah, sí! Ése es aquel bulle bulle[4] que hace gestos a las cómicas, y les tira dulces a la silla cuando pasan, y va todos los días a saber quién dio cuchillada;[5] y desde que se levanta hasta que se acuesta no cesa de hablar de la temporada de verano, la chupa del sobresaliente y las partes de por medio.

PIPÍ.—Ése mismo. ¡Oh! Ése es de los apasionados finos. Aquí se viene todas las mañanas a desayunar; y arma unas disputas con los peluqueros, que es un gusto oirle. Luego se va allá abajo, al barrio de Jesús; se juntan cuatro amigos, hablan de comedias, altercan, ríen, fuman en los portales; don Serapio los introduce aquí y acullá hasta que da la una; se despiden, y él va a comer con el apuntador.

DON ANTONIO.—¿Y ese don Serapio es amigo del autor de la comedia?

PIPÍ.—¡Toma! Son uña y carne[6] Y él ha compuesto el casamiento[7] de doña Mariquita, la hermana del poeta, con don Hermógenes.

DON ANTONIO.—¿Qué me dices? ¿Don Hermógenes se casa?

PIPÍ.—¡Vaya si se casa! Como que parece que la boda no se ha hecho ya porque el novio no tiene un cuarto ni el poeta tampoco; pero le ha dicho que con

---

[1] **Burdeos** Bordeaux wine; **pajarete** fine Sherry wine; **marrasquino** maraschino cordial or liqueur. [2] **en celebridad** to celebrate. [3] **tener vena** to be inspired; lit. to have a poetical vein. [4] **aquel bulle bulle** that busybody or meddler. [5] **quién dio cuchillada** who won the favor of the public (said of competing actors). [6] **Son uña y carne** They are close friends; inseparable. [7] **compuesto el casamiento** arranged the marriage or match.

ser mozo de café más razonable de ser poeta

el dinero que le den por esta comedia, y lo que ganará en la impresión, les pondrá la casa y pagará las deudas de don Hermógenes, que parece son bastantes.

DON ANTONIO.—Sí serán. ¡Cáspita si serán! Pero, y si la comedia apesta, y por consecuencia ni se la pagan ni se vende, ¿qué harán entonces?

PIPÍ.—Entonces, ¿qué se yo? ¡Pero qué! No, señor. Si dice don Serapio que comedia mejor no se ha visto en tablas.

DON ANTONIO.—¡Ah! Pues si don Serapio lo dice, no hay que temer. Es dinero contante, sin remedio. Figúrate tú si don Serapio y el apuntador sabrán muy bien dónde les aprieta el zapato,[8] y cuál comedia es buena y cuál deja de serlo.

PIPÍ.—Eso digo yo; pero a veces . . . Mire usted, no hay paciencia. Ayer, ¡qué!, les hubiera dado con una tranca. Vinieron ahí tres o cuatro a beber ponche, y empezaron a hablar, hablar de comedias. ¡Vaya! Yo no me puedo acordar de lo que decían. Para ellos no había nada bueno: ni autores, ni cómicos, ni vestidos, ni música, ni teatro. ¡Qué sé yo cuánto dijeron aquellos malditos! Y dale con el arte, el arte, la moral y . . . Deje usted . . . las . . . ¿Si me acordaré? Las . . . ¡Válgate Dios! ¿Cómo decían? Las . . . las reglas . . . ¿Qué son las reglas?

DON ANTONIO.—Hombre, difícil es explicártelo. Reglas son unas cosas que usan allá los extranjeros, principalmente los franceses.

PIPÍ.—Pues, ya decía yo: esto no es cosa de mi tierra.

DON ANTONIO.—Sí, tal; aquí también se gastan, y algunos han escrito comedias con reglas; bien que no llegarán a media docena (por mucho que estire la cuenta) las que se han compuesto.

PIPÍ.—Pues, ya se ve; mire usted, ¡reglas! No faltaba más. ¿A que no tiene reglas la comedia de hoy?

DON ANTONIO.—¡Oh! Eso yo te lo fío; bien puedes apostar ciento contra uno a que no las tiene.

PIPÍ.—Y las demás que van saliendo cada día tampoco las tendrán, ¿no es verdad, usted?

DON ANTONIO.—Tampoco. ¿Para qué? No faltaba otra cosa, sino que para hacer una comedia se gastaran reglas.[9] No, señor.

PIPÍ.—Bien; me alegro. Dios quiera que pegue[10] la de hoy, y luego verá usted cuántas escribe el bueno de don Eleuterio. Porque lo que él dice: si yo me pudiera

ajustar con los cómicos a jornal,[11] entonces . . . ¡ya se ve! Mire usted si con un buen situado podía el . . .

DON ANTONIO.—Cierto (Aparte.) ¡Qué simplicidad!

PIPÍ.—Entonces escribiría. ¡Qué! Todos los meses sacaría dos o tres comedias . . . Como es tan hábil . . .

DON ANTONIO.—¿Conque es muy hábil, eh?

PIPÍ.—¡Toma! Poquito le quiere el segundo barba,[12] y si en él consistiera, ya se hubieran echado las cuatro o cinco comedias que tiene escritas; pero no han querido los otros; y ya se ve, como ellos lo pagan . . . En diciendo: no nos ha gustado o así, andar,[13] ¡qué diantres! Y luego, como ellos saben lo que es bueno; y en fin, mire usted si ellos . . . ¿No es verdad?

DON ANTONIO.—Pues ya.

PIPÍ.—Pero deje usted, que aunque es la primera que le representan, me parece a mí que ha de dar golpe.[14]

DON ANTONIO.—¿Conque es la primera?

PIPÍ.—La primera. ¡Si es mozo todavía! Yo me acuerdo . . . Habrá cuatro o cinco años que estaba de escribiente ahí, en esa lotería de la esquina, y le iba muy ricamente; pero como después se hizo paje, y el amo se le murió a lo mejor,[15] y él se había casado de secreto con la doncella, y tenía ya dos criaturas, y después le han nacido otras dos o tres, viéndose él así, sin oficio ni beneficio, ni pariente, ni habiente, ha cogido[16] y se ha hecho poeta.

DON ANTONIO.—Y ha hecho muy bien.

PIPÍ.—Pues, ya se ve, lo que él dice: si me sopla la musa, puedo ganar un pedazo de pan para mantener aquellos angelitos, y así ir trampeando hasta que Dios quiera abrir camino.

Escena II
DON PEDRO, DON ANTONIO, PIPÍ

(Don Pedro se sienta junto a una mesa distante de don Antonio; Pipí le sirve el café)

DON PEDRO.—Café.

PIPÍ.—Al instante.

DON ANTONIO.—No me ha visto.

PIPÍ.—¿Con leche?

DON PEDRO.—No. Basta.

PIPÍ.—¿Quién es éste? (*A don Antonio, al retirarse.*)

DON ANTONIO.—Éste es don Pedro de Aguilar, hombre muy rico, generoso, honrado, de mucho talento; pero de un carácter tan ingenuo, tan serio y tan duro, que le hace intratable a cuantos no son sus amigos.

PIPÍ.—Le veo venir aquí algunas veces; pero nunca habla; siempre está de mal humor.

Escena III

DON SERAPIO, DON ELEUTERIO, DON PEDRO, DON ANTONIO, PIPÍ

DON SERAPIO.—Pero, ¡hombre, dejarnos así! (*Bajando la escalera, salen por la puerta del foro.*)

DON ELEUTERIO.—Si se lo he dicho a usted ya. La tonadilla que han puesto a mi función no vale nada, la van a silbar, y quiero concluir esta mía para que la canten mañana.

DON SERAPIO.—¿Mañana? ¿Conque mañana se ha de cantar, y aún no están hechas ni letra ni música?

DON ELEUTERIO.—Y aun esta tarde pudieran cantarla, si usted me apura. ¡Qué dificultad! Ocho o diez versos de introducción, diciendo que callen y atiendan, y chitito. Después unas cuantas coplillas del mercader que hurta, el peluquero que lleva papeles, la niña que está opilada, el cadete que se baldó en el portal; cuatro equivoquillos, etcétera, y luego se concluye con seguidillas de la tempestad, el canario, la pastorcilla y el arroyito. La música ya se sabe cuál ha de ser: la que se pone en todas; se añade o se quita un par de gorgoritos, y estamos al cabo de la calle.[17]

DON SERAPIO.—¡El diantre es usted, hombre! Todo se lo halla hecho.

DON ELEUTERIO.—Voy, voy a ver si la concluyo; falta muy poco. Súbase usted. (*Don Eleuterio se sienta junto a una mesa inmediata al foro; saca papel y tintero, y escribe.*)

DON SERAPIO.—Voy allá; pero . . .

DON ELEUTERIO.—Sí, sí, váyase usted; y si quieren más licor, que lo suba el mozo.

DON SERAPIO.—Sí, siempre será bueno que lleve un par de frasquillos más, Pipí.

PIPÍ.—Señor.

DON SERAPIO.—Palabra. (*Habla en secreto con Pipí y vuelve a irse por la puerta del foro; Pipí toma del aparador unos frasquillos y se va por la misma parte.*)

DON ANTONIO.—¿Cómo va, amigo don Pedro? (*Don Antonio se sienta cerca de don Pedro.*)

DON PEDRO.—¡Oh, señor don Antonio! No había reparado en usted. Va bien.

DON ANTONIO.—¿Usted a estas horas por aquí? Se me hace extraño.

DON PEDRO.—En efecto, lo es; pero he comido ahí cerca. A fin de mesa se armó una disputa entre dos literatos que apenas saben leer; dijeron mil despropósitos, me fastidié y me vine.

DON ANTONIO.—Pues con ese genio tan raro que usted tiene, se ve precisado a vivir como un ermitaño en medio de la corte.

DON PEDRO.—No, por cierto. Yo soy el primero en los espectáculos, en los paseos, en las diversiones públicas; alterno los placeres con el estudio; tengo pocos, pero buenos amigos, y a ellos debo los más felices instantes de mi vida. Si en las concurrencias particulares soy raro algunas veces, siento serlo; pero ¿qué le he de hacer? Yo no quiero mentir, ni puedo disimular; y creo que el decir la verdad francamente es la prenda más digna de un hombre de bien.

DON ANTONIO.—Sí; pero cuando la verdad es dura a quien ha de oirla, ¿qué hace usted?

DON PEDRO.—Callo.

DON ANTONIO.—¿Y si el silencio de usted le hace sospechoso?

DON PEDRO.—Me voy.

[8] **aprieta el zapato** they are so well informed about the theatre that they can tell whether or not the play is going to be a "hit"; lit. where the shoe pinches. [9] **gastar reglas** to observe rules (of the classic drama). [10] **que pegue** that it may be a "hit," or box office success. [11] **ajustar . . . a jornal** reach an agreement about wages; fix a salary. [12] **barba** an actor who plays the part of an old man. [13] **andar** on your way!; get going! [14] **dar golpe** be a smash hit; great success. [15] **a lo mejor** when least expected; unexpectedly. [16] **ha cogido** he made up his mind; took it into his head. [17] **al cabo de la calle** that's all there is to it; we're at the end of the line.

DON ANTONIO.—No siempre puede uno dejar el puesto, y entonces . . .

DON PEDRO.—Entonces digo la verdad.

DON ANTONIO.—Aquí mismo he oído hablar muchas veces de usted. Todos aprecian su talento, su instrucción y su probidad; pero no dejan de extrañar la aspereza de su carácter.

DON PEDRO.—¿Y por qué? Porque no vengo a predicar al café; porque no vierto por la noche lo que leí por la mañana; porque no disputo, ni ostento erudición ridícula, como tres, o cuatro, o diez pedantes que vienen aquí a perder el día, y a excitar la admiración de los tontos y la risa de los hombres de juicio. ¿Por eso me llaman áspero y extravagante? Poco me importa. Yo me hallo bien con la opinión que he seguido hasta aquí, de que en un café jamás debe hablar en público el que sea prudente.

DON ANTONIO.—Pues, ¿qué debe hacer?

DON PEDRO.—Tomar café.

DON ANTONIO.—¡Viva! Pero, hablando de otra cosa, ¿qué plan tiene usted para esta tarde?

DON PEDRO.— A la comedia.

DON ANTONIO.—¿Supongo que irá usted a ver la pieza nueva?

DON PEDRO.—¿Qué, han mudado? Ya no voy.

DON ANTONIO.—Pero ¿por qué? Vea usted sus rarezas. (*Pipí sale por la puerta del foro con salvilla, copas y frasquillos que dejará sobre el mostrador.*)

DON PEDRO.—¿Y usted me pregunta por qué? ¿Hay más que ver la lista de las comedias nuevas que se representan este año, para inferir los motivos que tendré de no ver la de esta noche?

DON ELEUTERIO.—¡Hola! Parece que hablan de mi función. (*Escuchando la conversación.*)

DON ANTONIO.—De suerte que, o es buena, o es mala. Si es buena, se admira y se aplaude; si, por el contrario, está llena de sandeces, se ríe uno, se pasa el rato, y tal vez . . .

DON PEDRO.—Tal vez me han dado impulsos de tirar al teatro el sombrero, el bastón y el asiento, si hubiera podido. A mí me irrita lo que a usted le divierte. (*Guarda don Eleuterio papel y tintero, y se va acercando poco a poco, hasta ponerse en medio de los dos.*) Yo no sé; usted tiene talento y la instrucción necesaria paro no equivocarse en materias de literatura; pero usted es el protector nato de todas las ridiculeces. Al paso que conoce usted y elogia las bellezas de una obra de mérito, no se detiene en dar iguales aplausos a lo más disparatado y absurdo, y con una rociada de pullas, chufletas e ironías hace usted creer al mayor idiota que es un prodigio de habilidad. Ya se ve; usted dirá que se divierte, pero, amigo . . .

DON ANTONIO.—Sí, señor, que me divierto. Y, por otra parte, ¿no sería cosa cruel ir repartiendo por ahí desengaños amargos a ciertos hombres cuya felicidad estriba en su propia ignorancia? ¿Ni cómo es posible persuadirles? . . .

DON ELEUTERIO.—No, pues . . . Con el permiso de ustedes. La función de esta tarde es muy bonita, seguramente. . .; bien puede usted ir a verla, que yo le doy palabra de que le ha de gustar. (*Don Antonio se levanta, y después de la pregunta que hace a Pipí, vuelve a hablar con don Eleuterio.*)

DON ANTONIO.—¿Es éste el autor?

PIPÍ.—El mismo.

DON ANTONIO.—Y ¿de quién es? ¿Se sabe?

DON ELEUTERIO.—Señor, es de un sujeto bien nacido muy aplicado, de buen ingenio, que empieza ahora la carrera cómica; bien que el pobrecillo no tiene protección.

DON PEDRO.—Si es ésta la primera pieza que da al teatro, aún no puede quejarse; si ella es buena, agradará necesariamente, y un gobierno ilustrado como el nuestro, que sabe cuánto interesan a una nación los progresos de la literatura, no dejará sin premio a cualquier hombre de talento que sobresalga en un género tan difícil.

DON ELEUTERIO.—Todo eso va bien; pero lo cierto es que el sujeto tendrá que contentarse con sus quince doblones que le darán los cómicos, si la comedia gusta, y muchas gracias.

DON ANTONIO.—¿Quince? Pues yo creí que eran veinticinco.

DON ELEUTERIO.—No, señor; ahora, en tiempo de calor, no se da más. Si fuera por invierno, entonces . . .

DON ANTONIO.—¡Calle! ¿Conque en empezando a helar valen más las comedias? Lo mismo sucede con los besugos. (*Don Antonio se pasea. Don Eleuterio unas veces le dirige la palabra y otras se acerca hacia don Pedro, que no le contesta ni le mira.*)

DON ELEUTERIO.—Pues mire usted, aun con ser tan poco lo que dan, el autor se ajustaría de buena gana para hacer por el precio todas las funciones que necesitase la compañía; pero hay muchas envidias. Unos favorecen a éste, otros a aquél, y es menester una tecla[18] para mantenerse en la gracia[19] de los primeros vocales, que... ¡Ya, ya! Y luego, como son tantos a escribir, y cada uno procura despachar su género, entran los empeños, las gratificaciones, las rebajas. Ahora mismo acaba de llegar un estudiante gallego con unas alforjas llenas de piezas manuscritas: comedias, follas, zarzuelas, dramas, melodramas, loas, sainetes...[20] ¡Qué sé yo cuánta ensalada trae allí! Y anda solicitando que los cómicos le compren todo el surtido, y da cada obra a trescientos reales una con otra. ¡Ya se ve! ¿Quién ha de poder competir con un hombre que trabaja tan barato?

DON ANTONIO.—Es verdad, amigo. Ese estudiante gallego hará malísima obra a los autores de la corte.

DON ELEUTERIO.—Malísima. Ya ve usted cómo están los comestibles.

DON ANTONIO.—Cierto.

DON ELEUTERIO.—Lo que cuesta un mal vestido que uno se haga.

DON ANTONIO.—En efecto.

DON ELEUTERIO.—El cuarto.

DON ANTONIO.—¡Oh, sí, el cuarto! Los caseros son crueles.

DON ELEUTERIO.—Y si hay familia...

DON ANTONIO.—No hay duda; si hay familia, es cosa terrible.

DON ELEUTERIO.—Vaya usted a competir con el otro tuno, que con seis cuartos de callos y medio pan tiene el gasto hecho.

DON ANTONIO.—¿Y qué remedio? Ahí no hay más sino arrimar el hombro al trabajo, escribir buenas piezas, darlas muy baratas, que se presenten, que aturdan al público, y ver si se puede dar con el gallego en tierra. Bien que la de esta tarde es excelente, y para mí tengo que...

DON ELEUTERIO.—¿La ha leído usted?

DON ANTONIO.—No, por cierto.

DON PEDRO.—¿La han impreso?

DON ELEUTERIO.—Sí, señor. Pues, ¿no se había de imprimir?

DON PEDRO.—Mal hecho. Mientras no sufra el examen del público en el teatro, está muy expuesta, y sobre todo es demasiada confianza en un autor novel.

DON ANTONIO.—¡Qué! No, señor. Si le digo a usted que es cosa muy buena. ¿Y dónde se vende?

DON ELEUTERIO.—Se vende en los puestos del *Diario*, en la librería de Pérez, en la de Izquierdo, en la de Gil, en la de Zurita y en el puesto de los cobradores a la entrada del coliseo. Se vende también en la tienda de vinos de la calle del Pez, en la del herbolario de la calle Ancha, en la jabonería de la calle del Lobo, en la...

DON PEDRO.—¿Se acabará esta tarde esa relación?

DON ELEUTERIO.—Como el señor preguntaba...

DON PEDRO.—Pero no preguntaba tanto. ¡Si no hay paciencia!

DON ANTONIO.—Pues la he de comprar, no tiene remedio.

PIPÍ.—Si yo tuviera dos reales. ¡Voto va!

DON ELEUTERIO.—Véala usted aquí. (*Saca una comedia impresa y se la da a don Antonio.*)

DON ANTONIO.—¡Oiga, es ésta! A ver. Y ha puesto su nombre. Bien, así me gusta; con eso la posteridad no se andará dando de calabazadas por averiguar la gracia del autor. (*Lee don Antonio.*) Por DON ELEUTERIO CRISPÍN DE ANDORRA... «Salen el emperador Leopoldo, el rey de Polonia y Federico, senescal, vestidos de gala, con acompañamiento de damas y magnates, y una brigada de húsares a caballo». ¡Soberbia entrada! «Y dice el emperador:

Ya sabéis, vasallos míos,
que habrá dos meses y medio
que el turco puso a Viena
con sus tropas el asedio,
y que para resistirle

---

[18] **es menester una tecla** one has to be very tactful. [19] **mantenerse en la gracia** to maintain oneself in the good graces. [20] **comedias... sainetes** different types of theatrical presentations: **folla** variety show; **zarzuela** operetta; **loa** short dramatic panegyric; **sainete** one-act farce.

unimos nuestros denuedos,
dando nuestros nobles bríos,
en repetidos encuentros,
las pruebas más relevantes
de nuestros invictos pechos ».

¡Qué estilo tiene! ¡Cáspita! ¡Qué bien pone la pluma el pícaro!

«Bien conozco que la falta
del necesario alimento
ha sido tal, que rendidos
de la hambre a los esfuerzos
hemos comido ratones,
sapos y sucios insectos ».

DON ELEUTERIO.—¿Qué tal? ¿No le parece a usted bien? (*Hablando a don Pedro.*)

DON PEDRO.—¡Eh! A mí, qué . . .

DON ELEUTERIO.—Me alegro que le guste a usted. Pero, no; donde hay un paso muy fuerte es al principio del segundo acto. Búsquele usted . . . ahí . . ., por ahí ha de estar. Cuando la dama se cae muerta de hambre.

DON ANTONIO.—¿Muerta?

DON ELEUTERIO.—Sí, señor, muerta.

DON ANTONIO.—¡Qué situación tan cómica! Y estas exclamaciones que hace aquí, ¿contra quién son?

DON ELEUTERIO.—Contra el visir, que la tuvo seis días sin comer porque ella no quería ser su concubina.

DON ANTONIO.—¡Pobrecita! ¡Ya se ve! El visir sería un bruto.

DON ELEUTERIO.—Sí, señor.

DON ANTONIO.—Hombre arrebatado, ¿eh?

DON ELEUTERIO.—Sí, señor.

DON ANTONIO.—Lascivo como un mico, feote de cara, ¿es verdad?

DON ELEUTERIO.—Cierto.

DON ANTONIO.—Alto, moreno, un poco bizco, grandes bigotes.

DON ELEUTERIO.—Sí, señor, sí. Lo mismo me lo he figurado yo.

DON ANTONIO.—¡Enorme animal! Pues no, la dama no se muerde la lengua. ¡No es cosa cómo le pone! Oiga usted, don Pedro.

DON PEDRO.—No, por Dios; no lea usted.

DON ELEUTERIO.—Es que es uno de los pedazos más terribles de comedia.

DON PEDRO.—Con todo eso.

DON ELEUTERIO.—Lleno de fuego.

DON PEDRO.—Ya.

DON ELEUTERIO.—Buena versificación.

DON PEDRO.—No importa.

DON ELEUTERIO.—Que alborotará en el teatro, si la dama lo esfuerza.

DON PEDRO.—Hombre, si he dicho ya que . . .

DON ANTONIO.—Pero, a lo menos, el final del acto segundo es menester oirle. (*Lee don Antonio, y al acabar da la comedia a don Eleuterio.*)

EMPERADOR.   Y en tanto que mis recelos . . .
VISIR.   Y mientras mis esperanzas . . .
SENESCAL.   Y hasta que mis enemigos . . .
EMPERADOR.   Averiguo.
VISIR.   Logre . . .
SENESCAL.   Caigan.
EMPERADOR.   Rencores, dadme favor.
VISIR.   No me dejes, tolerancia.
SENESCAL.   Denuedo, asiste a mi brazo.
TODOS.   Para que admire la patria
    el más generoso ardid
    y la más tremenda hazaña.

DON PEDRO.—Vamos; no hay quien pueda sufrir tanto disparate. (*Se levanta impaciente, en ademán de irse.*)

DON ELEUTERIO.—¿Disparates los llama usted?

DON PEDRO.—¿Pues no? (*Don Antonio observa a los dos y se ríe.*)

DON ELEUTERIO.—¡Vaya, que es también demasiado! ¡Disparates! ¡Pues no, no los llaman disparates los hombres inteligentes que han leído la comedia! Cierto que me ha chocado. ¡Disparates! Y no se ve otra cosa en el teatro todos los días y siempre gusta, y siempre lo aplauden a rabiar.[21]

DON PEDRO.—¿Y esto se representa en una nación culta?

DON ELEUTERIO.—¡Cuenta que me ha dejado contento la expresión. ¡Disparates!

DON PEDRO.—¿Y esto se imprime para que los extranjeros se burlen de nosotros?

DON ELEUTERIO.—¡Llamar disparates a una especie de coro entre el emperador, el visir y el senescal! Yo no sé qué quieren estas gentes. Si hoy día no se puede

culta: opuesto de ignorante

escribir nada, nada que no se muerda y se censure. ¡Disparate! ¡Cuidado que. . . !

PIPÍ.—No haga usted caso.

DON ELEUTERIO.—(*Hablando con Pipí hasta el fin de escena.*) Yo no hago caso; pero me enfada que hablen así. Figúrate tú si la conclusión puede ser más natural ni más ingeniosa. El emperador está lleno de miedo por un papel que se ha encontrado en el suelo, sin firma ni sobrescrito, en que se trata de matarle. El visir está rabiando por gozar de la hermosura de Margarita, hija del conde de Strambangaum, que es el traidor. . .

PIPÍ.—¡Calle! ¡Hay traidor también! ¡Cómo me gustan a mí las comedias en que hay traidor!

DON ELEUTERIO.—Pues, como digo, el visir está loco de amores por ella; el senescal, que es hombre de bien si los hay, no las tiene todas consigo,[22] porque sabe que el conde anda tras de quitarle el empleo y continuamente lleva chismes al emperador contra él; de modo que como cada uno de estos tres personajes está ocupado en su asunto, habla de ello y no hay cosa más natural. (*Saca la comedia y lee.*)

> Y en tanto que mis recelos . . .
> Y mientras mis esperanzas . . .
> Y hasta que mis . . .

¡Ah, señor don Hermógenes! ¡A qué buena ocasión llega usted! (*Sale don Hermógenes por la puerta del foro. Guarda la comedia, encaminándose a don Hermógenes.*)

Escena IV

DON HERMÓGENES, DON ELEUTERIO, DON PEDRO, DON ANTONIO, PIPÍ

DON HERMÓGENES.—Buenas tardes, señores.

DON PEDRO.—A la orden de usted. (*Don Pedro se acerca a la mesa en que está el Diario; lee para sí y a veces presta atención a lo que hablan los demás.*)

DON ANTONIO.—Felicísimas, amigo don Hermógenes.

DON ELEUTERIO.—Digo, me parece que el señor don Hermógenes será juez muy abonado[23] para decidir la cuestión que se trata; todo el mundo sabe su instrucción y lo que ha trabajado en los papeles periódicos, las traducciones que ha hecho del francés, sus actos literarios y sobre todo la escrupulosidad y el rigor con

que censura las obras ajenas. Pues yo quiero que nos diga. . .

DON HERMÓGENES.—Usted me confunde con elogios que no merezco, señor don Eleuterio. Usted sólo es acreedor a toda alabanza por haber llegado en la edad juvenil al pináculo del saber. Su ingenio de usted, el más ameno de nuestros días; su profunda erudición, su delicado gusto en el arte rítmico, su . . .

DON ELEUTERIO.—Vaya, dejemos eso.

DON HERMÓGENES.—Su docilidad, su moderación . . .

DON ELEUTERIO.—Bien; pero aquí se trata solamente de saber si . . .

DON HERMÓGENES.—Estas prendas sí que merecen admiración y encomio.

DON ELEUTERIO.—Ya, eso sí; pero díganos usted lisa y llanamente si la comedia que hoy se representa es disparatada o no.

DON HERMÓGENES.—¿Disparatada? ¿Y quién ha prorrumpido en un aserto tan . . . ?

DON ELEUTERIO.—Eso no hace al caso. Díganos usted lo que le parece y nada más.

DON HERMÓGENES.—Sí diré; pero antes de todo conviene saber que el poema dramático admite dos géneros de fábula. *Sunt autem fabulae, aliae simplices, aliae implexae.* Es doctrina de Aristóteles. Pero lo diré en griego para mayor claridad. *Eisí de ton mython oi men aploi oi de peplegmenoi. Caí gar ai práxeis . . .*[24]

DON ELEUTERIO.—Hombre, pero si . . .

DON ANTONIO.—(*Siéntase, haciendo esfuerzos para contener la risa.*) Yo reviento.

DON HERMÓGENES.—*Caí gar air práxeis on miméseis oi . . .*

DON ELEUTERIO.—Pero. . .

DON HERMÓGENES.—*Mythoi eisin iparchousin.*

¡pedante !

[21] **aplauden a rabiar** they applaud madly, in a frenzy of excitement. [22] **no tenerlas todas consigo** to be worried or anxious. [23] **juez muy abonado** well qualified judge or authority. [24] **Sunt . . . implexae** There are different kinds of plots, some are simple, some complicated. (Don Hermógenes says this first in Latin, then repeats the very same thing in Greek but adds: "because dramatic fictions (plots) are imitations of actions which are also fictitious".)

DON ELEUTERIO.—Pero si no es eso lo que a usted se le pregunta.

DON HERMÓGENES.—Ya estoy en la cuestión. Bien que, para la mejor inteligencia, convendría explicar lo que los críticos entienden por prótasis, epítasis, catástasis, catástrofe, peripecia, agnición o anagnórisis, partes necesarias a toda buena comedia, y que, según Escalígero, Vossio, Dacier, Marmontel, Castelvetro y Daniel Heinsio . . .[25]

DON ELEUTERIO.—Bien, todo eso es admirable, pero . . .

DON PEDRO.—Este hombre es loco.[26]

DON HERMÓGENES.—Si consideramos el origen del teatro, hallaremos que los megareos, los sículos y los atenienses . . .[27]

DON ELEUTERIO.—Don Hermógenes, por amor de Dios, si no . . .

DON HERMÓGENES.—Véanse los dramas griegos y hallaremos que Anaxippo, Anaxándrides, Eupolis, Antífanes, Filípides, Cratino, Crates, Epicrates, Menecrates y Pherecrates . . .[28]

DON ELEUTERIO.—Si le he dicho a usted que . . .

DON HERMÓGENES.—Y los más celebérrimos dramaturgos de la edad pretérita, todos, todos convinieron *nemine discrepante*[29] en que la prótasis debe preceder a la catástrofe necesariamente. Es así que la comedia del *Cerco de Viena...*

DON PEDRO.—Adiós, señores. (*Se encamina hacia la puerta. Don Antonio se levanta y procura detenerle.*)

DON ANTONIO.—¿Se va usted, don Pedro?

DON PEDRO.—Pues ¿quién, si no usted, tendrá frescura[30] para oir eso?

DON ANTONIO.—Pero si el amigo don Hermógenes nos va a probar con la autoridad de Hipócrates[31] y Martín Lutero que la pieza consabida, lejos de ser un desatino . . .

DON HERMÓGENES.—Ese es mi intento: probar que es un acéfalo incipiente cualquiera que haya dicho que la tal comedia contiene irregularidades absurdas, y yo aseguro que delante de mí ninguno se hubiera atrevido a propalar tal aserción.

DON PEDRO.—Pues yo delante de usted la propalo, y le digo que por lo que el señor ha leído de ella y por ser usted el que la abona, infiero que ha de ser cosa detestable; que su autor será un hombre sin principios

ni talento, y que usted es un erudito a la violeta,[32] presumido y fastidioso hasta no más. Adiós, señores. (*Hace que se va y vuelve.*)

DON ELEUTERIO.—(*Señalando a don Antonio.*) Pues a este caballero le ha parecido muy bien lo que ha visto de ella.

DON PEDRO.—A ese caballero le ha parecido muy mal; pero es hombre de buen humor y gusta de divertirse. A mí me lastima, en verdad, la suerte de estos escritores, que entontecen al vulgo con obras tan desatinadas y monstruosas, dictadas más que por el ingenio por la necesidad o la presunción. Yo no conozco al autor de esa comedia ni sé quién es; pero si ustedes, como parece, son amigos suyos, díganle en caridad que se deje de escribir tales desvaríos; que aun está a tiempo, puesto que es la primera obra que publica; que no le engañe el mal ejemplo de los que deliran a destajo; que siga otra carrera, en que por medio de un trabajo honesto podrá socorrer sus necesidades y asistir a su familia, si la tiene. Díganle ustedes que el teatro español tiene de sobra autorcillos chanflones que le abastezcan de mamarrachos; que lo que necesita es una reforma fundamental en todas sus partes, y que mientras ésta no se verifique, los buenos ingenios que tiene la nación, o no harán nada, o harán lo que únicamente baste para manifestar que saben escribir con acierto y que no quieren escribir.

DON HERMÓGENES.—Bien dice Séneca en su epístola dieciocho que . . .

DON PEDRO.—Séneca dice en todas sus epístolas que usted es un pedantón ridículo a quien yo no puedo aguantar. Adiós, señores.

Escena V

DON ANTONIO, DON ELEUTERIO, DON HERMÓGENES, PIPÍ

DON HERMÓGENES.—¿Yo pedantón? (*Encarándose hacia la puerta por donde se fue don Pedro. Don Eleuterio se pasea inquieto.*) Yo, que he compuesto siete prolusiones grecolatinas sobre los puntos más delicados del derecho!

DON ELEUTERIO.—¡Lo que él entenderá de comedias cuando dice que la conclusión del segundo acto es mala!

DON HERMÓGENES.—Él será el pedantón.

DON ELEUTERIO.—¿Hablar así de una pieza que ha de durar lo menos quince días? Y si empieza a llover . . .

DON HERMÓGENES.—Yo estoy graduado en leyes, y soy opositor a cátedras, y soy académico, y no he querido ser dómine de Pioz.[33]

DON ANTONIO.—Nadie pone en duda el mérito de usted, señor don Hermógenes, nadie; pero esto ya se acabó, y no es cosa de acalorarse.

DON ELEUTERIO.—Pues la comedia ha de gustar, mal que le pese.[34]

DON ANTONIO.—Sí, señor, gustará. Voy a ver si le alcanzo, y *velis nolis*, he de hacer que la vea para castigarle.

DON ELEUTERIO.—Buen pensamiento; sí, vaya usted.

DON ANTONIO.—En mi vida he visto locos más locos.

Escena VI

DON HERMÓGENES, DON ELEUTERIO

DON ELEUTERIO.—¡Llamar detestable a la comedia! ¡Vaya, que estos hombres gastan un lenguaje que da gozo oirle!

DON HERMÓGENES.—*Aquila non capit muscas*,[35] don Eleuterio. Quiero decir que no haga usted caso. A la sombra del mérito crece la envidia. A mí me sucede lo mismo. Ya ve usted si yo sé algo . . .

DON ELEUTERIO.—¡Oh!

DON HERMÓGENES.—Digo que me parece que, sin vanidad, pocos habrá que . . .

DON ELEUTERIO.—Ninguno. Vamos; tan completo como usted, ninguno.

DON HERMÓGENES.—Que reúnan el ingenio a la erudición, la aplicación al gusto, del modo que yo, sin alabarme, he llegado a reunirlos. ¿Eh?

DON ELEUTERIO.—Vaya, de eso no hay que hablar: es más claro que el sol que nos alumbra.

DON HERMÓGENES.—Pues bien; a pesar de ello, hay quien me llama pedante, y casquivano, y animal cuadrúpedo. Ayer, sin ir más lejos, me lo dijeron en la Puerta del Sol, delante de cuarenta o cincuenta personas.

DON ELEUTERIO.—¡Picardía! y usted, ¿qué hizo?

DON HERMÓGENES.—Lo que debe hacer un gran filósofo: callé, tomé un polvo[36] y me fui a oir una misa a la Soledad.

DON ELEUTERIO.—Envidia todo, envidia. ¿Vamos arriba?

DON HERMÓGENES.—Esto lo digo para que usted se anime, y le aseguro que los aplausos que . . . Pero dígame usted: ¿ni siquiera una onza de oro le han querido adelantar a usted a cuenta de los quince doblones de la comedia?

[25] Don Hermógenes first names the essential ingredients of the classical drama; i.e., **prótasis** the introductory part of a play; **epítasis** the central part of the drama in which the plot is developed; **catástasis** the heightened part of the action preceding the catastrophe; **catástrope** conclusion or revelation of the plot; **peripecia** a sudden reversal of circumstances; **agnición** recognition or acknowledgement; **anagnórisis** the critical moment of recognition or discovery leading to the dénouement. The scholars he names can be identified briefly. **Joseph J. Scaliger** (1540–1609) French philologist; **Gerhard Johann Vossius** (1577–1649) Dutch classical scholar and theologian; **André Dacier** (1651–1722), who together with his wife Anne Lefevre (1654–1720), edited and translated the classics; **Jean-François Marmontel** (1723–1799) French writer and author of *Bélissaire* (1767), a romance which encouraged religious toleration; **Luigi Castelvetro** (1505–1571) Italian author and critic; **Daniel Heinsius or Heyns** (1580–1655) one of the most famous scholars of the Dutch renaissance.   [26] **es loco** is definitely mad, as opposed to «está loco» which implies momentary madness or a passing folly.   [27] **megareos** the people of Megara in Central Greece; **sículos** Sicilians; **atenienses** Athenians.   [28] **Anaxippo . . . Pherecratus** The names of the Greek philosophers of minor importance which don Hermógenes rattles off not only add to the humor of the situation but underscore the ridiculous pedantry for which don Hermógenes has become as proverbial as Dr. Pangloss in Voltaire's *Candide*.   [29] **nemine discrepante** unanimously.   [30] **tener frescura** keep cool.   [31] **Hippocrates** (460?–370? B.C.) Greek physician, the Father of Medicine.   [32] **erudito a la violeta** man of superficial learning; also, the title of a well-known satire by Cadalso published in 1772.   [33] **dómine de Pioz** a school teacher in Pioz, an obscure village in the province of Guadalajara.   [34] **mal que le pese** whether he likes it or not; in spite of himself.   [35] **Aquila . . . muscas** The eagle does not catch flies.   [36] **tomé un polvo** I took a pinch of snuff.

DON ELEUTERIO.—Nada, ni un ochavo. Ya sabe usted las dificultades que ha habido para que esa gente la reciba. Por último, hemos quedado en que no han de darme nada hasta ver si la pieza gusta o no.

DON HERMÓGENES.—¡Oh, corvas almas! ¡Y precisamente en la ocasión más crítica para mí! Bien dice Tito Livio[37] que cuando . . .

DON ELEUTERIO.—Pues ¿qué hay de nuevo?

DON HERMÓGENES.—Ese bruto de mi casero . . . El hombre más ignorante que conozco. Por año y medio que le debo de alquileres me pierde el respeto, me amenaza . . .

DON ELEUTERIO.—No hay que afligirse. Mañana o esotro es regular que me den el dinero; pagaremos a ese bribón, y si tiene usted algún pico en la hostería, también se . . .

DON HERMÓGENES.—Sí, aún hay un piquillo; cosa corta.

DON ELEUTERIO.—Pues bien; con la impresión lo menos ganaré cuatro mil reales.

DON HERMÓGENES.—Lo menos. Se vende toda seguramente. (*Vase Pipí por la puerta del foro.*)

DON ELEUTERIO.—Pues con ese dinero saldremos de apuros; se adornará el cuarto nuevo; unas sillas, una cama y algún otro chisme. Se casa usted. Mariquita, como usted sabe, es aplicada, hacendosilla y muy mujer; ustedes estarán en mi casa continuamente. Yo iré dando las otras cuatro comedias que, pegando la de hoy, las recibirán los cómicos con palio.[38] Pillo la moneda,[39] las imprimo, se venden; entre tanto, ya tendré algunas hechas y otras en el telar. Vaya, no hay que temer. Y, sobre todo, usted saldrá colocado de hoy a mañana: una intendencia, una toga, una embajada,[40] ¿qué sé yo? Ello es que el ministro le estima a usted, ¿no es verdad?

DON HERMÓGENES.—Tres visitas le hago cada día . . .

DON ELEUTERIO.—Sí, apretarle, apretarle. Subamos arriba, que las mujeres ya estarán . . .

DON HERMÓGENES.—Diecisiete memoriales le he entregado la semana última.

DON ELEUTERIO.—¿Y qué dice?

DON HERMÓGENES.—En uno de ellos puse por lema aquel celebérrimo dicho del poeta: *Pallida mors aequo pulsat pede pauperum tabernas regumque turres.*[41]

DON ELEUTERIO.—¿Y qué dijo cuando leyó eso de las tabernas?

DON HERMÓGENES.—Que bien; que ya está enterado de mi solicitud.

DON ELEUTERIO.—¡Pues no le digo a usted! ¡Vamos, eso está conseguido!

DON HERMÓGENES.—Mucho lo deseo para que a este consorcio apetecido acompañe el episodio de tener qué comer, puesto que *sine Cere et Bacho friget Venus.*[42] Y entonces, ¡oh!, entonces . . . Con un buen empleo y la blanca mano de Mariquita, ninguna otra cosa me queda que apetecer sino que el cielo me conceda numerosa y masculina sucesión. (*Vanse por la puerta del foro.*)

Acto segundo

Escena primera

DOÑA AGUSTINA, DOÑA MARIQUITA, DON SERAPIO, DON HERMÓGENES, DON ELEUTERIO

Salen por la puerta del foro

DON SERAPIO.—El trueque de los puñales, créame usted, es de lo mejor que se ha visto.

DON ELEUTERIO.—¿Y el sueño del emperador?

DOÑA AGUSTINA.—¿Y la oración que hace el visir a sus ídolos?

DOÑA MARIQUITA.—Pero a mí me parece que no es regular que el emperador se durmiera precisamente en la ocasión más . . .

DON HERMÓGENES.—Señora, el sueño es natural en el hombre, y no hay dificultad en que un emperador se duerma, porque los vapores húmedos que suben al cerebro . . .

DOÑA AGUSTINA.—Pero ¿usted hace caso de ella? ¡Qué tontería! Si no sabe lo que se dice . . . Y a todo esto, ¿qué hora tenemos?

DON SERAPIO.—Serán . . . Deje usted . . . Podrán ser ahora . . .

DON HERMÓGENES.—Aquí está mi reloj (*Saca su reloj*), que es puntualísimo. Tres y media cabales.

DOÑA AGUSTINA.—¡Oh!, pues aún tenemos tiempo. Sentémonos, una vez que no hay gente. (*Siéntanse todos menos don Eleuterio.*)

DON SERAPIO.—¿Qué gente ha de haber? Si fuera en otro cualquier día . . . Pero hoy todo el mundo va a la comedia.

DOÑA AGUSTINA.—Estará lleno, lleno.

DON SERAPIO.—Habrá hombre que dará esta tarde dos medallas por un asiento de luneta.[43]

DON ELEUTERIO.—Ya se ve, comedia nueva, autor nuevo, y . . .

DOÑA AGUSTINA.—Y que ya la habrán leído muchísimos y sabrán lo que es. Vaya, no cabrá un alfiler, aunque fuera el coliseo siete veces más grande.

DON SERAPIO.—Hoy los Chorizos[44] se mueren de frío y de miedo. Ayer noche apostaba yo al marido de la graciosa[45] seis onzas de oro a que no tienen esta tarde en su corral[46] cien reales de entradas.

DON ELEUTERIO.—¿Conque la apuesta se hizo, eh? . . .

DON SERAPIO.—No llegó el caso, porque yo no tenía en el bolsillo más que dos reales y unos cuartos . . . Pero ¡cómo los hice rabiar y qué . . . !

DON ELEUTERIO.—Soy con ustedes,[47] voy aquí a la librería y vuelvo.

DOÑA AGUSTINA.—¿A qué?

DON ELEUTERIO.—¿No te lo he dicho? Si encargué que me trajesen ahí la razón de lo que va vendido, para que . . .

DOÑA AGUSTINA.—Sí, es verdad. Vuelve pronto.

DON ELEUTERIO.—Al instante. (*Vase.*)

Escena II

DOÑA AGUSTINA, DOÑA MARIQUITA, DON SERAPIO, DON HERMÓGENES

DOÑA MARIQUITA.—¡Qué inquietud! ¡Qué ir y venir! No para este hombre.

DOÑA AGUSTINA.—Todo se necesita, hija; y si no fuera su buena diligencia y lo que él ha minado[48] y revuelto, hubiera quedado con su comedia escrita y su trabajo perdido.

DOÑA MARIQUITA.—¿Y quién sabe lo que sucederá todavía, hermana? Lo cierto es que yo estoy en brasas,[49] porque, vaya, si la silban, yo no sé lo que será de mí.

DOÑA AGUSTINA.—Pero ¿por qué la han de silbar, ignorante? ¡Qué tonta eres y qué falta de comprensión!

DOÑA MARIQUITA.—Pues siempre me está usted diciendo eso. (*Sale Pipí por la puerta del foro con platos, botellas, etc. Lo deja todo sobre el mostrador y vuelve a irse por la misma parte.*) Vaya, que algunas veces me . . . ¡Ay, don Hermógenes! No sabe usted qué ganas tengo de ver estas cosas concluídas y poderme ir a comer un pedazo de pan con quietud a mi casa, sin tener que sufrir tales sinrazones.

DON HERMÓGENES.—No el pedazo de pan, sino ese hermoso pedazo de cielo,[50] me tiene a mí impaciente hasta que se verifique el suspirado consorcio.

DOÑA MARIQUITA.—¡Suspirado, sí, suspirado! ¡Quién le creyera a usted!

DON HERMÓGENES.—Pues ¿quién ama tan de veras como yo? Cuando ni Píramo, ni Marco Antonio, ni los Tolomeos egipcios, ni todos los Seléucidas de

---

[37] **Titus Livius or Livy** (59 B.C.–A.D. 17) Roman historian. [38] **las recibirán . . . con palio** will pay them great homage (as one receives a king or a bishop, under a canopy). [39] **Pillo la moneda** I'll scoop up the money. [40] **usted saldrá . . . embajada** you're bound to get a good position at any moment: an administrative post, a judgeship, a diplomatic appointment. [41] **Pallida . . . turres** Pale death comes to call at both the hovels of the poor and the palaces of kings. [42] **sine . . . Venus** without food (**Ceres** goddess of grain and harvests) and wine (**Bacchus** god of wine), love (**Venus** goddess of love) grows cold. [43] **medallas . . . lunetas** pay any price for an orchestra seat. [44] **los Chorizos** a vociferous group of theatre goers in Madrid. [45] **la graciosa** the comedienne. [46] **corral** theatre; the word dates back to the sixteenth century when performances were given in open air patios enclosed by buildings. [47] **Soy con ustedes** I'll be right with you. [48] **ha minado** has worked hard; left no stone unturned. [49] **estoy en brasas** I'm a nervous wreck; on pins and needles. [50] **hermoso . . . cielo** Don Hermógenes is gallantly referring to their forthcoming marriage.

Asiria[51] sintieron jámas un amor comparable al mío.

DOÑA AGUSTINA.—¡Discreta hipérbole! ¡Viva, viva! Respóndele, bruta.

DOÑA MARIQUITA.—¿Qué he de responder, señora, si no le he entendido una palabra?

DOÑA AGUSTINA.—¡Me desespera!

DOÑA MARIQUITA.—Pues digo bien. ¿Qué sé yo quién son esas gentes de quien está hablando? Mire usted, para decirme: Mariquita, yo estoy deseando que nos casemos; así que su hermano de usted coja esos cuartos, verá usted cómo todo se dispone, porque la quiero a usted mucho, y es usted muy guapa muchacha, y tiene usted unos ojos muy peregrinos, y . . . ¿qué sé yo? Así. Las cosas que dicen los hombres.

DOÑA AGUSTINA.—Sí, los hombres ignorantes, que no tienen crianza ni talento ni saben latín.

DOÑA MARIQUITA.—¡Pues, latín! Maldito sea su latín. Cuando le pregunto cualquiera friolera, casi siempre me responde en latín, y para decir que se quiere casar conmigo me cita tantos autores . . . Mire usted qué entenderán los autores de eso ni qué les importará a ellos que nosotros nos casemos o no.

DOÑA AGUSTINA.—¡Qué ignorancia! Vaya, don Hermógenes; lo que le he dicho a usted. Es menester que usted se dedique a instruirla y descortezarla,[52] porque, la verdad, esa estupidez me avergüenza. Yo, bien sabe Dios que no he podido más; ya se ve: ocupada continuamente en ayudar a mi marido en sus obras, en corregírselas, como usted habrá visto muchas veces, en sugerirle ideas a fin de que salgan con la debida perfección, no he tenido tiempo para emprender su enseñanza. Por otra parte, es increíble lo que aquellas criaturas me molestan. El uno que llora, el otro que quiere mamar, el otro que rompió la taza, el otro que se cayó de la silla, me tienen continuamente afanada. Vaya; yo lo he dicho mil veces: para las mujeres instruidas es un tormento la fecundidad.

DOÑA MARIQUITA.—¡Tormento! ¡Vaya, hermana, que usted es singular en todas sus cosas! Pues yo, si me caso, bien sabe Dios que . . .

DOÑA AGUSTINA.—Calla, majadera, que vas a decir un disparate.

DON HERMÓGENES.—Yo la instruiré en las ciencias abstractas; la enseñaré la prosodia; haré que copie a ratos perdidos el *Arte magna* de Raimundo Lulio,[53]

y que me recite de memoria todos los martes dos o tres hojas del *Diccionario* de Rubiños. Después aprenderá los logaritmos y algo de la estática; después . . .

DOÑA MARQUITA.—Después me dará un tabardillo pintado[54] y me llevará Dios. ¡Se habrá visto tal empeño! No, señor; si soy ignorante, buen provecho me haga. Yo sé escribir y ajustar una cuenta, sé guisar, sé planchar, sé coser, sé zurcir, sé bordar, sé cuidar una casa; yo cuidaré de la mía, y de mi marido, y de mis hijos, y yo me los criaré. Pues, señor, ¿no sé bastante? Que por fuerza he de ser doctora y marisabidilla,[55] y que he de aprender la gramática, y que he de hacer coplas! ¿Para qué? ¿Para perder el juicio? Que permita Dios si no parece casa de locos la nuestra desde que mi hermano ha dado en esas manías. Siempre disputando marido y mujer sobre si la escena es larga o corta, siempre contando las letras por los dedos para saber si los versos están cabales o no, si el lance a oscuras ha de ser antes de la batalla o después del veneno, y manoseando continuamente *Gacetas* y *Mercurios*[56] para buscar nombres bien extravagantes, que casi todos acaban en *of* y en *grf*, para rebutir con ellos sus relaciones . . . Y entre tanto, ni se barre el cuarto, ni la ropa se lava, ni las medias se cosen, y lo que es peor, ni se come, ni se cena. ¿Qué le parece a usted que comimos el domingo, don Serapio?

DON SERAPIO.—¿Yo, señora? ¿Cómo quiere usted que . . . ?

DOÑA MARIQUITA.—Pues lléveme Dios si todo el banquete no se redujo a libra y media de pepinos, bien amarillos y bien gordos, que compré a la puerta, y un pedazo de rosca que sobró del día anterior. Y éramos seis bocas a comer, que el más desganado se hubiera engullido un cabrito y media hornada sin levantarse del asiento.

DOÑA AGUSTINA.—Esta es su canción; siempre quejándose de que no come y trabaja mucho. Menos como yo, y más trabajo en un rato que me ponga a corregir alguna escena, o arreglar la ilusión de una catástrofe, que tú cosiendo y fregando.

DON HERMÓGENES.—Sí, Mariquita, sí; en eso tiene razón mi señora doña Agustina. Hay gran diferencia de un trabajo a otro, y los experimentos, cotidianos nos enseñan que toda mujer que es literata y sabe

Marquita: otra portavoz del autor.
se ríe de la obra

hacer versos, *ipso facto* se halla exonerada de las obligaciones domésticas. Yo lo probé en una disertación que leí a la Academia de los Cinocéfalos.[57] Allí sostuve: que los versos se confeccionan con la glándula pineal,[58] y los calzoncillos con los tres dedos llamados *pollex, index e infamis*,[59] que es decir: que para lo primero se necesita toda la argucia del ingenio, cuando para lo segundo basta sólo de la costumbre de la mano. Y concluí, a satisfacción de todo mi auditorio: que es más difícil hacer un soneto que pegar un hombrillo;[60] y que más elogio merece la mujer que sepa componer décimas y redondillas, que la que sólo es buena para hacer un pisto con tomate, un ajo de pollo o un carnero verde.[61]

DOÑA MARIQUITA.—Aun por eso en mi casa no se gastan pistos, ni carneros verdes, ni pollos, ni ajos. Ya se ve, en comiendo versos no se necesita cocina.

DON HERMÓGENES.—Bien está; sea lo que usted quiera, ídolo mío; pero si hasta ahora se ha padecido alguna estrechez, *angustam pauperiem*,[62] que dijo el profano, de hoy en adelante será otra cosa.

DOÑA MARIQUITA.—¿Y qué dice el profano? ¿Que nos silbarán esta tarde la comedia?

DON HERMÓGENES.—No, señora; la aplaudirán.

DON SERAPIO.—Durará un mes, y los cómicos se cansarán de representarla.

DOÑA MARIQUITA.—No, pues no decían eso ayer los que encontramos en la botillería. ¿Se acuerda usted, hermana? Y aquel más alto, a fe que no se mordía la lengua.[63]

DON SERAPIO.—¿Alto? Uno alto, ¿eh? Ya le conozco. (*Levántase.*) ¡Picarón! ¡Vicioso! Uno de capa que tiene un chirlo en las narices. ¡Bribón! Ése es un oficial de guarnicionero, muy apasionado de la otra compañía. ¡Alborotador! Que él fue el que tuvo la culpa de que silbaran la comedia de *El monstruo más espantable del ponto de Calidonia*,[64] que la hizo un sastre, pariente de un vecino mío; pero yo le aseguro al . . .

DOÑA MARIQUITA.—¿Qué tonterías está usted ahí diciendo? Si no es ése de quien yo hablo.

DON SERAPIO.—Sí, uno alto, mala traza, con una señal, que le coge . . .

DOÑA MARIQUITA.—Si no es ése . . .

DON SERAPIO.—¡Mayor gatallón! ¡Y qué mala vida dio a su mujer! ¡Pobrecita!, lo mismo la trataba que a un perro.

DOÑA MARIQUITA.—Pero si no es ése, ¡dale! ¿A qué viene cansarse? Éste era un caballero muy decente; que no tiene ni capa, ni chirlo, ni se parece en nada al que usted nos pinta.

DON SERAPIO.—Ya; pero voy al decir. ¡Unas ganas tengo de pillar al tal guarnicionero! No irá esta tarde al patio, que si fuera . . ., ¡eh! Pero el otro día ¡qué cosas le dijimos allí en la plazuela de San Juan! Empeñado en que la otra compañía es la mejor, y que no hay quien la tosa. ¿Y saben ustedes (*vuelve a sentarse*) por qué es todo ello? Porque los domingos por la noche se van él y otros de su pelo a casa de la Ramírez, y allí se están retozando en el recibimiento

spirited   *reception*

[51] Pyramus and Thisbe; Mark Antony and Cleopatra; the Ptolemeic dynasty of Ancient Egypt to which Cleopatra belonged; the Seleucid Kings of ancient Syria who intermarried with the Ptolemies: all famous lovers of legend and ancient history.   [52] **descortezarla** to give her some polish or refinement; lit. to strip off the bark.   [53] **Ars Magna** The chief work of the Catalonian philosopher, Raymond Lully (c.1232–1315?), which is a defense of Christianity against the teachings of Averroes.   [54] **tabardillo pintado** typhus.   [55] **marisabidilla** a little Miss know-it-all. [56] **Gacetas y Mercurios** newspapers and periodicals of the times containing news from abroad, whose columns they searched for foreign names ending with "off" or "grf". [57] **Academia de los Cinocéfalos** a non-existent learned society bearing the improbable Greek name Cynocephalus, meaning "dog-faced;" also, the name of a fabled race of dog-headed apes.   [58] **pineal gland** a vestigial pea-sized sense organ of unknown function located in the brain; it was formerly supposed, by some philosophers, to be the seat of the soul.   [59] **pollex, index e infamis** thumb, index, and middle finger.   [60] **pegar un hombrillo** to sew a piece of cloth on the shoulders of a garment intended either as a patch, pad, or adornment.   [61] **pisto con tomate** a dish of tomatoes and red pepper; **un ajo de pollo** chicken cooked in garlic; **carnero verde** mutton stew.   [62] **angustam pauperiem** dire poverty.   [63] **no se mordía la lengua** he didn't mince any words.   [64] **ponto de Calidonia** Sea of Caledonia; still used poetically, Caledonia is the ancient Roman name for Scotland.

con la criada; después les saca un poco de queso, o unos pimientos en vinagre, o así; y luego se van a palmotear como desesperados a las barandillas y al degolladero.[65] Pero no hay remedio; ya estamos prevenidos los apasionados de acá; y a la primera comedia que echen en el otro corral, ¡zas!, sin remisión, a silbidos se ha de hundir la casa. A ver . . .

DOÑA MARIQUITA.—¿Y si ellos nos ganasen por la mano, y hacen con la de hoy otro tanto?

DOÑA AGUSTINA.—Sí, te parecerá que tu hermano es lerdo, y que ha trabajado poco estos días para que no le suceda un chasco. Él se ha hecho ya amigo de los principales apasionados del otro corral; ha estado con ellos; les ha recomendado la comedia y les ha prometido que la primera que componga será para su compañía. Además de eso, la dama de allá le quiere mucho; él va todos los días a su casa a ver si se le ofrece algo, y cualquiera cosa que allí ocurre nadie la hace sino mi marido. «Don Eleuterio, tráigame usted un par de libras de manteca. Don Eleuterio, eche usted un poco de alpiste a ese canario. Don Eleuterio, dé usted una vuelta por la cocina a espumar aquel puchero ». Y él, ya se ve, lo hace todo con una prontitud y un agrado, que no hay más que pedir: porque, en fin, el que necesita es preciso que . . . Y, por otra parte, como él, bendito sea Dios, tiene tal gracia para cualquier cosa, y es tan servicial con todo el mundo . . . ¡Qué silbar! . . . No, hija, no hay que temer: ¡a buenas aldabas se ha agarrado él para que le silben!

DON HERMÓGENES.—Y, sobre todo, el sobresaliente mérito del drama bastaría a imponer taciturnidad y admiración a la turba más gárrula, más desenfrenada e insipiente.[66]

DOÑA AGUSTINA.—Pues ya se ve. Figúrese usted una comedia heroica como ésta, con más de nueve lances que tiene. Un desafío a caballo por el patio, tres batallas, dos tempestades, un entierro, una función de máscara, un incendio de ciudad, un puente roto, dos ejercicios de fuego y un ajusticiado; figúrese si esto ha de gustar precisamente.

DON SERAPIO.—¡Toma si gustará!

DON HERMÓGENES.—Aturdirá.

DON SERAPIO.—Se despoblará Madrid por ir a verla.

DOÑA MARIQUITA.—Y a mí me parece que unas comedias así debían representarse en la plaza de los toros.

Escena III

DON ELEUTERIO, DOÑA AGUSTINA, DOÑA MARIQUITA, DON SERAPIO, DON HERMÓGENES

DOÑA AGUSTINA.—Y bien, ¿qué dice el librero? ¿Se despachan muchas?

DON ELEUTERIO.—Hasta ahora . . .

DOÑA AGUSTINA.—Deja; me parece que voy a acertar: habrá vendido . . . ¿Cuándo se pusieron los carteles?

DON ELEUTERIO.—Ayer por la mañana. Tres o cuatro hice poner en cada esquina.

DON SERAPIO.—¡Ah!, y cuide usted (*Levántase*) que les pongan buen engrudo, porque si no . . .

DON ELEUTERIO.—Sí, que no estoy en todo. Como que yo mismo lo hice con esa mira, y lleva una buena parte de cola.

DOÑA AGUSTINA.—El *Diario* y la *Gaceta*[67] la han anunciado ya; ¿es verdad?

DON HERMÓGENES.—En términos precisos.

DOÑA AGUSTINA.—Pues irán vendidos . . . quinientos ejemplares.

DON SERAPIO.—¡Qué friolera! Y más de ochocientos.

DOÑA AGUSTINA.—¿He acertado?

DON SERAPIO.—¿Es verdad que pasan de ochocientos?

DON ELEUTERIO.—No, señor; no es verdad. La verdad es que hasta ahora, según me acaban de decir, no se han despachado más que tres ejemplares; y esto me da malísima espina.

DON SERAPIO.—¿Tres no más? Harto poco es.

DOÑA AGUSTINA.—Por vida mía, que es bien poco.

DON HERMÓGENES.—Distingo. Poco absolutamente hablando, niego; respectivamente, concedo; porque nada hay que sea poco ni mucho *per se*, sino respectivamente.[68] Y así, si los tres ejemplares vendidos constituyen una cantidad tercia con relación a nueve, y bajo este respecto los dichos tres ejemplares se llaman poco, también estos mismos tres ejemplares relativamente a uno componen una triplicada cantidad, a la cual podemos llamar mucho por la diferencia que va de uno a tres. De donde concluyo: que no es poco lo que se ha vendido y que es falta de ilustración sostener lo contrario.

DOÑA AGUSTINA.—Dice bien, muy bien.

DON SERAPIO.—¡Qué! ¡Si en poniéndose a hablar este hombre! . . .

DOÑA MARIQUITA.—Pues en poniéndose a hablar probará que lo blanco es verde, y que dos y dos son veinticinco. Yo entiendo tal como de sacar cuentas . . . Pero al cabo y al fin, las tres comedias que se han vendido hasta ahora, ¿serán más que tres?

DON ELEUTERIO.—Es verdad; y en suma, todo el importe no pasará de seis reales.

DOÑA MARIQUITA.—Pues, seis reales, cuando esperábamos montes de oro con la tal impresión . . . Ya voy viendo que si mi boda no se ha de hacer hasta que todos esos papelotes se despachen, me llevarán con palma a la sepultura. (*Llorando.*) ¡Pobrecita de mí!

DON HERMÓGENES.—No así, hermosa Mariquita, desperdicie usted el tesoro de perlas que una y otra luz derrama.

DOÑA MARIQUITA.—¿Perlas? Si yo supiera llorar perlas, no tendría mi hermano necesidad de escribir disparates.

Escena IV

DON ANTONIO, DON ELEUTERIO, DON HERMÓGENES, DON SERAPIO, DOÑA AGUSTINA, DOÑA MARIQUITA

DON ANTONIO.—A la orden de ustedes, señores.

DON ELEUTERIO.—Pues ¿cómo tan presto? ¿No dijo usted que iría a ver la comedia?

DON ANTONIO.—En efecto, he ido. Allí queda don Pedro.

DON ELEUTERIO.—¿Aquel caballero de tan mal humor?

DON ANTONIO.—El mismo. Que quieras que no, le he acomodado (*Sale Pipí por la puerta del foro con un canastillo de manteles, cubiertos, etc., y le pone sobre el mostrador*) en el palco de unos amigos. Yo creía tener luneta segura; pero, ¿qué?, ni luneta, ni palcos, ni tertulias, ni cubillos;[69] no hay asiento en ninguna parte.

DOÑA AGUSTINA.—Si lo dije.

DON ANTONIO.—Es mucha la gente que hay.

DON ELEUTERIO.—Pues no, no es cosa de que usted se quede sin verla. Yo tengo palco. Véngase usted con nosotros, y todos nos acomodaremos.

DOÑA AGUSTINA.—Sí, puede usted venir con toda satisfacción, caballero.

DON ANTONIO.—Señora, doy a usted mil gracias por su atención; pero ya no es cosa de volver allá. Cuando yo salí se empezaba la primera tonadilla;[70] conque . . .

DON SERAPIO.—¿La tonadilla? (*Levántanse todos.*)

DOÑA MARIQUITA.—¿Qué dice usted?

DON ELEUTERIO.—¿La tonadilla?

DOÑA AGUSTINA.—Pues ¿como han empezado tan presto?

DON ANTONIO.—No, señora; han empezado a la hora regular.

DOÑA AGUSTINA.—No puede ser; si ahora serán . . .

DON HERMÓGENES.—Yo lo diré (*Saca el reloj*): las tres y media en punto.

DOÑA MARIQUITA.—¡Hombre! ¿Qué tres y media? Su reloj de usted está siempre en las tres y media.

DOÑA AGUSTINA.—A ver . . . (*Toma el reloj de don Hermógenes, le aplica el oído y se vuelve.*) ¡Si está parado!

DON HERMÓGENES.—Es verdad. Esto consiste en que la elasticidad del muelle espiral . . .

DOÑA MARIQUITA.—Consiste en que está parado, y nos ha hecho usted perder la mitad de la comedia. Vamos, hermana.

DOÑA AGUSTINA.—Vamos.

DON ELEUTERIO.—¡Cuidado que es cosa particular! ¡Voto a sanes![71] La casualidad de . . .

DOÑA MARIQUITA.—Vamos pronto . . . ¿Y mi abanico?

[65] **degolladero** a heavy board or beam reaching the height of a man's neck, that partitioned off the pit from the stalls in ancient theaters. [66] **turba . . . insipiente** noisiest, wildest, most ignorant crowd of people. [67] **El Diario y la Gaceta** the names of two Madrid newspapers. [68] Note the specious reasoning or logic used by don Hermógenes, which was characteristic of medieval scholasticism. [69] **luneta** orchestra seat; **palco** box; **tertulia** corridor or gallery; **cubillo** small cubicle or box at either side of the stage. [70] **tonadilla** musical interlude presented during the intermission. [71] **¡Voto a sanes!** a nonsensical imprecation.

DON SERAPIO.—Aquí está.

DON ANTONIO.—Llegarán ustedes al segundo acto.

DOÑA MARIQUITA.—Vaya, que este don Hermógenes . . .

DOÑA AGUSTINA.—Quede usted con Dios, caballero.

DOÑA MARIQUITA.—Vamos aprisa.

DON ANTONIO.—Vayan ustedes con Dios.

DON SERAPIO.—A bien que cerca estamos.

DON ELEUTERIO.—Cierto que ha sido chasco estarnos así, fiados en . . .

DOÑA MARIQUITA.—Fiados en el maldito reloj de don Hermógenes.

Escena V
DON ANTONIO, PIPÍ

DON ANTONIO.—¿Conque estas dos son la hermana y la mujer del autor de la comedia?

PIPÍ.—Sí, señor.

DON ANTONIO.—¡Qué paso llevan! Ya se ve, se fiaron del reloj de don Hermógenes.

PIPÍ.—Pues, yo no sé qué será, pero desde la ventana de arriba se ve salir mucha gente del coliseo.

DON ANTONIO.—Serán los del patio, que estarán sofocados. Cuando yo me vine quedaban dando voces para que les abriesen las puertas. El calor es muy grande, y, por otra parte, meter cuatro donde no caben más que dos es un despropósito; pero lo que importa es cobrar a la puerta, y más que revienten dentro.

Escena VI
DON PEDRO, DON ANTONIO, PIPÍ

DON ANTONIO.—¡Calle! ¿Ya está usted por acá? Pues y la comedia, ¿en qué estado queda?

DON PEDRO.—Hombre, no me hable usted de comedia (*Siéntase*), que no he tenido rato peor muchos meses ha.

DON ANTONIO.—Pues, ¿qué ha sido ello? (*Sentándose junto a don Pedro.*)

DON PEDRO.—¿Qué ha de ser? Que he tenido que sufrir, gracias a la recomendación de usted, casi todo el primer acto, y por añadidura una tonadilla insípida y desvergonzada, como es costumbre. Hallé la ocasión de escapar y la aproveché.

DON ANTONIO.—¿Y qué tenemos en cuanto al mérito de la pieza?

DON PEDRO.—Que cosa peor no se ha visto en el teatro desde que las musas de guardilla[72] le abastecen . . . Si tengo hecho propósito firme de no ir jamás a ver esas tonterías. A mí no me divierten; al contrario, me llenan de . . ., de . . . No señor, menos me enfada cualquiera de nuestras comedias antiguas, por malas que sean. Están desarregladas, tienen disparates; pero aquellos disparates y aquel desarreglo son hijos del ingenio y no de la estupidez. Tienen defectos enormes, es verdad; pero entre estos defectos se hallan cosas que, por vida mía, tal vez suspenden y conmueven al espectador en términos de hacerle olvidar o disculpar cuantos desaciertos han precedido. Ahora compare usted nuestros autores adocenados del día con los antiguos, y dígame si no vale más Calderón, Solís, Rojas, Moreto, cuando deliran, que estotros cuando quieren hablar en razón.

DON ANTONIO.—La cosa es tan clara, señor don Pedro, que no hay nada que oponer a ella; pero, dígame usted, el pueblo, el pobre pueblo, ¿sufre con paciencia ese espantable comedión?

DON PEDRO.—No tanto como el autor quisiera, porque algunas veces se ha levantado en el patio una mareta sorda que traía visos de tempestad. En fin, se acabó el acto muy oportunamente; pero no me atreveré a pronosticar el éxito de la tal pieza, porque aunque el público está ya muy acostumbrado a oir desatinos, tan garrafales como los de hoy jamás se oyeron.

DON ANTONIO.—¿Qué dice usted?

DON PEDRO.—Es increíble. Allí no hay más que un hacinamiento confuso de especies, una acción informe, lances inverosímiles, episodios inconexos, caracteres mal expresados o mal escogidos; en vez de artificio, embrollo; en vez de situaciones cómicas, mamarrachadas de linterna mágica. No hay conocimiento de historia ni de costumbres; no hay objeto moral; no hay lenguaje, ni estilo, ni versificación, ni gusto, ni sentido común. En suma, es tan mala y peor que las otras con que nos regalan todos los días.

DON ANTONIO.—Y no hay que esperar nada mejor.

Mientras el teatro siga en el abandono en que hoy está, en vez de ser el espejo de la virtud y el templo del buen gusto, será la escuela del error y el almacén de las extravagancias.

DON PEDRO.—Pero ¿no es fatalidad que después de tanto como se ha escrito por los hombres más doctos de la nación sobre la necesidad de su reforma, se han de ver todavía en nuestra escena espectáculos tan infelices? ¿Qué pensarán de nuestra cultura los extranjeros que vean la comedia de esta tarde? ¿Qué dirán cuando lean las que se imprimen diariamente?

DON ANTONIO.—Digan lo que digan, amigo don Pedro, ni usted ni yo podemos remediarlo. ¿Y qué haremos? Reír o rabiar; no hay otra alternativa . . . Pues yo más quiero reír que impacientarme.

DON PEDRO.—Yo no, porque no tengo serenidad para eso. Los progresos de la literatura, señor don Antonio, interesan mucho al poder, a la gloria y a la conservación de los imperios; el teatro influye inmediatamente en la cultura nacional; el nuestro está perdido, y yo soy muy español.

DON ANTONIO.—Con todo, cuando se ve que . . . Pero ¿qué novedad es ésta?

Escena VII

DON SERAPIO, DON HERMÓGENES, DON PEDRO, DON ANTONIO, PIPÍ

DON SERAPIO.—Pipí, muchacho: ¡corriendo, por Dios, un poco de agua!

DON ANTONIO.—¿Qué ha sucedido? (*Se levantan don Antonio y don Pedro.*)

DON SERAPIO.—No te pares en enjuagatorios. ¡Aprisa!

PIPÍ.—¡Por la vida del hombre! (*Pipí va detrás de don Serapio con un vaso de agua. Don Hermógenes, que sale apresurado, tropieza con él y deja caer el vaso y el plato.*) ¿Por qué no mira usted?

DON HERMÓGENES.—¿No hay alguno de ustedes que tenga por ahí un poco de agua de melisa, elixir, extracto, aroma, álcali volátil, éter vitriólico, o cualquier quintaesencia antiespasmódica, para entonar el sistema nervioso de una dama exánime?[73]

DON ANTONIO.—Yo no, no traigo.

DON PEDRO.—Pero ¿qué ha sido? ¿Es accidente?

Escena VIII

DOÑA AGUSTINA, DOÑA MARIQUITA, DON ELEUTERIO, DON HERMÓGENES, DON SERAPIO, DON PEDRO, DON ANTONIO, PIPÍ

DON ELEUTERIO.—Sí, es mucho mejor hacer lo que dice don Serapio. (*Doña Agustina, muy acongojada, sostenida por don Eleuterio y don Serapio. La hacen que se siente. Pipí trae otro vaso de agua, y ella bebe un poco.*)

DON SERAPIO.—Pues, ya se ve. Anda, Pipí; en tu cama podrá descansar esta señora.

PIPÍ.—¡Qué! Si está en un camaranchón que . . .

DON ELEUTERIO.—No importa.

PIPÍ.—¡La cama! La cama es un jergón de arpillera y . . .

DON SERAPIO.—¿Qué quiere decir eso?

DON ELEUTERIO.—No importa nada. Allí estará un rato, y veremos si es cosa de llamar a un sangrador.

PIPÍ.—Yo bien, si ustedes . . .

[72] **musas de guardilla** attic or garret Muses.
[73] **agua de melisa . . . exánime** honey water, an elixir, an extract, aromatic, ammonium, mordant smelling salts or any antispasmodic medication that would stimulate the nervous system of a lifeless woman?

DOÑA AGUSTINA.—No, no es menester.

DOÑA MARIQUITA.—¿Se siente usted mejor, hermana?

DON ELEUTERIO.—¿Te vas aliviando?

DOÑA AGUSTINA.—Alguna cosa.

DON SERAPIO.—¡Ya se ve! El lance no era para menos.

DON ANTONIO.—Pero ¿se podrá saber qué especie de insulto ha sido éste?

DON ELEUTERIO.—¡Qué ha de ser, señor; qué ha de ser! Que hay gente envidiosa y mal intencionada que... ¡Vaya! No me hable usted de eso; porque... ¡Picarones! ¿Cuándo han visto ellos comedia mejor?

DON PEDRO.—No acabo de comprender.

DOÑA MARIQUITA.—Señor, la cosa es bien sencilla. El señor es hermano mío, marido de esta señora y autor de esa maldita comedia que han echado hoy. Hemos ido a verla; cuando llegamos estaban ya en el segundo acto. Allí había una tempestad, y luego un consejo de guerra, y luego un baile, y después un entierro... En fin, ello es que al cabo de esta tremolina salía la dama con un chiquillo de la mano, y ella y el chico rabiaban de hambre; el muchacho decía: «Madre, déme usted pan». Y la madre invocaba a Demogorgón y al Cancerbero.[74] Al llegar nosotros se empezaba este lance de madre e hijo... El patio estaba tremendo. ¡Qué oleadas! ¡Qué toser! ¡Qué estornudos! ¡Qué bostezar! ¡Qué ruido confuso por todas partes!... Pues, señor, como digo, salió la dama, y apenas hubo dicho que no había comido en seis días, y apenas el chico empezó a pedirla pan, y ella a decirle que no le tenía, cuando, para servir a ustedes, la gente, que a la cuenta estaba ya hostigada de la tempestad, del consejo de guerra, del baile y del entierro, comenzó de nuevo a alborotarse. El ruido se aumenta; suenan bramidos por un lado y otro, y empieza tal descarga de palmadas huecas, y tal golpeo en los bancos y barandillas, que no parecía sino que toda la casa se venía al suelo. Corrieron el telón; abrieron las puertas; salió renegando toda la gente; a mi hermana se le oprimió el corazón, de manera que... En fin, ya está mejor, que es lo principal. Aquello no ha sido ni oído ni visto; en un instante, entrar en el palco y suceder lo que acabo de contar, todo ha sido a un tiempo. ¡Válgame Dios! ¡En lo que han venido a parar tantos proyectos! Bien decía yo que era imposible que... (Siéntase junto a doña Agustina.)

DON ELEUTERIO.—¡Y que no ha de haber justicia para esto! Don Hermógenes, amigo don Hermógenes, usted bien sabe lo que es la pieza; informe usted a estos señores... Tome usted. (Saca la comedia y se la da a don Hermógenes.) Léales usted todo el segundo acto, y que me digan si una mujer que no ha comido en seis días tiene razón de morirse, y si es mal parecido que un chico de cuatro años pida pan a su madre. Lea usted, lea usted, y que me digan si hay conciencia ni ley de Dios para haberme asesinado de esta manera.

DON HERMÓGENES.—Yo, por ahora, amigo don Eleuterio, no puedo encargarme de la lectura del drama. (Deja la comedia sobre una mesa. Pipí la toma, se sienta en una silla y lee.) Estoy deprisa. Nos veremos otro día, y...

DON ELEUTERIO.—¿Se va usted?

DOÑA MARIQUITA.—¿Nos deja usted así?

DON HERMÓGENES.—Si en algo pudiera contribuir con mi presencia al alivio de ustedes, no me movería de aquí; pero...

DOÑA MARIQUITA.—No se vaya usted.

DON HERMÓGENES.—Me es muy doloroso asistir a tan acerbo espectáculo; tengo que hacer. En cuanto a la comedia, nada hay que decir; murió, y es imposible que resucite; bien que ahora estoy escribiendo una apología del teatro, y la citaré con elogio. Diré que hay otras peores; diré que si no guarda reglas ni conexión, consiste en que el autor era un grande hombre; callaré sus defectos...

DON ELEUTERIO.—¿Qué defectos?

DON HERMÓGENES.—Algunos que tiene.

DON PEDRO.—Pues no decía usted eso poco tiempo ha.

DON HERMÓGENES.—Fue para animarle.

DON PEDRO.—Y para engañarle y perderle. Si usted conocía que era mala, ¿por qué no se lo dijo? ¿Por qué, en vez de aconsejarle que desistiera de escribir chapucerías, ponderaba usted el ingenio del autor y le persuadía que era excelente una obra tan ridícula y despreciable?

DON HERMÓGENES.—Porque el señor carece de criterio y sindéresis para comprender la solidez de mis

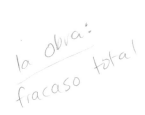

la obra:
fracaso total

raciocinios, si por ellos intentara persuadirle que la comedia es mala.

DOÑA AGUSTINA.—¿Conque es mala?

DON HERMÓGENES.—Malísima.

DON ELEUTERIO.—¿Qué dice usted?

DOÑA AGUSTINA.—Usted se chancea, don Hermógenes; no puede ser otra cosa.

DON PEDRO.—No, señora, no se chancea; en eso dice la verdad. La comedia es detestable.

DOÑA AGUSTINA.—Poco a poco con eso, caballero; que una cosa es que el señor lo diga por gana de fiesta y otra que usted nos lo venga a repetir de ese modo. Usted será de los eruditos que de todo blasfeman y nada les parece bien sino lo que ellos hacen; pero . . .

DON PEDRO.—Si usted es marido de esa (*A don Eleuterio*) señora, hágala usted callar, porque, aunque no pueda ofenderme cuanto diga, es cosa ridícula que se meta a hablar de lo que no entiende.

DOÑA AGUSTINA.—¿No entiendo? ¿Quién le ha dicho a usted que . . .?

DON ELEUTERIO.—Por Dios, Agustina, no te desazones. Ya ves (*Se levanta colérica, y don Eleuterio la hace sentar*) cómo estás . . . ¡Válgame Dios, señor! Pero, amigo (*A don Hermógenes*), no sé qué pensar de usted.

DON HERMÓGENES.—Piense usted lo que quiera. Yo pienso de su obra lo que ha pensado el público; pero soy su amigo de usted, y aunque vaticiné el éxito infausto que ha tenido, no quise anticiparle una pesadumbre, porque, como dice Platón y el abate Lampillas . . .[75]

DON ELEUTERIO.—Digan lo que quieran. Lo que yo digo es que usted me ha engañado como un chino. Si yo me aconsejaba con usted; si usted ha visto la obra lance por lance y verso por verso; si usted me ha exhortado a concluir las otras que tengo manuscritas; si usted me ha llenado de elogios y de esperanzas; si me ha hecho usted creer que yo era un grande hombre, ¿cómo me dice usted ahora eso? ¿Cómo ha tenido usted corazón para exponerme a los silbidos, al palmoteo y a la zumba de esta tarde?

DON HERMÓGENES.—Usted es pacato y pusilánime en demasía . . . ¿Por qué no le anima a usted el ejemplo? ¿No ve usted esos autores que componen para el teatro, con cuánta imperturbalidad toleran los vaivenes de la fortuna? Escriben, los silban y vuelven a escribir;

animar:

vuelven a silbarlos y vuelven a escribir . . . ¡Oh almas grandes, para quienes los chiflidos son arrullos y las maldiciones alabanzas!

DOÑA MARIQUITA.—¿Y qué quiere usted (*Levántase*) decir con eso? Ya no tengo paciencia para callar más. ¿Qué quiere usted decir? ¿Que mi pobre hermano vuelva otra vez? . . .

DON HERMÓGENES.—Lo que quiero decir es que estoy de prisa y me voy.

DOÑA AGUSTINA.—Vaya usted con Dios, y haga usted cuenta que no nos ha conocido. ¡Picardía! No sé cómo (*Se levanta muy enojada, encaminándose hacia don Hermógenes, que se va retirando de ella*) no me tiro a él . . . Váyase usted.

DON HERMÓGENES.—¡Gente ignorante!

DOÑA AGUSTINA.—Váyase usted.

DON ELEUTERIO.—¡Picarón!

DON HERMÓGENES.—¡Canalla infeliz!

Se insultan

Escena IX

DON ELEUTERIO, DON SERAPIO, DON ANTONIO, DON PEDRO, DOÑA AGUSTINA, DOÑA MARIQUITA, PIPÍ

DON ELEUTERIO.—¡Ingrato, embustero! Después (*Se sienta con ademanes de abatimiento*) de lo que hemos hecho por él.

DOÑA MARIQUITA.—Ya ve usted, hermana, lo que ha venido a resultar. Si lo dije, si me lo daba el corazón . . . Mire usted qué hombre; después de haberme traído en palabras[76] tanto tiempo y, lo que es peor, haber perdido por él la conveniencia de casarme con el boticario, que a lo menos es hombre de bien y no sabe latín ni se mete en citar autores, como ese bribón . . . ¡Pobre de mí! Con dieciséis años que tengo, y todavía estoy sin colocar; por el maldito empeño de ustedes de que me había de casar con un erudito que supiera mucho . . . Mire usted lo que sabe el renegado. ¡Dios

---

[74] **Demogorgon** an evil divinity of primordial creative power, commanding the spirits of the lower world; **Cerberus** a monstrous watchdog guarding the portals of Hades.   [75] **Francisco Javier Lampillas** (1731–1810?) Spanish Jesuit scholar and apologist of Spanish literature.   [76] **después . . . palabras** after leading me to believe he would marry me.

Soliva, Miguel (trabajó entre 1727–1750?).
Cerámica española. Plato: *Entrada triunfal de
Alejandro en Babilonia.* Loza de barro glaseado.
The Metropolitan Museum of Art. Regalo de
Jacques Seligman, 1906.

me perdone! Quitarme mi acomodo, engañar a mi
hermano, perderle y hartarnos de pesadumbres.

DON ANTONIO.—No se desconsuele usted, señorita,
que todo se compondrá. Usted tiene mérito y no le
faltarán proposiciones mucho mejores que las que ha
perdido.

DOÑA AGUSTINA.—Es menester que tengas un poco
de paciencia, Mariquita.

DON ELEUTERIO.—La paciencia (*Se levanta con viveza*)
la necesito yo, que estoy desesperado de ver lo que
me sucede.

DOÑA AGUSTINA.—Pero, hombre, ¡que no has de
reflexionar!...

DON ELEUTERIO.—Calla, mujer; calla, por Dios, que
tú también...

DON SERAPIO.—No, señor; el mal ha estado en que
nosotros no lo advertimos con tiempo... Pero le
aseguro al guarnicionero y a sus camaradas que si
llegamos a pillarlos, solfeo de mojicones[77] como el que
han de llevar no le... La comedia es buena, señor;
créame usted a mí; la comedia es buena. Ahí no ha
habido más sino que los de allá se han reunido, y...

DON ELEUTERIO.—Yo ya estoy en que la comedia
no es tan mala y que hay muchos partidos, pero lo que
a mí me...

DON PEDRO.—¿Todavía está usted en esa equivocación?

DON ANTONIO.—Déjele usted. (*Aparte a don Pedro.*)

DON PEDRO.—No quiero dejarle, me da compasión... Y, sobre todo, es demasiada necedad, después
de lo que ha sucedido, que todavía esté creyendo el
señor que su obra es buena. ¿Por qué ha de serlo?
¿Qué motivos tiene usted para acertar? ¿Qué ha
estudiado usted? ¿Quién le ha enseñado el arte? ¿Qué
modelos ha propuesto usted para la imitación? ¿No
ve usted que en todas las facultades hay un método
de enseñanza y unas reglas que seguir y observar; que
a ellas debe acompañar una aplicación constante y
laboriosa, y que sin estas circunstancias, unidas al
talento, nunca se formarán grandes profesores, porque
nadie sabe sin aprender? Pues ¿por dónde usted, que
carece de tales requisitos, presume que habrá podido
hacer algo bueno? Qué, ¿no hay más sino meterse a
escribir, a salga lo que salga, y en ocho días zurcir un

Don Pedro:

virtuoso
honesto
justo
generoso
compasivo

El Siglo XVIII   **41**

embrollo, ponerlo en malos versos, darle al teatro y ya soy autor? Qué, ¿no hay más que escribir comedias? Si han de ser como la de usted o como las demás que se le parecen, poco talento, poco estudio y poco tiempo son necesarios; pero si han de ser buenas, créame usted, se necesita toda la vida de un hombre, un ingenio muy sobresaliente, un estudio infatigable, observación continua, sensibilidad, juicio exquisito, y todavía no hay seguridad de llegar a la perfección.

DON ELEUTERIO.—Bien está, señor; será todo lo que usted dice, pero ahora no se trata de eso. Si me desespero y me confundo, es por ver que todo se me descompone, que he perdido mi tiempo, que la comedia no vale un cuarto, que he gastado en la impresión lo que no tenía . . .

DON ANTONIO.—No, la impresión con el tiempo se venderá.

DON PEDRO.—No se venderá, no, señor. El público no compra en la librería las piezas que silba en el teatro. No se venderá.

DON ELEUTERIO.—Pues vea usted: no se venderá, y pierdo ese dinero; y por otra parte . . . ¡Válgame Dios! Yo, señor, seré lo que ustedes quieran; seré mal poeta, seré un zopenco, pero soy un hombre de bien. Este picarón de don Hermógenes me ha estafado cuanto tenía para pagar sus trampas y sus embrollos; me ha metido en nuevos gastos, y me deja imposibilitado de cumplir como es regular con los muchos acreedores que tengo.

DON PEDRO.—Pero ahí no hay más que hacerles una obligación de irlos pagando poco a poco, según el empleo o la facultad que usted tenga, y arreglándose a una buena economía.

DOÑA AGUSTINA.¡—Qué empleo ni qué facultad, señor! Si el pobrecito no tiene ninguna.

DON PEDRO.—¿Ninguna?

DON ELEUTERIO.—No, señor. Yo estuve en esa lotería de ahí arriba; después me puse a servir a un caballero indiano,[78] pero se murió, lo dejé todo y me metí a escribir comedias, porque ese don Hermógenes me engatusó y . . .

DOÑA MARIQUITA.—¡Maldito sea él!

DON ELEUTERIO.—Y si fuera decir estoy solo, ¡anda con Dios!, pero casado, y con una hermana, y con aquellas criaturas . . .

DON ANTONIO.—¿Cuántas tiene usted?

DON ELEUTERIO.—Cuatro, señor; que el mayorcito pasa de cinco años.

DON PEDRO.—¿Hijos tiene? (*Aparte, con ternura.*) ¡Qué lástima!

DON ELEUTERIO.—Pues si no fuera por eso . . .

DON PEDRO.—(*Aparte.*) ¡Infeliz! Yo, amigo, ignoraba que del éxito de la obra de usted pendiera la suerte de esa pobre familia. Yo también he tenido hijos. Ya no los tengo, pero sé lo que es el corazón de un padre. Dígame usted: ¿sabe usted contar? ¿Escribe usted bien?

DON ELEUTERIO.—Sí, señor; lo que es así cosa de cuentas, me parece que sé bastante. En casa de mi amo . . ., porque yo, señor, he sido paje . . .; allí, como digo, no había más mayordomo que yo. Yo era el que gobernaba la casa; como ya se ve, estos señores no entienden de eso . . . Y siempre me porté como todo el mundo sabe. Eso sí, lo que es honradez y . . ., ¡vaya!, ninguno ha tenido que . . .

DON PEDRO.—Lo creo muy bien.

DON ELEUTERIO.—En cuanto a escribir, yo aprendí en los Escolapios,[79] y luego me he soltado bastante, y sé alguna cosa de ortografía . . . Aquí tengo . . . Vea usted . . . (*Saca un papel y se lo da a don Pedro.*) Ello está escrito algo deprisa porque ésta es una tonadilla que se había de cantar mañana . . . ¡Ay, Dios mío!

DON PEDRO.—Me gusta la letra,[80] me gusta.

DON ELEUTERIO.—Sí, señor; tiene su introduccioncita; luego entran las coplillas satíricas con sus estribillos, y concluye con las . . .

DON PEDRO.—No hablo de eso, hombre, no hablo de eso. Quiero decir que la forma de la letra es muy buena. La tonadilla ya se conoce que es prima hermana de la comedia.

---

[77] **solfeo de mojicones** a sound beating or drubbing; lit. a musical scale played by the pounding of fists. [78] **caballero indiano** a Spaniard who returns wealthy from America. [79] **Escolapios** (Escuelaspías) The Piarist Schools, an institute of secondary education, founded at Rome early in the seventeenth century.   [80] **letra** note the play on words, **letra** meaning both "handwriting" and "song lyrics".

DON ELEUTERIO.—Ya.

DON PEDRO.—Es menester que se deje usted de esas tonterías. (*Volviéndole el papel.*)

DON ELEUTERIO.—Ya lo veo, señor; pero si me parece que el enemigo . . .

DON PEDRO.—Es menester olvidar absolutamente esos devaneos; ésta es una condición precisa que exijo de usted. Yo soy rico, muy rico, y no acompaño con lágrimas estériles las desgracias de mis semejantes. La mala fortuna a que le han reducido a usted sus desvaríos necesita, más que consuelos y reflexiones, socorros efectivos y prontos. Mañana quedarán pagadas por mí todas las deudas que usted tenga.

DON ELEUTERIO.—Señor, ¿qué dice usted?

DOÑA AGUSTINA.—¿De veras, señor? ¡Válgame Dios!

DOÑA MARIQUITA.—¿De veras?

DON PEDRO.—Quiero hacer más. Yo tengo bastantes haciendas cerca de Madrid; acabo de colocar a un mozo de mérito, que entendía en el gobierno de ellas. Usted, si quiere, podrá irse instruyendo al lado de mi mayordomo, que es hombre honradísimo, y desde luego puede usted contar con una fortuna proporcionada a sus necesidades. Esta señora deberá contribuir por su parte a hacer feliz el nuevo destino que a usted le propongo. Si cuida de su casa, si cría bien a sus hijos, si desempeña como debe los oficios de esposa y madre, conocerá que sabe cuanto hay que saber y cuanto conviene a una mujer de su estado y obligaciones. Usted, señorita, no ha perdido nada en no casarse con el pedantón de don Hermógenes, porque, según se ha visto, es un malvado que la hubiera hecho infeliz, y si usted disimula un poco las ganas que tiene de casarse, no dudo que hallará muy presto un hombre de bien que la quiera. En una palabra, yo haré en favor de ustedes todo el bien que pueda; no hay que dudarlo. Además, yo tengo muy buenos amigos en la corte, y . . . créanme ustedes, soy algo áspero en mi carácter, pero tengo el corazón muy compasivo.

DOÑA MARIQUITA.—¡Qué bondad! (*Don Eleuterio, su mujer y su hermana quieren arrodillarse a los pies de don Pedro; él lo estorba y los abraza cariñosamente.*)

DON ELEUTERIO.—¡Qué generoso!

DON PEDRO.—Esto es ser justo. El que socorre la pobreza, evitando a un infeliz la desesperación y los delitos, cumple con su obligación; no hace más.

DON ELEUTERIO.—Yo no sé cómo he de pagar a usted tantos beneficios.

DON PEDRO.—Si usted me los agradece, ya me los paga.

DON ELEUTERIO.—Perdone usted, señor, las locuras que he dicho y el mal modo . . .

DOÑA AGUSTINA.—Hemos sido muy imprudentes.

DON PEDRO.—No hablemos de eso.

DON ANTONIO.—¡Ah, don Pedro! ¡Qué lección me ha dado usted esta tarde!

DON PEDRO.—Usted se burla. Cualquiera hubiera hecho lo mismo en iguales circunstancias.

DON ANTONIO.—Su carácter de usted me confunde.

DON PEDRO.—¡Eh! Los genios serán diferentes, pero somos muy amigos. ¿No es verdad?

DON ANTONIO.—¿Quién no querrá ser amigo de usted?

DON SERAPIO.—Vaya, vaya; yo estoy loco de contento.

DON PEDRO.—Más lo estoy yo, porque no hay placer comparable al que resulta de una acción virtuosa. Recoja usted esa comedia. (*Al ver la comedia que está leyendo Pipí*), no se quede por ahí perdida y sirva de pasatiempo a la gente burlona que llegue a verla.

DON ELEUTERIO.—¡Mal haya la comedia (*Arrebata la comedia de manos de Pipí y la hace pedazos*), amén, y mi docilidad y mi tontería! Mañana, así que amanezca, hago una hoguera con todo cuanto tengo impreso y manuscrito y no ha de quedar en mi casa un verso.

DOÑA MARIQUITA.—Yo encenderé la pajuela.

DOÑA AGUSTINA.—Y yo aventaré las cenizas.

DON PEDRO.—Así debe ser. Usted, amigo, ha vivido engañado; su amor propio, la necesidad, el ejemplo y la falta de instrucción le han hecho escribir disparates. El público le ha dado a usted una lección muy dura, pero muy útil, puesto que por ella se reconoce y se enmienda. ¡Ojalá los que hoy tiranizan y corrompen el teatro por el maldito furor de ser autores, ya que desatinan como usted, lo imitaran en desengañarse!

2
INTRODUCCIÓN AL SIGLO XIX

Goya, Francisco. Español (1746–1828). *Los fusilamientos de la Moncloa.* Museo del Prado, Madrid.

Goya, Francisco. Español (1746–1828). *Fernando VII, Rey de España, con el traje de Príncipe de Asturias.* Pintado en 1800. The Metropolitan Museum of Art. Regalo de René Fribourg, 1951.

El siglo XIX español representa en la historia de este país la época en que se suceden sin interrupción la guerra nacional contra Napoleón, las guerras de la independencia hispanoamericana, los pronunciamientos políticos, las guerras civiles, los cambios de gobierno, la marcha desairada de monarcas, la muerte de la Inquisición, la llegada de nuevos credos filosóficos, políticos y sociales, en fin, los más grandes trastornos en la vida de una nación.

«La guerra de la Independencia» contra los ejércitos de Napoleón (1808–1814) conmovió a la nación hasta sus entrañas y prudujo una situación política y social parecida a la de la guerra civil de 1936–1939, aunque de menos alcance, en cuanto a la angustia vital de los españoles sinceros en sus lealtades divididas. «Patriotas y afrancesados» fueron las palabras que calificaban entonces a los españoles como buenos o malos. Simultáneamente con la guerra de la Independencia se daba un hecho histórico que pudo haber sido, si hubiera tenido pleno éxito, el cambio total de la vida política y social de España. Las Cortes de Cádiz promulgaron una «constitución» que fue modelo para otras legislaciones de naciones europeas. Desgraciadamente ni las fuerzas conservadoras, aristocracia, alto clero, ni aun el mismo pueblo fanático, estaban preparados para gozar de libertades y derechos revolucionarios.

Al mismo tiempo que en España se peleaba contra los ejércitos franceses y se promulgaba la «constitución de 1812» en América se iniciaba el proceso de independencia de las nuevas naciones hispanas. Hombres destacados de la independencia fueron miembros de las cortes de Cádiz, Francisco Miranda (Venezuela) o soldados contra Napoleón, José San Martín (Argentina). Después de vencer a Napoleón, con la vuelta del Rey Fernando VII, se creyó que comenzaba una nueva era para España bajo una constitución generosa y liberal. Pero el rey se negó a ser un gobernante humano. Volvió la tiranía. La Europa monárquica y egoísta del congreso de Viena (1815), la Francia absolutista de los nuevos Borbones, apoyada por Austria en el Congreso de Verona (1822), envió un ejército de 100,000 hombres («los cien mil hijos de San Luis»), para aplastar el foco liberal que fue entonces España. El triunfo de la revolución liberal española pudo ser el comienzo de una nueva era política de libertad para Europa. A pesar de su victoria contra Napoleón, España quedó relegada a potencia de segunda clase, empobrecida y en deuda con los grandes bancos y gobiernos extranjeros. A la muerte de Fernando VII la nación vuelve a dividirse entre los partidarios de Isabel II, hija de aquél y Carlos V, hermano del rey. Tres guerras civiles serán la consecuencia de esta nueva división política de los españoles. Guerras crueles y asoladoras, en que se mezclaron inmoralmente las ideas de libertad, patria, religión y tradición.

En medio del caos político de España se dan dos hechos de interés para la historia de la cultura del país. Con ocasión de la tiranía fernandina emigraron a Italia, Francia, Inglaterra, algunos de los hombres que llegarían a ser los fundadores del movimiento literario romántico. Martínez de la Rosa escribió en Francia y en francés su drama *La conjuración de Venecia*. El duque de Rivas vivió en la isla de Malta, donde fue amigo de John Hookham Frere, literato inglés, que le animó a estudiar la historia literaria de España y a apreciar la edad media como fuente de inspiración. Espronceda viajó por Inglaterra y Francia como revolucionario.

A mitad del siglo se da en España un hecho de poca significación en la política inmediata, pero de importancia capital en la evolución de las ideas y aun de la moralidad nacional. Julián Sanz del Río (1814–1869) enseña en la Universidad de Madrid y escribe sobre la filosofía Krausista, que es una forma de moral laica en oposición a la pragmática y negativa al uso. Su discípulo Giner de los Ríos inicia la obra de la educación de los educadores y maestros de España por medio de la «Institución Libre de la Enseñanza». Estos dos hechos, el romanticismo y la filosofía Krausista, constituyen las realidades más importantes de la vida cultural española del siglo XIX.

Al mismo tiempo que España sufre estas convulsiones políticas y se producen los movimientos culturales, el país se incorpora poco a poco a la nueva vida industrial europea. En 1848 se construye el primer ferrocarril de España y a partir de entonces se inicia la actividad económica de carácter moderno, aunque limitada.

El romanticismo español tiene características peculiares. Los iniciadores del mismo proceden del mundo clásico de las letras. Martínez de la Rosa, Alcalá Galiano, el duque de Rivas y Zorrilla en general se mantienen fieles al espíritu de la tradición nacional, (Espronceda en cambio es más subjetivo y byroniano). Se ha dicho que el alma española es esencialmente romántica y para ello se cita a Lope de Vega, Guillén de Castro, Calderón, Góngora y otros. Pero en 1800 el movimiento romántico español se inicia en parte por influencia extranjera. Juan Nicolás Böhl de Faber, cónsul alemán en Cádiz y padre de la que se llamará Fernán Caballero, escribe sobre el valor artístico del antiguo teatro español, en oposición

al teatro neoclásico, y publica una antología de poesía, *Floresta de rimas castellanas* (1821–1825). Al mismo tiempo introduce en España las ideas y teorías de los hermanos Schlegel. Agustín Durán edita *Colecciones de romances antiguos* (1821 y 1832), que orientan la inspiración de los nuevos poetas hacia el pasado nacional español. Ellos y otros escritores discuten los valores literarios de Byron, Schiller, Walter Scott y los demás románticos. El gran triunfo romántico en España, equivalente al de Víctor Hugo en Francia con *Hernani* (1830), fue el de *Don Alvaro o la fuerza del sino*, del Duque de Rivas en 1835. Pero esta fecha no señala el verdadero nacimiento del romanticismo español, que comenzó a principios de siglo con Alberto Lista, Blanco White y otros emigrados.

El movimiento romántico español tiene dos períodos fundamentales. En el primero se dan los escritores de orientación épica y dramática, en el segundo los líricos. Zorrilla, juglar del género épico, encantó a dos generaciones de españoles patriotas. Bécquer hizo llorar a muchas almas sensibles. El paso del tiempo ha ido depurando los valores estéticos y emocionales de todos estos escritores, y al cabo de cien años del movimiento romántico, es la poesía delicada de Bécquer y la profunda y dolorida de Rosalía de Castro, la que llega a impresionar al lector moderno, más que la colorista y superficial de los primeros corifeos del romanticismo español.

El segundo gran movimiento literario del siglo XIX en España lleva un título: *realismo*. Bajo este nombre se cobija una orientación nueva de la literatura y de la vida. Pasado el fervor y el furor románticos, los escritores dan la espalda al pasado y se dedican a ver la realidad del momento. Galdós, Pardo Bazán, «Clarín», Blasco Ibáñez, ven al hombre de sus días, con sus problemas sociales, religiosos, económicos, y tratan de presentarlo de una manera objetiva y directa. Pero el realismo español nunca llega a los extremos del naturalismo francés (Zola). El realismo español tiene un carácter más universal y comprensivo de la realidad humana. Todos los realistas españoles rechazan el materialismo filosófico y el cientifismo antiespiritualista del naturalismo francés. Galdós decía que su realismo abarcaba los dos mundos de «la realidad externa y lo individual interno».

Lo individual interno se refiere a lo espiritual, a lo libre, a lo ideal del alma humana. Así el manifiesto naturalista de Emilia Pardo Bazán, prologado por «Clarín», expuesto en *La cuestión palpitante*, (1883) tiene un carácter puramente estético; discute y aprueba los procedimientos técnicos de *Le roman experimentale* (1880) de Zola, pero no acepta ni sus bases filosóficas, ni la supremacía de lo científico experimental sobre lo espiritual.

Entre los grandes novelistas de esta corriente realista hay dos tendencias, la primera tiene carácter conservador e idealista (Alarcón, Pereda) y la segunda es más liberal y de tendencia psicológico-analítica (P. Bazán, «Clarín»).

La novela picaresca del Siglo de Oro originó una forma literaria y dejó obras maestras; la novela realista no fue original, pero su mejor representante, Galdós, dejó un mundo de seres humanos más completo y variado que el del Quijote, aunque ninguna de sus novelas pueda compararse con la de Cervantes. Con todo, Galdós es el padre de la novela española moderna.

Sobre la novela realista española influyeron grandemente las obras de Dickens, Balzac, Flaubert y Zola, así como Tolstoi, Gogol y otros.

Esta novela del siglo XIX ha constituído una valiosa aportación literaria de la España contemporánea a su literatura. La novelística actual está en deuda con estos escritores del siglo pasado. Como decía «Clarín», la literatura española necesitaba del realismo, y aun de un poco de naturalismo, para acabar con los falsos idealismos, con los superficiales romanticismos que mantenían los espíritus en un mundo de subjetivismos contrarios a la verdad y a la naturaleza de las cosas, a finales del siglo XIX. Con este grupo de novelistas que viven en su juventud, la primera república española (1873) y la «restauración», entra España en la edad contemporánea. Fue costumbre hasta hace poco tiempo situar la transición entre las dos épocas recientes de la vida española en el conflicto armado contra Napoleón. Hoy más sagazmente se coloca el proceso de transición histórica en la «restauración» de 1873 y en la nueva actitud de los escritores frente a la realidad española.

Duque de Rivas
Ángel Saavedra (1791-1865)

El duque de Rivas luchó en la guerra de la Independencia de España contra Napoleón (1808–1814); vivió desterrado por razones políticas en Italia e Inglaterra; fue embajador en París; presidente del gobierno y director de la Academia de la Lengua. Con Espronceda y Zorrilla forma la tríada representativa del romanticismo español en su momento de más vitalidad. Educado en la tradición neoclásica, evoluciona hacia el romanticismo medievalista por influjo del hispanófilo inglés, John Hookham Frere, de quien fue amigo durante su destierro en la isla de Malta. Al ponerse en contacto con las obras de Walter Scott y de Byron, encontró el camino hacia lo popular y lo nacional del romancero español.

Como Zorrilla más tarde, el duque de Rivas sintió profundamente los motivos patrióticos del pasado histórico, escribiendo sus brillantes y coloridos romances con gran fuerza evocadora. *Un castellano leal*, incluido en muchas antologías, relata la historia del conde de Benavente. Este pone fuego a su palacio de Toledo porque en él durmió una noche el duque de Borbón, que había traicionado a su señor, el rey de Francia, para servir al emperador Carlos V.

El moro expósito o Córdoba y Burgos en el siglo XI (1834) es un largo poema en doce romances con el tema de la leyenda de los siete infantes de Lara, muertos a traición por su propio tío y luego vengados por el bastardo Mudarra. Pero lo que hizo famoso al duque de Rivas y le consagró como autor romántico fue *Don Álvaro o la fuerza del sino*. En esta obra dramática el autor no observa ninguna de las tres unidades clásicas, ni regla alguna de la estética neoclásica. Mezcla prosa y verso, lo cómico y lo trágico, nobleza y pueblo, cielo e infierno. El protagonista aparece como una víctima de la fatalidad, rodeado de las circunstancias más extraordinarias. En *Don Álvaro* hay violencia, muertes, tempestades, condenación eterna.

Escribió también el duque de Rivas *El desengaño de un sueño* (1842) al estilo filosófico calderoniano, que según la crítica se inspiró en *The Tempest* de Shakespeare.

En una *Antigualla de Sevilla* aparece el rey don Pedro I, llamado «el cruel», que ha quedado en la historia de España del siglo XIV como el símbolo de la justicia severa, implacable. Este romance sugiere el misterio de una aventura nocturna y sangrienta en una callejuela de la ciudad de Sevilla, en la que el rey es el oculto asesino.

UNA ANTIGUALLA DE SEVILLA

Romance primero

El candil

Más ha de[1] quinientos años,
en una torcida calle,
que de Sevilla en el centro,
da paso a[2] otras principales,
cerca de la media noche,   5
cuando la ciudad más grande
es de un grande cementerio
en silencio y paz imagen,[3]
de dos desnudas espadas
que trababan un combate,   10
turbó el repentino encuentro
las tinieblas impalpables.[4]
El crujir de los aceros
sonó por breves instantes,

lanzando azules centellas,   15
meteoro de desastres.
Y al gemido: «¡Dios me valga!
¡Muerto soy!», y al golpe grave
de un cuerpo que a tierra vino,
el silencio y paz renacen.   20
Al punto[5] una ventanilla
de un pobre casuco abren;
y de tendones y huesos,
sin jugo, como sin carne,
una mano y brazo asoman,   25
que sostienen por el aire
un candil, cuyos destellos
dan luz súbita a la calle.[6]
En pos un rostro aparece
de gomia o bruja espantable,   30
a que[7] otra marchita mano
o cubre o da sombra en parte.
Ser dijérase la muerte[8]
que salía a apoderarse
de aquella víctima humana   35
que acababan de inmolarle,
o de la eterna justicia,
de cuyas miradas nadie
consigue ocultar un crimen,
el testigo formidable,[9]   40
pues a la llama mezquina,
con el ambiente ondeante,
que dando luz roja al muro
dibujaba desiguales
los tejados y azoteas   45
sobre el oscuro celaje,
dando fantásticas formas
a esquinas y bocacalles,
se vio en medio del arroyo,
cubierto de lodo y sangre,   50
el negro bulto tendido
de un traspasado cadáver.[10]
Y de pie a su frente[11] un hombre,
vestido negro ropaje,
con una espada en la mano,   55
roja hasta los gavilanes.[12]
El cual en el mismo punto,
sorprendido de encontrarse
bañado de luz, esconde

la faz en su embozo, y parte,[13]   60
   aunque no como el culpado
que se fuga por salvarse,
sino como el que inocente
mueve tranquilo el pie y grave.[14]
   Al andar, sus choquezuelas[15]   65
formaban ruido notable,
como el que forman los dados
al confundirse y mezclarse.
   Rumor de poca importancia
en la escena lamentable,   70
mas de un tan mágico efecto,
y de un influjo tan grande
   en la vieja, que asomaba
el rostro y luz a la calle,
que, cual si oyera el silbido   75
de venenosa ceraste,[16]
   o crujir las negras alas
del precipitado Arcángel,[17]
grita en espantoso aullido,
«¡Virgen de los Reyes, valme!»[18]   80
   Suelta el candil, que en las piedras
se apaga y aceite esparce,
y cerrando la ventana
de un golpe, que la deshace,
   bajo su mísero lecho   85
corre a tientas[19] a ocultarse
tan acongojada y yerta,
que apenas sus pulsos laten.
   Por sorda y ciega haber sido
aquellos breves instantes,   90
la mitad diera gustosa
de sus días miserables,[20]
   y hubiera dado los días
de amor y dulces afanes
de su juventud, y dado[21]   95
las caricias de sus padres,
   los encantos de la cuna,
y . . . en fin, hasta lo que nadie
enajena, la esperanza,
bien solo de los mortales:[22]   100
   pues lo que ha visto la abruma,
y la aterra lo que sabe,
que hay vistas que son peligros,
y aciertos que muerte valen.

Romance segundo

El juez

   Las cuatro esferas doradas,
que ensartadas en un perno,[23]
obra colosal de moros
con resaltos y letreros,
   de la torre de Sevilla   5
eran remate soberbio,
do el gallardo Giraldillo[24]
hoy marca el mudable viento
   (esfera que pocos años

[1] **Más ha de** hace más de.   [2] **da paso a** leads to.
[3] *Transpose* Cuando la ciudad más grande es imagen de . . .
[4] *Transpose* el repentino encuentro de dos desnudas espadas
que trababan un combate, turbó las tinieblas impalpables.
[5] **Al punto** at that very moment.   [6] *Transpose* y asoman
una mano y brazo, de tendones y huesos sin jugo, como sin
carne, que sostienen por el aire un candil, cuyos destellos dan
luz súbita a la calle.   [7] **que** refers to "rostro" (al cual
rostro).   [8] **Ser dijérase la muerte** se diría que es la muerte.
[9] *Transpose* o el testigo formidable de la eterna justicia . . .
[10] *Transpose* se vió . . . el negro bulto . . . a la llama mezquina . . .   [11] **a su frente** facing, or looking down at (the
corpse, stood a man . . .).   [12] **roja . . . gavilanes** blood-
stained to the hilt.   [13] **parte** departs; moves away (from
"partir").   [14] **sino . . . grave** but like one who is inno-
cent of a crime, he walks serenely with measured step.
[15] **choquezuelas** joints of the knee.   [16] **venenosa ceraste**
a poisonous snake.   [17] **precipitado Arcángel** Satan.
[18] **¡Virgen de los Reyes, valme!** invocation to one of the
Virgin's images of Seville. The "sevillanos" have venerated
the statue of "Virgen de los Reyes" since the times of the
Reconquest of Seville by king Fernando III (1248). According
to tradition this image was given to king Fernando by his
cousin Louis IX of France (1214–1270).   [19] **a tientas** grop-
ing (in the dark).   [20] *Transpose* (ella) gustosa diera la
mitad de sus días miserables por haber sido sorda y ciega
aquellos breves instantes . . .   [21] **dado** read as: "hubiera
dado."   [22] **bien solo de los mortales** man's only treasure.
[23] **ensartadas en un perno** bolted together.   [24] **do**
donde; **Giraldillo** weather vane; the celebrated Giralda
tower adjoining the cathedral of Seville takes its name from
the "giraldillo" atop the bell tower.

Goya, Francisco. Español (1746–1828). *La puñalada.* The Metropolitan
Museum of Art, Harris Brisbane Dick Fund, 1935.

después derrumbó en el suelo   10
un terremoto), brillaban
del sol matutino al fuego.

    Cuando en una sala estrecha
del antiguo alcázar regio,
que entonces reedificaban   15
tal cual hoy mismo lo vemos,
en un sillón de respaldo
sentado está el rey don Pedro,[25]
joven de gallardo talle,
mas de semblante severo.   20

    A reverente distancia,
una rodilla en el suelo,
vestido de negra toga,
blanca barba, albo cabello,
y con la vara de alcalde   25
rendida al poder supremo,
Martín Fernández Cerón
era emblema del respeto.

    Y estas palabras de entrambos
recogió el dorado techo,   30
y la tradición guardólas
para que hoy suenen de nuevo:

    « R. —¿Conque en medio de Sevilla
amaneció un hombre muerto,
y no venís a decirme   35
que está ya el matador preso?

    « A. —Señor, desde antes del alba,
en que el cadáver sangriento
recogí, varias pesquisas
inútilmente se han hecho.   40

    « R. —Más pronta justicia, alcalde,
ha de haber donde yo reino,
y a sus vigilantes ojos
nada ha de estar encubierto.

    « A. —Tal vez, señor, los judíos,   45
tal vez los moros, sospecho . . .

    « R. —¿Y os vais tras de las sospechas
cuando hay un testigo, y bueno?

    « ¿No me habéis, alcalde, dicho,
que un candil se halló en el suelo   50
cerca del cadáver? . . . Basta,
que el candil os diga el reo.[26]

    « A. —Un candil no tiene lengua.

    « R. —Pero tiénela su dueño,

y a moverla se le obliga   55
con las cuerdas del tormento.

    « Y, ¡ vive Dios! que esta noche
ha de estar en aquel puesto,[27]
o vuestra cabeza, alcalde,
o la cabeza del reo. »   60

    El rey, temblando de ira,
del sillón se alzó de presto,
y el juez alzóse de tierra
temblando también de miedo.

    Y haciendo una reverencia,   65
y otra después, y otra luego,
salióse a ahorcar a Sevilla,[28]
para salvarse, resuelto.

    Síguele el rey con los ojos,
que estuvieran en su puesto   70
de un basilisco en la frente,
según eran de siniestros;[29]
y de satánica risa,
dando la expresión al gesto,[30]
salió detrás del alcalde   75
a pasos largos y lentos.

    Por el corredor estuvo,
en las alcándaras, viendo
azores y gerifaltes,
y dándoles agua y cebo.   80

    Y con uno[31] sobre el puño
salió a dirigir él mesmo
las obras de aquel palacio,
en que muestra gran empeño.

---

[25] **don Pedro** Peter the Cruel, King of Castille and León from 1350 to 1369, when he was murdered by his half-brother, Henry of Trastámara, in the castle of Montiel. [26] **que el candil . . . reo** let the oil lamp tell you who the criminal is. [27] **en aquel puesto** the rack or torture chamber. [28] **ahorcar a Sevilla** to hang all of or everybody in Seville. [29] **Síguele . . . siniestros** The hatred that flashed in the king's eyes as he watched him go would have been more in place behind a cannon; **basilisco** a huge sixteenth century artillery piece. [30] **y de . . . gesto** *Transpose* y dando al gesto (cara) la expresión de risa satánica [31] **uno** refers to "azor"

Y vio poner las portadas   85
de cincelados maderos,
y él mismo dictó las letras
que aún hoy notamos en ellos.
    Después habló largo rato,
a solas y con secreto,   90
a un su privado,[32] Juan Diente,
diestrísimo ballestero,
    señalándole un retrato,
busto de piedra mal hecho,
que con corta semejanza[33]   95
labró un peregrino griego.
    Fue a Triana,[34] vio las naves
y marítimos aprestos;
de Santa Ana entró en la iglesia
y oró brevísimo tiempo;   100
    comió en la Torre del Oro,[35]
a las tablas[36] jugó luego
con Martín Gil de Alburquerque;
a caballo dio un paseo.
    Y cuando el sol descendía,   105
dejando esmaltado el cielo
de rosa, morado y oro,
con nubes de grana y fuego,
    tornó al alcázar, vistióse
sayo pardo, manto negro,   110
tomó un birrete sin plumas
y un estoque de Toledo,[37]
    y bajando a los jardines
por un postigo secreto,
do Juan Diente le esperaba   115
entre murtas encubierto,
    salió solo, y esto dijo
con recato al ballestero:
«Antes de la media noche
todo esté[38] cual dicho tengo».   120
Cerró el postigo por fuera,
y en el laberinto ciego
de las calles de Sevilla
desapareció entre el pueblo.

Medal

Romance tercero

La cabeza

Al tiempo que en el ocaso
su eterna llama sepulta
el sol, y tierras y cielos
con negras sombras se enlutan,
    de la cárcel de Sevilla,   5
en una bóveda oscura,
que una lámpara de cobre
más bien asombra que alumbra,
    pasaba una extraña escena,
de aquellas que nos angustian   10
si en horrenda pesadilla
el sueño nos la dibuja.
    Pues no semejaba cosa
de este mundo, aunque se usan
en él cosas harto horrendas,   15
de que he presenciado muchas,
    sino cosa del infierno,
funesta y maligna junta
de espectros y de vampiros,
festín horrible de furias.   20
    En un sillón, sobre gradas,[39]
se ve en negras vestiduras
al buen alcalde Cerón,
ceño grave, faz adusta.
    A su lado, en un bufete,   25
que más parece una tumba,
prepara un viejo notario
sus pergaminos y plumas.
    Y de aquella estancia en medio,
de tablas con sangre sucias,   30
se ve un lecho, y sus cortinas
son cuerdas, garfios, garruchas.
    En torno de él, dos verdugos
de imbécil facha y robusta,
de un saco de cuero aprestan   35
hierros de infaustas figuras.[40]
    Sepulcral silencio reina,
pues solamente se escucha
el chispeo de la llama
en la lámpara que ahuma   40
    la bóveda, y de los hierros

que los verdugos rebuscan,
el metálico sonido
con que se apartan y juntan.

   Pronto del severo alcalde   45
la voz sepulcral retumba
diciendo: «Venga el testigo
que ha de sufrir la tortura».

   Se abrió al instante una puerta,
por la que sale confusa   50
algazara, ayes profundos
y gemidos que espeluznan.

   Y luego entre los sayones,
esbirros y vil gentuza,
de ademanes descompuestos   55
y de feroz catadura,
   una vieja miserable,
de ropa y carne desnuda,
como un cuerpo que las hienas
sacan de la sepultura,   60
   pues sólo se ve que vive
porque flacamente lucha
con desmayados esfuerzos,
porque gime y porque suda.

   Arrástranla los sayones;   65
la confortan y la ayudan
dos religiosos franciscos,
caladas sendas capuchas,[41]
   y la algazara y estruendo,
con que satánica turba   70
lleva un precito a las llamas,
por la bóveda retumba.

   Un negro bulto en silencio
también entra en la confusa
escena, y sin ser notado   75
tras de un pilarón se oculta.

   «Ven —grita un tosco verdugo
con una risada aguda—,
ven a casarte conmigo,
hecha está la cama, bruja.»   80
   Otro, asiéndole los brazos
con una mano más dura
que unas tenazas, le dice:
«No volarás hoy a obscuras».

   Y otro, atándole las piernas: 85

«¿Y el bote[42] con que te untas?
Sobre la escoba a caballo
no has de hacer más de las tuyas».[43]
   Estos chistes semejaban
los aullidos con que aguzan   90
la hambre los lobos, al grito
de los cuervos que barruntan
   los ya corrompidos restos
de una víctima insepulta;[44]
la mofa con que los cafres[45]   95
a su prisionero insultan.

   Tienden en el triste lecho,
ya casi casi difunta
a la infelice;[46] la enlazan
con ásperas ligaduras,   100
   y de hierro un aparato
a su diestra mano ajustan,
que al impulso más pequeño
martirio espantoso anuncia.
   Dice un sayón al alcalde: 105
«Ya está en jaula la lechuza,
y si aun a cantar se niega,
yo haré que cante o que cruja».

---

[32] **a un su privado** to one of his trusted aides or confidant.   [33] **corta semejanza** little resemblance. [34] **Triana** old gypsy quarter of Seville.   [35] **la Torre del Oro** Built by the Moors in the thirteenth century, it became a symbol of the wealth of the overseas possessions of Spain because it was used as a storehouse for the gold and silver brought from America.   [36] **las tablas** backgammon or checkers.   [37] **un estoque de Toledo** a fine sword or rapier made in Toledo, which was famous for the manufacture of small arms.   [38] **todo esté** quiero que todo esté.   [39] **sobre gradas** on a raised platform or dais.   [40] **hierros de infaustas figuras** irons cast in dreadful shapes.   [41] **caladas . . . capuchas** each of them wearing a hood.   [42] **bote** pot or jar supposedly containing magical potions or ointments. [43] **las tuyas** your tricks, or witchcraft.   [44] **Estos chistes . . . insepulta** These jests resembled the howling of wolves whose hunger is sharpened by the cries of the buzzards which instinctively sense the presence of the partially decomposed remains of an unburied victim.   [45] **cafres** Kaffirs; African savages.   [46] **infelice** infeliz.

Silencio el alcalde impone;
quédase todo en profunda   110
quietud, y sólo gemidos
casi apagados se escuchan.
   « Mujer —prorrumpe Cerón—,
mujer, si vivir procuras,
declárame cuanto viste,   115
y te dará Dios ayuda. »
   « Nada vi, nada —responde
la infeliz—: por Santa Justa[47]
juro que estaba durmiendo;
no vi ni oí cosa alguna. »   120
   Replicó el juez: «¡Desdichada,
piensa, piensa lo que juras! »
Y tomando de las manos
del notario que le ayuda
   un candil: «Mira —prosigue—   125
esta prenda que te acusa.
Di quién la tiró a la calle,
pues confesaste ser tuya ».
   La mísera se estremece,
trémula toda y convulsa,   130
y respondió desmayada:
« El demonio fué sin duda ».
   Y tras una breve pausa:
«Soy ciega, soy sorda y muda.
Matadme, pues; lo repito,   135
ni vi ni oí cosa alguna ».
   El juez, entonces de mármol,
con la vara al lecho apunta;
ase[48] una cuerda el verdugo,
rechina allá una garrucha,   140
   la mano de la infelice
se disloca y descoyunta,
y al chasquido de los huesos
un alarido se junta.
   « ¡Piedad, que voy a decirlo! »,   145
grita con voz moribunda
la víctima, y al momento
suspéndese la tortura.
   « Declara », el juez dice; y ella,
cobrando un vigor que asusta,   150
prorrumpe: «El rey fue . . . » Y su lengua
en la garganta se anuda.
   Juez, escribanos, verdugos,
todos con la faz difunta,

oyen tal nombre temblando,   155
y queda la estancia muda.
   En esto, el desconocido,
que, tras el pilar se oculta,
hacia el potro del tormento[49]
el firme paso apresura,   160
   haciendo sus choquezuelas,
canillas y coyunturas
el ruido que los dados
cuando se chocan y juntan.
   Rumor que al punto conoce   165
la infeliz, y se espeluzna,
y repite: «El rey; sus huesos
así sonaron, no hay duda ».
   Al punto se desemboza
y la faz descubre adusta,   170
y los ojos como brasas
aquel personaje, a cuya
   presencia hincan la rodilla
cuantos la bóveda ocupan,
pues al rey don Pedro todos   175
conocen, y se atribulan.
   Este saca de su seno
una bolsa, do relumbran
cien monedas de oro, y dice:
« Toma y socórrete,[50] bruja.   180
   «Has dicho verdad, y sabe
que el que a la justicia oculta
la verdad es reo de muerte
y cómplice de la culpa.
   « Pero, pues tú la dijiste,   185
ve en paz; el cielo te escuda.[51]
Yo soy, sí, quien mató al hombre,
mas Dios sólo a mí me juzga.
   «Pero por que satisfecha
quede la justicia augusta,   190
ya la cabeza del reo
allí escarmientos pronuncia. »[52]
   Y era así; ya colocada
estaba la imagen suya
en la esquina do la muerte   195
dio a un hombre su espada aguda.
   Del Candilejo la calle
desde entonces se intitula,
y el busto del rey don Pedro
aún está allí y nos asusta.   200

España: la pereza
: vuelve usted mañana
: mejor quedar con las cosas como siempre estaban
— es peor pero es concreto

Mariano José de Larra (1809-1837)

Este escritor madrileño fue el auténtico representante de una época agitada. Nace durante la guerra nacional de la «Independencia» contra Napoleón. Su padre, médico, prestaba servicios profesionales en el ejército francés. Luego de la victoria de los españoles, la familia se retiró a Francia. Mariano estudió en Burdeos y casi olvidó el español. En 1817 volvió a la patria. Estudió en varios colegios religiosos y asistió a la Universidad. Tuvo una desgraciada experiencia matrimonial. Antes de cumplir los veintiocho años se suicidó.

En sus escritos usó varios pseudónimos, de los cuales los más populares fueron «Fígaro», «El duende satírico del día» y «El pobrecito hablador». Aunque tuvo una vida intensa, breve, y un final trágico, no fue un romántico al estilo de sus contemporáneos, Espronceda, duque de Rivas y otros. «Fígaro» fue un hombre de una inmensa pasión, unida a una clara visión del panorama social y cultural de España. Fundamentalmente es un moralista. Para ser un reformador le faltaba la paz del alma. Amargado por su fracaso amoroso, por su inadaptación a las circunstancias político-sociales de su país, ve las cosas tras los cristales oscuros del pesimismo. Satiriza y se burla cruelmente de cuanto le rodea. A pesar de su humor negro y de su crítica implacable, fue un escritor extraordinariamente popular, llegando a firmar un contrato con varios periódicos por un salario anual de 40.000 reales, cantidad que en aquel tiempo representaba una pequeña fortuna.

A Larra se le ha considerado como escritor costumbrista. Sin embargo, es importante notar que su costumbrismo se aleja por completo del costumbrismo pintoresco. Estébanez Calderón, «Fernán Caballero» o Mesonero Romanos y otros, poco tienen que ver con Larra en el terreno del costumbrismo. Larra describe y pinta con negros colores; no trata de entretener y menos de divertir al lector con escenas y chistes graciosos. En una palabra, la vida española no es para Larra una fuente de poesía y goce literario, sino materia de crítica.

El Larra más importante, el que se destaca con más vigor en la historia literaria española, es el satírico. Sus artículos periodísticos, aunque coleccionados bajo el título general de *Artículos de costumbres*, son ataques feroces, sangrientos, a una sociedad decadente. Matrimonio, familia, política, economía, patria, servicios públicos, todo es objeto de su sátira.

Larra fue glorificado por los miembros de la generación de 1898, a la cual le unen el afán de conocer la verdad de España y la desconfianza en los valores sociales, religiosos y políticos de la vida nacional.

«La Nochebuena de 1836» es una muestra del estilo de Larra. No sólo hay ironía en sus palabras, sino un dolor sin consuelo y el sarcasmo sin límites del hombre que, conociendo su razón, no puede imponerla a los demás. La Nochebuena de 1836 fue la última de Larra; dos meses después se mató.

LA NOCHEBUENA DE 1836[1]

Yo y mi criado[2]

DELIRIO FILOSÓFICO

El número 24 me es fatal; si tuviera que probarlo diría que en día 24 nací. Doce veces al año amanece, sin embargo, día 24. Soy supersticioso porque el

---

[47] **Santa Justa** She and her sister, Santa Rufina, are the patron saints of Seville; they suffered martyrdom in 287 A.D. [48] **ase** from "asir"; to grasp, take hold of. [49] **potro del tormento** torture rack. [50] **Toma y socórrete** Use this to take care of your needs. [51] **el cielo te escuda** may Heaven protect you, or shield you from harm. [52] **la cabeza . . . pronuncia** the head of the criminal (the King's bust) serves as a warning to all to take heed.

---

[1] The year 1836 was a momentous one for Spain. On the political scene, it witnessed the secularization of the Church lands, the restoration of the Constitution of 1812, and marked the third year of the first Carlist War. [2] **Yo y mi criado** Por esta vez sacrifico la urbanidad a la verdad. Francamente, creo que valgo más que mi criado; si así no fuese, le serviría yo a él. (Footnote by Larra.)

corazón del hombre necesita creer algo, y cree mentiras cuando no encuentra verdades que creer; sin duda por esa razón creen los amantes, los casados y los pueblos a sus ídolos, a sus consortes y a sus gobiernos; y una de mis supersticiones consiste en creer que no puede haber para mí un día 24 bueno.[3] El día 23 es siempre en mi calendario víspera de desgracia, y a imitación de aquel jefe de policía ruso que mandaba tener prontas las bombas las vísperas de incendios, así yo desde el 23 me prevengo para el siguiente día de sufrimiento y resignación, y en dando las doce,[4] ni tomo vaso en mi mano por no romperle, ni apunto carta por no perderla, ni enamoro a mujer porque no me diga que sí, pues en punto a amores tengo otra superstición: imagino que la mayor desgracia que a un hombre le puede suceder es que una mujer le diga que le quiere. Si no la cree es un tormento, y si la cree . . . ¡Bienaventurado aquel a quien la mujer dice *no quiero*, porque ése, a lo menos, oye la verdad!

El último día 23 del año 1836 acababa de expirar en la muestra de mi péndola,[5] y consecuente en mis principios supersticiosos, ya estaba yo agachado esperando el aguacero y sin poder conciliar el sueño.[6] Así pasé las horas de la noche, más largas para el triste desvelado que una guerra civil; hasta que por fin la mañana vino con paso de intervención,[7] es decir, lentísimamente, a teñir de púrpura y rosa las cortinas de mi estancia.

El día anterior había sido hermoso, y no sé por qué me daba el corazón[8] que el día 24 había de ser *día de agua*.[9] Fue peor todavía; amaneció nevando. Miré el termómetro, y marcaba muchos grados bajo cero; como el crédito del Estado.

Resuelto a no moverme porque tuviera que hacerlo todo la suerte este mes,[10] incliné la frente, cargada como el cielo,[11] de nubes frías, apoyé los codos en mi mesa, y paré tal,[12] que cualquiera me hubiera reconocido por escritor público en tiempo de libertad de imprenta, o me hubiera tenido por miliciano nacional citado para un ejercicio. Ora vagaba mi vista sobre la multitud de artículos y folletos que yacen empezados y no acabados ha más de seis meses sobre mi mesa, y de que sólo existen los títulos, como esos nichos preparados en los cementerios que no aguardan más que el cadáver; comparación exacta, porque en cada

artículo entierro una esperanza o una ilusión. Ora volvía los ojos a los cristales de mi balcón; veíalos empañados y como llorosos por dentro: los vapores condensados se deslizaban a manera de lágrimas a lo largo del diáfano cristal; así se empaña la vida, pensaba; así el frío exterior del mundo condensa las penas en el interior del hombre, así caen gota a gota las lágrimas sobre el corazón. Los que ven de fuera los cristales, los ven tersos y brillantes; los que ven sólo los rostros, los ven alegres y serenos . . .

Haré merced a mis lectores[13] de las más de mis meditaciones; no hay periódicos bastantes en Madrid, acaso no hay lectores bastantes tampoco. ¡Dichoso el que tiene oficina! ¡Dichoso el empleado, aun sin sueldo o sin cobrarlo, que es lo mismo! Al menos no está obligado a pensar; puede fumar; puede leer la Gaceta.[14]

—¡Las cuatro! ¡La comida! —me dijo una voz de criado, una voz de entonación servil y sumisa; en el hombre que sirve,[15] hasta la voz parece pedir permiso para sonar.

Esta palabra me sacó de mi estupor, e involuntariamente iba a exclamar como don Quijote: «Come, Sancho, hijo, come, tú que no eres caballero andante y que naciste para comer»; porque al fin los filósofos, es decir, los desgraciados, podemos no comer, ¡pero los criados de los filósofos! . . . Una idea más luminosa me ocurrió; era día de Navidad. Me acordé de que en sus famosas saturnales[16] los romanos trocaban los papeles y los esclavos podían decir la verdad a sus amos. Costumbre humilde, digna del cristianismo. Miré a mi criado y dije para mí: «Esta noche me dirás la verdad». Saqué de mi gaveta unas monedas: tenían el busto de los monarcas de España. Cualquiera diría que son retratos; sin embargo, eran artículos de periódico.[17] Las miré con orgullo.

—Come y bebe de mis artículos —añadí con desprecio—; sólo en esa forma, sólo por medio de esa estratagema se pueden meter los artículos en el cuerpo de ciertas gentes.

Una risa estúpida se dibujó en la fisonomía de aquel ser que los naturalistas han tenido la bondad de llamar racional sólo porque lo han visto hombre. Mi criado se rió. Era aquella risa el demonio de la gula que reconocía su campo.

Tercié la capa, calé el sombrero,[18] y en la calle.

¿Qué es un aniversario? Acaso un error de fecha. Si no se hubiera compartido el año en trescientos días, ¿qué sería de nuestro aniversario? Pero al pueblo le han dicho: «Hoy es un aniversario»: y el pueblo ha respondido: «Pues si es un aniversario, comamos, y comamos doble». ¿Por qué come hoy más que ayer? O ayer pasó hambre u hoy pasará indigestión. Miserable humanidad, destinada siempre a quedarse más acá o ir más allá.

Hace mil ochocientos treinta y seis años nació el Redentor del mundo; nació el que no reconoce principio, y el que no reconoce fin; nació para morir. ¡Sublime misterio!

«¿Hay misterio que celebrar?, pues comamos» —dice el hombre—; no dice: «reflexionemos». El vientre es el encargado de cumplir con las grandes solemnidades. El hombre tiene que recurrir a la materia para pagar las deudas del espíritu. ¡Argumento terrible en favor del alma!

Para ir desde mi casa al teatro es preciso pasar por la plaza tan indispensablemente como es preciso pasar por el dolor para ir desde la cuna al sepulcro. Montones de comestibles acumulados, risa y algazara, compra y venta, sobras por todas partes, y alegría. No pudo menos de ocurrirme la idea de Bilbao.[19] Figuróseme ver de pronto que se alzaba por entre las montañas de víveres una frente altísima y extenuada: una mano seca y roída llevaba a una boca cárdena, y negra de morder cartuchos, un manojo de laurel sangriento. Y aquella boca no hablaba. Pero el rostro entero se dirigía a los bulliciosos liberales de Madrid, que traficaban. Era horrible el contraste de la fisonomía escuálida y de los rostros alegres. Era la reconvención y la culpa: aquélla, agria y severa; ésta, indiferente y descarada.

Todos aquellos víveres han sido aquí traídos de distintas provincias para la colación cristiana de una capital. En una cena de ayuno[20] se come una ciudad a las demás.

¡Las cinco! Hora del teatro. El telón se levanta a la vista de un pueblo palpitante y bullicioso. Dos comedias de circunstancias,[21] o yo estoy loco. Una representación en que los hombres son mujeres y las mujeres hombres. He aquí nuestra época y nuestras costumbres. Los hombres ya no saben sino hablar como las mujeres, en congresos y corrillos. Y las mujeres son hombres, ellas son las únicas que conquistan. Segunda comedia: un novio que no ve el logro de su esperanza: ese novio es el pueblo español: no se casa con un solo gobierno, con quien no tenga que reñir al día siguiente. Es el matrimonio repetido al infinito.

Pero las orgías llaman a los ciudadanos. Ciérranse las puertas, ábrense las cocinas. Dos horas, tres horas, y yo rondo de calle en calle a merced de mi pensamiento. La luz que ilumina los banquetes viene a herir mis ojos por las rendijas de los balcones; el ruido de los panderos y de la bacanal que estremece los pisos y las vidrieras se abre paso hasta mis sentidos, y entra en ellos como cuña a mano, rompiendo y desbaratando.

[3] Note the characteristic pessimism of Larra in these opening lines.   [4] **en dando las doce** when the clock strikes twelve.   [5] **la muestra de mi péndola** the face of my clock.   [6] **conciliar el sueño** to get to sleep.   [7] **intervención** The reference is to the military intervention of the European powers, especially France, which was expected momentarily.   [8] **me daba el corazón** I had a feeling or presentiment.   [9] **día de agua** rainy day.   [10] **Resuelto ...mes** I was determined not to make a move, so that whatever happened to me this month would be left to chance.   [11] **cargada como el cielo** *overcast:* overcast or heavy, like the sky (or weather).   [12] **y paré tal** and I remained motionless, in such an attitude or position.   [13] **Haré ...lectores** I will spare my readers.   [14] **Gaceta** official government daily newspaper.   [15] **hombre que sirve** servant.   [16] **saturnales** Saturnalia: the feast of Saturn held at Rome in mid-December, celebrating the winter solstice, and marked by wild reveling and licentious abandon.   [17] **artículos de periódico** Larra equates his newspaper articles with the coins he received in payment for them.   [18] **Tercié ...sombrero** I slung the cape over my shoulders, pulled on my hat.   [19] **Bilbao** capital of Biscay province in northern Spain; it was the scene of bloody fighting during the years 1833–35 when it was besieged by the Carlists.   [20] **ayuno** fast; according to a long since forgotten tradition, Christmas Eve was observed as a day of fast.   [21] **comedias de circunstancias** plays dealing with current social and political problems or topics of the day.

Azulejo español.
Sevilla, siglos 17–18.
The Metropolitan Museum
of Art. Regalo de Henry
J. Marquand, 1894.

*campanas en el aire,
como cosas de la paz
(quería gobierno)*

Las doce van a dar: las campanas que ha dejado la junta de enajenación[22] en el aire, y que en estar todavía en el aire[23] se parecen a todas nuestras cosas, citan a los cristianos al oficio divino. ¿Qué es esto? ¿Va a expirar el 24, y no me ha ocurrido en él más contratiempo que mi mal humor de todos los días? Pero mi criado me espera en mi casa como espera la cuba al catador, llena de vino; mis artículos hechos moneda, mi moneda hecha mosto se ha apoderado del imbécil como imaginé, y el asturiano ya no es hombre; es todo verdad.[24]

Mi criado tiene de mesa lo cuadrado y el estar en talla al alcance de la mano.[25] Por tanto, es un mueble cómodo; su color es el que indica la ausencia completa de aquello con que piensa, es decir, que es bueno,[26] las manos se confundirían con los pies, si no fuera por los zapatos, y porque anda casualmente sobre los últimos; a imitación de la mayor parte de los hombres, tiene orejas que están a uno y otro lado de la cabeza como los floreros en una *consola*, de adorno, o como los balcones figurados,[27] por donde no entra ni sale nada; también tiene dos ojos en la cara; él cree ver con ellos, ¡qué chasco se lleva![28] A pesar de esta pintura, todavía sería difícil reconocerle entre la multitud, porque al fin no es sino un ejemplar de la grande edición hecha por la Providencia de la humanidad, y que yo comparo de buena gana con las que suelen hacer los autores: algunos ejemplares de regalo finos y bien empastados; el surtido todo igual, ordinario y a la rústica.

Mi criado pertenece al surtido. Pero la Providencia, que se vale para humillar a los soberbios de los instrumentos más humildes, me reservaba en él mi mal rato del día 24. La verdad me esperaba en él, y era preciso oírla de sus labios impuros. La verdad es como el agua filtrada, que no llega a los labios sino al través del cieno. Me abrió mi criado, y no tardé en reconocer su estado.

—Aparta, imbécil —exclamé, empujando suavemente aquel cuerpo sin alma que en uno de sus columpios[29] se venía sobre mí. —¡Oiga! Está ebrio. ¡Pobre muchacho! ¡Da lástima!

Me entré de rondón[30] a mi estancia; pero el cuerpo me siguió con un rumor sordo e interrumpido; una vez dentro los dos, su aliento desigual y sus movimientos violentos apagaron la luz; una bocanada de aire colada por la puerta al abrirme, cerró la de mi habitación, y quedamos dentro casi a obscuras yo y mi criado, es decir, la verdad y Fígaro, aquélla en figura de hombre beodo arrimado a los pies de mi cama para no vacilar, y yo a su cabecera, buscando inútilmente un fósforo que nos iluminase.

Dos ojos brillaban como dos llamas fatídicas enfrente de mí: no sé por qué misterio mi criado encontró entonces, y de repente, voz y palabras, y habló y raciocinó: misterios más raros se han visto acreditados: los fabulistas hacen hablar a los animales, ¿por qué no he de hacer yo hablar a mi criado? Oradores conozco yo de quienes hace algún tiempo no hubiera hecho yo una pintura más favorable que de mi astur, y que han roto, sin embargo, a hablar,[31] y los oye el mundo y los escucha, y nadie se admira.

En fin, yo cuento un hecho: tal me ha pasado: yo no escribo para los que dudan de mi veracidad; el que no quiera creerme puede doblar la hoja; eso se ahorrará tal vez de fastidio; pero una voz salió de mi criado, y entre ella y la mía se estableció el siguiente diálogo:

—Lástima —dijo la voz, repitiendo mi piadosa exclamación—. ¿Y por qué me has de tener lástima, escritor? Yo a ti,[32] ya lo entiendo.

—¿Tú a mí? —pregunté sobrecogido ya por un terror supersticioso: y es que la voz empezaba a decir verdad.

—Escucha: tú vienes triste como de costumbre: yo estoy más alegre que suelo.[33] ¿Por qué ese color pálido, ese rostro deshecho, esas hondas y verdes ojeras que ilumino con mi luz al abrirte todas las noches?[34] ¿Por qué esa distracción constante y esas palabras vagas e interrumpidas de que[35] sorprendo todos los días fragmentos errantes sobre tus labios? ¿Por qué te vuelves y te revuelves en tu mullido lecho como un criminal, acostado con su remordimiento, en tanto que yo ronco sobre mi tosca tarima? ¿Quién debe tener lástima a quién? No pareces criminal; la justicia no te prende al menos; verdad es que la justicia no prende sino a los pequeños criminales, a los que roban con ganzúas o a los que matan con puñal; pero a los que arrebatan el sosiego de una familia seduciendo a la mujer casada o a la

hija honesta, a los que roban con los naipes en la mano, a los que matan una existencia con una palabra dicha al oído, con una carta cerrada, a esos ni los llama la sociedad criminales, ni la justicia los prende, porque la víctima no arroja sangre, ni manifiesta herida, sino agoniza lentamente, consumida por el veneno de la pasión, que su verdugo le ha propinado.[36] ¡Qué de tísicos han muerto asesinados por una infiel, por un ingrato, por un calumniador! Los entierran; dicen que la cura no ha alcanzado[37] y que los médicos no la entendieron. Pero la puñalada hipócrita alcanzó e hirió el corazón. Tú acaso eres de esos criminales y hay un acusador dentro de tí, y ese frac elegante, y esa media de seda, y ese chaleco de tisú de oro[38] que yo te he visto, son tus armas maldecidas.

[22] **las campanas . . . enajenación** refers to the churches which have not as yet been confiscated or shut down by the government agency empowered to do so. [23] **estar . . . en el aire** to be left hanging in mid-air, uncertain of what the future will bring; Larra draws an analogy between these Church bells and all things in Spanish life. [24] **asturiano . . . verdad** the Asturian servant suddenly appears as Truth personified. Note how Larra leads up to this transformation by his previous references to the Saturnalia and to the money he equated with his articles, which the servant has imbibed. [25] **Mi criado . . . mano** My servant is somewhat like a table in that it is square and designed to be within arm's reach. [26] **su color . . . bueno** his complexion reveals a total lack of brain matter; that is to say, it is healthy. [27] **balcones figurados** painted reproductions or representations of balconies, as on a wall or canvas, etc. [28] **¡qué chasco se lleva!** he couldn't be more wrong! (or mistaken). [29] **columpios** Literally, a swing or seesaw; in this instance, a drunken lurch. [30] **Me entré de rondón** I barged into. [31] **han roto . . . hablar** have suddenly become articulate or eloquent. [32] **Yo a ti** I should feel sorry for you; or, you are the one to be pitied. [33] **que suelo** de lo que suelo (than I usually am). [34] **ilumino . . . noches?** I cast or throw light on when I open the door every night to let you in? [35] **que** refers to « palabras » [36] **le ha propinado** has meted out to him. [37] **la cura no ha alcanzado** the prescribed course of treatment or therapy has been ineffective. [38] **chaleco de tisú de oro** vest made of fabric woven with gold thread or cloth of gold lamé.

(handwritten top margin) tener poder/control: abusan eso pero si tu mismo tenias control... abusarias el control tambien.

—Silencio, hombre borracho.

—No, has de oír al vino[39] una vez que habla. Acaso ese oro que a fuer de elegante[40] has ganado en tu sarao y que vuelcas con indiferencia sobre tu tocador, es el precio del honor de una familia. Acaso ese billete que desdoblas es un anónimo embustero que va a separar de ti para siempre la mujer que adorabas; acaso es una prueba de la ingratitud de ella o de su perfidia. Más de uno[41] te he visto morder y despedazar con tus uñas y tus dientes en los momentos en que el buen tono cede el paso[42] a la pasión y a la sociedad.

Tú buscas la felicidad en el corazón humano, y para eso le destrozas, hozando en él, como quien remueve la tierra en busca de un tesoro. Yo nada busco, y el desengaño no me espera a la vuelta de la esperanza. Tú eres literato y escritor: y ¡qué tormentos no te hace pasar tu amor propio, ajado diariamente por la indiferencia de unos, por la envidia de otros, por el rencor de muchos! Preciado de gracioso,[43] harías reír a costa de un amigo, si amigos hubiera, y no quieres tener remordimiento. Hombre de partido, haces la guerra a otro partido; o cada vencimiento es una humillación, o compras la victoria demasiado cara para gozar de ella. Ofendes y no quieres tener enemigos. ¿A mí quién me calumnia? ¿Quién me conoce? Tú me pagas un salario bastante a cubrir mis necesidades; a ti te paga el mundo como paga a los demás que le sirven. Te llamas liberal y despreocupado, y el día que te apoderes del látigo azotarás como te han azotado. Los hombres de mundo os llamáis hombres de honor y de carácter, y a cada suceso nuevo cambiáis de opinión, apostatáis de vuestros principios. Despedazado siempre por la sed de gloria, inconsecuencia rara, despreciarás acaso a aquellos para quienes escribes y reclamas con el incensario en la mano su adulación: adulas a tus lectores para ser de ellos adulado, y eres también despedazado por el temor, y no sabes si mañana irás a coger tus laureles a las Baleares[44] o a un calabozo.

—¡Basta, basta!

—Concluyo; yo, en fin, no tengo necesidades: tú, a pesar de tus riquezas, acaso tendrás que someterte mañana a un usurero para un capricho innecesario, porque vosotros tragáis oro, o para un banquete de vanidad en que cada bocado es un tósigo.[45] Tú lees día y noche buscando la verdad en los libros hoja por hoja, y sufres de no encontrarla ni escrita. Ente ridículo, bailas sin alegría; tu movimiento turbulento es el movimiento de la llama, que, sin gozar ella, quema. Cuando yo necesito de mujeres, echo mano de[46] mi salario, y las encuentro, fieles por más de un cuarto de hora; tú echas mano de tu corazón, y vas y lo arrojas a los pies de la primera que pasa, y no quieres que lo pise y lo lastime, y le entregas ese depósito sin conocerla. Confías tu tesoro a cualquiera por su linda cara, y crees porque quieres; y si mañana tu tesoro desaparece, llamas ladrón al depositario, debiendo llamarte imprudente y necio a ti mismo.

—Por piedad, déjame, voz del infierno.

—Concluyo: inventas palabras y haces de ellas sentimientos, ciencias, artes, objetos de existencia. ¡Política, gloria, saber, poder, riqueza, amistad, amor! Y cuando descubres que son palabras, blasfemas y maldices. En tanto, el pobre asturiano come, bebe y duerme, y nadie le engaña, y, si no es feliz, no es desgraciado; no es, al menos, hombre de mundo, ni ambicioso, ni elegante, ni literato, ni enamorado. Ten lástima ahora al pobre asturiano. Tú me mandas, pero no te mandas a ti mismo. Tenme lástima, literato. Yo estoy ebrio de vino, es verdad; pero tú lo estás de deseos y de impotencia. . .!

Un ronco sonido terminó el diálogo; el cuerpo, cansado del esfuerzo, había caído al suelo; el órgano de la Providencia[47] había callado, y el asturiano roncaba.

—¡Ahora te conozco —exclamé—, día 24!

Una lágrima preñada de horror y de desesperación surcaba mi mejilla,[48] ajada ya por el dolor. A la mañana, amo y criado yacían, aquél en el lecho, éste en el suelo. El primero tenía todavía abiertos los ojos y los clavaba con delirio y con delicia en una caja amarilla,[49] donde se leía *mañana*. ¿Llegará ese *mañana* fatídico? ¿Qué encerraba la caja? En tanto, la *noche buena* era pasada, y el mundo todo, a mis barbas,[50] cuando hablaba de ella, la seguía llamando *noche buena*.

(handwritten side margin) Jose Jose frustracion

(handwritten bottom margins) deseos impotentes   Al fin Larra esta aplastado emocionamente   noche malisima horrible

José Espronceda (1808-1842)

José Espronceda nació en Almendralejo, pueblo de Extremadura, cuando su familia se dirigía a Badajoz, donde su padre era coronel de caballería poco antes de comenzar la guerra de la «Independencia» contra Napoleón. A los quince años funda con otros compañeros una sociedad secreta, «Los Numantinos», y celebraban sus reuniones llevando antifaz, traje negro y emblemas fúnebres. Fue conspirador revolucionario en Londres, París, Bruselas. Lucha en las barricadas de París en 1830; rapta a Teresa, mujer casada, de la que estaba enamorado hacía tiempo; vuelve a España; participa en revoluciones; es un progresista militante. Llega a ser secretario de la Legación de España en La Haya y diputado a cortes. Teresa, de la que tiene una hija, huye de su lado y muere en circunstancias misteriosas. Se dice que un día, cuando el poeta caminaba por la calle de Santa Isabel de Madrid, vio el cadáver de su Teresa a través de la reja de una casa. Murió Espronceda a los treinta y cuatro años.

En sus versos hay algo que el español ha admirado siempre: pasión, garbo, brío, arrogancia. Por eso «La canción del pirata», «El canto del cosaco» y otras composiciones por el estilo las han aprendido de memoria todos los niños españoles, y luego las han seguido declamando cuando ya no eran niños. Hay algo juvenil y glorioso, algo vivo en su poesía que atrae y gusta, aunque no conmueve profundamente. Frecuentemente ha sido comparado con Byron, con quien tiene algunas afinidades superficiales.

Uno de los aspectos más característicos de la personalidad literaria de Espronceda es su sentimiento social en poemas como «El reo de Muerte», «El verdugo,» «El mendigo». Estos temas fueron una extraordinaria novedad en la lírica española de la época.

Sus obras más importantes son una novela histórica, *Sancho Saldaña o el castellano de Cuéllar* (1834), *Poesías líricas* (1840), *El diablo mundo* (1840) y *El estudiante de Salamanca* (1836). Quizá ésta es su obra más lograda. En ella aparece el tema de don Juan, con las características libertinas del famoso burlador de Sevilla.

No es novedad que un personaje literario contemple su propio funeral. El estudiante de Salamanca don Félix de Montemar, arrastrado por su afán de conquistar a toda mujer que pasa a su lado, sigue a una dama velada y acaba por descubrir que ella es el esqueleto de Elvira, muerta de amor por él.

El sol

HIMNO

Para[1] y óyeme ¡oh sol! yo te saludo
y extático ante ti me atrevo a hablarte:
ardiente como tú mi fantasía,
arrebatada en ansias[2] de admirarte
intrépidas a tí sus alas guía.   5

28 años

---

[39] **oír al vino** to listen to the words of a drunkard, who speaks without restraint.   [40] **a fuer de** acting as or in the manner of a fashionable gentleman.   [41] **uno** refers to "billete".   [42] **buen tono cede el paso** good manners, taste, or breeding gives way to.   [43] **preciado de gracioso** admired as, or enjoying the reputation of a witty or amusing person.   [44] **las Baleares** an island group in the Mediterranean off the E. coast of Spain which changed allegiance many times during its long history; it was finally ceded to Spain in 1802.   [45] **cada bocado es un tósigo** every bite is poison to you, or brings you grief or anguish.   [46] **echo mano de** to pick up, take hold of.   [47] **el órgano de la Providencia** the voice or instrument of Providence (or God).   [48] **surcaba mi mejilla** coursed down my cheek.   [49] **caja amarilla** yellow box or coffin. (Note that Larra was to commit suicide several weeks after these words were penned.)   [50] **a mis barbas** right under my nose.

pistola estaba adentro

[1] **Para** from *parar*: to stop.   [2] **arrebatada en ansias** irresistibly drawn; driven by an overwhelming desire.

Ojalá que mi acento poderoso,
sublime resonando,
del trueno pavoroso,
la temerosa voz sobrepujando,[3]
   ¡Oh sol! a ti llegara   10
y en medio de tu curso te parara!
   ¡Ah! Si la llama que mi mente alumbra
diera también su ardor a mis sentidos;[4]
al rayo vencedor que los deslumbra,
los anhelantes ojos alzaría,[5]   15
y en tu semblante fúlgido atrevidos,
mirando sin cesar, los fijaría.[6]
   ¡Cuánto siempre te amé, sol refulgente!
   Con qué sencillo anhelo,
siendo niño inocente,   20
seguirte ansiaba en el tendido cielo,[7]
y extático te vía[8]
y en contemplar tu luz me embebecía![9]
De los dorados límites de Oriente
que ciñe el rico en perlas Oceano,   25
al término sombroso[10] de Occidente,
las orlas de tu ardiente vestidura
tiendes en pompa,[11] augusto soberano,
y el mundo bañas en tu lumbre pura,
vívido lanzas de tu frente el día   30
y, alma y vida del mundo
tu disco en paz majestuoso envía
plácido ardor fecundo,
y te elevas triunfante,
corona de los orbes centelleante.   35
   Tranquilo subes del cenit dorado
al regio trono en la mitad del cielo,
de vivas llamas y esplendor ornado,
y reprimes tu vuelo:[12]
y desde allí tu fúlgida carrera   40
rápido precipitas,
y tu rica encendida cabellera
en el seno del mar trémula agitas,
y tu esplendor se oculta,
y el ya pasado día   45
con otros mil la eternidad sepulta.[13]
   ¡Cuántos siglos sin fin, cuántos has visto
en su abismo insondable desplomarse!
¡Cuánta pompa, grandeza y poderío
de imperios populosos disiparse!   50

¿Qué fueron ante ti? Del bosque umbrío
secas y leves hojas desprendidas,
que en círculo se mecen
y al furor de Aquilón desaparecen.[14]
Libre tú de la cólera divina,   55
viste anegarse el universo entero,
cuando las aguas por Jehová lanzadas,
impelidas del brazo justiciero
y a mares[15] por los vientos despeñadas,
bramó la tempestad: retumbó en torno   60
el ronco trueno y con temblor crujieron
los ejes de diamante de la tierra:
montes y campos fueron
alborotado mar, tumba del hombre.
Se estremeció el profundo;[16]   65
y entonces tú, como señor del mundo,
sobre la tempestad tu trono alzabas,
vestido de tinieblas,
y tu faz engreías,
y a otros mundos en paz resplandecías.   70
   Y otra vez nuevos siglos
viste llegar, huir, desvanecerse
en remolino eterno, cual las olas
llegan, se agolpan y huyen de Oceano,
y tornan otra vez a sucederse;   75
mientras inmutable tú, solo y radiante
¡oh sol! siempre te elevas,
y edades mil y mil huellas triunfante.[17]
   ¿Y habrás de ser eterno, inextinguible,
sin que nunca jamás tu inmensa hoguera   80
pierda su resplandor, siempre incansable,
audaz siguiendo tu inmortal carrera,
hundirse las edades contemplando
y solo, eterno, perenal, sublime
monarca poderoso, dominando?   85
No; que también la muerte,
si[18] de lejos te sigue,
no menos anhelante te persigue.
¡Quién sabe si tal vez pobre destello
eres tú de otro sol que otro universo   90
mayor que el nuestro un día
con doble resplandor esclarecía!
   Goza tu juventud y tu hermosura,
¡oh sol!, que cuando el pavoroso día
llegue que el orbe estalle y se desprenda   95

de la potente mano
del Padre soberano,
y allá a la eternidad también descienda,
deshecho en mil pedazos, destrozado
y en piélagos de fuego   100
envuelto para siempre y sepultado;
de cien tormentas al horrible estruendo,
en tinieblas sin fin tu llama pura
entonces morirá: noche sombría
cubrirá eterna la celeste cumbre: 105
¡ni aun quedará reliquia de tu lumbre!

Canción del pirata

Con diez cañones por banda,[19]
viento en popa a toda vela[20]
no corta el mar, sino vuela
un velero bergantín:
    bajel pirata que llaman   5
por su bravura el Temido,
en todo mar conocido
del uno al otro confín.

    La luna en el mar riela,[21]
en la lona gime el viento,   10
y alza en blando movimiento
olas de plata y azul;
    y ve el capitán pirata,
cantando alegre en la popa,
Asia a un lado, al otro Europa   15
y allá a su frente, Estambul.

Navega, velero mío,
    sin temor,
que ni enemigo navío,
ni tormenta, ni bonanza,   20
tu rumbo a torcer alcanza,
ni a sujetar tu valor.

    Veinte presas
hemos hecho
a despecho   25
del inglés
y han rendido
sus pendones
cien naciones
a mis pies.   30

«Que es mi barco mi tesoro,
que es mi Dios la libertad,
mi ley la fuerza y el viento,
mi única patria la mar.

Allá muevan feroz guerra   35
ciegos reyes
por un palmo[22] más de tierra:
que yo tengo aquí por mío
cuanto abarca el mar bravío,
a quien nadie impuso leyes   40

Y no hay playa
sea cual quiera,
ni bandera
de esplendor,
que no sienta   45
mi derecho
y dé pecho
a mi valor.

[3] **trueno . . . sobrepujando** resounding above the dread voice of the awful thunder. [4] **Si la llama . . . sentidos** If only the flame that fires my imagination might spread its warmth to my senses. [5] **los anhelantes ojos alzaría** I would raise my yearning eyes. [6] **mirando . . . fijaría** I would set my gaze unflinchingly. [7] **tendido cielo** full breadth of heaven. [8] **vía** veía. [9] **me embebecía** I would stand enthralled. [10] **al término sombroso** to the darkening bounds (at sundown). [11] **tiendes en pompa** (*tender*) you spread or extend in gorgeous array. [12] **reprimes tu vuelo** you check your flight. [13] **y tu rica . . . sepulta** and tremulously, you loosen your dazzling, fiery tresses within the ocean's depths, then hidden is your splendor, and the now departed day is entombed by eternity with a thousand other days. [14] **que en círculo . . . desaparecen** that swirl and disappear in the fury of the Northwind. [15] **a mares** copious, huge amounts. [16] **el profundo** poet., the ocean deep. [17] **y edades . . . triunfante** you tread triumphantly over the ages, or eons and eons. [18] **si** aunque. [19] **por banda** on each side (of a ship). [20] **a toda vela** under full sail; with sails full. [21] **La luna . . . riela** The moon shining or glistening on the water. [22] **por un palmo** for one more inch (a handspan).

Que es mi barco mi tesoro. . .

A la voz de «¡barco viene!»   50
      es de ver
cómo vira y se previene
a todo trapo a escapar:[23]
que yo soy el rey del mar,
y mi furia es de temer.   55

      En las presas[24]
      yo divido
      lo cogido
      por igual:
      sólo quiero   60
      por riqueza
      la belleza
      sin rival.

Que es mi barco mi tesoro. . .

¡Sentenciado estoy a muerte!   65
      Yo me río:
      no me abandone la suerte,
y al mismo que me condena,
colgaré de alguna entena,[25]
quizá en su propio navío.   70

      Y si caigo,
      ¿qué es la vida?
      Por perdida
      ya la di[26]
      cuando el yugo   75
      del esclavo
      como un bravo
      sacudí.

Que es mi barco mi tesoro . . .

Son mi música mejor   80
      aquilones;[27]
el estrépito y temblor
de los cables sacudidos,
del negro mar los bramidos
y el rugir de mis cañones.   85

      Y del trueno
      al son violento,
      y del viento
      al rebramar,[28]
      yo me duermo   90
      sosegado
      arrullado
      por el mar.

Que es mi barco mi tesoro,
que es mi Dios la libertad,   95
mi ley la fuerza y el viento,
mi única patria la mar.

El reo de muerte

¡Para hacer bien por el alma
del que van a ajusticiar!

I

Reclinado sobre el suelo
con lenta amarga agonía,
pensando en el triste día
que pronto amanecerá;
en silencio gime el reo   5
y el fatal momento espera
en que el sol por vez postrera
en su frente lucirá.

Un altar y un crucifijo
y la enlutada capilla,   10
lánguida vela amarilla
tiñe en su luz funeral;
y junto al mísero reo,
medio encubierto el semblante
se oye al fraile agonizante   15
en son confuso rezar.

El rostro levanta el triste[29]
y alza los ojos al cielo,
tal vez eleva en su duelo
la súplica de piedad.   20
¡Una lágrima! ¿Es acaso
de temor o de amargura?
¡Ay! A aumentar su tristura[30]
vino un recuerdo quizá!

Es un joven, y la vida   25
llena de sueños de oro,
pasó ya, cuando aun el lloro
de la niñez no enjugó;
el recuerdo es de la infancia,
¡y su madre que le llora,   30
para morir así ahora
con tanto amor le crió!

Y a par que sin esperanza
ve ya la muerte en acecho,[31]
su corazón en su pecho   35
siente con fuerza latir;
al tiempo que mira al fraile
que en paz ya duerme a su lado,
y que, ya viejo y postrado
le habrá de sobrevivir.   40

Más ¿qué rumor a deshora[32]
rompe el silencio? Resuena
una alegre cantilena
y una guitarra a la par,
y de gritos y botellas   45
que se chocan el sonido,[33]
y el amoroso estallido
de los besos y el danzar.
Y también pronto en son triste
lúgubre voz sonará: 50
    ¡Para hacer bien por el alma
    del que van a ajusticiar!

Y la voz de los borrachos,
y sus brindis, sus quimeras,
y el cantar de las rameras,   55
y el desorden bacanal
en la lúgubre capilla
penetran, y carcajadas,
cual de lejos arrojadas[34]
de la mansión infernal.   60
Y también pronto en son triste
lúgubre voz sonará:
    ¡Para hacer bien por el alma
    del que van a ajusticiar!

¡Maldición! Al eco infausto, 65
el sentenciado maldijo
la madre[35] que como a hijo
a sus pechos le crió;
y maldijo el mundo todo,
maldijo su suerte impía,   70
maldijo el aciago día[36]
y la hora en que nació.

                    II
        Serena la luna
    alumbra en el cielo,
    domina en el suelo   75
    profunda quietud;
    ni voces se escuchan,
    ni ronco ladrido,
    ni tierno quejido
    de amante laúd.[37]   80

    Madrid yace envuelto en sueño,
    todo al silencio convida,
    y el hombre duerme y no cuida
    del hombre que va a espirar;[38]
    si tal vez piensa en mañana,   85
    ni una vez piensa siquiera

[23] **A la voz . . . escapar** At the cry of "Ship Ahoy!" what a beautiful sight it is to see her sharply veer and run for it, full sails flying. [24] **presas** captured booty, spoils. [25] **colgaré . . . entena** I'll hang him from the spars. [26] **Y si caigo . . . di** And if I'm caught, well, what is life? I've long since given it up for lost. [27] **Son mi . . . aquilones** The winds are my favorite music (the music I love best). [28] **al rebramar** when it whistles and howls. [29] *Transpose* El triste levanta el rostro. [30] **a aumentar su tristura** to add to his sorrow. [31] **en acecho** lying in wait; **a par** at the same time as. [32] **a deshora** untimely, ill-timed, inopportunely. [33] *Transpose* el sonido de gritos y botellas que se chocan. [34] **cual de lejos arrojadas** as though erupting from afar. [35] **la madre** a la madre. [36] **aciago día** fateful or unfortunate day. [37] **ni voces . . . laúd** neither voices, nor raucous barking, nor the tender strains of the sweet lute are to be heard. [38] **no cuida . . . espirar** pays no heed or gives not a thought to the man about to die.

en el mísero que espera
para morir, despertar;[39]
que sin pena ni cuidado
los hombres oyen gritar: 90
    ¡Para hacer bien por el alma
    del que van a ajusticiar!

    ¡Y el juez también en su lecho
duerme en paz!, ¡y su dinero
el verdugo, placentero,   95
entre sueños cuenta ya!
Tan sólo rompe el silencio
en la sangrienta plazuela
el hombre del mal, que vela
un cadalso a levantar.[40]   100

                * * *

Loca y confusa la encendida mente,
sueños de angustia y fiebre y devaneo,
el alma envuelven del confuso reo,
que inclina al pecho la abatida frente.

        Y en sueños   105
        confunde
        la muerte,
        la vida:
        recuerda
        y olvida,   110
        suspira,
        respira
        con hórrido afán.[41]

    Y en un mundo de tinieblas
vaga y siente miedo y frío,   115
y en su horrible desvarío
palpa en su cuello el dogal:
y cuanto más forcejea,
cuanto más lucha y porfía,
tanto más en su agonía   120
aprieta el nudo fatal.
Y oye ruido, voces, gentes,
y aquella voz que dirá:
    ¡Para hacer bien por el alma
    del que van a ajusticiar!   125

    O ya libre se contempla,[42]
y el aire puro respira,
y oye de amor que suspira,
la mujer que a un tiempo[43] amó,
bella y dulce cual solía,   130
tierna flor de primavera,
el amor de la pradera
que el abril galán mimó.

    Y gozoso a verla vuela,
y alcanzarla intenta en vano,   135
que al tender la ansiosa mano
su esperanza a realizar,
su ilusión la desvanece
de repente el sueño impío,
y halla un cuerpo mudo y frío   140
y un cadalso en su lugar:
y oye a su lado en son triste
lúgubre voz resonar:
    ¡Para hacer bien por el alma
    del que van a ajusticiar!   145

EL ESTUDIANTE DE SALAMANCA

Diciendo así, soltó una carcajada,[44]
y las espaldas con desdén volvió:
se hizo el bigote, requirió la espada,[45]
y a la devota dama se acercó.

    «—Conque,[46] en fin, ¿dónde vivís?   5
Que se hace tarde, señora.
—Tarde, aún no; de aquí a una hora
lo será. —Verdad decís:
será más tarde que ahora.

    —Esa voz con que me hacéis miedo,   10
de vos me enamora más:
yo me he echado el alma atrás:
juzgad si me dará un bledo[47]
de Dios ni de Satanás.

    —Cada paso que avanzáis   15
lo adelantáis a la muerte,
don Félix. ¿Y no tembláis,
y el corazón no os advierte
que a la muerte camináis?

Con eco melancólico y sombrío   20
dijo así la mujer, y el sordo acento,[48]
sonando en torno del mancebo impío,
rugió en la voz del proceloso viento.

Las piedras con las piedras se golpearon,
bajo sus pies la tierra retembló,   25
las aves de la noche se juntaron
y sus alas crujir sobre él sintió.

Y en la sombra unos ojos fulgurantes
vió en el aire vagar que espanto inspiran,[49]
siempre sobre él saltándose anhelantes: 30
ojos de horror que sin cesar le miran.

Y los vio y no tembló: mano a la espada
puso y la sombra intrépido embistió,
y ni sombra encontró ni encontró nada;
sólo fijos en él los ojos vio.   35

Y alzó los suyos impaciente al cielo,
y rechinó los dientes y maldijo,
y en él creciendo el infernal anhelo
con voz de enojo blasfemando dijo:

«Seguid, señora, y adelante vamos: 40
tanto mejor si sois el diablo mismo,
y Dios y el diablo y yo nos conozcamos,
y acábese por fin tanto embolismo.

«Que de tanto sermón, de farsa tanta,
juro, pardiez, que fatigado estoy: 45
nada mi firme voluntad quebranta,
sabed en fin que donde vayáis voy.

«Un término no más[50] tiene la vida:
término fijo; un paradero el alma.
Ahora, adelante.» Dijo, y en seguida   50
camina en pos[51] con decidida calma.

Y la dama a una puerta se paró,
y era una puerta altísima, y se abrieron
sus hojas en el punto[52] en que llamó,
que a un misterioso impulso obedecieron;   55
y tras la dama el estudiante entró;
ni pajes ni doncellas acudieron;
y cruzan a la luz de unas bujías,
fantásticas, desiertas galerías.

Y la visión como engañoso encanto,   60
por las losas deslízase sin ruido,
toda encubierta bajo el blanco manto
que barre el suelo en pliegues desprendido,[53]
y por el largo corredor en tanto[54]
sigue adelante y síguela atrevido   65
y su temeridad raya en locura[55]
resuelto Montemar a su aventura.

Las luces, como entorchas funerales,
lánguida luz y cárdena esparcían,
y en torno en movimientos desiguales   70
las sombras se alejaban o venían:
arcos aquí ruinosos, sepulcrales,
urnas allí y estatuas se veían,
rotas columnas, patios mal seguros,
yerbosos, tristes, húmedos y oscuros.   75

[39] **que espera . . . despertar** who must awake only to die. [40] **el hombre . . . levantar** the hangman or executioner supervising the erection of the gallows. [41] **Y en sueños . . . afán** And as in a dream, death and life become (or fuse into) one: he remembers and forgets, he sighs and breathes in hideous gasps. [42] **O ya . . . contempla** At times he dreams he is free, or he sees himself a free man now. [43] **a un tiempo** hace algún tiempo. [44] **soltó una carcajada** burst into laughter. [45] **se hizo . . . espada** he smoothed his moustache and adjusted his sword. [46] **Conque** now then, well then. [47] **yo me . . . bledo** I've put aside any thought of my salvation, and you'll soon see how little I care. [48] **sordo acento** muffled voice. [49] **Y en la sombra . . . inspiran** And in the darkness he saw two burning eyes move through the air, inspiring fear. [50] **no más** only. [51] **camina en pos** (de la dama) he walks after or behind (the lady). [52] **se abrieron . . . punto** both sides of the doorway opened inward at the very moment. [53] **en pliegues desprendido** in loose or flowing folds. [54] **en tanto** (entretanto) in the meantime. [55] **raya en locura** borders on madness.

Todo vago, quimérico y sombrío,
edificio sin base ni cimiento
ondula cual fantástico navío
que anclado mueve borrascoso viento.[56]
En un silencio aterrador y frío   80
yace allí todo: ni rumor, ni aliento
humano nunca se escuchó: callado,
corre allí el tiempo, en sueño sepultado.

Las muertas horas a las muertas horas
siguen en el reloj de aquella vida,   85
sombras de horror girando aterradoras,
que allá aparecen en medrosa huída;
ellas solas y tristes moradoras
de aquella negra, funeral guarida,
cual soñada fantástica quimera,   90
vienen a ver al que su paz altera.

Y en él enclavan los hundidos ojos
del fondo de la larga galería,
que brillan lejos cual carbones rojos,
y espantaran la misma valentía: 95
y muestran en su rostro sus enojos
al ver hollada su mansión sombría,
y ora en grupos delante se aparecen,
ora en la sombra allá se desvanecen

Grandiosa, satánica figura,   100
alta la frente, Montemar camina,
espíritu sublime en su locura,
provocando la cólera divina:
fábrica frágil[57] de materia impura,
el alma que la alienta y la ilumina,   105
con Dios le iguala, y con osado vuelo
se alza a su trono y le provoca a duelo.

Segundo Lucifer que se levanta
del rayo vengador la frente herida,[58]
alma rebelde que el temor no espanta,   110
hollada sí, pero jamás vencida:
el hombre en fin que en su ansiedad quebranta
su límite a la cárcel de la vida,
y a Dios llama ante él a darle cuenta,
y descubrir su inmensidad intenta.   115

Y un báquico cantar tarareando,
cruza aquella quimérica morada,

con atrevida indiferencia andando,
mofa en los labios y la vista osada:
y el rumor que sus pasos van formando,   120
y el golpe que al andar le da la espada,
tristes ecos, siguiéndole detrás,
repiten con monótono compás.

Y aquel extraño y único ruido
que de aquella mansión los ecos llena,   125
en el suelo y los techos repetido,
en su profunda soledad resuena:
y expira allá cual funeral gemido
que lanza en su dolor la ánima en pena,[59]
que al fin del corredor largo y oscuro   130
salir parece de entre el roto muro.

Y en aquel otro mundo, y otra vida,
mundo de sombras, vida que es un sueño,
vida, que con la muerte confundida,
ciñe sus sienes con letal beleño;[60]   135
mundo, vaga ilusión descolorida
de nuestro mundo y vaporoso ensueño,
son aquel ruido y su locura insana,
la sola imagen de la vida humana.

Que allá su blanca y misteriosa guía   140
de la alma dicha la ilusión parece,[61]
que ora acaricia la esperanza impía,
ora al tocarla ya se desvanece:
blanca, flotante nube, que en la umbría
noche, en alas del céfiro se mece,[62]   145
su airosa ropa desplegada al viento,
semeja en su callado movimiento.
Humo suave de quemado aroma[63]
que el aire[64] en ondas a perderse asciende,
rayo de luna que en la parda loma,   150
cual un broche su cima el éter prende:[65]
silfa que con el alba envuelta asoma
y al nebuloso azul sus alas tiende,
de negras sombras y de luz teñidas,
entre el alba y la noche confundidas.   155

Y ágil, veloz, aérea y vaporosa,
que apenas toca con los pies al suelo,
cruza aquella morada tenebrosa
la mágica visión del blanco velo:

La dama representa:
- ilusiones
- anelos → deseos
- la mujer/belleza
- el misterio de la existencia

imagen fiel de la ilusión dichosa   160
que acaso el hombre encontrará en el cielo,
pensamiento sin fórmula y sin nombre,
que hace rezar y blasfemar al hombre.

Y al fin del largo corredor llegando,
Montemar sigue a su callada guía,   165
y una de mármol negro va bajando
de caracol torcida gradería,[66]
larga, estrecha y revuelta, y que girando
en torno de él y sin cesar veía
suspendida en el aire y con violento,   170
veloz, vertiginoso movimiento.

Y en eterna espiral y en remolino
infinito prolóngase y se extiende,
y el juicio pone en loco desatino
a Montemar que en tumbos mil desciende,   175
y envuelto en el violento torbellino
al aire se imagina, y se desprende,
y sin que el raudo movimiento ceda,
mil vueltas dando, a los abismos rueda:

y de escalón en escalón cayendo,   180
blasfema y jura con lenguaje inmundo,
y su furioso vértigo creciendo,
y despeñado rápido al profundo,
los silbos ya del huracán oyendo,
ya ante él pasando en confusión el mundo,   185
ya oyendo gritos, voces y palmadas,
y aplausos y brutales carcajadas;

llantos y ayes, quejas y gemidos,
mofas, sarcasmos, risas y denuestos,
y en mil grupos acá y allá reunidos,   190
viendo debajo de él, sobre él enhiestos,
hombres, mujeres, todos confundidos,
con sandia pena, con alegres gestos,
que con asombro estúpido le miran
y en el perpetuo remolino giran.   195

Siente por fin que de repente para,
y un punto[67] sin sentido se quedó;
mas luego valeroso se repara,
abrió los ojos y de pie se alzó:
y fue el primer objeto en que pensara   200

la blanca dama, y alrededor miró,
y al pie de un triste monumento hallóla
sentada en medio de la estancia sola.

Era un negro solemne monumento
que en medio de la estancia se elevaba,   205
y a un tiempo a Montemar, ¡raro portento!,
una tumba y un lecho semejaba:
ya imaginó su loco pensamiento
que abierta aquella tumba le aguardaba;[68]
ya imaginó también que el lecho era   210
tálamo blando que al esposo espera.

Y pronto recobrada su osadía
y a terminar resuelto su aventura,
al cielo y al infierno desafía
con firme pecho y decisión segura: 215
a la blanca visión su planta guía
y a descubrirse el rostro la conjura,[69]
y a sus pies Montemar tomando asiento,
así la habló con animoso acento:

«Diablo, mujer o visión,   220
que a juzgar por el camino
que conduce a esta mansión,
eres puro desatino
o diabólica invención.

---

[56] **anclado . . . viento** like a ship at anchor tosses in a stormy sea (wind).   [57] **fábrica frágil** delicate instrument (or the human body viewed as a work of delicate fabrication).   [58] **la frente herida** con la frente herida.   [59] **y expira . . . pena** and it fades and dies there, like the mournful cry wrenched from a soul in torment.   [60] **beleño** henbane, a poisonous herb.   [61] **de la alma . . . parece** la ilusion parece dicha del alma.   [62] **en alas . . . se mece** is cradled gently on the winged zephyrs (breezes).   [63] **quemado aroma** incense.   [64] **que el aire** que en el aire.   [65] **rayo . . . prende** moonbeam that the heavens fasten on a dark hilltop.   [66] **una . . . gradería** *Transpose* va bajando una torcida gradería de caracol de mármol negro descending a black marble spiral staircase.   [67] **un punto** un momento.   [68] **aquella . . . aguardaba** that tomb was waiting (ready) for him.   [69] **la conjura** beseeches her.

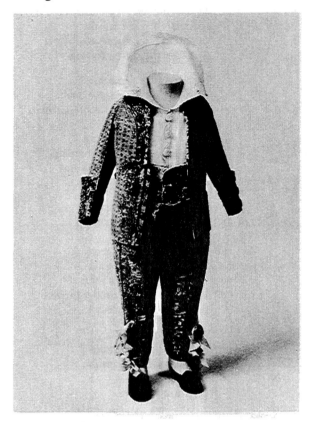

Traje de terciopelo hecho para el Prícipe
de Asturias. España, siglo 18.
The Metropolitan Museum of Art,
Rogers Fund, 1926.

«Si quier de parte de Dios,   225
si quier de parte del diablo,[70]
¿quién nos trajo aquí a los dos?
Decidme en fin, ¿quién sois vos?
Y sepa yo con quién hablo.

«Que más que nunca palpita   230
resuelto mi corazón,
cuando en tanta confusión,
y en tanto arcano que irrita,
me descubre mi razón.

«Que un poder aquí supremo,   235
invisible se ha mezclado,
poder que siento y no temo,
a llevar determinado
esta aventura al extremo.»

Fúnebre   240
llanto
de amor,
óyese
en tanto
un son,   245
flébil, blando,   *mournful*
cual quejido *groan*
dolorido
que del alma
se arrancó.   250
Cual profundo
¡ay!, que exhala
moribundo
corazón.

Danse Macabre

Música triste,   255
lánguida y vaga,
que a par lastima
y el alma halaga;
dulce armonía
que inspira al pecho   260
melancolía,
como el murmullo
de algún recuerdo
de antiguo amor,
a un tiempo arrullo   265
y amarga pena
del corazón.
Mágico embeleso,
cántico ideal
que en los aires vaga[71]   270
y en sonoras ráfagas
aumentando va:
sublime y oscuro,
rumor prodigioso,
sordo acento lúgubre,   275
eco sepulcral,
músicas lejanas,
de enlutado parche
redoble monótono,
cercano huracán,   280
que apenas la copa
del árbol menea
y bramando está:
olas alteradas
de la mar bravía   285
y en noche sombría
los vientos en paz,
y cuyo rugido
se mezcla al gemido
del muro que trémulo   290
las siente[72] llegar:
pavoroso estrépito
infalible présago
de la tempestad.

Y en rápido crescendo,   295
los lúgubres sonidos
más cerca vanse oyendo
y en ronco rebramar,

cual trueno en las montañas
que retumbando va,   300
cual rugen las entrañas
de horrísono volcán.

Y algazara y gritería,
crujir de afilados huesos,
rechinamiento de dientes   305
y retemblar los cimientos,
y en pavoroso estallido
las losas del pavimento
separando sus junturas
irse poco a poco abriendo,   310
siente Montemar, y el ruido
más cerca crece, y a un tiempo
escucha chocarse cráneos,
ya descarnados y secos,
temblar en torno la tierra,   315
bramar combatidos vientos,
rugir las airadas olas,
estallar el ronco trueno,
exhalar tristes quejidos
y prorrumpir en lamentos: 320
todo en furiosa armonía,
todo en frenético estruendo,
todo en confuso trastorno,
todo mezclado y diverso.

Y luego el estrépito crece   325
confuso y mezclado en un son,
que ronco en las bóvedas hondas
tronando furioso zumbó;
y un eco que agudo parece
del ángel del juicio la voz   330
en tiple, punzante alarido
medroso y sonoro se alzó:
sintió, removidas las tumbas,
crujir a sus pies con fragor,
chocar en las piedras los cráneos   335

[70] **Si quier de . . . diablo** Be you sent by God or the devil.   [71] **en los aires vaga** wanders abroad, or floats through the air.   [72] **las siente** siente las olas llegar.

con rabia y ahínco feroz,
romper intentando la losa
y huir de su eterna mansión
los muertos, de súbito oyendo
el alto mandato de Dios.   340

Y de pronto en horrendo estampido
desquiciarse la estancia sintió,
y al tremendo tartáreo ruido
cien espectros alzarse miró:
de sus ojos los huecos fijaron   345
y sus dedos enjutos en él;
y despúes entre sí se miraron,
y a mostrarle tornaron después;
y alzadas las manos siniestras,
con dudoso, espantado ademán,   350
contemplando y tendidas sus diestras
con asombro al osado mortal,
se acercaron despacio, y la seca
calavera, mostrando temor,
con inmóvil, irónica mueca   355
inclinaron, formando en redor.

Y entonces la visión del blanco velo
al fiero Montemar tendió una mano,
y era su tacto de crispante hielo,
y resistirlo audaz intentó en vano.   360

Galvánica, cruel, nerviosa y fría,
histérica y horrible sensación,
toda la sangre coagulada envía
agolpada y helada al corazón . . .

Y a su despecho y maldiciendo al cielo,   365
de ella apartó su mano Montemar,
y temerario alzándola su velo,
tirando de él la descubrió la faz.

«¡Es su esposo!» —los ecos retumbaron—.
«¡La esposa al fin que su consorte halló!»   370
Los espectros con júbilo gritaron:
«¡Es el esposo de su eterno amor!»

Y ella entonces gritó: «¡Mi esposo!» Y era
(¡desengaño fatal!, ¡triste verdad!)
una sórdida, horrible calavera,   375
¡la blanca dama del gallardo andar! . . .

José Zorrilla (1817–1893)

Zorrilla llena con el torrente de sus versos casi todo el siglo XIX español. Nace, como vate, junto a la tumba de Larra, declamando un poema que le hace popular a los veinte años. Desde ese momento se hace «el trovador que vaga errante» o «el pájaro que canta», como le gustaba llamarse a sí mismo. Escribió sin descanso. Vivió en Francia; en Méjico fue el poeta oficial del emperador Maximiliano y director del teatro nacional; fue miembro de la Real Academia Española y coronado como poeta nacional en 1889. Nunca odió, ni fue odiado; murió pobre y humildemente en Madrid.

Zorrilla cultivó principalmente el teatro y la poesía. En la poesía su extraordinaria facilidad para la versificación y su ilimitada fantasía le alejaron de los temas íntimos y personales; la música del verso brotaba en él como de un chorro incontrolado. Es el poeta del color, de lo pintoresco, de lo llamativo. De ahí su inclinación a los temas del pasado. En esta poesía pictórica de las glorias de España se encuentran algunos de los romances más dramáticos de la literatura nacional: «A buen juez mejor testigo», «El capitán Montoya», «Las dos rosas», y otros muchos. Cultivó también el tema oriental, moro, en una serie titulada *Orientales*, y sobre todo en el poema extenso *Granada* (1852).

En el teatro, Zorrilla es el autor de la obra más conocida en España y en el mundo hispano. *Don Juan Tenorio* (1844) es la creación más notable de Zorrilla, a pesar de algunos defectos que él mismo solía confesar con rara sinceridad. *El Tenorio*, así suele llamarse esta comedia, es, como su autor la califica, un drama

Don Juan: libertino
sin verguenza
Franco
Jactancioso (jactarse) "bragger"

religioso-fantástico. El tipo de don Juan, amor, sexo, violencia, honor, su conversión final por medio del amor de una monja, siguen conmoviendo al gran público. *Don Juan* tiene una máxima virtud: la teatralidad de su protagonista. Hay algo mágico en este Tenorio que entusiasma al espectador español y le lleva a una inconsciente identificación con él. *Don Juan Tenorio* suele ponerse en escena en muchos teatros de España y América el «día de difuntos» (el 1º de noviembre). Otras comedias populares de Zorrilla son *El puñal del godo, El zapatero y el rey, Traidor, inconfeso y mártir.*

Como Lope de Vega, Zorrilla tiene una especial percepción del espíritu popular de su país. Ha proporcionado indelebles momentos de goce dramático a muchas generaciones.

Libre en forma
paralelos, dobles, estructura

DON JUAN TENORIO

Personajes

DON JUAN TENORIO.
DON LUIS MEJÍA. *Rival de Don Juan   padre de doña Inés*
DON GONZALO DE ULLOA, *comendador de Calatrava.*
DON DIEGO TENORIO. *padre de D. Juan*
DOÑA INÉS DE ULLOA.
DOÑA ANA DE PANTOJA.
CHRISTÓFANO BUTTARELLI.
MARCO CIUTTI. *Servante de D. Juan*
BRÍGIDA.
PASCUAL.
EL CAPITÁN CENTELLAS.
DON RAFAEL DE AVELLANEDA.
LUCÍA.
LA ABADESA DE LAS CALATRAVAS DE SEVILLA.
LA TORNERA DE ÍDEM.
GASTÓN.
MIGUEL.
UN ESCULTOR.
ALGUACILES 1.° y 2.°
UN PAJE (*que no habla*).
LA ESTATUA DE DON GONZALO (*él mismo*).
LA SOMBRA DE DOÑA INÉS (*ella misma*).

Caballeros sevillanos, encubiertos, curiosos, esqueletos, estatuas, ángeles, sombras, justicia y pueblo

La acción en Sevilla,[1] *por los años de 1545, últimos del emperador Carlos V. Los cuatro primeros actos pasan en una sola noche. Los tres restantes, cinco años después y en otra noche*

Primera Parte

Acto Primero

Libertinaje y escándalo

Personajes: DON JUAN, DON LUIS, DON DIEGO, DON GONZALO, BUTTARELLI, CIUTTI, CENTELLAS, AVELLANEDA, GASTÓN, MIGUEL

Caballeros, curiosos, enmascarados, rondas

small hotel   dueño
Hostería de Christófano Buttarelli. Puerta en el fondo que da a la calle; mesas, jarros y demás utensilios propios de semejante lugar
lugar

ESCENA I

máscara
DON JUAN, con antifaz, *sentado a una mesa escribiendo;* CIUTTI *y* BUTTARELLI *a un lado esperando. Al levantarse el telón se ven pasar por la puerta del fondo máscaras, estudiantes y pueblo con hachones, músicas, etc.*

curtain

libertino
D. JUAN
¡Cuál gritan esos malditos!
¡Pero mal rayo me parta[2]
si, en concluyendo la carta,
no pagan caros sus gritos!
(*Sigue escribiendo.*)

BUTTARELLI
(*A Ciutti.*)
¡Buen Carnaval!

---

[1] The action takes place in Seville during the year 1545 when Carlos V was King of Spain and Emperor of the Holy Roman Empire.   [2] **mal rayo me parta** I'll be darned; lit. may heaven strike me dead.

Domingo y Marqués, Francisco. Español (1842–1920). *Interior con figuras*. The Metropolitan Museum of Art. Regalo de Catherine Lorillard Wolfe, 1887.

CIUTTI
(*A Buttarelli*.) Buen agosto
para rellenar la arquilla.[3]

BUTTARELLI
¡Quia! Corre ahora por Sevilla
poco gusto y mucho mosto.
Ni caen aquí buenos peces,
que son cosas mal miradas
por gentes acomodadas,
y atropelladas a veces.[4]

CIUTTI
Pero hoy . . .

BUTTARELLI
          Hoy no entra en la cuenta,
Ciutti; se ha hecho buen trabajo.

CIUTTI — *servante*
¡Chist! Habla un poco más bajo,
que mi señor se impacienta
pronto.

BUTTARELLI
          ¿A su servicio estás?

CIUTTI
Ya ha un año.

BUTTARELLI
          ¿Y qué tal te sale?[5]

CIUTTI
No hay prior que se me iguale;[6]
tengo cuanto quiero y más.
Tiempo libre, bolsa llena,
buenas mozas y buen vino.

BUTTARELLI
¡Cuerpo de tal, qué destino![7]

CIUTTI
(*Señalando a don Juan*.)   *foreign*
Y todo ello a costa ajena.

BUTTARELLI
¿Rico, eh?

CIUTTI
          Varea la plata.[8]

BUTTARELLI
¿Franco?

CIUTTI
          Como un estudiante.

BUTTARELLI
¿Y noble?

CIUTTI
          Como un infante.

BUTTARELLI
¿Y bravo?

CIUTTI
          Como un pirata.

BUTTARELLI
¿Español?

CIUTTI
          Creo que sí.

[3] **Buen agosto . . . arquilla** lit., May you reap a good harvest to fill the coffers to overflowing; in other words, Ciutti is wishing the innkeeper a profitable day's business during the carnival.   [4] **¡Quia! . . . a veces** Bah! There's little (good) taste and a lot of bad (quality) wine in Seville these days. Good customers don't drop by here because the well-to-do people look at them disapprovingly and at times even denounce or attack them for it. (*Mosto*: must, or stum, a partly fermented grape wine.)   [5] **¿Y qué tal te sale?** And how are you doing?   [6] **No hay . . . iguale** No abbot (or churchman) is doing as well as I am.   [7] **¡Cuerpo . . . destino!** You don't say! What a lucky break for you! (or, what a life you must be leading!)   [8] **Varea la plata** He spends money like water.

BUTTARELLI
¿Su nombre?

CIUTTI
                Lo ignoro en suma.

BUTTARELLI
¡Bribón! ¿Y dónde va?

CIUTTI
                        Aquí.

BUTTARELLI
Largo plumea.[9]

CIUTTI
                    Es gran pluma.

BUTTARELLI
¿Y a quién mil diablos escribe
tan cuidadoso y prolijo?

CIUTTI
A su padre.

BUTTARELLI
            ¡Vaya un hijo!

CIUTTI
Para el tiempo en que se vive
es un hombre extraordinario;
pero . . . calla.

D. JUAN
(*Cerrando la carta.*)
                Firmo y plego;
¡Ciutti!

CIUTTI
    Señor.

D. JUAN
            Este pliego
irá, dentro del Horario
en que reza doña Inés,
a sus manos a parar.

CIUTTI
¿Hay respueste que aguardar?

D. JUAN
Del diablo con guardapiés
que la asiste; de su dueña,
que mis intenciones sabe,
recogerás una llave,
una hora y una seña,
y más ligero que el viento,
aquí otra vez.

CIUTTI
            Bien está. (*Vase.*)

ESCENA II

DON JUAN *y* BUTTARELLI

D. JUAN
Christófano, vieni quá.[10]

BUTTARELLI
Eccellenza!

D. JUAN
        Senti.

BUTTARELLI
            Sento.
Ma ho imparatto il castigliano,
se é piú facile al signor
la sua lingua . . .

D. JUAN
            Sí, es mejor;
lascia dunque il tuo toscano,[10]
y dime: ¿don Luis Mejía
ha venido hoy?

BUTTARELLI
            Excelencia.
no está en Sevilla.

D. JUAN
            ¿Su ausencia
dura en verdad todavía?

1er Apuesta: Quien puede ser más daño durante un año.

Franco

BUTTARELLI
Tal creo.

D. JUAN
            ¿Y noticia alguna
no tenéis de él?

BUTTARELLI
                ¡Ah! Una historia
me viene ahora a la memoria
que os podrá dar . . .

D. JUAN
                    ¿Oportuna
luz sobre el caso?

BUTTARELLI
                Tal vez.

D. JUAN
Habla, pues.

BUTTARELLI
(*Hablando consigo mismo.*)
           No, no me engaño;
esta noche cumple el año;
lo había olvidado.

D. JUAN
              ¡Pardiez![11]
¿Acabarás con tu cuento?

BUTTARELLI
Perdonad, señor; estaba
recordando el hecho.

D. JUAN
             Acaba,
vive Dios, que me impaciento.

BUTTARELLI
Pues es el caso, señor,
que el caballero Mejía,
por quien preguntáis, dio un día
en la ocurrencia peor
que ocurrírsele podía.

D. JUAN
Suprime lo al hecho extraño;
que apostaron me es notorio
a quién haría en un año,
con más fortuna, más daño,[12]
Luis Mejía y Juan Tenorio.

BUTTARELLI
¿La historia sabéis?

D. JUAN
                Entera;
por eso te he preguntado
por Mejía.

BUTTARELLI
             ¡Oh! Me pluguiera
que la apuesta se cumpliera,
que pagan bien y al contado.[13]

D. JUAN
¿Y no tienes confianza
en que don Luis a esta cita
acuda?

      ← come

BUTTARELLI
          ¡Quia!, ni esperanza;
el fin del plazo se avanza,[14]
y estoy cierto que maldita
la memoria que ninguno
guarda de ello.

[9] **Largo plumea** He's writing a lot. [10] **vieni quá . . . toscano** (*Ital.*) Come here. / Your Excellency! / Sit down. / I am sitting. But I have learned Spanish so if it is easier for you to speak in your language . . . / Yes, that's better; let's drop the Italian. [11] **¡Pardiez!** (*French:* par Dieu) For the love of God! (An archaic oath once used in English.) [12] **por quien . . . daño** (Mejía), about whom you are inquiring, one day hit upon the worse possible scheme that could ever occur to him. / Skip all that. I know all about the bet (wager) they made to see which one of them could do the most harm over a period of one year and get away with it. [13] **Me pluguiera . . . contado** I would be glad to see the wager fulfilled because they pay well and they pay cash. [14] **el fin del plazo se avanza** time is almost up.

D. JUAN
            Basta ya.
Toma.

BUTTARELLI
       Excelencia, ¿y de alguno
de éstos sabéis vos?

D. JUAN
            Quizá.

BUTTARELLI
¿Vendrán, pues?

D. JUAN
            Al menos uno;
mas por si acaso los dos
dirigen aquí sus huellas
el uno del otro en pos,
tus dos mejores botellas
prevenles.[15]

BUTTARELLI
       Mas . . .

D. JUAN
            ¡Chito! . . .[16] Adiós.

ESCENA III

BUTTARELLI

BUTTARELLI
¡Santa Madona! De vuelta
Mejía y Tenorio están
sin duda . . . y recogerán
los dos la palabra suelta.
¡Oh! Sí; ese hombre tiene traza
de saberlo a fondo. (*Ruido dentro.*) Pero
¿qué es esto? (*Se asoma a la puerta.*)
¡Anda! ¡El forastero
está riñendo en la plaza!
¡Válgame Dios! ¡Qué bullicio!
¡Cómo se le arremolina
chusma . . ., y cómo la acoquina
él solo! . . . ¡Puf! ¡Qué estropicio!

¡Cuál corren delante de él![17]
¡No hay duda, están en Castilla
los dos y anda ya Sevilla
toda revuelta! ¡Miguel!

ESCENA IV

BUTTARELLI *y* MIGUEL

MIGUEL
¿Che comanda?

BUTTARELLI
            Presto, qui
servi una tavola, amico;
e del Lacryma piú antico
porta due buttiglie.

MIGUEL
            Sí,
signor padron.

BUTTARELLI
            Micheletto,
apparechia in caritá
lo piú ricco, que si fa;
afrettati!

MIGUEL
       Giá mi afretto,
signor padrone.[18] (*Vase.*)

ESCENA V

BUTTARELLI *y* DON GONZALO

D. GONZALO
       Aquí es.
¡Patrón!

BUTTARELLI
       ¿Qué se ofrece?

D. GONZALO
            Quiero
hablar con el hostelero.

BUTTARELLI
Con él habláis; decid, pues.

D. GONZALO
¿Sois vos?

BUTTARELLI
Sí; mas despachad,
que estoy de priesa.

D. GONZALO
En tal caso,
ved si es cabal y de paso
esa dobla, y contestad.[19]

BUTTARELLI
¡Oh, excelencia!

D. GONZALO
¿Conocéis
a don Juan Tenorio?

BUTTARELLI
Sí.

D. GONZALO
¿Y es cierto que tiene aquí
hoy una cita?

BUTTARELLI
¡Oh! ¿Seréis
vos el otro?

D. GONZALO
¿Quién?

BUTTARELLI
Don Luis.

D. GONZALO
No; pero estar me interesa
en su entrevista.

BUTTARELLI
Esta mesa
les preparo; si os servís
en esotra[20] colocaros,
podréis presenciar la cena
que les daré . . . ¡Oh! Será escena
que espero que ha de admiraros.

D. GONZALO
Lo creo.

BUTTARELLI
Son, sin disputa,
los dos mozos más gentiles
de España.

D. GONZALO
Sí, y los más viles
también.

BUTTARELLI
¡Bah! Se les imputa
cuanto malo se hace hoy día;
mas la malicia lo inventa,
pues nadie paga su cuenta
como Tenorio y Mejía.

gentiles but some think vile. "always pay their bill... significant

[15] **mas por si . . . prevenles** but just in case they both (should) come here looking for each other, keep two of your best bottles of wine handy for them.   [16] **¡Chito!** Quiet!; Shh . . .!; Enough!   [17] **¡Cómo se le arremolina . . . delante de él!** Look at the mob crowding around him . . ., and how he beats (scares) them off (or scatters them) singlehandedly! . . . Wow! What a brawl! Look how they run from him!   [18] **Che comanda? . . . padrone** (*Ital.*) What is your wish? / Quick, friend, set up a table here and bring two bottles of the oldest Lacryma. (*Lacryma Christi*: meaning "tears of Christ," an Italian wine) / Yes, sir. / Mike. for pity's sake, prepare the best of everything; hurry up! / Right away, I'm hurrying, sir (boss).   [19] **En tal caso . . . contestad** In that case, look this gold coin over to see if it's genuine, and then answer me.   [20] **esotra** esa otra; refers to "mesa".

D. GONZALO
¡Ya!

BUTTARELLI
    Es afán de murmurar;
porque conmigo, señor,
ninguno lo hace mejor,
y bien lo puedo jurar.

D. GONZALO
No es necesario; mas . . .

BUTTARELLI
                ¿Qué?

D. GONZALO
Quisiera yo ocultamente
verlos, y sin que la gente
me reconociera.

BUTTARELLI
                A fe
que eso es muy fácil, señor.
Las fiestas de Carnaval,
al hombre más principal
permiten, sin deshonor
de su linaje, servirse
de un antifaz, y bajo él
¿quién sabe, hasta descubrirse,
de qué carne es el pastel?

D. GONZALO
Mejor fuera en aposento
contiguo . . .

BUTTARELLI
            Ninguno cae
aquí.

D. GONZALO
        Pues entonces trae
un antifaz.

BUTTARELLI
            Al momento.

ESCENA VI

DON GONZALO

D. GONZALO
No cabe en mi corazón
que tal hombre pueda haber,
y no quiero cometer
con él una sinrazón.
Yo mismo indagar prefiero
la verdad . . .; mas, a ser cierta
la apuesta, primero muerta
que esposa suya la quiero.
No hay en la tierra interés
que si la daña me cuadre;
primero seré buen padre,
buen caballero después.
Enlace es de gran ventaja;
mas no quiero que Tenorio
del velo del desposorio
le recorte una mortaja.[21]

ESCENA VII

DON GONZALO y BUTTARELLI, *que trae un antifaz*

BUTTARELLI
Ya está aquí.

D. GONZALO
            Gracias, patrón;
¿tardarán mucho en llegar?

BUTTARELLI
Si vienen, no han de tardar;
cerca de las ocho son.

D. GONZALO
¿Ésa es la hora señalada?

BUTTARELLI
Cierra el plazo, y es asunto
de perder quien no esté a punto
de la primer campanada.

D. GONZALO
Quiera Dios que sea chanza,
y no lo que se murmura.

BUTTARELLI

No tengo aún por muy segura
de que cumplan la esperanza;
pero si tanto os importa
lo que ello sea saber,
pues la hora está al caer,
la dilación es ya corta.

D. GONZALO

Cúbrome pues, y me siento.
(*Se sienta en una mesa a la derecha, y se pone el antifaz*)

BUTTARELLI

(*Aparte.*)
Curioso el viejo me tiene
del misterio con que viene . . .,
y no me quedo contento
hasta saber quién es él.
(*Limpia y trajina, mirándole de reojo.*[22])

D. GONZALO

(*Aparte.*)
¡Que un hombre como yo tenga
que esperar aquí y se avenga
con semejante papel![23]
En fin, me importa el sosiego
de mi casa, y la ventura
de una hija sencilla y pura,
y no es para echarlo a juego.[24]

ESCENA VIII

DON GONZALO, BUTTARELLI *y* DON DIEGO *a la puerta del
fondo*

D. DIEGO

La seña está terminante;[25]
aquí es; bien me han informado;
llego, pues.

BUTTARELLI

¿Otro embozado?

D. DIEGO

¡Ah de esta casa!

BUTTARELLI

Adelante.

D. DIEGO

¿La Hostería del Laurel?

BUTTARELLI

En ella estáis, caballero.

D. DIEGO

¿Está en casa el hostelero?

BUTTARELLI

Estáis hablando con él.

D. DIEGO

¿Sois vos Buttarelli?

BUTTARELLI

Yo.

D. DIEGO

¿Es verdad que hoy tiene aquí
Tenorio una cita?

BUTTARELLI

Sí.

D. DIEGO

¿Y ha acudido a ella?

BUTTARELLI

No.

D. DIEGO

¿Pero acudirá?

---

[21] **no quiero . . . mortaja** (*Transpose*) no quiero
que Tenorio le recorte una mortaja del velo del desposorio.
[22] **mirándole de reojo**   to look askance; sidewise.   [23] **se
avenga . . . papel!**   stoops to playing such a part.
[24] **echarlo juego**   to take or treat lightly.   [25] **La seña
está terminante**   the address, or directions (for reaching or
finding the inn) are clear.

BUTTARELLI
                    No sé.

D. DIEGO
¿Le esperáis vos?

BUTTARELLI
                    Por si acaso,
venir le place.

D. DIEGO
                    En tal caso,
yo también le esperaré.
(*Se sienta al lado opuesto a don Gonzalo.*)

BUTTARELLI
¿Que os sirva vianda alguna
queréis mientras?[26]

D. DIEGO
                    No; tomad.

BUTTARELLI
¡Excelencia!

D. DIEGO
                    Y excusad
conversación importuna.

BUTTARELLI
Perdonad.

D. DIEGO
                    Vais perdonado;
dejadme, pues.

BUTTARELLI
(*Aparte.*)   ¡Jesucristo!
En toda mi vida he visto
hombre más malhumorado.

D. DIEGO
    (*Aparte.*)
¡Que un hombre de mi linaje
descienda a tan ruin mansión!

Pero no hay humillación
a que un padre no se baje
por un hijo. Quiero ver
por mis ojos la verdad,
y el monstruo de liviandad
a quien pude dar el ser.
    (*Buttarelli, que anda arreglando sus trastos, contempla desde el fondo a don Gonzalo y a don Diego, que permanecerán embozados y en silencio*)

BUTTARELLI
¡Vaya un par de hombres de piedra!
Para éstos sobra mi abasto;
mas, ¡pardiez!, pagan el gasto
que no hacen, y así se medra.[27]

ESCENA IX

DON GONZALO, DON DIEGO, BUTTARELLI, EL CAPITÁN CENTELLAS, AVELLANEDA y DOS CABALLEROS

AVELLANEDA
Vinieron, y os aseguro
que se efectuará la apuesta.

CENTELLAS
Entremos, pues. ¡Buttarelli!

BUTTARELLI
Señor capitán Centellas,
¿vos por aquí?

CENTELLAS
                    Sí, Christófano.
¿Cuándo aquí, sin mi presencia,
tuvieron lugar orgías
que han hecho raya en la época?[28]

BUTTARELLI
Como ha tanto tiempo ya
que no os he visto . . .

CENTELLAS
                    Las guerras
del emperador, a Túnez[29]
me llevaron; mas mi hacienda

me vuelve a traer a Sevilla,
y según lo que me cuentan,
llego lo más a propósito
para renovar añejas
amistades. Conque apróntanos
luego unas cuantas botellas,
y en tanto que humedecemos
la garganta, verdadera
relación haznos de un lance
sobre el cual hay controversia.

BUTTARELLI
Todo se andará,[30] mas antes
dejadme ir a la bodega.

VARIOS
Sí, sí.

ESCENA X

DICHOS, *menos* BUTTARELLI

CENTELLAS
Sentarse, señores,
y que siga Avellaneda
con la historia de don Luis.

AVELLANEDA
No hay ya más que decir de ella
sino que creo imposible
que la de Tenorio sea
más endiablada, y que apuesto
por don Luis.

CENTELLAS
Acaso pierdas.
Don Juan Tenorio se sabe
que es la más mala cabeza[31]
del orbe, y no hubo hombre alguno
que aventajarle pudiera
con sólo su inclinación;
conque ¿qué hará si se empeña?

AVELLANEDA
Pues yo sé bien que Mejía
las ha hecho tales, que a ciegas
se puede apostar por él.

CENTELLAS
Pues el capitán Centellas
pone por[32] don Juan Tenorio
cuanto tiene.

AVELLANEDA
Pues se acepta
por don Luis, que es muy mi amigo.

CENTELLAS
Pues todo en contra se arriesga;
porque no hay como Tenorio
otro hombre sobre la tierra,
y es proverbial su fortuna
y extremadas sus empresas.

ESCENA XI

DICHOS *y* BUTTARELLI, *con botellas*

BUTTARELLI
Aquí hay Falerno, Borgoña,
Sorrento.

CENTELLAS
De lo que quieras
sirve, Christófano, y dinos:

[26] *Transpose* ¿queréis mientras que os sirva alguna vianda? [27] **pagan el gasto . . . medra** they are paying for what they are not consuming, and that suits me fine. [28] **han hecho . . . época** that have left their mark on history; gone down in history; epoch-making event. [29] **Túnez** Tunis, attacked by the Emperor Charles V in 1535, was a stronghold of the famous Barbary corsair, Barbarossa. [30] **Todo se andará** All in good time. [31] **mala cabeza** good-for-nothing; rogue; rascal; scoundrel. [32] **pone por** bets or wagers on; (puts his money on).

¿qué hay de cierto en una apuesta
por don Juan Tenorio ha un año
y don Luis Mejía hecha?

BUTTARELLI
Señor capitán, no sé
tan a fondo[33] la materia
que os pueda sacar de dudas,
pero os diré lo que sepa.

VARIOS
Habla, habla.

BUTTARELLI
       Yo, la verdad,
aunque fue en mi casa mesma[34]
la cuestión entre ambos, como
pusieron tan larga fecha
a su plazo, creí siempre
que nunca a efecto viniera.
Así es que ni aun me acordaba
de tal cosa a la hora de ésta.
Mas esta tarde, sería
al anochecer apenas,
entróse aquí un caballero
pidiéndome que le diera
recado con que escribir
una carta; y a sus letras
atento no más, me dio
tiempo a que charla metiera
con un paje que traía,
paisano mío, de Génova.
No saqué nada del paje,
que es, por Dios, muy brava pesca;[35]
mas cuando su amo acababa
la carta, le envió con ella
a quien iba dirigida;
el caballero en mi lengua
me habló, y me dio noticias
de don Luis; dijo que entera
sabía de ambos la historia,
y tenía la certeza
de que, al menos uno de ellos,
acudiría a la apuesta.
Yo quise saber más de él;

mas púsome dos monedas
de oro en la mano, diciéndome:
«Y por si acaso los dos
al tiempo aplazado llegan,
ten prevenidas para ambos
tus dos mejores botellas.»
Largóse sin decir más;
y yo, atento a sus monedas,
les puse en el mismo sitio
donde apostaron, la mesa.[36]
Y vedla allí con dos sillas,
dos copas y dos botellas.

AVELLANEDA
Pues, señor, no hay que dudar;
era don Luis.

CENTELLAS
       Don Juan era.

AVELLANEDA
¿Tú no le viste la cara?

BUTTARELLI
¡Si la traía cubierta
con un antifaz!

CENTELLAS
       Pero, hombre,
¿tú a los dos no los recuerdas?
¿O no sabes distinguir
a las gentes por sus señas
lo mismo que por sus caras?

BUTTARELLI
Pues confieso mi torpeza;
no lo supe conocer,
y lo procuré de veras.
Pero silencio.

AVELLANEDA
       ¿Qué pasa?

BUTTARELLI
A dar el reló comienza
los cuartos para las ocho. (*Dan.*)

CENTELLAS
Ved la gente que se entra.

AVELLANEDA
Como que está de este lance
curiosa Sevilla entera.

(Se oyen dar las ocho; varias personas entran y se reparten en silencio por la escena; al dar la última campanada, don Juan, con antifaz, se llega a la mesa que ha preparado Buttarelli en el centro del escenario y se dispone a ocupar una de las dos sillas que están delante de ella. Inmediatamente después de él entra don Luis, también con antifaz, y se dirige a la otra. Todos los miran)

ESCENA XII

DON DIEGO, DON GONZALO, DON JUAN, DON LUIS, BUTTARELLI, CENTELLAS, AVELLANEDA, CABALLEROS, CURIOSOS y ENMASCARADOS

AVELLANEDA
(A Centellas, por don Juan.)
Verás aquél, si ellos vienen,
qué buen chasco que se lleva.

CENTELLAS
(A Avellaneda, por don Luis.)
Pues allí va otro a ocupar
la otra silla; ¡uf!, aquí es ella.

D. JUAN
(A don Luis.)
Esa silla está comprada,
hidalgo.

D. LUIS
(A don Juan.)
      Lo mismo digo,
hidalgo; para un amigo,
tengo yo esotra[37] pagada.

D. JUAN
Que ésta es mía haré notorio.[38]

D. LUIS
Y yo también que ésta es mía.

D. JUAN
Luego sois don Luis Mejía.

D. LUIS
Seréis, pues, don Juan Tenorio.

D. JUAN
Puede ser.

D. LUIS
      Vos lo decís.

D. JUAN
¿No os fiáis?

D. LUIS
      No.

D. JUAN
      Yo tampoco.

D. LUIS
Pues no hagamos más el coco.[39]

D. JUAN
Yo soy don Juan.
      (Quitándose la máscara.)

D. LUIS
(Idem.)   Yo don Luis.
(Se descubren y se sientan. El capitán Centellas, Avellaneda, Buttarelli y algunos otros se van a ellos y les saludan, abrazan y dan la mano, y hacen otras semejantes muestras de cariño y amistad. Don Juan y don Luis las aceptan cortésmente)

---

[33] **tan a fondo** quite thoroughly; all the details.
[34] **mesma** misma.   [35] **brava pesca** real shark; sly old fish; clever one; foxy.   [36] **les puse ... mesa** *Transpose* les puse la mesa en el mismo sitio donde apostaron.
[37] **esotra** esa otra; refers to "silla".   [38] **Que ésta ... notorio** I'll have it known that this one (the chair) is mine.
[39] **no hagamos más el coco** let's stop playing games; or, enough of this nonsense; **coco** a bugbear, for scaring children.

CENTELLAS
¡Don Juan!

AVELLANEDA
  ¡Don Luis!

D. JUAN
      ¡Caballeros!

D. LUIS
¡Oh amigos! ¿Qué dicha es ésta?

AVELLANEDA
Sabíamos vuestra apuesta,
y hemos acudido a veros.

D. LUIS
Don Juan y yo tal bondad
en mucho os agradecemos.

D. JUAN
El tiempo no malgastemos,
don Luis. (*A los otros.*) Sillas arrimad.
(*A los que están lejos.*)
Caballeros, yo supongo
que a ucedes[40] también aquí
les trae la apuesta, y por mí,
a antojo tal no me opongo.

D. LUIS
Ni yo, que aunque nada más
fue el empeño entre los dos,
no ha de decirse, por Dios,
que me avergonzó jamás.

D. JUAN
Ni a mí, que el orbe es testigo
de que hipócrita no soy,
pues por doquiera[41] que voy
va el escándalo conmigo.

D. LUIS
¡Eh! ¿Y esos dos no se llegan
a escuchar? Vos.
    (*Por don Diego y don Gonzalo.*)

D. DIEGO
      Yo estoy bien.

D. LUIS
¿Y vos?

D. GONZALO
      De aquí oigo también.

D. LUIS
Razón tendrán si se niegan.
    (*Se sientan todos alrededor de la mesa en que están don
    Luis Mejía y don Juan Tenorio*)

D. JUAN
¿Estamos listos?

D. LUIS
      Estamos.

D. JUAN
Como quien somos cumplimos.[42]

D. LUIS
Veamos, pues, lo que hicimos.

D. JUAN
Bebamos antes.

D. LUIS
      Bebamos. (*Lo hacen.*)

D. JUAN
La apuesta fue . . .

D. LUIS
      Porque un día
dije que en España entera
no habría nadie que hiciera
lo que hiciera Luis Mejía.

D. JUAN
Y siendo contradictorio
al vuestro mi parecer,
yo os dije: «Nadie ha de hacer
lo que hará don Juan Tenorio.»
¿No es así?

D. LUIS
Sin duda alguna;
y vinimos a apostar
quién de ambos habría obrar
peor, con mejor fortuna,
en el término de un año;
juntándonos aquí hoy
a probarlo.

D. JUAN
Y aquí estoy.

D. LUIS
Y yo.

CENTELLAS
¡Empeño bien extraño,
por vida mía!

D. JUAN
Hablad, pues.

D. LUIS
No, vos debéis empezar.

D. JUAN
Como gustéis, igual es,
que nunca me hago esperar.
Pues, señor, yo desde aquí,
buscando mayor espacio
para mis hazañas, di
sobre Italia,[43] porque allí
tiene el placer un palacio.
De la guerra y del amor
antigua y clásica tierra,
y en ella el Emperador,
con ella y con Francia en guerra,[44]
díjeme: «¿Dónde mejor?
Donde hay soldados hay juego,
hay pendencias y amoríos.»
Di, pues, sobre Italia luego,
buscando a sangre y a fuego[45]
amores y desafíos.
En Roma, a mi apuesta fiel,
fijé entre hostil y amatorio,

en mi puerta este cartel:
Aquí está don Juan Tenorio
para quien quiera algo de él.
De aquellos días la historia
a relataros renuncio;
remítome a la memoria
que dejé allí, y de mi gloria
podéis juzgar por mi anuncio.
Las romanas caprichosas,
las costumbres licenciosas,
yo gallardo y calavera,[46]
¿quién a cuento redujera
mis empresas amorosas?
Salí de Roma por fin
como os podéis figurar,
con un disfraz harto ruin
y a lomos de un mal rocín,
pues me quería ahorcar.
Fui al ejército de España;
mas todos paisanos míos,
soldados y en tierra extraña,
dejé pronto su compaña
tras cinco o seis desafíos.
Nápoles, rico vergel
de amor, de placer emporio,
vio en mi segundo cartel:
Aquí está don Juan Tenorio,
y no hay hombre para él.
Desde la princesa altiva
a la que pesca en ruin barca,
no hay hembra a quien no suscriba,
y cualquier empresa abarca
si en oro o valor estriba.

[40] **ucedes** ustedes.   [41] **doquiera** dondequiera.
[42] **Como ... cumplimos** We kept our word of honor like the gentlemen we are.   [43] **di sobre Italia** I decided (to go to) on Italy; lit. I fell on or attacked.   [44] **Emperador ... guerra** The reference is to the wars waged in Italy between Charles V and Francis I, in which the King of France was taken prisoner by the Spaniards in Pavia (Italy) in 1521 and brought to Madrid.   [45] **a sangre y a fuego** recklessly; at any price; by fire and sword.   [46] **gallardo y calavera** gallant and devil-may-care; a dashing daredevil.

Búsquenle los reñidores;
cérquenle los jugadores;
quien se precie que le ataje,
a ver si hay quien le aventaje
en juego, en lid o en amores.
Esto escribí; y en medio año
que mi presencia gozó
Nápoles, no hay lance extraño,
no hubo escándalo ni engaño
en que no me hallara yo.
Por dondequiera que fui,
la razón atropellé,
la vitud escarnecí,
a la justicia burlé
y a las mujeres vendí.
Yo a las cabañas bajé,
yo a los palacios subí,
yo los claustros escalé
y en todas partes dejé
memoria amarga de mí.
Ni reconocí sagrado,
ni hubo razón ni lugar
por mi audacia respetado;
ni en distinguir me he parado
al clérigo del seglar.
A quien quise provoqué,
con quien quiso me batí,
y nunca consideré
que pudo matarme a mí
aquel a quien yo maté.
A esto don Juan se arrojó,
y escrito en este papel
está cuanto consiguió,
y lo que él aquí escribió,
mantenido está por él.

D. LUIS
Leed, pues.

D. JUAN
            No; oigamos antes
vuestros bizarros extremos,
y si traéis terminantes
vuestras notas comprobantes,
lo escrito cotejaremos.[47]

D. LUIS
Decís bien; cosa es que está,
don Juan, muy puesta en razón,[48]
aunque, a mi ver, poco irá
de una a otra relación.

D. JUAN
Empezad, pues.

D. LUIS
            Allá va.
Buscando yo, como vos,
a mi aliento empresas grandes,
dije: «¿Do iré, ¡vive Dios!,
de amor y lides en pos
que vaya mejor que a Flandes?
Allí, puesto que empeñadas
guerras hay, a mis deseos
habrá al par centuplicadas
ocasiones extremadas
de riñas y galanteos.»
Y en Flandes conmigo di;
mas con tan negra fortuna,
que al mes de encontrarme allí
todo mi caudal perdí,
dobla a dobla,[49] una por una.
En tan total carestía,[50]
mirándome de dinero,
de mí todo el mundo huía;
mas yo busqué compañía
y me uní a unos bandoleros.
Lo hicimos bien, ¡voto a tal!,
y fuimos tan adelante,
con suerte tan colosal,
que entramos a saco en Gante[51]
el palacio episcopal.
¡Qué noche! Por el decoro
de la Pascua, el buen obispo
bajó a presidir el coro,
y aún de alegría me crispo
al recordar su tesoro.
Todo cayó en poder nuestro;
mas mi capitán, avaro,
puso mi parte en secuestro;[52]
reñimos, fui yo más diestro,
y le crucé sin reparo.[53]

Juróme al punto[54] la gente
capitán por más valiente;
juréles yo amistad franca;
pero a la noche siguiente
huí y les dejé sin blanca.[55]
Yo me acordé del refrán
de que quien roba al ladrón
ha cien años de perdón,
y me arrojé a tal desmán
mirando a mi salvación.
Pasé a Alemania opulento;
mas un provincial jerónimo,[56]
hombre de mucho talento,
me conoció, y al momento
me delató en un anónimo.[57]
Compré a fuerza de dinero
la libertad y el papel,
y topando en un sendero
al fraile, le envié certero
una bala envuelta en él.[58]
Salté a Francia, ¡buen país!,
y como en Nápoles vos,
puse un cartel en París
diciendo: *Aquí hay un don Luis*
que vale lo menos dos.
Parará aquí algunos meses,
y no trae más intereses
ni se aviene a más empresas,
que adorar a las francesas,
y a reñir con los franceses.
Esto escribí; y en medio año
que mi presencia gozó
París, no hubo lance extraño,
no hubo escándalo ni daño
donde no me hallara yo.
Mas, como don Juan, mi historia
también a alargar renuncio,
que basta para mi gloria
la magnífica memoria
que allí dejé con mi anuncio.
Y cual vos, por donde fui
la razón atropellé,
la virtud escarnecí,
a la justicia burlé
y a las mujeres vendí.

Mi hacienda llevo perdida[59]
tres veces; mas se me antoja[60]
reponerla, y me convida
mi boda comprometida[61]
con doña Ana de Pantoja.
Mujer muy rica me dan,
y mañana hay que cumplir
los tratos que hechos están;
lo que os advierto, don Juan,
por si queréis asistir.
A esto don Luis arrojó,
y escrito en este papel
está lo que consiguió;
y lo que él aquí escribió,
mantenido está por él.

D. JUAN

La historia es tan semejante,
que está en fiel la balanza,[62]

[47] **terminantes . . . cotejaremos** if the written
proof you bring is convincing, we will compare our notes.
[48] **puesta en razón** quite reasonable.   [49] **dobla a dobla**
one (**dobla**: ancient Spanish gold) coin after the other.
[50] **En tan . . . carestía** When they saw that I had run out of
money; that I was completely broke.   [51] **entramos a saco
en Gante** we entered (the city of) Ghent by looting it as we
went.   [52] **en secuestro** held back; retained (his share of the
loot or booty).   [53] **le crucé sin reparo** I drove my sword
into him; or I cut him down without any further ado.
[54] **Juróme al punto** Right then and there they acclaimed me
or swore allegiance to me (as their Captain).   [55] **huí . . .
blanca** I absconded with all the money; I fled and left them
penniless.   [56] **provincial jerónimo** a superior of the
religious order of the Jeronymites or Hieronymites, a religious
order of hermits named for St. Jerome.   [57] **me delató en un
anónimo** denounced me in an anonymous note or letter.
[58] **Compré . . . en él** I purchased my freedom and his letter
for a good price and when I came across the priest in a footpath,
I sent his letter straight back to him, with a well-aimed bullet
in it; or, wrapped around some well-aimed shot.   [59] **llevo
perdida** I have lost.   [60] **se me antoja** I have a notion
to, I feel like.   [61] **boda comprometida** engagement; be-
trothal; wedding arrangements.   [62] **en fiel la balanza** the
scales are evenly balanced.

mas vamos a lo importante,
que es el guarismo[63] a que alcanza
el papel; conque adelante.

D. LUIS
Razón tenéis en verdad.
Aquí está el mío; mirad,
por una línea apartados
traigo los nombres sentados[64]
para mayor claridad.

D. JUAN
Del mismo modo arregladas
mis cuentas traigo en el mío:
en dos líneas separadas
los muertos en desafío
y las mujeres burladas.
Contad.

D. LUIS
             Contad.

D. JUAN
                 Veintitrés.

D. LUIS
Son los muertos. A ver vos.
¡Por la cruz de San Andrés!
Aquí sumo treinta y dos.

D. JUAN.
Son los muertos.

D. LUIS
                Matar es.[65]

D. JUAN
Nueve os llevo.

D. LUIS
                 Me vencéis.
Pasemos a las conquistas.

D. JUAN
Sumo aquí cincuenta y seis.

D. LUIS
Y yo sumo en vuestras listas
setenta y dos.

D. JUAN
             Pues perdéis.

D. LUIS
¡Es increíble, don Juan!

D. JUAN
Si lo dudáis, apuntados
los testigos ahí están,
que si fueren preguntados
os lo testificarán.

D. LUIS
¡Oh! Y vuestra lista es cabal.

D. JUAN
Desde una princesa real
a la hija de un pescador,
¡oh!, ha recorrido mi amor
toda la escala social.
¿Tenéis algo que tachar?

D. LUIS
Sólo una os falta en justicia.

D. JUAN
¿Me lo podéis señalar?

D. LUIS
Sí, por cierto; una novicia
que esté para profesar.[66]

D. JUAN
¡Bah! Pues yo os complaceré
doblemente, porque os digo
que a la novicia uniré
la dama de algún amigo
que para casarse esté.

D. LUIS
¡Pardiez, que sois atrevido!

novicia —

D. JUAN
Yo os lo apuesto si queréis.

D. LUIS
Digo que acepto el partido;
para darlo por perdido,
¿queréis veinte días?

D. JUAN
                Seis.

D. LUIS
¡Por Dios que sois hombre extraño!
¿Cuántos dias empleáis
en cada mujer que amáis?

D. JUAN
Partid los días del año
entre las que ahí encontráis.
Uno para enamorarlas,
otro para conseguirlas,
otro para abandonarlas,
dos para sustituirlas
y una hora para olvidarlas.
Pero la verdad a hablaros,
pedir más no se me antoja,
y pues que vais a casaros,
mañana pienso quitaros
a doña Ana de Pantoja.

wants to take away D Luis betrothed

D. LUIS
Don Juan, ¿qué es lo que decís?

D. JUAN
Don Luis, lo que oído habéis.

D. LUIS
Ved, don Juan, lo que emprendéis.

D. JUAN
Lo que he de lograr, don Luis.

D. LUIS
¡Gastón!

GASTÓN
        Señor.

D. LUIS
                Ven acá.
(Habla don Luis en secreto con Gastón,
y éste se va precipitadamente)

D. JUAN
¡Ciutti!

CIUTTI
        Señor.
(Don Juan ídem con Ciutti, que hace lo mismo)

D. JUAN
                Ven aquí.

D. LUIS
¿Estáis en lo dicho?

D. JUAN
                Sí.

D. LUIS
Pues va la vida.[67]

D. JUAN
                Pues va.
(Don Gonzalo, levantándose de la mesa en que ha
permanecido inmóvil durante la escena anterior, se
afronta con don Juan y don Luis)

D. GONZALO   ¡está furiozo! Escuchó demasiado
¡Insensatos! Vive Dios
que, a no temblarme las manos,
a palos, como villanos,
os diera muerte a los dos.

[63] **guarismo** digits, figures, sum, total amount.
[64] **nombres sentados** a list of names.   [65] **Matar es**
that's a lot of killing; that's what I'd call killing.   [66] **para**
profesar about to take religious vows.   [67] **Pues va la**
vida I'll stake my life on it; here goes my life on this wager.

D. LUIS }
D. JUAN } Veamos. (*Empuñando.*)

D. GONZALO
            Excusado es,
que he vivido lo bastante
para no estar arrogante
donde no puedo.[68]

D. JUAN
                        Idos, pues.

D. GONZALO
Antes, don Juan, de salir
de donde oírme podáis,
es necesario que oigáis
lo que os tengo que decir.
Vuestro buen padre don Diego,
porque pleitos acomoda,[69]
os apalabró una boda
que iba a celebrarse luego;
pero por mí mismo yo,
lo que erais queriendo ver,
vine aquí al anochecer,
y el veros me avergonzó.

D. JUAN
¡Por Satanás, viejo insano,
que no sé cómo he tenido
calma para haberte oído
sin asentarte la mano![70]
Pero ¡di pronto quién eres,
porque me siento capaz
de arrancarte el antifaz
con el alma que tuvieres!

D. GONZALO
¡Don Juan!

D. JUAN
                    ¡Pronto!

D. GONZALO
                            Mira, pues.

D. JUAN
¡Don Gonzalo!

D. GONZALO
                    El mismo soy.
Y adiós, don Juan; mas desde hoy
no penséis en doña Inés.
Porque antes que consentir
en que se case con vos,
el sepulcro, ¡juro a Dios!,
por mi mano la he de abrir.

D. JUAN
Me hacéis reír, don Gonzalo;
pues venirme a provocar,
es como ir a amenazar
a un león con un mal palo.
Y pues hay tiempo, advertir
os quiero a mi vez a vos
que, o me la dais, o por Dios
que a quitárosla he de ir.

¡tu me das su hija, o te la quito!

D. GONZALO
¡Miserable!

D. JUAN
                    Dicho está;
sólo una mujer como ésta
me falta para mi apuesta;
ved, pues, que apostada va.
(*Don Diego, levantándose de la mesa en que ha permanecido encubierto mientras la escena anterior, baja al centro de la escena, encarándose con don Juan*)

D. DIEGO
No puedo más escucharte,
vil don Juan, porque recelo
que hay algún rayo en el cielo
preparado a aniquilarte.
¡Ah!... No pudiendo creer
lo que de ti me decían,
confiado en que mentían,
te vine esta noche a ver.
Pero te juro, malvado,
que me pesa haber venido

(handwritten annotations:) desilucionado / Arto de oir tanto de D. Juan

para salir convencido
de lo que es para ignorado.[71]
Sigue, pues, con ciego afán
en tu torpe frenesí,
mas nunca vuelvas a mí;
no te conozco, don Juan.

D. JUAN
¿Quién nunca a ti se volvió,
ni quién osa hablarme así,
ni qué se me importa a mí
que me conozcas o no?

D. DIEGO
Adiós pues; mas no te olvides
de que hay un Dios justiciero.

D. JUAN
Ten. (*Deteniéndole.*)

D. DIEGO
    ¿Qué quieres?

D. JUAN
          Verte quiero.

D. DIEGO
Nunca; en vano me lo pides.

D. JUAN
¿Nunca?

D. DIEGO
    No.

D. JUAN
          Cuando me cuadre.[72]

D. DIEGO
¿Cómo?

D. JUAN
    Así. (*Le arranca el antifaz.*)

TODOS
          ¡Don Juan!

D. DIEGO
          ¡Villano!
Me has puesto en la faz la mano.

D. JUAN
¡Válgame Cristo, mi padre!

D. DIEGO
Mientes; no lo fui jamás.

D. JUAN
¡Reportaos, por Belcebú!

D. DIEGO
No; los hijos como tú
son hijos de Satanás.
Comendador, nulo sea
lo hablado.

D. GONZALO
          Ya lo es por mí;
vamos.

D. DIEGO
          Sí; vamos de aquí
donde tal monstruo no vea.
Don Juan, en brazos del vicio
desolado te abandono;
me matas . . . , mas te perdono
de Dios en el santo juico.
(*Vanse poco a poco don Diego y don Gonzalo*)

(handwritten annotations:) Arrogante / desafiante / satánica

(handwritten annotations:) Ojalá que Dios te perdona en el santo Juico yo como padre no puedo

[68] **Excuadso . . . puedo**   There's no need for that;
I have lived long enough (and know enough) not to let pride
goad me into something I cannot do.   [69] **pleitos acomoda**
"fixes" or settles disputes (lawsuits, litigations, etc.); or
patches up disagreements.   [70] **sin . . . mano**   keep from
hitting you; keep my hands off you; without striking you.
[71] **(de)lo que es para ignorado**   what I would have been
better off not knowing; something that should be kept a secret;
should not be made known.   [72] **Cuando me cuadre**
When it suits me; whenever I feel like.

D. JUAN
Largo el plazo me ponéis;[73]
mas ved que os quiero advertir
que yo no os he ido a pedir
jamás que me perdonéis.
Conque no paséis afán
de aquí adelante por mí,
que como vivió hasta aquí,
vivirá siempre don Juan.

ESCENA XIII

DON JUAN, DON LUIS, CENTELLAS, AVELLANEDA,
BUTTARELLI, CURIOSOS y MÁSCARAS

D. JUAN
¡Eh! Ya salimos del paso,[74]
y no hay que extrañar la homilia;
son pláticas de familia,[75]
de las que nunca hice caso.
Conque lo dicho, don Luis,
van doña Ana y doña Inés
en apuesta.

D. LUIS
           Y el precio es
                    la vida.

D. JUAN
                        Vos lo decís;
vamos.

D. LUIS
      Vamos.
(*Al salir se presenta una ronda, que los detiene*)

ESCENA XIV

DICHOS y UNA RONDA DE ALGUACILES

ALGUACIL
      Alto allá.
      ¿Don Juan Tenorio?

D. JUAN
              Yo soy.

ALGUACIL
Sed preso.

D. JUAN
      ¿Soñando estoy?
¿Por qué?

ALGUACIL
      Después lo verá.

D. LUIS
(*Acercándose a don Juan y riéndose.*)
Tenorio, no lo extrañéis,
pues mirando a lo apostado,
mi paje os ha delatado
para que vos no ganéis.

D. JUAN
¡Hola! ¡Pues no os suponía
con tal despejo,[76] pardiez!

D. LUIS
Id, pues, que por esta vez,
don Juan, la partida es mía.

D. JUAN
Vamos, pues.
(*Al salir, los detiene otra ronda que entra en la escena*)

ESCENA XV

DICHOS y UNA RONDA

ALGUACIL
(*Que entra.*) Téngase allá.
¿Don Luis Mejía?

D. LUIS
              Yo soy.

ALGUACIL
Sed preso.

D. LUIS
      ¿Soñando estoy?
¡Yo preso!

D. JUAN
(*Soltando la carcajada.*)
¡Ja, ja, ja, ja!
Mejía, no lo extrañéis,

pues mirando a lo apostado,
mi paje os ha delatado
para que no me estorbéis.

D. LUIS
Satisfecho quedaré
aunque ambos muramos.

D. JUAN
Vamos;
conque, señores, quedamos
en que la apuesta está en pie.
(*Las rondas se llevan a don Juan y a don Luis; muchos los siguen. El capitán Centellas, Avellaneda y sus amigos quedan en la escena mirándose unos a otros.*)

ESCENA XVI

EL CAPITÁN CENTELLAS, AVELLANEDA y CURIOSOS

AVELLANEDA
¡Parece un juego ilusorio!

CENTELLAS
¡Sin verlo no lo creería!

AVELLANEDA
Pues yo apuesto por Mejía.

CENTELLAS
Y yo pongo por Tenorio.

FIN DEL ACTO PRIMERO

Acto Segundo

Destreza

Personajes: DON JUAN TENORIO, DON LUIS MEJÍA, DOÑA ANA DE PANTOJA, CIUTTI, PASCUAL, LUCÍA, BRÍGIDA y TRES EMBOZADOS DEL SERVICIO DE DON JUAN

Exterior de la casa de doña Ana, vista por una esquina. Las dos paredes que forman el ángulo se prolongan igualmente por ambos lados, dejando ver en la de la derecha una reja, y en la de la izquierda, una reja y una puerta

ESCENA I

DON LUIS MEJÍA, *embozado*

D. LUIS
Ya estoy frente de la casa
de doña Ana, y es preciso
que esta noche tenga aviso
de lo que en Sevilla pasa.
No di con persona alguna
por dicha mía . . .[77] ¡Oh, qué afán!
Por ahora, señor don Juan,
cada cual con su fortuna.
Si honor y vida se juega,
mi destreza y mi valor
por mi vida y por mi honor
jugarán . . ., mas alguien llega.

ESCENA II

DON LUIS y PASCUAL

PASCUAL
¡Quién creyera lance tal!
¡Jesús, qué escándalo! ¡Presos!

D. LUIS
¡Qué veo! ¿Es Pascual?

PASCUAL
Los sesos
me estrellaría.

D. LUIS
¡Pascual!

[73] **Largo al plazo me ponéis** That's a long way to go till Judgement Day; or, you're giving me a long time to repent; (a key phrase that recurs in Tirso de Molina's *El burlador de Sevilla*). [74] **salimos del paso** we got that over with (the sermonizing). [75] **pláticas de familia** family squabbles [76] **despejo** ability to remove or overcome obstacles. [77] **No di . . . mía** Luckily I didn't meet (or run into) anyone.

PASCUAL

¿Quién me llama tan apriesa?[78]

D. LUIS

Yo, don Luis.

PASCUAL

¡Válgame Dios!

D. LUIS

¿Qué te asombra?

PASCUAL

Que seáis vos.

D. LUIS

Mi suerte, Pascual, es ésa.
Que a no ser yo quien me soy
y a no dar contigo ahora,
el honor de mi señora
doña Ana moría hoy.

PASCUAL

¿Qué es lo que decís?

D. LUIS

¿Conoces
a don Juan Tenorio?

PASCUAL

Sí.
¿Quién no le conoce aquí?
Mas, según públicas voces,
estabais presos los dos.
¡Vamos, lo que el vulgo miente!

D. LUIS

Ahora, acertadamente,
habló el vulgo; y juro a Dios
que, a no ser porque mi primo,
el tesorero real,
quiso fiarme, Pascual,
pierdo cuanto más estimo.

PASCUAL

Pues ¿cómo?

D. LUIS

¿En servirme estás?

PASCUAL

Hasta morir.

D. LUIS

Pues escucha.
Don Juan y yo, en una lucha
arriesgada por demás
empeñados nos hallamos;
pero, a querer tú ayudarme,
más que la vida salvarme
puedes.

PASCUAL

¿Qué hay que hacer? Sepamos.

D. LUIS

En una insigne locura
dimos tiempo ha: en apostar
cuál de ambos sabría obrar
peor con mejor ventura.
Ambos nos hemos portado
bizarramente a cuál más;
pero él es un Satanás,
y por fin me ha aventajado.
Púsele no sé qué pero;[79]
dijímonos no sé qué
sobre ello, y el hecho fue
que él, mofándose altanero,
me dijo; «Y si esto no os llena,[80]
pues que os casáis con doña Ana,
os apuesto a que mañana
os la quito yo. »

PASCUAL

¡Ésa es buena!
¿Tal se ha atrevido a decir?

D. LUIS

No es lo malo que lo diga,
Pascual, sino que consiga
lo que intenta.

PASCUAL

　　　¿Conseguir?
En tanto que yo esté aquí,
descuidad, don Luis.

D. LUIS

　　　　Te juro
que si el lance no aseguro,[81]
no sé qué va a ser de mí.

PASCUAL

Por la Virgen del Pilar,[82]
¿le teméis?

D. LUIS

　　　¡No; Dios testigo!
Mas lleva ese hombre consigo
algún diablo familiar.

PASCUAL

Dadlo por asegurado.

D. LUIS

¡Oh! Tal es el afán mío,
que ni en mí propio me fío
con un hombre tan osado.

PASCUAL

Yo os juro, por San Ginés,
que con toda su osadía,
le ha de hacer, por vida mía,
mal tercio un aragonés;[83]
nos veremos.

D. LUIS

　　　¡Ay, Pascual,
que en qué te metes no sabes!

PASCUAL

En apreturas más graves
me he visto, y no salí mal.

D. LUIS

Estriba en lo perentorio
del plazo y en ser quién es.[84]

PASCUAL

Más que un buen aragonés
no ha de valer un Tenorio.
Todos esos lenguaraces,
espadachines de oficio,
no son más que frontispicio
y de poca alma capaces.[85]
Para infamar a mujeres
tienen lengua, y tienen manos
para osar a los ancianos
o apalear a mercaderes.
Mas cuando una buena espada,
por un buen brazo esgrimida,
con la muerte les convida,
todo su valor es nada.
Y sus empresas y bullas
se reducen todas ellas
a hablar mal de las doncellas
y a huir ante las patrullas.

D. LUIS

¡Pascual!

[78] **apriesa** a prisa.　　[79] **Púsele no sé qué pero**
I raised some kind of objection.　　[80] **mofándose . . . llena**
mocking me disdainfully he said: "And if this doesn't satisfy
you (or isn't enough for you). »　　[81] **si el lance no aseguro**
if I don't take precautions to win this round, (trick, or turn).
[82] **Virgen del Pilar** famous shrine in Zaragoza.　　[83] **Yo
os juro, por San Ginés . . . aragonés** I swear to you, by
Saint Genast, that in spite of all his daring (or boldness), here
is one Aragonese who is going to make things difficult for
him; or cause him some trouble. **San Ginés** Saint and Christian
martyr of the Diocletian era who has a church dedicated to
him in Seville.　　[84] **Estriba . . . quién es** the worst part
of it is that we don't have much time and that we are dealing
with a man of his sort; or facing such a terrible opponent.
[85] **lenguaraces . . . capaces** All those loud-mouthed professional bullies are just a lot of swagger (all show) and in-
capable of displaying any real courage; (or, they fail when
put to the test).

PASCUAL
       No lo hablo por vos,
que, aunque sois un calavera,
tenéis la alma bien entera
y reñís bien, ¡voto a bríos![86]

D. LUIS
Pues si es en mí tan notorio
el valor, mira, Pascual,
que el valor es proverbial
en la raza de Tenorio.
Y porque conozco bien
de su valor el extremo,
de sus ardides me temo
que en tierra con mi honra den.

PASCUAL
Pues suelto estáis ya, don Luis,
y pues que tanto os acucia
el mal de celos, su astucia
con la astucia prevenid.
¿Qué teméis de él?

D. LUIS
         No lo sé;
mas esta noche sospecho
que ha de procurar el hecho
consumar.

PASCUAL
     Soñáis.

D. LUIS
        ¿Por qué?

PASCUAL
¿No está preso?

D. LUIS
       Sí que está;
mas también lo estaba yo,
y un hidalgo me fió.

PASCUAL
Mas ¿quién a él le fiará?

D. LUIS
En fin, sólo un medio encuentro
de satisfacerme.

PASCUAL
      ¿Cuál?

D. LUIS
Que de esta casa, Pascual,
quede yo esta noche dentro.

PASCUAL
Mirad que así de doña Ana
tenéis el honor vendido.

D. LUIS
¡Qué mil rayos! ¿Su marido
no voy a ser yo mañana?

PASCUAL
Mas, señor, ¿no os digo yo
que os fío con la existencia?

D. LUIS
Sí; salir de una pendencia,
mas de un ardid diestro, no.[87]
Y en fin, o paso en la casa
la noche, o tomo la calle,
aunque la justicia me halle.

PASCUAL
Señor don Luis, eso pasa
de terquedad, y es capricho
que dejar os aconsejo,
y os irá bien.

D. LUIS
       No lo dejo,
Pascual.

PASCUAL
¡Don Luis!

D. LUIS
      Está dicho.

tiene mucho ayuda de satanás D. Juan

PASCUAL
¡Vive Dios! ¿Hay tal afán?

D. LUIS
Tú dirás lo que quisieres,
mas yo fío en las mujeres
mucho menos que don Juan.
Y pues lance es extremado
por dos locos emprendido,
bien será un loco atrevido
para un loco desalmado.[88]

PASCUAL
Mirad bien lo que decís,
porque yo sirvo a doña Ana
desde que nació, y mañana
seréis su esposo, don Luis.

D. LUIS
Pascual, esa hora llegada
y ese derecho adquirido,
yo sabré ser su marido
y la haré ser bien casada.
Mas, en tanto . . .

PASCUAL
                No habléis más.
Yo os conozco desde niños
y sé lo que son cariños,
¡por vida de Barrabás![89]
Oíd: mi cuarto es sobrado
para los dos; dentro de él
quedad; mas palabra fiel
dadme.de estaros callado.

D. LUIS
Te la doy.

PASCUAL
                Y hasta mañana,
juntos, con doble cautela,
nos quedaremos en vela.

D. LUIS
Y se salvará doña Ana.

PASCUAL
Sea.

D. LUIS
    Pues vamos.

PASCUAL
                Teneos.
¿Qué vais a hacer?

D. LUIS
                    Entrar.

PASCUAL
                        ¿Ya?

D. LUIS
¿Quién sabe lo que él hará?

PASCUAL
Vuestros celosos deseos
reprimid; que ser no puede
mientras que no se recoja
mi amo, don Gil de Pantoja,
y todo en silencio quede.

D. LUIS
¡Voto a . . .!

PASCUAL.
                ¡Eh! Dad una vez
breves treguas al amor.

D. LUIS
¿Y a qué hora ese buen señor
suele acostarse?

[86] **¡reñís bien, voto a bríos!** By God, you're a
good fighter!   [87] **salir de . . . no** to get out of (or help
out with) a scrape but not with a clever or expert stratagem.
[88] **bien será . . . desalmado** a daring fool is the only
answer to a heartless (or inhuman) fool.   [89] **¡por vida
de Barrabás!** oath or imprecation to Barabbas, a thief
released in place of Jesus at the demand of the multitude.
(*Matt.* xxvii:16–21).

PASCUAL
            A las diez;
y en esa calleja estrecha
hay una reja; llamad
a las diez, y descuidad
mientras en mí.⁹⁰

D. LUIS
                Es cosa hecha.

PASCUAL
Don Luis, hasta luego, pues.

D. LUIS
Adiós, Pascual, hasta luego.

ESCENA III

DON LUIS

D. LUIS
Jamás tal desasosiego
tuve. Paréceme que es
esta noche hora menguada⁹¹
para mí . . . , y no sé qué vago
presentimiento, qué estrago
teme mi alma acongojada.
Por Dios, que nunca pensé
que a doña Ana amara así,
ni por ninguna sentí
lo que por ella . . . ¡Oh! Y a fe
que de don Juan me amedrenta
no el valor, mas la ventura
parece que le asegura
Satanás en cuanto intenta.
No, no; es un hombre infernal,
y téngome para mí⁹²
que, si me aparto de aquí,
me burla, pese a Pascual.
Y aunque me tenga por necio,
quiero entrar; que con don Juan
las precauciones no están
para vistas con desprecio.
        (*Llama a la ventana.*)

ESCENA IV

DON LUIS *y* DOÑA ANA

D.ª ANA
¿Quién va?

D. LUIS
            ¿No es Pascual?

D.ª ANA
                        ¡Don Luis!

D. LUIS
¡Doña Ana!

D.ª ANA
            ¿Por la ventana
llamas ahora?

D. LUIS
            ¡Ay, doña Ana,
cuán a buen tiempo salís!

D.ª ANA
Pues ¿qué hay, Mejía?

D. LUIS
                Un empeño
por tu beldad con un hombre
que temo.⁹³

D.ª ANA
            ¿Y qué hay que te asombre
en él, cuando eres tú el dueño
de mi corazón?

D. LUIS
            Doña Ana,
no lo puedes comprender
de ese hombre, sin conocer
nombre y suerte.

D.ª ANA
            Será vana
su buena suerte conmigo;
ya ves: sólo horas nos faltan
para la boda, y te asaltan
vanos temores.

Afán: preocupacion/deseo

D. LUIS
                    Testigo
me es Dios que nada por mí
me da pavor mientras tenga
espada, y ese hombre venga
cara a cara contra ti.
Mas, como el león audaz,
y cauteloso y prudente,
como la astuta serpiente . . .

D.ª ANA
¡Bah!, duerme, don Luis, en paz;
que su audacia y su prudencia
nada lograrán de mí,
que tengo cifrada en ti[94]
la gloria de mi existencia.

D. LUIS
Pues bien, Ana; de ese amor
que me aseguras en nombre,
para no temer a ese hombre,
voy a pedirte un favor.

D.ª ANA
Di; mas bajo, por si escucha
tal vez alguno.

D. LUIS
                    Oye, pues.

ESCENA V

DOÑA ANA y DON LUIS, *a la reja derecha*; DON JUAN
      y CIUTTI, *en la calle izquierda*

CIUTTI
Señor, por mi vida que es
vuestra suerte buena y mucha.

D. JUAN
Ciutti, nadie como yo;
ya viste cuán fácilmente
el buen alcaide prudente
se avino, y suelta me dio.
Mas no hay ya en ello que hablar;
¿mis encargos has cumplido?

CIUTTI
Todos los he concluido
mejor que pude esperar.

D. JUAN
¿La beata? . . .

CIUTTI
                    Ésta es la llave
de la puerta del jardín,
que habrá que escalar al fin;
pues como usarced[95] ya sabe,
las tapias de este convento
no tienen entrada alguna.

D. JUAN
¿Y te dio carta?

CIUTTI
                    Ninguna;
me dijo que aquí al momento
iba a salir de camino;
que al convento se volvía
y que con vos hablaría

D. JUAN
Mejor es.

CIUTTI
          Lo mismo opino.

D. JUAN
¿Y los caballos?

CIUTTI
                    Con silla
y freno los tengo ya.

[90] **descuidad . . . mí** in the meantime, set your mind at ease; (you can rely on me). [91] **hora menguada** fateful or evil hour. [92] **téngome para mí** I feel sure. [93] **Un empeño . . . temo** A man whom I fear is deeply enamored of you; has designs on your beauty. [94] **tengo cifrada en ti** I have placed all my hopes on you. [95] **usarced** vuesa merced or usted.

D. JUAN
¿Y la gente?

CIUTTI
          Cerca está.

D. JUAN
Bien, Ciutti; mientras Sevilla
tranquila en sueño reposa
creyéndome encarcelado,
otros dos nombres añado
a mi lista numerosa.
¡Ja, ja!

CIUTTI
          Señor.

D. JUAN
               ¿Qué?

CIUTTI
                    Callad.

D. JUAN
¿Qué hay, Ciutti?

CIUTTI
               Al doblar la esquina,[96]
en esa reja vecina
he visto un hombre.

D. JUAN
                    Es verdad;
pues ahora sí que es mejor
el lance; ¿y si es ése?

CIUTTI
                    ¿Quién?

D. JUAN
Don Luis.

CIUTTI
          Imposible.

D. JUAN
               ¡Toma!
¿No estoy yo aquí?

CIUTTI
               Diferencia
va de él a vos.

D. JUAN
               Evidencia
lo creo, Ciutti; allí asoma
tras de la reja una dama.

CIUTTI
Una criada tal vez.

D. JUAN
Preciso es verlo, pardiez;
no perdamos lance y fama.
Mira, Ciutti: a fuer de ronda,[97]
tú, con varios de los míos,
por esa calle escurríos,
dando vuelta a la redonda
a la casa.

CIUTTI
          Y en tal caso
cerrará ella.

D. JUAN
               Pues con eso,
ella ignorante y él preso, *prisoner*
nos dejará franco el paso.

CIUTTI
Decís bien.

D. JUAN
               Corre y atájale,[98]
que en ello vencer consiste.

CIUTTI
¿Mas si el truhán se resiste?...

D. JUAN
Entonces, de un tajo rájale.[99] *kill him*

ESCENA VI

DOÑA ANA y DON LUIS

D. LUIS
¿Me das, pues, tu asentimiento?

D.ª ANA
Consiento.

D. LUIS
¿Complácesme de ese modo?

D.ª ANA
En todo.

D. LUIS
Pues te velaré hasta el día.

D.ª ANA
Sí, Mejía.

D. LUIS
Páguete el cielo, Ana mía,
satisfacción tan entera.

D.ª ANA
Porque me juzgues sincera,
consiento en todo, Mejía.

D. LUIS
Volveré, pues, otra vez.

D.ª ANA
Sí, a las diez.

D. LUIS
¿Me aguardarás, Ana?

D.ª ANA
Sí.

D. LUIS
Aquí.

D.ª ANA
¿Y tú estarás puntual, eh?

D. LUIS
Estaré.

D.ª ANA
La llave, pues, te daré.

D. LUIS
Y dentro yo de tu casa,
venga Tenorio.

D.ª ANA
Alguien pasa.
A las diez.

D. LUIS
Aquí estaré.

ESCENA VII

DON JUAN y DON LUIS

D. LUIS
Mas se acercan. ¿Quién va allá?

D. JUAN
Quien va.[100]

D. LUIS
De quien va así, ¿qué se infiere?

D. JUAN
Que quiere.

D. LUIS
¿Ver si la lengua le arranco?

D. JUAN
El paso franco.

[96] **Al doblar la esquina** When I turned or came around the corner. [97] **a fuer de ronda** in the guise of or pretending to be a nightwatchman. [98] **atájale** cut him off. [99] **de un tajo rájale** cut him down at once; lit. cut him in half with a single blow. [100] **Quien va** The one who or he who goes.

D. LUIS
Guardado está.[101]

D. JUAN
                    ¿Y yo soy manco?

D. LUIS
Pidiéraislo en cortesía.

D. JUAN
¿Y a quién?

D. LUIS
          A don Luis Mejía.

D. JUAN
Quien va quiere el paso franco.

D. LUIS
¿Conocéisme?

D. JUAN
          Sí.

D. LUIS
              ¿Y yo a vos?

D. JUAN
          Los dos.

D. LUIS
¿Y en qué estriba el estorballe?[102]

D. JUAN
          En la calle.

D. LUIS
¿De ella los dos por ser amos?[103]

D. JUAN
          Estamos

D. LUIS
Dos hay no más que podamos
necesitarla a la vez.

D. JUAN
Lo sé

D. LUIS
          Sois don Juan.

D. JUAN
                    ¡Pardiez!
Los dos ya en la calle estamos.

D. LUIS
¿No os prendieron?

D. JUAN
                    Como a vos.

D. LUIS
          ¡Vive Dios!
¿Y huisteis?

D. JUAN
          Os imité:
          ¿y qué?

D. LUIS
Que perderéis.

D. JUAN
                    No sabemos.

D. LUIS
          Lo veremos.

D. JUAN
La dama entrambos tenemos
sitiada, y estáis cogido.

D. LUIS
Tiempo hay.

D. JUAN
          Para vos perdido.

D. LUIS
¡Vive Dios que lo veremos!
(*Don Luis desenvaina su espada; mas Ciutti, que ha bajado con los suyos cautelosamente hasta colocarse tras él, le sujeta*)

D. JUAN
Señor don Luis, vedlo, pues.

D. LUIS *Treachery*
          Traición es.

D. JUAN
La boca ...
(*A los suyos, que se la tapan a don Luis.*)

D. LUIS
          ¡Oh! (*Le sujetan los brazos.*)

D. JUAN
                    Sujeto atrás.[104]
          Más.
La empresa es, señor Mejía,
          como mía.[105]
Encerrádmele hasta el día. (*A los suyos.*)
La apuesta está ya en mi mano.
          (*A don Luis.*)
Adiós, don Luis; si os la gano,
traición es, mas como mía.

ESCENA VIII

DON JUAN

D. JUAN *event*
Buen lance, ¡viven los cielos!
Éstos son los que dan fama;
mientras le soplo la dama,
él se arrancará los pelos
encerrado en mi bodega.[106]
¿Y ella? ... Cuando crea hallarse
con él ... ¡Ja, ja! ¡Oh!, y quejarse
no puede; limpio se juega.
A la cárcel le llevé,
y salió; llevóme a mí,
y salí; hallarnos aquí

era fuerza ..., ya se ve;
su parte en la grave apuesta
defendía cada cual.
Mas con la suerte está mal
Mejía, y también pierde ésta.
Sin embargo, y por si acaso,
no es de más asegurarse
de Lucía, a desgraciarse
no vaya por poco el paso.[107]
Mas por allí un bulto negro
se aproxima ... y, a mi ver,
es el bulto una mujer.
¿Otra aventura? Me alegro.

ESCENA IX

DON JUAN *y* BRÍGIDA

BRÍGIDA —> *dueña Dª Inez*
¿Caballero?

D. JUAN
                    ¿Quién va allá?

BRÍGIDA
¿Sois don Juan?

D. JUAN
                    ¡Por vida de ...!
¡Si es la beata! ¡Y a fe
que la había olvidado ya!
Llegaos, don Juan, soy yo.

---

[101] **Guardado está** The way is barred or blocked.
[102] **¿Y en qué ... estorballe?** And what is the reason for this obstruction? [103] **¿De ella ... amos?** Is it because we both own or are masters of this street? [104] **Sujeto atrás** tie his arms behind him. [105] **La empresa ... mía** The adventure bears my stamp; is carried off in my style. [106] **mientras ... bodega** while I steal his woman, he'll be tearing his hair out, locked up in my cellar. [107] **no es ... paso** it wouldn't be overdoing matters or carrying it too far to check on or make sure of Lucía so we don't run the risk of anything going wrong (or of having the whole affair end badly) because of a minor detail.

BRÍGIDA
¿Estáis solo?

D. JUAN
Con el diablo.

BRÍGIDA
¡Jesucristo!

D. JUAN
Por vos lo hablo.

BRÍGIDA
¿Soy yo el diablo?

D. JUAN
Créolo.

BRÍGIDA
¡Vaya! ¡Qué cosas tenéis!
Vos sí que sois un diablillo . . .

D. JUAN
Que te llenará el bolsillo
si le sirves.

BRÍGIDA
Lo veréis.

D. JUAN
Descarga, pues, ese pecho.
¿Qué hiciste?

BRÍGIDA
Cuanto me ha dicho
vuestro paje . . ., ¡y qué mal bicho
es ese Ciutti!

D. JUAN
¿Qué ha hecho?

BRÍGIDA
¡Gran bribón!

D. JUAN
¿No os ha entregado
un bolsillo y un papel?

BRÍGIDA
Leyendo estará ahora en él
doña Inés.

D. JUAN
¿La has preparado?

BRÍGIDA
¡Vaya!, y os la he convencido
con tal maña y de manera
que irá como una cordera
tras vos.

D. JUAN
¿Tan fácil te ha sido?

BRÍGIDA
¡Bah!, pobre garza enjaulada,
dentro la jaula nacida,
¿qué sabe ella si hay más vida
ni más aire en que volar?
Si no vio nunca sus plumas
del sol a los resplandores,
¿qué sabe de los colores
de que se puede ufanar?
No cuenta la pobrecilla
diecisiete primaveras,
y aún virgen a las primeras
impresiones del amor,
nunca concibió la dicha
fuera de su propia estancia
tratada desde la infancia
con cauteloso rigor.
Y tantos años monótonos
de soledad y convento
tenían su pensamiento
ceñido a punto tan ruin,
a tan reducido espacio
y a círculo tan mezquino,
que era el claustro su destino
y el altar era su fin.
«Aquí está Dios», le dijeron;
y ella dijo: «Aquí le adoro.»
«Aquí está el claustro y el coro.»
Y pensó: «No hay más allá.»

Y sin otras ilusiones
que sus sueños infantiles,
pasó diecisiete abriles
sin conocerlo quizá.

D. JUAN
¿Y está hermosa?

BRÍGIDA
            ¡Oh! Como un ángel.

D. JUAN
Y la has dicho . . .

BRÍGIDA
            Figuraos
si habré metido mal caos
en su cabeza, don Juan.
Le hablé del amor, del mundo,
de la corte y los placeres,
de cuánto con las mujeres
erais pródigo y galán.
Le dije que erais el hombre
por su padre destinado
para suyo; os he pintado
muerto por ella de amor,
desesperado por ella,
y por ella perseguido
y por ella decidido
a perder vida y honor.
En fin, mis dulces palabras,
al posarse en sus oídos,
sus deseos mal dormidos
arrastraron de sí en pos,
y allá dentro de su pecho
han inflamado una llama
de fuerza tal que ya os ama
y no piensa más que en vos.

D. JUAN
Tan incentiva pintura
los sentidos me enajena,
y el alma ardiente me llena
de su insensata pasión.
Empezó por una apuesta,

siguió por un devaneo,
engendró luego un deseo,
y hoy me quema el corazón.
Poco es el centro de un claustro;
¡al mismo infierno bajara,
y a estocadas la arrancara
de los brazos de Satán!
¡Oh! Hermosa flor cuyo cáliz
al rocío aun no se ha abierto,
a trasplantarte va al huerto
de sus amores don Juan.
¿Brígida?

BRÍGIDA
            Os estoy oyendo,
y me hacéis perder el tino;[108]
yo os creía un libertino
sin alma y sin corazón.

D. JUAN
¿Eso extrañas? ¿No está claro
que en un objeto tan noble
hay que interesarse doble
que en otros?

BRÍGIDA
            Tenéis razón.

D. JUAN
¿Conque a qué hora se recogen
las madres?

BRÍGIDA
            Ya recogidas
estarán. ¿Vos prevenidas
todas las cosas tenéis?

D. JUAN
Todas.

[108] **me hacéis perder el tino** I can't believe my ears; or, lit. you're making me lose my mind.

BRÍGIDA
　　　Pues luego que doblen
a las ánimas,[109] con tiento,
saltando al huerto, al convento
fácilmente entrar podéis
con la llave que os he enviado;
de un claustro oscuro y estrecho
es; seguidlo bien derecho,
y daréis con poco afán
en nuestra celda.[110]

D. JUAN
　　　　　Y si acierto
a robar tan gran tesoro,
te he de hacer pesar en oro.

BRÍGIDA
Por mí no queda, don Juan.

D. JUAN
Ve y aguárdame.

BRÍGIDA
　　　　　Voy, pues,
a entrar por la portería,
y a cegar a sor María
la tornera.[111] Hasta después.
　　(*Vase Brígida, y un poco antes de concluir esta escena
　　sale Ciutti, que se para en el fondo esperando*)

ESCENA X

DON JUAN y CIUTTI

D. JUAN
Pues, señor, ¡soberbio envite![112]
Muchas[113] hice, hasta esta hora,
mas, por Dios, que la de ahora
será tal que me acredite.
Mas ya veo que me espera
Ciutti. ¡Lebrel! (*Llamándole.*)

CIUTTI
　　　　　Aquí estoy.

D. JUAN
¿Y don Luis?

CIUTTI
　　　　　Libre por hoy
estáis de él.

D. JUAN
　　　　　Ahora quisiera
ver a Lucía.

CIUTTI
　　　　　Llegar
podéis aquí. (*A la reja derecha.*) Yo la
y al salir a mi reclamo　　　　[llamo,
la podéis vos abordar.[114]

D. JUAN
Llama, pues.

CIUTTI
　　　　　La seña mía
sabe bien para que dude
en acudir.

D. JUAN
　　　　　Pues si acude,
lo demás es cuenta mía.
　　(*Ciutti llama a la reja con una seña que parezca con-
　　venida. Lucía se asoma a ella, y, al ver a don Juan, se
　　detiene un momento*)

ESCENA XI

DON JUAN, LUCÍA y CIUTTI

LUCÍA
¿Qué queréis, buen caballero?

D. JUAN
　　　　　Quiero . . .

LUCÍA
¿Qué queréis? Vamos a ver.

D. JUAN
　　Ver.

LUCÍA
¿Ver? ¿Qué veréis a esta hora?

D. JUAN
　　A tu señora.

LUCÍA
Idos, hidalgo, en mal hora;
¿quién pensáis que vive aquí?

D. JUAN
Doña Ana de Pantoja, y
quiero ver a tu señora.

LUCÍA
¿Sabéis que casa doña Ana?

D. JUAN
　　Sí, mañana.

LUCÍA
¿Y ha de ser tan infiel ya?

D. JUAN
　　Sí será.

LUCÍA
Pues ¿no es de don Luis Mejía?

D. JUAN
　　¡Ca! Otro día.
Hoy no es mañana, Lucía;
yo he de estar hoy con doña Ana,
y si se casa mañana,
mañana será otro día.

LUCÍA
¡Ah! ¿En recibiros está?[115]

D. JUAN
　　Podrá.

LUCÍA
¿Qué haré si os he de servir?

D. JUAN
　　Abrir.

LUCÍA
¡Bah! ¿Y quién abre este castillo?

D. JUAN
　　Este bolsillo.

LUCÍA
¡Oro!

D. JUAN
　　Pronto te dio el brillo.

LUCÍA
¿Cuanto?

D. JUAN
　　De cien doblas pasa.

LUCÍA
¡Jesús!

D. JUAN
　　Cuenta y di: esta casa
¿podrá abrir este bolsillo?[116]

[109] **luego que . . . ánimas** right after the bells toll for evening prayers. [110] **daréis . . . celda** you will easily find our room or cell. [111] **a cegar . . . tornera** to distract the attention of Sister Mary, the turnkey (or doorkeeper of the convent). [112] **soberbio envite!** we're off to a great start! **envite** is also a stake at cards. [113] **Muchas** refers to "jugadas" or moves in a card game. [114] **la podéis vos abordar** you can take care of or deal with her; **abordar** lit. to board a ship. [115] **¿En recibiros está?** Do you think she's likely to receive you? [116] **Cuenta . . . bolsillo?** Count the money and then tell me: Can this purse open the door to this house?

LUCÍA
¡Oh! Si es quien me dora el pico . . .

D. JUAN
      Muy rico. (*Interrumpiéndola.*)

LUCÍA
¿ Sí? ¿Qué nombre usa el galán?

D. JUAN
      Don Juan.

LUCÍA
¿Sin apellido notorio?

D. JUAN
      Tenorio.

LUCÍA
¡Ánimas del purgatorio!
¿Vos don Juan?

D. JUAN
        ¿ Qué te amedrenta
si a tus ojos se presenta
muy rico don Juan Tenorio?

LUCÍA
Rechina la cerradura.

D. JUAN
      Se asegura.

LUCÍA
¿Y a mí quién? ¡Por Belcebú!

D. JUAN
      Tú.

LUCÍA
¿Y qué me abrirá el camino?

D. JUAN
      Buen tino.

LUCÍA
¡Bah! Id en brazos del destino . . .

D. JUAN
Dobla el oro.

LUCÍA
      Me acomodo.[117]

D. JUAN
Pues mira cómo de todo
se asegura tu buen tino.

LUCÍA
¡Dadme algún tiempo, pardiez!

D. JUAN
      A las diez.

LUCÍA
¿Dónde os busco, o vos a mí?

D. JUAN
      Aquí.

LUCÍA
¿Conque estaréis puntual, eh?

D. JUAN
      Estaré.

LUCÍA
Pues yo una llave os traeré

D. JUAN
Y yo otra igual cantidad.

LUCÍA
No me faltéis.

D. JUAN
      No, en verdad;
a las diez aquí estaré.
Adiós, pues, y en mí te fía.

lirio – Iris – Flower

LUCÍA
Y en mí el garboso galán.[118]

D. JUAN
Adiós, pues, franca Lucía.

LUCÍA
Adiós, pues, rico don Juan.
(*Lucía cierra la ventana. Ciutti se acerca a don Juan, a una seña de éste*)

ESCENA XII

DON JUAN *y* CIUTTI

D. JUAN
(*Riéndose.*)
Con oro nada hay que falle;
Ciutti, ya sabes mi intento:
a las nueve en el convento;
a las diez, en esta calle. (*Vanse.*)

FIN DEL ACTO SEGUNDO

→ entrar en el convento y seducer
→ violar algo sagrado
→ desecration

Acto Tercero

Profanación

Personajes: DON JUAN, DOÑA INÉS, DON GONZALO, BRÍGIDA, LA ABADESA, LA TORNERA

Celda de doña Inés. Puerta en el fondo y a la izquierda

ESCENA I

DOÑA INÉS *y* LA ABADESA

superior of
ABADESA nun convent
¿Conque me habéis entendido?

D.ª INÉS
Sí, señora.

ABADESA
        Está muy bien;
la voluntad decisiva   pura
de vuestro padre tal es.
Sois joven, cándida y buena;
vivido en el claustro habéis
casi desde que nacisteis;
y para quedar en él
atada con santos votos
para siempre, ni aun tenéis,
como otras, pruebas difíciles
ni penitencias que hacer.
Dichosa mil veces vos;
dichosa, sí, doña Inés,
que, no conociendo el mundo,
no le debéis de temer.
¡Dichosa vos, que del claustro
al pisar en el dintel,
no os volveréis a mirar
lo que tras vos dejaréis!
Y los mundanos recuerdos
del bullicio y del placer
no os turbarán, tentadores,
del ara santa a los pies;
pues ignorando lo que hay
tras esa santa pared,
lo que tras ella se queda
jamás apeteceréis.
Mansa paloma, enseñada
en las palmas a comer
del dueño que la ha criado
en doméstico vergel,
no habiendo salido nunca
de la protectora red,
no ansiaréis nunca las alas
por el espacio tender.
Lirio gentil, cuyo tallo
mecieron sólo tal vez

flor

celosa
va ser muy facíl para
Inéz ser monja
No sabe de la
vida afuera

manza paloma (quieta, obidiente)

[117] **Me acomodo** I agree; or, that's better! **acomodarse** to adapt or accommodate oneself to the situation.   [118] **Y en mí . . . galán** And you can trust me, my handsome young man.

las embalsamadas brisas
del más florecido mes,
aquí a los besos del aura
vuestro cáliz abriréis,
y aquí vendrán vuestras hojas
tranquilamente a caer.
Y en el pedazo de tierra
que abarca nuestra estrechez,
y en el pedazo de cielo
que por las rejas se ve,
vos no veréis más que un lecho
do en dulce sueño yacer,
y un velo azul suspendido
a las puertas del Edén . . .
¡Ay! En verdad que os envidio,
venturosa doña Inés,
con vuestra inocente vida,
la virtud del no saber.
Mas ¿por qué estáis cabizbaja?
¿Por qué no me respondéis
como otras veces, alegre,
cuando en lo mismo[119] os hablé?
¿Suspiráis? . . . ¡Oh! Ya comprendo;
de vuelta aquí hasta no ver
a vuestra aya, estáis inquieta,[120]
pero nada receléis.
A casa de vuestro padre
fue casi al anochecer,
y abajo en la portería
estará; ya os la enviaré,
que estoy de vela[121] esta noche.
Conque, vamos, doña Inés,
recogeos, que ya es hora;
mal ejemplo no me deis
a las novicias, que ha tiempo
que duermen ya; hasta después.

D.ª INÉS
Id con Dios, madre abadesa.

ABADESA
Adiós, hija.

ESCENA II

DOÑA INÉS

D.ª INÉS
          Ya se fue.
No sé qué tengo, ¡ay de mí!,
que en tumultoso tropel
mil encontradas ideas
me combaten a la vez.
Otras noches, complacida,
sus palabras escuché,
y de esos cuadros tranquilos,
que sabe pintar tan bien,
de esos placeres domésticos
la dichosa sencillez
y la calma venturosa,
me hicieron apetecer
la soledad de los claustros
y su santa rigidez.
Mas hoy la oí distraída,
y en sus pláticas hallé,
si no enojosos discursos,
a lo menos aridez.
Y no sé por qué al decirme
que podría acontecer
que se acelerase el día
de mi profesión, temblé,
y sentí del corazón
acelerarse el vaivén,
y teñírseme el semblante
de amarilla palidez.
¡Ay de mí! . . . Pero mi dueña,
¿dónde estará? . . . Esa mujer,
con sus pláticas, al cabo,[122]
me entretiene alguna vez.
Y hoy la echo menos . . . Acaso
porque la voy a perder;
que en profesando, es preciso
renunciar a cuanto amé.
Mas pasos siento en el claustro;
¡oh!, reconozco muy bien
sus pisadas . . . Ya está aquí.

ESCENA III

DOÑA INÉS y BRÍGIDA

BRÍGIDA
Buenas noches, doña Inés.

D.ª INÉS
¿Cómo habéis tardado tanto?

BRÍGIDA
Voy a cerrar esta puerta.

D.ª INÉS
Hay orden de que esté abierta.

BRÍGIDA
Eso es muy bueno y muy santo
para las otras novicias
que han de consagrarse a Dios;
no, doña Inés, para vos.

D.ª INÉS
Brígida, ¿no ves que vicias
las reglas del monasterio,[123]
que no permiten . . .?

BRÍGIDA
                    ¡Bah! ¡Bah!
Más seguro así se está,
y así se habla sin misterio
ni estorbos. ¿Habéis mirado
el libro que os he traído?

D.ª INÉS
¡Ay, se me había olvidado!

BRÍGIDA
Pues ¡me hace gracia el olvido![124]

D.ª INÉS
¡Como la madre abadesa
se entró aquí inmediatamente!

BRÍGIDA
¡Vieja más impertinente!

D.ª INÉS
Pues ¿tanto el libro interesa?

BRÍGIDA
¡Vaya si interesa, y mucho!
Pues ¡quedó con poco afán
el infeliz!

D.ª INÉS
            ¿Quién?

BRÍGIDA
                    Don Juan.

D.ª INÉS
¡Válgame el cielo! ¿Qué escucho?
¿Es don Juan quien me le envía?

BRÍGIDA
Por supuesto.

D.ª INÉS
            ¡Oh! Yo no debo
tomarle.

BRÍGIDA
        ¡Pobre mancebo!
Desairarle así, sería
matarle.

D.ª INÉS
        ¿Qué estás diciendo?

[119] **en lo mismo** de lo mismo.   [120] **de vuelta
. . . inquieta** you are uneasy because your maid has not yet
come back.   [121] **estoy de vela** I have the night duty;
night watch.   [122] **al cabo** (al fin y al cabo) after all; oh
well.   [123] **vicias . . . monasterio** you are breaking the
rules of the monastery.   [124] **¡me hace gracia el olvido!**
your forgetting strikes me as funny.

BRÍGIDA
Si ese Horario no tomáis,
tal pesadumbre le dais
que va a enfermar, lo estoy viendo.

D.ª INÉS
¡Ah! No, no; de esa manera
le tomaré.

BRÍGIDA
            Bien haréis.

D.ª INÉS
¡Y qué bonito es!

BRÍGIDA
                  Ya veis;
quien quiere agradar, se esmera.

D.ª INÉS
Con sus manecillas de oro.
¡Y cuidado que está prieto!
A ver, a ver si completo
contiene el rezo del coro.[125]
      (*Le abre y cae una carta de entre sus hojas*)
Mas ¿qué cayó?

BRÍGIDA
                  Un papelito.

D.ª INÉS
¡Una carta!

BRÍGIDA
                  Claro está;
en esa carta os vendrá
ofreciendo el regalito.

D.ª INÉS
¡Qué! ¿Será suyo el papel?

BRÍGIDA
¡Vaya que sois inocente!
Pues que os feria,[126] es consiguiente
que la carta será de él.

D.ª INÉS
¡Ay Jesús!

BRÍGIDA
            ¿Qué es lo que os da?[127]

D.ª INÉS
Nada, Brígida, no es nada.

BRÍGIDA
No, no; ¡si estáis inmutada![128]
    (*Aparte.*)
Ya presa en la red está.
¿Se os pasa?

D.ª INÉS
            Sí.

BRÍGIDA
                  Eso habrá sido
cualquier mareíllo vano.[129]

D.ª INÉS
¡Ay, se me abrasa la mano
con que el papel he cogido!

BRÍGIDA
Doña Inés, ¡válgame Dios!
Jamás os he visto así;
estáis trémula.

D.ª INÉS
                  ¡Ay de mí!

BRÍGIDA
¿Qué es lo que pasa por vos?

D.ª INÉS
No sé. . . . El campo de mi mente
siento que cruzan perdidas
mil sombras desconocidas
que me inquietan vagamente,
y ha tiempo al alma me dan
con su agitación tortura.

BRÍGIDA
¿Tiene alguna, por ventura,
el semblante de don Juan?

D.ª INÉS
No sé; desde que le vi,
Brígida mía, y su nombre
me dijiste, tengo a ese hombre
siempre delante de mí.
Por doquiera me distraigo
con su agradable recuerdo,
y si un instante le pierdo,
en su recuerdo recaigo.
No sé qué fascinación
en mis sentidos ejerce,
que siempre hacia él se me tuerce
la mente y el corazón;
y aquí, y en el oratorio,
y en todas partes, advierto
que el pensamiento divierto
con la imagen de Tenorio.

BRÍGIDA
¡Válgame Dios! Doña Inés,
según lo vais explicando,
tentaciones me van dando
de creer que eso amor es.

D.ª INÉS
¿Amor has dicho?

BRÍGIDA
　　　　Sí, amor.

D.ª INÉS
No, de ninguna manera.

BRÍGIDA
Pues por amor lo entendiera
el menos entendedor;[130]
mas vamos la carta a ver.
¿En qué os paráis? ¿Un suspiro?

D.ª INÉS
¡Ay! Que cuanto más la miro,
menos me atrevo a leer.
　(*Lee.*)
«Doña Inés del alma mía.»
¡Virgen Santa, qué principio!

BRÍGIDA
Vendrá en verso, y será un ripio
que traerá la poesía.
¡Vamos, seguid adelante!

D.ª INÉS
　(*Lee.*)
«Luz de donde el sol la toma,
hermosísima paloma
privada de libertad;
si os dignáis por estas letras
pasar vuestros lindos ojos,
no los tornéis con enojos
sin concluir; acabad.»

BRÍGIDA
¡Qué humildad y qué finura!
¿Dónde hay mayor rendimiento?

D.ª INÉS
Brígida, no sé qué siento.

BRÍGIDA
Seguid, seguid la lectura.

[125] **manecillas . . . coro** gold clasps (book clasps). And what fine print! Let's see, let's see if the choir prayers are complete; or, if it contains all the choir prayers. [126] **Pues que os feria** Since he is making a gift of it to you. [127] **¿Qué es lo que os da?** What is the matter with you? (What ails you?) [128] **¡si estáis inmutada!** you're all upset!; why, you look disturbed! [129] **cualquier mareíllo vano** just a slight dizzy spell. [130] **Pues por amor . . . entendedor** Why even a blind person would see that this is love; (even someone who understands very little would know that this was love).

D.ª INÉS
(*Lee.*)
«Nuestros padres de consuno
nuestras bodas acordaron,
porque los cielos juntaron
los destinos de los dos;
y halagado desde entonces
con tan risueña esperanza,
mi alma, doña Inés, no alcanza
otro porvenir que vos.
De amor con ella en mi pecho,
brotó una chispa ligera,
que han convertido en hoguera
tiempo y afición tenaz.[131]
Y esta llama, que en mí mismo
se alimenta, inextinguible,
cada día más terrible
va creciendo y más voraz.»

BRÍGIDA
Es claro; esperar le hicieron
en vuestro amor algún día,
y hondas raíces tenía
cuando a arrancársele fueron.
Seguid.

D.ª INÉS
(*Lee.*)
«En vano a apagarla
concurren tiempo y ausencia,
que, doblando su violencia,
no hoguera ya, volcán es.
Y yo, que en medio del cráter
desamparado batallo,
suspendido en él me hallo
entre mi tumba y mi Inés.»

BRÍGIDA
¿Lo veis, Inés? Si ese Horario
le despreciáis, al instante
le preparan el sudario.

D.ª INÉS
Yo desfallezco.

BRÍGIDA
Adelante.

D.ª INÉS
(*Lee.*)
«Inés, alma de mi alma,
perpetuo imán de mi vida,
perla sin concha escondida
entre las algas del mar;
garza que nunca del nido
tender osastes el vuelo
al diáfano azul del cielo
para aprender a cruzar;
si es que a través de esos muros
el mundo apenada miras,
y por el mundo suspiras,
de libertad con afán,
acuérdate que al pie mismo
de esos muros que te guardan,
para salvarte te aguardan
los brazos de tu don Juan.»
(*Representa.*)
¿Qué es lo que me pasa, ¡cielo!,
que me estoy viendo morir?

BRÍGIDA
(*Aparte.*)
Ya tragó todo el anzuelo.
Vamos, que está al concluir.

D.ª INÉS
(*Lee.*)
«Acuérdate de quien llora
al pie de tu celosía,
y allí le sorprende el día
y le halla la noche allí;
acuérdate de quien vive
sólo por ti, ¡vida mía!,
y que a tus pies volaría
si me llamaras a ti.»

BRÍGIDA
¿Lo veis? Vendría.

D.ª INÉS
¿Vendría?

BRÍGIDA
A postrarse a vuestros pies.

D.ª INÉS
¿Puede?

BRÍGIDA
¡Oh, sí!

D.ª INÉS
¡Virgen María!

BRÍGIDA
Pues acabad, doña Inés.

D.ª INÉS
(Lee.)
«Adiós ¡oh luz de mis ojos!;
adiós, Inés de mi alma;
medita, por Dios, en calma
las palabras que aquí van;
y si odias esa clausura
que ser tu sepulcro debe,
manda, que a todo se atreve,
por tu hermosura, don Juan.»
(Representa doña Inés.)
¡Ay! ¿Qué filtro envenenado
me dan en este papel,
que el corazón desgarrado
me estoy sintiendo con él?
¿Qué sentimientos dormidos
son los que revela en mí;
qué impulsos jamás sentidos,
qué luz que hasta hoy nunca vi?
¿Qué es lo que engendra en mi alma
tan nuevo y profundo afán?
¿Quién roba la dulce calma
de mi corazón?

BRÍGIDA
Don Juan.

D.ª INÉS
¡Don Juan dices!... ¿Conque ese hombre
me ha de seguir por doquier?

¿Sólo he de escuchar su nombre,
sólo su sombra he de ver?
¡Ah, bien dice! Juntó el cielo
los destinos de los dos,
y en mi alma engendró este anhelo
fatal.

BRÍGIDA
¡Silencio, por Dios!
(Se oyen dar las ánimas.)

D.ª INÉS
¿Qué?

BRÍGIDA
Silencio.

D.ª INÉS
Me estremeces.

BRÍGIDA
¿Oís, doña Inés, tocar?

D.ª INÉS
Sí; lo mismo que otras veces,
las ánimas oigo dar.

BRÍGIDA
Pues no habléis de él.

D.ª INÉS
¡Cielo santo!
¿De quién?

BRÍGIDA
¿De quién ha de ser?
De ese don Juan que amáis tanto,
porque puede aparecer.

[131] **De amor...tenaz** *Transpose* Con ella (la esperanza) brotó una chispa ligera de amor en mi pecho, que tiempo y afición han convertido en hoguera tenaz.

D.ª INÉS
¡Me amedrentas! ¿Puede ese hombre
llegar hasta aquí?

BRÍGIDA
                    Quizá,
porque el eco de su nombre
tal vez llega a donde está.

D.ª INÉS
¡Cielos! ¿Y podrá? . . .

BRÍGIDA
                              ¡Quién sabe!

D.ª INÉS
¿Es un espíritu, pues?

BRÍGIDA
No; mas si tiene una llave . . .

D.ª INÉS
¡Dios!

BRÍGIDA
                    Silencio, doña Inés.
¿No oís pasos?

D.ª INÉS
                         ¡Ay! Ahora
nada oigo.

BRÍGIDA
                    Las nueve dan.
Suben . . . , se acercan . . . , señora . . . ,
ya está aquí.

D.ª INÉS
                    ¿Quién?

BRÍGIDA
                              ¡Don Juan!

ESCENA IV

DOÑA INÉS, DON JUAN y BRÍGIDA

D.ª INÉS
¿Qué es esto? ¿Sueño . . . , deliro?

D. JUAN
¡Inés de mi corazón!

D.ª INÉS
¿Es realidad lo que miro,
o es una fascinación? . . .
Tenedme . . . , apenas respiro . . . ;
sombra . . . , ¡huye, por compasión!
¡Ay de mí!
(*Desmáyase doña Inés, y don Juan la sostiene. La carta
de don Juan queda en el suelo, abandonada por doña
Inés al desmayarse*)

BRÍGIDA
La ha fascinado
vuestra repentina entrada,
y el pavor la ha trastornado.

D. JUAN
Mejor; así nos ha ahorrado
la mitad de la jornada.
¡Ea! No desperdiciemos
el tiempo aquí en contemplarla,
si perdernos no queremos.
En los brazos a tomarla
voy, y cuanto antes, ganemos
ese claustro solitario.[132]

BRÍGIDA
¡Oh! ¿Vais a sacarla así?

D. JUAN
Necia, ¿piensas que rompí
la clausura, temerario,
para dejármela aquí?
Mi gente abajo me espera;
sígueme.

BRÍGIDA
                    ¡Sin alma estoy!
¡Ay! Este hombre es una fiera;
nada le ataja ni altera . . .
Sí, sí, a su sombra me voy.

ESCENA V

LA ABADESA

ABADESA
Jurara que había oído
por estos claustros andar;
hoy a doña Inés velar
algo más la he permitido,
y me temo . . . Mas no están
aquí. ¿Qué pudo ocurrir
a las dos para salir
de la celda? ¿Dónde irán?
¡Hola! Yo las ataré
corto para que no vuelvan
a enredar y me revuelvan
a las novicias . . . ;[133] sí, a fe.
Mas siento por allá afuera
pasos. ¿Quién es?

ESCENA VI

LA ABADESA y LA TORNERA

TORNERA
                    Yo, señora.

ABADESA
¡Vos en el claustro a esta hora!
¿Qué es esto, hermana Tornera?

TORNERA
Madre abadesa, os buscaba.

ABADESA
¿Qué hay? Decid.

TORNERA
                    Un noble anciano
quiere hablaros.

ABADESA
                    Es en vano.

TORNERA
Dice que es de Calatrava[134]
caballero; que sus fueros[135]
le autorizan a este paso,
y que la urgencia del caso
le obliga al instante a veros.

ABADESA
¿Dijo su nombre?

TORNERA
                    El señor
don Gonzalo Ulloa.

ABADESA
                         ¿Qué
puede querer? . . . Ábrale,
hermana; es comendador
de la Orden,[136] y derecho
tiene en el claustro de entrada.

ESCENA VII

LA ABADESA y DON GONZALO después

ABADESA
¿A una hora tan avanzada
venir así? No sospecho
qué pueda ser . . . ; mas me place,

[132] **ganemos . . . solitario** let's try to reach (or get her over to) that quiet corridor (corner, or section of a gallery).   [133] **Yo las ataré . . . novicias** I'll bring them up short (teach them a lesson) so that they won't go about causing trouble and stirring up the novices.   [134] **Caballero de Calatrava** Knights of Calatrava, Spain's oldest military order, founded in 1158 by the Cistercians as a defense against the Moors.   [135] **fueros** special privileges and rights granted to the nobility (and also to certain local governments). [136] **comendador de la Orden** Commanding officer of the military order (of the Knights of Calatrava).

pues no hallando a su hija aquí,
la reprenderá, y así
mirará otra vez lo que hace.

ESCENA VIII

LA ABADESA, DON GONZALO *y* LA TORNERA *a la puerta*

D. GONZALO
Perdonad, madre abadesa,
que en hora tal os moleste;
mas para mí, asunto es éste
que honra y vida me interesa.

ABADESA
¡Jesús!

D. GONZALO
      Oíd.

ABADESA
            Hablad, pues.

D. GONZALO
Yo guardé hasta hoy un tesoro
de más quilates que el oro,
y ese tesoro es mi Inés.

ABADESA
A propósito . . .

D. GONZALO
                  Escuchad.
Se me acaba de decir
que han visto a su dueña ir
ha poco por la ciudad
hablando con el criado
de un don Juan, de tal renombre,
que no hay en la tierra otro hombre
tan audaz y tan malvado.
En tiempo atrás se pensó
con él a mi hija casar,
y hoy, que se la fui a negar,
robármela me juró;
que por el torpe doncel
ganada la dueña está,
no puedo dudarlo ya;

debo, pues, guardarme de él.
Y un día, una hora quizá
de imprevisión le bastara
para que mi honor manchara
ese hijo de Satanás.
He aquí mi inquietud cuál es;[137]
por la dueña, en conclusión,
vengo; vos la profesión
abreviad de doña Inés.[138]

ABADESA
Sois padre, y es vuestro afán
muy justo, comendador;
mas ved que ofende a mi honor.

D. GONZALO
No sabéis quién es don Juan.

ABADESA
Aunque le pintáis tan malo,
yo os puedo decir de mí:
mientras Inés esté aquí,
segura está, don Gonzalo.

D. GONZALO
Lo creo; mas las razones
abreviemos; entregadme
a esa dueña, y perdonadme
mis mundanas opiniones.
Si vos de vuestra virtud
me respondéis, yo me fundo
en que conozco del mundo
la insensata juventud.

ABADESA
Se hará como lo exigís.
Hermana Tornera, id, pues,
a buscar a doña Inés
y a su dueña. (*Vase la tornera.*)

D. GONZALO
                  ¿Qué decís,
señora? O traición me ha hecho
mi memoria, o yo sé bien
que ésta es hora de que estén
ambas a dos en su lecho.

ABADESA

Ha un punto[139] sentí a las dos
salir de aquí, no sé a qué.

D. GONZALO

¡Ay! ¡Por qué tiemblo, no sé!,
mas ¡qué veo, santo Dios!
Un papel . . . Me lo decía
a voces mi mismo afán.
   (*Leyendo.*)
«Doña Inés del alma mía . . . »
¡Y la firma de don Juan!
Ved . . ., ved . . ., esa prueba escrita.
Leed ahí . . . ¡Oh! Mientras vos
por ella rogáis a Dios,
viene el diablo y os la quita.

ESCENA IX

LA ABADESA, DON GONZALO *y* LA TORNERA

TORNERA

Señora . . .

ABADESA

¿Qué?

TORNERA

Vengo muerta.

D. GONZALO

Concluid.

TORNERA

No acierto a hablar . . .
He visto a un hombre saltar
por las tapias de la huerta.

D. GONZALO

¿Veis? ¡Corramos, ay de mí!

ABADESA

¿Dónde vais, Comendador?

D. GONZALO

¡Imbécil! Tras de mi honor,
que os roban a vos de aquí.[140]

FIN DEL ACTO TERCERO

Acto Cuarto

El diablo a las puertas del cielo
Personajes: DON JUAN, DOÑA INÉS, DON GONZALO,
DON LUIS, CIUTTI, BRÍGIDA, ALGUACILES 1.º *y* 2.º.

*Quinta de don Juan Tenorio, cerca de Sevilla y sobre
el Guadalquivir. Balcón en el fondo. Dos puertas a
cada lado*

Quinta-pequeña palazio

ESCENA I

BRÍGIDA *y* CIUTTI

BRIGIDA

¡Qué noche, válgame Dios!
A poderlo calcular,
no me meto yo a servir[141]
a tan fogoso galán.
¡Ay, Ciutti! Molida estoy;[142]
no me puedo menear.

CIUTTI

Pues ¿qué os duele?

[137] **He aquí . . . es** This is the reason for all my
worry, concern or disquietude.   [138] **por la dueña . . . Inés**
In short, I have come for the maid and to ask you to hasten
(or expedite) Doña Inés' taking of the vows.   [139] **Ha un
punto** Just a moment ago.   [140] **Tras de . . . aquí** To
rescue my honor which is being stolen right under your very
nose.   [141] **A poderlo . . . servir** If I had known what he
was like I would never have agreed to help him.   [142] **Molida
estoy** I'm all in; every bone in my body aches; or I'm
exhausted.

BRÍGIDA

          Todo el cuerpo,
y toda el alma además.

CIUTTI

¡Ya! No estáis acostumbrada
al caballo, es natural.

BRÍGIDA

Mil veces pensé caer.
¡Uf! ¡Qué mareo! ¡Qué afán!
Veía yo uno tras otros
ante mis ojos pasar
los árboles como en alas
llevados de un huracán,
tan apriesa y produciéndome
ilusión tan infernal,
que perdiera los sentidos
si tardamos en parar.

CIUTTI

Pues de estas cosas veréis,
si en esta casa os quedáis,
lo menos seis por semana.

BRÍGIDA

¡Jesús!

CIUTTI

        ¿Y esa niña, está
reposando todavía?

BRÍGIDA

¿Y a qué se ha de despertar?

CIUTTI

Sí; es mejor que abra los ojos
en los brazos de don Juan.

BRÍGIDA

Preciso es que tu amo tenga
algún diablo familiar.

CIUTTI

Yo creo que sea él mismo
un diablo en carne mortal,
porque a lo que él, solamente
se arrojara Satanás.[143]

BRÍGIDA

¡Oh! ¡El lance ha sido extremado!

CIUTTI

Pero al fin logrado está.

BRÍGIDA

¡Salir así de un convento,
en medio de una ciudad
como Sevilla!

CIUTTI

        Es empresa
tan sólo para hombre tal;
mas, ¡qué diablos!, ¡si a su lado
la fortuna siempre va,
y encadenado a sus pies
duerme sumiso el azar![144]

BRÍGIDA

Sí; decís bien.

CIUTTI

        No he visto hombre
de corazón más audaz;
no halla riesgo que le espante,
ni encuentra dificultad
que, al empeñarse en vencer,
le haga un punto vacilar.
A todo osado se arroja;
de todo se ve capaz;
ni mira dónde se mete,
ni lo pregunta jamás.
«Allí hay un lance», le dicen;
y él dice: «Allá va don Juan.»
Mas ya tarda, ¡vive Dios!

BRÍGIDA

Las doce en la catedral
han dado ha tiempo.

CIUTTI

        Y de vuelta
debía a las doce estar.

BRÍGIDA

Pero ¿por qué no se vino
con nosotros?

CIUTTI

        Tiene allá
en la ciudad todavía
cuatro cosas que arreglar.

BRÍGIDA

¿Para el viaje?

CIUTTI

        Por supuesto;
aunque muy fácil será
que esta noche a los infiernos
le hagan a él mismo viajar.

BRÍGIDA

¡Jesús, que ideas!

CIUTTI

        Pues digo:
¿son obras de caridad
en las que nos empleamos
para mejor esperar?
Aunque seguros estamos,
como vuelva por acá.[145]

BRÍGIDA

¿De veras, Ciutti?

CIUTTI

        Venid
a este balcón y mirad;
¿qué veis?

BRÍGIDA

        Veo un bergantín
que anclado en el río está.

CIUTTI

Pues su patrón sólo aguarda
las órdenes de don Juan,
y salvos en todo caso
a Italia nos llevará.

BRÍGIDA

¿Cierto?

CIUTTI

        Y nada receléis
por nuestra seguridad,
que es el barco más velero
que boga sobre la mar.

BRÍGIDA

¡Chist! Ya siento a doña Inés . . .

CIUTTI

Pues yo me voy, que don Juan
encargó que sola vos
debíais con ella hablar.

BRÍGIDA

Y encargó bien, que yo entiendo
de esto.

CIUTTI

        Adiós, pues.

BRÍGIDA

        Vete en paz.

[143] **Yo creo . . . Satanás** I think that he must be
the devil in person (a devil in the flesh), for only Satan himself
would dare to do what he does.   [144] **¡si a su lado . . . azar!**
good luck is always at his side, and the contrary fates (bad luck)
lie sleeping or bound at his feet!   [145] **como vuelva por acá**
as soon as he returns or once he comes back.

ESCENA II

DOÑA INÉS *y* BRÍGIDA

D.ª INÉS

¡Dios mío, cuanto he soñado!
¡Loca estoy! ¿Qué hora será?
Pero ¡qué es esto, ay de mí!
No recuerdo que jamás
haya visto este aposento.
¿Quién me trajo aquí?

BRÍGIDA

Don Juan.

D.ª INÉS

Siempre don Juan . . .; pero di,
¿aquí tú también estás,
Brígida?

BRÍGIDA

Sí, doña Inés.

D.ª INÉS

Pero dime, en caridad,
¿dónde estamos? ¿Este cuarto
es del convento?

BRÍGIDA

No tal;
aquello era un cuchitril,[146]
en donde no había más
que miseria.

D.ª INÉS

Pero, en fin,
¿en dónde estamos?

BRÍGIDA

Mirad,
mirad por este balcón,
y alcanzaréis lo que va
desde un convento de monjas
a una quinta de don Juan.

D.ª INÉS

¿Es de don Juan esta quinta?

BRÍGIDA

Y creo que vuestra ya.

D.ª INÉS

Pero no comprendo, Brígida,
lo que dices.

BRÍGIDA

Escuchad.
Estabais en el convento
leyendo con mucho afán
una carta de don Juan,
cuando estalló en un momento
un incendio formidable.

D.ª INÉS

¡Jesús!

BRÍGIDA

Espantoso, inmenso;
el humo era ya tan denso,
que el aire se hizo palpable.

D.ª INÉS

Pues no recuerdo . . .

BRÍGIDA

Las dos,
con la carta entretenidas,
olvidamos nuestras vidas,
yo oyendo, y leyendo vos.
Y estaba en verdad tan tierna,
que entrambas a su lectura
achacamos la tortura
que sentíamos interna.[147]
Apenas ya respirar
podíamos, y las llamas
prendían en nuestras camas;
nos íbamos a asfixiar,
cuando don Juan, que os adora,
y que rondaba el convento,
al ver crecer con el viento
la llama devastadora,
con inaudito valor,
viendo que ibais a abrasaros,

se metió para salvaros
por donde pudo mejor.
Vos, al verle así asaltar
la celda tan de improviso,
os desmayasteis . . . , preciso,
la cosa era de esperar.
Y él, cuando os vio caer así,
en sus brazos os tomó
y echó a huir; yo le seguí,
y del fuego nos sacó.
¿Dónde íbamos a esta hora?
Vos seguíais desmayada;
yo estaba casi ahogada.
Dijo, pues: « Hasta la aurora
en mi casa la tendré. »
Y henos, doña Inés, aquí.

D.ª INÉS
¿Conque ésta es su casa?

BRÍGIDA
                    Sí.

D.ª INÉS
Pues nada recuerdo a fe.
Pero . . . ¡en su casa! . . . ¡Oh, al punto
salgamos de ella! . . . Yo tengo
la de mi padre.

BRÍGIDA
          Convengo
con vos; pero es el asunto . . .

D.ª INÉS
¿Qué?

BRÍGIDA
          Que no podemos ir.

D.ª INÉS
Oír tal me maravilla.

BRÍGIDA
Nos aparta de Sevilla.

D.ª INÉS
¿Quién?

BRÍGIDA
          Vedlo, el Guadalquivir.

D.ª INÉS
¿No estamos en la ciudad?

BRÍGIDA
A una legua nos hallamos
de sus murallas.

D.ª INÉS
                    ¡Oh! ¡Estamos
perdidas!

BRÍGIDA
          ¡No sé, en verdad,
por qué!

D.ª INÉS
          Me estás confundiendo,
Brígida . . . , y no sé qué redes
son las que entre estas paredes
temo que me estás tendiendo.
Nunca el claustro abandoné,
ni sé del mundo exterior
los usos; mas tengo honor;
noble soy, Brígida, y sé
que la casa de don Juan
no es buen sitio para mí;
me lo está diciendo aquí
no sé qué escondido afán.
Ven, huyamos.

---

¹⁴⁶ **cuchitril**   a filthy or miserable hole in the wall;
pigsty; coop; cave; den.   ¹⁴⁷ **Y estaba . . . interna**   And
the letter was indeed so touching (or moving) that both of us
thought the discomfort we felt was caused by the deep emotion
that overcame us from reading the letter.

BRÍGIDA
            Doña Inés,
la existencia os ha salvado.

D.ª INÉS
Sí, pero me ha envenenado
el corazón.

BRÍGIDA
            ¿Le amáis, pues?

D.ª INÉS
No sé . . .; mas, por compasión,
huyamos pronto de ese hombre,
tras de cuyo solo nombre
se me escapa el corazón.
¡Ah! Tú me diste un papel,
de manos de ese hombre escrito,
y algún encanto maldito
me diste encerrado en él.
Una sola vez le vi
por entre unas celosías,
y que estaba, me decías,
en aquel sitio por mí.
Tú, Brígida, a todas horas,
me venías de él a hablar,
haciéndome recordar
sus gracias fascinadoras.
Tú me dijiste que estaba
para mío destinado
por mi padre, y me has jurado
en su nombre que me amaba.
¿Que le amo dices? . . . Pues bien,
si esto es amar, sí, le amo;
pero yo sé que me infamo
con esa pasión también.
Y si el débil corazón
se me va tras de don Juan,
tirándome de él están
mi honor y mi obligación.
Vamos, pues; vamos de aquí,
primero que ese hombre venga,
pues fuerza acaso no tenga
si le veo junto a mí.
Vamos, Brígida.

BRÍGIDA
            Esperad.
¿No oís?

D.ª INÉS
            ¿Qué?

BRÍGIDA
            Ruido de remos.

D.ª INÉS
Sí, dices bien; volveremos
en un bote a la ciudad.

BRÍGIDA
Mirad, mirad, doña Inés.

D.ª INÉS
Acaba . . . , por Dios; partamos.

BRÍGIDA
Ya, imposible que salgamos.

D.ª INÉS
¿Por qué razón?

BRÍGIDA
            Porque él es
quien en ese barquichuelo
se adelanta por el río.

D.ª INÉS
¡Ay! ¡Dadme fuerzas, Dios mío!

BRÍGIDA
Ya llegó; ya está en el suelo.
Sus gentes nos volverán
a casa; mas antes de irnos,
es preciso despedirnos
a lo menos de don Juan.

D.ª INÉS
Sea, y vamos al instante
No quiero volverle a ver.

BRÍGIDA
(*Aparte.*)
Los ojos te hará volver
al encontrarte delante.
Vamos.

D.ª INÉS
Vamos.

CIUTTI
(*Dentro.*)
Aquí están.

D. JUAN
(*Dentro.*)
Alumbra.

BRÍGIDA
¡Nos busca!

D.ª INÉS
Él es.

ESCENA III

DICHOS *y* DON JUAN

D. JUAN
¿Adónde vais, doña Inés?

D.ª INÉS
Dejadme salir, don Juan.

D. JUAN
¿Que os deje salir?

BRÍGIDA
Señor,
sabiendo ya el accidente
del fuego, estará impaciente
por su hija el Comendador.

D. JUAN
¡El fuego! ¡Ah! No os dé cuidado
por don Gonzalo, que ya
dormir tranquilo le hará
el mensaje que le he enviado.

D.ª INÉS
¿Le habéis dicho . . . ?

D. JUAN
Que os hallabais
bajo mi amparo segura,
y el aura del campo pura
libre por fin respirabais. (*Váse Brígida.*)
Cálmate, pues, vida mía;
reposa aquí, y un momento
olvida de tu convento
la triste cárcel sombría.
¡Ah! ¿No es cierto, ángel de amor,
que en esta apartada orilla
más pura la luna brilla
y se respira mejor?
Esta aura que vaga, llena
de los sencillos olores
de las campesinas flores
que brota esa orilla amena;
esa agua limpia y serena
que atraviesa sin temor
la barca del pescador
que espera cantando el día,
¿no es cierto, paloma mía,
que están respirando amor?
Esa armonía que el viento
recoge entre esos millares
de floridos olivares,
que agita con manso aliento;
ese dulcísimo acento
con que trina el ruiseñor,[148]
de sus copas morador,
llamando al cercano día,
¿no es verdad, gacela mía,
que están respirando amor?
Y estas palabras que están
filtrando insensiblemente
tu corazón, ya pendiente
de los labios de don Juan,

[148] **de sus copas morador** (the nightingale) who dwells in the treetops (or bowers of the olive trees in bloom; the flowering olive trees).

y cuyas ideas van
inflamando en su interior
un fuego germinador
no encendido todavía,
¿no es verdad, estrella mía,
que están respirando amor?
Y esas dos líquidas perlas
que se desprenden tranquilas
de tus radiantes pupilas
convidándome a beberlas,
evaporarse a no verlas
de sí mismas al calor;
y ese encendido color
que en tu semblante no había,
¿no es verdad, hermosa mía,
que están respirando amor?
¡Oh! Sí, bellísima Inés,
espejo y luz de mis ojos;
escucharme sin enojos
como lo haces, amor es;
mira aquí a tus plantas, pues,
todo el altivo rigor
de este corazón traidor
que rendirse no creía,
adorando, vida mía,
la esclavitud de tu amor.

D.ª INÉS

Callad, por Dios, ¡oh!, don Juan,
que no podré resistir
mucho tiempo, sin morir,
tan nunca sentido afán.
¡Ah! Callad, por compasión;
que, oyéndoos, me parece
que mi cerebro enloquece
y se arde mi corazón.
¡Ah! Me habéis dado a beber
un filtro infernal, sin duda,
que a rendiros os ayuda
la virtud de la mujer.
Tal vez poseéis, don Juan,
un misterioso amuleto,
que a vos me atrae en secreto
como irresistible imán.
Tal vez Satán puso en vos

su vista fascinadora,
su palabra seductora
y el amor que negó a Dios.
¿Y qué he de hacer, ¡ay de mí!,
sino caer en vuestros brazos,
si el corazón en pedazos
me vais robando de aquí?
No, don Juan; en poder mío
resistirte no está ya;
yo voy a ti, como va
sorbido al mar ese río.
Tu presencia me enajena,
tus palabras me alucinan,
y tus ojos me fascinan,
y tu aliento me envenena.
¡Don Juan! ¡Don Juan! Yo lo imploro
de tu hidalga compasión:
o arráncame el corazón,
o ámame, porque te adoro.

D. JUAN

¡Alma mía! Esa palabra
cambia de modo mi ser,
que alcanzo que puede hacer
hasta que el Edén se me abra.[149]
No es, doña Inés, Satanás
quien pone este amor en mí;
es Dios, que quiere por ti
ganarme para Él quizá.
No; el amor que hoy se atesora
en mi corazón mortal,
no es un amor terrenal
como el que sentí hasta ahora;
no es esa chispa fugaz
que cualquier ráfaga apaga;
es incendio que se traga
cuanto ve, inmenso, voraz.
Desecha, pues, tu inquietud,
bellísima doña Inés,
porque me siento a tus pies
capaz aun de la virtud.
Sí; iré mi orgullo a postrar
ante el buen Comendador,
y o habrá de darme tu amor,
o me tendrá que matar.

D.ª INÉS
¡Don Juan de mi corazón!

D. JUAN
¡Silencio! ¿Habéis escuchado?

D.ª INÉS
¿Qué?

D. JUAN
    Sí; una barca ha atracado
debajo de este balcón.
Un hombre embozado de ella
salta . . . Brígida, al momento
(*Entra Brígida.*)
pasad a esotro aposento,
y perdonad, Inés bella,
si sólo me importa estar.

D.ª INÉS
¿Tardarás?

D. JUAN
    Poco ha de ser.

D.ª INÉS
A mi padre hemos de ver.

D. JUAN
Sí, en cuanto empiece a clarear.[150]
Adiós.

ESCENA IV

DON JUAN *y* CIUTTI

CIUTTI
    Señor.

D. JUAN
      ¿Qué sucede,
Ciutti?

CIUTTI
    Ahí está un embozado.
en veros muy empeñado.

D. JUAN
¿Quién es?

CIUTTI
    Dice que no puede
descubrirse más que a vos,
y que es cosa de tal priesa,
que en ella se os interesa
la vida a entrambos a dos.

D. JUAN
¿Y en él no has reconocido
marca ni señal alguna
que nos oriente?

CIUTTI
    Ninguna;
mas a veros decidido
viene.

D. JUAN
    ¿Trae gente?

CIUTTI
    No más
que los remeros del bote.

D. JUAN
Que entre.

[149] **Esa palabra . . . abra** That word (of love) transforms me into a new being (has changed me so) that it may even open the gates of paradise to me (may even be possible for me to enter Heaven). [150] **en cuanto . . . clarear** as soon as day comes; or early the next morning.

ESCENA V

DON JUAN. *Luego* CIUTTI *y* DON LUIS, *embozado*

D. JUAN

        ¡Jugamos a escote
la vida!...[151] Mas si es quizá
un traidor que hasta mi quinta
me viene siguiendo el paso...
Hálleme, pues, por si acaso,
con las armas en la cinta.

    (*Se ciñe la espada y suspende al cinto[152] un par de pistolas, que habrá colocado sobre la mesa a su salida en la escena tercera. Al momento sale Ciutti, conduciendo a don Luis, que, embozado hasta los ojos, espera a que se queden solos. Don Juan hace a Ciutti una seña para que se retire. Lo hace*)

ESCENA VI

DON JUAN *y* DON LUIS

D. JUAN
    (*Aparte.*)
Buen talante. Bien venido,
caballero.

D. LUIS
        Bien hallado
señor mío.

D. JUAN
          Sin cuidado
hablad.

D. LUIS
        Jamás lo he tenido.

D. JUAN
Decid, pues: ¿a qué venís
a esta hora y con tal afán?

D. LUIS
Vengo a mataros, don Juan.

D. JUAN
Según eso, ¿sois don Luis?

D. LUIS
No os engañó el corazón,
y el tiempo no malgastemos,
don Juan; los dos no cabemos
ya en la tierra.

D. JUAN
        En conclusión,
señor Mejía: ¿es decir,
que, porque os gané la apuesta,
queréis que acabe la fiesta
con salirnos a batir?

D. LUIS
Estáis puesto en la razón;
la vida apostado habemos,
y es fuerza que nos paguemos.

D. JUAN
Soy de la misma opinión.
Mas ved que os debo advertir
que sois vos quien la[153] ha perdido.

D. LUIS
Pues por eso os la he traído;
mas no creo que morir
deba nunca un caballero
que lleva en el cinto espada
como una res destinada
por su dueño al matadero.

D. JUAN
Ni yo creo que resquicio
habreis jamás encontrado
por donde me hayáis tomado
por un cortador de oficio.[154]

D. LUIS
De ningún modo; y ya veis
que, pues os vengo a buscar,
mucho en vos debo fiar.

D. JUAN
No más de lo que podéis.
Y por mostraros mejor

actúa como niño: D. Luís

mi generosa hidalguía,
decid si aún puedo, Mejía,
satisfacer vuestro honor.
Leal la apuesta gané;
mas si tanto os ha escocido,
mirad si halláis conocido
remedio, y le aplicaré.[155]

D. LUIS
No hay más que el que os he propuesto,
don Juan. Me habéis maniatado
y habéis la casa asaltado
unsurpándome mi puesto; *passing as me*
y pues el mío tomasteis[156]
para triunfar de doña Ana,
no sois vos, don Juan, quien gana,
porque por otro jugasteis.

D. JUAN
Ardides del juego son.

D. LUIS
Pues no os lo quiero pasar,
y por ellos a jugar
vamos ahora el corazón.[157]

D. JUAN
¿Le arriesgáis, pues, en revancha
de doña Ana de Pantoja?

D. LUIS
Sí, y lo que tardo me enoja
en lavar tan fea mancha.[158]
Don Juan, yo la amaba, sí;
mas con lo que habéis osado,
imposible la hais dejado
para vos y para mí.

D. JUAN
¿Por qué la apostasteis, pues?

D. LUIS
Porque no pude pensar
que la pudierais lograr.
Y . . . vamos, por San Andrés,
a reñir, que me impaciento.

D. JUAN
Bajemos a la ribera.

D. LUIS
Aquí mismo.

D. JUAN
            Necio fuera;
¿no veis que en este aposento
prendieran al vencedor?
Vos traéis una barquilla.

D. LUIS
Sí.

D. JUAN
        Pues que lleve a Sevilla
al que quede.

D. LUIS
            Eso es mejor;
salgamos, pues.

D. JUAN
                Esperad.

D. LUIS
¿Qué sucede?

---

[151] **¡Jugamos . . . vida!** We wagered our lives in this game; or, the stakes were life!   [152] **suspende al cinto** he hangs at or from his belt.   [153] **la** refers to «la vida».   [154] **Ni yo . . . oficio** Nor do I think that I ever gave you reason to call me or take me for a mere butcher (or professional cut throat).   [155] **mas si tanto . . . aplicaré** but if it has hurt you so much, look for some known remedy (or cure) and I will apply it.   [156] **pues el mío tomasteis** since you took what was rightfully mine (by passing yourself off for me). [157] **Ardides . . . corazón** D. Juan: They are tricks that are all part of the game. / D. Luis: Well, I refuse to let them pass as such (I don't consider them fair and square), and now we are going to play the game with our hearts at stake (with all our hearts; our lives).   [158] **lo que tardo . . . mancha** *Transpose* me enoja lo que tardo en lavar tan fea mancha.

D. JUAN
　　　　Ruido siento.

D. LUIS
Pues no perdamos momento.

ESCENA VII

DON JUAN, DON LUIS, *y* CIUTTI

CIUTTI
Señor, la vida salvad.

D. JUAN
¿Qué hay, pues?

CIUTTI
　　　　El Comendador,
que llega con gente armada.

D. JUAN
Déjale franca la entrada,
pero a él solo.

CIUTTI
　　　　Mas señor . . .

D. JUAN
Obedéceme. (*Vase Ciutti.*)

ESCENA VIII

DON JUAN *y* DON LUIS

D. JUAN
　　　　Don Luis,
pues de mí os habéis fiado,
como dejáis demostrado
cuando a mi casa venís,
no dudaré en suplicaros,
pues mi valor conocéis,
que un instante me aguardéis.

D. LUIS
Yo nunca puse reparos
en valor que es tan notorio;
mas no me fío de vos.

D. JUAN
Ved que las partes son dos
de la apuesta con Tenorio,
y que ganadas están.

D. LUIS
¡Lograsteis a un tiempo . . . !

D. JUAN
　　　　　　　　　　Sí,
la del convento está aquí;
y pues viene de don Juan
a reclamarla quien puede,
cuando me podéis matar
no debo asunto dejar
tras mí que pendiente quede.

D. LUIS
Pero mirad que meter
quien puede el lance impedir
entre los dos, puede ser . . .[159]

D. JUAN
¿Qué?

D. LUIS
　　　　Excusaros de reñir.[160]

D. JUAN
¡Miserable! . . . De don Juan
podéis dudar sólo vos;
mas aquí entrad, vive Dios,
y no tengáis tanto afán
por vengaros, que este asunto
arreglado con ese hombre,
don Luis, yo os juro a mi nombre
que nos batimos al punto.

D. LUIS
Pero . . .

D. JUAN
 ¡Con una legión
de diablos! Entrad aquí,
que harta nobleza es en mí
aun daros satisfacción.
Desde ahí ved y escuchad;
franca tenéis esa puerta;
si veis mi conducta incierta,
como os acomode obrad.

D. LUIS
Me avengo, si muy reacio
no andáis.[161]

D. JUAN
 Calculadlo vos
a placer; mas, vive Dios,
que para todo hay espacio.
 (*Entra don Luis en el cuarto que don Juan señala*)
Ya suben. (*Don Juan escucha.*)

D. GONZALO
(*Dentro.*) ¿Dónde está?

D. JUAN
 Él es.

ESCENA IX

DON JUAN *y* DON GONZALO

D. GONZALO
¿Adónde está ese traidor?

D. JUAN
Aquí está, Comendador.

D. GONZALO
¿De rodillas?

D. JUAN
 Y a tus pies.

D. GONZALO
Vil eres hasta en tus crímenes.

D. JUAN
Anciano, la lengua ten,
y escúchame un solo instante.

D. GONZALO
¿Qué puede en tu lengua haber
que borre lo que tu mano
escribió en este papel?
¡Ir a sorprender, infame,
la cándida sencillez
de quien no pudo el veneno
de esas letras precaver!
¡Derramar en su alma virgen
traidoramente la hiel
en que rebosa la tuya,
seca la virtud y fe!
¡Proponerse así enlodar
de mis timbres la alta prez,
como si fuera un harapo
que desecha un mercader![162]
¿Ése es el valor, Tenorio,
de que blasonas? ¿Ésa es
la proverbial osadía
que te da al vulgo a temer?[163]
¿Con viejos y con doncellas
las muestras?... ¿Y para qué?
¡Vive Dios! Para venir
sus plantas así a lamer,
mostrándote a un tiempo ajeno
de valor y de honradez.

D. JUAN
¡Comendador!

---

[159] **Pero mirad . . . ser** *Transpose* Pero mirad, que puede ser meter quien (a alguien que) puede impedir el lance entre los dos. [160] **Excusaros de reñir** A pretext for you to get out of fighting me. [161] **Me avengo . . . andáis** I agree, if you'll be quick about it. [162] **enlodar . . . mercader!** to trample on (or bespatter) the high lustre of my coat of arms as though it were an old rag cast off by a shopkeeper! [163] **que te da . . . temer?** that makes you feared by all (ordinary people).

D. GONZALO

      ¡Miserable!
Tú has robado a mi hija Inés
de su convento, y yo vengo
por tu vida o por mi bien.

D. JUAN

Jamás delante de un hombre
mi alta cerviz incliné,
ni he suplicado jamás
ni a mi padre, ni a mi rey.
Y pues conservo a tus plantas
la postura en que me ves,
considera, don Gonzalo,
qué razón debo tener.

D. GONZALO

Lo que tienes es pavor
de mi justicia.

D. JUAN

      ¡Pardiez!
Óyeme, Comendador,
o tenerme[164] no sabré,
y seré quien siempre he sido,
no queriéndolo ahora ser.

D. GONZALO

¡Vive Dios!

D. JUAN

      Comendador,
yo idolatro a doña Inés,
persuadido de que el cielo
me la quiso conceder
para enderezar mis pasos
por el sendero del bien.
No amé la hermosura en ella,
ni sus gracias adoré;
lo que adoro es la virtud,
don Gonzalo, en doña Inés.
Lo que justicias ni obispos
no pudieron de mí hacer
con cárceles y sermones,
lo pudo su candidez.

Su amor me torna en otro hombre,
regenerando mi ser,
y ella puede hacer un ángel
de quien un demonio fue.
Escucha, pues, don Gonzalo,
lo que te puede ofrecer
el audaz don Juan Tenorio
de rodillas a tus pies.
Yo seré esclavo de tu hija;
en tu casa viviré;
tu gobernarás mi hacienda
diciéndome *esto ha de ser*.
El tiempo que señalares,
en reclusión estaré;
cuantas pruebas exigieres
de mi audacia o mi altivez,
del modo que me ordenares,
con sumisión te daré.
Y cuando estime tu juicio
que la pueda merecer,
yo la daré un buen esposo,
y ella me dará el edén.

D. GONZALO

Basta, don Juan; no sé cómo
me he podido contener,
oyendo tan torpes pruebas
de tu infame avilantez.
Don Juan, tú eres un cobarde
cuando en la ocasión te ves,
y no hay bajeza a que no oses
como te saque con bien.

D. JUAN

¡Don Gonzalo!

D. GONZALO

      Y me avergüenzo
de mirarte así a mis pies,
lo que apostabas por fuerza
suplicando por merced.[165]

D. JUAN

Todo así se satisface,
don Gonzalo, de una vez.

D. GONZALO
¡Nunca! ¡Nunca! ¿Tú su esposo?
Primero la mataré.
Ea, entregádmela al punto,
o, sin poderme valer,
en esa postura vil
el pecho te cruzaré.

D. JUAN
Míralo bien, don Gonzalo,
que vas a hacerme perder
con ella hasta la esperanza
de mi salvación tal vez.[166]

D. GONZALO
¿Y qué tengo yo, don Juan,
con tu salvación que ver?

D. JUAN
¡Comendador, que me pierdes!

No tiene honor es cobarde

D. GONZALO
¡Mi hija!

D. JUAN
            Considera bien
que por cuantos medios pude
te quise satisfacer,
y que con armas al cinto
tus denuestos toleré,
proponiéndote la paz
de rodillas a tus pies.

cielo...infierno culpa de D. Gonzalo

ESCENA X

DICHOS y DON LUIS, *soltando una carcajada de burla*

D. LUIS
Muy bien, don Juan.

D. JUAN
            ¡Vive Dios!

y entonces el se condena

D. GONZALO
¿Quién es ese hombre?

D. LUIS
            Un testigo
de su miedo, y un amigo,
Comendador, para vos.

D. JUAN
¡Don Luis!

D. LUIS
            Ya he visto bastante,
don Juan, para conocer
cuál uso puedes hacer
de tu valor arrogante;
y quien hiere por detrás
y se humilla en la ocasión,
es tan vil como el ladrón
que roba y huye.

D. JUAN
            ¿Esto más?

D. LUIS
Y pues la ira soberana
de Dios junta, como ves,
al padre de doña Inés
y al vengador de doña Ana,
mira el fin que aquí te espera
cuando a igual tiempo te alcanza
aquí dentro su venganza
y la justicia allá fuera.

D. GONZALO
¡Oh! Ahora comprendo. . . . ¿Sois vos
el que . . .?

[164] **tenerme** contenerme.   [165] **lo que . . .
merced** what you wagered you would take or win by force
you are now trying to obtain by begging for mercy.   [166] **hacerme perder . . . vez** perhaps you will be depriving me of
all hope of salvation (if you take her away from me).

D. LUIS

   Soy don Luis Mejía,
a quien a tiempo os envía
por vuestra venganza Dios.

D. JUAN

¡Basta, pues, de tal suplicio!
Si con hacienda y honor
ni os muestro ni doy valor
a mi franco sacrificio,
y la leal solicitud
conque ofrezco cuanto puedo
tomáis, vive Dios, por miedo
y os mofáis de mi virtud,
os acepto el que me dais
plazo breve y perentorio,
para mostrarme el Tenorio
de cuyo valor dudáis.

D. LUIS

Sea, y cae a nuestros pies
digno al menos de esa fama,
que por tan bravo te aclama . . .

D. JUAN

Y venza el infierno, pues.
Ulloa, pues mi alma así
vuelves a hundir en el vicio,
cuando Dios me llame a juicio,
tú responderás por mí.
   (*Le da un pistoletazo.*)

D. GONZALO
(*Cayendo.*)
¡Asesino!

D. JUAN

   Y tú, insensato,
que me llamas vil ladrón,
di en prueba de tu razón
que cara a cara te mato.
   (*Riñen, y le da una estocada.*)

D. LUIS
(*Cayendo.*)
¡Jesús!

D. JUAN

   Tarde tu fe ciega
acude al cielo, Mejía,
y no fue por culpa mía;
pero la justicia llega,
y a fe que ha de ver quién soy.

CIUTTI
(*Dentro.*)
¡Don Juan!

D. JUAN
(*Asomándose al balcón.*)
   ¿Quién es?

CIUTTI
(*Dentro.*)   Por aquí;
salvaos.

D. JUAN

   ¿Hay paso?

CIUTTI

     Sí;
arrojaos.

D. JUAN

   Allá voy.
Llamé al cielo, y no me oyó;
y pues sus puertas me cierra,
de mis pasos en la tierra
responda el cielo, no yo.[167]
(*Se arroja por el balcón, y se le oye caer en el agua del río, al mismo tiempo que el ruido de los remos muestra la rapidez del barco en que parte; se oyen golpes en las puertas de la habitación; poco después entra la justicia, soldados, etc.*)

ESCENA XI

ALGUACILES, SOLDADOS. *Luego,* DOÑA INÉS *y* BRÍGIDA

ALGUACIL 1.º
El tiro ha sonado aquí.

ALGUACIL 2.º
Aún hay humo.

ALGUACIL 1.º
            ¡Santo Dios!
Aquí hay un cadáver.

ALGUACIL 2.º
                        Dos.

ALGUACIL 1.º
¿Y el matador?

ALGUACIL 2.º
                  Por allí.
(*Abren el cuarto en que están doña Inés y Brígida, y las
sacan a la escena; doña Inés reconoce el cadáver de su
padre*)

ALGUACIL 1.º
¡Dos mujeres!

D.ª INÉS
            ¡Ah! ¡Qué horror!
¡Padre mío!

ALGUACIL 1.º
            ¡Es su hija!

BRÍGIDA
                  Sí.

D.ª INÉS
¡Ay! ¿Do estás, don Juan, que aquí
me olvidas en tal dolor?

ALGUACIL 1.º
Él le asesinó.

D.ª INÉS
            ¡Dios mío!
¿Me guardabas esto más?[168]

ALGUACIL 2.º
Por aquí ese Satanás
se arrojó sin duda al río.

ALGUACIL 1.º
Miradlos . . . A bordo están
del bergantín calabrés.[169]

TODOS
Justicia por doña Inés.

D.ª INÉS
Pero no contra don Juan.

(*Esta escena puede suprimirse en la representación, ter-
minando el acto con el último verso de la anterior.*)

FIN DEL ACTO CUARTO

[167] **de mis . . . yo** henceforth, let Heaven and not
I be responsible (answerable) for my deeds or actions.   [168] **¿Me
guardabas esto más?** (My God!) This too? Haven't I
suffered enough? or, (Must You inflict this suffering on me too?).
[169] **bergantín calabrés** Italian sailing vessel; a brigantine from
the Calabrian coast of southern Italy.

Goya, Francisco. Español (1746–1828). *Venganza familiar.* The Metropolitan Museum of Art, Harris Brisbane Dick Fund, 1935.

Segunda Parte

Acto Primero

La sombra de doña Inés

Personajes: DON JUAN, EL CAPITÁN CENTELLAS, DON RAFAEL DE AVELLANEDA, UN ESCULTOR *y* LA SOMBRA DE DOÑA INÉS

Panteón de la familia Tenorio. El teatro representa un magnífico cementerio, hermoseado a manera de jardín. En primer término, aislados y de bulto,[170] los sepulcros de don Gonzalo de Ulloa, de doña Inés y de don Luis Mejía, sobre los cuales se ven sus estatuas de piedra. El sepulcro de don Gonzalo, a la derecha, y su estatua de rodillas; el de don Luis, a la izquierda, y su estatua también de rodillas; el de doña Inés, en el centro, y su estatua de pie. En segundo término, otros dos sepulcros en la forma que convenga; y en tercer término, y en puesto elevado, el sepulcro y estatua del fundador, don Diego Tenorio, en cuya figura remata la perspectiva de los sepulcros.[171] Una pared llena de nichos y lápidas circuye el cuadro hacia el horizonte. Dos florones a cada lado de la tumba de doña Inés, dispuestos a servir de la manera que a su tiempo exige el juego escénico. Cipreses y flores de todas clases embellecen la decoración, que no debe tener nada de horrible. La acción se supone en una tranquila noche de verano y alumbrada por una clarísima luna.

ESCENA I

EL ESCULTOR, *disponiéndose a marchar*

ESCULTOR
Pues, señor, es cosa hecha;
el alma del buen don Diego
puede, a mi ver, con sosiego
reposar muy satisfecha.
La obra está rematada
con cuanta suntuosidad
su postrera voluntad[172]
dejó al mundo encomendada.
Y ya quisieran, ¡pardiez!,

todos los ricos que mueren,
que su voluntad cumplieren
los vivos como esta vez.
Mas ya de marcharme es hora;
todo corriente lo dejo,[173]
y de Sevilla me alejo
al despuntar de la aurora.
¡Ah! Mármoles que mis manos
pulieron con tanto afán,
mañana os contemplarán
los absortos sevillanos;
y al mirar de este panteón
las gigantes proporciones,
tendrán las generaciones
la nuestra en veneración.
Mas yendo y viniendo días,
se hundirán unas tras otras,
cuando en pie estaréis vosotras,
póstumas memorias mías,
¡Oh! Frutos de mis desvelos,
peñas a quien yo animé,
y por quienes arrostré
la intemperie de los cielos;
el que forma y ser os dio,
va ya a perderos de vista;
velad mi gloria de artista,
pues viviréis más que yo.
Mas ¿quién llega?

ESCENA II

EL ESCULTOR *y* DON JUAN, *que entra embozado*

ESCULTOR
Caballero . . .

---

[170] **aislados y de bulto** standing separately (in the foreground) and of lifesize proportions.   [171] **remata . . . sepulcros** dominates the perspective of the tombs in the foreground.   [172] **postrera voluntad** last will and testament; the deceased's last wishes.   [173] **todo corriente lo dejo** I am leaving everything in order; or completed (in accordance with the wishes of the deceased).

D. JUAN
Dios le guarde.

ESCULTOR
    Perdonad,
mas ya es tarde, y . . .

D. JUAN
      Aguardad
un instante, porque quiero
que me expliquéis . . .

ESCULTOR
     ¿Por acaso
sois forastero?

D. JUAN
    Años ha
que falto de España ya,
y me chocó el ver al paso,[174]
cuando a esas verjas llegué,
que encontraba este recinto
enteramente distinto
de cuando yo le dejé.

ESCULTOR
Ya lo creo; como que esto
era entonces un palacio,
y hoy es panteón el espacio
donde aquél estuvo puesto.

D. JUAN
¡El palacio hecho panteón!

ESCULTOR
Tal fue de su antiguo dueño
la voluntad, y fue empeño
que dio al mundo admiración.

D. JUAN
¡Y, por Dios, que es de admirar!

ESCULTOR
Es una famosa historia,
a la cual debo mi gloria.

D. JUAN
¿Me la podéis relatar?

ESCULTOR
Sí; pero sucintamente,
pues me aguardan.

D. JUAN
    Sea.

ESCULTOR
    Oíd,
la verdad pura.

D. JUAN
   Decid,
que me tenéis impaciente.

ESCULTOR
Pues habitó esta ciudad
y este palacio, heredado,
un varón muy estimado
por su noble calidad.

D. JUAN
Don Diego Tenorio.

ESCULTOR
    El mismo.
Tuvo un hijo este don Diego,
peor mil veces que el fuego,
un aborto del abismo,
mozo sangriento y cruel,
que, con tierra y cielo en guerra,
dicen que nada en la tierra
fue respetado por él.
Quimerista seductor
y jugador con ventura,
no hubo para él segura
vida, ni hacienda, ni honor.
Así le pinta la historia;
y si tal era, por cierto
que obró cuerdamente el muerto
para ganarse la gloria.[175]

D. JUAN
Pues ¿cómo obró?

ESCULTOR
                    Dejó entera
su hacienda al que la empleara
en panteón que asombrara
a la gente venidera.
Mas con la condición, dijo,
que se enterrara en él
los que a la mano cruel
sucumbieron de su hijo.
Y mirad en derredor
los sepulcros de los más
de ellos.

D. JUAN
          ¿Y vos sois quizá
el conserje?

ESCULTOR
          El escultor
de estas obras encargado.

D. JUAN
¡Ah! ¿Y las habéis concluido?

ESCULTOR
Ha un mes; mas me he detenido
hasta ver ese enverjado[176]
colocado en su lugar,
pues he querido impedir
que pueda el vulgo venir
este sitio a profanar.

D. JUAN
(*Mirando.*)
Bien empleó sus riquezas
el difunto.

ESCULTOR
          ¡Ya lo creo!
Miradle allí.

D. JUAN
          Ya le veo.

ESCULTOR
¿Le conocisteis?

D. JUAN
                    Sí.

ESCULTOR
                    Piezas
son todas muy parecidas,[177]
y a conciencia trabajadas.

D. JUAN
¡Cierto que son extremadas!

ESCULTOR
¿Os han sido conocidas
las personas?

D. JUAN
                    Todas ellas.

ESCULTOR
¿Y os parecen bien?

D. JUAN
                    Sin duda,
según lo que a ver me ayuda
el fulgor de las estrellas.

ESCULTOR
¡Oh! Se ven como de día
con esta luna tan clara.
Ésta es de mármol Carrara.
(*Señalando a la de don Luis*).

---

[174] **al paso** as I was passing by; (when I saw) before me.   [175] **por cierto . . . gloria** certainly the deceased acted wisely in order to assure or win for himself a place in Heaven (his future salvation).   [176] **enverjado** (enrejado)— iron grating or fence.   [177] **Piezas . . . parecidas** The statues (pieces of sculpture) bear a very close resemblance.

D. JUAN
¡Buen busto es el de Mejía!
¡Hola! Aquí el Comendador
se representa muy bien.

ESCULTOR
Yo quise poner también
la estatua del matador
entre sus víctimas; pero
no pude a manos haber[178]
su retrato. Un Lucifer
dicen que era el caballero
don Juan Tenorio.

D. JUAN
                    ¡Muy malo!
Mas como pudiera hablar,
le había algo de abonar[179]
la estatua de don Gonzalo.

ESCULTOR
¿También habéis conocido
a don Juan?

D. JUAN
          Mucho.

ESCULTOR
                    Don Diego
le abandonó desde luego,
desheredándole.

D. JUAN
            Ha sido
para don Juan poco daño
ése, porque la fortuna
va tras él desde la cuna.

ESCULTOR
Dicen que ha muerto.

D. JUAN
                    Es engaño;
vive.

ESCULTOR
    ¿Y dónde?

D. JUAN
            Aquí, en Sevilla.

ESCULTOR
¿Y no teme que el furor
popular . . .?

D. JUAN
            En su valor
no ha echado el miedo semilla.

ESCULTOR
Mas cuando vea el lugar
en que está ya convertido
el solar que suyo ha sido,
no osará en Sevilla estar.

D. JUAN
Antes ver tendrá a fortuna
en su casa reunidas
personas de él conocidas,[180]
puesto que no odia a ninguna.

ESCULTOR
¿Creéis que ose aquí venir?

D. JUAN
¿Por qué no? Pienso, a mi ver,
que donde vino a nacer
justo es que venga a morir.
Y pues le quitan su herencia
para enterrar a éstos bien,
a él es muy justo también
que le entierren con decencia.

ESCULTOR
Sólo a él le está prohibida
en este panteón la entrada.

D. JUAN
Trae don Juan muy buena espada,
y no sé quién se lo impida.

ESCULTOR
¡Jesús! ¡Tal profanación!

D. JUAN
Hombre es don Juan que, a querer,
volverá el palacio a hacer
encima del panteón.

ESCULTOR
¿Tan audaz ese hombre es
que aun a los muertos se atreve?

D. JUAN
¿Qué respetos gastar debe
con los que tendió a sus pies?

ESCULTOR
Pero ¿no tiene conciencia
ni alma ese hombre?

D. JUAN
Tal vez no,
que al cielo una vez llamó
con voces de penitencia,
y el cielo, en trance tan fuerte,[181]
allí mismo le metió,
que a dos inocentes dio,
para salvarse, la muerte.

ESCULTOR
¡Qué monstruo, supremo Dios!

D. JUAN
Podéis estar convencido
de que Dios no le ha querido.

ESCULTOR
Tal será.

D. JUAN
Mejor que vos.

ESCULTOR
(Aparte.)
¿Y quién será el que a don Juan

abona con tanto brío?[182]
Caballero, a pesar mío,
como aguardándome están . . .

D. JUAN
Idos, pues, en hora buena.

ESCULTOR
He de cerrar.

D. JUAN
No cerréis
y marchaos.

ESCULTOR
Mas ¿no veis . . .?

D. JUAN
Veo una noche serena,
y un lugar que me acomoda
para gozar su frescura,
y aquí he de estar a mi holgura,
si pesa a Sevilla toda.[183]

ESCULTOR
(Aparte.)
¿Si acaso padecerá
de locura, desvaríos?

D. JUAN
(Dirigiéndose a las estatuas.)
Ya estoy aquí, amigos míos.

---

[178] **no pude a manos haber** I could not obtain (a portrait of don Juan). [179] **Mas como . . . abonar** But if the statue of don Gonzalo could speak, he would say something in his favor (don Juan's). [180] **Antes . . . conocidas** *Transpose* Antes tendrá a fortuna ver reunidas en su casa personas de él conocidas. (**Tendrá a fortuna** He would probably consider himself very fortunate.) [181] **en trance tan fuerte** at such a decisive moment. [182] **¿abona con tanto brío?** defends (don Juan) with such fervor? or with so much feeling? [183] **si pesa a Sevilla toda** in spite of all Seville; even if all of Seville objects to it.

ESCULTOR
¿No lo dije? Loco está.

D. JUAN
Mas, ¡cielos!, ¿qué es lo que veo?
¡O es ilusión de mi vista,
o a doña Inés el artista
aquí representa, creo!

ESCULTOR
Sin duda.

D. JUAN
          ¿También murió?

ESCULTOR
Dicen que de sentimiento
cuando de nuevo al convento
abandonada volvió
por don Juan.

D. JUAN
                    ¿Y yace aquí?

ESCULTOR
Sí.

D. JUAN
¿La visteis muerta vos?

ESCULTOR
Sí.

D. JUAN
¿Cómo estaba?

ESCULTOR
                    ¡Por Dios,
que dormida la creí!
La muerte fue tan piadosa
con su cándida hermosura,
que le envió la frescura
y las tintas de la rosa.

D. JUAN
¡Ah! Mal la muerte podría
deshacer con torpe mano

el semblante soberano
que un ángel envidiaría.
¡Cuán bella y cuán parecida
su efigie en el mármol es!
¡Quién pudiera, doña Inés,
volver a darte la vida!
¿Es obra del cincel vuestro?

ESCULTOR
Como todas las demás.

D. JUAN
Pues bien merece algo más
un retrato tan maestro.
Tomad.

ESCULTOR
          ¿Qué me dais aquí?

D. JUAN
¿No lo veis?

ESCULTOR
                    Mas . . ., caballero . . .,
¿por qué razón? . . .

D. JUAN
                              Porque quiero
yo que os acordéis de mí.

ESCULTOR
Mirad que están bien pagadas.

D. JUAN
Así lo estarán mejor.

ESCULTOR
Mas vamos de aquí, señor,
que aún las llaves entregadas
no están, y al salir la aurora
tengo que partir de aquí.

D. JUAN
Entregádmelas a mí,
y marchaos desde ahora.

ESCULTOR
¿A vos?

D. JUAN
A mí; ¿qué dudáis?

ESCULTOR
Como no tengo el honor . . .

D. JUAN
Ea, acabad, escultor.

ESCULTOR
Si el nombre al menos que usáis
supiera . . .

D. JUAN
¡Viven los cielos!
Dejad a don Juan Tenorio
velar el lecho mortuorio
en que duermen sus abuelos.

ESCULTOR
¡Don Juan Tenorio!

D. JUAN
Yo soy.
Y si no me satisfaces,
compañía juro que haces[184]
a tus estatuas desde hoy.

ESCULTOR
(Alargándole las llaves.)
Tomad. (Aparte.) No quiero la piel
dejar aquí entre sus manos.
Ahora que los sevillanos
se las compongan con él. (Vase.)

ESCENA III

DON JUAN

D. JUAN
Mi buen padre empleó en esto
entera la hacienda mía;

hizo bien; yo al otro día
la hubiera a una carta puesto.[185] (Pausa.)
No os podréis quejar de mí,
vosotros a quien maté;
si buena vida os quité,
buena sepultura os di.
¡Magnífica es en verdad
la idea del tal panteón!
Y . . . siento que al corazón
me halaga esta soledad.
¡Hermosa noche! . . . ¡Ay de mí!
¡Cuántas como ésta tan puras
desatinado perdí!
¡Cuántas al mismo fulgor
de esa luna transparente
arranqué a algún inocente
la existencia o el honor!
Sí; después de tantos años
cuyos recuerdos espantan,
siento que aquí se levantan
(Señalando a la frente.)
pensamientos en mí extraños.
¡Oh! Acaso me los inspira
desde el cielo, en donde mora,
esa sombra protectora
que por mi mal no respira.
(Se dirige a la estatua de doña Inés, hablándole con
respeto)
Mármol en quien doña Inés
en cuerpo sin alma existe,
deja que el alma de un triste
llore un momento a tus pies.
De azares mil a través
conservé tu imagen pura;
y pues la mala ventura
te asesinó de don Juan,
contempla con cuánto afán
vendrá hoy a tu sepultura.

---

[184] **compañía . . . haces** I swear you will be keeping your statues company; (don Juan's way of threatening to
kill the sculptor).   [185] **la hubiera . . . puesto** I would have
iost it all on a single card (bet or wager).

enamorado todavía (handwritten)

En tí nada más pensó
desde que se fue de ti,
y desde que huyó de aquí
sólo en volver meditó.
Don Juan tan sólo esperó
de doña Inés su ventura,
y hoy que en pos de su hermosura
vuelve el infeliz don Juan,
mira cuál será su afán
al dar con tu sepultura.
Inocente doña Inés,
cuya hermosa juventud
encerró en el ataúd
quien llorando está a tus pies;
si de esa piedra a través
puedes mirar la amargura
del alma que tu hermosura
adoró con tanto afán,
prepara un lado a don Juan
en tu misma sepultura.
Dios te crió por mi bien,
por ti pensé en la virtud,
adoré su excelsitud
y anhelé su santo edén.
Sí; aun hoy mismo en ti también
mi esperanza se asegura,
y oigo una voz que murmura
en derredor de don Juan
palabras con que su afán
se calma en la sepultura.
¡Oh doña Inés de mi vida!
Si esa voz con quien deliro
es el postrimer suspiro
de tu eterna despedida;
si es que de ti desprendida
llega esa voz a la altura,
y hay un Dios tras de esa anchura
por donde los astros van,
dile que mire a don Juan
llorando en tu sepultura.

*(Se apoya en el sepulcro, ocultando el rostro; y mientras
se conserva en esta postura, un vapor que se levanta del
sepulcro oculta la estatua de doña Inés. Cuando el vapor
se desvanece, la estatua ha desaparecido. Don Juan sale
de su enajenamiento)*

Este mármol sepulcral
adormece mi vigor,
y sentir creo en redor
un ser sobrenatural.
Mas . . . ¡cielos! ¡El pedestal
no mantiene su escultura!
¿Qué es esto? ¿Aquella figura
fue creación de mi afán?

ESCENA IV

DON JUAN Y LA SOMBRA DE DOÑA INÉS. *El florón y las
flores de la izquierda del sepulcro de doña Inés se cam-
bian en una apariencia, dejando ver dentro de ella, y en
medio de resplandores, la sombra de doña Inés*

SOMBRA
No; mi espíritu, don Juan,
te aguardó en mi sepultura.

D. JUAN
(*De rodillas.*)
¡Doña Inés, sombra querida,
alma de mi corazón,
no me quites la razón
si me has de dejar la vida!
Si eres imagen fingida,
sólo hija de mi locura,[186]
no aumentes mi desventura
burlando mi loco afán.

SOMBRA
Yo soy doña Inés, don Juan,
que te oyó en su sepultura.

D. JUAN
¿Conque vives?

SOMBRA
            Para ti;
mas tengo mi purgatorio
en ese mármol mortuorio
que labraron para mí.
Yo a Dios mi alma ofrecí

en precio de tu alma impura,
y Dios, al ver la ternura
con que te amaba mi afán,
me dijo: «Espera a don Juan
en tu misma sepultura.
Y pues quieres ser tan fiel
a un amor de Satanás,
con don Juan te salvarás,
o te perderás con él.
Por él vela; mas si cruel
te desprecia tu ternura,
y en su torpeza y locura
sigue con bárbaro afán,
llévese tu alma don Juan
de tu misma sepultura.»

D. JUAN
(*Fascinado.*)
¡Yo estoy soñando quizá
con las sombras de un Edén!

SOMBRA
No, y ve que si piensas bien,
a tu lado me tendrás;
mas si obras mal, causarás
nuestra eterna desventura.
Y medita con cordura
que es esta noche, don Juan,
el espacio que nos dan
para buscar sepultura.
Adiós, pues; y en la ardua lucha
en que va a entrar tu existencia,
de tu dormida conciencia
la voz que va a alzarse escucha;
porque es de importancia mucha
meditar con sumo tiento
la elección de aquel momento
que, sin poder evadirnos,
al mal o al bien ha de abrirnos
la losa del monumento.

(*Ciérrase la apariencia,*[187] *desaparece doña Inés, y
todo queda como al principio del acto, menos la estatua
de doña Inés, que no vuelve a su lugar. Don Juan queda
atónito*)

ESCENA V

DON JUAN

D. JUAN
¡Cielos! ¿Qué es lo que escuché?
¡Hasta los muertos así
dejan sus tumbas por mí!
Mas . . ., sombra, delirio fue.
Yo en mi mente lo forjé;
la imaginación le dio
la forma en que se mostró,
y ciego, vine a creer
en la realidad de un ser
que mi mente fabricó.
Mas nunca de modo tal
fanatizó mi razón
mi loca imaginación
con su poder ideal.
Sí; algo sobrenatural
vi en aquella doña Inés
tan vaporosa, a través
aun de esa enramada espesa;[188]
mas . . . ¡bah! Circunstancia es ésa
que propia de sombra es.
¿Qué más diáfano y sutil
que las quimeras de un sueño?
¿Dónde hay nada más risueño,
más flexible y más gentil?
¿Y no pasa veces mil
que, en febril exaltación,
ve nuestra imaginación
como ser y realidad
la vacía vanidad
de una anhelada ilusión?
Sí, por Dios, ¡delirio fue!
Mas su estatua estaba aquí.
Sí, yo la vi y la toqué,

[186] **hija de mi locura** product or figment of my
wild imagination (madness).   [187] **(Ciérrase la apariencia)**
The vision disappears.   [188] **a través . . . espesa** through
that thick or wooded bower.

y aun en albricias[189] le di
al escultor no se qué.
¡Y ahora, sólo el pedestal
veo la urna funeral!
¡Cielos! ¿La mente me falta,
o de improviso me asalta
algún vértigo infernal?
¿Qué dijo aquella visión?
¡Oh! Yo la oí claramente,
y su voz, triste y doliente,
resonó en mi corazón.
¡Ah! ¡Y breves las horas son
del plazo que nos augura![190]
¡No, no; de mi calentura
delirio insensato es!
Mi fiebre fue a doña Inés
quien abrió la sepultura.
¡Pasad y desvaneceos;
pasad, siniestros vapores
de mis perdidos amores,
de mis fallidos deseos!
¡Pasad, vanos devaneos
de un amor muerto al nacer;
no me volváis a traer
entre vuestro torbellino
ese fantasma divino
que recuerda a una mujer!
¡Ah! ¡Estos sueños me aniquilan;
mi cerebro se enloquece . . . ,
y esos mármoles parece
que estremecidos vacilan!
  (Las estatuas se mueven lentamente, vuelven la cabeza
  hacia él)
¡Sí, sí; sus bustos oscilan,
su vago contorno medra! . . .
Pero don Juan no se arredra:
¡alzaos, fantasmas vanos,
y os volveré con mis manos
a vuestros lechos de piedra!
No, no me causan pavor
vuestros semblantes esquivos;[191]
jamás, ni muertos ni vivos,
humillaréis mi valor.
Yo soy vuestro matador,
como al mundo es bien notorio;

si en vuestro alcázar mortuorio
me aprestáis venganza fiera,
daos prisa, que aquí os espera
otra vez don Juan Tenorio.

ESCENA VI

DON JUAN, EL CAPITÁN CENTELLAS y AVELLANEDA

CENTELLAS
(Dentro.)
¿Don Juan Tenorio?

D. JUAN
(Volviendo en sí.)
¿Qué es eso?
¿Quién me repite mi nombre?

AVELLANEDA
(Saliendo.)
¿Veis a alguien?
(A Centellas.)

CENTELLAS
(Saliendo.)
Sí; allí hay un hombre.

D. JUAN
¿Quién va?

AVELLANEDA
    Él es.

CENTELLAS
(Yéndose a don Juan.)
        Yo pierdo el seso
con la alegría. ¡Don Juan!

AVELLANEDA
¡Señor Tenorio!

D. JUAN
        ¡Apartaos,
vanas sombras!

CENTELLAS

Reportaos,
señor don Juan . . . Los que están
en vuestra presencia ahora
no son sombras, hombres son,
y hombres cuyo corazón
vuestra amistad atesora.
A la luz de las estrellas
os hemos reconocido,
y un abrazo hemos venido
a daros.

D. JUAN
Gracias, Centellas.

CENTELLAS

Mas ¿qué tenéis? Por mi vida
que os tiembla el brazo, y está
vuestra faz descolorida.

D. JUAN
(*Recobrando su aplomo.*)
La luna tal vez lo hará.

AVELLANEDA

Mas, don Juan, ¿qué hacéis aquí?
¿Este sitio conocéis?

D. JUAN
¿No es un panteón?

CENTELLAS

a quién pertenece? ¿Y sabéis

D. JUAN
A mí;
mirad a mi alrededor,
y no veréis más que amigos
de mi niñez, o testigos
de mi audacia y mi valor.

CENTELLAS

Pero os oímos hablar:
¿con quién estabais?

D. JUAN
Con ellos.

CENTELLAS
¿Venís aún a escarnecellos?[192]

D. JUAN
No; los vengo a visitar.
Mas un vértigo insensato
que la mente me asaltó
un momento me turbó,
y a fe que me dio un mal rato.
Esos fantasmas de piedra
me amenazaban tan fieros,
que a mí acercado no haberos
pronto . . .[193]

CENTELLAS
¡Ja, ja, ja! ¿Os arredra,
don Juan, como a los villanos,
el temor a los difuntos?

D. JUAN
No a fe; contra todos juntos
tengo aliento y tengo manos.
Si volvieran a salir
de las tumbas en que están,
a las manos de don Juan
volverían a morir.
Y desde aquí en adelante
sabed, señor Capitán,
que yo soy siempre don Juan,
y no hay cosa que me espante.
Un vapor calenturiento

[189] **albricias**   a reward for the bearer of good news
or glad tidings.   [190] **del plazo que nos augura!**   of the
fateful period of time left to us!   [191] **semblantes esquivos**
cold or expressionless faces.   [192] **¿Venís aún a escarnecellos?**
And you still (have the audacity to) come here to mock them
or scorn them?   [193] **que a mí . . . pronto**   if you had not
arrived in time.

un punto me fascinó,[194]
Centellas, mas ya pasó;
cualquiera duda un momento.

AVELLANEDA } Es verdad.
CENTELLAS

D. JUAN

Vamos de aquí.

CENTELLAS
Vamos, y nos contaréis
cómo a Sevilla volvéis
tercera vez.

D. JUAN
Lo haré así.
Si mi historia os interesa,
a fe que oírse merece,
aunque mejor me parece
que la oigáis de sobremesa.
¿No opináis? . . .

AVELLANEDA } Como gustéis.
CENTELLAS

D. JUAN
Pues bien, cenaréis conmigo,
y en mi casa.

CENTELLAS
Pero digo:
¿es cosa de que dejéis
algún huésped por nosotros?
¿No tenéis gato encerrado?[195]

D. JUAN
¡Bah! Si apenas he llegado;
no habrá allí más que vosotros
esta noche.

CENTELLAS
¿Y no hay tapada
a quien algún plantón demos?[196]

D. JUAN
Los tres solos cenaremos.
Digo, si de esta jornada
no quiere igualmente ser
alguno de éstos.
(Señalando a las estatuas de los sepulcros)

CENTELLAS
Don Juan,
dejad tranquilos yacer
a los que con Dios están.

D. JUAN
¡Hola! ¿Parece que vos
sois ahora el que teméis,
y mala cara ponéis
a los muertos? ¡Mas, por Dios,
que ya de mí os burlasteis
cuando me visteis así,
en lo que penda de mí
os mostraré cuánto errasteis!
Por mí, pues, no ha de quedar
y, a poder ser, estad ciertos
que cenaréis con los muertos,
y os los voy a convidar.

AVELLANEDA
Dejaos de esas quimeras.

D. JUAN
¿Duda en mi valor ponerme,
cuando hombre soy para hacerme
platos de sus calaveras?[197]
Yo a nada tengo pavor:
(Dirigiéndose a la estatua de don Gonzalo, que es la que
tiene más cerca)
tú eres el más ofendido;
mas, si quieres, te convido
a cenar, Comendador.
Que no lo puedes hacer
creo, y es lo que me pesa;
mas, por mi parte, en la mesa
te haré un cubierto poner.[198]
Y a fe que favor me harás,
pues podré saber de ti

si hay más mundo que el de aquí
y otra vida, en que jamás,
a decir verdad, creí.

CENTELLAS
Don Juan, eso no es valor;
locura, delirio es.

D. JUAN
Como lo juzguéis mejor;
yo cumplo así. Vamos, pues,
Lo dicho, Comendador.

like I said

FIN DEL ACTO PRIMERO

Acto Segundo

La estatua de don Gonzalo
Personajes: DON JUAN, CENTELLAS, AVELLANEDA, CIUTTI,
LA SOMBRA DE DOÑA INÉS *y* LA ESTATUA DE DON
GONZALO
*Aposento de don Juan Tenorio. Dos puertas en el
fondo a derecha e izquierda, preparadas para el juego
escénico del acto. Otra puerta en el bastidor[199] que cierra
la decoración por la izquierda. Ventana en el de la
derecha. Al alzarse el telón, están sentados a la mesa don
Juan, Centellas y Avellaneda. La mesa, ricamente servida;
el mantel, cogido con guirnaldas de flores, etc. Enfrente
del espectador, don Juan, y a su izquierda, Avellaneda;
en el lado izquierdo de la mesa, Centellas, y en el de
enfrente de éste, una silla y un cubierto desocupados*

ESCENA I

DON JUAN, EL CAPITÁN CENTELLAS, AVELLANEDA,
CIUTTI *y* UN PAJE

D. JUAN
Tal es mi historia, señores;
pagado de[200] mi valor,
quiso el mismo Emperador
dispensarme sus favores.
Y aunque oyó mi historia entera,
dijo: «Hombre de tanto brío

merece el amparo mío;
vuelva a España cuando quiera »;
y heme aquí en Sevilla ya.

CENTELLAS
¡Y con qué lujo y riqueza!

D. JUAN
Siempre vive con grandeza
quien hecho a grandeza está.[201]

CENTELLAS
A vuestra vuelta.

D. JUAN
                Bebamos.

CENTELLAS
Lo que no acierto a creer
es cómo, llegando ayer,
ya establecido os hallamos.

D. JUAN
Fue el adquirirme, señores,
tal casa con tal boato,[202]
porque se vendió barato,
para pago de acreedores.
Y como al llegar aquí
desheredado me hallé,
tal como está la compré.

[194] **Un vapor . . . fascinó**   I felt slightly depressed and for a moment I didn't know where I was.   [195] **¿es cosa . . . encerrado?**   does it mean that you will be disappointing another guest for our sake? Don't you have something (a surprise or trick) up your sleeve?   [196] **¿Y no hay . . . demos?**   And isn't there a heavily veiled woman who will be left waiting (disappointed) because of us?   [197] **hacerme platos de sus calaveras?**   to use their skulls for dinner plates?   [198] **te haré . . . poner**   I'll have a place set for you (at my table).   [199] **bastidor**   left wing (of the stage scenery).   [200] **pagado de**   pleased with.   [201] **quien hecho . . . está**   he who is "born to the purple," or, made or born for rank, greatness or splendor.   [202] **tal casa con tal boato**   such a well appointed or sumptuously furnished house.

CENTELLAS
¿Amueblada y todo?

D. JUAN
                    Sí;
un necio que se arruinó
por una mujer vendióla.

CENTELLAS
¿Y vendió la hacienda sola?

D. JUAN
Y el alma al diablo.

CENTELLAS
                    ¿Murió?

D. JUAN
De repente; y la justicia,
que iba a hacer de cualquier modo
pronto despacho de todo,
viendo que yo su codicia
saciaba, pues los dineros
ofrecía dar al punto,
cedióme el caudal por junto
y estafó a los usureros.[203]

CENTELLAS
Y la mujer, ¿qué fue de ella?

D. JUAN
Un escribano la pista
le siguió, pero fue lista
y escapó.

CENTELLAS
                    ¿Moza?

D. JUAN
                    Y muy bella.

CENTELLAS
Entrar hubiera debido
en los muebles de la casa.

D. JUAN
Don Juan Tenorio no pasa
moneda que se ha perdido.
Casa y bodega he comprado;
dos cosas que, no os asombre,
pueden bien hacer a un hombre
vivir siempre acompañado;
como lo puede mostrar
vuestra agradable presencia,
que espero que con frecuencia
me hagáis ambos disfrutar.

CENTELLAS
Y nos haréis honra inmensa.

D. JUAN
Y a mí vos. ¡Ciutti!

CIUTTI
                    Señor.

D. JUAN
Pon vino al Comendador.
        (*Señalando al vaso del puesto vacío.*)

CENTELLAS
Don Juan, ¿aún en eso piensa
vuestra locura?

D. JUAN
                    ¡Sí, a fe!
Que si él no puede venir,
de mí no podréis decir
que en ausencia no le honré.

CENTELLAS
¡Ja, ja, ja! Señor Tenorio,
creo que vuestra cabeza
va menguando en fortaleza.[204]

D. JUAN
Fuera en mí contradictorio
y ajeno de mi hidalguía
a un amigo convidar,

y no guardar el lugar
mientras que llegar podría.
Tal ha sido mi costumbre
siempre, y siempre ha de ser ésa;
y al mirar sin él la mesa,
me da, en verdad, pesadumbre.
Porque si el Comendador
es difunto tan tenaz
como vivo, es muy capaz
de seguirnos el humor.²⁰⁵

CENTELLAS
Brindemos a su memoria,
y más en él no pensemos.

D. JUAN
Sea.

CENTELLAS
Brindemos.

AVELLANEDA
Brindemos.

CENTELLAS
A que Dios le dé su gloria.

D. JUAN
Mas yo, que no creo que haya
más gloria que esta mortal,
no hago mucho en brindis tal;
¡mas por complaceros, vaya!
Y brindo a que Dios te dé
la gloria, Comendador.
        (*Mientras beben, se oye lejos un aldabonazo, que se
        supone dado en la puerta de la calle*)
Mas ¿llamaron?

CIUTTI
            Sí, señor.

D. JUAN
Ve quién.

CIUTTI
(*Asomando por la ventana.*)
            A nadie se ve.
¿Quién va allá? Nadie responde.

CENTELLAS
Algún chasco.

AVELLANEDA
            Algún menguado²⁰⁶
que al pasar habrá llamado,
sin mirar siquiera dónde.

D. JUAN
(*A Ciutti.*)
Pues cierra y sirve licor.
            (*Llamando otra vez más recio.*)
Mas llamaron otra vez.

CIUTTI
                        Sí.

D. JUAN
Vuelve a mirar.

CIUTTI
            ¡Pardiez!
A nadie veo, señor.

²⁰³ **y la justicia ... usureros** the bailiffs (or officers sent by the Courts) were about to dispose of everything anyway, and when they saw that I was prepared to satisfy their greed with an immediate cash payment, they conveyed the entire house and everything in it to me, and swindled the money lenders.   ²⁰⁴ **va menguando en fortaleza** lit. (your mind) is losing strength; or, you are losing your mind.   ²⁰⁵ **es difunto ... humor** if the Comendador's ghost is as stubborn as he was when alive then it is quite capable of joining in our fun; or, I wouldn't be surprised if he took us up on it.   ²⁰⁶ **Algún chusco./Algún menguado** Some joker (or prankster)./Some idiot (or fool).

D. JUAN
Pues, por Dios, que del bromazo
quien es no se ha de alabar.²⁰⁷
Ciutti, si vuelve a llamar,
suéltale un pistoletazo.
    (*Llaman otra vez, y se oye un poco más cerca*)
¿ Otra vez?

CIUTTI
            ¡Cielos!

CENTELLAS }
AVELLANEDA }¿ Qué pasa?

CIUTTI
Que esa aldabada postrera²⁰⁸
ha sonado en la escalera,
no en la puerta de la casa.

AVELLANEDA }
CENTELLAS }¿ Qué dices? (*Levantándose asombrados.*)

CIUTTI
                    Digo lo cierto,
nada más; dentro han llamado
de la casa.

D. JUAN
            ¿ Qué os ha dado?
¿ Pensáis ya que sea el muerto?
Mis armas cargué con bala;
Ciutti, sal a ver quién es.
    (*Vuelven a llamar más cerca.*)

AVELLANEDA
¿ Oísteis?

CIUTTI
            ¡Por San Ginés,
que eso ha sido en la antesala!

D. JUAN
¡Ah! Ya lo entiendo: me habéis
vosotros mismos dispuesto
esta comedia, supuesto
que lo del muerto sabéis.

AVELLANEDA
Yo os juro, don Juan . . .

CENTELLAS
                    Y yo.

D. JUAN
¡Bah! Diera en ello el más topo,²⁰⁹
y apuesto a que ese galopo²¹⁰
los medios para ello os dio.

AVELLANEDA
Señor don Juan, escondido
algún misterio hay aquí.
    (*Vuelven a llamar más cerca.*)

CENTELLAS
¡Llamaron otra vez!

CIUTTI
                    Sí,
y ya en el salón ha sido.

D. JUAN
¡Ya! Mis llaves en manojo
habréis dado a la fantasma,
y que entre así no me pasma;
mas no saldrá a vuestro antojo,
ni me han de impedir cenar
vuestras farsas desdichadas.
    (*Se levanta y corre los cerrojos²¹¹ de la puerta del fondo,
    volviendo a su lugar*)
Ya están las puertas cerradas;
ahora el coco, para entrar,
tendrá que echarlas al suelo
y en el punto que lo intente,
que con los muertos se cuente
y apele después al cielo.²¹²

CENTELLAS
¡Qué diablos, tenéis razón!

D. JUAN
Pues ¿no temblabais?

CENTELLAS
             Confieso
que, en tanto que no di en eso,
tuve un poco de aprensión.

D. JUAN
¿Declaráis, pues, vuestro enredo?

AVELLANEDA
Por mi parte, nada sé.

CENTELLAS
Ni yo.

D. JUAN
          Pues yo volveré
contra el inventor el miedo,[213]
mas sigamos con la cena:
vuelva cada uno a su puesto,
que luego sabremos esto.

AVELLANEDA
Tenéis razón.

D. JUAN
(Sirviendo a Centellas.)
          Cariñena;[214]
sé que os gusta, capitán.

CENTELLAS
Como que somos paisanos.

D. JUAN
(A Avellaneda sirviéndole de otra botella.)
Jerez a los sevillanos,
don Rafael.

AVELLANEDA
          Hais,[215] don Juan,
dado a entrambos por el gusto;
mas ¿con cuál brindaréis vos?

D. JUAN
Yo haré justicia a los dos.

CENTELLAS
Vos siempre estáis en lo justo.

D. JUAN
Sí, a fe; bebamos.

AVELLANEDA }
CENTELLAS }   Bebamos
(Llaman a la misma puerta de la escena, fondo derecha)

D. JUAN
Pesada me es ya la broma;
mas veremos quién asoma
mientras en la mesa estamos.
    (A Ciutti, que se manifiesta asombrado)
¿Y qué haces tú ahí, bergante?[216]
¡Listo! Trae otro manjar. *(Vase Ciutti.)*
Mas me ocurre en este instante
que nos podemos mofar
de los de afuera, invitándoles
a probar su sutileza,
entrándose hasta esta pieza
y sus puertes no franqueándoles.[217]

AVELLANEDA
Bien dicho.

[207] **del bromazo . . . alabar** whoever it is, he's not going to be in a position to brag about his joke or prank. [208] **aldabada postrera** (that) last knock. [209] **Diera en . . . topo** Any fool would have seen through it. [210] **galopo** rascal. [211] **corre los cerrojos** slides or fastens the bolts. [212] **que con los . . . cielo** he can count on the dead for help, and then, let him appeal or complain to Heaven for help. [213] **Pues yo . . . miedo** Well, I'll turn this trick against the fellow who invented it; or, I'll make him feel sorry he ever invented this trick. [214] **Cariñena** wine of Cariñera (Aragón, Spain). [215] **Hais** Habéis. [216] **bergante** rascal, villain, or scoundrel. [217] **Mas me ocurre . . . franqueándoles** I just thought of a way of making fun of whoever is out there by challenging them to show us how clever they are, inviting them to enter this room with the doors locked.

CENTELLAS
        Idea brillante.
(*Llaman fuerte, fondo derecha.*)

D. JUAN
¡Señores! ¿A qué llamar?
Los muertos se han de filtrar
por la pared, ¡adelante!
(*La estatua de don Gonzalo pasa por la puerta sin abrirla y sin hacer ruido*)

ESCENA II

DON JUAN, CENTELLAS, AVELLANEDA y LA ESTATUA
DE DON GONZALO

CENTELLAS
¡Jesús!

AVELLANEDA
        ¡Dios mío!

D. JUAN
                ¡Qué es esto!

AVELLANEDA
Yo desfallezco.
(*Cae desvanecido.*)

CENTELLAS
                Yo expiro.
(*Cae lo mismo.*)

D. JUAN
¡Es realidad o deliro!
Es su figura . . . , su gesto.

ESTATUA
¿Por qué te causa pavor
quien convidado a tu mesa
viene por ti?

D. JUAN
                ¡Dios! ¿No es ésa
la voz del Comendador?

ESTATUA
Siempre supuse que aquí
no me habías de esperar.

D. JUAN
Mientes, porque hice arrimar
esa silla para ti.
Llega, pues, para que veas
que, aunque dudé en un extremo
de sorpresa,[218] no te temo,
aunque el mismo Ulloa seas.

ESTATUA
¿Aún lo dudas?

D. JUAN
                No lo sé.

ESTATUA
Pon, si quieres, hombre impío,
tu mano en el mármol frío
de mi estatua.

D. JUAN
                ¿Para qué?
Me basta oírlo de ti;
cenemos, pues; mas te advierto . . .

ESTATUA
¿Qué?

D. JUAN
        Que si no eres el muerto,
no vas a salir de aquí.
¡Eh! Alzad.
(*A Centellas y Avellaneda.*)

ESTATUA.
        No pienses, no,
que se levanten, don Juan,
porque en sí no volverán
hasta que me ausente yo.
Que la divina clemencia

del Señor para contigo
no requiere más testigo
que tu juicio y tu conciencia.
Al sacrílego convite
que me has hecho en el panteón,
para alumbrar tu razón
Dios asistir me permite.
Y heme que vengo[219] en su nombre
a enseñarte la verdad,
y es: que hay una eternidad
tras de la vida del hombre.
Que numerados están
los días que has de vivir,
y que tienes que morir
mañana mismo, don Juan.
Mas como esto que a tus ojos
está pasando, supones,
ser del alma aberraciones
y de la aprensión antojos,
Dios, en su santa clemencia,
te concede todavía
un plazo hasta el nuevo día
para ordenar tu conciencia.
Y su justicia infinita
porque conozcas mejor,
espero de tu valor
que me pagues la visita.[220]
¿Irás, don Juan?

    D. JUAN

        Iré, sí;
mas me quiero convencer
de lo vago de tu ser
antes que salgas de aquí.
(Coge una pistola.)

    ESTATUA
Tu necio orgullo delira,
don Juan; los hierros más gruesos
y los muros más espesos
se abren a mi paso; mira.
(Desaparece la estatua, sumiéndose por la pared)

ESCENA III

DON JUAN, CENTELLAS *y* AVELLANEDA

    D. JUAN
¡Cielos! Su esencia se trueca
el muro hasta penetrar,
cual mancha de agua que seca
el ardor canicular.[221]
  ¿No me dijo: «El mármol toca
de mi estatua?» ¿Cómo, pues,
se desvanece una roca?
¡Imposible! Ilusión es.
Acaso su antiguo dueño
mis cubas envenenó,
y el licor tan vano ensueño
en mi mente levantó.
Mas si éstas que sombras creo
espíritus reales son,
que por celestial empleo
llaman a mi corazón,
entonces, para que iguale
su penitencia don Juan
con sus delitos, ¿qué vale
el plazo ruin que le dan? . . .
¡Dios me da tan sólo un día! . . .
Si fuese Dios en verdad,
a más distancia pondría
su aviso a mi eternidad.
«Piensa bien que al lado tuyo
me tendrás . . .», dijo de Inés
la sombra; y si bien arguyo,
pues no la veo, sueño es.
(Transparéntase en la pared la sombra de doña Inés)

---

[218] **Llega, pues . . . sorpresa** Come on in then and see for yourself that even though I was caught by surprise.
[219] **Al sacrílego . . . vengo** God has permitted me to accept the sacrilegious invitation you extended to me in the cemetery so that I may light the way or show you the path to reason or righteousness. And here I am, for I have come (in His name).
[220] **que me pagues la visita** that you will return my visit.
[221] **ardor canicular** the hottest part of the summer; (usually between July 13 and September 2 in Spain).

ESCENA IV

DON JUAN, LA SOMBRA DE DOÑA INÉS, CENTELLAS

SOMBRA
Aquí estoy.

D. JUAN
            ¡Cielos!

SOMBRA
                        Medita
lo que al buen Comendador
has oído y ten valor
para acudir a su cita.
Un punto se necesita
para morir con ventura;[222]
elígele con cordura,
porque mañana, don Juan,
nuestros cuerpos dormirán
en la misma sepultura.
            (*Desaparece la sombra.*)

ESCENA V

DON JUAN, CENTELLAS *y* AVELLANEDA

D. JUAN
Tente,[223] doña Inés, espera;
y si me amas en verdad,
hazme al fin la realidad
distinguir de la quimera.
Alguna más duradera
señal dame, que segura
me pruebe que no es locura
lo que imagina mi afán,
para que baje don Juan
tranquilo a la sepultura.
Mas ya me irrita, por Dios,
verme por todos burlado,
corriendo desatentado
siempre de sombras en pos.
¡Oh! Tal vez todo esto ha sido
por estos dos preparado,
y mientras se ha ejecutado,
su privación han fingido.[224]
Mas, ¡por Dios!, que si es así,

se han de acordar de don Juan.
¡Eh! Don Rafael, Capitán,
ya basta, alzaos de ahí.
            (*Don Juan mueve a Centellas y a Avellaneda, que se
            levantan como quien vuelve de un profundo sueño*)

CENTELLAS
¿Quién va?

D. JUAN
            Levantad.

AVELLANEDA
                        ¿Qué pasa?
Hola, ¿sois vos?

CENTELLAS
            ¿Dónde estamos?

D. JUAN
Caballeros, claros vamos.[225]
Yo os he traído a mi casa,
y temo que a ella, al venir,
con artificio apostado,[226]
habéis sin duda pensado
a costa mía reír;
mas basta ya de ficción
y concluid de una vez.

CENTELLAS
Yo no os entiendo.

AVELLANEDA
                        ¡Pardiez!
Tampoco yo.

D. JUAN
                        En conclusión:
¿nada habéis visto ni oído?

AVELLANEDA⟩
CENTELLAS ⟩¿De qué?

D. JUAN
                        No finjáis ya más.

CENTELLAS
Yo no he fingido jamás,
señor don Juan.

D. JUAN
                    ¡Habrá sido
realidad! ¿Contra Tenorio
las piedras se han animado
y su vida han acotado
con plazo tan perentorio?[227]
Hablad, pues, por compasión.

CENTELLAS
¡Voto a Dios! ¡Ya comprendo
lo que pretendéis!

D. JUAN
                         Pretendo
que me deis una razón
de lo que ha pasado aquí,
señores, o juro a Dios
que os haré ver a los dos
que no hay quien me burle a mí.

CENTELLAS
Pues ya que os formalizáis,
don Juan, sabed que sospecho
que vos la burla habéis hecho
de nosotros.

D. JUAN
                    ¡Me insultáis!

CENTELLAS
No, por Dios; mas si cerrado
seguís[228] en que aquí han venido
fantasmas, lo sucedido
oíd cómo me he explicado.
Yo he perdido aquí del todo
los sentidos, sin exceso
de ninguna especie, y eso,
lo entiendo yo de este modo.[229]

D. JUAN
A ver, decídmelo, pues.

CENTELLAS
Vos habéis compuesto el vino,
semejante desatino
para encajarnos después.

D. JUAN
¡Centellas!

CENTELLAS
                    Vuestro valor
al extremo por mostrar,[230]
convidasteis a cenar
con vos al Comendador.
Y para poder decir
que a vuestro convite exótico
asistió, con un narcótico
nos habéis hecho dormir.
Si es broma, puede pasar;
mas a ese extremo llevada,
ni puede probarnos nada,
ni os la hemos de tolerar.

AVELLANEDA
Soy de la misma opinión.

D. JUAN
¡Mentís!

[222] **Un punto ... ventura** A brief moment is all one needs to die in the grace of God.   [223] **Tente** Wait; don't go.   [224] **Tal vez ... fingido** Perhaps this whole thing was staged by these two friends of mine and while it was going on they pretended to lose consciousness.   [225] **claros vamos** let's clear this up; explain.   [226] **artificio apostado** pre-arranged plan or trick.   [227] **¿Contra Tenorio ... perentorio?** Then have these stones come alive just for the purpose of cutting Tenorio's life to so short a span?   [228] **cerrado seguís** if you persist.   [229] **Yo he ... modo** I completely lost consciousness (passed out) without having indulged in excesses of any kind, and I think I understand how it happened; or, I can explain it another way.   [230] **al extremo por mostrar** to show off.

CENTELLAS
Vos.

D. JUAN
Vos, Capitán.

CENTELLAS
Esa palabra, don Juan . . .

D. JUAN
La he dicho de corazón.
Mentís; no son a mis bríos
menester falsos portentos,
porque tienen mis alientos
su mejor prueba en ser míos.[231]

AVELLANEDA
CENTELLAS } Veamos.
(*Ponen mano a las espadas.*)

D. JUAN
            Poned a tasa[232]
vuestra furia, y vamos fuera,
no piense después cualquiera
que os asesiné en mi casa.

AVELLANEDA
Decís bien . . . , mas somos dos.

CENTELLAS
Reñiremos, si os fiáis,
el uno del otro en pos.

D. JUAN
O los dos, como queráis.

CENTELLAS
¡Villano fuera, por Dios!
Elegid uno, don Juan,
por primero.

D. JUAN
            Sedlo vos.

CENTELLAS
Vamos.

D. JUAN
Vamos, Capitán.

FIN DEL ACTO SEGUNDO

Acto Tercero

Misericordia de Dios y apoteosis del amor
Personajes: DON JUAN, LA ESTATUA DE DON GONZALO
y DOÑA INÉS

Sombras, estatuas . . . espectros, ángeles

*Panteón de la familia Tenorio. Como estaba en el acto
primero de la segunda parte, menos las estatuas de doña
Inés y de don Gonzalo, que no están en su lugar*

ESCENA I

DON JUAN, *embozado y distraído, entra en la escena
lentamente*

D. JUAN
Culpa mía no fue; delirio insano
me enajenó la mente acalorada.
Necesitaba víctimas mi mano
que inmolar a mi fe desesperada,[233]
y al verlos en mitad de mi camino,
presa los hice allí de mi locura.
¡No fui yo, vive Dios! ¡Fue su destino!
Sabían mi destreza y mi ventura.
¡Oh! Arrebatado el corazón me siento
por vértigo infernal . . . Mi alma perdida
va cruzando el desierto de la vida
cual hoja seca que arrebata el viento.
Dudo . . . , temo . . . , vacilo . . . En mi cabeza
siento arder un volcán . . . Muevo la planta
sin voluntad, y humilla mi grandeza
un no sé qué de grande que me espanta.
      (*Un momento de pausa.*)
¡Jamás mi orgullo concibió que hubiere
nada más que el valor! . . . Que aniquila
el alma con el cuerpo cuando muere
creí . . . , mas hoy mi corazón vacila.
¡Jamás creí en fantasmas! . . . ¡Desvaríos!
Mas del fantasma aquel, pese a mi aliento,[234]
los pies de piedra caminando siento,
por doquiera que voy tras de los míos.

Justifica mucho

¡Oh! Y me trae a este sitio irresistible,
misterioso poder . . .
   (*Levanta la cabeza y ve que no está en su pedestal la
   estatua de don Gonzalo*)
              Pero ¡qué veo!
¡Falta allí su estatua! . . . Sueño horrible,
déjame de una vez . . . ¡No, no te creo!
Sal; huye de mi mente fascinada,
fatídica ilusión . . . Está en vano
con pueriles asombros empeñada
en agotar mi aliento sobrehumano.[235]
Si todo es ilusión, mentido sueño,
nadie me ha de aterrar con trampantojos;
si es realidad, querer es necio empeño
aplacar de los cielos los enojos.[236]
No; sueño o realidad, del todo anhelo
vencerle o que me venza; y si piadoso
busca tal vez mi corazón el cielo,
que le busque más franco y generoso.
La efigie de esa tumba me ha invitado
a venir a buscar prueba más cierta
de que la verdad en que dudé obstinado . . .
Heme aquí, pues, Comendador, despierta.
   (*Llama al sepulcro del comendador. Este sepulcro se
   cambia en una mesa que parodia horriblemente la mesa
   en que comieron en el acto anterior don Juan, Centellas
   y Avellaneda. En vez de las guirnaldas que cogían en
   pabellones sus manteles,*[237] *de sus flores y lujoso servicio,
   culebras, huesos y fuego, etc. (A gusto del pintor.)
   Encima de esta mesa aparece un plato de ceniza, una
   copa de fuego y un reloj de arena. Al cambiarse este
   sepulcro, todos los demás se abren y dejan paso a las
   osamentas de las personas que se suponen enterradas en
   ellos, envueltas en sus sudarios. Sombras, espectros y
   espíritus pueblan el fondo de la escena. La tumba de
   doña Inés permanece*)

ESCENA II

DON JUAN, LA ESTATUA DE DON GONZALO *y* LAS SOMBRAS

   ESTATUA
Aquí me tienes, don Juan,
y he aquí que vienen conmigo
los que tu eterno castigo
de Dios reclamando están.

   D. JUAN
¡Jesús!

   ESTATUA
          ¿Y de qué te alteras
si nada hay que a ti te asombre,
y para hacerte eres hombre
platos con sus calaveras?[238]

   D. JUAN
¡Ay de mí!

   ESTATUA
          ¿Qué? ¿El corazón
te desmaya?

   D. JUAN
          No lo sé;
concibo que me engañé;
¡no son sueños . . . , ellos son!
   (*Mirando a los espectros.*)
Pavor jamás conocido
el alma fiera me asalta,
y aunque el valor no me falta,
me va faltando el sentido.

   ESTATUA
Eso es, don Juan, que se va
concluyendo tu existencia,

[231] **no son . . . míos** my courage has no need of artificial props (or fake marvels) because the best proof of my bravery is that it is mine; (it suffices to say it is mine). [232] **Poned a tasa** Restrain. [233] **Necesitaba . . . desesperada** My hands needed victims to sacrifice to a despairing faith; (sacrificial offerings). [234] **pese a mi aliento** in spite of my courage or valor. [235] **Está en vano . . . sobrehumano** you persist in futile childish pranks to break my superhuman will or courage. [236] **nadie . . . enojos** no one is going to frighten me with cheap tricks; yet if this be real, then it is foolish to even try to placate the wrath of Heaven. [237] **En vez . . . manteles** Instead of the garlands or flower chains that were draped or looped over the tablecloth. [238] **y para . . . calaveras?** you're man enough to use their skulls for dinner plates (or eating utensils)?

no es mí culpa

y el plazo de tu sentencia
fatal ha llegado ya.

D. JUAN
¡Qué dices!

ESTATUA
                    Lo que hace poco
que doña Inés te avisó,
lo que te he avisado yo,
y lo que olvidaste loco.
Mas el festín que me has dado
debo volverte; y así,
llega don Juan, que yo aquí
cubierto te he preparado.

D. JUAN
¿Y qué es lo que ahí me das?

ESTATUA
Aquí fuego, allí ceniza.

D. JUAN
El cabello se me eriza

ESTATUA
Te doy lo que tú serás.

D. JUAN
¡Fuego y ceniza he de ser!

ESTATUA
Cual los que ves en redor;
en eso para[239] el valor,
la juventud y el poder.

D. JUAN
Ceniza, bien; pero ¡fuego . . . !

ESTATUA
El de la ira omnipotente,
do arderás eternamente
por tu desenfreno ciego.

D. JUAN
¿Conque hay otra vida más
y otro mundo que el de aquí?
¿Conque es verdad, ¡ay de mí!,

lo que no creí jamás?
¡Fatal verdad que me hiela
la sangre del corazón!
¡Verdad que mi perdición
solamente me revela!
¿Y ese reló?

ESTATUA
                    Es la medida
de tu tiempo.

D. JUAN
                    ¿Expira ya?

ESTATUA
Sí; en cada grano se va
un instante de tu vida.

D. JUAN
¿Y ésos me quedan no más?

ESTATUA
Sí.

D. JUAN
¡Injusto Dios! Tu poder
me haces ahora conocer,
cuando tiempo no me das
de arrepentirme.

ESTATUA
                    Don Juan,
un punto de contrición
da a un alma la salvación,
y ese punto aún te lo dan.

D. JUAN
¡Imposible! ¡En un momento
borrar treinta años malditos
de crímenes y delitos!

ESTATUA

Aprovéchale con tiento,[240]
(*Tocan a muerto.*)
porque el plazo va a expirar,
y las campanas doblando
por ti están, y están cavando
la fosa en que te han de echar.
(*Se oye a lo lejos el oficio de difuntos. Se ve pasar por
la izquierda luz de difuntos*)

D. JUAN

¿Conque por mí doblan?

ESTATUA
Sí.

D. JUAN

¿Y esos cantos funerales?

ESTATUA

Los salmos penitenciales
que están cantando por ti.
(*Se ve pasar por la izquierda luz de hachones, y rezan
dentro*)

D. JUAN

¿Y aquel entierro que pasa?

ESTATUA

Es el tuyo.

D. JUAN
¡Muerto yo!

ESTATUA

El Capitán te mató
a la puerta de tu casa.

D. JUAN

Tarde la luz de la fe
penetra en mi corazón,
pues crímenes mi razón
a su luz tan sólo ve.
Los ve ... y con horrible afán,
porque al ver su multitud,

ve a Dios en su plenitud
de su ira contra don Juan.
¡Ah! Por doquiera que fui
la razón atropellé,
la virtud escarnecí
y a la justicia burlé.
Y emponzoñé cuanto vi,
y a las cabañas bajé,
y a los palacios subí,
y los claustros escalé;
y pues tal mi vida fue,
no, no hay perdón para mí.
¡Mas ahí estáis todavía
(*A los fantasmas.*)
con quietud tan pertinaz!
Dejadme morir en paz,
a solas con mi agonía.
Mas con esa horrenda calma,
¿qué me auguráis, sombras fieras?
¿Qué esperáis de mí?

ESTATUA
Que mueras
para llevarse tu alma.
Y adiós, don Juan, ya tu vida
toca a su fin; y pues vano
todo fue, dame la mano
en señal de despedida.

D. JUAN

¿Muéstrasme ahora amistad?

ESTATUA

Sí, que injusto fui contigo,
y Dios me manda tu amigo
volver a la eternidad.

D. JUAN

Toma, pues.

---

[239] **para** from *parar*: to stop, to come to an end.
[240] **Aprovéchale con tiento** Make use of it with great
care; (wisely; cautiously).

ESTATUA

      Ahora, don Juan,
pues desperdicias también
el momento que te dan,
conmigo al infierno ven.

D. JUAN

¡Aparta, piedra fingida!
Suelta, suéltame esa mano,
que aún queda el último grano
en el reló de mi vida.
Suéltala, que si es verdad
que un punto de contrición
da a un alma la salvación
de toda una eternidad,
yo, Santo Dios, creo en Ti;
si es mi maldad inaudita,
tu piedad es infinita . . .
¡Señor, ten piedad de mí!

ESTATUA

Ya es tarde.
(Don Juan se hinca de rodillas, tendiendo al cielo la mano que le deja libre la estatua. Las sombras, esqueletos, etc., van a abalanzarse sobre él, en cuyo momento se abre la tumba de doña Inés y aparece ésta. Doña Inés toma la mano que don Juan tiende al cielo)

ESCENA III

DON JUAN, LA ESTATUA DE DON GONZALO, DOÑA INÉS, SOMBRAS, *etc.*

D.ª INÉS

      No; heme ya aquí,
don Juan; mi mano asegura
esta mano que a la altura
tendió tu contrito afán,
y Dios perdona, don Juan
al pie de mi sepultura.

D. JUAN

¡Dios clemente! ¡Doña Inés!

D.ª INÉS

Fantasmas, desvaneceos;
su fe nos salva . . .; volveos
a vuestros sepulcros, pues.
La voluntad de Dios es;
de mi alma con la amargura
purifiqué un alma impura,
y Dios concedió a mi afán
la salvación de don Juan
al pie de la sepultura.

D. JUAN

¡Inés de mi corazón!

D.ª INÉS

Yo mi alma he dado por ti,
y Dios te otorga por mí
tu dudosa salvación.
Misterio es que en comprensión
no cabe de criatura,
y sólo en vida más pura
los justos comprenderán
que el amor salvó a don Juan
al pie de la sepultura.
Cesad, cantos funerales;
(Cesa la música y salmodia.)
callad, mortuorias campanas;
(Dejan de tocar a muerto.)
ocupad, sombras livianas,
vuestras urnas sepulcrales;
(Vuelven los esqueletos a sus tumbas, que se cierran)
volved a los pedestales,
animadas esculturas;
(Vuelven las estatuas a sus lugares.)
y las celestes venturas
en que los justos están
empiecen para don Juan
en las mismas sepulturas.
(Las flores se abren y dan paso a varios angelitos, que rodean a doña Inés y a don Juan, derramando sobre ellos flores y perfumes, y al son de una música dulce y lejana se ilumina el teatro con luz de aurora. Doña Inés cae sobre un lecho de flores, que quedará a la vista, en lugar de su tumba, que desaparece)

ESCENA ÚLTIMA

DOÑA INÉS, DON JUAN *y* LOS ÁNGELES

D. JUAN

¡Clemente Dios, gloria a Ti!
Mañana a los sevillanos
aterrará el creer que a manos
de mis víctimas caí.
Mas es justo; quede aquí
al universo notorio

que, pues me abre el purgatorio
un punto de penitencia,
es el Dios de la clemencia
el Dios de don Juan Tenorio.
(*Cae don Juan a los pies de doña Inés, y mueren ambos.
De sus bocas salen sus almas, representadas en dos
brillantes llamas, que se pierden en el espacio al son de
la música. Cae el telón*)

FIN DE « DON JUAN TENORIO »

Gustavo Adolfo Bécquer (1836–1870)

Alguien, muy conocido en las letras españolas del siglo XIX y hoy casi olvidado, dijo que los versos de Bécquer eran «suspirillos germánicos». Estos «suspirillos» han conmovido profundamente los corazones de muchos españoles durante muchos años y han influido decisivamente en la poesía moderna española.

Bécquer, nacido en Sevilla, apenas tiene de lo que popularmente se considera característico de lo andaluz, aunque tiene lo esencial de Andalucía, que es un sentimiento de sencilla y pura tragedia. Su poesía es concisa, limitada, de pocas palabras. Es una poesía limpia de oratoria, desnuda de recursos coloristas o efectistas. Bécquer, influido por los poetas románticos alemanes, introduce una nueva manera de sentir y de expresarse en la lírica española. Esta nueva tendencia obedece a que la nueva poesía nace en el corazón del poeta y no en su imaginación como sucede en la mayoría de los poetas románticos españoles de 1830 a 1850. Esta novísima poesía apenas fue entendida en su tiempo, porque se trataba de una poesía «natural, breve, seca, que brota del alma como una chispa eléctrica». Era una voz demasiado débil y demasiado sencilla para dejarse oír en la tempestad de la retórica romántica. Pero desde fines del siglo pasado ha sido revalorizada hasta ser considerada hoy como una cumbre de la lírica española en el siglo XIX.

Bécquer fue un temperamento extrasensible, y su alma persiguió la poesía, «esa aspiración melancólica y vaga que agita el espíritu con el deseo de una perfección imposible». Por otra parte, Bécquer es un poeta popular, sencillo, dentro de la vieja tradición española: «El pueblo ha sido y será siempre el gran poeta.» Fue director de algunas publicaciones periódicas e inició una obra monumental, la *Historia de los templos de España* (1857), de la que sólo se publicó el primer volumen. Hombre incapaz para los negocios económicos, vivió en la pobreza. Idealista y soñador fue infeliz en su matrimonio, en el que tuvo tres hijos. Tímido y poco social, permaneció largas temporadas en el retiro del viejo monasterio de Veruela y en la soledad de Soria, en tierras de Castilla. Un día el melancólico y tierno poeta llegó a casa de su amigo Campillo y le dijo: «Estoy haciendo la maleta para el viaje. Dentro de poco me muero . . . Liados en este pañuelo vienen mis versos y prosa. Corrígelos como siempre; acaba lo que no esté concluido; y si antes me entierran, tú publicas lo que te guste, y en paz». A los pocos días cayó enfermo y murió. Pero como en el caso de los verdaderos artistas, a partir de su muerte su fama y su obra han ido extendiéndose.

Bécquer publicó sus poemas en periódicos y revistas, y fueron coleccionados después de su muerte. Toda su lírica queda abarcada bajo el título de *Rimas*, cuyo número no llega a cien. Son composiciones de corta extensión en general. La mayor parte de los versos están escritos en forma asonantada, pero llena de una dulce e íntima armonía. Además de las *Rimas*, Bécquer escribió en prosa una serie de leyendas de temas fantásticos. Estas narraciones le hacen uno de los mejores prosistas de su siglo, por el estilo y por la espléndida fantasía que transforma los detalles más insignificantes en una visión mágica. Así «Maese Pérez el organista», «La rosa de pasión», «El miserere», «La corza blanca», «Los ojos verdes» y otras. También compuso crónicas para periódicos y mientras vivió retirado en el monasterio de Veruela, dedicado a dibujar las ruinas del mismo, escribió una serie de nueve cartas con el título de *Desde mi celda*.

Obscurecido en vida por las glorias nacionales y sonoras de Espronceda, Zorrilla, Campoamor y otros, Bécquer fue revalorizado por los poetas españoles e hispanoamericanos del modernismo y por los escritores del 98.

RIMAS

II

Saeta que voladora
cruza, arrojada al azar,
sin adivinarse dónde
temblando se clavará;

hoja que del árbol seca   5
arrebata el vendaval,[1]
sin que nadie acierte el surco
donde a caer volverá;

gigante ola que el viento
riza y empuja en el mar,   10
y rueda y pasa, y no sabe
qué playa buscando va;

luz que en cercos temblorosos[2]
brilla, próxima a expirar,
ignorándose cuál de ellos   15
el último brillará;

eso soy yo, que al acaso
cruzo el mundo, sin pensar
de dónde vengo, ni adónde
mis pasos me llevarán.   20

IV

No digáis que agotado su tesoro,
de asuntos falta, enmudeció la lira:[3]
podrá no haber poetas; pero siempre
habrá poesía.

Mientras las ondas de la luz al beso   25
palpiten encendidas;
mientras el sol las desgarradas nubes
de fuego y oro vista;[4]

mientras el aire en su regazo lleve
perfumes y armonías;   30
mientras haya en el mundo primavera,
¡habrá poesía!

Mientras la ciencia a descubrir no alcance
las fuentes de la vida
y en el mar o en el cielo haya un abismo   35
que al cálculo resista;

mientras la humanidad, siempre avanzando,
no sepa a do camina;
mientras haya un misterio para el hombre,
¡habrá poesía!   40

Mientras sintamos que se alegra el alma,
sin que los labios rían;
mientras se llore sin que el llanto acuda
a nublar la pupila;
mientras el corazón y la cabeza   45
batallando prosigan;[5]
mientras haya esperanzas y recuerdos,
¡habrá poesía!

Mientras haya unos ojos que reflejen
los ojos que los miran;   50
mientras responda el labio suspirando
al labio que suspira,

mientras sentirse puedan en un beso
dos almas confundidas;
mientras exista una mujer hermosa,   55
¡habrá poesía!

VII

Del salón en el ángulo oscuro,
de su dueño tal vez olvidada,
silenciosa y cubierta de polvo
veíase el arpa.   60

¡Cuánta nota dormía en sus cuerdas,
como el pájaro duerme en las ramas,
esperando la mano de nieve
que sabe arrancarlas!

¡Ay! —pensé— ¡cuántas veces el genio   65
así duerme en el fondo del alma,
y una voz, como Lázaro, espera[6]
que le diga: «¡Levántate y anda! »

X
Los invisibles átomos del aire
en derredor palpitan y se inflaman;   70
el cielo se deshace en rayos de oro;
la tierra se estremece alborozada;
oigo flotando en olas de armonías
rumor de besos y batir de alas;
mis párpados se cierran . . . ¿Qué sucede?   75
—¡es el amor que pasa!

XIII
Tu pupila es azul, y cuando ríes,
su claridad suave me recuerda
el trémulo fulgor de la mañana
que en el mar se refleja.   80

Tu pupila es azul, y cuando lloras,
las transparentes lágrimas en ella
se me figuran gotas de rocío
sobre una violeta.

Tu pupila es azul, y si en su fondo   85
como un punto de luz radia una idea,
me parece en el cielo de la tarde
¡una perdida estrella!

XV
Cendal[7] flotante de leve bruma,
rizada cinta de blanca espuma,   90
rumor sonoro
de arpa de oro,
beso del aura, onda de luz,
eso eres tú.

Tú, sombra aérea, que cuantas veces   95
voy a tocarte, te desvaneces
como la llama, como el sonido,
como la niebla, como el gemido
del lago azul.

En mar sin playas onda sonante,   100
en el vacío cometa errante,
largo lamento
del ronco viento,
ansia perpetua de algo mejor,
eso soy yo.   105

¡Yo, que a tus ojos en mi agonía
los ojos vuelvo de noche y día;
yo, que incansable corro y demente
tras una sombra, tras la hija ardiente
de una visión!   110

XXI
—¿Qué es poesía?— dices mientras clavas
en mi pupila tu pupila azul—.
¿Qué es poesía? ¿Y tú me lo preguntas?
Poesía . . . eres tú.

XXXIII
Es cuestión de palabras, y no obstante,   115
ni tú ni yo jamás,
después de lo pasado, convendremos
en quién la culpa está.

¡Lástima que el amor un diccionario
no tenga donde hallar   120
cuándo el orgullo es simplemente orgullo,
y cuándo es dignidad!

XXXVIII
Los suspiros son aire, y van al aire.
Las lágrimas son agua, y van al mar.
Dime, mujer: cuando el amor se olvida,   125
¿sabes tú adónde va?

---

[1] **hoja . . . vendaval** *Transpose* hoja seca que el vendaval arrebata del árbol.   [2] **cercos temblorosos** fluttering rings of light.   [3] **No . . . lira** *Transpose* No digáis que la lira enmudeció, su tesoro agotado (por) falta de asuntos.   [4] **mientras . . . vista** *Transpose* mientras el sol vista las desgarradas nubes de fuego y oro.   [5] **el corazón . . . prosigan** (as long as) heart and mind keep striving.   [6] **una voz . . . espera** *Transpose* y como Lázaro, espera una voz que.   [7] **cendal** gauze; also, a light thin fabric.

XLI

Tú eras el huracán y yo la alta
　　torre que desafía su poder:
¡tenías que estrellarte o abatirme! . . .
　　　　¡No pudo ser!
Tú eras el Océano y yo la enhiesta　　　130
roca que firme aguarda su vaivén:[8]
¡tenías que romperte o que arrancarme! . . .
　　　　¡No pudo ser!
Hermosa tú, yo altivo; acostumbrados　　135
uno a arrollar, el otro a no ceder;
la senda estrecha, inevitable el choque . . .
　　　　¡No pudo ser!

XLII

Cuando me lo contaron sentí el frío
de una hoja de acero[9] en las entrañas;　　140
me apoyé contra el muro, y un instante
la conciencia perdí de donde estaba.
Cayó sobre mi espíritu la noche;
en ira y en piedad se anegó el alma . . .
¡Y entonces comprendí por qué se llora,　　145
y entonces comprendí por qué se mata!
Pasó la nube de dolor . . . con pena
logré balbucear[10] breves palabras . . .
¿Quién me dio la noticia? . . . Un fiel amigo . . .
¡Me hacía un gran favor! . . . Le di las gracias. 150

LII

Olas gigantes que os rompéis bramando
en las playas desiertas y remotas,
envuelto entre la sábana de espumas,
　　¡llevadme con vosotras!
Ráfagas de huracán, que arrebatáis　　155
del alto bosque las marchitas hojas,
arrastrando en el ciego torbellino,
　　¡llevadme con vosotras!
Nubes de tempestad que rompe el rayo
y en fuego ornáis[11] las desprendidas orlas,　　160
arrebatado entre la niebla obscura,
　　¡llevadme con vosotras!
Llevadme, por piedad, adonde el vértigo
con la razón me arranque la memoria . . .[12]
¡Por piedad! . . . ¡Tengo miedo de quedarme 165
　　con mi dolor a solas!

LIII

Volverán las obscuras golondrinas
en tu balcón sus nidos a colgar,
y otra vez con el ala a sus cristales
　　jugando llamarán;　　170
pero aquellas que el vuelo refrenaban
tu hermosura y mi dicha al contemplar,[13]
aquellas que aprendieron nuestros nombres . . .
　　esas . . . ¡no volverán!
Volverán las tupidas madreselvas[14]　　175
de tu jardín las tapias a escalar,
y otra vez a la tarde, aún más hermosas,
　　sus flores se abrirán;
pero aquellas cuajadas de rocío,[15]
cuyas gotas mirábamos temblar　　180
y caer, como lágrimas del día . . .
　　esas . . . ¡no volverán!
Volverán del amor en tus oídos
las palabras ardientes a sonar;
tu corazón de su profundo sueño　　185
　　tal vez despertará;
pero mudo y absorto y de rodillas,
como se adora a Dios ante su altar,
como yo te he querido . . . desengáñate,
　　¡así no te querrán!　　190

LVI

Hoy como ayer, mañana como hoy,
　　¡y siempre igual!
un cielo gris, un horizonte eterno,
　　¡y andar . . . andar!
Moviéndose a compás, como una estúpida　　195
　　máquina, el corazón;
la torpe inteligencia, del cerebro
　　dormida en un rincón.
El alma, que ambiciona un paraíso,
　　buscándolo sin fe.　　200
Fatiga sin objeto, ola que rueda
　　ignorando por qué.

Voz que incesante con el mismo tono
   canta el mismo cantar.
Gota de agua monótona que cae,   205
   y cae sin cesar.

Así van deslizándose los días
   unos de otros en pos,[16]
hoy lo mismo que ayer . . . y todos ellos
   sin goce ni dolor.   210

¡Ay! a veces me acuerdo suspirando
   del antiguo sufrir . . .
Amargo es el dolor; pero siquiera
   ¡padecer es vivir!

LXII
Primero es un albor trémulo y vago,   215
raya de inquieta luz que corta el mar;
luego chispea y crece y se dilata
en ardiente explosión de claridad.

La brilladora luz es la alegría;
la temerosa sombra es el pesar: 220
¡ay! en la oscura noche de mi alma,
   ¿cuándo amanecerá?

LXXIII
Cerraron sus ojos,
que aún tenía abiertos;
taparon su cara   225
con un blanco lienzo,
y unos sollozando,
otros en silencio,
de la triste alcoba
todos se salieron.   230

La luz, que en un vaso
ardía en el suelo,
al muro arrojaba
la sombra del lecho,
y entre aquella sombra   235
veíase a intervalos
dibujarse rígida
la forma del cuerpo.

Despertaba el día
y a su albor primero,   240
con sus mil ruidos
despertaba el pueblo.
Ante aquel contraste
de vida y misterios,
de luz y tinieblas,   245
medité un momento:
¡Dios mío, qué solos
se quedan los muertos!

De la casa en hombros
lleváronla al templo,   250
y en una capilla
dejaron el féretro.
Allí rodearon
sus pálidos restos
de amarillas velas   255
y de paños negros.

Al dar de las ánimas[17]
el toque postrero,
acabó una vieja
sus últimos rezos;   260
cruzó la ancha nave,
las puertas gimieron,
y el santo recinto
quedóse desierto.

De un reloj se oía   265
compasado el péndulo,
y de algunos cirios
el chisporroteo.[18]
Tan medroso y triste,
tan oscuro y yerto   270

[8] **vaivén** swaying, undulating movement. [9] **hoja de acero** steel blade or dagger; knife. [10] **balbucear** to murmur or to utter something inarticulately. [11] **en fuego ornáis** con fuego adornáis. [12] **vértigo . . . memoria** *Transpose* el vértigo me arranque la memoria juntamente con la razón. [13] **vuelo . . . contemplar** *Transpose* aquellas que refrenaban el vuelo al contemplar tu hermosura y mi dicha. [14] **tupidas madreselvas** densely grown honeysuckle. [15] **cuajadas de rocío** heavy with dew. [16] **unos . . . pos** unos en pos de otros. [17] **Al dar de las ánimas** bells rung for evening prayers. [18] **chisporroteo** sputtering of candles.

todo se encontraba . . .
que pensé un momento:
¡Dios mío, qué solos
se quedan los muertos!

De la alta campana   275
la lengua de hierro,
le dio volteando
su adiós lastimero.[19]
El luto en las ropas,
amigos y deudos   280
cruzaron en fila,
formando el cortejo.

Del último asilo,
oscuro y estrecho,
abrió la piqueta   285
el nicho a un extremo.[20]
Allí la acostaron,
tapiáronle luego,
y con un saludo
despidióse el duelo.[21]   290

La piqueta al hombro,
el sepulturero
cantando entre dientes
se perdió a lo lejos.
La noche se entraba,   295
reinaba el silencio;
perdido en las sombras,
medité un momento:
¡Dios mío, qué solos
se quedan los muertos!   300

En las largas noches
del helado invierno,
cuando las maderas
crujir hace el viento
y azota los vidrios   305
el fuerte aguacero,
de la pobre niña
a solas me acuerdo.

Allí cae la lluvia
con un son eterno;   310
allí la combate
el soplo del cierzo.

Del húmedo muro
tendida en el hueco,
¡acaso de frío   315
se hielan sus huesos! . . .
. . . .

¿Vuelve el polvo al polvo?
¿Vuela el alma al cielo?
¿Todo es vil materia,
podredumbre y cieno?   320
¡No sé; pero hay algo
que explicar no puedo,
que al par nos infunde
repugnancia y duelo,
al dejar tan tristes,   325
tan solos los muertos!

EL RAYO DE LUNA

Yo no sé si esto es una historia que parece cuento, o un cuento que parece historia; lo que puedo decir es que en su fondo hay una verdad, una verdad muy triste de la que acaso yo seré uno de los últimos en aprovecharme, dadas mis condiciones de imaginación.

Otro con esta idea, tal vez hubiera hecho un tomo de filosofía lacrimosa; yo he escrito esta leyenda, que a los demás que nada vean en su fondo, al menos podrá entretenerles un rato.

I

Era noble, había nacido entre el estruendo de las armas, y el insólito clamor de una trompa de guerra no le hubiera hecho levantar la cabeza un instante ni apartar sus ojos un punto[1] del oscuro pergamino en que leía la última cantiga de un trovador.

Los que quisieran encontrarle no le debían buscar en el anchuroso patio de su castillo, donde los palafreneros[2] domaban los potros, los pajes enseñaban a volar a los halcones, y los soldados se entretenían los días de reposo en afilar el hierro de su lanza contra una piedra.

—¿Dónde está Manrique, dónde está vuestro señor?—preguntaba algunas veces su madre.

—No sabemos — respondían sus servidores—:

acaso estará en el claustro del monasterio de la Peña, sentado al borde de una tumba, prestando oído a ver si sorprende alguna palabra de la conversación de los muertos; o en el puente, mirando correr unas tras otras las olas del río por debajo de sus arcos; o acurrucado en la quiebra de una roca y entretenido en contar las estrellas del cielo, en seguir una nube con la vista, o contemplar los fuegos fatuos[3] que cruzan como exhalaciones sobre el haz[4] de las lagunas. En cualquiera parte estará, menos en donde esté todo el mundo.

En efecto, Manrique amaba la soledad, y la amaba de tal modo, que algunas veces hubiera deseado no tener sombra, por que su sombra no le siguiese a todas partes.

Amaba la soledad, porque en su seno, dando rienda suelta[5] a la imaginación, forjaba[6] un mundo fantástico habitado por extrañas creaciones, hijas de sus delirios y sus ensueños de poeta; porque Manrique era poeta, tanto, que nunca le habían satisfecho las formas en que pudiera encerrar sus pensamientos, y nunca los había encerrado al escribirlos.

Creía que entre las rojas ascuas del hogar habitaban espíritus de fuego de mil colores, que corrían como insectos de oro a lo largo de los troncos encendidos o danzaban en una luminosa ronda de chispas en la cúspide de las llamas, y se pasaba las horas muertas sentado en un escabel junto a la alta chimenea gótica, inmóvil y con los ojos fijos en la lumbre.

Creía que en el fondo de las ondas del río, entre los musgos de la fuente y sobre los vapores del lago, vivían unas mujeres misteriosas, hadas, sílfides u ondinas,[7] que exhalaban lamentos y suspiros, o cantaban y se reían en el monótomo rumor del agua, rumor que oía en silencio intentando traducirlo.

En las nubes, en el aire, en el fondo de los bosques, en las grietas de las peñas, imaginaba percibir formas o escuchar sonidos misteriosos, formas de seres sobrenaturales, palabras ininteligibles que no podía comprender.

¡Amar! Había nacido para soñar el amor, no para sentirlo. Amaba a todas las mujeres un instante: a ésta porque era rubia, a aquélla porque tenía los labios rojos, a la otra porque se cimbreaba al andar como un junco.[8]

Algunas veces llegaba su delirio hasta el punto de quedarse una noche entera mirando a la luna, que flotaba en el cielo entre un vapor de plata, o a las estrellas, que temblaban a lo lejos como los cambiantes[9] de las piedras preciosas. En aquellas largas noches de poético insomnio, exclamaba:—Si es verdad, como el prior de la Peña me ha dicho, que es posible que esos puntos de luz sean mundos; si es verdad que en ese globo de nácar[10] que rueda sobre las nubes habitan gentes, ¡qué mujeres tan hermosas serán las mujeres de esas regiones luminosas, y yo no podré verlas, y yo no podré amarlas!... ¿Cómo será su hermosura?... ¿Cómo será su amor?...

Manrique no estaba aún lo bastante loco para que le siguiesen los muchachos, pero sí lo suficiente para hablar y gesticular a solas,[11] que es por donde se empieza.

II

Sobre el Duero, que pasaba lamiendo las carcomidas y oscuras piedras de las murallas de Soria,[12] hay un puente que conduce de la ciudad al antiguo convento

[19] **de la . . . lastimero** *Transpose* la lengua de hierro de la alta campana le dio, volteando, su adiós lastimero. [20] **Del último . . . extremo** *Transpose* La piqueta abrió el nicho a un extremo del último asilo, oscuro y estrecho . . . (The pickaxe opened a niche in a dark and narrow corner at the far end of the burial vault . . .) [21] **el duelo** members and friends of the family attending a funeral.

[1] **un punto** a brief instant or moment. [2] **palafranero** stable boy or groom. [3] **fuegos fatuos** will-o'-the-wisp. [4] **el haz** surface. [5] **dando rienda suelta a** to give full rein to. [6] **forjar** lit., to forge; to give shape to or invent. [7] **hadas, sílfides u ondinas** fairies, sylphs, or water nymphs. [8] **se cimbreaba al andar como un junco** she swayed like a reed when she walked. [9] **los cambiantes** iridescence; changing colors. [10] **globo de nácar** mother-of-pearl globe; poet., the moon. [11] **a solas** all alone; by oneself. [12] **Soria** Province and city on the Duero river in Old Castille, located about 113 miles NE of Madrid.

de los Templarios,[13] cuyas posesiones se extendían a lo largo de la opuesta margen del río.

En la época a que nos referimos, los caballeros de la Orden habían ya abandonado sus históricas fortalezas; pero aun quedaban en pie los restos de los anchos torreones de sus muros, aun se veían, como en parte se ven hoy, cubiertos de hiedra y campanillas blancas,[14] los macizos arcos de su claustro, las prolongadas galerías ojivales de sus patios de armas, en las que suspiraba el viento con un gemido, agitando las altas yerbas.

En los huertos y en los jardines, cuyos senderos no hollaban hacía muchos años las plantas de los religiosos, la vegetación, abandonada a sí misma, desplegaba todas sus galas, sin temor de que la mano del hombre la mutilase, creyendo embellecerla. Las plantas trepadoras subían encaramándose por los añosos troncos de los árboles; las sombrías calles de álamos, cuyas copas se tocaban y se confundían entre sí, se habían cubierto de césped; los cardos silvestres y las ortigas[15] brotaban en medio de los enarenados caminos, y en los trozos de fábrica, próximos a desplomarse, el jaramago, flotando al viento como el penacho de una cimera, y las campanillas blancas y azules, balanceándose como en un columpio sobre sus largos y flexibles tallos, pregonaban la victoria de la destrucción y la ruina.

Era de noche; una noche de verano, templada, llena de perfumes y rumores apacibles, y con una luna blanca y serena en mitad de un cielo azul, luminoso y transparente.

Manrique, presa su imaginación de un vértigo de poesía, después de atravesar el puente, desde donde contempló un momento la negra silueta de la ciudad, que se destacaba sobre el fondo de algunas nubes blanquecinas y ligeras arrolladas en el horizonte, se internó en las desiertas ruinas de los Templarios.

La media noche tocaba a su punto.[16] La luna, que se había ido remontando lentamente, estaba ya en lo más alto del cielo, cuando al entrar en una oscura alameda que conducía desde el derruido claustro a la margen del Duero, Manrique exhaló un grito leve, ahogado, mezcla extraña de sorpresa, de temor y de júbilo.

En el fondo de la sombría alameda había visto agitarse una cosa blanca, que flotó un momento y desapareció en la oscuridad. La orla del traje[17] de una mujer, de una mujer que había cruzado el sendero y se ocultaba entre el follaje, en el mismo instante en que el loco soñador de quimeras o imposibles penetraba en los jardines.

III

Llegó al punto[18] en que había visto perderse entre la espesura de las ramas a la mujer misteriosa. Había desaparecido. ¿Por dónde? Allá lejos, creyó divisar por entre los cruzados troncos de los árboles como una claridad o una forma blanca que se movía.

—Es ella, es ella, que lleva alas en los pies y huye como una sombra!—dijo, y se precipitó en su busca, separando con las manos las redes de hiedra[19] que se extendían como un tapiz de unos en otros álamos. Llegó rompiendo por entre la maleza y las plantas parásitas hasta una especie de rellano[20] que iluminaba la claridad del cielo... ¡Nadie!—¡Ah, por aquí, por aquí va!—exclamó entonces—. Oigo sus pisadas sobre las hojas secas, y el crujido de su traje que arrastra por el suelo y roza en los arbustos—; y corría, y corría como un loco de aquí para allá, y no la veía—. Pero siguen sonando sus pisadas—murmuró otra vez—; creo que ha hablado; no hay duda, ha hablado... El viento que suspira entre las ramas; las hojas, que parece que rezan en voz baja, me han impedido oír lo que ha dicho; pero no hay duda, va por ahí, ha hablado... ha hablado... ¿En qué idioma? No sé, pero es una lengua extranjera... Y tornó a correr en su seguimiento, unas veces creyendo verla, otras pensando oírla; ya notando que las ramas, por entre las cuales había desaparecido, se movían; ya imaginando distinguir en la arena la huella de sus breves pies; luego, firmemente persuadido de que un perfume especial que aspiraba a intervalos era un aroma perteneciente a aquella mujer que se burlaba de él, complaciéndose en huirle por entre aquellas intrincadas malezas. ¡Afán inútil!

Vagó algunas horas de un lado a otro fuera de sí, ya parándose para escuchar, ya deslizándose con las mayores precauciones sobre la yerba, ya en una carrera frenética y desesperada.

Avanzando, avanzando por entre los inmensos jardines que bordeaban la margen del río, llegó al fin al pie de las rocas sobre que se eleva la ermita de San

Saturio.[21]—Tal vez desde esta altura podré orientarme para seguir mis pesquisas a través de ese confuso laberinto—exclamó trepando de peña en peña con la ayuda de su daga.

Llegó a la cima, desde la que se descubre la ciudad en lontananza y una gran parte del Duero que se retuerce a sus pies, arrastrando una corriente impetuosa y oscura por entre las corvas márgenes que lo encarcelan.

Manrique, una vez en lo alto de las rocas, tendió la vista a su alrededor; pero al tenderla y fijarla al cabo en un punto, no pudo contener una blasfemia.

La luz de la luna rielaba chispeando en la estela[22] que dejaba en pos de sí una barca que se dirigía a todo remo a la orilla opuesta.

En aquella barca había creído distinguir una forma blanca y esbelta, una mujer, sin duda la mujer que había visto en los Templarios, la mujer de sus sueños, la realización de sus más locas esperanzas. Se descolgó de las peñas con la agilidad de un gamo, arrojó al suelo la gorra, cuya redonda y larga pluma podía embarazarle para correr, y desnudándose del ancho capotillo[23] de terciopelo, partió como una exhalación hacia el puente.

Pensaba atravesarlo y llegar a la ciudad antes que la barca tocase en la otra orilla. ¡Locura! Cuando Manrique llegó jadeante y cubierto de sudor a la entrada ya los que habían atravesado el Duero por la parte de San Saturio entraban en Soria por una de las puertas del muro, que en aquel tiempo llegaba hasta la margen del río, en cuyas aguas se retrataban sus pardas almenas.[24]

IV

Aunque desvanecida su esperanza de alcanzar a los que habían entrado por el postigo de San Saturio, no por eso nuestro héroe perdió la[25] de saber la casa que en la ciudad podía albergarlos. Fija en su mente esta idea, penetró en la población, y dirigiéndose hacia el barrio de San Juan, comenzó a vagar por sus calles a la ventura.[26]

Las calles de Soria eran entonces, y lo son todavía, estrechas, oscuras y tortuosas. Un silencio profundo reinaba en ellas, silencio que sólo interrumpían, ora el lejano ladrido de un perro, ora el rumor de una puerta al cerrarse, ora el relincho de un corcel que piafando hacía sonar la cadena que le sujetaba al pesebre en las subterráneas caballerizas.

Manrique, con el oído atento a estos rumores de la noche, que unas veces le parecían los pasos de alguna persona que había doblado ya la última esquina de un callejón desierto, otras,[27] voces confusas de gentes que hablaban a sus espaldas y que a cada momento esperaba ver a su lado, anduvo algunas horas corriendo al azar de un sitio a otro.

Por último, se detuvo al pie de un caserón de piedra, oscuro y antiquísimo, y al detenerse brillaron sus ojos con una indescriptible expresión de alegría. En una de las altas ventanas ojivales de aquel que pudiéramos llamar palacio, se veía un rayo de luz templada y suave, que pasando a través de unas ligeras colgaduras de seda color de rosa, se reflejaba en el negruzco y grieteado paredón de la casa de enfrente.

—No cabe duda; aquí vive mi desconocida—murmuró el joven en voz baja y sin apartar un punto sus ojos de la ventana gótica—; aquí vive. Ella entró por el postigo de San Saturio . . . por el postigo de San Saturio se viene a este barrio . . . en este barrio hay una casa, donde, pasada la media noche, aun hay

[13] **Templarios** Knights Templars, a military and religious order founded in 1119 by the Crusaders for the defense of the Latin Kingdom of Jerusalem and the protection of pilgrims, taking its name from its headquarters next to the Temple of Solomon. It was suppressed in the year 1312. [14] **campanillas blancas** little white bellflowers. [15] **cardos . . . ortigas** wild thistles and nettles. [16] **La media noche . . . punto** it was just midnight. [17] **la orla del traje** edge of a skirt. [18] **Llegó al punto** He reached the spot. [19] **redes de hiedra** tangled or matted ivy. [20] **rellano** a clearing. [21] **San Saturio** Church dedicated to the patron saint of the city of Soria, rising atop a stone cliff on the Duero river. [22] **La luz . . . estela** The moonlight glistened on the water, shimmering in the wake of a boat. [23] **capotillo** short cape or cloak. [24] **se retrataban . . . almenas** the dark outlines of the battlements were reflected. [25] **la** la esperanza de saber. [26] **vagar . . . ventura** to wander aimlessly through the streets. [27] **otras** refers to veces (otras veces).

gente en vela... ¿en vela? ¿Quién sino ella, que vuelve de sus nocturnas excursiones, puede estarlo a estas horas?... No hay más; ésta es su casa.

En esta firme persuasión, y revolviendo en su cabeza las más locas y fantásticas imaginaciones, esperó el alba frente a la ventana gótica, de la que en toda la noche no faltó la luz, ni él separó la vista un momento.

Cuando llegó el día, las macizas puertas del arco que daba entrada al caserón, y sobre cuya clave se veían esculpidos los blasones de su dueño, giraron pesadamente sobre los goznes,[28] con un chirrido prolongado y agudo. Un escudero apareció en el dintel con un manojo de llaves en la mano, restregándose los ojos, y enseñando al bostezar una caja de dientes capaces de dar envidia a un cocodrilo.

Verle Manrique y lanzarse a la puerta todo fue obra de un instante.

—¿Quién habita en esta casa? ¿Cómo se llama ella? ¿De dónde es? ¿A qué ha venido a Soria? ¿Tiene esposo? Responde, responde, animal—. Esta fue la salutación que, sacudiéndole el brazo violentamente, dirigió al pobre escudero, el cual, después de mirarle un buen espacio de tiempo con ojos espantados y estúpidos, le contestó con voz entrecortada por la sorpresa:

—En esta casa vive el muy honrado señor D. Alonso de Valdecuellos, montero[29] mayor de nuestro señor el rey, que herido en la guerra contra moros, se encuentra en esta ciudad reponiéndose de sus fatigas.

—¿Pero y su hija?—interrumpió el joven impaciente—; ¿y su hija, o su hermana, o su esposa, o lo que sea?

—No tiene ninguna mujer consigo.

—¡No tiene ninguna!... ¿Pues quién duerme allí en aquel aposento, donde toda la noche he visto arder una luz?

—¿Allí? Allí duerme mi señor D. Alonso, que como se halla enfermo, mantiene encendida su lámpara hasta que amanece.

Un rayo cayendo de improviso a sus pies, no le hubiera causado más asombro que el que le causaron estas palabras.

V

—Yo la he de encontrar, la he de encontrar; y si la encuentro, estoy casi seguro de que he de conocerla...

¿En qué?... Eso es lo que no podré decir... pero he de conocerla. El eco de su pisada o una sola palabra suya que vuelva a oír; un extremo de su traje, un solo extremo que vuelva a ver, me bastarán para conseguirlo. Noche y día estoy mirando flotar delante de mis ojos aquellos pliegues de una tela diáfana y blanquísima; noche y día me están sonando aquí dentro, dentro de la cabeza, el crujido de su traje, el confuso rumor de sus ininteligibles palabras... ¿Qué dijo?... ¿qué dijo? ¡Ah! si yo pudiera saber lo que dijo, acaso... pero aun sin saberlo la encontraré... la encontraré; me lo da el corazón, y mi corazón no me engaña nunca. Verdad es que ya he recorrido inútilmente todas las calles de Soria; que he pasado noches y noches al sereno, hecho poste de una esquina; que he gastado más de veinte doblas de oro en hacer charlar a dueñas y escuderos;[30] que he dado agua bendita en San Nicolás a una vieja, arrebujada con tal arte en su manto de anascote, que se me figuró una deidad;[31] y al salir de la Colegiata una noche de maitines, he seguido como un tonto la litera del arcediano,[32] creyendo que el extremo de sus hopalandas era el traje de mi desconocida; pero no importa... yo la he de encontrar, y la gloria de poseerla excederá seguramente al trabajo de buscarla.

¿Cómo serán sus ojos?... Deben de ser azules, azules y húmedos como el cielo de la noche; me gustan tanto los ojos de ese color; son tan expresivos, tan melancólicos, tan... Sí... no hay duda; azules deben de ser, azules son, seguramente; y sus cabellos, negros, muy negros, y largos para que floten... Me parece que los vi flotar aquella noche, al par que su traje, y eran negros... no me engaño, no; eran negros.

¡Y qué bien sientan unos ojos azules, muy rasgados y adormidos, y una caballera suelta, flotando y oscura, a una mujer alta... porque... ella es alta, alta y esbelta, como esos ángeles de las portadas de nuestras basílicas, cuyos ovalados rostros envuelven en un misterioso crepúsculo las sombras de sus doseles de granito![33]

¡Su voz!... su voz la he oído... su voz es suave como el rumor del viento en las hojas de los álamos, y su andar acompasado y majestuoso como las cadencias de una música.

Y esa mujer, que es hermosa como el más hermoso

de mis sueños de adolescente, que piensa como yo pienso, que gusta como yo gusto, que odia lo que yo odio, que es un espíritu hermano de mi espíritu, que es el complemento de mi ser, ¿no se ha de sentir conmovida al encontrarme? ¿No me ha de amar como yo la amaré, como yo la amo ya, con todas las fuerzas de mi vida, con todas las facultades de mi alma?

Vamos, vamos al sitio donde la vi la primera y única vez que la he visto . . . ¿Quién sabe si, caprichosa como yo, amiga de la soledad y el misterio, como todas las almas soñadoras, se complace en vagar por entre las ruinas, en el silencio de la noche?

Dos meses habían transcurrido desde que el escudero de D. Alonso de Valdecuellos desengañó al iluso Manrique; dos meses, durante los cuales en cada hora había formado un castillo en el aire, que la realidad desvanecía con un soplo; dos meses, durante los cuales había buscado en vano a aquella mujer desconocida, cuyo absurdo amor iba creciendo en su alma, merced a sus aun más absurdas imaginaciones, cuando después de atravesar absorto en estas ideas el puente que conduce a los Templarios, el enamorado joven se perdió entre las intrincadas sendas de sus jardines.

VI

La noche estaba serena y hermosa, la luna brillaba en toda su plenitud en lo más alto del cielo, y el viento suspiraba con un rumor dulcísimo entre las hojas de los árboles.

Manrique llegó al claustro, tendió la vista por su recinto, y miró a través de las macizas columnas de sus arcadas . . . Estaba desierto.

Salió de él, encaminó sus pasos hacia la oscura alameda que conduce al Duero, y aun no había penetrado en ella, cuando de sus labios se escapó un grito de júbilo.

Había visto flotar un instante y desaparecer el extremo del traje blanco, del traje blanco de la mujer de sus sueños, de la mujer que ya amaba como un loco.

Corre, corre en su busca, llega al sitio en que la ha visto desaparecer; pero al llegar se detiene, fija los espantados ojos en el suelo, permanece un rato inmóvil; un ligero temblor nervioso agita sus miembros, un temblor que va creciendo, que va creciendo, y ofrece

los síntomas de una verdadera convulsión, y prorrumpe al fin en una carcajada sonora, estridente, horrible.[34]

Aquella cosa blanca, ligera, flotante, había vuelto a brillar ante sus ojos; pero había brillado a sus pies un instante, no más que un instante.

Era un rayo de luna, un rayo de luna que penetraba a intervalos por entre la bóveda de los árboles cuando el viento movía sus ramas.

Habían pasado algunos años. Manrique, sentado en un sitial[35] junto a la alta chimenea gótica de su castillo, inmóvil casi y con una mirada vaga e inquieta como la de un idiota, apenas prestaba atención ni a las caricias de su madre, ni a los consuelos de sus servidores.

—Tú eres joven, tú eres hermoso—le decía aquélla—; ¿por qué te consumes en la soledad? ¿Por qué no buscas una mujer a quien ames, y que amándote pueda hacerte feliz?

—¡El amor!. . . . El amor es un rayo de luna—murmuraba el joven.

—¿Por qué no os despertáis de ese letargo?—le decía uno de sus escuderos—; os vestís de hierro de pies a cabeza, mandáis desplegar al aire vuestro pendón de ricohombre[36] y marchamos a la guerra; en la guerra se encuentra la gloria.

—¡La gloria!. . . La gloria es un rayo de luna.

—¿Queréis que os diga una cantiga, la última que ha compuesto mosén Arnaldo, el trovador provenzal?

—¡No! ¡no!—exclamó el joven incorporándose

[28] **las macizas . . . goznes** the massive doors of the archway leading to the huge house, over which the owner's coat-of-arms could be seen sculptured on the keystone, swung heavily on their hinges. [29] **montero mayor** an important personage in charge of all matters relating to the royal hunting parties. [30] **hacer charlar . . . escuderos** in trying to get information out of ladies' chaperons and squires. [31] **arrebujada . . . deidad** so artfully wrapped in her woollen mantle that she looked like a goddess to me. [32] **arcediano** archdeacon. [33] **cuyos . . . granito!** whose oval faces are wrapped in mysterious twilight shadows cast by their granite canopies! [34] **prorrumpe . . . horrible** and finally bursts into loud, shrill and hideous laughter. [35] **sitial** a bench or seat of honor reserved for someone of prestige or importance. [36] **pendón de ricohombre** a nobleman's flag or banner.

colérico en su sitial—; no quiero nada ... es decir, sí quiero ... quiero que me dejéis solo ... Cantigas ... mujeres ... glorias ... felicidad ... mentiras todo, fantasmas vanos que formamos en nuestra imaginación y vestimos a nuestro antojo, y los amamos y corremos tras ellos, ¿para qué? ¿para qué? para encontrar un rayo de luna.

Manrique estaba loco; por lo menos, todo el mundo lo creía así. A mí, por el contrario, se me figura que lo que había hecho era recuperar el juicio.

Rosalía de Castro (1837–1885)

Esta poetisa gallega forma con Bécquer un grupo aparte en el mundo poético español del siglo XIX. Nacida en Santiago de Compostela, de padre desconocido, fue recogida por una nodriza y más tarde adoptada por su propia madre cuando tenía nueve años. Desde muy niña comenzó a escribir versos. Fue a vivir a Madrid y a los veintiún años se casó con Manuel Murguía, escritor y más tarde destacado historiador de Galicia. Tuvo cinco hijos. Sin embargo, su vida no fue feliz. Enferma de cáncer se retiró a Padrón, un rincón poético de su tierra natal. Murió a los cuarenta y ocho años, después de ordenar que se quemaran varios manuscritos inéditos. Escribió varias novelas poco leídas como La hija del mar (1859) y El caballero de las botas azules (1867). Pero lo que hace a Rosalía una gran escritora no son sus novelas, sino sus poesías. De los tres libros de versos que publicó dos están escritos en gallego y uno solo en castellano. Cantares gallegos (1863) y Follas Novas (1880) le hicieron muy popular en su tierra y en Suramérica, donde la emigración gallega era muy abundante. Con la publicación de En las orillas del Sar (1884), poco antes de morir, Rosalía entra en la lírica española para dejar en ella una influencia profunda y orientada en la dirección que luego seguirían poetas de tendencias filosóficas como Antonio Machado. Estos poemas hablan de los dolores profundos del espíritu, de la soledad del alma, de la amargura de vivir sin esperanza. La poesía de Rosalía es, como la de Bécquer, personal y sentida; pero lo que en Bécquer es ensueño, ilusión y búsqueda del amor, de la mujer, de la belleza en su forma sensible, en Rosalía es experiencia dolorida, desilusión y angustia. Por eso su poesía deja un poco de amargura, de tristeza existencial,

> De polvo y fango nacidos
> fango y polvo nos tornamos ...

En medio de la desolación de la vida,

> Una luciérnaga entre el musgo brilla
> y un astro en las alturas centellea;
> abismo arriba y en el fondo, abismo:
> que es al fin lo que acaba y lo que queda.

Es una confesión de su intimidad, de su soledad. Su corazón habla del dolor, del amor y de la muerte.

En cuanto a su forma poética es evidente la sencillez, simplicidad; poesía sin brillo, sin música algunas veces. Esta poesía no canta, no ríe; habla en lo íntimo del espíritu, pues nace en él. No hay grandes metáforas ni atrevidas imágenes. Lo que existe en ella es el símbolo como núcleo de cada poema, y que sirve a Rosalía para condensar su pensamiento. Su valor poético procede de la sinceridad con que siente y expresa la tragedia del corazón y de la inteligencia en un mundo en que el amor es una ilusión y la verdad un enigma.

Los técnicos de la poesía modernista ven en esta poetisa una innovadora y precursora de las formas métricas del modernismo. Si esto es así, se debe no a un afán de originalidad por parte de Rosalía, sino porque las nuevas formas vienen reclamadas por su sensibilidad lírica.

En las orillas del Sar

Un manso río, una vereda estrecha,
un campo solitario y un pinar,
y el viejo puente rústico y sencillo
completando tan grata soledad.

¿Qué es soledad? Para llenar el mundo   5
basta a veces un solo pensamiento.
Por eso hoy, hartos de belleza, encuentras
el puente, el río y el pinar desiertos.

No son nube ni flor los que enamoran;
eres tu, corazón, triste o dichoso,   10
ya del dolor y del placer el árbitro,
quien seca el mar y hace habitable el polo.

Del rumor¹ cadencioso de la onda
  y el viento que muge;
del incierto reflejo que alumbra   15
  la selva o la nube;
del piar de alguna ave de paso;
del agreste ignorado perfume
  que el céfiro roba
  al valle o a la cumbre,   20
mundos hay donde encuentran asilo
  las almas que al peso
  del mundo sucumben.²

Alma que vas huyendo de ti misma,
¿qué buscas, insensata, en las demás?   25
Si secó³ en ti la fuente del consuelo,
secas todas las fuentes has de hallar.
  ¡Que hay en el cielo estrellas todavía,
y hay en la tierra flores perfumadas!
  ¡Sí!... Mas no son ya aquellas   30
que tú amaste y te amaron, desdichada.

Cenicientas las aguas,⁴ los desnudos
árboles y los montes cenicientos;
parda la bruma que los vela⁵ y pardas
las nubes que atraviesan por el cielo,   35
triste, en la tierra, el color gris domina,
  ¡el color de los viejos!

De cuando en cuando de la lluvia el sordo
  rumor suena, y el viento
  al pasar por el bosque   40
  silba o finge lamentos
tan extraños, tan hondos y dolientes,
que parece que llaman por los muertos.⁶

Seguido del mastín, que helado tiembla,
  el labrador, cubierto   45
con su capa de juncos,⁷ cruza el monte;
  el campo está desierto,
y tan sólo en los charcos que negrean
del ancho prado entre el verdor intenso
posa el vuelo la blanca gaviota   50
  mientras graznan los cuervos.

  Yo desde mi ventana,
que azotan los airados elementos,
regocijada y pensativa escucho
  el discorde concierto   55
  simpático a mi alma...
  ¡oh, mi amigo el invierno!

Mil y mil veces bien venido seas,
mi sombrío y adusto compañero,
¿No eres acaso el precursor dichoso   60
del tibio mayo y del abril risueño?

¡Ah!, si el invierno triste de la vida,
como tú de las flores y los céfiros,
¡también precursor fuera de la hermosa
y eterna primavera de mis sueños!...   65

Camino blanco, viejo camino,
desigual, pedregoso y estrecho,
donde el eco apacible resuena
del arroyo que pasa bullendo,

¹ **Del rumor** en el rumor.   ² **mundos...
sucumben** *Transpose* hay mundos donde las almas que
sucumben al peso del mundo encuentran asilo.   ³ **Si secó**
si se secó.   ⁴ **Cenicientas las aguas** Ashen gray (are) the
waters.   ⁵ **bruma... vela** the mist that veils them or
clings to them.   ⁶ **llaman por los muertos** llaman a los
muertos.   ⁷ **capa de juncos** rain cape made of rushes or
reeds, worn by the Galician peasantry.

Cerámica española. Andalucía,
siglo 18. Placa. The Metropolitan
Museum of Art, Rogers Fund,
1906.

y en donde detiene su vuelo inconstante,   70
    o el paso ligero,
de la fruta que brota en las zarzas
buscando el sabroso y agreste alimento,
    el gorrión adusto,[8]
    los niños hambrientos,   75
    las cabras monteses
    y el perro sin dueño . . .
    Blanca senda, camino olvidado,
¡Bullicioso y alegre otro tiempo!
del que solo y a pie de la vida   80
va andando su larga jornada, más bello
y agradable a los ojos pareces
cuanto más solitario y más yermo.
    Que al cruzar por la ruta espaciosa
donde lucen sus trenes soberbios[9]   85

los dichosos del mundo, descalzo,
    sudoroso y de polvo cubierto,
    ¡qué extrañeza y profundo desvío
infunde en las almas el pobre viajero!

    Muda la luna y como siempre pálida   90
mientras recorre la azulada esfera,
    seguida de su séquito
    de nubes y de estrellas,
rencorosa despierta en mi memoria[10]
yo no sé qué fantasmas y quimeras.   95

    Y con sus dulces misteriosos rayos
derrama en mis entrañas tanta hiel,
que pienso con placer que ella, la eterna,
    ha de pasar también.

Triste

Proza

Una sombra tristísima, indefinible y vaga   100
como lo incierto, siempre ante mis ojos va,
tras de otra vaga sombra que sin cesar la huye,
    corriendo sin cesar.
Ignoro su destino . . .; mas no sé por qué temo
    al ver su ansia mortal,   105
que ni han de parar nunca, ni encontrarse jamás.

De la vida entre el múltiple conjunto de los seres,
no, no busquéis la imagen de la eterna belleza,
ni en el contento y harto seno de los placeres,[11]
ni del dolor acerbo en la dura aspereza.   110

Ya es átomo impalpable o inmensidad que
    asombra,
aspiración celeste, revelación callada;
la comprende el espíritu y el labio no la nombra,
y en sus hondos abismos la mente se anonada.[12]   115

En los ecos del órgano o en el rumor del viento,
en el fulgor de un astro o en la gota de lluvia,
te adivinaba en todo y en todo te buscaba,
    sin encontrarte nunca.

Quizás después te ha hallado, te ha hallado y te   120
    ha perdido
otra vez, de la vida en la batalla ruda,
ya que sigue buscándote y te adivina en todo,
    sin encontrarte nunca.

Pero sabe que existes y no eres vano sueño,   125
hermosura sin nombre, pero perfecta y única;
por eso vive triste, porque te busca siempre,
    sin encontrarte nunca.

Yo no sé lo que busco eternamente
en la tierra, en el aire y en el cielo;   130
yo no sé lo que busco, pero es algo
que perdí no sé cuando y que no encuentro,
aun cuando sueñe que invisible habita
en todo cuanto toco y cuanto veo.

Felicidad, no he de volver a hallarte   135
en la tierra, en el aire ni en el cielo,
    ¡aun cuando sé que existes
    y no eres vano sueño!

Dicen que no hablan las plantas, ni las fuentes, ni
los pájaros, ni el onda[13] con sus rumores, ni con su

brillo los astros; lo dicen, pero no es cierto, pues
siempre cuando yo paso de mí murmuran y ex-
claman:
    —Ahí va la loca, soñando con la eterna prima-
vera de la vida y de los campos, y ya bien pronto,
bien pronto, tendrá los cabellos canos, y ve temblando,
aterida, que cubre la escarcha el prado.
    —Hay canas en mi cabeza; hay en los prados es-
carcha; mas yo prosigo soñando, pobre, incurable
sonámbula, con la eterna primavera de la vida que se
apaga y la perenne frescura de los campos y las almas,
aunque los unos se agostan y aunque las otras se
abrasan.
    Astros y fuentes y flores, no murmuréis de mis
sueños; sin ellos, ¿cómo admiraros, ni cómo vivir sin
ellos?

Ansia que ardiente crece,
    vertiginoso vuelo
tras de algo que nos llama   140
    con un murmurar incierto.
Sorpresas celestiales,
    dichos que nos asombran;
así cuando buscamos lo escondido,   145
así comienzan del amor las horas.

Inaplicable angustia,[14]
    hondo dolor del alma,
    recuerdo que no muere,
deseo que no acaba,   150
    vigilia de la noche,
    torpe sueño del día
es lo que queda del placer gustado,
es el fruto podrido de la vida.

[8] y en donde . . . adusto   *Transpose* y en donde el
gorrión adusto detiene su vuelo inconstante o el paso ligero,
buscando el sabroso y agreste alimento de la fruta que brota en
las zarzas.   [9] trenes soberbios   showy or ostentatious
retinues.   [10] rencorosa memoria   *Transpose* despierta en
mi memoria rencorosa.   [11] harto . . . placeres   sensual
delights; lit., the flowing, or ample bosom of delight.   [12] la
mente se anonada   the mind becomes as naught.   [13] el
onda   la onda.   [14] Inaplicable angustia   appears in the
second edition as «inacabable angustia.»

[Handwritten annotations: "refugio en la naturaleza en los sueños", "Ella piense en la inmortalidad pero ella va morir como la naturaleza (invierno)", "murmur (critiques)", "¿no puede vivir sin sueños?", "problema: no puede encontrar felicidad", "sabe que existe pero personalmente no lo tiene y jamás", "el cambio de persona", "apóstrofe (te)", "no es verdad porque hablan a ella, le dicen que ella es loca"]

Juan Valera (1824–1905)

Natural de Ronda, Andalucía, don Juan Valera fue un aristócrata auténtico, por la sangre, el talento y la cultura. Ocupó varios puestos de la carrera diplomática en Portugal, Brasil, Estados Unidos, Bélgica, Alemania y Rusia. Fue diputado, académico, senador. Escribió poesía, crítica literaria, ensayos sobre temas filosóficos y culturales, novelas y cuentos. Es además autor de un valioso y fascinante epistolario. Hombre de letras por excelencia, buen conocedor de las literaturas clásicas, refinado, tolerante e irónico, se mantuvo independiente de los movimientos ideológicos y artísticos de su época. En la crítica literaria su benevolencia y generosidad fueron a veces excesivas. En la política estuvo casi siempre con el gobierno, con lo seguro. En religión su actitud fue ambigua, mezcla de paganismo disfrazado y cristianismo.

Valera escribió la prosa española más pulida de su siglo. El mismo afirma: «Mi estilo es natural, no rebuscado, moderno y no arcaico, sencillo y no enrevesado». Y Rubén Darío opina que «su lengua transparente deja ver a cada paso la arena de oro del castizo fondo, y en su manera, de una elegancia arcaica, de una gracia antigua, se observa siempre el gesto ducal, el aire nobiliario». Valera nunca se muestra apasionado, nunca pierde su compostura diplomática. Mantiene con vigor el principio idealista de que toda obra literaria, incluso la novela, es una forma de poesía, es decir, una creación de belleza. No se trata pues de pintar, de copiar la realidad, sino de transformarla, de idealizarla. Por eso fue enemigo declarado del naturalismo francés de Zola y del español de Pardo Bazán y «Clarín». La ficción no debe pretender enseñar nada, ni probar nada; su fin es divertir, deleitar. Así sus novelas son una visión poética y amena de la vida en Andalucía. Entre las más conocidas están *Pepita Jiménez* (1874), *Las ilusiones del doctor Faustino* (1875), *El comendador Mendoza* (1877), *Doña Luz* (1879), *Juanita la Larga* (1895), *Genio y figura* (1897). La mejor y la más famosa es *Pepita Jiménez*. En ella Valera se vale de su conocimiento de los místicos del Siglo de Oro para hacer un estudio psicológico de una ilusoria vocación religiosa. Una vez más desorientó a la crítica.

Unos juzgaron que el autor atacaba la vocación sacerdotal; otros, que la favorecía. También se le criticó que el lenguaje de sus campesinos y gentes humildes es demasiado culto. Y finalmente se le censuró que su pintura de las condiciones sociales no revela la verdad de la vida rural andaluza.

Al morir en 1905, a los ochenta y un años, ciego pero atildado y sereno, se cerraba la última puerta del siglo XIX español.

PEPITA JIMÉNEZ

Don Luis de Vargas, seminarista que espera ordenarse de sacerdote, va a despedirse de Pepita Jiménez, viuda, joven y bella, de quien, sin quererlo reconocer, está enamorado. Luis cree que su padre quiere casarse con Pepita y que él está faltando a su padre y a Dios al sentirse atraído hacia la viudita.

—Al fin se dignó Vd.[1] venir a despedirse de mí antes de su partida —dijo Pepita—. Yo había perdido ya la esperanza.

El papel que hacía D. Luis era de mucho empeño,[2] y, por otra parte, los hombres no ya novicios, sino hasta experimentados y curtidos[3] en estos diálogos, suelen incurrir en tonterías al empezar. No se condene pues a D. Luis porque empezase contestando tonterías.

—Su queja de V. es injusta —dijo—. He estado aquí a despedirme de V. con mi padre, y como no tuvimos el gusto de que V. nos recibiese, dejamos tarjetas. Nos dijeron que estaba V. algo delicada de salud, y todos los días hemos enviado recado para saber de V. Grande ha sido nuestra satisfacción al saber que estaba V. aliviada. ¿Y ahora, se encuentra V. mejor?

—Casi estoy por decir a V. que no me encuentro mejor —replicó Pepita—; pero como veo que viene V. de embajador de su padre, y no quiero afligir a un amigo tan excelente, justo será que diga a V., y que V. repita a su padre, que siento bastante alivio. Singular es que haya venido V. solo. Mucho tendrá que hacer D. Pedro cuando no le ha acompañado.

—Mi padre no me ha acompañado, señora, porque no sabe que he venido a ver a V. Yo he venido solo, porque mi despedida ha de ser solemne, grave, para siempre quizás, y la suya es de índole harto diversa.[4] Mi padre volverá por aquí dentro de unas semanas; yo es posible que no vuelva nunca, y si vuelvo, volveré muy otro del que soy ahora.

Pepita no pudo contenerse. El porvenir de felicidad con que había soñado se desvanecía como una sombra. Su resolución inquebrantable de vencer a toda costa a aquel hombre, único que[5] había amado en la vida, único que se sentía capaz de amar, era una resolución inútil. Don Luis se iba. La juventud, la gracia, la belleza, el amor de Pepita no valían para nada. Estaba condenada, con veinte años de edad y tanta hermosura, a la viudez perpetua, a la soledad, a amar a quien no la amaba. Todo otro amor era imposible para ella. El carácter de Pepita, en quien los obstáculos recrudecían[6] y avivaban más los anhelos, en quien una determinación, una vez tomada, lo arrollaba todo hasta verse cumplida, se mostró entonces con notable violencia y rompiendo todo freno. Era menester morir o vencer en la demanda. Los respetos sociales, la inveterada costumbre de disimular y de velar los sentimientos, que se adquiere en el gran mundo, y que pone dique[7] a los arrebatos de la pasión y envuelve en gasas y cendales y disuelve en perífrasis y frases ambiguas la más enérgica explosión de los mal reprimidos afectos, nada podían con Pepita, que tenía poco trato de gentes y no conocía término medio; que no había sabido sino obedecer a ciegas a su madre y a su primer marido, y mandar después despóticamente a todos los demás seres humanos. Así es que Pepita habló en aquella ocasión y se mostró tal como era. Su alma, con cuanto había en ella de apasionado, tomó forma sensible en sus palabras, y sus palabras no sirvieron para envolver su pensar y su sentir, sino para darle cuerpo.[8] No habló como hubiera hablado una dama de nuestros salones, con ciertas plegarías y atenuaciones en la expresión, sino con la desnudez idílica con que Cloe hablaba a Dafnis[9] y con la humildad y el abandono completo con que se ofreció a Boaz la nuera de Noemí.[10]

Pepita dijo:

—¿Persiste V., pues, en su propósito? ¿Está usted seguro de su vocación? ¿No teme V. ser un mal clérigo? Señor D. Luis, voy a hacer un esfuerzo; voy a olvidar por un instante que soy una ruda muchacha; voy a prescindir de todo sentimiento, y voy a discurrir con frialdad, como si se tratase del asunto que me fuese más extraño. Aquí hay hechos que se pueden comentar de dos modos. Con ambos comentarios queda V. mal. Expondré mi pensamiento. Si la mujer que con sus coqueterías, no por cierto muy desenvueltas,[11] casi sin hablar a V. palabras, a los pocos días de verle y tratarle, ha conseguido provocar a V., moverle a que la mire con miradas que auguraban amor profano, y hasta ha logrado que le dé V. una muestra de cariño, que es una falta, un pecado en cualquiera, y más en un sacerdote; si esta mujer es, como lo es en realidad, una lugareña ordinaria, sin instrucción, sin talento y sin elegancia, ¿qué no se debe temer de V. cuando trate y vea y visite en las grandes ciudades a otras mujeres mil veces más peligrosas? Usted se volverá loco cuando vea y trate a las grandes damas que habitan palacios, que huellan mullidas alfombras,[12] que deslumbran con diamantes y perlas,

[1] **dignarse** to deign; to condescend.   [2] **El papel . . . empeño** The role that D. Luis was playing was of great importance; in other words, this was a crucial moment in the life of D. Luis, for a lot depended on the firmness with which he handled himself in taking leave of Pepita.   [3] **curtir** lit., to tan hides; fig., to be inured to hardship, accustomed, or expert.   [4] **índole . . . diversa** of a very different kind.   [5] **único que** el único a quien.   [6] **recrudecer** to recur, increase, break out afresh.   [7] **pone dique** lit., to put up a dike or dam; i.e., to control or repress.   [8] **darle cuerpo** to give form, shape or body to something.   [9] **Daphnis and Chloë** The lovers in a Greek pastoral poem generally ascribed to the sophist Longus (4th or 5th cent. A.D.); Valera's own translation of this poem appeared in 1880.   [10] **la nuera de Noemí** refers to Ruth, the Moabite heroine of the Old Testament (Book of Ruth 1:16). After the death of her husband, she loyally refused to desert her Hebrew mother-in-law, Noemi, and remained faithful to her even after her marriage to the wealthy Boaz.   [11] **coqueterías . . . desenvueltas** by no means forward (or brazen) in her coquetry (or flirtatiousness).   [12] **que huellan . . . alfombras** who tread on soft carpets.

que visten sedas y encajes y no percal y muselina, que desnudan la cándida y bien formada garganta, y no la cubren con un plebeyo y modesto pañolito; que son más diestras en mirar y herir; que por el mismo boato, séquito y pompa[13] de que se rodean son más deseables por ser en apariencia inasequibles; que disertan de política, de filosofía, de religión y de literatura; que cantan como canarios, y que están como envueltas en nubes de aromas, adoraciones y rendimientos,[14] sobre un pedestal de triunfos y victorias, endiosadas por el prestigio de un nombre ilustre, encumbradas en áureos salones o retiradas en voluptuosos gabinetes, donde entran sólo los felices de la tierra; tituladas, acaso, y llamándose únicamente para los íntimos, Pepita, Anto-ñita o Angelita, y para los demás la excelentísima señora Duquesa o la excelentísima señora Marquesa. Si usted ha cedido[15] a una zafia aldeana, hallándose en vísperas de la ordenación,[16] con todo el entusiasmo que debe suponerse, y, si ha cedido impulsado por capricho fugaz, ¿no tengo razón en prever que va V. a ser un clérigo detestable, impuro, mundanal y funesto, y que cederá a cada paso? En esta suposición, créame V. señor D. Luis, y no se me ofenda: ni siquiera vale V. para marido de una mujer honrada. Si V. ha estrechado las manos con el ahinco y la ternura del más frenético amante; si usted ha mirado con miradas que prometían un cielo, una eternidad de amor, y si V. ha . . . besado a una mujer que nada le inspiraba sino algo que para mí no tiene nombre, vaya V. con Dios, y no se case V. con esa mujer. Si ella es buena, no le querrá a V. para marido, ni siquiera para amante; pero, por amor de Dios, no sea V. clérigo tampoco. La Iglesia ha menester de otros hombres más serios y más capaces de virtud para ministros del Altísimo. Por el contrario, si V. ha sentido una gran pasión por esa mujer de que hablamos, aunque ella sea poco digna, ¿por qué abandonarla y engañarla con tanta crueldad? Por indigna que sea, si es que ha inspirado esa gran pasión, ¿no cree V. que la compartirá y que será víctima de ella? Pues qué, cuando el amor es grande, elevado y violento, ¿deja nunca de imponerse? ¿No tiraniza y subyuga al objeto amado de un modo irresistible? Por los grados y quilates[17] de su amor debe V. medir el de su amada. ¿Y cómo no temer por ella si V. la abandona? ¿Tiene

ella la energía varonil, la constancia que infunde la sabiduría que los libros encierran, el aliciente de la gloria,[18] la multitud de grandiosos proyectos, y todo aquello que hay en su cultivado y sublime espíritu de V. para distraerle y apartarle, sin desgarradora violencia, de todo otro terrenal afecto? ¿No comprende V. que ella morirá de dolor, y que V., destinado a hacer incruentos sacrificios,[19] empezará por sacrificar despia-dadamente a quien más le ama?

—Señora —contestó D. Luis, haciendo un esfuerzo para disimular su emoción y para que no se conociese lo turbado que estaba en lo trémulo y balbuciente de la voz—: Señora, yo también tengo que dominarme mucho para contestar a V. con la frialdad de quien opone argumentos a argumentos como en una contro-versia; pero la acusación de usted viene tan razonada (y V. perdone que se lo diga), es tan hábilmente sofística, que me fuerza a desvanecerla[20] con razones. No pensaba yo tener que disertar aquí y que aguzar mi corto ingenio; pero usted me condena a ello, si no quiero pasar por un monstruo. Voy a contestar a los extremos del cruel dilema que ha forjado V. en mi daño. Aunque me he criado al lado de mi tío y en el Seminario, donde no he visto mujeres, no me crea V. tan ignorante ni tan pobre de imaginación que no acertase a representármelas en la mente[21] todo lo bellas, todo lo seductoras que pueden ser. Mi imaginación, por el contrario, sobrepujaba a la realidad en todo eso. Excitada por la lectura de los cantores bíblicos y de los poetas profanos, se fingía[22] mujeres más elegantes, más graciosas, más discretas que las que por lo común se hallan en el mundo real. Yo conocía, pues, el precio del sacrificio que hacía, y hasta le exageraba, cuando renuncié al amor de esas mujeres, pensando elevarme a la dignidad del sacerdocio. Harto conocía yo lo que puede y debe añadir de encanto a una mujer hermosa el vestirla de ricas telas y joyas esplendentes, y el circundarla de todos los primores de la más refinada cultura, y de todas las riquezas que crean la mano y el ingenio infatigables del hombre. Harto conocía yo también lo que acrecientan el natural despejo,[23] lo que pulen, realzan y abrillantan la inteligencia de una mujer el trato de los hombres más notables por la ciencia, la lectura de buenos libros, el aspecto mismo de las florecientes ciudades con los monumentos y grandezas que contienen. Todo esto me lo figuraba yo con tal viveza y lo leía con tal hermosura, que, no lo dude V., si yo llego a ver y a tratar a esas mujeres de que V. me habla, lejos de caer en la adoración y en la locura que V. predice, tal vez sea un desengaño lo que reciba, al ver cuánta distancia media de lo soñado a lo real y de lo vivo a lo pintado.

—¡Estos de V. sí que son sofismas! —interrumpió Pepita—. ¿Cómo negar a V. que lo que V. se pinta en la imaginación es más hermoso que lo que existe realmente? Pero ¿cómo negar tampoco que lo real tiene más eficacia seductora que lo imaginado y soñado? Lo vago y aéreo de un fantasma, por bello que sea, no compite con lo que mueve materialmente los sentidos. Contra los ensueños mundanos comprendo que venciesen en su alma de V. las imágenes devotas; pero temo que las imágenes devotas no habían de vencer a las mundanas realidades.

—Pues no lo tema V., señora —replicó D. Luis—. Mi fantasía es más eficaz en lo que crea que todo el universo, menos V., en lo que por los sentidos me transmite.

—¿Y por qué *menos yo*? Esto me hace caer en otro recelo. ¿Será quizá la idea que V. tiene de mí, la idea que ama, creación de esa fantasía tan eficaz, ilusión en nada conforme conmigo?

—No, no lo es; tengo fe de que esta idea es en todo conforme con V.; pero tal vez es ingénita en mi alma; tal vez está en ella desde que fue creada por Dios; tal vez es parte de su esencia; tal vez es lo más puro y rico de su ser, como el perfume en las flores.

—¡Bien me lo temía yo! Usted me lo confiesa ahora. Usted no me ama. Eso que ama V. es la esencia, el aroma, lo más puro de su alma, que ha tomado una forma parecida a la mía.

—No, Pepita: no se divierta V. en atormentarme. Esto que yo amo es V., y V. tal cual es; pero es tan bello, tan limpio, tan delicado esto que yo amo, que no me explico que pase todo por los sentidos de un modo grosero y llegue así hasta mi mente. Supongo, pues, y creo, y tengo por cierto, que estaba antes en mí. Es como la idea de Dios, que estaba en mí, que ha venido a magnificarse y desenvolverse en mí, y que, sin embargo, tiene su objeto real, superior, infinitamente superior, a la idea. Como creo que

Dios existe, creo que existe V. y que vale V. mil veces más que la idea que de usted tengo formada.

—Aun me queda una duda. ¿No pudiera ser la mujer en general, y no yo singular y exclusivamente, quien ha despertado esa idea?

—No, Pepita: la magia, el hechizo de una mujer, bella de alma y de gentil presencia, habían, antes de ver a V., penetrado en mi fantasía. No hay duquesa ni marquesa en Madrid, ni emperatriz en el mundo, ni reina ni princesa en todo el orbe, que valgan lo que valen las ideales y fantásticas criaturas con quienes yo he vivido, porque se aparecían en los alcázares y camarines, estupendos de lujo, buen gusto y exquisito ornato, que yo edificaba en mis espacios imaginarios, desde que llegué a la adolescencia, y que daba luego por morada a mis Lauras, Beatrices, Julietas, Margaritas y Eleonoras, o a mis Cintias, Glíceras y Lesbias.[24] Yo las coronaba en mi mente con diademas y mitras orientales, y las envolvía en mantos de púrpura y de oro, y las rodeaba de pompa regia, como a Ester y a Vasti,[25] yo les prestaba la sencillez bucólica de la edad patriarcal, como a Rebeca y a la

[13] **boato, séquito y pompa** ostentation, retinue, and pomp. [14] **rendimientos** obsequiousness, submission or adulation. [15] **Si usted ha cedido** Pepita is referring here to the action of several days before in which D. Luis, in a moment of weakness, had kissed her. [16] **en vísperas de la ordenación** on the eve of your being ordained. [17] **Por los grados y quilates** By the extent or depth and quality (of your love). [18] **aliciente de la gloria** the incentive for achieving glory. [19] **incruentos sacrificios** bloodless sacrifices. [20] **desvanecerla** to destroy it; to show the weakness of it (Pepita's accusation). [21] **que no acertase . . . mente** that I could not picture or visualize them. [22] **se fingía** conjured up; fancied. [23] **natural despejo** natural charm; innate grace. [24] **Lauras . . . Lesbias** Names of beautiful women celebrated in legend and literature, each of whom was the object of a great love. [25] **Vasti** Vashti; in the Old Testament, the proud queen of King Ahasuerus before he married Esther (Book of Esther 1:10–19).

184   El Siglo XIX

Sulamita,[26] yo les daba la dulce humildad y la devoción de Ruth: yo las oía discurrir como Aspasia o Hipatia,[27] maestras de elocuencia: yo las encumbraba en estrados riquísimos, y ponía en ellas reflejos gloriosos de clara sangre y de ilustre prosapia,[28] como si fuesen las matronas patricias más orgullosas y nobles de la antigua Roma: yo las veía ligeras, coquetas, alegres, llenas de aristocrática desenvoltura, como las damas del tiempo de Luis XIV en Versalles, y yo las adornaba, ya con púdicas estolas,[29] que infundían veneración y respeto, ya con túnicas y peplos sutiles,[30] por entre cuyos pliegues airosos se dibujaba toda la perfección plástica de las gallardas formas; ya con la coa[31] transparente de las bellas cortesanas de Atenas y Corinto,[32] para que reluciese, bajo la nebulosa velatura,[33] lo blanco y sonrosado del bien torneado cuerpo. Pero ¿qué valen los deleites del sentido, ni qué valen las glorias todas y las magnificencias del mundo, cuando un alma arde y se consume en el amor divino, como yo entendía, tal vez con sobrada soberbia, que la mía estaba ardiendo y consumiéndose? Ingentes peñascos, montañas enteras, si sirven de obstáculo a que se dilate el fuego que de repente arde en el seno de la tierra, vuelan deshechos por el aire, dando lugar y abriendo paso a la amontonada pólvora de la mina o a las inflamadas materias del volcán en erupción atronadora. Así, o con mayor fuerza, lanzaba de sí mi espíritu todo el peso del universo y de la hermosura creada, que se le ponía encima y le aprisionaba, impidiéndole volar a Dios, como a su centro. No, no he dejado yo por ignorancia ningún regalo, ninguna dulzura, ninguna gloria; todo lo conocía y lo estimaba en más de lo que vale cuando lo desprecié por otro regalo, por otra gloria, por otras dulzuras mayores. El amor profano de la mujer, no sólo ha venido a mi fantasía con cuantos halagos tiene en sí, sino con aquellos hechizos soberanos y casi irresistibles de la más peligrosa de las tentaciones: de la que llaman los moralistas tentación virgínea, cuando la mente, aun no desengañada por la experiencia y el pecado, se finge en el abrazo amoroso un subidísimo deleite, inmensamente superior, sin duda, a toda realidad y a toda verdad. Desde que vivo, desde que soy hombre, y ya hace años, pues no es tan grande mi mocedad, he despreciado todas esas sombras y reflejos de deleites y de hermosuras, enamorado de una hermosura arquetipo y ansioso de un deleite supremo. He procurado morir en mí para vivir en el objeto amado; desnudar, no ya sólo los sentidos, sino hasta las potencias de mi alma, de afectos del mundo y de figuras y de imágenes, para poder decir con razón que no soy yo el que vivo, sino que Cristo vive en mí. Tal vez, de seguro, he pecado de arrogante y de confiado, y Dios ha querido castigarme. Usted entonces se ha interpuesto en mi camino y me ha sacado de él y me ha extraviado. Ahora me zahiere, me burla, me acusa de liviano y de fácil; y al zaherirme y burlarme se ofende a sí propia, suponiendo que mi falta me la hubiera hecho cometer otra mujer cualquiera. No quiero, cuando debo ser humilde, pecar de orgulloso defendiéndome. Si Dios, en castigo de mi soberbia, me ha dejado de su gracia,[34] harto posible es que el más ruin motivo me haya hecho vacilar y caer. Con todo, diré a V. que mi mente, quizás alucinada, lo entiende de muy diversa manera. Será efecto de mi no domada soberbia; pero repito que lo entiendo de otra manera. No acierto a persuadirme de que haya ruindad ni bajeza en el motivo de mi caída. Sobre todos los ensueños de mi juvenil imaginación ha venido a sobreponerse y entronizarse la realidad que en V. he visto; sobre todas mis ninfas, reinas y diosas, V. ha descollado; por cima de mis ideales creaciones, derribadas, rotas, deshechas por el amor divino, se levantó en mi alma la imagen fiel, la copia exactísima de la viva hermosura que adorna, que es la esencia de ese cuerpo y de esa alma. Hasta algo de misterioso, de sobrenatural, puede haber intervenido en esto, porque amé a V. desde que la vi, casi antes de que la viera. Mucho antes de tener conciencia de que la amaba a V., ya la amaba. Se diría que hubo en esto algo de fatídico; que estaba escrito; que era una predestinación.

—Y si es una predestinación, si estaba escrito —interrumpió Pepita—, ¿por qué no someterse, por qué resistirse todavía? Sacrifique usted sus propósitos a nuestro amor. ¿Acaso no he sacrificado yo mucho? Ahora mismo, al rogar, al esforzarme por vencer los desdenes de V., ¿no sacrifico mi orgullo, mi decoro, mi recato? Yo también creo que amaba a V. antes de verle. Ahora amo a usted con todo mi corazón, y sin V. no hay felicidad para mí. Cierto es que en mi humilde inteligencia no puede V. hallar rivales tan poderosos como yo tengo en la de V. No con la mente, ni con la voluntad, ni con el afecto atino a elevarme a Dios inmediatamente. Ni por naturaleza, ni por gracia subo ni me atrevo a querer subir a tan encumbradas esferas. Llena está mi alma, sin embargo, de piedad religiosa, y conozco y amo y adoro a Dios; pero sólo veo su omnipotencia y admiro su bondad en las obras que han salido de sus manos. Ni con la imaginación acierto tampoco a forjarme esos ensueños que V. me refiere. Con alguien, no obstante, más bello, entendido,[35] poético y amoroso que los hombres que me han pretendido hasta ahora; con un amante más distinguido y cabal que todos mis adoradores de este lugar y de los lugares vecinos, soñaba yo para que me amara y para que yo le amase y le rindiese mi albedrío.[36] Ese alguien era V. Lo presentí cuando me dijeron que usted había llegado al lugar; lo reconocí cuando vi a V. por vez primera. Pero como mi imaginación es tan estéril, el retrato que yo de V. me había trazado no valía, ni con mucho, lo que V. vale. Yo también he leído algunas historias y poesías, pero de todos los elementos que de ellas guardaba mi memoria, no logré nunca componer una pintura que no fuese muy inferior en mérito a lo que veo en usted y comprendo en usted desde que le conozco. Así es que estoy rendida y vencida y aniquilada desde el primer día. Si amor es lo que V. dice, si es morir en sí para vivir en el amado, verdadero y legítimo amor es el mío, porque he muerto en mí y sólo vivo en V. y para V. He deseado desechar de mí este amor, creyéndole mal pagado,[37] y no me ha sido posible. He pedido a Dios con mucho fervor que me quite el amor o me mate, y Dios no ha querido oírme. He rezado a María Santísima para que borre del alma la imagen de V., y el rezo ha sido inútil. He hecho promesa al santo de mi nombre[38] para no pensar en V. sino como él pensaba en su bendita Esposa, y el santo no me ha socorrido. Viendo esto, he tenido la audacia de pedir al cielo que V. se deje vencer, que V. deje de ser clérigo, que nazca en su corazón de usted un amor tan profundo como el que hay en mi corazón. Don Luis, dígamelo V. con franqueza, ¿ha sido también sordo el cielo a esta

última súplica? ¿O es acaso que para avasallar y rendir un alma pequeña, cuitada y débil como la mía, basta un pequeño amor, y para avasallar la de V., cuando tan altos y fuertes pensamientos la velan y custodian, se necesita de amor más poderoso, que yo no soy digna de inspirar, ni capaz de compartir, ni hábil para comprender siquiera?

—Pepita —contestó D. Luis—, no es que su alma de V. sea más pequeña que la mía, sino que está libre de compromisos, y la mía no lo está. El amor que V. me ha inspirado es inmenso; pero luchan contra él mi obligación, mis votos, los propósitos de toda mi vida, próximos a realizarse. ¿Por qué no he de decirlo, sin temor de ofender a V.? Si V. logra en mí su amor, V. no se humilla. Si yo cedo a su amor de V., me humillo y me rebajo. Dejo al Creador por la criatura, destruyo la obra de mi constante voluntad, rompo la imagen de Cristo, que estaba en mi pecho, y el hombre nuevo, que a tanta costa había yo formado en mí, desaparece para que el hombre

[26] **Rebeca . . . Sulamita** *Rebecca*; in the Old Testament, the wife of Isaac and mother of Esau and Jacob (Gen. 24); *Shulamite*; chief female character in the Song of Solomon (Cant. 6:13). [27] **Aspasia o Hipatia** *Aspasia* (470?–410 B.C.), Athenian courtesan and mistress of Pericles, renowned for her beauty and intelligence; *Hypatia* (d. 415 A.D.), said to have been graceful, modest, and beautiful, she presided over the Neoplatonic school of Plotinus at Alexandria. [28] **clara . . . prosapia** untainted (blue) blood and illustrious ancestry (distinguished or noble lineage). [29] **púdicas estolas** modest stoles (in ancient Rome, a long outer garment worn by matrons). [30] **peplos sutiles** light or revealing peplums (or pepla): in Ancient Greece, a woman's shawl or large scarf worn draped around the upper part of the body. [31] **coa** A Greek woman's dress. [32] **Corinto** Corinth; dating back to Homeric times, it was one of the largest, wealthiest, and most powerful cities of Ancient Greece. [33] **nebulosa velatura** filmy, suggestive covering. [34] **me ha . . . gracia** has excluded me from His grace. [35] **entendido** learned, wise or knowledgeable. [36] **le rindiese mi albedrío** to whom I might surrender my will. [37] **mal pagado** not reciprocated. [38] **al santo de mi nombre** St. Joseph; Pepita is the feminine nickname for Josefa.

Cristal español. Cataluña, siglos 17–18. Vinagrera: cristal verdoso con hilos blancos opacos. The Metropolitan Museum of Art. Regalo de Henry J. Marquand, 1883.

antiguo renazca.[39] ¿Por qué, en vez de bajar yo hasta el suelo, hasta el siglo, hasta la impureza del mundo, que antes he menospreciado, no se eleva V. hasta mí por virtud de ese mismo amor que me tiene, limpiándole de toda escoria? ¿Por qué no nos amamos entonces sin vergüenza y sin pecado y sin mancha? Dios, con el fuego purísimo y refulgente de su amor, penetra las almas santas y las llena por tal arte, que así como un metal que sale de la fragua, sin dejar de ser metal reluce y deslumbra, y es todo fuego, así las almas se hinchen de Dios, y en todo son Dios, penetradas por dondequiera de Dios, en gracia del amor divino. Estas almas se aman y se gozan entonces, como si amaran y gozaran a Dios, amándole y gozándole, porque Dios son ellas. Subamos, juntos en espíritu, esta mística y difícil escala;[40] asciendan a la par nuestras almas a esta bienaventuranza, que aun en la vida mortal es posible; mas para ello es fuerza que nuestros cuerpos se separen: que yo vaya adonde me llama mi deber, mi promesa y la voz del Altísimo, que dispone de su siervo y le destina al culto de sus altares.

—¡Ay, señor D. Luis! —replicó Pepita toda desolada y compungida—. Ahora conozco cuán vil es el metal de que estoy forjada y cuán indigno de que le penetre y mude el fuego divino. Lo declararé todo, desechando hasta la vergüenza. Soy una pecadora infernal. Mi espíritu grosero e inculto no alcanza esas sutilezas, esas distinciones, esos refinamientos de amor. Mi voluntad rebelde se niega a lo que V. propone. Yo ni siquiera concibo a V. sin V. Para mí es V. su boca, sus ojos, sus negros cabellos, que deseo acariciar con mis manos; su dulce voz y el regalado acento de sus palabras, que hieren y encantan materialmente mis oídos; toda su forma corporal, en suma, que me enamora y seduce, y al través de la cual, y sólo al través de la cual se me muestra el espíritu invisible, vago y lleno de misterios. Mi alma, reacia e incapaz de esos raptos maravillosos, no acertará a seguir a V. nunca a las regiones donde quiere llevarla. Si V. se eleva hasta ellas, yo me quedaré sola, abandonada, sumida en la mayor aflicción. Prefiero morirme. Merezco la muerte; la deseo. Tal vez al morir, desatando o rompiendo mi alma estas infames cadenas que la detienen, se haga hábil para ese amor con que V. desea que nos amemos. Máteme V. antes para que nos amemos así; máteme V. antes, y, ya libre mi espíritu, le seguirá por todas las regiones y peregrinará invisible al lado de V., velando su sueño, contemplándole con arrobo, penetrando sus pensamientos más ocultos, viendo en realidad su alma, sin el intermedio de los sentidos. Pero viva, no puede ser. Yo amo a V., no ya sólo el alma, sino el cuerpo, y la sombra del cuerpo, y el reflejo del cuerpo en los espejos y en el agua, y el nombre y el apellido, y la sangre, y todo aquello que le determina como tal D. Luis de Vargas; el metal de la voz, el gusto, el modo de andar y no sé qué más diga. Repito que es menester matarme. Máteme V. sin compasión. No; yo no soy cristiana, sino idólatra materialista.

Aquí hizo Pepita una larga pausa. Don Luis no sabía qué decir y callaba. El llanto bañaba las mejillas de Pepita, la cual prosiguió sollozando:

—Lo conozco: V. me desprecia y hace bien en despreciarme. Con ese justo desprecio me matará usted mejor que con un puñal, sin que se manche de sangre ni su mano ni su conciencia. Adiós. Voy a libertar a V. de mi presencia odiosa. Adiós para siempre.

Dicho esto, Pepita se levantó de su asiento, y sin volver la cara inundada de lágrimas, fuera de sí, con precipitados pasos se lanzó hacia la puerta que daba a las habitaciones interiores. Don Luis sintió una invencible ternura, una piedad funesta. Tuvo miedo de que Pepita muriese. La siguió para retenerla, pero no llegó a tiempo. Pepita pasó la puerta. Su figura se perdió en la obscuridad. Arrastrado don Luis como por un poder sobrehumano, impulsado por una mano invisible, penetró en pos de Pepita en la estancia sombría.

El despacho quedó solo.

El baile de los criados debía de haber concluido, pues no se oía el más leve rumor. Sólo sonaba el agua de la fuente del jardincillo.

Ni un leve soplo de viento interrumpía el sosiego de la noche y la serenidad del ambiente. Penetraban por la ventana el perfume de las flores y el resplandor de la luna.

Al cabo de un largo rato, D. Luis apareció de nuevo, saliendo de la obscuridad. En su rostro se veía pintado el terror; algo de la desesperación de Judas.

Se dejó caer en una silla; puso ambos puños cerrados en su cara y en sus rodillas ambos codos, y así permaneció más de media hora, sumido sin duda en un mar de reflexiones amargas.

Cualquiera, si le hubiera visto, hubiera sospechado que acababa de asesinar a Pepita.

Pepita, sin embargo, apareció después. Con paso lento, con actitud de profunda melancolía, con el rostro y la mirada inclinados al suelo, llegó hasta cerca de donde estaba D. Luis, y dijo de este modo:

—Ahora, aunque tarde, conozco toda la vileza de mi corazón y toda la iniquidad de mi conducta. Nada tengo que decir en mi abono,[41] mas no quiero que me creas más perversa de lo que soy. Mira, no pienses que ha habido en mí artificio, ni cálculo, ni plan para perderte. Sí, ha sido una maldad atroz, pero instintiva; una maldad inspirada quizá por el espíritu del infierno, que me posee. No te desesperes ni te aflijas, por amor de Dios. De nada eres responsable. Ha sido un delirio: la enajenación mental se apoderó de tu noble alma. No es en ti el pecado sino muy leve. En mí es grave, horrible, vergonzoso. Ahora te merezco menos que nunca. Vete: yo soy ahora quien te pide que te vayas. Vete: haz penitencia. Dios te perdonará. Vete: que un sacerdote te absuelva. Limpio de nuevo de culpa, cumple tu voluntad y sé ministro del Altísimo. Con tu vida trabajosa y santa no sólo borrarás hasta las últimas señales de esta caída, sino que, después de perdonarme el mal que te he hecho, conseguirás del cielo mi perdón. No hay lazo alguno que conmigo te ligue; y si le hay,

---

[39] **el hombre . . . renazca** Don Luis discourses on love like a theologian and in his arguments draws heavily on St. Paul; especially for the concept of Grace and his analogy of the "new man" redeemed by his love of Christ who would revert back to the "former man" by succumbing to an earthly love. [40] **esta mística . . . escala** refers to Jacob's vision of the angels ascending and descending the ladder to heaven in Gen. 28:12. [41] **en mi abono** in my favor; to my credit.

yo le desato o le rompo. Eres libre. Básteme el haber hecho caer por sorpresa al lucero de la mañana;[42] no quiero, ni debo, ni puedo retenerte cautivo. Lo adivino, lo infiero de tu ademán, lo veo con evidencia; ahora me desprecias más que antes, y tienes razón en despreciarme. No hay honra, ni virtud, ni vergüenza en mí.

Al decir esto, Pepita hincó en tierra ambas rodillas,[43] y se inclinó luego hasta tocar con la frente el suelo del despacho. Don Luis siguió en la misma postura que antes tenía. Así estuvieron los dos algunos minutos en desesperado silencio.

Con voz ahogada, sin levantar la faz de la tierra, prosiguió al cabo Pepita:

—Vete ya, D. Luis, y no por una piedad afrentosa permanezcas más tiempo al lado de esta mujer miserable. Yo tendré valor para sufrir tu desvío, tu olvido y hasta tu desprecio, que tengo tan merecido. Seré siempre tu esclava, pero lejos de ti, muy lejos de ti, para no traerte a la memoria la infamia de esta noche.

Los gemidos sofocaron la voz de Pepita al terminar estas palabras.

Don Luis no pudo más. Se puso en pie, llegó donde estaba Pepita y la levantó entre sus brazos, estrechándola contra su corazón, apartando blandamente de su cara los rubios rizos que en desorden caían sobre ella, y cubriéndola de apasionados besos.

—Alma mía —dijo por último D. Luis—, vida de mi alma, prenda querida de mi corazón, luz de mis ojos, levanta la abatida frente y no te prosternes más delante de mí. El pecador, el flaco de voluntad, el miserable, el sandio y el ridículo soy yo, que no tú. Los ángeles y los demonios deben reírse igualmente de mí y no tomarme por lo serio. He sido un santo postizo, que no he sabido resistir y desengañarte desde el principio, como hubiera sido justo, y ahora no acierto tampoco a ser un caballero, un galán, un amante fino, que sabe agradecer en cuanto valen los favores de su dama. No comprendo qué viste en mí para prendarte de ese modo. Jamás hubo en mí virtud sólida, sino hojarasca y pedantería de colegial, que había leído los libros devotos como quien lee novelas, y con ellos se había forjado su novela necia de misiones y contemplaciones. Si hubiera habido

virtud sólida en mí, con tiempo te hubiera desengañado y no hubiéramos pecado ni tú ni yo. La verdadera virtud no cae tan fácilmente. A pesar de toda tu hermosura, a pesar de tu talento, a pesar de tu amor hacia mí, yo no hubiera caído, si en realidad hubiera sido virtuoso, si hubiera tenido una vocación verdadera. Dios, que todo lo puede, me hubiera dado su gracia. Un milagro, sin duda, algo de sobrenatural se requería para resistir a tu amor; pero Dios hubiera hecho el milagro si yo hubiera sido digno objeto y bastante razón para que le hiciera. Haces mal en aconsejarme que sea sacerdote. Reconozco mi indignidad. No era más que orgullo lo que me movía. Era una ambición mundana como otra cualquiera. ¡Qué digo, como otra cualquiera! Era peor; una ambición hipócrita, sacrílega, simoníaca.[44]

—No te juzgues con tal dureza —replicó Pepita, ya más serena y sonriendo a través de las lágrimas—. No deseo que te juzgues así, ni para que no me halles tan indigna de ser tu compañera; pero quiero que me elijas por amor, libremente, no para reparar una falta, no porque has caído en un lazo que pérfidamente puedes sospechar que te he tendido. Vete si no me amas, si sospechas de mí, si no me estimas. No exhalarán mis labios una queja si para siempre me abandonas y no vuelves a acordarte de mí.

La contestación de D. Luis no cabía ya en el estrecho y mezquino tejido del lenguaje humano. Don Luis rompió el hilo del discurso de Pepita sellando los labios de ella con los suyos y abrazándola de nuevo.

Bastante más tarde, con previas toses y resonar de pies, entró Antoñona en el despacho diciendo:

—¡Vaya una plática larga! Este sermón que ha predicado el colegial no ha sido el de las siete palabras, sino que ha estado a punto de ser el de las cuarenta horas.[45] Tiempo es ya de que te vayas, don Luis. Son cerca de las dos de la mañana.

—Bien está —dijo Pepita—, se irá al momento.

Antoñona volvió a salir del despacho y aguardó fuera.

Pepita estaba transformada. Las alegrías que no había tenido en su niñez, el gozo y el contento de que no había gustado en los primeros años de su juventud, la bulliciosa actividad y travesura que una madre adusta y un marido viejo habían contenido y como represado en ella hasta entonces, se diría que brotaron de repente en su alma, como retoñan las hojas verdes de los árboles cuando las nieves y los hielos de un invierno riguroso y dilatado han retardado su germinación.

Una señora de ciudad, que conoce lo que llamamos *conveniencias sociales*, hallará extraño y hasta censurable lo que voy a decir de Pepita; pero Pepita, aunque elegante de suyo, era una criatura muy a lo natural, y en quien no cabían la compostura disimulada y toda la circunspección que en el gran mundo se estilan.[46] Así es que, vencidos los obstáculos que se oponían a su dicha, viendo ya rendido a D. Luis, teniendo su promesa espontánea de que la tomaría por mujer legítima, y creyéndose con razón amada, brincaba y reía y daba otras muestras de júbilo, que, en medio de todo, tenían mucho de infantil y de inocente.

Era menester que D. Luis partiera. Pepita fue por un peine y le alisó con amor los cabellos, besándoselos después.

Pepita le hizo mejor el lazo de la corbata.

—Adios, dueño amado —le dijo—. Adiós, dulce rey de mi alma. Yo se lo diré todo a tu padre si tú no quieres atreverte. Él es bueno y nos perdonará.

Al cabo los dos amantes se separaron.

Cuando Pepita se vio sola, su bulliciosa alegría se disipó, y su rostro tomó una expresión grave y pensativa.

Pepita pensó dos cosas igualmente serias: una de interés mundano; otra de más elevado interés. Lo primero en que pensó fue en que su conducta de aquella noche, pasada la embriaguez del amor, pudiera perjudicarle en el concepto de D. Luis. Pero hizo severo examen de conciencia, y, reconociendo que ella no había puesto ni malicia ni premeditación en nada, y que cuanto hizo nació de un amor irresistible y de nobles impulsos, consideró que don Luis no podría menospreciarla nunca, y se tranquilizó por este lado. No obstante, aunque su confesión candorosa de que no entendía el mero amor de los espíritus, y aunque su fuga a lo interior de la alcoba sombría habían sido obra del instinto más inocente, sin prever los resultados, Pepita no se

negaba que había pecado después contra Dios, y en este punto no hallaba disculpa. Encomendóse, pues, de todo corazón a la Virgen para que la perdonase; hizo promesa a la imagen de la Soledad, que había en el convento de monjas, de comprar siete lindas espadas de oro, de sutil y prolija labor, con que adornar su pecho;[47] y determinó ir a confesarse al día siguiente con el Vicario y someterse a la más dura penitencia que le impusiera para merecer la absolución de aquellos pecados, merced a los cuales venció la terquedad de D. Luis, quien, de lo contrario, hubiera llegado a ser cura, sin remedio.

Mientras Pepita discurría así allá en su mente, y resolvía con tanto tino sus negocios del alma, D. Luis bajó hasta el zaguán acompañado por Antoñona.

Antes de despedirse, dijo D. Luis sin preparación ni rodeos:

—Antoñona, tú que lo sabes todo, dime quién es el Conde de Genazahar y qué clase de relaciones ha tenido con tu ama.

—Temprano empiezas a mostrarte celoso.

—No son celos; es curiosidad solamente.

[42] **Básteme . . . mañana** It is (bad) enough that I have been responsible for the sudden fall of the morning star; i.e., don Luis.   [43] **hincó . . . rodillas** kneeled down.   [44] **simoníaca** characterized by simony; i.e., the sale or purchase of ecclesiastical preferment.   [45] **siete palabras; cuarenta horas** Holy week devotional prayer services lasting from three days.   [46] **estilan** to be in style; in fashion; customary.   [47] **la Soledad . . . pecho** refers to a pious custom in southern Spain which consists of decorating the Virgin's image around the heart with small finely wrought swords of precious metals.

—Mejor es así. Nada más fastidioso que los celos. Voy a satisfacer tu curiosidad. Ese Conde está bastante tronado. Es un perdido, jugador y mala cabeza; pero tiene más vanidad que D. Rodrigo[48] en la horca. Se empeñó en que mi niña le quisiera y se casase con él, y como la niña le ha dado mil veces calabazas,[49] está que trina. Esto no impide que se guarde por allá más de mil duros, que hace años le prestó D. Gumersindo, sin más hipoteca que un papelucho, por culpa y a ruegos de Pepita, que es mejor que el pan. El tonto del Conde creyó, sin duda, que Pepita, que fue tan buena de casada que hizo que le diesen dinero, había de ser de viuda tan rebuena para él, que le había de tomar por marido. Vino después el desengaño con la furia consiguiente.

—Adiós, Antoñona —dijo D. Luis, y se salió a la calle, silenciosa ya y sombría.

Las luces de las tiendas y puestos de la feria se habían apagado y la gente se retiraba a dormir, salvo los amos de las tiendas de juguetes y otros pobres buhoneros, que dormían al sereno al lado de sus mercancías.

En algunas rejas seguían aún varios embozados, pertinaces e incansables, pelando la pava[50] con sus novias. La mayoría había desaparecido ya.

En la calle, lejos de la vista de Antoñona, D. Luis dio rienda suelta a sus pensamientos. Su resolución estaba tomada, y todo acudía a su mente a confirmar su resolución. La sinceridad y el ardor de la pasión que había inspirado a Pepita; su hermosura; la gracia juvenil de su cuerpo y la lozanía primaveral de su alma, se le presentaban en la imaginación y le hacían dichoso.

Con cierta mortificación de la vanidad reflexionaba, no obstante, D. Luis, en el cambio que en él se había obrado. ¿Qué pensaría el Deán? ¿Qué espanto no sería el del Obispo? Y sobre todo, ¿qué motivo tan grave de queja no había dado D. Luis a su padre?

Su disgusto, su cólera cuando supiese el compromiso que ligaba a Luis con Pepita, se ofrecían al ánimo de D. Luis y le inquietaban sobremanera.

En cuanto a lo que él llamaba su caída antes de caer, fuerza es confesar que le parecía poco honda y poco espantosa después de haber caído. Su misticismo, bien estudiado con la nueva luz que acababa de adquirir, se le antojó que no había tenido ser ni consistencia; que había sido un producto artificial y vano de sus lecturas, de su petulancia de muchacho y de sus ternuras sin objeto de colegial inocente. Cuando recordaba que a veces había creído recibir favores y regalos sobrenaturales, y había oído susurros místicos, y había estado en conversación interior, y casi había empezado a caminar por la vía unitiva, llegando a la oración de quietud, penetrando en el abismo del alma y subiendo al ápice de la mente, D. Luis se sonreía y sospechaba que no había estado por completo en su juicio. Todo había sido presunción suya. Ni él había hecho penitencia, ni él había vivido largos años en contemplación, ni él tenía ni había tenido merecimientos bastantes para que Dios le favoreciese con distinciones tan altas. La mayor prueba que se daba a sí propio de todo esto, la mayor seguridad de que los regalos sobrenaturales de que había gozado eran sofísticos, eran simples recuerdos de los autores que leía, nacía de que nada de eso había deleitado tanto su alma como un *te amo* de Pepita, como el toque delicadísimo de una mano de Pepita jugando con los negros rizos de su cabeza.

D. Luis apelaba a otro género de humildad cristiana para justificar a sus ojos lo que ya no quería llamar caída, sino cambio. Se confesaba indigno de ser sacerdote, y se allanaba a ser lego, casado, vulgar; un buen lugareño cualquiera, cuidando de las viñas y los olivos, criando a sus hijos, pues ya los deseaba y siendo modelo de maridos al lado de su Pepita.

No debemos ser cosas con orgullo

Cuidado con la imaginación

Reformar la vida cuando reflexionas en los desilusiones

callido... no cambio

buen padres, esposo, modelo

(anotaciones manuscritas: 1. Nieto buen Rey – Fernando VII (Carlos IV) ↓ hija 2. Isabel II hija 3. 1era República 1873-4   2 guerras Carlistas 1833-40 / 1870-76)

(anotación manuscrita: • Novelista más importante • liberal • Realismo)

(anotación manuscrita: pone los personajes en una hecha de la historia específica)

Benito Pérez Galdós (1843-1920)

Benito Pérez Galdós, nacido en las islas Canarias, es el novelista español más prolífico y significativo del siglo XIX. Comenzó en Madrid la carrera de derecho que no llegó a terminar, pues la literatura le atrajo irresistiblemente.

Galdós se entusiasma con la vida que le rodea. El mundo de sus novelas está centrado en la clase media y muy especialmente en la de Madrid. Ve la política, la economía, la religión, la familia a través de la clase media. Su filosofía refleja una profunda identificación con las aspiraciones democráticas del pueblo. Pertenece en cuerpo entero a lo que se ha llamado el «realismo». Algunas de sus obras tienen ciertas relaciones con el «naturalismo» (_La desheredada_, 1881). De una forma u otra, trata de presentar al hombre total, analizando su mundo interior y exterior. Su realismo es sobre todo psicológico. A Galdós le interesa más que el mundo físico el ser humano que vive en él. Se preocupa por la crueldad del hombre hacia sus semejantes (_Miau_, 1889; _Misericordia_, 1897). Le interesa el estudio de la religión como factor social y moral (_Gloria_, 1877; _Doña Perfecta_, 1876).

Galdós ha sido atacado injustamente como enemigo de la religión, o al menos del catolicismo. La verdad es que siente la religión como una norma de conducta moral, que debe conducir a una benévola convivencia de todos, más que como regla escrita y mantenida por imperativo dogmático. Condena ciertas formas de vida que mantienen la injusticia social y la decadencia nacional atrincheradas en estructuras religiosas y políticas que han perdido su actualidad y su eficacia.

Caminando por el Madrid viejo aun es posible ver y reconocer vestigios del mundo de sus novelas. Nunca escribió alejado de los hombres. Paseaba por los barrios madrileños, hablaba con las gentes, observaba su vida en todos los detalles. Así, aunque no es un autor costumbrista, nos da en su obra un inmenso y fascinante panorama de la sociedad española de fines del siglo XIX. Es un escritor en quien sobre-

(anotación manuscrita: muchos temas religiosos → ironía)

salen admirables cualidades: la espontaneidad, la bondad y la tolerancia.

Además de sus treinta y cuatro novelas (42 tomos) escribió cinco series de _Episodios nacionales_ (46 volúmenes), narraciones de sucesos de la historia de España. No todas poseen la misma calidad literaria, ni todas ofrecen un cuidadoso estudio histórico; pero la gran vivacidad de la narración, unida a la vigorosa pintura de los caracteres, hacen que todavía se lean con interés.

Finalmente Galdós se dedicó al teatro, llevando a él los temas de algunos de sus libros. Pero no logró triunfar como en la novela.

«Azorín» condensa así la labor de Galdós: «Ha contribuido a crear una conciencia nacional; ha hecho vivir España con sus ciudades, sus pueblos, sus monumentos, sus paisajes». Al fin de su vida entró en la política y fue diputado. Murió ciego y casi pobre. Por medio de una suscripción nacional el pueblo pagó su funeral y le levantó una estatua.

La novela _Doña Perfecta_ (1876) no es su mejor obra, pero es significativa de sus tendencias reformadoras y muestra ciertos aspectos de la intolerancia y de la superstición de la época.

(anotaciones manuscritas: PostRom. Poets worry about theorizing func & charac. of poetry. feeling (approaching reality) personal, direct, natural exp. of feelings. man: social/psychological w/ religious & philosoph. worries. human/social demension to poetry. direct, simple, shorter spoken stuff)

[48] Don Rodrigo Calderón, son of a Spanish captain and a Flemish mother was born in Antwerp. After his mother's death he came to Spain and was a powerful courtier under Philip III. During the reign of Philip IV, he was tried for treason and abuse of power. He behaved with such dignity and arrogance on his way to the gallows, that the expression «tiene más orgullo que Don Rodrigo en la horca» originated on that occasion.   [49] **dar calabazas** to reject (a lover).   [50] **pelar la pava** to carry on a flirtation.

es símbolo con manipulación

DOÑA PERFECTA

Novela de tesis ¿qué es?

I

¡VILLAHORRENDA!... ¡CINCO MINUTOS!...

Exposición: capítulos 1-9
1. personajes
2. lugar(es)
3. la situación
> al conflicto
posiciones ideológicas

Cuando el tren mixto descendente[1] número 65 (no es preciso nombrar la línea) se detuvo en la pequeña estación situada entre los kilómetros 171 y 172, casi todos los viajeros de segunda y tercera clase se quedaron durmiendo o bostezando dentro de los coches, porque el frío penetrante de la madrugada no convidaba a pasear por el desamparado andén.[2] El único viajero de primera que en el tren venía, bajó apresuradamente, y dirigiéndose a los empleados, preguntóles si aquél era el apeadero[3] de Villahorrenda. (Este nombre, como otros muchos que después se verán, es propiedad del autor).[4]

1. Pepe Rey (tiene duda del lugar) feo
Rosarito
Doña Perfecta
don Cayetano

—En Villahorrenda estamos —repuso el conductor, cuya voz se confundió con el cacarear de las gallinas que en aquel momento eran subidas al furgón—. Se me había olvidado llamarle a usted, señor de Rey. Creo que ahí le esperan con las caballerías.

—¡Pero hace aquí un frío de tres mil demonios! —dijo el viajero envolviéndose en su manta—. ¿No hay en el apeadero algún sitio donde descansar y reponerse antes de emprender un viaje a caballo por este país de hielo?

No había concluido de hablar, cuando el conductor, llamado por las apremiantes obligaciones de su oficio, marchóse, dejando a nuestro desconocido caballero con la palabra en la boca.[5] Vio éste que se acercaba otro empleado con un farol pendiente de la derecha mano, el cual movíase al compás de la marcha, proyectando geométricas series de ondulaciones luminosas. La luz caía sobre el piso del andén, formando un *zig-zag* semejante al que describe la lluvia de una regadera.

2. Villahorrenda → Orbajosa

—¿Hay fonda o dormitorio en la estación de Villahorrenda? —preguntó el viajero al del farol.

—Aquí no hay nada —respondió éste secamente, corriendo hacia los que cargaban y echándoles tal rociada de votos,[6] juramentos, blasfemias y atroces invocaciones, que hasta las gallinas, escandalizadas de tan grosera brutalidad, murmuraron dentro de sus cestas.

3.

—Lo mejor será salir de aquí a toda prisa —dijo el caballero para su capote[7]—. El conductor me anunció que ahí estaban las caballerías.

Reformar la sociedad

Esto pensaba, cuando sintió que una sutil y respetuosa mano le tiraba suavemente del abrigo. Volvióse y vio una oscura masa de paño pardo sobre sí misma revuelta,[8] y por cuyo principal pliegue asomaba el avellanado rostro[9] astuto de un labriego castellano. Fijóse en la desgarbada estatura, que recordaba al chopo entre los vegetales; vio los sagaces ojos, que bajo el ala de ancho sombrero de terciopelo raído resplandecían; vio la mano morena y acerada, que empuñaba una vara verde, y el ancho pie que, al moverse, hacía sonajear el hierro de la espuela.

Realidad

—¿Es usted el señor José de Rey? —preguntó, echando mano al sombrero.

—Sí; y usted —repuso el caballero con alegría—, será el criado de doña Perfecta, que viene a buscarme a este apeadero para conducirme a Orbajosa.

—El mismo. Cuando usted guste marchar... la jaca corre como el viento. Me parece que el señor don José ha de ser buen jinete. Verdad es que a quien de casta le viene...[10]

—¿Por dónde se sale? —dijo el viajero con impaciencia—. Vamos, vámonos de aquí, señor... ¿Cómo se llama usted?

—Me llamo Pedro Lucas —respondió el del paño pardo, repitiendo la intención[11] de quitarse el sombrero—; pero me llaman el tío Licurgo.[12] ¿En dónde está el equipaje del señorito?

—Allí bajo el reloj lo veo. Son tres bultos. Dos maletas y un mundo de libros para el señor don Cayetano. Tome usted el talón.

Un momento después, señor y escudero hallábanse a espaldas de la barraca llamada estación, frente a un caminejo que, partiendo de allí, se perdía en las vecinas lomas desnudas, donde confusamente se distinguía el miserable caserío de Villahorrenda. Tres caballerías debían transportar todo: hombres y mundos. Una jaca de no mala estampa era destinada al caballero. El tío Licurgo oprimía los lomos de una cuartago venerable, algo desvencijado,[13] aunque seguro, y el macho, cuyo freno debía regir un joven zagal, de piernas listas y fogosa sangre, cargaría el equipaje.

Antes de que la caravana se pusiese en movimiento, partió el tren, que se iba escurriendo por la vía con la parsimoniosa cachaza[14] de un tren mixto. Sus pasos, retumbando cada vez más lejanos, producían ecos profundos bajo la tierra. Al entrar en el túnel del kilómetro 172, lanzó el vapor por el silbato, y un aullido estrepitoso resonó en los aires. El túnel, echando por su negra boca un hálito blanquecino, clamoreaba como una trompeta: al oír su enorme voz, despertaban aldeas, villas, ciudades, provincias. Aquí cantaba un gallo, más allá otro. Principiaba a amanecer.

II

UN VIAJE POR EL CORAZÓN DE ESPAÑA

Cuando empezaba la caminata, dejaron a un lado las casuchas de Villahorrenda, el caballero, que era joven y de muy buen ver,[15] habló de este modo:

—Dígame usted, señor Solón . . .[16]

—Licurgo, para servir a usted . . .

—Eso es, señor Licurgo. Bien decía yo que era usted un sabio legislador de la antigüedad. Perdone la equivocación. Pero vamos al caso. Dígame usted, ¿cómo está mi señora tía?

—Siempre tan guapa —repuso el labriego, adelantando algunos pasos su caballería—. Parece que no pasan años por la señora doña Perfecta. Bien dicen que al bueno, Dios le da larga vida. Así viviera[17] mil años ese ángel del Señor. Si las bendiciones que le echan[18] en la tierra fueran plumas, la señora no necesitaría más alas para subir al cielo.

—¿Y mi prima la señorita Rosario?

—¡Bien haya quien a los suyos parece![19] ¿Qué he de decirle de doña Rosarito, sino que es el vivo retrato de su madre? Buena prenda se lleva usted, caballero don José, si es verdad, como dicen, que ha venido para casarse con ella. Tal para cual, y la niña no tiene tampoco por qué quejarse. Poco va de Pedro a Pedro.

—¿Y el señor don Cayetano?

—Siempre metidillo[20] en la faena de sus libros. Tiene una biblioteca más grande que la catedral, y también escarba la tierra para buscar piedras llenas de unos demonches de garabatos[21] que dicen escribieron los moros.

—¿En cuánto tiempo llegaremos a Orbajosa?

—A las nueve, si Dios quiere. Poco contenta se va a poner la señora cuando vea a su sobrino . . . Y la señorita Rosarito, que estaba ayer disponiendo el cuarto en que usted ha de vivir . . . Como no le han visto nunca, la madre y la hija están que no viven, pensando en cómo será o cómo no será este señor don José. Ya llegó el tiempo de que callen cartas y hablen barbas.[22] La prima verá al primo, y todo será fiesta y gloria. Amanecerá Dios y medraremos.[23]

—Como mi tía y mi prima no me conocen todavía —dijo sonriendo el caballero—, no es prudente hacer proyectos.

—Verdad es; por eso se dijo que uno piensa el bayo y otro el que lo ensilla[24] —repuso el labriego—.

---

[1] **el tren . . . descendente** train carrying both freight and passengers, bound from Madrid to the coast. [2] **desamparado andén** unprotected station platform; that is, an open platform with no station house or waiting room. [3] **apeadero** train stop; station stop. [4] **(Este nombre . . . autor)** The name of this town, as well as many others that will appear later, are fictitious. [5] **dejando . . . la boca** leaving our unknown friend talking to himself (with his words trailing in mid-air). [6] **rociada de votos** shower of oaths or curses; stream of oaths. [7] **dijo . . . capote** said to himself. [8] **oscura . . . revuelta** dark bulk of darkish cloth all wrapped around itself. [9] **avellanado rostro** nut-brown face; swarthy face. [10] **de casta le viene** it runs in the family. [11] **repitiendo la intención** repeating or making the gesture again; making another attempt. [12] **Licurgo** Lycurgus; ninth century B.C. Spartan legislator. [13] **oprimía . . . desvencijado** would dig his spurs into the sides of a somewhat rickety old nag. [14] **parsimoniosa cachaza** creeping pace. [15] **de muy buen ver** very good looking. [16] **Solón** Solon (638?–559? B.C.), Athenian lawmaker; or, by extension, any wise lawmaker. [17] **Así viviera** May she (or that angel) live. [18] **bendiciones . . . echan** the blessings they bestow on her. [19] **Bien . . . parece** Heaven be praised that she takes after her family! [20] **metidillo** deeply engrossed; up to his neck. [21] **demonches de garabatos** devilish looking scrawls. [22] **hablen barbas** speak face to face. [23] **Amanecerá y medraremos** A new dawn will rise and everything will be fine, as they say. [24] **uno piensa . . . ensilla** it takes two to make a bargain.

Pero la cara no engaña . . . ¡qué alhaja se lleva usted! ¡Y qué buen mozo ella!

El caballero no oyó las últimas palabras del tío Licurgo, porque iba distraído y algo meditabundo. Llegaban a un recodo del camino, cuando el labriego, torciendo la dirección a las caballerías, dijo:

—Ahora tenemos que echar por esta vereda. El puente está roto, y no se puede vadear el río sino por el cerrillo de los Lirios.

—¡El cerrillo de los Lirios! —observó el caballero, saliendo de su meditación—. ¡Cómo abundan los nombres poéticos en estos sitios tan feos! Desde que viajo por estas tierras, me sorprende la horrible ironía de los nombres. Tal sitio que se distingue por su árido aspecto y la desolada tristeza del negro paisaje, se llama *Valleameno*. Tal villorrio de adobes que miserablemente se extiende sobre un llano estéril y que de diversos modos pregona su pobreza, tiene la insolencia de nombrarse *Villarrica*; y hay un barranco pedregoso y polvoriento, donde ni los cardos encuentran jugo, y que, sin embargo, se llama *Valdeflores*. ¿Eso que tenemos delante es el *Cerrillo de los Lirios*? ¿Pero dónde están esos lirios, hombre de Dios? Yo no veo más que piedras y hierba descolorida. Llamen a eso el *Cerrillo de la Desolación*, y hablarán a derechas.[25] Exceptuando *Villahorrenda*, que parece ha recibido al mismo tiempo el nombre y la hechura, todo aquí es ironía. Palabras hermosas, realidad prosaica y miserable. Los ciegos serían felices en este país, que para la lengua es paraíso y para los ojos infierno.

El señor Licurgo, o no entendió las palabras del caballero Rey o no hizo caso de ellas. Cuando vadearon el río, que turbio y revuelto corría con impaciente precipitación, como si huyera de sus propias orillas, el labriego extendió el brazo hacia unas tierras que a la siniestra mano en grande y desnuda extensión se veían, y dijo:

—Estos son los *Alamillos de Bustamante*.

—¡Mis tierras! —exclamó con júbilo el caballero, tendiendo la vista por el triste campo que alumbraban las primeras luces de la mañana—. Es la primera vez que veo el patrimonio que heredé de mi madre. La pobre hacía tales ponderaciones de este país, y me contaba tantas maravillas de él, que yo, siendo niño, creía que estar aquí era estar en la gloria. Frutas,

flores, caza mayor y menor, montes, lagos, ríos, poéticos arroyos, oteros pastoriles, todo lo había en los *Alamillos de Bustamante*, en esta tierra bendita, la mejor y más hermosa de todas las tierras . . . ¡Qué demonio! La gente de este país vive con la imaginación. Si en mi niñez, y cuando vivía con las ideas y con el entusiasmo de mi buena madre, me hubieran traído aquí, también me habrían parecido encantadores estos desnudos cerros, estos llanos polvorientos o encharcados, estas vetustas casas de labor, estas norias desvencijadas, cuyos canjilones lagrimean lo bastante para regar media docena de coles, esta desolación miserable y perezosa que estoy mirando.

—Es la mejor tierra del país —dijo el señor Licurgo—, y para el garbanzo es de lo que no hay.[26]

—Pues lo celebro,[27] porque desde que las heredé no me han producido un cuarto estas célebres tierras.

El sabio legislador espartano se rascó la oreja y dio un suspiro.

—Pero me han dicho —continuó el caballero—, que algunos propietarios colindantes han metido su arado en estos grandes estados míos, y poco a poco me los van cercenando. Aquí no hay mojones, ni linderos, ni verdadera propiedad, señor Licurgo.

El labriego, después de una pausa, durante la cual parecía ocupar su sutil espíritu en profundas disquisiciones, se expresó de este modo:

—El tío Pasolargo, a quien llamamos el *Filósofo* por su mucha trastienda,[28] metió el arado en los *Alamillos* por encima de la ermita, y roe que roe, se ha zampado seis fanegadas.[29]

—¡Qué incomparable escuela! —exclamó riendo el caballero—. Apostaré que no ha sido ése el único . . . filósofo.

—Bien dijo el otro, que quien las sabe las tañe,[30] y si al palomar no le falta cebo, no le faltarán palomas . . . Pero usted, señor don José, puede decir aquello de que el ojo del amo engorda la vaca,[31] y ahora que está aquí, vea de recobrar su finca.

—Quizá no sea tan fácil, señor Licurgo —repuso el caballero a punto que entraban por una senda, a cuyos lados se veían hermosos trigos, que con su lozanía y temprana madurez recreaban la vista—. Este campo parece mejor cultivado. Veo que no todo es tristeza y miseria en los *Alamillos*.

Orbajosa

El labriego puso cara de lástima, y afectando cierto desdén hacia los campos elogiados por el viajero, dijo en tono humildísimo:

—Señor, esto es mío.

—Perdone usted —replicó vivamente el caballero—, ya quería yo meter mi hoz en los estados de usted. Por lo visto, la filosofía aquí es contagiosa.

Bajaron inmediatamente a una cañada, que era lecho de pobre y estancado arroyo, y pasado éste, entraron en un campo lleno de piedras, sin la más ligera muestra de vegetación.

—Esta tierra es muy mala —dijo el caballero volviendo el rostro para mirar a su guía y compañero, que se había quedado un poco atrás.— Difícilmente podrá usted sacar partido de ella, porque todo es fango y arena.

Licurgo, lleno de mansedumbre, contestó.

—Esto . . . es de usted.

—Veo que aquí todo lo malo es mío —afirmó el caballero, riendo jovialmente.

Cuando esto hablaban tomaron de nuevo el camino real. Ya la luz del día, entrando, en alegre irrupción por todas las ventanas y claraboyas del hispano horizonte, inundaba de esplendorosa claridad los campos. El inmenso cielo sin nubes parecía agrandarse más y alejarse de la tierra, para verla y en su contemplación recrearse desde más alto. La desolada tierra sin árboles, pajiza a trechos, a trechos de color gredoso, dividida toda en triángulos y cuadriláteros amarillos o negruzcos, pardos o ligeramente verdegueados, semejaba en cierto modo a la capa del harapiento que se pone al sol. Sobre aquella capa miserable, el cristianismo y el islamismo habían trabado épicas batallas. Gloriosos campos, sí; pero los combates de antaño les habían dejado horribles.

—Me parece que hoy picará el sol, señor Licurgo —dijo el caballero, desembarazándose un poco del abrigo en que se envolvía—. ¡Qué triste camino! no se ve ni un solo árbol en todo lo que alcanza la vista. Aquí todo es al revés. La ironía no cesa. ¿Por qué, si no hay aquí álamos grandes ni chicos, se ha de llamar esto los *Alamillos*?

El tío Licurgo no contestó a la pregunta, porque con toda su alma atendía a lejanos ruidos que de improviso se oyeron, y con ademán intranquilo detuvo su cabalgadura, mientras exploraba el camino y los cerros lejanos con sombría mirada.

—¿Qué hay? —preguntó el viajero, deteniéndose también.

—¿Trae usted armas, don José?

—Un revólver . . . ¡Ah!, ya comprendo. ¿Hay ladrones?

—Puede . . . —repuso Licurgo con recelo—. Me parece que sonó un tiro.

—Allá lo veremos . . . ¡Adelante! —dijo el caballero picando su jaca—. No serán tan temibles.

—¡Calma, señor don José! —exclamó el campesino deteniéndole—. Esa gente es más mala que Satanás. El otro día asesinaron a dos caballeros que iban a tomar el tren . . . Dejémonos de fiestas.[32] Gasparón el Fuerte, Pepillo Chispillas, Merengue y Ahorca-Suegras, no me verán la cara en mis días.[33] Echemos por la vereda.[34]

—Adelante, señor Licurgo.

—Atrás, señor don José —replicó el labriego con afligido acento—. Usted no sabe bien qué gente es esa. Ellos fueron los que el mes pasado robaron de la iglesia del Carmen el copón, la corona de la Virgen y dos candeleros; ellos fueron los que hace dos años saquearon el tren que iba para Madrid.

Don José, al oír tan lamentables antecedentes, sintió que aflojaba un poco su intrepidez.

—¿Ve usted aquel cerro grande y empinado que hay allá lejos? Pues allí se esconden esos pícaros, en unas cuevas que llaman la *Estancia de los Caballeros*.

[25] **a derechas** rightly.   [26] **garbanzo . . . hay** there's no better land for growing chick peas.   [27] **lo celebro** I'm glad (to hear it).   [28] **por su mucha trastienda** because of his great shrewdness; because he is so smart.   [29] **roe . . . fanegadas** he nibbles and nibbles at it and before you know it he has swallowed up about ten acres. (*A fanega de tierra* is equivalent to 1.59 acres.)   [30] **quien las sabe las tañe** he who can, does; (or lit., he who knows how is the only one who can play the bells, or the instrument.)   [31] **el ojo . . . la vaca** the cow grows fat under the watchful eye of the owner.   [32] **Dejémonos de fiestas** Let's not joke about it.   [33] **en mis días** as long as I live.   [34] **Echemos por la vereda** Let's take the trail.

—¡De los Caballeros!

—Sí, señor. Bajan al camino real cuando la Guardia Civil se descuida, y roban lo que pueden. ¿No ve usted más allá de la vuelta del camino una cruz, que se puso en memoria de la muerte que dieron al alcalde de Villahorrenda cuando las elecciones?

—Sí, veo la cruz.

—Allí hay una casa vieja, en la cual se esconden para aguardar a los trajineros. Aquel sitio se llama *Las Delicias*.

—¡*Las Delicias*! . . .

—Si todos los que han sido muertos y robados al pasar por ahí resucitaran, podría formarse con ellos un ejército.

Cuando esto decían, oyéronse más de cerca los tiros, lo que turbó un poco el esforzado corazón de los viajantes, pero no el del zagalillo, que retozando de alegría pidió al señor Licurgo licencia para adelantarse y ver la batalla que tan cerca se había trabado. Observando la decisión del muchacho, avergonzóse don José de haber sentido miedo, o cuando menos un poco de respeto a los ladrones, y gritó espoleando la jaca.

—Pues allá iremos todos. Quizá podamos prestar auxilio a los infelices viajeros que en tan gran aprieto se ven, y poner las peras a cuarto[35] a los *caballeros*.

—Ya, ya sé lo que ha sido —dijo Licurgo, señalando leve humareda que a mano derecha del camino y a regular distancia se descubría—. Allí les han escabechado.[36] Esto pasa un día sí y otro no.

El caballero no comprendía.

—Yo le aseguro al señor don José —añadió con energía el legislador lacedemonio—,[37] que está muy retebién hecho,[38] porque de nada sirve formar causa[39] a esos pillos. El juez les marea un poco, y después les suelta.[40] Si al cabo de seis años de causa, alguno va a presidio, a lo mejor se escapa, o le indultan, y vuelve a la Estancia de los Caballeros. Lo mejor es esto: ¡fuego!, y adivina quién te dio. Se les lleva a la cárcel, y cuando se pasa por un lugar a propósito . . . «¡ah! perro, que te quieres escapar . . . pum, pum . . . » Ya está hecha la sumaria, requeridos los testigos, celebrada la vista, dada la sentencia . . . Todo en un minuto. Bien dicen, que si mucho sabe la zorra, más sabe el que la toma.[41]

—Pues adelante, y apretemos el paso, que este camino, a más de largo, no tiene nada de ameno.

Volvióse nuestro viajero y vio un hombre, mejor dicho, un Centauro, pues no podía concebirse más perfecta armonía entre caballo y jinete, el cual era de complexión recia y sanguínea, ojos grandes, ardientes, cabeza ruda, negros bigotes, mediana edad, y el aspecto en general brusco y provocativo, con indicios de fuerza en toda su persona. Montaba un soberbio caballo de pecho carnoso, semejante a los del Partenón,[42] enjaezado según el modo pintoresco del país, y sobre la grupa llevaba una gran valija de cuero, en cuya tapa se veía en letras gordas la palabra *Correo*.

—Hola, buenos días, señor Caballuco —dijo Licurgo, saludando al jinete cuando estuvo cerca—. ¡Cómo le hemos tomado la delantera! Pero usted llegará antes si a ello se pone.

—Descansemos un poco —repuso el señor Caballuco, poniendo su cabalgadura al paso de la de nuestros viajeros, y observando atentamente al principal de los tres—. Puesto que hay tan buena compaña . . .

—El señor —dijo Licurgo sonriendo—, es el sobrino de doña Perfecta.

—¡Ah . . . ! por muchos años . . . muy señor mío y mi dueño.[43]

Ambos personajes se saludaron, siendo de notar que Caballuco hizo sus urbanidades[44] con una expresión de altanería y superioridad que revelaba cuando menos la conciencia de un gran valer o de una alta posición en la comarca. Cuando el orgulloso jinete se apartó y por breve momento se detuvo hablando con dos guardias civiles que llegaron al camino, el viajero preguntó a su guía:

—¿Quién es este pájaro?

—¿Quién ha de ser? Caballuco.

—Y ¿quién es Caballuco?

—¡Toma . . . ! ¿pero no le ha oído usted nombrar? —dijo el labriego, asombrado de la ignorancia supina del sobrino de doña Perfecta—. Es un hombre muy bravo, gran jinete, y el primer caballista de todas estas tierras a la redonda. En Orbajosa le queremos mucho, pues él es . . . dicho sea en verdad . . . tan bueno como la bendición de Dios . . . Ahí donde le ve, es un cacique tremendo, y el Gobernador de la provincia se le quita el sombrero.

Después de media hora de camino, durante la cual el señor don José no se mostró muy comunicativo, ni el señor Licurgo tampoco, apareció a los ojos de entrambos apiñado y viejo caserío asentado en una loma, del cual se destacaban algunas negras torres y la ruinosa fábrica de un despedazado castillo en lo más alto. Un amasijo de paredes deformes, de casuchas de tierra pardas y polvorosas como el suelo, formaba la base, con algunos fragmentos de almenadas murallas, a cuyo amparo mil chozas humildes alzaban sus miserables frontispicios de adobes, semejantes a caras anémicas y hambrientas que pedían una limosna al pasajero. Pobrísimo río ceñía, como un cinturón de hojalata, el pueblo, refrescando al pasar algunas huertas, única frondosidad que alegraba la vista. Entraba y salía la gente en caballerías o a pie, y el movimiento humano, aunque escaso, daba cierta apariencia vital a aquella gran morada, cuyo aspecto arquitectónico era más bien de ruina y muerte que de prosperidad y vida. Los repugnantes mendigos que se arrastraban a un lado y otro del camino pidiendo el óbolo del pasajero, ofrecían lastimoso espectáculo. No podían verse existencias que mejor encajaran en las grietas de aquel sepulcro[45] donde una ciudad estaba, no sólo enterrada, sino también podrida. Cuando nuestros viajeros se acercaban, algunas campanas, tocando desacordemente, indicaron con su expresivo son que aquella momia tenía todavía un alma.

Llamábase Orbajosa, ciudad que no en Geografía caldea o copta,[46] sino en la de España, figura con 7,324 habitantes, Ayuntamiento, sede episcopal, Juzgado, seminario, depósito de caballos sementales, instituto de segunda enseñanza y otras prerrogativas oficiales.

—Están tocando a misa mayor en la catedral —dijo el tío Licurgo—. Llegamos antes de lo que pensé.

—El aspecto de su patria de usted —dijo el caballero examinando el panorama que delante tenía—, no puede ser más desagradable. La histórica ciudad de Orbajosa, cuyo nombre es, sin duda, corrupción de *Urbs augusta*,[47] parece un gran muladar.[48]

—Es que de aquí no se ven más que los arrabales —afirmó con disgusto el guía—. Cuando entre usted en la calle Real y en la del Condestable, verá fábricas tan hermosas como la de la catedral.

—No quiero hablar mal de Orbajosa antes de conocerla —declaró el caballero—. Lo que he dicho no es tampoco señal de desprecio; que humilde y miserable lo mismo que hermosa y soberbia, esa ciudad será siempre para mí muy querida, no sólo por ser patria de mi madre, sino porque en ella viven personas a quienes amo ya sin conocerlas. Entremos, pues, en la ciudad *augusta*.

Subían ya por una calzada próxima a las primeras calles, e iban tocando las tapias de las huertas.

—¿Ve usted aquella gran casa que está al fin de esta gran huerta, por cuyo bardal pasamos ahora? —dijo el tío Licurgo, señalando el enorme paredón revocado de la única vivienda que tenía aspecto de habitabilidad cómoda y alegre.

—Ya... ¿aquélla es la vivienda de mi tía?

—Justo y cabal. Lo que vemos es la parte trasera de la casa. El frontis da a la calle del Condestable, y tiene cinco balcones de hierro que parecen cinco castillos. Esta hermosa huerta que hay tras la tapia es la de la señora, y si usted se alza sobre los estribos la verá toda desde aquí.

—Pues estamos ya en casa —dijo el caballero—. ¿No se puede entrar por aquí?

---

[35] **poner las peras a cuarto** to teach them a lesson; to make them see the light.   [36] **escabechar** (coll.) to kill in anger.   [37] **legislador lacedemonio** Lacedaemonian (or Spartan) legislator; i.e., Licurgo.   [38] **muy retebién hecho** very, very well done; it serves them right.   [39] **formar causa** to press charges or bring suit (against them).   [40] **les marea ... suelta** he makes them feel uncomfortable for a while and then lets them go.   [41] **si mucho ... la toma** The fox may be smart, but the hunter is smarter.   [42] **semejante ... Partenón** similar to the horses sculptured in the frieze of the Parthenon.   [43] **muy ... dueño** my lord and master.   [44] **hizo sus urbanidades** paid his respects.   [45] **no podían ... sepulcro** no living thing could be more in keeping with nor more appropriate to the crevices of that tomb.   [46] **caldea o copta** Chaldean or Coptic two ancient cultures of the Near East, said to be the cradle of civilization.   [47] **urbs augusta** (*Latin*) majestic city; (Augustus was a title assumed by the emperor during the Golden Age of Rome, so that by extension, Augustan means classical, refined.)   [48] **muladar** dunghill; rubbish heap.

—Hay una puertecilla; pero la señora la mandó tapiar.

Alzóse el caballero sobre los estribos, y alargando cuanto pudo su cabeza, miró por encima de las bardas.

—Veo la huerta toda —indicó—. Allí, bajo aquellos árboles, está una mujer, una chiquilla . . . una señorita . . .

—Es la señorita Rosario —repuso Licurgo.

Y al instante se alzó también sobre los estribos para mirar.

—¡Eh! señorita Rosario —gritó, haciendo con la derecha mano gestos muy significativos—. Ya estamos aquí . . . Aquí le traigo a su primo.

—Nos ha visto —dijo el caballero, estirando el pescuezo hasta el último grado—. Pero si no me engaño, al lado de ella está un clérigo . . . un señor sacerdote.

—Es el señor penitenciario[49] —repuso con naturalidad el labriego.

—Mi prima nos ve . . . deja solo al clérigo, y echa a correr hacia la casa . . . Es bonita . . .

—Como un sol.

—Se ha puesto más encarnada que una cereza. Vamos, vamos, señor Licurgo.

III

PEPE REY

Antes de pasar adelante, conviene decir quién era Pepe Rey y qué asuntos le llevaban a Orbajosa.

Cuando el brigadier Rey murió en 1841, sus dos hijos, Juan y Perfecta, acababan de casarse, ésta con el más rico propietario de Orbajosa, aquél con una joven de la misma ciudad. Llamábase el esposo de Perfecta don Manuel María José de Polentinos, y la mujer de Juan, María Polentinos; pero a pesar de la igualdad de apellido, su parentesco era un poco lejano y de aquellos que no coge un galgo.[50] Juan Rey era insigne jurisconsulto graduado en Sevilla, y ejerció la abogacía en esta misma ciudad durante treinta años, con tanta gloria como provecho. En 1845 era ya viudo, y tenía un hijo que empezaba a hacer diabluras: solía tener por entretenimiento el construir con tierra, en el patio de la casa, viaductos, malecones, estanques, presas, ace-

quias, soltando después el agua para que entre aquellas frágiles obras corriese. El padre le dejaba hacer y decía: «Tú serás ingeniero».

Perfecta y Juan dejaron de verse desde que uno y otro se casaron, porque ella se fue a vivir a Madrid con el opulentísimo Polentinos, que tenía tanta hacienda como buena mano[51] para gastarla. El juego y las mujeres cautivaban de tal modo el corazón de Manuel María José, que habría dado en tierra con toda su fortuna si más pronto que él para derrocharla no estuviera la muerte para llevársele a él. En una noche de orgía acabaron de súbito los días de aquel ricacho provinciano, tan vorazmente chupado por las sanguijuelas de la Corte y por el insaciable vampiro del juego. Su única heredera era una niña de pocos meses. Con la muerte del esposo de Perfecta se acabaron los sustos en la familia; pero empezó el gran conflicto. La casa de Polentinos estaba arruinada; las fincas en peligro de ser arrebatadas por los prestamistas; todo en desorden, enormes deudas, lamentable administración en Orbajosa, descrédito y ruina en Madrid.

Perfecta llamó a su hermano, el cual, acudiendo en auxilio de la pobre viuda, mostró tanta diligencia y tino, que al poco tiempo la mayor parte de los peligros habían sido conjurados. Principió por obligar a su hermana a residir en Orbajosa, administrando por sí misma sus vastas tierras, mientras él hacía frente en Madrid al formidable empuje de los acreedores. Poco a poco fue descargándose la casa del enorme fardo de sus deudas, porque el bueno de don Juan Rey, que tenía la mejor mano del mundo para tales asuntos, lidió con la curia,[52] hizo contratas con los principales acreedores, estableció plazos para el pago, resultando de este hábil trabajo que el riquísimo patrimonio de Polentinos saliese a flote,[53] y pudiera seguir dando por luengos años esplendor y gloria a la ilustre familia.

La gratitud de Perfecta era tan viva, que al escribir a su hermano desde Orbajosa, donde resolvió residir hasta que creciera su hija, le decía entre otras ternezas: «Has sido más que hermano para mí, y para mi hija más que su mismo padre. ¿Cómo te pagaremos ella y yo tan grandes beneficios? ¡Ay! querido hermano, desde que mi hija sepa discurrir y pronunciar un

(handwritten marginal note at top: "el fue a aleman y Inglatera. Entonces sabe de cosas de otros lugares")

nombre, yo le enseñaré a bendecir el tuyo. Mi agradecimiento durará toda mi vida. Tu hermana indigna siente no encontrar ocasión de mostrarte lo mucho que te ama, y de recompensarte de un modo apropiado a la grandeza de tu alma y a la inmensa bondad de tu corazón».

Cuando esto se escribía, Rosarito tenía dos años. Pepe Rey, encerrado en un colegio de Sevilla, hacía rayas en un papel, ocupándose en probar que *la suma de los ángulos interiores de un polígono vale tantas veces dos rectos como lados tiene menos dos*. Estas enfadosas perogrulladas[54] le traían muy atareado. Pasaron años y más años. El muchacho crecía y no cesaba de hacer rayas. Por último, hizo una que se llama *De Tarragona a Montblanch*.[55] Su primer juguete formal fue el puente de 120 metros sobre el río Francolí.

Durante mucho tiempo, doña Perfecta siguió viviendo en Orbajosa. Como su hermano no salió de Sevilla, pasaron unos pocos años sin que uno y otro se vieran. Una carta trimestral, tan puntualmente escrita como puntualmente contestada, ponía en comunicación aquellos dos corazones, cuya ternura ni el tiempo ni la distancia podían enfriar. En 1870, cuando don Juan Rey, satisfecho de haber desempeñado bien su misión en la sociedad, se retiró a vivir en su hermosa casa de Puerto Real, Pepe, que ya había trabajado algunos años en las obras de varias poderosas Compañías constructoras, emprendió un viaje de estudios a Alemania e Inglaterra. La fortuna de su padre (tan grande como puede serlo en España la que sólo tiene por origen un honrado bufete)[56] le permitía librarse en breves períodos del yugo del trabajo material. Hombre de elevadas ideas y de inmenso amor a la ciencia, hallaba su más puro goce en la observación y estudio de los prodigios con que el genio del siglo sabe cooperar a la cultura y bienestar físico y perfeccionamiento moral del hombre.

Al regresar del viaje, su padre le anunció la revelación de un importante proyecto; y como Pepe creyera que se trataba de un puente, una dársena, o cuando menos saneamiento de marismas, sacóle de tal error don Juan, manifestándole su pensamiento en estos términos:

—Estamos en marzo, y la carta trimestral de Perfecta no podía faltar. Querido hijo, léela, y si estás conforme

con lo que en ella manifiesta esa santa y ejemplar mujer, mi querida hermana, me darás la mayor felicidad que en mi vejez puedo desear. Si no te gustase el proyecto, deséchalo sin reparo, aunque tu negativa me entristezca; que en él no hay ni sombra de imposición por parte mía. Sería indigno de mí y de ti que esto se realizase por coacción de un padre terco. Eres libre de aceptar o no, y si hay en tu voluntad la más ligera resistencia, originada en ley de corazón o en otra causa, no quiero que te violentes por mí.

Pepe dejó la carta sobre la mesa, después de pasar la vista por ella, y tranquilamente dijo:

—Mi tía quiere que me case con Rosario.

—Ella contesta aceptando con gozo mi idea —dijo el padre muy conmovido—. Porque la idea fue mía... sí, hace tiempo, hace tiempo que la concebí... pero no había querido decirte nada antes de conocer el pensamiento de mi hermana. Como ves, Perfecta acoge con júbilo mi plan; dice que también había pensado en lo mismo; pero que no se atrevía a manifestármelo, por ser tú... ¿no ves lo que dice? «por ser tú un joven de singularísimo mérito, y su hija una joven aldeana, educada sin brillantez ni mundanales atractivos...».

Pepe volvió a tomar la carta y la leyó con cuidado. Su semblante no expresaba alegría ni pesadumbre. Parecía estar examinando un proyecto de empalme de dos vías férreas.

—Por cierto —decía don Juan—, que en esa remota

---

[49] **Penitenciario** Canon Penitentiary of cathedral; (a dignitary of the Roman Catholic Church who, in some dioceses, is vested with power from the bishop to absolve in some cases reserved to him.) [50] **no coge un galgo** a greyhound cannot catch it; (that is, because the relationship was so distant or remote.) [51] **buena mano** handy. [52] **lidió con la curia** argued with the lawyers (the legal profession); or fought it out in court. [53] **salir a flote** to be saved or rescued. [54] **enfadosas perogrulladas** annoying clichés or platitudes. [55] **una ... a Montblanch** a railway line connecting the cities of Tarragona and Montblanch (in Catalonia). [56] **honrado bufete** respectable law office (or practice).

Orbajosa, donde, entre paréntesis, tienes fincas que puedes examinar ahora, se pasa la vida con la tranquilidad y dulzura de un idilio. ¡Qué patriarcales costumbres! ¡Qué nobleza en aquella sencillez! ¡Qué rústica paz virgiliana![57] Si en vez de ser matemático fueras latinista, repetirías al entrar allí el *ergo tua rura manebunt*.[58] ¡Qué admirable lugar para dedicarse a la contemplación de nuestra propia alma y prepararse a las buenas obras! Allí todo es bondad, honradez; allí no se conocen la mentira y la farsa como en nuestras grandes ciudades; allí renacen las santas inclinaciones que el bullicio de la moderna vida ahoga; allí despierta la dormida fe, y se siente vivo impulso indefinible dentro del pecho, al modo de pueril impaciencia que en el fondo de nuestra alma grita: «Quiero vivir.»

Pocos días después de esta conferencia, Pepe salió de Puerto Real. Había rehusado meses antes una comisión del Gobierno para examinar, bajo el punto de vista minero, la cuenca del río Nahara en el valle de Orbajosa; pero los proyectos a que dio lugar la conferencia referida, le hicieron decir: «Conviene aprovechar el tiempo. Sabe Dios lo que durará ese noviazgo[59] y el aburrimiento que traerá consigo.» Dirigióse a Madrid, solicitó la comisión de explorar la cuenca del Nahara, se la dieron sin dificultad, a pesar de no pertenecer oficialmente al cuerpo de minas:[60] púsose luego en marcha, y después de trasbordar un par de veces, el tren mixto Núm. 65 le llevó, como se ha visto, a los amorosos brazos del tío *Licurgo*.

Frisaba la edad[61] de este excelente joven en los treinta y cuatro años. Era de complexión fuerte y un tanto hercúlea, con rara perfección formado, y tan arrogante, que si llevara uniforme militar ofrecería el más guerrero aspecto y talle[62] que puede imaginarse. Rubios el cabello y la barba, no tenía en su rostro la flemática imperturbabilidad de los sajones, sino, por el contrario, una vivez tal, que sus ojos parecían negros sin serlo. Su persona bien podía pasar por un hermoso y acabado símbolo, y si fuera estatua, el escultor habría grabado en el pedestal estas palabras: *inteligencia, fuerza*. Si no en caracteres visibles, llevábalas él expresadas vagamente en la luz de su mirar, en el poderoso atractivo que era don propio de su persona, y en las simpatías a que su trato cariñosamente convidaba...

IV

LA LLEGADA DEL PRIMO

El señor penitenciario, cuando Rosarito se separó bruscamente de él, miró a los bardales, y viendo las cabezas del tío *Licurgo* y de su compañero de viaje, dijo para sí:

«Vamos, ya está ahí ese prodigio.»

Quedóse un rato meditabundo, sosteniendo el manteo con ambas manos cruzadas sobre el abdomen, fija la vista en el suelo, los anteojos de oro deslizándose suavemente hacia la punta de la nariz, saliente y húmedo el labio inferior, y un poco fruncidas las blanquinegras cejas. Era un santo varón, piadoso y de no común saber, de intachables costumbres clericales, algo más de sexagenario, de afable trato, fino y comedido, gran repartidor de consejos y advertencias a hombres y mujeres. Desde luengos años era maestro de latinidad y retórica[63] en el Instituto, cuya noble profesión diole gran caudal de citas horacianas y de floridos tropos,[64] que empleaba con gracia y oportunidad.

En tanto, Pepe bajaba de la jaca, y en el mismo portal le recibía en sus amantes brazos doña Perfecta, anegado en lágrimas el rostro, y sin poder pronunciar sino palabras breves y balbucientes, expresión sincera de su cariño.

—Pepe... ¡pero qué grande estás...! y con barbas... Me parece que fue ayer cuando te ponía sobre mis rodillas... Ya estás hecho un hombre, todo un hombre... ¡Cómo pasan los años...! ¡Jesús! Aquí tienes a mi hija Rosario.

Diciendo esto, habían llegado a la sala baja, ordinariamente destinada a recibir, y doña Perfecta presentóle a su hija.

Era Rosario una muchacha de apariencia delicada y débil, que anunciaba inclinaciones a lo que los portugueses llaman *saudades*.[65] En su rostro fino y puro se observaba la pastosidad nacarada[66] que la mayor parte de los poetas atribuyen a sus heroínas, y sin cuyo barniz sentimental parece que ninguna Enriqueta y ninguna Julia[67] pueden ser interesantes. Tenía Rosario tal expresión de dulzura y modestia, que al verla no se echaban de menos las perfecciones de que carecía. No es esto decir que era fea; mas también es cierto que habría pasado por hiperbólico[68] el que la llamaran hermosa, dando a esta palabra su riguroso sentido. La hermosura real de la niña de doña Perfecta consistía en una especie de transparencia, prescindiendo del nácar, del alabastro, del marfil y demás materias usadas en la composición descriptiva de los rostros humanos; una transparencia, digo, por la cual todas las honduras de su alma se veían claramente; honduras no cavernosas y horribles como las del mar, sino como las de un manso y claro río. Pero allí faltaba materia para que la persona fuese completa: faltaba cauce, faltaban orillas. El vasto caudal de su espíritu se desbordaba, amenazando devorar las estrechas riberas. Al ser saludada por su primo se puso como la grana, y sólo pronunció algunas palabras torpes.

—Estarás desmayado[69] —dijo doña Perfecta a su sobrino—. Ahora mismo te daremos de almorzar.

—Con permiso de usted —repuso el viajero—, voy a quitarme el polvo del camino.

—Muy bien pensado. Rosario, lleva a tu primo al cuarto que le hemos dispuesto. Despáchate[70] pronto, sobrino. Voy a dar mis órdenes.

Rosario llevó a su primo a una hermosa habitación situada en el piso bajo. Desde que puso el pie dentro de ella, Pepe reconoció en todos los detalles de la vivienda la mano diligente y cariñosa de una mujer. Todo estaba puesto con arte singular, y el aseo y frescura de cuanto allí había convidaban a reposar en tan hermoso nido. El huésped reparó en minuciosidades que le hicieron reír.

—Aquí tienes la campanilla —dijo Rosarito tomando el cordón de ella, cuya borla caía sobre la cabecera del lecho—. No tienes más que alargar la mano. La mesa de escribir está puesta de modo que recibas la luz por la izquierda . . . Mira: en esta cesta echarás los papeles rotos . . . ¿Fumas?

—Tengo esa desgracia —repuso Pepe Rey.

—Pues aquí puedes echar las puntas de cigarro —dijo ella, tocando con la punta del pie un mueble de latón dorado[71] lleno de arena—. No hay cosa más fea que ver el suelo lleno de colillas de cigarro . . . Mira el lavabo . . . Para la ropa tienes un ropero y una cómoda . . . Creo que la relojera está mal aquí y se te debe

poner junto a la cama. . . Si te molesta la luz, no tienes más que correr el transparente tirando de la cuerda . . ., ¿ves . . .?

El ingeniero estaba encantado.

Rosarito abrió una ventana.

—Mira —dijo—, esta ventana da a la huerta. Por aquí entra el sol de tarde. Aquí tenemos colgada la jaula de un canario, que canta como un loco. Si te molesta, la quitaremos.

Abrió otra ventana del testero opuesto.[72]

—Esta otra ventana —añadió—, da a la calle. Mira, desde aquí se ve la catedral, que es muy hermosa y está llena de preciosidades. Vienen muchos ingleses a verla. No abras las dos ventanas a un tiempo, porque las corrientes de aire son muy malas.

—Querida prima —dijo Pepe, con el alma inundada de inexplicable gozo—. En todo lo que está delante de mis ojos veo una mano de ángel que no puede ser sino tuya. ¡Qué hermoso cuarto es éste! Me parece

[57] **paz virgiliana** rural peace, tranquillity (in the pastoral style of Vergil (70–19 B.C.) whose eclogues, *The Bucolics*, idealized country life.) [58] **ergo tua rura manebunt** And so (or therefore) the fields shall remain yours (Vergil's *Eclogues* I, 46). [59] **lo que . . . noviazgo** how long that courtship is going to last. [60] **cuerpo de minas** mining engineers; (that is, he was not a specialist in mining.) [61] **Frisaba la edad** he was near the age of. [62] **aspecto y talle** appearance and stature (figure). [63] **maestro . . . retórica** high school teacher of latin and classical studies. [64] **gran caudal . . . tropos** great or rich source of quotations from Horace and flowery metaphors. [65] **saudades** melancholy, nostalgia; an indefinable longing or yearning. [66] **nacarada** some of the soft tones of mother-of-pearl. [67] **Enriqueta, Julia** The popular romantic novels of the times seemed to favor these names for their sentimental heroines. [68] **habría . . . hiperbólico** it would have been (or would have passed for) an exaggeration. [69] **Estarás desmayado** you're probably starving; you must be starved or famished. [70] **Despáchate** Get ready. [71] **mueble de latón dorado** a piece of furniture made of gilded brass; i.e., a cuspidor or spittoon. [72] **testero opuesto** opposite side or wall (of the room).

que he vivido en él toda mi vida. Está convidando a la paz.

Rosarito no contestó nada a estas cariñosas expresiones, y sonriendo salió.

—No tardes —dijo desde la puerta—; el comedor está también abajo . . . en el centro de esta galería.

Entró el tío *Licurgo* con el equipaje. Pepe le recompensó con una largueza a que el labriego no estaba acostumbrado, y éste, después de dar las gracias con humildad, llevóse la mano a la cabeza como quien ni se pone ni se quita el sombrero, y en tono embarazoso, mascando las palabras, como quien no dice ni deja de decir las cosas, se expresó de este modo:

—¿Cuándo será la mejor hora para hablar al señor don José de un . . . de un asuntillo?

—¿De un asuntillo? —Ahora mismo —repuso Pepe abriendo su baúl.

—No es oportunidad —dijo el labriego—. Descanse el señor don José, que tiempo tenemos. Más días hay que longanizas, como dijo el otro, y un día viene tras otro día . . . Que usted descanse, señor don José . . . Cuando quiera dar un paseo . . . la jaca no es mala . . . Con que buenos días, señor don José. Que viva usted mil años . . . ¡Ah! se me olvidaba —añadió, volviendo a entrar, después de algunos segundos de ausencia—. Si quiere usted algo para el señor juez municipal . . . Ahora voy allá a hablarle de nuestro asuntillo . . .

—Dele usted expresiones —dijo festivamente, no encontrando mejor fórmula para sacudirse de encima al legislador espartano.

—Pues quede con Dios el señor don José.

—Abur.[73]

El ingeniero no había sacado su ropa, cuando aparecieron por tercera vez en la puerta los sagaces ojuelos y la marrullera fisonomía del tío *Licurgo*.

—Perdone el señor don José —dijo mostrando en afectada risa sus blanquísimos dientes—. Pero . . . quería decirle que si usted desea que esto se arregle por amigables componedores . . .[74] Aunque, como dijo el otro, pon lo tuyo en consejo, y unos dirán que es blanco y otros que es negro . . .

—Hombre, ¿quiere usted irse de aquí?

—Dígolo porque a mí me carga la justicia. No quiero nada con la justicia. Del lobo un pelo, y éste de la frente.[75] Con que . . . con Dios, señor don José.

Dios le conserve sus días para favorecer a los pobres . . .

—Adiós, hombre, adiós.

Pepe echó la llave a la puerta, y dijo para sí:

—La gente de este pueblo parece muy pleitista.

V

Pepe Rey y el Penitenciario, Don Inocencio, manifiestan sus posiciones: Pepe Rey quiere el progreso y la riqueza del pueblo; el Penitenciario está satisfecho con la situación presente; no quiere cambios y desprecia a los «señores de la corte».

La comida fue cordial, y en todos los manjares se advertía la abundancia desproporcionada de los banquetes de pueblo, realizada a costa de la variedad. Había para atracarse[76] doble número de personas que las allí reunidas. La conversación recayó en asuntos diversos.

—Es preciso que visite usted cuanto antes nuestra catedral —dijo el canónigo—. ¡Como ésta hay pocas, señor don José . . .! Verdad que usted, que tantas maravillas ha visto en el extranjero, no encontrará nada notable en nuestra vieja iglesia . . . Nosotros, los pobres patanes[77] de Orbajosa, la encontramos divina. El maestro López de Berganza, racionero de ella,[78] la llamaba en el siglo XVI *pulchra augustana*[79] . . . Sin embargo, para hombres de tanto saber como usted, quizá no tenga ningún mérito, y cualquier mercado de hierro será más bello.

Cada vez disgustaba más a Pepe Rey el lenguaje irónico del sagaz canónigo; pero resuelto a contener y disimular su enfado, no contestó sino con expresiones vagas. Doña Perfecta tomó en seguida la palabra, y jovialmente se expresó así:

—Cuidado, Pepito; te advierto que si hablas mal de nuestra santa iglesia, perderemos las amistades. Tú sabes mucho y eres un hombre eminente que de todo entiendes; pero si has de descubrir que esa gran fábrica no es la octava maravilla, guárdate en buena hora tu sabiduría y no nos saques de bobos . . .[80]

—Lejos de creer que este edificio no es bello —repuso Pepe—, lo poco que de su exterior he visto me ha parecido de imponente hermosura. De modo, señora

Religion

Doña Perfecta
· Pura
· Christiana
· perfecta

milagros en el laboratorio

El Siglo XIX   203

tía, que no hay para qué asustarse; ni yo soy sabio ni mucho menos.

—Poco a poco —dijo el canónigo, extendiendo la mano y dando paz a la boca por breve rato para que, hablando, descansase del mascar—. Alto allá: no venga usted aquí haciéndose el modesto, señor don José, que hartos estamos de saber lo muchísimo que usted vale, la gran fama de que goza y el papel importantísimo que desempeñará donde quiera que se presente. No se ven hombres así todos los días. Pero ya que de este modo ensalzo los méritos de usted . . .

Detúvose para seguir comiendo, y luego que la sin hueso[81] quedó libre, continuó así:

—Ya que de este modo ensalzo los méritos de usted, permítaseme expresar otra opinión con la franqueza que es propia de mi carácter. Sí, señor don José; sí, señor don Cayetano; sí, señora y niña mías: la ciencia, tal como la estudian y la propagan los modernos, es la muerte del sentimiento y de las dulces ilusiones. Con ella la vida del espíritu se amengua; todo se reduce a reglas fijas, y los mismos encantos sublimes de la naturaleza desaparecen. Con la ciencia destrúyese lo maravilloso en las artes, así como la fe en el alma. La ciencia dice que todo es mentira, y todo quiere ponerlo en guarismos y rayas, no sólo *maria ac terras*, donde estamos nosotros, sino también *coelumque profundum*, donde está Dios . . .[82] Los admirables sueños del alma, su arrobamiento místico, la inspiración misma de los poetas, mentira. El corazón es una esponja, el cerebro una gusanera.[83]

Todos rompieron a reir, mientras él daba paso a un trago de vino.

—Vamos, ¿me negará el señor don José —añadió el sacerdote—, que la ciencia, tal como se enseña y se propaga hoy, va derecha a hacer del mundo y del género humano una gran máquina?

—Eso según y conforme[84] —dijo don Cayetano—. Todas las cosas tienen su pro y su contra.

—Tome usted más ensalada, señor penitenciario —dijo doña Perfecta—. Está cargadita de mostaza, como a usted le gusta.

Pepe Rey no gustaba de entablar vanas disputas, ni era pedante, ni alardeaba de erudito, mucho menos ante mujeres y en reuniones de confianza; pero la importuna verbosidad agresiva del canónigo necesitaba,

según él, un correctivo. Para dárselo le pareció mal sistema exponer ideas que, concordando con las del canónigo, halagasen a éste, y decidió manifestar las opiniones que más contrariaran y más acerbamente mortificasen al mordaz penitenciario.

«—Quieres divertirte conmigo —dijo para sí—. Verás que mal rato te voy a dar.»

Y luego añadió en voz alta:

—Cierto es todo lo que el señor penitenciario ha dicho en tono de broma. Pero no es culpa nuestra que la ciencia esté derribando a martillazos, un día y otro, tanto ídolo vano,[85] la superstición, el sofismo, las mil mentiras de lo pasado, bellas las unas, ridículas las otras, pues de todo hay en la viña del Señor.[86] El mundo de las ilusiones, que es, como si dijéramos, un segundo mundo, se viene abajo con estrépito. El misticismo en religión, la rutina en la ciencia, el amaneramiento de las artes, caen como cayeron los dioses paganos entre burlas. Adiós, sueños torpes; el género humano despierta, y sus ojos ven la claridad, el sentimentalismo vano, el misticismo, la fiebre, la alucinación, el delirio, desaparecen, y el que antes era enfermo, hoy está sano, y se goza con placer indecible en la justa apreciación de las cosas. La fantasía, la terrible loca, que era el alma de la casa, pasa a ser criada . . . Dirija usted la vista a todos lados, señor penitenciario, y verá el admirable conjunto de realidad

---

[73] **Abur** (coll.) goodbye.   [74] **amigables componedores** friendly arbitrators or mediators.   [75] **Del lobo . . . frente** the less of it the better.   [76] **Había para atracarse** there was more than enough for stuffing oneself (with food).   [77] **pobres patanes** poor yokels or country bumpkins.   [78] **racionero de ella** its prebendary.   [79] **pulchra augustana** imposing or majestic beauty.   [80] **no nos . . . de bobos** don't try to destroy our foolish notions.   [81] **la sin hueso** the tongue.   [82] **ponerlo en guarismos . . . Dios** to express in numbers and lines not only the seas and the lands where we live, but also the boundless heavens where God dwells. (The Latin quotations are from Vergil's *Aeneid* I, 58.)   [83] **gusanera** a breeding place for worms or maggots; a maggot's nest.   [84] **según y conforme** that depends.   [85] **un día . . . vano** day after day so many useless idols.   [86] **viña del Señor** the vineyard of the Lord (a biblical phrase).

provoca ... empuja ... empuja

que ha sustituido a la fábula. El cielo no es una bóveda, las estrellas no son farolillos, la luna no es una cazadora traviesa,[87] sino un pedrusco opaco,[88] el sol no es un cochero emperejilado y vagabundo,[89] sino un incendio fijo. Las sirtes no son ninfas, sino dos escollos; las sirenas son focas, y en el orden de las personas, Mercurio es Manzanedo; Marte es un viejo barbilampiño, el conde de Moltke; Néstor puede ser un señor de gabán que se llama monsieur Thiers; Orfeo es Verdi; Vulcano es Krupp; Apolo es cualquier poeta. ¿Quiere usted más? Pues Júpiter, un dios digno de ir a presidio si viviera aún, no descarga el rayo, sino que el rayo cae cuando a la electricidad le da la gana. No hay Parnaso, no hay Olimpo, no hay laguna Estigia, ni otros Campos Elíseos que los de París.[90] No hay ya más bajada al Infierno que las de la geología, y este viajero, siempre que vuelve, dice que no hay condenados en el centro de la tierra. No hay más subidas al cielo que las de la astronomía, y ésta, a su regreso, asegura no haber visto los seis o siete pisos de que hablan el Dante[91] y los místicos y soñadores de la Edad Media. No encuentra sino astros y distancias, líneas, enormidades de espacio, y nada más. Ya no hay falsos cómputos de la edad del mundo, porque la paleontología y la prehistoria han contado los dientes de esta calavera en que vivimos y averiguado su verdadera edad. La fábula, llámese paganismo o idealismo cristiano, ya no existe, y la imaginación está de cuerpo presente.[92] Todos los milagros posibles se reducen a los que yo hago en mi gabinete, cuando se me antoja, con una pila de Bunsen,[93] un hilo inductor y una aguja imantada. Ya no hay más multiplicaciones de panes y peces[94] que las que hace la industria con sus moldes y máquinas, y las de la imprenta, que imita a la Naturaleza sacando de un solo tipo millones de ejemplares. En suma, señor canónigo del alma, se han corrido las órdenes para dejar cesantes[95] a todos los absurdos, falsedades, ilusiones, ensueños, sensiblerías y preocupaciones que ofuscan el entendimiento del hombre. Celebremos el suceso.

Cuando concluyó de hablar, en los labios del canónigo retozaba una sonrisilla, y sus ojos habían tomado animación extraordinaria. Don Cayetano se ocupaba en dar diversas formas, ora romboidales, ora prismáticas, a una bolita de pan. Pero doña Perfecta

estaba pálida y fijaba sus ojos en el canónigo con insistencia observadora. Rosarito contemplaba con estupor a su primo. Este se inclinó hacia ella, y al oído le dijo disimuladamente en voz muy baja:

—No me hagas caso, primita. Digo estos disparates para sulfurar[96] al señor canónigo.

VII

LA DESAVENENCIA CRECE

—Puede que creas —indicó doña Perfecta con ligero acento de vanidad—, que el señor don Inocencio se va a quedar callado sin contestarte a todos y cada uno de esos puntos.

—¡Oh, no! —exclamó el canónigo arqueando las cejas—. No mediré yo mis escasas fuerzas con adalid tan valiente y al mismo tiempo tan bien armado.[97] El señor don José lo sabe todo, es decir, tiene a su disposición todo el arsenal de las ciencias exactas. Bien sé que la doctrina que sustenta es falsa; pero yo no tengo talento ni elocuencia para combatirla. Emplearía yo las armas del sentimiento; emplearía argumentos teológicos, sacados de la revelación,[98] de la fe, de la palabra divina; pero ¡ay! el señor don José, que es un sabio eminente, se reiría de la teología, de la fe, de la revelación, de los santos profetas, del Evangelio... Un pobre clérigo ignorante, un desdichado que no sabe matemáticas, ni filosofía alemana en que hay aquello del yo y no yo,[99] un pobre dómine que no sabe más que la ciencia de Dios y algo de poetas latinos, no puede entrar en combate con estos bravos corifeos.[100]

Pepe Rey prorrumpió en francas risas.

—Veo que el señor don Inocencio —indicó — ha tomado por lo serio estas majaderías que he dicho... Vaya, señor canónigo, vuélvanse cañas las lanzas,[101] y todo se acabó. Seguro estoy de que mis verdaderas ideas y las de usted no están en desacuerdo. Usted es un varón piadoso e instruido. Aquí el ignorante soy yo. Si he querido bromear, dispénsenme todos: yo soy así.

—Gracias —repuso el presbítero visiblemente contrariado—. ¿Ahora salimos con ésas? Bien sé yo, bien sabemos todos que las ideas que usted ha sustentado son las suyas. No podía ser de otra manera. Usted es el hombre del siglo. No puede negarse que su entendi-

Inocencio: astuto

defecto de liberales:
no ven la fuerza de
sus recursos

- dice cosas que realmen[te]...
- uno cree por provocadas
- le gusta hacer bromas
- uno no puede escapar del laberinto

miento es prodigioso, a todas luces prodigioso. Mientras usted hablaba, yo, lo confieso ingenuamente, al mismo tiempo que en mi interior deploraba error tan grande, no podía menos de admirar lo sublime de la expresión, la prodigiosa facundia, el método sorprendente de su raciocinio, la fuerza de los argumentos . . . ¡Qué cabeza, señora doña Perfecta, qué cabeza la de este joven sobrino de usted! Cuando estuve en Madrid y me llevaron al Ateneo,[102] confieso que me quedé absorto al ver el asombroso ingenio que Dios ha dado a los ateos y protestantes.

—Señor don Inocencio —dijo doña Perfecta, mirando alternativamente a su sobrino y a su amigo—, creo que usted, al juzgar a este chico, traspasa los límites de la benevolencia . . . No te enfades, Pepe, ni hagas caso de lo que digo, porque yo ni soy sabia, ni filósofa, ni teóloga; pero me parece que el señor don Inocencio acaba de dar una prueba de su gran modestia y caridad cristiana, negándose a apabullarte, como podía hacerlo si hubiese querido . . .

—¡Señora, por Dios! —murmuró el eclesiástico.

—El es así —añadió la señora—. Siempre haciéndose la mosquita muerta . . .[103] Y sabe más que los siete doctores.[104] ¡Ay, señor don Inocencio, qué bien le sienta a usted el nombre que lleva! Pero no se nos venga acá con humildades importunas. Mi sobrino no tiene pretensiones . . . ¡Si él sabe lo que le han enseñado y nada más! . . . Si ha aprendido el error, ¿qué más puede desear sino que usted le ilustre y le saque del infierno de sus falsas doctrinas?

—Justamente, no deseo otra cosa sino que el señor penitenciario me saque . . . —murmuró Pepe, comprendiendo que sin quererlo se había metido en un laberinto.

—Yo soy un pobre clérigo que no sabe más que la ciencia antigua —repuso don Inocencio—. Reconozco el inmenso valor científico mundano del señor don José, y ante tan brillante oráculo callo y me postro.

[87] **cazadora traviesa** a playful or mischievous huntress; i.e., Diana, mythological goddess of the moon and the hunt. [88] **pedrusco opaco** a solid stone. [89] **cochero . . . vagabundo** a coachman all dressed up with nothing to do

(Phaeton, the son of Helios, who borrowed his father's chariot of the sun and would have set heaven and earth on fire by his careless driving if Zeus had not slain him with a thunderbolt.) [90] **Las sirtes . . . París** The Syrtes are not nymphs but two reefs (proverbially dangerous sandbanks off the coast of North Africa); the sirens are seals; Mercury (God of commerce and gain) is Manzanedo (a Madrid banker); Mars (God of war) is an old cleanshaven or beardless man, Count von Moltke (1800–91, Prussian General, chief of staff during the Franco-Prussian war); Nestor (wise king of the Trojan War) might well be a gentleman in a greatcoat called Monsieur Thiers (1797–1877, French statesman and historian); Orpheus is Verdi; Vulcan (Roman god of the foundry) is Krupp (German steel and munitions manufacturing family); Apollo (God of music and poetry) is any poet. Do you want to hear more? Jupiter (Ruler of the gods), a god who would deserve to be sent to prison if he still lived, does not send out lightning bolts but lightning strikes when electricity feels like it. There is no Parnassus (sacred mountain of the muses), there is no Olympus (home of the gods of Greek mythology), there is no river Styx (one of the rivers of Hades which the souls of the dead had to cross) nor are there any other Elysian Fields except for the ones in Paris (the boulevard of the Champs-Elysées, a mythological place of supreme delight after which the street is named.) [91] **Dante** the different levels of heaven described by Dante in "Il Paradiso," the third part of his *Divine Comedy*. [92] **de cuerpo presente** ready to be buried. [93] **pila de Bunsen** electric cell invented by R. W. Bunsen, a German scientist (1811–1899). [94] **multiplicaciones . . . peces** the miracle of the loaves and the fishes that multiplied, as told in Matthew 14:17. [95] **se han corrido . . . cesantes** orders have been issued to dismiss. [96] **para sulfurar** so as to irritate (the good Canon). [97] **No mediré . . . armado** I wouldn't match my scanty wits with such a powerful champion who at the same time is so well armed. [98] **sacados de la revelación** taken or drawn from the revelations (of the Holy Scriptures). [99] **yo y no yo** ego and non-ego, terminology used by the German philosopher Johann Gottlieb Fichte (1762–1814) in whose system of philosophy the ego is the only reality. [100] **corifeos** in Greek tragedy, the leader of the chorus; but used here figuratively for the leader of any sect, group, or party. [101] **vuélvanse . . . lanzas** let's make peace; lit., let's turn the lances into reeds (woodwind instruments). [102] **Ateneo** the Athenaeum of Madrid, a cultural society founded in 1835; because of their liberal tendencies they did not find favor with the Church. [103] **haciéndose la mosquita muerta** pretending that he knows nothing. [104] **los siete doctores** the seven holy fathers or divine teachers of the medieval church.

97

Diciendo esto, el canónigo cruzaba ambas manos sobre el pecho, inclinando la cabeza. Pepe Rey estaba un sí es no es turbado a causa del giro que su tía quiso dar a una vana disputa festiva,[105] en la que tomó parte tan sólo por acalorar un poco la conversación. Creyó prudente poner punto en tan peligroso tratado, y con este fin dirigió una pregunta al señor don Cayetano cuando éste, despertando del pavoroso letargo que tras los postres le sobrevino, ofrecía a los comensales los indispensables palillos clavados en un pavo de porcelana que hacía la rueda . . .[106]

—No sé si me explico bien, primo. Quiero decir que no es fácil te acostumbres a la conversación ni a las ideas de la gente de Orbajosa. Se me figura . . . es una suposición.

—¡Oh! no: yo creo que te equivocas.

—Tú vienes de otra parte, de otro mundo donde las personas son muy listas, muy sabias, y tienen unas maneras finas y un modo de hablar ingenioso, y una figura . . . puede ser que no me explique bien. Quiero decir que estás habituado a vivir entre una sociedad escogida; sabes mucho . . . Aquí no hay lo que tú necesitas; aquí no hay gente sabia, ni grandes figuras. Todo es sencillez, Pepe. Se me figura que te aburrirás, que te aburrirás mucho, y al fin tendrás que marcharte.

La tristeza que era normal en el semblante de Rosarito, se mostró con tintas y rasgos tan notorios, que Pepe Rey sintió una emoción profunda.

—Estás en un error, querida prima. Ni yo traigo aquí la idea que supones, ni mi carácter ni mi entendimiento están en disonancia con los caracteres y las ideas de aquí. Pero supongamos por un momento que lo estuvieran.

—Vamos a suponerlo . . .

—En ese caso, tengo la firme convicción de que entre tú y yo, entre nosotros dos, querida Rosario, se establecerá una armonía perfecta. Sobre esto no puedo engañarme. El corazón me dice que no me engaño.

Rosarito se ruborizó; pero esforzándose en hacer huir su sonrojo con sonrisas y miradas dirigidas aquí y allí dijo:

—No vengas ahora con artificios. Si lo dices porque yo he de encontrar siempre bien todo lo que piensas, tienes razón.

—Rosario —exclamó el joven—, desde que te vi, mi alma se sintió llena de una alegría muy viva . . . he sentido al mismo tiempo un pesar: el de no haber venido antes a Orbajosa.

—Eso sí que no he de creerlo —dijo ella, afectando jovialidad para encubrir medianamente su emoción—. ¿Tan pronto? . . . No vengas ahora con palabrotas . . . Mira, Pepe, yo soy una lugareña; yo no sé hablar más que cosas vulgares; yo no sé francés, yo no me visto con elegancia; yo apenas sé tocar el piano; yo . . .

—¡Oh, Rosario! —exclamó con ardor el caballero—. Dudaba que fueses perfecta; ahora ya sé que lo eres.

Entró de súbito la madre. Rosarito, que nada tenía que contestar a las últimas palabras de su primo, conoció, sin embargo, la necesidad de decir algo, y mirando a su madre, habló así:

—¡Ah! se me había olvidado poner la comida al loro.

—No te ocupes de eso ahora. ¿Para qué os estáis ahí? Lleva a tu primo a dar un paseo por la huerta.

La señora se sonreía con bondad maternal, señalando a su sobrino la frondosa arboleda que tras los cristales aparecía.

—Vamos allá —dijo Pepe levantándose.

Rosarito se lanzó como un pájaro puesto en libertad hacia la vidriera.

—Pepe, que sabe tanto y ha de entender de árboles —afirmó doña Perfecta—, te enseñará cómo se hacen los injertos. A ver qué opina de esos peralitos que se van a trasplantar.

—Ven, ven —dijo Rosarito desde fuera.

Llamaba a su primo con impaciencia. Ambos desaparecieron entre el follaje. Doña Perfecta les vio alejarse, y después se ocupó del loro. Mientras le renovaba la comida, dijo en voz muy baja con ademán pensativo:

—¡Qué despegado es! Ni siquiera le ha hecho una caricia al pobre animalito.

Luego en voz alta añadió, creyendo en la posibilidad der ser oída por su cuñado:

—Cayetano, ¿qué te parece el sobrino? . . . ¡Cayetano!

Sordo gruñido indicó que el anticuario volvía al conocimiento de este miserable mundo.

—Cayetano . . .

Rosario ha enamorado desde antes te conocerte de las cartas

—Eso es . . . eso es . . . —murmuró con torpe voz el sabio—, ese caballerito sostendrá como todos la opinión errónea de que las estatuas de Mundogrande proceden de la primera inmigración fenicia.[107] Yo le convenceré . . .

—Pero Cayetano . . .

—Pero Perfecta . . . ¡Bah! ¿También ahora sostendrás que he dormido?

—No, hombre, ¡qué he de sostener yo tal disparate![108] . . . ¿Pero no me dices qué te parece ese chico?

Don Cayetano se puso la palma de la mano ante la boca para bostezar más a gusto, y después, entabló una larga conversación con la señora. Los que nos han transmitido las noticias necesarias a la composición de esta historia pasan por alto aquel diálogo, sin duda porque fue demasiado secreto. En cuanto a lo que hablaron el ingeniero y Rosarito en la huerta aquella tarde, parece evidente que no es digno de mención.

En la tarde del siguiente día ocurrieron, sí, cosas que no deben pasarse en silencio, por ser de la mayor gravedad. Hallábanse solos ambos primos a hora bastante avanzada de la tarde, después de haber discurrido por distintos parajes de la huerta, atentos el uno al otro, y sin tener alma ni sentidos más que para verse y oírse.

—Pepe —decía Rosarito—, todo lo que me has dicho es una fantasía, una cantinela de esas que tan bien sabéis hacer los hombres de chispa.[109] Tú piensas que, como soy lugareña, creo cuanto me dicen.

—Si me conocieras, como yo creo conocerte a ti, sabrías que jamás digo sino lo que siento. Pero dejémonos de sutilezas tontas y de argucias de amantes,[110] que no conducen sino a falsear los sentimientos. Yo no hablaré contigo más lenguaje que el de la verdad. ¿Eres acaso una señorita a quien he conocido en el paseo o en la tertulia, y con la cual pienso pasar un rato divertido? No. Eres mi prima. Eres algo más . . . Rosario, pongamos de una vez las cosas en su verdadero lugar. Fuera rodeos.[111] Yo he venido aquí a casarme contigo.

Rosario sintió que su rostro se abrasaba y que el corazón no le cabía en el pecho.[112]

—Mira, querida prima —añadió el joven—, te juro que si no me hubieras gustado, ya estaría lejos de aquí. Aunque la cortesía y la delicadeza me habrían obligado a hacer esfuerzos, no me hubiera sido fácil disimular mi desengaño. Yo soy así.

—Primo, casi acabas de llegar —dijo lacónicamente Rosarito, esforzándose en reír.

—Acabo de llegar, ya sé todo lo que tenía que saber: sé que te quiero; que eres la mujer que desde hace tiempo me está anunciando el corazón, diciéndome noche y día . . . «Ya viene; ya está cerca; que te quemas».

Esta frase sirvió de pretexto a Rosario para soltar la risa que en sus labios retozaba. Su espíritu se desvanecía alborozado en una atmósfera de júbilo.

—Tú te empeñas en que no vales nada —continuó Pepe—, y eres una maravilla. Tienes la cualidad admirable de estar a todas horas proyectando sobre cuanto te rodea la divina luz de tu alma. Desde que se te ve, desde que se te mira, los nobles sentimientos y la pureza de tu corazón se manifiestan. Viéndote, se ve una vida celeste que por descuido de Dios está en la tierra; eres un ángel, y yo te quiero como un tonto.

Al decir esto, parecía haber desempañado una grave misión, Rosarito vióse de súbito dominada por tan viva sensibilidad, que la escasa energía de su cuerpo no pudo corresponder a la excitación de su espíritu, y desfalleciendo, dejóse caer sobre un sillar que hacía las veces de banco en aquellos amenos lugares. Pepe se inclinó hacia ella. Notó que cerraba los ojos, apoyando la frente en la palma de la mano. Poco después, la hija de doña Perfecta Polentinos dirigía a su primo

también quiere casarse

[105] **un sí es no es . . . festiva** somewhat disturbed by the turn his aunt had given to a pointless argument that he had started in jest. [106] **pavo . . . rueda** a porcelain turkey with outspread tail. [107] **primera inmigración fenicia** the first Phoenician invasion (circa 11th century B.C.). [108] **¡qué he de . . . disparate!** how could I hold such a foolish opinion! [109] **hombres de chispa** clever men; sparkling wits. [110] **dejémonos . . . amantes** let's stop these silly remarks and lovers' spats. [111] **Fuera rodeos** Let's stop (or enough of this) beating around the bush. [112] **el corazón . . . pecho** her heart was bursting (for joy).

entre dulces lágrimas, una mirada tierna, seguida de estas palabras:

—Te quiero desde antes de conocerte.

Apoyadas sus manos en las del joven se levantó, y sus cuerpos desaparecieron entre las frondosas ramas de un paseo de adelfas. Caía la tarde, y una dulce sombra se extendía por la parte baja de la huerta, mientras el último rayo del sol poniente coronaba de resplandores las cimas de los árboles. La ruidosa república de pajarillos armaba espantosa algarabía en las ramas superiores. Era la hora en que después de corretear por la alegre inmensidad de los cielos, iban todos a acostarse, y se disputaban unos a otros la rama que escogían por alcoba. Su charla parecía a veces recriminación y disputa, a veces burla y gracejo. Con su parlero trinar se decían aquellos tunantes las mayores insolencias, dándose de picotazos y agitando las alas, así como los oradores agitan los brazos cuando quieren hacer creer las mentiras que pronuncian. Pero también sonaban por allí palabras de amor, que a ello convidaban la apacible hora y el hermoso lugar. Un oído experto hubiera podido distinguir las siguientes:

—Desde antes de conocerte te quería, y si no hubieras venido me habría muerto de pena. Mamá me daba a leer las cartas de tu padre y como en ellas hacía tantas alabanzas de ti, yo decía: «éste debiera ser mi marido». Durante mucho tiempo, tu padre no habló de que tú y yo nos casáramos, lo cual me parecía un descuido muy grande. Yo no sabía qué pensar de semejante negligencia ... Mi tío Cayetano, siempre que te nombraba, decía: «Como ése hay pocos en el mundo. La mujer que le pesque ya se puede tener por dichosa ...» Por fin tu papá dijo lo que no podía menos de decir ... Sí, no podía menos de decirlo:[113] yo lo esperaba todos los días ...

Poco después de estas palabras, la misma voz añadió con zozobra:

—Alguien viene tras nosotros.

Saliendo de entre las adelfas, Pepe vio a dos personas que se acercaban, y tocando las hojas de un tierno arbolito que allí cerca había, dijo en alta voz a su compañera:

—No es conveniente aplicar la primera poda a los árboles jóvenes como éste hasta su completo arraigo.[114]

Los árboles recién plantados no tienen vigor para soportar dicha operación. Tú bien sabes que las raíces no pueden formarse sino por el influjo de las hojas: así es que si le quitas las hojas ...

—¡Ah! señor don José —exclamó el penitenciario con franca risa, acercándose a los dos jóvenes y haciéndoles una reverencia—. ¿Está usted dando lecciones de horticultura? *Insere nunc Meliboe pryos, pone ordine vites,*[115] que dijo el gran cantor de los trabajos del campo. Injerta los perales, caro Melibeo; arregla las parras ... ¿Con que cómo estamos de salud, señor don José?

El ingeniero y el canónigo se dieron las manos. Luego éste volvióse, y señalando a un jovenzuelo que tras él venía, dijo sonriendo:

—Tengo el gusto de presentar a usted a mi querido Jacintillo ..., una buena pieza ... un tarambana, señor don José.

IX

Pepe Rey conoce a Jacinto, sobrino del Penitenciario. Es abogado e infantilmente vanidoso.

—¡Qué hermosa está la tarde! —dijo la señora—. ¿Qué tal, sobrino, te aburres mucho? ...

—Nada de eso —repuso el joven.

—No me lo niegues. De eso veníamos hablando Cayetano y yo. Tú estás aburrido, y te empeñas en disimularlo. No todos los jóvenes de estos tiempos tienen la abnegación de pasar su juventud, como Jacinto, en un pueblo donde no hay teatro Real, ni bufos, ni bailarinas, ni filósofos, ni Ateneos, ni papeluchos, ni Congresos,[116] ni otras diversiones y pasatiempos.

—Yo estoy aquí muy bien —replicó Pepe—. Ahora le estaba diciendo a Rosario que esta ciudad y esta casa me son tan agradables, que me gustaría vivir y morir aquí.

Rosario se puso muy encendida, y los demás callaron. Sentáronse todos en una glorieta, apresurándose Jacinto a ocupar el lugar a la izquierda de la señorita.

—Mira, sobrino, tengo que advertirte una cosa —dijo doña Perfecta, con aquella risueña expresión de bondad que emanaba de su alma, como de la flor el aroma—. Pero no vayas a creer que te reprendo, ni que te doy lecciones: tú no eres niño, y fácilmente comprenderás mis ideas.

—Ríñame usted, querida tía, que sin duda lo mereceré —replicó Pepe, que ya empezaba a acostumbrarse a las bondades de la hermana de su padre.

—No, no es más que una advertencia. Estos señores verán cómo tengo razón.

Rosarito oía con toda su alma.

—Pues no es más —añadió la señora—, sino que cuando vuelvas a visitar nuestra hermosa catedral, procures estar en ella con un poco más de recogimiento.

—Pero ¿qué he hecho yo?

—No extraño que tú mismo no conozcas tu falta —indicó la señora con aparente jovialidad—. Es natural: acostumbrado a entrar con la mayor desenvoltura en los ateneos, clubes, academias y congresos, crees que de la misma manera se puede entrar en un templo donde está la Divina Majestad.

—Pero, señora, dispénseme usted —dijo Pepe con gravedad—. Yo he entrado en la catedral con la mayor compostura.

—Si no te riño, hombre, si no te riño. No lo tomes así, porque tendré que callarme. Señores, disculpen ustedes a mi sobrino. No es de extrañar un descuidillo, distracción . . . ¿Cuántos años hace que no pones los pies en lugar sagrado?

—Señora, yo juro a usted . . . Pero en fin, mis ideas religiosas podrán ser lo que se quiera; pero acostumbro guardar compostura dentro de la iglesia.

—Lo que yo aseguro . . . vamos, si te has de ofender no sigo . . . lo que aseguro es que muchas personas lo advirtieron esta mañana. Notáronlo los señores de González, doña Robustiana, Serafinita, en fin . . . con decirte que llamaste la atención del señor Obispo . . . Su Ilustrísima[117] me dio las quejas esta tarde en casa de mis primas. Díjome que no te mandó plantar en la calle[118] porque le dijeron que eras sobrino mío.

Rosario contemplaba con angustia el rostro de su primo, procurando adivinar sus contestaciones antes que las diera.

—Sin duda me han tomado por otro.

—No . . . no . . . Fuiste tú . . . Pero no vayas a ofenderte, que aquí estamos entre amigos y personas de confianza. Fuiste tú, yo misma te vi.

—¡Usted!

—Justamente. ¿Negarás que te pusiste a examinar las pinturas, pasando por un grupo de fieles que estaban oyendo misa . . .? Te juro que me distraje de tal modo con tus idas y venidas, que . . . Vamos . . . es preciso que no vuelvas a hacerlo. Luego entraste en la capilla de San Gregorio; alzaron[119] en el altar mayor, y ni siquiera te volviste para hacer una demostración de religiosidad. Después atravesaste de largo a largo la iglesia, te acercaste al sepulcro del Adelantado,[120] pusiste las manos sobre el altar, pasaste en seguida otra vez por entre el grupo de fieles, llamando la atención. Todas las muchachas te miraban, y tú parecías satisfecho de perturbar tan lindamente la devoción y ejemplaridad de aquella buena gente.

—¡Dios mío! ¡Cuántas abominaciones! . . . —exclamó Pepe, entre enojado y risueño—. Soy un monstruo, y ni siquiera lo sospechaba.

—No, bien sé que eres un buen muchacho —dijo doña Perfecta, observando el semblante afectadamente serio e inmutable del canónigo, que parecía tener por cara una máscara de cartón—. Pero, hijo, de pensar las cosas a decirlas así con cierto desparpajo, hay una distancia que el hombre prudente y comedido no debe salvar nunca.[121] Bien sé que tus ideas son . . .

---

[113] **no podía . . . decirlo** he couldn't help saying it. [114] **no es . . . arraigo** it is not advisable to start pruning a tree as young as this one until it has become firmly rooted. [115] **Insere . . . vites** "Graft now the pear trees and arrange the vines . . ." (from Vergil's *Eclogues*, I, 73). [116] **Teatro Real . . . Congresos** Royal Theatre of Madrid, nor vaudeville acts, nor dancers, nor philosophers, nor members of the Athenaeum, nor worthless publications, nor sessions of Parliament. [117] **Su Ilustrísima** title given to Bishops in the Roman Catholic hierarchy; His Excellency. [118] **plantar en la calle** throw out or put out in the street. [119] **alzaron** they lifted the Host midway through the Mass. [120] **adelantado** a high ranking military and political officer of former days. [121] **distancia . . . nunca** there is a limit beyond which a prudent and well bred man should never go.

Sarcasmo de Don Inocencio

no te enfades; si te enfadas me callo... digo que una cosa es tener ideas religiosas y otra manifestarlas... Me guardaré muy bien de vituperarte porque creas que no nos crió Dios a su imagen y semejanza, sino que descendemos de los micos; ni porque niegues la existencia del alma, asegurando que ésta es una droga como los papelillos de magnesia[122] o de ruibarbo que se venden en la botica...

—¡Señora, por Dios!... —exclamó Pepe con disgusto—. Veo que tengo muy mala reputación en Orbajosa.

—Pues decía que no te vituperaré por esas ideas... Además de que no tengo derecho a ello; si me pusiera a disputar contigo, tú, con tu talentazo descomunal, me confundirías mil veces... no, nada de eso. Lo que digo es que estos pobres y menguados habitantes de Orbajosa son piadosos y buenos cristianos, si bien ninguno de ellos sabe filosofía alemana; por lo tanto, no debes despreciar públicamente sus creencias.

—Querida tía —dijo el ingeniero con gravedad—. Ni yo he despreciado las creencias de nadie, ni tengo las ideas que usted me atribuye. Quizás haya estado un poco irrespetuoso en la iglesia: soy algo distraído. Mi entendimiento y mi atención estaban fijos en la obra arquitectónica, y francamente, no advertí... Pero no era esto motivo para que el señor Obispo intentase echarme a la calle, ni para que usted me supusiera capaz de atribuir a un papelillo de botica las funciones del alma. Puedo tolerar eso como broma, nada más que como broma.

Pepe Rey sentía en su espíritu excitación tan viva, que a pesar de su mucha prudencia y mesura no pudo disimularla.

—Vamos, veo que te has enfadado —dijo doña Perfecta, bajando los ojos y cruzando las manos—. ¡Todo sea por Dios! Si hubiera sabido que lo tomabas así, no te habría dicho nada. Pepe, te ruego que me perdones.

Al oír esto y ver la actitud sumisa de su bondadosa tía, Pepe se sintió avergonzado de la dureza de sus anteriores palabras, y procuró serenarse. Sacóle de su embarazosa situación el venerable penitenciario, que, sonriendo con su habitual benevolencia, habló de este modo:

—Señora doña Perfecta, es preciso tener tolerancia

con los artistas... ¡oh! yo he conocido muchos. Estos señores, como vean delante de sí una estatua, una armadura mohosa, un cuadro podrido, o una pared vieja, se olvidan de todo. El señor don José es artista, y ha visitado nuestra catedral como la visitan los ingleses, los cuales de buena gana se llevarían a sus museos hasta la última baldosa de ella... Que estaban los fieles rezando; que el sacerdote alzó la Sagrada Hostia; que llegó el instante de la mayor piedad y recogimiento: pues bien... ¿qué le importa nada de esto a un artista? Es verdad que yo no sé lo que vale el arte, cuando se le disgrega de los sentimientos que expresa... pero, en fin, hoy es costumbre adorar la forma, no la idea... Líbreme Dios de meterme a discutir este tema con el señor don José, que sabe tanto, y argumentando con la primorosa sutileza de los modernos, confundiría al punto mi espíritu, en el cual no hay más que fe.

—El empeño de ustedes de considerarme como el hombre más sabio de la tierra me mortifica bastante —dijo Pepe, recobrando la dureza de su acento—. Ténganme por tonto, que prefiero la fama de necio a poseer esa ciencia de Satanás que aquí me atribuyen.

Pepe Rey se encontraba turbado y confuso, furioso contra los demás y contra sí mismo, procurando indagar la causa de aquella pugna, entablada a pesar suyo entre su pensamiento y el pensamiento de los amigos de su tía. Caviloso y triste, augurando discordias, permaneció breve rato sentado en el banco de la glorieta, con la barba apoyada en el pecho, el ceño fruncido, cruzadas las manos. Se creía solo.

Pepe entró en el comedor en un estado moral muy lamentable. Vio a doña Perfecta hablando con el penitenciario, y a Rosarito sola con los ojos fijos en la puerta. Esperaba, sin duda, a su primo.

—Ven acá, buena pieza —dijo la señora, sonriendo con muy poca espontaneidad—. Nos has insultado, gran ateo; pero te perdonamos. Ya sé que mi hija y yo somos dos palurdas incapaces de remontarnos a las regiones de las matemáticas, donde tú vives; pero, en fin... todavía es posible que algún día te pongas de rodillas ante nosotros, rogándonos que te enseñemos la doctrina.

Pepe contestó con frases vagas y fórmulas de cortesía y arrepentimiento.

canónigo *what?*

—Por mi parte —dijo don Inocencio, poniendo en sus ojos expresión de modestia y dulzura—, si en el curso de estas vanas disputas he dicho algo que pueda ofender al señor don José, le ruego que me perdone. Aquí todos somos amigos.

—Gracias. No vale la pena.

—A pesar de todo —indicó doña Perfecta, sonriendo ya con más naturalidad—, yo soy siempre la misma para mi querido sobrino, a pesar de sus ideas extravagantes y anti-religiosas . . . ¿De qué creerás que pienso ocuparme esta noche? Pues de quitarle de la cabeza al tío *Licurgo* esas terquedades con que te molesta. Le he mandado venir, y en la galería me está esperando. Descuida, que yo lo arreglaré; pues aunque conozca que no le falta razón . . .

—Gracias, querida tía— repuso el joven, sintiéndose invadido por la honda generosidad que tan fácilmente nacía en su alma.

Pepe Rey dirigió la vista hacia su prima, con intención de unirse a ella; pero algunas preguntas sagaces del canónigo le retuvieron al lado de doña Perfecta. Rosario estaba triste, oyendo con indiferencia melancólica las palabras del abogadillo, que, instalándose junto a ella, había comenzado una retahila de conceptos empalagosos, con inoportunos chistes sazonada, y fatuidades del peor gusto.[123]

—Lo peor para ti —dijo doña Perfecta a su sobrino cuando le sorprendió, observando la desacorde pareja que formaban Rosario y Jacinto—, es que has ofendido a la pobre Rosario. Debes hacer todo lo posible por desenojarla. ¡La pobrecita es tan buena . . .!

—¡Oh!, sí, tan buena —añadió el canónigo—, que no dudo perdonará a su primo.

—Creo que Rosario me ha perdonado ya, afirmó Rey.

—Claro, en corazones angelicales no dura mucho el resentimiento —dijo don Inocencio melifluamente—. Yo tengo algún ascendiente sobre esa niña, y procuraré disipar en su alma generosa toda prevención contra usted. En cuanto yo le diga dos palabras . . .

Pepe Rey, sintiendo que por su pensamiento pasaba una nube, dijo con intención:

—Tal vez no sea preciso.

Rey leyó en el triste semblante de su prima deseo muy vivo de hablarle. Acercóse a ella mientras doña Perfecta y don Cayetano trataban a solas de un negocio doméstico.

—Has ofendido a mamá —le dijo Rosario.

Sus facciones indicaban terror.

—Es verdad —repuso el joven—. He ofendido a tu mamá: te he ofendido a ti . . .

—No; a mí no.

—Pero espero que una y otra me perdonarán. Tu mamá me ha manifestado hace poco tanta bondad . . .

La voz de doña Perfecta vibró de súbito en el ámbito del comedor con tan discorde acento, que el sobrino se estremeció cual si oyese un grito de alarma. La voz dijo imperiosamente:

—¡Rosario, vete a acostar!

Turbada y llena de congoja, la muchacha dio vueltas por la habitación, haciendo como que buscaba alguna cosa. Con todo disimulo pronunció al pasar por junto a su primo estas vagas palabras:

Ropa monstruosa

—Mamá está enojada . . .

—Pero . . .

—Está enojada . . . no te fíes, no te fíes.

X

Pepe descubre que sus tierras están siendo ocupadas por Licurgo y otros labradores; el abogado de éstos, Jacinto, no le favorece.

XI

Pepe Rey hace amistades con gentes de Orbajosa. Pero la opinión del pueblo está contra él.

XII

Doña Perfecta no permite a Pepe ver a Rosario. Pepe conoce a unas pobres muchachas de vida alegre y las ayuda con dinero.

---

[122] **papelillos de magnesia** small envelopes containing magnesium oxide powder (used as an antacid and laxative). [123] **retahila . . . gusto** a host of sickening ideas peppered with silly jokes and other nonsense in the worst taste.

XIII

Las muchachas se burlan de la familia del Penitenciario, que vive en la casa próxima, mientras Pepe Rey está con ellas.

XIV

Doña Perfecta y el Penitenciario hacen la vida de Pepe Rey imposible; éste decide marcharse del pueblo.

XV

Rosario, enterada de la decisión de su primo Pepe, le envía una nota: «Dicen que te vas. Yo me muero». Pepe decide quedarse.

XVI

NOCHE

Orbajosa dormía. Los mustios farolillos del público alumbrado despedían en encrucijadas y callejones su postrer fulgor,[124] como cansados ojos que no pueden vencer el sueño. A la débil luz se escurrían envueltos en sus capas los vagabundos, los rondadores, los jugadores. Sólo el graznar del borracho o el canto del enamorado turbaban la callada paz de la ciudad histórica. De pronto, el *Ave María Purísima*[125] del vinoso sereno sonaba como un quejido enfermizo del durmiente poblachón.

Pepe dirigióse a su habitación; mas no sintiendo sueño ni necesidad de reposo físico, sino, por el contrario, fuerte excitación que le impulsaba a agitarse y divagar, cavilando y moviéndose, se paseó de un ángulo a otro de la pieza. Después abrió la ventana que a la huerta daba, y poniendo los codos en el antepecho contempló la inmensa negrura de la noche. No se veía nada. Pero el hombre ensimismado lo ve todo, y Rey, fijos los ojos en la oscuridad, miraba cómo se iba desarrollando sobre ella el abigarrado paisaje de sus desgracias. La sombra no le permitía ver las flores de la tierra ni las del cielo, que son las estrellas. La misma falta casi absoluta de claridad producía el efecto de un ilusorio movimiento en las masas de árboles, que se extendían al parecer; iban

perezosamente y regresaban enroscándose, como el oleaje de un mar de sombras. Formidable flujo y reflujo, una lucha entre fuerzas no bien manifiestas, agitaban la silenciosa esfera. Contemplando aquella extraña proyección de su alma sobre la noche, el matemático decía:

—La batalla será terrible. Veremos quién sale triunfante.

Los insectos de la noche hablaron a su oído diciéndole misteriosas palabras. Aquí un chirrido áspero; allí un chasquido semejante al que hacemos con la lengua; allá lastimeros murmullos; más lejos un son vibrante parecido al de la esquila suspendida al cuello de la res vagabunda. De súbito sintió Rey una consonante extraña,[126] una rápida nota, propia tan sólo de la lengua y de los labios humanos, exhalación que cruzó por su cerebro como un relámpago. Sintió culebrear dentro de sí aquella S fugaz,[127] que se repitió una y otra vez, aumentando de intensidad. Miró a todos lados, hacia la parte alta de la casa, y en una ventana creyó distinguir un objeto semejante a un ave blanca que movía las alas. Por la mente excitada de Pepe Rey cruzó en un instante la idea del fénix, de la paloma, de la garza real . . . y sin embargo, aquella ave no era más que un pañuelo.

El ingeniero saltó por la ventana a la huerta. Observando bien, vio la mano y el rostro de su prima. Creyó distinguir el tan usual movimiento de imponer silencio llevando el dedo a los labios. Después, la simpática sombra alargó el brazo hacia abajo y desapareció. Pepe Rey entró de nuevo en su cuarto rápidamente, y procurando no hacer ruido, pasó a la galería, avanzando después lentamente por ella. Sentía el palpitar de su corazón, como si hachazos recibiera dentro del pecho. Esperó un rato . . . al fin oyó distintamente tenues golpes en los peldaños de la escalera. Uno, dos, tres . . . Producían aquel rumor unos zapatitos.

Dirigióse hacia allá en medio de una oscuridad casi profunda, y alargó los brazos para prestar apoyo a quien descendía. En su alma reinaba una ternura exaltada y profunda. Pero ¿a qué negarlo? tras aquel dulce sentimiento surgió de repente, como infernal inspiración, otro que era un terrible deseo de venganza. Los pasos se acercaban descendiendo. Pepe

Rey avanzó, y unas manos que tanteaban en el vacío chocaron con las suyas. Las cuatro ¡ay! se unieron en estrecho apretón.

XVII

LUZ A OSCURAS

La galería era larga y ancha. A un extremo estaba la puerta del cuarto donde moraba el ingeniero; en el centro la del comedor; al otro extremo la escalera y la puerta grande y cerrada, con un peldaño en el umbral. Aquella puerta era la de una capilla, donde los Polentinos tenían los santos de su devoción doméstica. Alguna vez se celebraba en ella el santo sacrificio de la misa.

Rosario dirigió a su primo hacia la puerta de la capilla, y se dejó caer en el escalón.

—¿Aquí?... —murmuró Pepe Rey.

Por los movimientos de la mano derecha de Rosario, comprendió que ésta se santiguaba.

—Prima querida, Rosario... ¡gracias por haberte dejado ver! —exclamó estrechándola con ardor entre sus brazos.

Sintió los dedos fríos de la joven sobre sus labios imponiéndole silencio. Los besó con frenesí.

—Estás helada..., Rosario... ¿Por qué tiemblas así?

Daba diente con diente,[128] y su cuerpo todo se estremecía con febril convulsión. Rey sintió en su cara el abrasador fuego del rostro de su prima, y, alarmado, exclamó:

—Tu frente es un volcán. Tienes fiebre.

—Mucha.

—¿Estás enferma realmente?

—Sí...

—Y has salido...

—Por verte.

El ingeniero la estrechó entre sus brazos para darle abrigo; pero no bastaba.

—Aguarda —dijo vivamente levantándose—. Voy a mi cuarto a traer mi manta de viaje.

—Apaga la luz, Pepe.

Rey había dejado encendida la luz dentro de su cuarto, y por la puerta de éste salía una tenue claridad, iluminando la galería. Volvió al instante. La oscuridad era ya profunda. Tentando las paredes pudo llegar hasta donde estaba su prima. Reuniéronse y la arropó cuidadosamente de los pies a la cabeza.

—¡Qué bien estás ahora, niña mía!

—Sí ¡qué bien!... Contigo.

—Conmigo... y para siempre —exclamó con exaltación el joven.

Pero observó que se desasía de sus brazos y se levantaba.

—¿Qué haces?

Sintió el ruido de un hierrecillo. Rosario introducía una llave en la invisible cerradura, y abría cuidadosamente la puerta en cuyo umbral se habían sentado. Leve olor de humedad, inherente a toda pieza cerrada por mucho tiempo, salía de aquel recinto oscuro como una tumba. Pepe Rey se sintió llevado de la mano, y la voz de su prima dijo muy débilmente:

—Entra.

Dieron algunos pasos. Creíase él conducido a ignotos lugares elíseos por el ángel de la noche.[129] Ella tanteaba. Por fin volvió a sonar su dulce voz, murmurando:

—Siéntate.

Estaban junto a un banco de madera. Los dos se sentaron. Pepe Rey la abrazó de nuevo. En el mismo instante su cabeza chocó con un cuerpo muy duro.

¿Qué es esto?

—Los pies.

—Rosario... ¿qué dices?

—Los pies del divino Jesús, de la imagen de Cristo Crucificado, que adoramos en mi casa.

Pepe Rey sintió una fría lanzada que le traspasó el corazón.

[124] **Los mustios ... fulgor** The gloomy street lamps were giving off their last fading glow in the intersections and side streets.   [125] **Ave María Purísima** a formal Catholic salutation or greeting, shouted by the night watchman in Spain when announcing the hour.   [126] **consonante extraña** a strange sound or noise.   [127] **culebrear ... fugaz** he felt that hissing sound crawling within his body.   [128] **Daba diente con diente** Her teeth were chattering.   [129] **lugares elíseos ... noche** Elysian Fields (see note 90) by the angel of the night.

Zurbarán, Francisco de. Español (1598–1664). *Crucifijo*. The Metropolitan
Museum of Art. Regalo de George R. Hann.

—Bésalos —dijo, imperiosamente, la joven.

El matemático besó los helados pies de la santa imagen.

—Pepe —preguntó, después, la señorita, estrechando ardientemente la mano de su primo—, ¿tú crees en Dios?

—Rosario . . . ¿qué dices ahí? ¡Qué locuras piensas! —repuso, con perplejidad, el primo.

—Contéstame.

Pepe Rey sintió humedad en sus manos.

—¿Por qué lloras? —dijo lleno de turbación—. Rosario, me estás matando con tus dudas absurdas. ¡Que si creo en Dios! ¿Lo dudas tú?

—Yo no; pero todos dicen que eres ateo.

—Desmerecerías a mis ojos, te despojarías de tu aureola de pureza, si dieras crédito a tal necedad.[130]

—Oyéndote calificar de ateo,[131] y sin poder convencerme de lo contrario por ninguna razón, he protestado desde el fondo de mi alma contra tal calumnia. Tú no puedes ser ateo. Dentro de mí tengo yo vivo y fuerte el sentimiento de tu religiosidad, como el de la mía propia.

—¡Qué bien has hablado! Entonces, ¿por qué me preguntas si creo en Dios?

—Porque quería escucharlo de tu misma boca y recrearme oyéndotelo decir. ¡Hace tanto tiempo que no oigo tu voz! . . . ¿Qué mayor gusto que oírla de nuevo, después de tan gran silencio, diciendo: «Creo en Dios»?

—Rosario, hasta los malvados creen en Él. Si existen ateos, que no lo dudo, son los calumniadores, los intrigantes de que está infestado el mundo . . . Por mi parte, me importan poco las intrigas y las calumnias; y si tú te sobrepones a ellas y cierras tu corazón a los sentimientos de discordia que una mano aleve quiere introducir en él, nada se opondrá a nuestra felicidad.

—¿Pero qué nos pasa? Pepe, querido Pepe . . . ¿tú crees en el diablo?

El ingeniero calló. La oscuridad de la capilla no permitía a Rosario ver la sonrisa con que su primo acogiera tan extraña pregunta.

—Será preciso creer en él —dijo al fin.

—¿Qué nos pasa? Mamá me prohibe verte; pero fuera de lo del ateísmo, no habla mal de ti. Díceme

que espere; que tú decidirás; que te vas, que vuelves . . . Háblame con franqueza . . . ¿Has formado mala idea de mi madre?

—De ninguna manera —replicó Rey, apremiado por su delicadeza.

—¿No crees, como yo, que me quiere mucho, que nos quiere a los dos, que sólo desea nuestro bien, y que al fin hemos de alcanzar de ella el consentimiento que deseamos?

—Si tú lo crees así, yo también . . . Tu mamá nos adora a entrambos . . . Pero, querida Rosario, es preciso reconocer que el demonio ha entrado en esta casa.

—No te burles —repuso ella con cariño . . .—. ¡Ay! mamá es muy buena. Ni una sola vez me ha dicho que no fueras digno de ser mi marido. No insiste más que en lo del ateísmo . . . Dicen que tengo manías, y que ahora me ha entrado la de quererte con toda mi alma. En nuestra familia es ley no contrariar de frente las manías congénitas que tenemos, porque atacándolas se agravan más.

—Pues yo creo que a tu lado hay buenos médicos que se han propuesto curarte, y que al fin, adorada mía, lo conseguirán.

—No, no, no mil veces —exclamó Rosario, apoyando su frente en el pecho de su novio—. Quiero volverme loca contigo. Por ti estoy padeciendo; por ti estoy enferma; por ti desprecio la vida y me expongo a morir . . . Ya lo preveo; mañana estaré peor, me agravaré . . . Moriré. ¡Qué me importa!

—Tú no estás enferma —repuso él con energía—. Tú no tienes sino una perturbación moral que, naturalmente trae ligeras afecciones nerviosas; tú no tienes más que la pena ocasionada por esta horrible violencia que están ejerciendo sobre ti. Tu alma sencilla y generosa no lo comprende. Cedes; perdonas a los que te hacen daño; te afliges, atribuyendo tu desgracia a funestas influencias sobrenaturales; padeces

---

[130] **Desmerecerías . . . necedad** You would shed your halo of purity and virtue if you believed such nonsense.
[131] **Oyéndote . . . ateo** When I hear them call you an atheist.

en silencio; entregas tu inocente cuello al verdugo; te dejas matar, y el mismo cuchillo hundido en tu garganta, te parece la espina de una flor que se te clavó al pasar. Rosario, desecha esas ideas; considera nuestra verdadera situación, que es grave; mira la causa de ella donde verdaderamente está, y no te acobardes, no cedas a la mortificación que se te impone, enfermando tu alma y tu cuerpo. El valor de que careces te devolverá la salud, porque tú no estás realmente enferma, querida niña mía; tú estás... ¿quieres que lo diga? estás asustada, aterrada. Te pasa lo que los antiguos no sabían definir y llamaban maleficio.[132] ¡Rosario, ánimo, confía en mí! Levántate y sígueme. No te digo más.

—¡Ay, Pepe..., primo mío...! Se me figura que tienes razón —exclamó Rosarito anegada en llanto—. Tus palabras resuenan en mi corazón como golpes violentos que, estremeciéndome, me dan nueva vida. Aquí, en esta oscuridad donde no podemos vernos las caras, una luz inefable sale de ti y me inunda el alma. ¿Qué tienes tú, que así me transformas? Cuando te conocí, de repente fui otra. En los días en que he dejado de verte, me he visto volver a mi antiguo estado insignificante, a mi cobardía primera. Sin ti vivo en el Limbo,[133] Pepe mío... Haré lo que me dices: me levanto y te sigo. Iremos juntos donde quieras. ¿Sabes que me siento bien? ¿Sabes que no tengo ya fiebre, que recobro las fuerzas, que quiero correr y gritar, que todo mi ser se renueva, y se aumenta y se centuplica para adorarte? Pepe, tienes razón. Yo no estoy enferma, yo no estoy sino acobardada; mejor dicho, fascinada.[134]

—Eso es, fascinada.

—Fascinada. Terribles ojos me miran y me dejan muda y trémula. Tengo miedo; ¿pero a qué?... Tú sólo posees el extraño poder de devolverme la vida. Oyéndote, resucito. Yo creo que si me muriera y fueras a pasear junto a mi sepultura, desde lo hondo de la tierra sentiría tus pasos. ¡Oh, si pudiera verte ahora!... Pero estás aquí, a mi lado, y no dudo que eres tú... ¡Tanto tiempo sin verte!... Yo estaba loca. Cada día de soledad me parecía un siglo... Me decían que mañana, que mañana, y vuelta con mañana.[135] Yo me asomaba a la ventana por las noches, y la claridad de la luz de tu cuarto me servía de consuelo. A veces tu

sombra en los cristales era para mí una aparición divina. Yo extendía los brazos hacia afuera, derramaba lágrimas y gritaba con el pensamiento, sin atreverme a hacerlo con la voz. Cuando recibí tu recado por conducto de la criada; cuando me dio tu carta diciéndome que te marchabas, me puse muy triste, creí que se me iba saliendo el alma del cuerpo y que me moría por grados. Yo caía, caía como pájaro herido cuando vuela, que va cayendo y muriéndose, todo al mismo tiempo... Esta noche, cuando te vi despierto tan tarde, no pude resistir el anhelo de hablar contigo, y bajé. Creo que todo el atrevimiento que puedo tener en mi vida lo he consumido y empleado en una sola acción, en ésta, y que ya no podré dejar de ser cobarde... Pero tú me darás aliento: tú me darás fuerzas: tú me ayudarás, ¿no es verdad?... Pepe, primo mío querido, dime que sí; dime que tengo fuerzas, y las tendré; dime que no estoy enferma, y no lo estaré. Ya no lo estoy. Me encuentro tan bien, que me río de mis males ridículos.

Al decir esto, Rosarito se sintió frenéticamente enlazada por los brazos de su primo. Oyóse un ¡ay!: pero no salió de los labios de ella, sino de los de él, porque habiendo inclinado la cabeza, tropezó violentamente con los pies del Cristo. En la oscuridad es donde se ven las estrellas.[136]

En el estado de su ánimo y en la natural alucinación que producen los sitios oscuros, a Rey le parecía, no que su cabeza había topado con el santo pie, sino que éste se había movido, amonestándole de la manera más breve y elocuente. Entre serio y festivo alzó la cabeza, y dijo:

—Señor, no me pegues, que no haré nada malo.

En el mismo instante Rosario tomó la mano del ingeniero, oprimiéndola contra su corazón. Oyóse una voz pura, grave, angelical, conmovida, que habló de este modo:

—Señor que adoro; Señor Dios del mundo y tutelar de mi casa y de mi familia; Señor a quien Pepe también adora; Santo Cristo bendito que moriste en la Cruz por nuestros pecados: ante Ti, ante tu cuerpo herido, ante tu frente coronada de espinas, digo que éste es mi esposo, y que después de Ti, es el que más ama mi corazón; digo que le declaro mío, y que antes moriré que pertenecer a otro. Mi corazón y mi alma son suyos. Haz que el mundo no se oponga a nuestra felicidad, y concédeme el favor de esta unión, que ha de ser buena ante el mundo como lo es en mi conciencia.

—Rosario, eres mía —exclamó Pepe con exaltación—. Ni tu madre ni nadie lo impedirá.

La prima inclinó su hermoso busto inerte sobre el pecho del primo. Temblaba en los amantes brazos varoniles, como la paloma en las garras del águila.

Por la mente del ingeniero pasó como un rayo la idea de que existía el demonio; pero entonces el demonio era él. Rosario hizo ligero movimiento de miedo: tuvo como el temblor de sorpresa que anuncia el peligro.

—Júrame que no desistirás —dijo turbadamente Rey, atajando aquel movimiento.

—Te lo juro por las cenizas de mi padre, que están . . .

¿Dónde?

—Bajo nuestros pies.

El matemático sintió que se levantaba bajo sus pies la losa . . .; pero no, no se levantaba: es que él creyó notarlo así, a pesar de ser matemático.

—Te lo juro —repitió Rosario— por las cenizas de mi padre, y por Dios que nos está mirando . . . Que nuestros cuerpos, unidos como están, reposen bajo estas losas cuando Dios quiera llevarnos de este mundo.

—Sí —repitió Pepe Rey con emoción profunda, sintiendo en su alma una turbación inexplicable.

Ambos permanecieron en silencio durante breve rato. Rosario se había levantado.

—¿Ya?

Volvió a sentarse.

—Tiemblas otra vez —dijo Pepe—. Rosario, tú estás mala; tu frente abrasa.

—Parece que me muero —murmuró la joven con desaliento.— No sé qué tengo.

Cayó sin sentido en brazos de su primo. Agasajándola, notó que el rostro de la joven se cubría de helado sudor.

«Está realmente enferma —dijo para sí—. Esta salida es una verdadera calaverada».

Levantóla en sus brazos, tratando de reanimarla; pero ni el temblor de ella ni el desmayo cesaban, por lo cual resolvió sacarla de la capilla, a fin de que el aire fresco la reanimase. Así fue, en efecto. Recobrado el sentido, manifestó Rosario mucha inquietud por hallarse a tal hora fuera de su habitación. El reloj de la catedral dio las cuatro.

—¡Qué tarde! —exclamó la joven—. Suéltame, primo. Me parece que puedo andar. Verdaderamente estoy muy mala.

—Subiré contigo.

—Eso de ninguna manera. Antes iré arrastrándome hasta mi cuarto . . . ¿No te parece que se oye un ruido . . .?

Ambos callaron. La ansiedad de su atención determinó un silencio absoluto.

—¿No oyes nada, Pepe?

—Absolutamente nada.

—Pon atención . . . Ahora, ahora vuelve a sonar. Es un rumor que no sé si suena lejos, muy lejos, o cerca, muy cerca. Lo mismo podría ser la respiración de mi madre, que el chirrido de la veleta que está en la torre de la catedral. ¡Ah! Tengo un oído muy fino.

—Demasiado fino . . . Con que, querida prima, te subiré en brazos.

—Bueno, súbeme hasta lo alto de la escalera. Después iré yo sola. En cuanto descanse un poco, me quedaré como si tal cosa . . .[137] Pero ¿no oyes?

Detuviéronse en el primer peldaño.

—Es un sonido metálico.

—¿La respiración de tu mamá?

—No, no es eso. El rumor viene de muy lejos. ¿Será el canto de un gallo?

—Podrá ser.

[132] **Te pasa . . . maleficio** What's happening to you is what the ancients did not know how to define and they called it witchcraft.   [133] **Limbo** A region on the edge of hell for the souls of the righteous who died before the coming of Christ, and those of infants who die before baptism. [134] **fascinada** bewitched.   [135] **me decían . . . mañana** they kept telling me tomorrow, tomorrow, always tomorrow. [136] **en la . . . estrellas** stars can only be seen when it's dark. [137] **como si tal cosa** as if nothing happened.

Llegan las tropas de Madrid van a levantar unos bandos/personas rebeldes.

Parece que suenan dos palabras, diciendo: «Allá voy, allá voy.»

—Ya, ya oigo —murmuró Pepe Rey.

—Es un grito.

—Es una corneta.

—¡Una corneta!

—Sí. Sube pronto. Orbajosa va a despertar... Ya se oye con claridad. No es trompeta, sino clarín. La tropa se acerca.

—¡Tropa!

—No sé por qué me figuro que esta invasión militar ha de ser provechosa para mí... Estoy alegre, Rosario; arriba pronto.

—También yo estoy alegre. Arriba.

En un instante la subió, y los dos amantes se despidieron, hablándose al oído tan quedamente que apenas se oían.

aplastar exterminar

—Me asomaré por la ventana que da a la huerta, para decirte que he llegado a mi cuarto sin novedad. Adiós.

—Adiós, Rosario. Ten cuidado de no tropezar con los muebles.

—Por aquí navego bien, primo. Ya nos veremos otra vez. Asómate a la ventura de tu aposento si quieres recibir mi parte telegráfico.

Pepe Rey hizo lo que se le mandaba; pero aguardó largo rato, y Rosario no apareció en la ventana. El ingeniero creía sentir agitadas voces en el piso alto.

XVIII

Orbajosa ha sido siempre un pueblo rebelde y reaccionario. Se teme la guerra civil. Por eso el gobierno envía soldados, que se hospedan en las casas del pueblo. A casa de doña Perfecta llega un teniente coronel de caballería, Pinzón, que resulta ser amigo de Pepe Rey. Se ponen de acuerdo para disimular esta amistad y así ayudar a Pepe Rey.

XIX

COMBATE TERRIBLE.—ESTRATEGIA

Los primeros fuegos no podían tardar. A la hora de la comida, después de ponerse de acuerdo con Pinzón respecto al plan convenido, cuya primera condición era que ambos amigos fingirían no conocerse, Pepe

Rey fue al comedor. Allí encontró a su tía, que acababa de llegar de la catedral, donde pasaba, según su costumbre, toda la mañana. Estaba sola y parecía hondamente preocupada. El ingeniero observó que sobre aquel semblante pálido y marmóreo, no exento de cierta hermosura, se proyectaba la misteriosa sombra de un celaje. Al mirar recobraba la claridad siniestra; pero miraba poco, y después de una rápida observación del rostro de su sobrino, el de la bondadosa dama se ponía otra vez en su estudiada penumbra.

Aguardaban en silencio la comida. No esperaron a don Cayetano, porque éste había ido a Mundogrande. Cuando empezaron a comer, doña Perfecta dijo:

—Y ese militarote que nos ha regalado hoy el Gobierno, ¿no viene a comer?

—Parece tener más sueño que hambre —repuso el ingeniero sin mirar a su tía.

—¿Le conoces tú?

—No le he visto en mi vida.

—Pues estamos divertidos con los huéspedes que nos manda el Gobierno. Aquí tenemos nuestras camas y nuestra comida para cuando a esos perdidos de Madrid[138] se les antoje disponer de ellas.

—Es que hay temores de que se levanten partidas —dijo Pepe Rey, sintiendo que una centella corría por todos sus miembros—, y el Gobierno está decidido a aplastar a los orbajosenses, a exterminarlos, a hacerlos polvo.

—Hombre, para, para, por Dios, no nos pulverices —exclamó la señora con sarcasmo—. ¡Pobrecitos de nosotros! Ten piedad, hombre, y deja vivir a estas infelices criaturas. Y qué, ¿serás tú de los que ayuden a la tropa en la grandiosa obra de nuestro aplastamiento?

—Yo no soy militar. No haré más que aplaudir cuando vea extirpados para siempre los gérmenes de guerra civil, de insubordinación, de discordia, de behetría, de bandolerismo y de barbarie que existen aquí para vergüenza de nuestra época y de nuestra patria.

—Todo sea por Dios.

—Orbajosa, querida tía, casi no tiene más que ajos y bandidos, porque bandidos son los que en nombre de una idea política o religiosa se lanzan a correr aventuras cada cuatro o cinco años.

—Gracias, gracias, querido sobrino —dijo doña Perfecta palideciendo—. ¿Con que Orbajosa no tiene más que eso? Algo más habrá aquí, algo más que tú no tienes y que has venido a buscar entre nosotros.

Rey sintió el bofetón. Su alma se quemaba. Erale muy difícil guardar a su tía las consideraciones que por sexo, estado y posición merecía. Hallábase en el disparadero de la violencia, y un ímpetu irresistible le empujaba, lanzándole contra su interlocutora.

—Yo he venido a Orbajosa —dijo—, porque usted me mandó llamar: usted concertó con mi padre . . .

—Sí, sí, es verdad —repuso la señora, interrumpiéndole vivamente y procurando recobrar su habitual dulzura—. No lo niego. Aquí el verdadero culpable he sido yo. Yo tengo la culpa de tu aburrimiento, de los desaires que nos haces, de todo lo desagradable que en mi casa ocurre con motivo de tu venida.

—Me alegro que usted lo reconozca.

—En cambio, tú eres un santo. ¿Será preciso también que me ponga de rodillas ante tu graciosidad,[139] y te pida perdón . . . ?

—Señora —dijo Pepe Rey gravemente, dejando de comer—, ruego a usted que no se burle de mí de una manera tan despiadada. Yo no puedo ponerme en ese terreno . . .[140] No he dicho más que vine a Orbajosa llamado por usted.

—Y es cierto. Tu padre y yo concertamos que te casaras con Rosario. Viniste a conocerla. Yo te acepté desde luego como hijo . . . Tú aparentaste amar a Rosario . . .

—Perdóneme usted —objetó Pepe—. Yo amaba y amo a Rosario; usted aparentó aceptarme por hijo; usted, recibiéndome con engañosa cordialidad, empleó desde el primer momento todas las artes de la astucia para contrariarme y estorbar el cumplimiento de las promesas hechas a mi padre; usted se propuso, desde el primer día, desesperarme, aburrirme, y con los labios llenos de sonrisas y palabras cariñosas, me ha estado matando, achicharrándome a fuego lento; usted ha lanzado contra mí, en la oscuridad y a mansalva, un enjambre de pleitos,[141] usted me ha destituido del cargo oficial que traje a Orbajosa; usted me ha desprestigiado en la ciudad; usted me ha expulsado de la catedral; usted me ha tenido en constante ausencia de la escogida de mi corazón; usted ha mortificado a su

hija con un encierro inquisitorial que le hará perder la vida, si Dios no pone su mano en ello.

Doña Perfecta se puso como la grana. Pero aquella viva llamarada de su orgullo ofendido y de su pensamiento descubierto, pasó rápidamente, dejándola pálida y verdosa. Sus labios temblaban. Arrojando el cubierto con que comía, se levantó de súbito. El sobrino se levantó también.

—¡Dios mío, Santa Virgen del Socorro! —exclamó la señora, llevándose ambas manos a la cabeza y comprimiéndosela con el ademán propio de la desesperación—. ¿Es posible que yo merezca tan atroces insultos? Pepe, hijo mío, ¿eres tú el que habla? . . . Si he hecho lo que dices, en verdad que soy muy pecadora.

Dejóse caer en el sofá y se cubrió el rostro con las manos. Pepe, acercándose lentamente a ella, observó su angustioso sollozar y las lágrimas que abundantemente derramaba. A pesar de su convicción, no pudo vencer la ternura que se apoderó de él, y acobardándose, sintió cierta pena por lo mucho y fuerte que había dicho.[142]

—Querida tía —indicó poniéndole la mano en el hombro—. Si me contesta usted con lágrimas y suspiros, me conmoverá, pero no me convencerá. Razones y no sentimientos me hacen falta. Hábleme usted, dígame que me equivoco al pensar lo que pienso, pruébemelo después, y reconoceré mi error.

—Déjame. Tú no eres hijo de mi hermano. Si lo fueras, no me insultarías como me has insultado. ¿Conque soy una intrigante, una comedianta, una harpía hipócrita, una diplomática de enredos caseros? . . .

Al decir esto, la señora había descubierto su rostro y contemplaba a su sobrino con expresión beatífica. Pepe estaba perplejo. Las lágrimas, así como la dulce

---

[138] **perdidos de Madrid**   those good-for-nothings from Madrid; (the government officials).   [139] **tu graciosidad**   Your Grace (ironic).   [140] **yo no puedo . . . terreno.** I cannot lower myself to such a degree; or, I couldn't stoop so low.   [141] **ha lanzado . . . pleitos**   undercover you have unleashed a teeming swarm of lawsuits against me with no risk to yourself.   [142] **mucho y fuerte . . . dicho**   for the many harsh things he had said.

voz de la hermana de su padre, no podían ser fenómenos insignificantes para el alma del ingeniero. Las palabras le retozaban en la boca para pedir perdón. Hombre de gran energía por lo común, cualquier accidente de sensibilidad, cualquier agente que obrase sobre su corazón, le trocaba de súbito en niño. Achaques de matemático. Dicen que Newton era también así.

—Yo quiero darte las razones que pides —dijo doña Perfecta, indicándole que se sentase junto a ella—. Yo quiero desagraviarte. ¡Para que veas si soy buena, si soy indulgente, si hoy humilde! . . . ¿Crees que te contradiré; que negaré en absoluto los hechos de que me has acusado . . .? Pues no, no los niego.

El ingeniero no volvía de su asombro.

—No los niego —prosiguió la señora—. Lo que niego es la dañada intención[143] que les atribuyes. ¿Con qué derecho te metes a juzgar lo que no conoces sino por indicios y conjeturas? ¿Tienes tú la suprema inteligencia que se necesita para juzgar de plano las acciones de los demás y dar sentencia sobre ellas? ¿Eres Dios para conocer las intenciones?

Pepe se asombró más.

—¿No es lícito emplear alguna vez en la vida medios indirectos para conseguir un fin bueno y honrado? ¿Con qué derecho juzgas acciones mías que no comprendes bien? Yo, querido sobrino, ostentando una sinceridad que tú no mereces, te confieso que sí, que efectivamente me he valido de subterfugios para conseguir un fin bueno, para conseguir lo que al mismo tiempo era beneficioso para ti y para mi hija . . . ¿No comprendes? Parece que estás lelo . . . ¡Ah! Tu gran entendimiento de matemático y de filósofo alemán no es capaz de penetrar estas sutilezas de una madre prudente.

—Es que me asombro más y más cada vez —dijo Pepe Rey.

—Asómbrate todo lo que quieras, pero confiesa tu barbaridad —manifestó la dama, aumentando en bríos—; reconoce tu ligereza y brutal comportamiento conmigo, al acusarme como lo has hecho. Eres un mozalbete sin experiencia ni otro saber que el de los libros, que nada enseñan del mundo ni del corazón. Tú de nada entiendes más que de hacer caminos y muelles. ¡Ay, señorito mío! En el corazón humano no se entra por los túneles de los ferrocarriles, ni se baja a sus hondos abismos por los pozos de las minas. No se lee en la conciencia ajena con los microscopios de los naturalistas, ni se decide la culpabilidad del prójimo nivelando las ideas con teodolito.[144]

—¡Por Dios, querida tía . . .!

—¿Para qué nombras a Dios si no crees en El? —dijo doña Perfecta con solemne acento—. Si creyeras en El, si fueras buen cristiano, no aventurarías pérfidos juicios sobre mi conducta. Yo soy una mujer piadosa, ¿entiendes? Yo tengo mi conciencia tranquila, ¿entiendes? Yo sé lo que hago y por qué lo hago, ¿entiendes?

—Entiendo, entiendo, entiendo.

—Dios, en quien tú no crees, ve lo que tú no ves ni puedes ver: el intento. Y no te digo más; no quiero entrar en explicaciones largas, porque no lo necesito. Tampoco me entenderías si te dijera que deseaba alcanzar mi objeto sin escándalo, sin ofender a tu padre, sin ofenderte a ti, sin dar que hablar a las gentes con una negativa explícita . . . Nada de esto te diré, porque tampoco lo entenderás, Pepe. Eres matemático. Ves lo que tienes delante, y nada más; rayas, ángulos, pesos, y nada más: la Naturaleza brutal, y nada más. Ves el efecto y no la causa. El que no cree en Dios no ve causas. Dios es la suprema intención del mundo. El que le desconoce, necesariamente ha de juzgar de todo como juzgas tú, a lo tonto.[145] Por ejemplo, en la tempestad no ve más que destrucción, en el incendio estragos, en la sequía miseria, en los terremotos desolación, y sin embargo, orgulloso señorito, en todas esas aparentes calamidades hay que buscar la bondad de la intención . . . sí, señor, la intención siempre buena de quien no puede hacer nada malo.

Esta embrollada, sutil y mística dialéctica no convenció a Rey pero quiso seguir a su tía por la áspera senda de tales argumentaciones, y sencillamente le dijo:

—Bueno, yo respeto las intenciones . . .

—Ahora que pareces reconocer tu error —prosiguió la piadosa señora, cada vez más valiente—, te haré otra confesión, y es que voy comprendiendo que hice mal en adoptar tal sistema, aunque mi objeto era inmejorable. Dado tu carácter arrebatado, dada tu incapacidad para comprenderme, debí abordar la cuestión de frente y decirte: «Sobrino mío, no quiero que seas esposo de mi hija.»

—Ese es el lenguaje que debió emplear usted conmigo desde el primer día —repuso el ingeniero, respirando con desahogo, como quien se ve libre de enorme peso—. Agradezco mucho a usted esas palabras. Después de ser acuchillado en las tinieblas, ese bofetón a la luz del día me complace mucho.

—Pues te repito el bofetón, sobrino —afirmó la señora con tanta energía como displicencia—. Ya lo sabes. No quiero que te cases con Rosario.

Pepe calló. Hubo una larga pausa, durante la cual los dos estuvieron mirándose atentamente, cual si la cara de cada uno fuese para el contrario la más perfecta obra del arte.

—¿No entiendes lo que te he dicho? —repitió ella—. Que se acabó todo, que no hay boda.

—Permítame usted, querida tía —dijo el joven con entereza—, que no me aterre con la intimación. En el estado a que han llegado las cosas, la negativa de usted es de escaso valor para mí.

—¿Qué dices? —gritó fulminantemente doña Perfecta.

—Lo que usted oye. Me casaré con Rosario.

Doña Perfecta se levantó indignada, majestuosa, terrible. Su actitud era la del anatema hecho mujer.[146] Rey permaneció sentado, sereno, valiente, con el valor pasivo de una creencia profunda y de una resolución inquebrantable. El desplome de toda la iracundia de su tía, que le amenazaba, no le hizo pestañear. El era así.

—Eres un loco. ¡Casarte tú con mi hija, casarte tú con ella, no queriendo yo . . .!

Los labios trémulos de la señora articularon estas palabras con verdadero acento trágico.

—¡No queriendo usted . . .! Ella opina de distinto modo.

—¡No queriendo yo . . .! —repitió la dama—. Sí, y lo digo y lo repito: no quiero, no quiero.

—Ella y yo lo deseamos.

—Menguado, ¿acaso no hay en el mundo más que ella y tú? ¿No hay padres, no hay sociedad, no hay conciencia, no hay Dios?

—Porque hay sociedad, porque hay conciencia, porque hay Dios —afirmó gravemente Rey, levantándose y alzando el brazo y señalando al cielo—, digo y repito que me casaré con ella.

—¡Miserable, orgulloso! Y si todo lo atropellaras,

¿crees que no hay leyes para impedir tu violencia?

—Porque hay leyes digo y repito que me casaré con ella.

—Nada respetas.

—Nada que sea indigno.

—Y mi autoridad, y mi voluntad, yo . . . ¿yo no soy nada?

—Para mí su hija de usted es todo: lo demás nada.

La entereza de Pepe Rey era como los alardes de una fuerza incontrastable, con perfecta conciencia de sí misma. Daba golpes secos, contundentes, sin atenuación de ningún género. Sus palabras parecían, si es permitida la comparación, una artillería despiadada. Doña Perfecta cayó de nuevo en el sofá; pero no lloraba y una convulsión nerviosa agitaba sus miembros.

—¡De modo que para este ateo infame —exclamó con franca rabia— no hay conveniencias sociales, no hay nada más que un capricho! Eso es una avaricia indigna. Mi hija es rica.

—Si piensa usted herirme con esa arma sutil, tergiversando la cuestión e interpretando torcidamente mis sentimientos, para lastimar mi dignidad, se equivoca, querida tía. Llámeme usted avaro. Dios sabe lo que soy.

—No tienes dignidad.

—Esa es una opinión como otra cualquiera. El mundo podrá tenerla a usted en olor de infalibilidad: yo no. Estoy muy lejos de creer que las sentencias de usted no tengan apelación ante Dios.

—¿Pero es cierto lo que dices . . .? ¿Pero insistes después de mi negativa . . .? Tú lo atropellas todo; eres un monstruo, un bandido.

—Soy un hombre.

—¡Un miserable! Acabemos: yo te niego la mano de mi hija, la niego.

—¡Pues yo la tomaré! No tomo más que lo que es mío.

---

[143] **la dañada intención** the evil intention. [144] **nivelando . . . teodolito** measuring ideas with a theodolite; (a surveying instrument for measuring angles.) [145] **a lo tonto** like a fool. [146] **anatema hecho mujer** anathema personified in a woman; a curse in the form of a woman.

—Quítate de mi presencia —gritó la señora, levantándose de súbito—. Fatuo, ¿crees que mi hija se acuerda de ti?

—Me ama, lo mismo que yo a ella.

—¡Mentira, mentira!

—Ella misma me lo ha dicho. Dispénseme usted si en esta ocasión doy más fe a la opinión de ella que a la de su mamá.

—¿Cuándo te lo ha dicho, si no la has visto en muchos días?

—La he visto anoche, y me ha jurado ante el Cristo de la capilla que sería mi mujer.

—¡Oh, escándalo y libertinaje . . .! ¿Pero qué es esto? ¡Dios mío, qué deshonra! —exclamó doña Perfecta, comprimiéndose otra vez con ambas manos la cabeza y dando algunos pasos por la habitación—. ¿Rosario salió anoche de su cuarto?

—Salió para verme. Ya era tiempo.

—¡Qué vil conducta la tuya! Has procedido como los ladrones, has procedido como los seductores adocenados.[147]

—He procedido según la escuela de usted.[148] Mi intención era buena.

—¡Y ella bajó . . .! ¡Ah! lo sospechaba. Esta mañana al amanecer la sorprendí vestida en su cuarto. Díjome que había salido no sé a qué . . . El verdadero criminal eres tú; tú . . . Esto es una deshonra. Pepe, esperaba todo de ti, menos tan grande ultraje . . . Todo acabó. Márchate. No existes para mí. Te perdono con tal de que te vayas . . . No diré una palabra de esto a tu padre . . . ¡Qué horrible egoísmo! No, no hay amor en ti. ¡Tú no amas a mi hija!

—Dios sabe que la adoro, y esto me basta.

—No pongas a Dios en tus labios, blasfemo, y calla —exclamó doña Perfecta—. En nombre de Dios, a quien puedo invocar porque creo en El, te digo que mi hija no será jamás tu mujer. Mi hija se salvará, Pepe; mi hija no puede ser condenada en vida al infierno, porque infierno es la unión contigo.

—Rosario será mi esposa —repitió el matemático con patética calma.

Irritábase más la piadosa señora con la energía serena de su sobrino. Con voz entrecortada habló así:

—No creas que me amedrentan tus amenazas. Sé lo que digo. Pues qué, ¿se puede atropellar un hogar, una familia; se puede atropellar la autoridad humana y divina?

—Yo atropellaré todo —dijo el ingeniero, empezando a perder su calma y expresándose con alguna agitación.

—¡Lo atropellarás todo! ¡Ah! bien se ve que eres un bárbaro, un salvaje, un hombre que vive de la violencia.

—No, querida tía. Soy manso, recto, honrado y enemigo de violencias; pero entre usted y yo; entre usted, que es la ley, y yo, que soy el destinado a acatarla, está una pobre criatura atormentada, un ángel de Dios sujeto a inicuos martirios. Este espectáculo, esta injusticia, esta violencia inaudita es la que convierte mi rectitud en barbarie, mi razón en fuerza, mi honradez en violencia parecida a la de los asesinos y ladrones; este espectáculo, señora mía, es lo que me impulsa a no respetar la ley de usted; lo que me impulsa a pasar sobre ella, atropellándolo todo. Esto que parece desatino, es una ley ineludible. Hago lo que hacen las sociedades cuando una brutalidad tan ilógica como irritante se opone a su marcha. Pasan por encima, y todo lo destrozan con feroz acometida. Tal soy yo en este momento: yo mismo no me conozco. Era razonable, y soy un bruto; era respetuoso, y soy insolente; era culto, y me encuentro salvaje. Usted me ha traído a este horrible extremo, irritándome y apartándome del camino del bien, por donde tranquilamente iba. ¿De quién es la culpa, mía o de usted?

—¡Tuya, tuya!

—Ni usted ni yo podemos resolverlo. Creo que ambos carecemos de razón. En usted violencia e injusticia; en mí injusticia y violencia. Hemos venido a ser tan bárbaros el uno como el otro, y luchamos y nos herimos sin compasión. Dios lo permite así. Mi sangre caerá sobre la conciencia de usted; la de usted caerá sobre la mía. Basta ya, señora. No quiero molestar a usted con palabras inútiles. Ahora entraremos en los hechos.

—¡En los hechos, bien! —dijo doña Perfecta más bien rugiendo que hablando—. No creas que en Orbaosa falta Guardia civil.

—Adiós, señora. Me retiro de esta casa. Creo que volveremos a vernos.

—Vete, vete, vete ya —gritó señalando la puerta con enérgico ademán.

Pepe Rey salió. Doña Perfecta, despúes de pronunciar algunas palabras incoherentes que eran la más clara expresión de su ira, cayó en un sillón con muestras de cansancio o de ataque nervioso. Acudieron las criadas.

—¡Que vayan a llamar al señor don Inocencio! —gritó—. ¡Al instante!... ¡Pronto!... ¡Que venga!...

Despúes mordió el pañuelo.

XX

Pinzón habla mal de Pepe Rey a doña Perfecta, para disimular sus planes.

XXI–XXII–XXIII

Doña Perfecta y el Penitenciario hablan con «Caballuco» y otros hombres del pueblo incitándoles a castigar a Pepe Rey. Animan a los hombres a rebelarse contra el gobierno central, acusando a éste de impío y enemigo de la Iglesia.

XXIV

LA CONFESIÓN

Entre tanto, Rosario, el corazón hecho pedazos, sin poder llorar, sin poder tener calma ni sosiego, traspasada por el frío acero de un inmenso dolor, con la mente pasando en veloz carrera del mundo a Dios y de Dios al mundo, aturdida y medio loca, estaba a altas horas de la noche en su cuarto, puesta de hinojos,[149] cruzadas las manos, los pies desnudos sobre el suelo, la ardiente sien[150] apoyada en el borde del lecho, a oscuras, a solas, en silencio. Cuidaba de no hacer el menor ruido, para no llamar la atención de su mamá, que dormía o aparentaba dormir en la habitación inmediata. Elevó al cielo su exaltado pensamiento en esta forma:

«—Señor, Dios mío, ¿por qué antes no sabía mentir y ahora sé? ¿por qué antes no sabía disimular y ahora disimulo? ¿Soy una mujer infame...? ¿Esto que siento y que a mí me pasa, es la caída de las que no vuelven a levantarse? ¿He dejado de ser buena y honrada...?

Yo no me conozco. ¿Soy yo misma, o es la otra que está en este sitio...? ¡Qué de terribles cosas en tan pocos días![151] ¡Cuantas sensaciones diversas! ¡Mi corazón está consumido de tanto sentir...! Señor, Dios mío, ¿oyes mi voz, o estoy condenada a rezar eternamente sin ser oída...? Yo soy buena, nadie me convencerá de que no soy buena. Amar, amar muchísimo, ¿es acaso maldad...? Pero no... esto es una ilusión, un engaño. Soy más mala que las peores mujeres de la tierra. Dentro de mí una gran culebra me muerde y me envenena el corazón... ¿Qué es esto que siento? ¿Por qué no me matas, Dios mío? ¿Por qué no me hundes para siempre en el Infierno...? Es espantoso; pero lo confieso, lo confieso a solas a Dios, que me oye, y lo confesaré ante el sacerdote. Aborrezco a mi madre. ¿En qué consiste esto? No puedo explicármelo. El no me ha dicho una palabra en contra de mi madre. Yo no sé cómo ha venido esto... ¡Qué mala soy! Los demonios se han apoderado de mí. Señor, ven en mi auxilio, porque no puedo con mis propias fuerzas vencerme... Un impulso terrible me arroja de esta casa. Quiero huir, quiero correr fuera de aquí. Si él no me lleva, me iré tras él arrastrándome por los caminos... ¿Qué divina alegría es esta que dentro de mi pecho se confunde con tan amarga pena...? Señor, Dios Padre mío, ilumíname. Quiero amar tan sólo. Yo no nací para este rencor que me está devorando. Yo no nací para disimular, ni para mentir, ni para engañar. Mañana saldré a la calle, gritaré en medio de ella, y a todo el que pase le diré: *amo, aborrezco*... Mi corazón se desahogará de esta manera... ¡Qué dicha sería poder conciliarlo todo, amar y respetar a todo el mundo! La Virgen Santísima me favorezca... Otra vez la idea terrible. No lo quiero pensar, y lo pienso. No lo quiero sentir, y lo siento. ¡Ah!, no puedo engañarme sobre este particular.

---

[147] **seductores adocenados** common seducers
[148] **según la escuela de usted** according to your way of seeing things; or, following the rules of your own game.
[149] **puesta de hinojos** on her knees.   [150] **ardiente sien** burning forehead or temples.   [151] **¡Qué de ... días!** So many terrible things in so few days!

No puedo ni destruirlo ni atenuarlo . . .; pero puedo confesarlo y lo confieso, diciéndote: ¡Señor, que aborrezco a mi madre!»

Al fin se aletargó. En su inseguro sueño, la imaginación le reproducía todo lo que había hecho aquella noche, desfigurándolo, sin alterarlo en su esencia. Oía el reloj de la catedral dando las nueve; veía con júbilo a la criada anciana, durmiendo con beatífico sueño, y salía del cuarto muy despacito para no hacer ruido; bajaba la escalera tan suavemente, que no movía un pie hasta no estar segura de poder evitar el más ligero ruido. Salía a la huerta, dando una vuelta por el cuarto de las criadas y la cocina; en la huerta deteníase un momento para mirar al cielo, que estaba tachonado de estrellas.[152] El viento callaba. Ningún ruido interrumpía el hondo sosiego de la noche. Parecía existir en ella una atención fija y silenciosa, propia de ojos que miran sin pestañear y oídos que acechan en la espectativa de un gran suceso . . . La noche observaba.

Acercábase después a la puerta vidriera, del comedor, y miraba con cautela a cierta distancia, temiendo que la vieran los de dentro. A la luz de la lámpara del comedor veía de espaldas a su madre. El penitenciario estaba a la derecha, y su perfil se descomponía de un modo extraño: crecíale la nariz, asemejábase al pico de un ave inverosímil, y toda su figura se tornaba en una recortada sombra, negra y espesa, con ángulos aquí y allí, irrisoria, escueta y delgada. Enfrente estaba *Caballuco*, más semejante a un dragón que a un hombre. Rosario veía sus ojos verdes, como dos grandes linternas de convexos cristales. Aquel fulgor y la imponente figura del animal le infundían miedo. El tío *Licurgo* y los otros tres se le presentaban como figuritas grotescas. Ella había visto, en alguna parte, sin duda en los muñecos de barro de las ferias, aquel reír estúpido, aquellos semblantes toscos y aquel mirar lelo. El dragón agitaba sus brazos, que, en vez de accionar, daban vueltas como aspas de molino, y revolvía de un lado para otro los globos verdes, tan semejantes a los fanales de una farmacia. Su mirar cegaba . . . La conversación parecía interesante. El penitenciario agitaba las alas. Era una presumida avecilla que quería volar y no podía. Su pico se alargaba y se retorcía. Erizábansele las plumas con

síntomas de furor, y después, recogiéndose y aplacándose, escondía la pelada cabeza bajo el ala. Luego las figurillas de barro se agitaban queriendo ser personas, y Frasquito González se empeñaba en pasar por hombre.

Rosario sentía un pavor inexplicable en presencia de aquel amistoso concurso. Alejábase de la vidriera y seguía adelante paso a paso, mirando a todos lados por si era observada. Sin ver a nadie, creía que un millón de ojos se fijaban en ella . . . Pero sus temores y su vergüenza disipábanse de improviso. En la ventana del cuarto donde habitaba el señor Pinzón aparecía un hombre azul; brillaban en su cuerpo los botones como sartas de lucecillas.[153] Ella se acercaba. En el mismo instante sentía que unos brazos con galones la suspendían como una pluma, metiéndola con rápido movimiento dentro de la pieza. Todo cambiaba. De súbito sonó un estampido, un golpe seco que estremeció la casa. Ni uno ni otro supieron la causa de tal estrépito. Temblaban y callaban.

Era el momento en que el dragón había roto la mesa del comedor.

XXV

Doña Perfecta, el Penitenciario, su sobrina María Remedios, madre de Jacinto, y éste, se ponen de acuerdo para ocultar en casa de Doña Perfecta a «Caballuco», que es buscado por los militares.

XXVI

María Remedios no pierde la esperanza de casar a su hijo con Rosarito.

XXVII

María Remedios y su tío el Penitenciario discuten la posibilidad de utilizar a «Caballuco» para castigar a Pepe Rey.

XXVIII
DE PEPE REY A DON JUAN REY

Orbajosa, 12 de abril.

«Querido padre: Perdóneme usted si por primera vez le desobedezco no saliendo de aquí ni renunciando a mi propósito. El consejo y ruego de usted son propios de un padre bondadoso y honrado: mi terquedad es propia de un hijo insensato; pero en mí pasa una cosa singular: terquedad y honor se han juntado y confundido de tal modo, que la idea de disuadirme y ceder me causa vergüenza. He cambiado mucho. Yo no conocía estos furores que me abrasan. Antes me reía de toda obra violenta, de las exageraciones de los hombres impetuosos, como de las brutalidades de los malvados. Ya nada de esto me asombra, porque en mí mismo encuentro a todas horas cierta capacidad terrible para la perversidad. A usted puedo hablarle como se habla a solas con Dios y con la conciencia: a usted puedo decirle que soy un miserable, porque es un miserable quien carece de aquella poderosa fuerza moral contra sí mismo, que castiga las pasiones y somete la vida al duro régimen de la conciencia. He carecido de la entereza cristiana que contiene el espíritu del hombre ofendido en un hermoso estado de elevación sobre las ofensas que recibe de los enemigos que se las hacen,[154] he tenido la debilidad de abandonarme a una ira loca, poniéndome al bajo nivel de mis detractores, devolviéndoles golpes iguales a los suyos, y tratando de confundirlos por medios aprendidos en su propia indigna escuela. ¡Cuánto siento que no estuviera usted a mi lado para apartarme de este camino! Ya es tarde. Las pasiones no tienen espera. Son impacientes y piden su presa a gritos y con la convulsión de una espantosa sed moral. He sucumbido. No puedo olvidar lo que tantas veces me ha dicho usted, y es que la ira puede llamarse la peor de las pasiones, porque transformando de improviso nuestro carácter engendra todas las demás maldades y a todas les presta su infernal llamarada.

«Pero no ha sido sola la ira, sino un fuerte sentimiento expansivo, lo que me ha traído a tal estado: el amor profundo y entrañable que profeso a mi prima, única circunstancia que me absuelve. Y si el amor no, la compasión me habría impulsado a desafiar el furor y

las intrigas de su terrible hermana de usted, porque la pobre Rosario, colocada entre un afecto irresistible y su madre, es hoy uno de los seres más desgraciados que existen sobre la tierra. El amor que me tiene y que corresponde al mío, ¿no me da derecho a abrir como pueda las puertas de su casa, y sacarla de allí, empleando la ley hasta donde la ley alcance, y usando la fuerza desde el punto en que la ley me desampare? Creo que los rigurosos escrúpulos morales de usted no darán una respuesta afirmativa a esta proposición; pero yo he dejado de ser aquel carácter metódico y puro, formado en su conciencia con la exactitud de un tratado científico.[155] Ya no soy aquel a quien una educación casi perfecta dio pasmosa regularidad en sus sentimientos: ahora soy un hombre como otro cualquiera; de un solo paso he entrado en el terreno común de lo injusto y de lo malo. Prepárese usted a oír cualquier barbaridad que será obra mía. Yo cuidaré de notificar a usted las que vaya cometiendo.

«Pero ni la confesión de mis culpas me quitará la responsabilidad de los sucesos graves que han ocurrido y ocurrirán, ni ésta, por mucho que argumente, recaerá toda entera sobre su hermana de usted. La responsabilidad de doña Perfecta es inmensa, seguramente. ¿Cuál será la extensión de la mía? ¡Ah, querido padre! No crea usted nada de lo que oiga respecto a mí, y aténgase tan sólo a lo que yo le revelo. Si le dicen que he cometido una villanía deliberada, responda que es mentira. Difícil, muy difícil me es juzgarme a mí mismo en el estado de turbación en que me hallo; pero me atrevo a asegurar que no he producido el escándalo deliberadamente. Bien sabe usted

---

[152] **tachonado de estrellas** dotted with stars. [153] **sartas de lucecillas** strings of little lights. [154] **he carecido ... hacen** I have been lacking in Christian fortitude that maintains the offended man's spirit in an elevated state high above the offenses received and the enemies that inflict them. [155] **Creo que ... científico** I think that your very stern moral scruples will not permit you to accept this proposition, but I am no longer that pure methodical character faithfully obeying his conscience with the exactitude of a scientific treatise.

adonde puede llegar la pasión, favorecida en su horrible crecimiento invasor por las circunstancias.

«Lo que más amarga mi vida es haber empleado la ficción, el engaño y bajos disimulos. ¡Yo que era la verdad misma! He perdido mi propia hechura[156]... Pero ¿es esto la perversidad mayor en que puede incurrir el alma? ¿Empiezo ahora o acabo? Nada sé. Si Rosario, con su mano celeste, no me saca de este infierno de mi conciencia, deseo que venga usted a sacarme. Mi prima es un ángel, y padeciendo por mí, me ha enseñado muchas cosas que antes no sabía.

«No extrañe usted la incoherencia de lo que escribo. Diversos sentimientos me inflaman. Me asaltan a ratos ideas dignas verdaderamente de mi alma inmortal; pero a ratos caigo también en desfallecimiento lamentable, y pienso en los hombres débiles y menguados, cuya bajeza me ha pintado usted con vivos colores para que les aborrezca. Tal como hoy me hallo, estoy dispuesto al mal y al bien. Dios tenga piedad de mí. Ya sé lo que es la oración: una súplica grave y reflexiva, tan personal, que no se aviene con fórmulas aprendidas de memoria; una expansión del alma, que se atreve a extenderse hasta buscar su origen; lo contrario del remordimiento, que es una contracción de la misma alma, envolviéndose y ocultándose, con el ridículo empeño de que nadie la vea. Usted me ha enseñado muy buenas cosas; pero ahora estoy en prácticas,[157] como decimos los ingenieros; hago estudios sobre el terreno, y con esto mis conocimientos se ensanchan y fijan... Se me está figurando ahora que no soy tan malo como yo mismo creo. ¿Será así?

«Concluyo esta carta a toda prisa. Tengo que enviarla con unos soldados que van hacia la estación de Villahorrenda, porque no hay que fiarse del correo de esta gente.»

*

14 de abril.

«Le divertiría a usted, querido padre, si pudiera hacerle comprender cómo piensa la gente de este poblachón. Ya sabrá usted que casi todo este país se ha levantado en armas. Era cosa prevista, y los políticos se equivocan si creen que todo concluirá en un par de días. La hostilidad contra nosotros y contra el Gobierno la tienen los orbajosenses en su espíritu formando parte de él como la fe religiosa. Concretándome a la cuestión particular con mi tía, diré a usted una cosa singular: la pobre señora, que tiene el feudalismo en la medula de los huesos, ha imaginado que voy a atacar su casa para robarle a su hija, como los señores de la Edad Media embestían un castillo enemigo para consumar cualquier desafuero. No se ría usted, que es verdad: tales son las ideas de esta gente. Excuso decir a usted que me tiene por un monstruo, por una especie de rey moro herejote,[158] y los militares con quienes hice amistad aquí no le merecen mejor concepto. En la sociedad de doña Perfecta es cosa corriente que la tropa y yo formamos una coalición diabólica y antirreligiosa para quitarle a Orbajosa sus tesoros, su fe y sus muchachas. Me consta que su hermana de usted cree a pie juntillas[159] que yo voy a tomar por asalto su vivienda, y no es dudoso que detrás de la puerta habrá alguna barricada.

«Pero no puede ser de otra manera. Aquí privan las ideas más anticuadas acerca de la sociedad, de la religión del Estado, de la propiedad. La exaltación religiosa, que les impulsa a emplear la fuerza contra el Gobierno por defender una fe que ataca y que ellos no tienen tampoco, despierta en su ánimo resabios feudales; y como resolverían sus cuestiones por la fuerza bruta y a fuego y sangre, degollando a todo el que como ellos no piense, creen que no hay en el mundo quien emplee otros medios.

«Lejos de intentar yo quijotadas en la casa de esa señora, he procurado evitarle algunas molestias, de que no se libraron los demás vecinos. Por mi amistad con el brigadier no le han obligado a presentar, como se mandó, una lista de todos los hombres de su servidumbre que se han marchado con la facción; y si se le registró la casa, me consta que fue por fórmula; y si le desarmaron los seis hombres que allí tenía, después ha puesto otros tantos y nada se le ha hecho. Vea usted a lo que está reducida mi hostilidad a la señora.

«Verdad es que yo tengo el apoyo de los jefes militares; pero lo utilizo tan sólo para no ser insultado o maltratado por esta gente implacable. Mis probabilidades de éxito consisten en que las autoridades recientemente puestas por el jefe militar son todas amigas.

Tomo de ellas mi fuerza moral, e intimido a los contrarios. No sé si me veré en el caso de cometer alguna acción violenta; pero no se asuste usted, que el asalto y toma de la casa es una ridícula preocupación feudal de su hermana de usted. La casualidad me ha puesto en situación ventajosa. La ira, la pasión que arde en mí, me impulsarán a aprovecharla. No sé hasta dónde iré.»

*

17 de abril.

«La carta de usted me ha dado un gran consuelo. Sí: puedo conseguir mi objeto, usando tan sólo los recursos de la ley, de indudable eficacia. He consultado a las autoridades de aquí, y todas me confirman en lo que usted me indica. Estoy contento. Ya que he inculcado en el ánimo de mi prima la idea de la desobediencia, que sea al menos al amparo de[160] las leyes sociales. Haré lo que usted me manda, es decir, renunciaré a la colaboración un tanto incorrecta del amigo Pinzón; destruiré la solidaridad aterradora que establecí con los militares; dejaré de envanecerme con el poder de ellos; pondré fin a las aventuras, y en el momento oportuno procederé con calma, prudencia y toda la benignidad posible. Mejor es así. Mi coalición mitad seria, mitad burlesca, con el ejército, ha tenido por objeto ponerme al amparo de las brutalidades de los orbajosenses y de los criados y deudos de mi tía. Por lo demás, siempre he rechazado la idea de lo que llamamos *intervención armada.*

«El amigo que me favorecía ha tenido que salir de la casa; pero no estoy en completa incomunicación con mi prima. La pobrecita demuestra un valor heroico en medio de sus penas, y me obedecerá ciegamente.

«Viva usted sin cuidado respecto a mi seguridad personal. Por mi parte, nada temo y estoy muy tranquilo.»

*

20 de abril.

«Hoy no puedo escribir más que dos líneas. Tengo mucho que hacer. Todo concluirá dentro de unos días.

No me escriba usted más a este lugarón. Pronto tendrá el gusto de abrazarle su hijo

PEPE.»

XXIX

DE PEPE REY A ROSARIO POLENTINOS

«Dale a Estebanillo la llave de la huerta, y encárgale que cuide del perro. El muchacho está vendido a mí en cuerpo y alma.[161] No temas nada. Sentiré mucho que no puedas bajar, como la otra noche. Haz todo lo posible por conseguirlo. Yo estaré allí después de media noche. Te diré lo que he resuelto y lo que debes hacer. Tranquilízate, niña mía, porque he abandonado todo recurso imprudente y brutal. Ya te contaré. Esto es largo y debe ser hablado. Me parece que veo tu susto y congoja al considerarme tan cerca de ti. Pero hace ocho días que no nos hemos visto. He jurado que esta ausencia de ti concluirá pronto, y concluirá. El corazón me dice que te veré. Maldito sea yo si no te veo.»[162]

XXX

EL OJEO

Una mujer y un hombre penetraron después de las diez en la posada de la viuda de Cuzco, y salieron de ella dadas las once y media.

—Ahora, señora doña María —dijo el hombre—, la llevaré a usted a su casa, porque tengo que hacer.

—Aguárdate, Ramos, por amor de Dios —repuso ella—: ¿Por qué no nos llegamos al Casino a ver si

---

[156] **He perdido . . . hechura** I am not the man I used to be; I am not the same man any more.   [157] **estoy en prácticas** I am trying them out; getting my field training.   [158] **excuso . . . herejote** Needless to say, she takes me for some kind of monster, a sort of heretic Moorish king.   [159] **a pie juntillas** completely; blindly.   [160] **al amparo de** to protect myself from.   [161] **vendido . . . alma** committed to me body and soul.   [162] **maldito . . . veo** May I be damned if I don't see you.

sale? Ya has oído . . . Esta tarde estuvo hablando con él Estebanillo, el chico de la huerta.

—¿Pero usted busca a don José? —preguntó el centauro de muy mal humor—. ¿Qué nos importa? El noviazgo con doña Rosario paró donde debía parar, y ahora no tiene la señora más remedio que casarlos. Esa es mi opinión.

—Eres un animal —dijo Remedios con enfado.

—Señora, yo me voy.

—Pues qué, hombre grosero, ¿me vas a dejar sola en medio de la calle?

—Si usted no se va pronto a su casa, sí, señora.

—Eso es . . . me dejas sola, expuesta a ser insultada . . . Oye, Ramos. Don José saldrá ahora del Casino, como de costumbre. Quiero saber si entra en su casa o sigue adelante. Es un capricho, nada más que un capricho.

—Yo lo que sé es que tengo que hacer, y van a dar las doce.

—Silencio —dijo Remedios—: ocultémonos detrás de la esquina . . . Un hombre viene por la calle de la Tripería Alta. Es él.

—Don José . . . Le conozco en el modo de andar.

Se ocultaron, y el hombre pasó.

—Sigámosle —dijo María Remedios con zozobra—, sigámosle a corta distancia, Ramos.

—Señora . . .

—Nada más sino hasta ver si entra en su casa.

—Un minutillo nada más doña Remedios. Después me marcharé.

Anduvieron como treinta pasos a regular distancia del hombre que observaban. La sobrina del penitenciario se detuvo al fin, y pronunció estas palabras:

—No entra en su casa.

—Irá a casa del brigadier.

—El brigadier vive hacia arriba, y don Pepe va hacia abajo, hacia la casa de la señora.

—¡De la señora! —exclamó *Caballuco* andando a prisa.

Pero se engañaban: el espiado pasó por delante de la casa de Polentinos, y siguió adelante.

—¿Ve usted cómo no?

—Cristóbal, sigámosle —dijo Remedios oprimiendo convulsamente la mano del centauro—. Tengo una corazonada.[163]

—Pronto hemos de saberlo, porque el pueblo se acaba.

—No vayamos tan de prisa . . . Puede vernos . . . Lo que yo pensé, señor Ramos: va a entrar por la puerta condenada de la huerta.

—¡Señora, usted se ha vuelto loca!

—Adelante, y lo veremos.

La noche era oscura, y no pudieron los observadores precisar dónde había entrado el señor de Rey; pero cierto ruido de bisagras mohosas que oyeron, y la circunstancia de no encontrar al joven en todo lo largo de la tapia, les convencieron de que se había metido dentro de la huerta. *Caballuco* miró a su interlocutora con estupor. Parecía lelo.

—¿En qué piensas? . . . ¿Todavía dudas?

—¿Qué debo hacer? —preguntó el bravo lleno de confusión—. ¿Le daremos un susto . . . ? No sé lo que pensará la señora. Dígolo, porque esta noche estuve a verla, y me pareció que la madre y la hija se reconciliaban.

—No seas bruto . . . ¿Por qué no entras?

—Ahora me acuerdo de que los mozos armados ya no están ahí, porque yo les mandé salir esta noche.

—Y aún duda este marmolejo lo que ha de hacer.[164] Ramos, no seas cobarde y entra en la huerta.

—¿Por dónde si han cerrado la puertecilla?

—Salta por encima de la tapia . . . ¡Qué pelmazo![165] Si yo fuera hombre . . .

—Pues arriba . . . Aquí hay unos ladrillos gastados por donde suben los chicos a robar fruta.

—Arriba pronto. Yo voy a llamar a la puerta principal para que despierte la señora, si es que duerme.

El centauro subió, no sin dificultad. Montó a caballo breve instante sobre el muro, y a poco desapareció entre la negra espesura de los árboles. María Remedios corrió desalada hacia la calle del Condestable, y cogiendo el aldabón de la puerta principal, llamó . . . llamó tres veces con toda el alma y la vida.

XXXI

DOÑA PERFECTA

Ved con cuánta tranquilidad se consagra a la escritura doña Perfecta. Penetrad en su cuarto, sin reparar en lo avanzado de la hora, y la sorprenderéis en grave tarea, compartido su espíritu entre la meditación y unas largas y concienzudas cartas que traza a ratos con segura pluma y correctos perfiles. Dale de lleno en el rostro, busto y manos, la luz del quinqué, cuya pantalla deja en dulce penumbra el rostro de la persona y la pieza casi toda. Parece una figura luminosa evocada por la imaginación en medio de las vagas sombras del miedo.

Es extraño que hasta ahora no hayamos hecho una afirmación muy importante. Allá va; doña Perfecta era hermosa, mejor dicho, era todavía hermosa, conservando en su semblante rasgos de acabada belleza. La vida del campo, la falta absoluta de presunción, el no vestirse, el no acicalarse, el odio a las modas, el desprecio de las vanidades cortesanas, eran causa de que su nativa hermosura no brillase o brillase muy poco. También la desmejoraba la intensa amarillez de su rostro, indicando una fuerte constitución biliosa.

Negros y rasgados los ojos, fina y delicada la nariz, ancha y despejada la frente, todo obervador la consideraba como acabado tipo de la humana figura; pero había en aquellas facciones cierta expresión de dureza y soberbia que era causa de antipatía. Así como otras personas, aun siendo feas, llaman, doña Perfecta despedía.[166] Su mirar, aun acompañado de bondadosas palabras, ponía entre ella y las personas extrañas la infranqueable distancia de un respeto receloso; mas para los de casa, es decir, para sus deudos, parciales y allegados, tenía una singular atracción. Era maestra en dominar, y nadie la igualó en el arte de hablar el lenguaje que mejor cuadraba a cada oreja.

Su hechura biliosa, y el comercio excesivo con personas y cosas devotas, que exaltaban sin fruto ni objeto su imaginación, habíanla envejecido prematuramente, y siendo joven no lo parecía. Podría decirse de ella que con sus hábitos y su sistema de vida se había labrado una corteza, un forro pétreo, insensible, encerrándose dentro, como el caracol en su casa portátil. Doña Perfecta salía pocas veces de su concha.

Sus costumbres intachables, y la bondad pública que hemos observado en ella desde el momento de su aparición en nuestro relato, eran causa de su gran prestigio en Orbajosa. Sostenía además relaciones con excelentes damas de Madrid, y por este medio consiguió la destitución de su sobrino. Ahora, como se ha dicho, hallámosla sentada junto al pupitre, que es el confidente único de sus planes y el depositario de sus cuentas numéricas con los aldeanos, y de sus cuentas morales con Dios y la sociedad. Allí escribió las cartas que trimestralmente recibía su hermano; allí redactaba las esquelitas para incitar al juez y al escribano a que embrollaran los pleitos de Pepe Rey; allí armó el lazo en que éste perdiera la confianza del Gobierno; allí conferenciaba largamente con don Inocencio. Para conocer el escenario de otras acciones cuyos efectos hemos visto, sería preciso seguirla al palacio episcopal y a varias casas de familias amigas.

No sabemos cómo hubiera sido doña Perfecta amando. Aborreciendo, tenía la inflamada vehemencia de un ángel tutelar de la discordia entre los hombres. Tal es el resultado producido en un carácter duro y sin bondad nativa por la exaltación religiosa, cuando ésta, en vez de nutrirse de la conciencia y de la verdad revelada en principios tan sencillos como hermosos, busca su savia en fórmulas estrechas que sólo obedecen a intereses eclesiásticos. Para que la mojigatería sea inofensiva, es preciso que exista en corazones muy puros.[167] Es verdad que aun en este caso es infecunda para el bien.

La señora, dejando a ratos la escritura, pasaba a la

---

[163] **Tengo una corazonada** I have a hunch.
[164] **Y aún . . . hacer** And this blockhead is still wondering what to do.   [165] **¡Qué pelmazo!** What a slowpoke!
[166] **Así como . . . despedía** Doña Perfecta rejected people as naturally as others, no matter how ugly, have a way of attracting them   [167] **Aborreciendo . . . puros** When she hated someone she had the flaming anger of a devil sowing hatred and discord among men. That's the effect of religious fanaticism on a strong character completely devoid of natural goodness; especially when such fanaticism grows out of a strict adherence to narrow dogma that is only concerned with what is good for the Church instead of nurturing itself on the principles both simple and beautiful, of conscience and truth. Fanaticism can only be harmless in the very pure of heart.

pieza inmediata donde estaba su hija. A Rosarito se le había mandado que durmiera; pero ella, precipitada ya por el despeñadero de la desobediencia, velaba.

—¿Por qué no duermes? —le preguntó su madre—. Yo no pienso acostarme en toda la noche. Ya sabes que *Caballuco* se ha llevado los hombres que teníamos aquí. Puede suceder cualquier cosa, y yo vigilo... Si yo no vigilara, ¿qué sería de ti y de mí?...

—¿Qué hora es? —preguntó la niña.

—Pronto será media noche... Tú no tendrás miedo... yo lo tengo.

Rosarito temblaba; todo indicaba en ella la más negra congoja. Sus ojos se dirigían el cielo como cuando se quiere orar; miraban luego a su madre, expresando un vivo terror.

—¿Pero qué tienes?

—¿Ha dicho usted que era media noche?

—Sí.

—Pues... ¿Pero es ya media noche?

Quería Rosarito hablar; sacudía la cabeza, encima de la cual se le había puesto un mundo.[168]

Tú tienes algo... A ti te pasa algo —dijo la madre clavando en ella los sagaces ojos.

—Sí... quería decirle a usted —balbució la señorita—, quería decir... Nada, nada: me dormiré.

—Rosario, Rosario. Tu madre lee en tu corazón como en un libro —dijo doña Perfecta con severidad—. Tú estás agitada. Ya te he dicho que estoy dispuesta a perdonarte si te arrepientes, si eres niña buena y formal...

—Pues qué, ¿no soy buena yo? ¡Ay, mamá, mamá mía, yo me muero!

Rosario prorrumpió en llanto congojoso y dolorido.

—¿A qué vienen esos lloros? —dijo su madre abrazándola—. Si son lágrimas de arrepentimiento, benditas sean.

—Yo no me arrepiento, yo no puedo arrepentirme —gritó la joven con arrebato de desesperación que la puso sublime.

Irguió la cabeza, y en su semblante se pintó súbita, inspirada energía. Los cabellos le caían sobre la espalda. No se ha visto imagen más hermosa de un ángel dispuesto a rebelarse.

—¿Pero te vuelves loca, o qué es esto? —dijo doña Perfecta, poniéndole ambas manos sobre los hombros.

—¡Me voy, me voy! —exclamó la joven con la exaltación del delirio.

Y se lanzó fuera del lecho.

—Rosario, Rosario... Hija mía. ¡Por Dios! ¿Qué es esto?

—¡Ay mamá! Señora —prosiguió la joven, abrazándose a su madre—. Ateme usted.

—En verdad, lo merecías... ¿Qué locura es ésta?

—Ateme usted... yo me marcho, me marcho con él.

Doña Perfecta sintió borbotones de fuego que subían de su corazón a sus labios. Se contuvo, y sólo con sus ojos negros, más negros que la noche, contestó a su hija.

—¡Mamá, mamá mía, yo aborrezco todo lo que no sea él! —exclamó Rosario—. Oigame usted en confesión, porque quiero confesarlo a todos, y a usted la primera.

—Me vas a matar, me estás matando.

—Yo quiero confesarlo para que usted me perdone... Este peso, este peso que tengo encima no me deja vivir...

—¡El peso de un pecado!... Añádele encima la maldición de Dios, y prueba a andar con ese fardo, desgraciada... Sólo yo puedo quitártelo.

—No, usted no, usted no —gritó Rosario con desesperación—. Pero óigame usted: quiero confesarlo todo, todo... Después arrójeme usted de esta casa, donde he nacido.

—¡Arrojarte yo!...

—Pues me marcharé.

—Menos. Yo te enseñaré los deberes de hija, que has olvidado.

—Pues huiré; él me llevará consigo.

—¿Te lo ha dicho, te lo ha aconsejado, te lo ha mandado? —preguntó la madre, lanzando estas palabras como rayos sobre su hija.

—Me lo aconseja... Hemos concertado casarnos. Es preciso, mamá, mamá mía querida. Yo amaré a usted... Conozco que debo amarla... Me condenaré si no la amo.

Se retorcía los brazos, y cayendo de rodillas, besó los pies de su madre.

—¡Rosario, Rosario! —exclamó doña Perfecta con terrible acento—. Levántate.

Hubo una pequeña pausa.

—¿Ese hombre te ha escrito?

—Sí.

—¿Has vuelto a verle después de aquella noche?

—Sí.

—¡Y tú . . .!

—Yo también le escribí. ¡Oh! señora. ¿Por qué me mira usted así? Usted no es mi madre.

—Ojalá no. Gózate en el daño que me haces. Me matas, me matas sin remedio —gritó la señora con indecible agitación—. Dices que ese hombre . . .

—Es mi esposo . . . Yo seré suya, protegida por la ley . . . Usted no es mujer . . . ¿Por qué me mira usted de ese modo que me hace temblar? Madre, madre mía, no me condene usted.

—Ya tú te has condenado; basta. Obedéceme y te perdonaré . . . Responde: ¿cuándo recibiste cartas de ese hombre.

—Hoy.

—¡Qué traición! ¡Qué infamia! —exclamó la madre, antes bien rugiendo que hablando—. ¿Esperabais veros?

—Sí.

—¿Cuándo?

—Esta noche.

—¿Dónde?

—Aquí, aquí. Todo lo confieso, todo. Sé que es un delito . . . Soy una infame; pero usted, que es mi madre, me sacará de este infierno. Consienta usted . . . Dígame usted una palabra, una sola.

—¡Ese hombre aquí, en mi casa! —gritó doña Perfecta, dando algunos pasos que parecían saltos hacia el centro de la habitación.

Rosario la siguió de rodillas. En el mismo instante oyéronse tres golpes, tres estampidos, tres cañonazos. Era el corazón de María Remedios que tocaba a la puerta, agitando la aldaba. La casa se estremeció con temblor pavoroso. Hija y madre se quedaron como estatuas.

Bajó a abrir un criado, y poco después, en la habitación de doña Perfecta, entró María Remedios, que no era mujer, sino un basilisco envuelto en un mantón. Su rostro, encendido por la ansiedad, despedía fuego.

—¡Ahí está, ahí está! —dijo al entrar—. Se ha metido en la huerta por la puertecilla condenada . . .

Tomaba aliento a cada sílaba.

—Ya entiendo —repitió doña Perfecta con una especie de bramido.

Rosario cayó exánime al suelo y perdió el conocimiento.

—Bajemos —dijo doña Perfecta, sin hacer caso del desmayo de su hija.

Las dos mujeres se deslizaron por la escalera como dos culebras. Las criadas y el criado estaban en la galería sin saber qué hacer. Doña Perfecta pasó por el comedor a la huerta, seguida de María Remedios.

—Afortunadamente tenemos ahí a Ca . . . Ca . . . Caballuco —dijo la sobrina del canónigo.

—¿Dónde?

—En la huerta también . . . Sal . . . sal . . . saltó la tapia.

Exploró doña Perfecta la oscuridad con sus ojos llenos de ira. El rencor les daba la singular videncia de la raza felina.[169]

—Allí veo un bulto —dijo—. Va hacia las adelfas.

—Es él —gritó Remedios—. Pero allá aparece Ramos . . . ¡Ramos!

Distinguieron perfectamente la colosal figura del centauro.

—¡Hacia las adelfas! ¡Ramos, hacia las adelfas! . . .

Doña Perfecta adelantó algunos pasos. Su voz ronca, que vibraba con acento terrible, disparó estas palabras:

—Cristóbal, Cristóbal . . ., ¡mátale!

Oyóse un tiro. Después otro.

XXXII

FINAL

De don Cayetano Polentinos a un su amigo[170] *de Madrid.*
Orbajosa, 21 de abril.

«Querido amigo:

«No quiero levantar mano de esta carta sin participar a usted un suceso desagradable: la desastrosa

---

[168] **se le había puesto un mundo** the weight of the world had settled on her head.   [169] **el rencor . . . felina** anger endowed them with a strange catlike perception.   [170] **a un su amigo** a un amigo suyo.

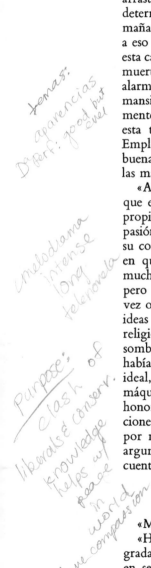

muerte de un estimable joven, muy conocido en Madrid, el ingeniero de caminos don José de Rey, sobrino de mi cuñada. Acaeció este triste suceso anoche en la huerta de nuestra casa, y aun no he formado juicio exacto sobre las causas que pudieran arrastrar al desgraciado Rey a esta horrible y criminal determinación. Según me ha referido Perfecta esta mañana cuando volví de Mundogrande, Pepe Rey, a eso de las doce de la noche, penetró en la huerta de esta casa y se pegó un tiro en la sien derecha, quedando muerto en el acto. Figúrese usted la consternación y alarma que se producirían en esta pacífica y honrada mansión. La pobre Perfecta se impresionó tan vivamente, que nos dio un susto; pero ya está mejor, y esta tarde hemos logrado que tome un sopicaldo. Empleamos todos los medios de consolarla, y como es buena cristiana, sabe soportar con edificante resignación las mayores desgracias.

«Acá para entre los dos, amigo mío, diré a usted que en el terrible atentado del joven Rey contra su propia existencia, debió de influir grandemente una pasión contrariada, tal vez los remordimientos por su conducta y el estado de hipocondría amarguísima en que se encontraba su espíritu. Yo le apreciaba mucho; creo que no carecía de excelentes cualidades; pero aquí estaba tan mal estimado, que ni una sola vez oí hablar bien de él. Según dicen, hacía alarde de ideas y opiniones extravagantísimas: burlábase de la religión; entraba en la iglesia fumando y con el sombrero puesto; no respetaba nada, y para él no había en el mundo pudor, ni virtudes, ni alma, ni ideal, ni fe, sino tan sólo teodolitos, escuadras, reglas, máquinas, niveles, picos y azadas. ¿Qué tal? En honor de la verdad debo decir que, en sus conversaciones conmigo siempre disimuló tales ideas, sin duda por miedo a ser destrozado por la metralla de mis argumentos; pero de público se refieren de él mil cuentos de herejías y estupendos desafueros.

22 de abril.

«Mi inolvidable amigo:

«Hoy hemos tenido aquí una cuestión muy desagradable. El clero, amigo mío, se ha negado a enterrar en sepultura sagrada[171] al infeliz Rey. Yo he inter-

venido en este asunto, impetrando del señor Obispo que levantara anatema de tanto peso; pero nada se ha podido conseguir. Por fin hemos empaquetado el cuerpo del joven en un hoyo que se hizo en el campo de Mundogrande, donde mis pacienzudas exploraciones han descubierto la riqueza arqueológica que usted conoce. He pasado un rato muy triste, y aún me dura la penosísima impresión que recibí. Don Juan Tafetán y yo fuimos los únicos que acompañamos el fúnebre cortejo. Poco después fueron allá (cosa rara) esas que llaman aquí las Troyas, y rezaron largo rato sobre la rústica tumba del matemático. Aunque esto parecía una oficiosidad ridícula, me conmovió.

«Respecto de la muerte de Rey, corre por el pueblo el rumor de que fue asesinado. No se sabe por quién. Aseguran que él lo declaró así, pues vivió como hora y media. Guardó secreto, según dice, respecto a quién fue su matador. Repito esta versión sin desmentirla ni apoyarla. Perfecta no quiere que se hable de este asunto, y se aflige mucho siempre que lo tomo en boca.[172]

«La pobrecita, apenas ocurrida una desgracia, experimenta otra que a todos nos contrista mucho. Amigo mío, ya tenemos una nueva víctima de la funestísima y rancia enfermedad connaturalizada en nuestra familia.[173] La pobre Rosario, que iba saliendo adelante gracias a nuestros cuidados, está ya perdida de la cabeza. Sus palabras incoherentes, su atroz delirio, su palidez mortal, recuérdanme a mi madre y hermana. Este caso es el más grave que he presenciado en mi familia, pues no se trata de manías, sino de verdadera locura. Es triste, tristísimo, que entre tantos yo sea el único que ha logrado escapar conservando mi juicio sano y entero, y totalmente libre de ese funesto mal.

Orbajosa, 12 de diciembre.

«Una sensible noticia tengo que dar a usted. Ya no tenemos penitenciario, no precisamente porque haya pasado a mejor vida, sino porque el pobrecito está desde el mes de abril tan acongojado, tan melancólico, tan taciturno, que no se le conoce. Ya no hay en él ni siquiera dejos de aquel humor ático,[174] de aquella jovialidad correcta y clásica que le hacía tan amable. Huye de la gente, se encierra en su casa, no recibe a nadie, apenas toma alimento, y ha roto toda clase de relaciones con el mundo. Si le viera usted no le conocería, porque se ha quedado en los puros huesos.[175] Lo más particular es que ha reñido con su sobrina y vive solo, enteramente solo en una casucha del arrabal de Baldejos. Ahora dice que renuncia a su silla en el coro de la catedral[176] y se marcha a Roma. ¡Ay! Orbajosa pierde mucho, perdiendo a su gran latino. Me parece que pasarán años tras años y

no tendremos otro. Nuestra gloriosa España se acaba, se aniquila, se muere ».

XXXIII

Esto se acabó. Es cuanto por ahora podemos decir de las personas que parecen buenas y no lo son.

Madrid, abril de 1876.

Emilia Pardo Bazán (1852–1921)

La condesa doña Emilia Pardo Bazán tuvo la desgracia, para una persona de sus cualidades y ambiciones literarias, de haber nacido mujer. Intelectual de talento, de curiosidad insaciable y de voluntad enérgica, tuvo que sufrir la enemistad y la antipatía de los hombres de letras más distinguidos, entre los cuales se movía y a muchos de los cuales superaba. « Esta mujer es mucho hombre », se dijo de ella. Si fue cierto que no podía hacer muchos amigos, también es verdad que la mayoría de los literatos contemporáneos fueron incapaces de aceptar que una mujer podía ser algo más que madre de familia.

Viajó por toda Europa; fue amiga de literatos franceses y portugueses, dio conferencias en Francia y en España, y logró ser profesora de la Universidad de Madrid en una cátedra establecida para ella. Pero apenas tuvo alumnos. En cambio su mayor deseo, ser miembro de la Real Academia Española, le fue negado rotundamente.

Fue atacada por su adhesión al naturalismo, del que hizo una audaz propaganda en artículos de periódico publicados bajo el título de *La cuestión palpitante* (1883). Conservadora y católica, doña Emilia no acepta todo el naturalismo de Zola, con su materialismo y su negación de la libertad individual. Su naturalismo casi se limita a lo literario, y se refiere preferentemente a las formas externas, aunque en sus primeras novelas hay ciertas tendencias pesimistas y fatalistas. Doña Emilia trata de presentar en la novela una visión objetiva de la vida y un sentimiento

espontáneo y natural frente a los falsos idealismos y la ampulosa retórica postromántica.

La Pardo Bazán tiene una amplia producción literaria, que comprende varias novelas. Entre las más conocidas están *Los pazos de Ulloa* (1886), *La madre Naturaleza* (1887) y *La sirena negra* (1908). Durante tres años (1891–1893) radactó ella sola la revista literaria *Nuevo Teatro Crítico*. En los ocho tomos de sus cuentos hay algunas narraciones extraordinarias, especialmente las de ambiente y costumbres gallegos.

Una de sus más valiosas contribuciones a la literatura del siglo XIX fue haber establecido contacto más estrecho entre la vida literaria europea y la española (*La revolución y la novela en Rusia*, 1887; *Literatura francesa moderna*, 1910, etc.).

« La cana » sugiere ciertas influencias de la novela rusa y refleja algo del ambiente misterioso de su Galicia natal.

[171] **enterrar en sepultura sagrada** to bury in sanctified ground (with Catholic rites). [172] **lo tomo en boca** whenever I talk about it. [173] **funestísima . . . familia** old and most dreaded disease congenital in our family. [174] **siquiera . . . ático** not even a trace of that refined wit. [175] **se ha quedado . . . huesos** there's nothing left of him but skin and bones. [176] **renuncia . . . catedral** he is giving up his position in the Cathedral.

LA CANA

Mi tía Elodia me había escrito, cariñosamente: «Vente a pasar la Navidad conmigo. Te daré golosinas de las que te gustan». Y obtenido de mi padre el permiso, y algo más importante aún: el dinero para el corto viaje, me trasladé a Estela, por la diligencia, y, a boca de noche,[1] me apeaba en la plazoleta rodeada de vetustos edificios, donde abre su irregular puerta cochera el parador.

Al pronto, pensé en dirigirme a la morada de mi tía, en demanda de hospedaje; después, por uno de esos impulsos que nadie se toma el trabajo de razonar (tan insignificante creemos su causa), decidí no aparecer hasta el día siguiente. A tales horas la casa de mi tía se me representaba a modo de covacha oscura y aburrida. De antemano[2] veía yo la escena: Saldría a abrir la única criada, chancleteando[3] y amparando con la mano[4] la luz de una candileja. Se pondría muy apurada, en vista de tener que aumentar a la cena un plato de carne: mi tía Elodia suponía que los muchachos solteros son animales carnívoros. Y me interpelaría: ¿por qué no he avisado, vamos a ver? Rechinarían y tintinearían las llaves:[5] había que sacar sábanas para mí... Y, sobre todo, ¡era una noche libre! A un muchacho, por formal que sea,[6] que viene del campo, de un pazo solariego,[7] donde se ha pasado el otoño solo con sus papás, la libertad le atrae.

Dejé en el parador la maletilla, y envuelto en mi capa, porque apretaba el frío, me di a vagar por las calles, encontrando en ello especial placer. Bajo los primeros antiguos soportales,[8] tropecé con un compañero de aula, uno de esos a quienes llamamos amigos porque anduvimos con ellos en jaranas y bromas, aunque se diferencien de nosotros en carácter y educación. La misma razón que me hacía encontrar divertido un paseo por calles heladas y solitarias, la larga temporada de vida rústica, me movió a acoger a Laureano Cabrera con expansión realmente amistosa. Le referí el objeto de mi viaje, y le invité a cenar. Hecho ya el convenio,[9] reparé, a la luz de un farol, en el mal aspecto y derrotadas trazas[10] de mi amigo. El vicio había degradado su cuerpo, y la miseria se revelaba en su ropa desechable.[11] Parecía un mendigo.

Al moverse, exhalaba un olor pronunciado, a tabaco frío, sudor y urea. Confirmando mi observación, me rogó en frases angustiosas que le prestase cierta suma. La necesitaba, urgentemente, aquella noche misma. Si no la tenía, era capaz de pegarse un tiro en los sesos.[12]

—No puedo servirte —respondí. Mi padre me ha dado tan poco...

—¿Por qué no vas a pedírselo a doña Elodia? —sugirió repentinamente. Esa tiene gato.[13]

Recuerdo que contesté tan sólo:

—Me causaría vergüenza...

Cruzábamos en aquel instante por la zona de claridad de otro farol, y cual si brotase de las tinieblas, vivamente alumbrada, surgió la cara de Laureano. Gastada y envilecida por los excesos, conservaba, no obstante, sello de inteligencia, porque todos conveníamos, antaño, en que Laureano «valía».[14] En el rápido momento en que pude verle bien, noté un cambio que me sorprendió: el paso de un estado que debía de ser en él habitual —el cinismo pedigüeño,[15] la comedia del sable[16] —a una repentina, íntima resolución, que endureció siniestramente sus facciones. Dijérase que acababa de ocurrírsele algo extraño.

«Este me atraca»,[17] pensé. Y en alto le propuse que cenásemos, no en el tugurio equívoco, semiburdel[18] que él indicaba, sino en el parador. Un recelo, viscoso y repulsivo, como un reptil, trepaba por mi espíritu conturbándolo. No quería estar solo con tal sujeto, aunque me pareciese feo desconvidarle.

—Allí te espero, añadí, a las nueve.

Y me separé bruscamente, dándole esquinazo.[19] La vaga aprensión que se había apoderado de mí, se disipó luego. A fin de evitar encuentros análogos subí el embozo de la capa,[20] calé el sombrero y, desviándome de las calles céntricas, me dirigí a casa de una mujer que había sido mi excelente amiga cuando yo estudiaba Derecho en Estela.[21] No podré jurar que hubiese pensado en ella tres veces desde que no la veía; pero los lugares conocidos refrescan la memoria y reavivan la sensación, y aquel recoveco del callejón sombrío,[22] aquel balcón herrumbroso, con tiestos de geranios «jardineros»,[23] me retrotraían a la época en que la piadosa Leocadia, con sigilo, me abría la puerta, descorriendo un cerrojo perfectamente aceitado.

Porque Leocadia, a quien conocí en una novena, era en todo cauta y felina, y sus frecuentes devociones y su continente modesto[24] la habían hecho estimable en su estrecho círculo. Contadas personas sospecharían algo de nuestra historia, desenlazada sencillamente por mi ausencia. Tenía Leocadia marido auténtico, allá en Filipinas, un mal hombre, *un perdis*, que no siempre enviaba los veinticinco duros[25] mensuales con que se remediaba su mujer. Y ella me repetía incesantemente:

—No seas loco. Hay que tener prudencia . . . La gente es mala . . . Si le escriben de aquí cualquier chisme . . .

Reminiscencias de este estribillo me hicieron adoptar mil precauciones y procurar no ser visto cuando subí la escalera, angosta y temblante. Llamé al estilo convenido, antiguo, y la misma Leocadia me abrió. Por poco[26] deja caer la bujía. La arrastré adentro y me informé. Nadie allí: la criada era asistenta[27] y dormía en su casa. Pero más cuidado que nunca, porque «aquel» había vuelto, suspenso de empleo y sueldo[28] a causa de unos líos con la Administración, y gracias a que hoy se encontraba en Marineda, gestionando arreglar su asunto . . .[29] De todos modos, lo más temprano posible que me retirase y con el mayor sigilo: valdría más. ¡Nuestra Señora de la Soledad, si llegase a oídos de él la cosa más pequeña! . . .

Fiel a la consigna, a las nueve menos cuarto, recatadamente, me deslicé y enhebré por las callejas románticas,[30] en dirección al parador. Al pasar ante la catedral, el reloj dio la hora, con pausa y solemnidad fatídicas. Tal vez a la humedad, tal vez al estado de mis nervios se debiese el violento escalofrío que me sobrecogió. La perspectiva de la sopa de fideos, espesa y caliente, y el vino recio del parador, me hizo apretar el paso.[31] Llevaba bastantes horas sin comer.

Contra lo que suponía, pues Laureano no solía ser exacto, me esperaba ya, y había pedido su cubierto y encargado la cena. Me acogió con chanzas.[32]

—¿Por dónde andarías? Buen punto[33] eres tú . . . Sabe Dios . . .

A la luz amarillenta, pero fuerte, de las lámparas de petróleo colgadas del techo, me horripiló más, si

cabe, la catadura[34] de mi amigo. En medio de la alegría que afectaba y de adelantarse a[35] confesar que lo del tiro en los sesos era broma, que no estaba tan apurado, yo encontraba en su mirar tétrico y en su boca crispada algo infernal. No sabiendo cómo explicarme su gesto, supuse que, en efecto, le rondaba la impulsión suicida. No obstante, reparé que se había atusado y arreglado un poco. Traía las manos relativa-

[1] **boca de noche** dusk; twilight. [2] **de antemano** in advance; in anticipation. [3] **chancleteando** walking about with slippers flapping; (from *chancleta*: a loose house slipper). [4] **amparando con la mano** protecting or shading (the light) with her hand. [5] **Rechinarían . . . llaves** the keys would probably grate and clink. [6] **por formal que sea** no matter how, or however proper he may be. [7] **un pazo solariego** large ancestral estate; (*pazo*: Galician for *palacio*). [8] **soportales** porticos; roofed passageway in the street. [9] **hecho . . . convenio** once the arrangements were made or agreed upon. [10] **derrotadas trazas** down and out appearance. [11] **ropa desechable** shabby, worn-out clothes. [12] **pegarse . . . sesos** to put a bullet into his brains or through his head. [13] **gato** (slang) bag full of money. [14] **valía** showed great promise. [15] **cinismo pedigüeño** brazen, outright begging. [16] **sable (vivir del sable)** to live by sponging off others. [17] **Este me atraca** This fellow will assault me. [18] **tugurio . . . semiburdel** part-brothel, dubious dive. [19] **dar esquinazo** to shake off, dodge. [20] **embozo de la capa** collar of my cape or muffler, (sufficient to conceal one's face). [21] **Estela** An imaginary city, reminiscent of Santiago de Compostela. [22] **recoveco . . . sombrío** that point where the dark, narrow street turns. [23] **geranios jardineros** potted geraniums, on stands (jardinière). [24] **continente modesto** modest countenance. [25] **duro** a Spanish coin or unit of currency. [26] **por poco** almost. [27] **asistenta** day worker; that is, the maid did not sleep in. [28] **suspenso . . . sueldo** job and salary suspended or withheld (pending investigation). [29] **gestionando . . . asunto** taking steps to settle or straighten out his affairs. [30] **enhebré . . . románticas** I threaded my way through the narrow romantic streets. [31] **apretar el paso** to hurry; to hasten one's steps. [32] **me acogió con chanzas** he greeted me jokingly. [33] **buen punto** you sly fellow; you're a great one. [34] **catadura** countenance or mien (with the implication of unpleasant, bad, or ugly); slang: "mug". [35] **adelantarse a** to hasten to.

mente limpias, hecho el lazo de la corbata, alisadas las greñas.[36] Frente a nosotros, un comisionista catalán, buen mozo, barbudo, despachaba ya su café,[37] libaba perezosamente copitas de Martel[38] leyendo un diario. Como Laureano alzase la voz, el viajante acabó por fijarse, y hasta por sonreírnos picarescamente, asociándose a la insistente broma.

—Pero ¿en qué agujero te colarías? ¡Qué ficha![39] Tres horas no te las has pasado tú azotando calles . . .[40] A otro con ésas . . .[41] ¿Te crees que somos bobos? Como si uno se fiase de estos que vuelven del campo . . .

Las súplicas de la precavida Leocadia me zumbaban aún en los oídos, y me creí en el deber de afirmar que sí, que callejeando y vagando había entretenido el tiempo.

—¿Y tú? —reargüí. Rezando el rosario, ¿eh?

—¡Yo, en mi domicilio!

—¿Domicilio y todo?

—Sí, hijo; no un palacio . . . Pero, en fin, allí se cobija uno . . . La fonda de la Braulia, ¿no sabes?

Sabía perfectamente. Muy cerca de la casa de mi tía Elodia. Una infecta posaducha, de última fila.[42] Y en el mismo segundo en que recordaba esta circunstancia, mis ojos distinguieron, colgando de un botón del derrotado chaqué[43] de Laureano un hilo que resplandecía. Era una larga cana brillante.

Me creerán o no. Mi impresión fue violenta, honda; difícilmente sabría definirla, porque creo que hay sobradas cosas fuera de todo análisis racional. Fascinado por el fulgor del hilo argentado sobre el paño sucio y viejo, no hice un movimiento, no solté palabra: callé. A veces pienso qué hubiese sucedido si me ocurre bromear sobre el tema de la cana. Ello es que no dije esta boca es mía.[44] Era como si me hubiesen embrujado. No podía apartar la mirada del blanco cabello.

Al final de la cena, el buen humor de Laureano se abatió, y a la hora del café estaba tétrico, agitado; se volvía frecuentemente hacia la puerta, y sus manos temblaban tanto, que rompió una copa de licor. Ya hacía rato que el viajante nos había dejado solos en el comedor lúgubre, frente a los palilleros de loza que figuraban un tomate,[45] y a los floreros azules con flores artificiales, polvorientas. El mozo, en busca de la propia cena, andaría por la cocina. Cabrera, más

sombrío a cada paso, sobresaltado, oreja en acecho,[46] apuraba copa tras copa de coñac, hablando aprisa de cosas insignificantes o cayendo en accesos de mutismo.[47] Hubo un momento en que debió de pensar: «Estoy cerca de la total borrachera», y se levantó, ya un poco titubeante de piernas y habla.

—Conque no vienes «allá», ¿eh?

Sabía yo de sobra lo que era «allá», y sólo de imaginarlo con semejante compañía y con la lluvia que había empezado a caer a torrentes . . . ¡No! Mi camita, dormir tranquilo hasta el día siguiente y no volver a ver a Laureano. Le eché por los hombros su capa, le di su grasiento sombrero y le despedí.

—¡Buenas noches . . . No hay de qué . . . Que te diviertas, chico!

Dormí sueño pesado que turbaron pesadillas informes, de esas que no se recuerdan al abrir los ojos. Y me despertó un estrépito en la puerta: el dueño del parador en persona, despavorido, seguido de un inspector y dos agentes.

—¡Eh! ¡Caballero! ¡Que vienen por usted! . . . ¡Que se vista!

No comprendí al pronto. Las frases broncas, deliberadamente ambiguas, del inspector me guiaron para arrancar parte de la verdad. Más tarde, horas después, ante el juez, supe cuanto había que saber. Mi tía Elodia había sido estrangulada y robada la noche anterior. Se me acusaba del crimen.

Y véase lo más singular . . . ¡El caso terrible no me sorprendía! Dijérase que lo esperaba. Algo así tenía que suceder. Me lo había avisado indirectamente «alguien», quién sabe si el mismo espíritu de la muerta . . . Sólo que ahora era cuando lo entendía, cuando descifraba el presentimiento negro.

El juez, ceñudo y preocupado, me acogió con una mezcla de severidad y cortesía. Yo era una persona «tan decente», que no iban a tratarme como a un asesino vulgar. Se me explicaba lo que parecía acusarme, y se esperaban mis descargos antes de elevar la detención a prisión.[48] Que me disculpase, porque si no, con la Prensa y con la batahola que se había armado,[49] en el pueblo por muy buena voluntad que . . . Vamos a ver: los hechos por delante, sin aparato de interrogatorio, en plática confidencial . . . Yo debía venir a pasar la noche en casa de mi tía.

Mi cama estaba preparada allí. ¿Por qué dormí en el parador?

—De esas cosas así... Por no molestar a mi tía a deshora...

¿No molestar? Cuidado; que me fijase bien. He aquí, según el juez, los hechos. Yo había ido a casa de doña Elodia a eso de las siete. La criada, sorda como una tapia, no quería abrir. Yo grité desde la mirilla:[50] «Que soy su sobrino», y entonces la señora se asomó a la antesala y mandó que me dejasen pasar. Entré en la sala y la criada se fue a preparar cena, pues tenía órdenes anteriores, por si yo llegase. Hasta las nueve o más no se sabe lo que pasó. Pronta ya la cena, la fámula entró a avisar, y vio que en la salita no había nadie: todo en tinieblas. Llamó varias veces y nadie respondió. Asustada, encendió la luz. La alcoba de la señora estaba cerrada con llave. Entonces, temblando, sólo acertó a encerrarse en su cuarto también. Al amanecer bajó a la calle, consultó a las vecinas; subieron dos o tres a acompañarla, volvió a llamar a gritos... La autoridad, por último, forzó la cerradura. En el suelo yacía la víctima bajo un colchón. Por una esquina asomaba un pie rígido. El armario, forzado y revuelto, mostraba sus entrañas. Dos sillas se habían caído...

—Estoy tranquilo —exclamé. La criada habrá visto la cara de ese hombre.

—Dice que no... Iba embozado, con el sombrero muy calado. No le vio. ¡Y es tan torpe, tan necia, tan apocada! Medio lela está.

—Entonces soy perdido —declaré.

—Calma... ¡Cierto que son muchas coincidencias! Ayer llegó usted a las seis. A las seis y cuarto habló con un amigo en la calle de los Bebederos. Luego, hasta las nueve, no se sabe de usted más. A las nueve cena usted en el parador con el mismo amigo, y un viajante que estaba allí declara que le molestaba a usted la pregunta de ¿dónde había pasado esas horas?, y que afirmaba usted haberlas pasado en la calle, lo cual no es verosímil. Llovió a cántaros de ocho a ocho y media, y usted no llevaba paraguas... También decía que estaba usted así..., como preocupado... a veces, y el mozo añade que rompió usted una copa. ¡Es una fatalidad...!

—¿Ha declarado él que cenó conmigo?

—Sí, por cierto... Declaró la calamidad de Cabrera... Nada, eso: que le vio a usted un rato antes; que, convidado, cenó con usted, y que se retiró a cosa de las once.

—¡Él es quien ha asesinado a mi tía! —lancé firmemente. Él, y nadie más.

—¡Pero si no es posible! ¡Si me ha explicado todo lo que hizo! ¡Si a esas horas estuvo en su posada!

—No, señor. Entraría, se haría ver y volvería a salir. En esa clase de bujíos[51] no se cierra la puerta. No hay quien se ocupe de salir a abrirla. Él sabía que me esperaba la tía Elodia. Es listo. Lo arregló con arte. Está en la última miseria. Cuando me encontró en los Bebedores me pidió dinero, amenzándome con volarse los sesos si no se lo daba. Ahora todo es claro: lo veo como si estuviese sucediendo delante de mí.

—Ello merece pensarse... Sin embargo, no le oculto a usted que su situación es comprometida. Mientras no pueda explicar el empleo de este tiempo de seis a nueve.

Las sienes se me helaron. Debía de estar blanco, con orejas moradas. Me tropezaba con un juez de los de coartada y tente tieso...[52] ¿Coartada? Sería una acción sucia, vil, nombrar a Leocadia (toda mujer tiene su honor correspondiente), y además, inútil,

---

[36] **alisadas las greñas** his matted or messy hair smoothed back. [37] **despachaba ya su café** was already finishing his coffee. [38] **libaba... Martel** was slowly sipping snifters of (Martel) brandy. [39] **agujero... ficha!** what hole could you have slipped into? What a rascal! [40] **azotando calles** roaming around the streets; slang: beating the pavement. [41] **¡A otro con ésas!** Don't give me that! You can tell that to someone else! [42] **de última fila** of the lowest sort; lowest class. [43] **derrotado chaqué** worn-out or dilapidated jacket. [44] **no dije... mía** I did not say a word. [45] **palilleros... tomate** toothpick holders in the shape of a tomato. [46] **oreja en acecho** ears cocked. [47] **accesos de mutismo** fits of silence. [48] **elevar... prisión** transferring me from detention to imprisonment. [49] **batahola... armado** the uproar or hullaballoo that was raised. [50] **mirilla** peephole. [51] **bujíos** dive; joint; flop-house. [52] **coartada... tieso** (the type of Judge who insisted upon) an alibi and no nonsense.

porque la conozco. No es heroína de drama ni de novela y me desmentiría por toda mi boca... Y yo lo merecía. Yo no era asesino ni ladrón, pero...

La contrición me apretó el corazón, estrujándolo con su mano de acero. Creía sentir que mi sangre rezumaba...[53] Era una gota salada en los lagrimales. Y en el mismo punto ¡un chispazo!, me acordé del hilo brillante, enredado en el botón del raído chaqué.

—Señor juez...

Todavía estaba allí la cana cuando hicieron comparecer al criminal... El «gato» de la tía Elodia se halló oculto entre su jergón, con la llave de la alcoba... Sin embargo, no falta, aun hoy, quien diga que el asunto fue turbio, que yo entregué tal vez a mi cómplice... Honra, no me queda. Hay una sombra indispensable en mi vida. Me he encerrado en la aldea, y al acercarse la Navidad, en semanas enteras no me levanto de la cama por no ver gente.

Leopoldo Alas «Clarín» (1852-1901)

«Clarín» ha sido considerado por algunos críticos el mejor cuentista español del diglo XIX, época de muchos y buenos cuentistas. En su tiempo fue más conocido por sus artículos literarios publicados en varios periódicos y que alcanzaron extraordinaria popularidad. Acusado de injusto en sus críticas, que le crearon muchos enemigos, decía enfrentándose con los ofendidos: «es que tomo en serio la literatura.» Fue un hombre preocupado con la filosofía, la moral y la religión. Hacia el fin de su vida trabajó con entusiasmo por levantar el nivel moral e intelectual del obrero por medio de la «Extensión Universitaria».

«Clarín», fuera de sus años de estudiante en Madrid y de algunos breves viajes por España, vivió en Oviedo, Asturias. Lector incansable, estaba enterado de cuanto se publicaba en Francia, Portugal e Italia, y a través de las publicaciones francesas de lo que se escribía en Inglaterra, Alemania y Rusia. Los nombres de Macaulay, Carlyle, Taine, Renan, Hegel y otros muchos aparecen constantemente en sus libros.

Interesado profundamente en el problema religioso, atacó la interpretación sectaria de la religión, pero se mostró respetuoso y apreciador del catolicismo y de los valores tradicionales que él representa en España. Opinaba que la verdadera religión era «la buena nueva del pensamiento libre, del amor universal a los hombres de buena voluntad de todas las razas

y de todas las religiones». Hoy su obra crítica ha perdido mucho valor, pues se limitó en gran parte a escritores más o menos olvidados. En cambio, su reputación como novelista y cuentista se confirma y aumenta. Escribió dos novelas La Regenta (1884) y Su único hijo (1890). La Regenta es una obra de orientación naturalista que abarca un mundo complejo de tipos humanos encerrados en una ciudad provinciana. Hay en ella demasiado detalle y excesiva descripción, pero resulta una pintura completa y dramática de la vida cultural, social y religiosa de una pequeña ciudad española. Se puede decir que ésta es una de las mejores novelas del siglo XIX español. Abundan en ella los análisis psicológicos, las observaciones agudas de los tipos humanos, la emoción ante el paisaje.

El terrible «Clarín» fue haciéndose más humano y tolerante con el paso de los años, aunque conservó siempre su intransigencia contra la mala literatura. Murió poco antes de cumplir los cincuenta años. A su muerte alguien dijo que en el mundo literario español se hizo «ese silencio denso y trágico que sobreviene cuando el primer espada es cogido por el toro en el ruedo».

«La conversión de Chiripa» tiene las características de los cuentos de «Clarín»: simpatía por el pobre, espiritualidad, ironía y una bondad que quiere abrazar a todos, en especial a los que se sienten solos.

LA CONVERSIÓN DE CHIRIPA¹

Llovía a cántaros,² y un viento furioso, que Chiripa no sabía que se llamaba el Austro,³ barría el mundo, implacable; despojaba de transeúntes las calles como una carga de caballería, y torciendo los chorros que caían de las nubes, los convertía en látigos que azotaban oblícuos. Ni en los porches ni en los portales valía guarecerse, porque el viento y el agua los invadían; cada mochuelo se iba a su olivo;⁴ se cerraban puertas con estrépito; poco a poco se apagaban los ruidos de la ciudad industriosa, y los elementos desencadenados campaban por sus respetos,⁵ como ejército que hubiera tomado la plaza por asalto. Chiripa, a quien había sorprendido la tormenta en el Gran Parque, tendido en un banco de madera, se había refugiado primero bajo la copa de un castaño de Indias,⁶ y en efecto, se había mojado ya las dos veces de que habla el refrán; después había subido a la plataforma del kiosko de la música,⁷ pero bien pronto le arrojó de allí a latigazo limpio el agua pérfida que se agachaba para azotarle de lado, con las frías punzadas de sus culebras cristalinas.⁸ Parecía besarle con lascivia la carne pálida que asomaba aquí y allí entre los remiendos del traje, que se caía a pedazos. El sombrero, duro y viejo, de forma de queso, de un color que hacía dudar si los sombreros podrían tener bilis, porque de negro había venido a dar⁹ en amarillento, como si padeciese ictericia, semejaba la fuente de la Alcachofa,¹⁰ rodeada de surtidores; y en cuanto a los pies, calzados con alpargatas que parecían de terracota, al levantarse del suelo tenían apariencias de raíces de árbol, semovientes.¹¹ Sí, parecía Chiripa un mísero arbolillo o arbusto, de cuyas cañas mustias y secas pendían míseros harapos puestos a . . . mojarse, o para convertir la planta muerta en espanta-pájaros. Un espanta-pájaros que andaba y corría, huyendo de la intemperie.

Tenía Chiripa cuarenta años, y tan poco había adelantado en su carrera de mozo de cordel,¹² que la tenía casi abandonada, sin ningún género de derechos pasivos.¹³ Por eso andaba tan mal de fondos, y por eso aquella misma y trágica mañana le habían echado del infame zaquizamí¹⁴ en que dormía; porque se habían cansado de sus escándalos de trasnochador

intemperante que no paga la posada en años y más años.

—Bueno, peor para ellos —se había dicho Chiripa sin saber lo que decía, y tendiéndose en el banco del paseo público, donde creyó hacer los huesos duros;¹⁵ hasta que vino a desengañarle la furia del cielo.

Así como los economistas dicen que la ley del trabajo es la satisfacción de las necesidades con el mínimo esfuerzo, Chiripa, vagamente pensaba que lo del mínimo esfuerzo era lo principal, y que a él habían de amoldarse también las necesidades, siendo mínimas. Era muy distraído y bastante borracho; dormía mucho, y como tenía el estómago estropeado

⁵³ **mi sangre rezumaba** my blood drained out; I could feel my blood draining.

¹ **de chiripa** colloquial expression meaning: by chance, or unexpectedly; Chiripa is also the nickname of the main character, so that there is a deliberate play of words in the title (which can be translated either as "Chiripa's Conversion" or "The Chance Conversion"). ² **Llovía a cántaros** It was raining "cats and dogs"; (or, lit.—buckets full). ³ **el Austro** the south wind. ⁴ **cada . . . olivo** from an old saying: "Cada mochuelo a su olivo;" meaning it is time to retire; or time for each (night owl) one to betake himself to wherever he belongs, (his olive tree). ⁵ **campar uno por sus respetos** to behave without regard for other people's feelings. ⁶ **castaño de Indias** the common horse-chestnut tree. ⁷ **kiosko de la música** kiosk or bandstand in a public park. ⁸ **culebras cristalinas** whirling streams of water; snaky streaks of rain. ⁹ **venido a dar** had changed into; or turned into. ¹⁰ **la fuente de la Alcachofa** fountain in the "El Retiro" park of Madrid. ¹¹ **semoviente** anything which moves by itself. ¹² **mozo de cordel** a street porter; or any burden bearer hired for a job on a street corner; (called "de cordel" because of the ropes they carried). ¹³ **derechos pasivos** pension, to persons not actively employed. ¹⁴ **zaquizamí** garret; small wretched room or "hole" of a room. ¹⁵ **tener uno los huesos duros** said of a person who refuses to admit that any task or situation is too difficult for him.

le dejaba vivir de ilusiones, de flatos y malos sabores, comida ruin y fría y mucho líquido tinto,[16] y blanco si era aguardiente. Vestía de lo que dejaban otros miserables por inservible, y con el orgullo de esta parsimonia en los gastos, se creía con derecho a no echar mano a un baúl sino de Pascuas a Ramos y cuando una peseta era absolutamente necesaria.

Un día, viendo pasar una manifestación de obreros, a cuyo frente marchaba un estandarte que decía: ¡Ocho horas de trabajo!, Chiripa, estremeciéndose, pensó:

—¡Rediós, ocho horas de trabajo; y para eso tiran bombas![17] Con ocho horas tengo yo para toda la temporada de verano, que es de más apuro, por los bañistas.[18]

En llevando dos reales en el bosillo, Chiripa no podía con una maleta, ni apenas tenerse derecho.

Pero tenía un valor pasivo, para el hambre y para el frío, que llegaba a heroico.

Generalmente andaba taciturno, tristón, y creía, con cierta vanidad, en su mala estrella, que él no llamaba así, tan poéticamente, sino la aporreada . . . en fin, una barbaridad.

Su apodo, Chiripa (el apellido no lo recordaba; el nombre debía de ser Bernardo, aunque no lo juraría), lo tenía desde la remota infancia, sin que él supiera por qué, como no saben los perros por qué los llaman Nelson, Ney o Muley; si él supiera lo que era sarcasmo por tal tendría su mote, porque sería el hombre menos chiripero del mundo. Ello era que hacía unos treinta años (todos de hambre y de frío) eran tres notabilidades callejeras, especie de mosqueteros del hampa, Pipá, Chiripa y Pijueta. La historia trágica de Pipá[19] ya sabía Chiripa que había salido en papeles,[20] pero la suya no saldría, porque él había sobrevivido a su gloria. Sus gracias de pillete[21] infantil ya nadie las recordaba; su fama, que era casi disculpa para sus picardías, había muerto, se había desvanecido, como si los vecinos del pueblo, envejeciendo, se hubieran vuelto malhumorados y no estuvieran para bromas.[22] Ya él mismo se guardaba de disculpar sus malas obras y su holgazanería como gatadas de pillo célebre,[23] como cosas de Chiripa.

«¡Bah! el mundo era malo; y si te vi, no me acuerdo.» Veía pasar, ya llenos de canas, a los señoritos que antaño reían sus travesuras y le pagaban sus vicios precoces; pero no se acercaba a pedirles ni un perro chico, porque no querrían ni reconocerle.

Que estaba solo en la tierra, bien lo sabía él. A veces se le antojaba que un periódico, o un libro viejo y sobado que oía deletrear a un obrero, hubiera sido para él un buen amigo; pero no sabía leer. No sabía nada. Se arrimaba a la esquina de la plaza, donde otros perdían el tiempo fingiendo esperar trabajo, y oía, silencioso, conversaciones más o menos incoherentes acerca de política o de la cuestión social. Nunca daba su opinión, pero la tenía. La principal era considerar un gran desatino el pedir ocho horas de trabajo. Prefería, a oír disparates, que le leyeran los papeles. Entonces atendía más. Aquello solía estar mejor hilvanado.[24] Pero ni siquiera los de las letras de molde daban en el quid.[25] Todos se quejaban de que se ganaba poco; todos decían que el jornal no bastaba para las necesidades . . . Había exageración; ¡si fueran como él, que vivía casi de nada! Oh, si él trabajara aquellas ocho horas que los demás pedían como mínimum (él no pensaba mínimum, por supuesto), se tendría por millonario con lo que entonces ganaría. «Todo se volvía pedir instrumentos de trabajo, tierra, máquinas, capital . . . para trabajar. ¡Rediós con la manía!» Otra cosa les faltaba a los pobres que nadie echaba de menos: consideración, respeto, lo que Chiripa, con una palabra que había inventado él para sus meditaciones de filósofo de cordel,[26] llamaba alternancia.[27] ¿Qué era la alternancia? Pues nada; lo que había predicado Cristo, según había oído algunas veces; aquel Cristo a quien él sólo conocía, no para servirle, sino para llenarle de injurias, sin mala intención, por supuesto, sin pensar en El; por hablar como hablaban los demás, y blasfemar como todos. La alternancia era el trato fino, la entrada libre en todas partes, el vivir mano a mano con los señores y entender de letra, y entrar en el teatro, aunque no se tuviera dinero, lo cual no tenía nada que ver con la gana de ilustrarse y divertirse. La alternancia era no excluir de todos los sitios amenos y calientes y agradables al hombre cubierto de andrajos, sólo por los andrajos. Ya que por lo visto iba para largo lo de que todos fuéramos iguales tocante al cunquibus,[28] o sean los cuartos, la moneda, y pudiera cada quisque[29] vestir con decencia y con ropa estrenada en su cuerpo;

ya que no había bastante dinero para que a todos les tocase algo . . . ¿por qué no se establecía la igualdad y la fraternidad en todo lo demás, en lo que podía hacerse sin gastos, como era el llamarse ricos y pobres de tú,[30] y convidarse a una copa, y enseñar cada cual lo que supiera a los pobres, y saludarlos con el sombrero, y dejarles sentarse junto al fuego, y pisar alfombras, y ser diputados y obispos, y en fin, darse la gran vida sin ofender, y hasta lavándose la cara a veces, si los otros tenían ciertos escrúpulos? Eso era la alternancia; eso había creído él que era el cristianismo y la democracia, y eso debía ser el socialismo . . . como ello mismo lo decía: socialismo . . . cosa de sociedad, de trato, de juntarse . . . alternancia.

Salió del kiosko de la música a escape, hecho una sopa, echando chispas contra el Fundador de la alternancia y contra su Padre, y se metió en la población en busca de mejor albergue. Pero todo estaba cerrado. A lo menos cerrado para él. Pasó junto a un café: no osó entrar. Aquello era público, pero a Chiripa le echarían los mozos en cuanto advirtiesen que iba tan sucio, tan harapiento que daba lástima, y que no iba a hacer el menor gasto. A un mozo de cordel en activo le dejarían entrar, pero a él, que estaba reducido a la categoría de pordiosero . . . honorario, porque no pedía limosna, aunque el uniforme era de eso,[31] a él le echarían poco menos que a palos. Lo sabía por experiencia . . . Pasó junto al Gobierno de provincia, donde estaba la prevención.[32] Aquí me admitirían si estuviera borracho, pero en mi sano juicio y sin alguna fechoría, de ningún modo. No sabía Chiripa qué era todo lo demás que había en aquel caserón tan grande; para él todo era prevención; cosas para prender, o echar multas, o tallar a los chicos[33] y llevarlos a la guerra. Pasó junto a la Universidad, en cuyo claustro se paseaban, mientras duraba la tormenta, algunos magistrados que no tenían que hacer en la Audiencia.[34] No se le ocurrió entrar allí. El no sabía leer siquiera, y allí dentro todos eran sabios. También le echarían los porteros. Pasó junto a la Audiencia . . . pero no era hora de oír a los testigos falsos, única misión decorosa que Chiripa podría llevar allí, pues la de acusado no lo era. Como testigo falso, sin darse cuenta de su delito, había jurado allí varias veces decir la verdad; y

en efecto, siempre había dicho la verdad . . . de lo que le habían mandado decir. Vagamente se daba cuenta de que aquello estaba mal hecho, pero ¡era por unos motivos tan complicados! Además, cuando señoritos como el abogado, y el escribano, y el procurador, y el ricacho[35] le venían a pedir su testimonio, no sería la cosa tan mala; pues en todo el pueblo pasaban por caballeros los que le mandaban declarar lo que, después de todo, sería cierto cuando ellos lo decían.

Pasó junto a la Biblioteca. También era pública, pero no para los pobres de solemnidad,[36] como él lo parecía. El instinto le decía que de aquel salón tan caliente, gracias a dos chimeneas que se veían desde la calle, le echarían también. Temerían que fuese a robar libros.

---

[16] **líquido tinto** red wine. [17] **¡Rediós . . . bombas!** Good God, eight hours of work; and for this they throw bombs! [18] **que es . . . bañistas** which is the slow season because of all the people leaving for the beach; (during the summer there was less demand for his line of work). [19] **Pipá** title of another short story written by *Clarín*. [20] **salido en papeles** published, or appeared in print. [21] **gracias de pillete** childish pranks or escapades. [22] **no estuvieran para bromas** as though they were in no mood for jokes. [23] **gatadas de pillo célebre** low tricks of a well-known rogue. [24] **estar mejor hilvanado** to be put together better. [25] **el quid** the gist; the main point. [26] **filósofo de cordel** homespun philosopher. [27] **alternancia** sociability; from *alternar*: to alternate; also, to have friendly social communication with other people. [28] **cunquibus** a colloquial expression meaning money, derived from the Latin "cum quibus." [29] **cada quisque** (colloq.) cada uno, cada cual (from the Latin "quisque", meaning each or everyone). [30] **el llamarse . . . de tú** for rich and poor to address each other in the familiar form "tú"; (or: *tutearse*). [31] **el uniforme era de eso** de pedir limosna, de pordiosero. [32] **la prevención** the police station; (also: military guardhouse or cell). [33] **tallar a los chicos** lit., to measure the height of the boys, but the full meaning intended here is a physical examination for recruits. [34] **la Audiencia** High Court or Tribunal. [35] **ricacho** a pejorative term for a rich man. [36] **pobres de solemnidad** the notoriously poor; (*de solemnidad* actually refers to those who have taken religious vows of poverty).

Pasó por el Banco, por el cuartel, por el teatro, por el hospital . . . todo lo mismo, para él cerrado. En todas partes había hombres con gorra de galones,[37] para eso, para no dejar entrar a los Chiripas.

En las tiendas podía entrar . . . a condición de salir inmediatamente; en cuanto se averiguaba que no tenía que comprar cosa alguna, y eso que todas le faltaban. En las tabernas, algo por el estilo. ¡Ni en las tabernas había para él alternancia!

Y, a todo esto, el cielo desplomándose en chubascos, y él temblando de frío . . . calado hasta los huesos . . .[38] Sólo Chiripa corría por las calles, como perseguido por el agua y el viento.

Llegó junto a una iglesia. Estaba abierta. Entró, anduvo hasta el altar mayor sin que nadie le dijera nada. Un sacristán o cosa así cruzó a su lado la nave y le miró sin extrañar su presencia, sin recelo, como a uno de tantos fieles. Allí cerca, junto al púlpito de la Epístola,[39] vió Chiripa otro pordiosero, de rodillas, abismado en la oración; era un viejo de barba blanca que suspiraba y tosía mucho. El templo resonaba con los chasquidos de la tos; cosa triste, molesta, que debía de importunar a los demás devotos esparcidos por naves y capillas; pero nadie protestaba, nadie paraba mientes[40] en aquello.

Comparada con la calle, la iglesia estaba templada. Chiripa empezó a sentirse menos mal. Entró en una capilla y se sentó en un banco. Olía bien. «Era incienso, o cera, o todo junto y más; olía a recuerdos de chico.» El chisporroteo de las velas tenía algo de hogar; los santos quietos, tranquilos, que le miraban con dulzura, le eran simpáticos. Un obispo con un sombrero de pastor en la mano, parecía saludarle, diciendo: —¡Bien venido, Chiripa! —Él, en justo pago, intentó santiguarse, pero no supo.

No sabía nada. Cuando la oscuridad de la capilla se fue aclarando a sus ojos, ya acostumbrados a la penumbra, distinguió el grupo de mujeres que en un rincón arrodilladas formaban corro junto a un confesionario. De vez en cuando un bulto negro se separaba del grupo y se acercaba al armatoste, del cual se apartaba otro bulto semejante.

—Ahí dentro habrá un carca[41] —pensó Chiripa, sin ánimo de ofender al clero, creyendo sinceramente que carca valía tanto como sacerdote.

Le iba gustando aquello. «Pero ¡qué paciencia necesitaba aquel señor, para aguantar tanto tiempo dentro del armario! ¿Cuánto cobraría por aquello? Por de pronto nada. Las beatas se iban sin pagar.»

«Y nada. A él no le echaban de allí.» Cuando la capilla fue quedando más despejada, pues las beatas que despachaban, a poco salían, Chiripa notó que las que aún quedaban, se fijaban en su presencia. «¿Si estaré faltando?» pensó; y por si acaso, se puso de rodillas. El ruido que hizo sobre la tarima llamó la atención del confesor, que asomó la cabeza por la portezuela que tenía delante y miró con atención a Chiripa.

«¿Iría a echarle?» Nada de eso. En cuanto el cura despachó a la penitente que tenía al otro lado del ventanillo con celosías, se asomó otra vez a la portezuela y con la mano hizo seña a Chiripa.

—¿Es a mí? —pensó el ex-mozo de cordel.

A él era. Se puso colorado, cosa extraordinaria.

—¡Tiene gracia! —se dijo, pero con gran satisfacción, esponjándose. —Le llamaban a él creyendo que

iba a confesarse, y le hacían pasar delante de las señoritas aquellas que estaban formando cola.[42] ¡Cuánto honor para un Chiripa! En la vida le habían tratado así.

El cura insistió en su gesto, creyendo que Chiripa no lo notaba.

—¿Por qué no? —se dijo el perdis.[43] Por probar de todo. Aquí no es como en el Ayuntamiento, donde yo quería que me diesen voto, pa ver lo que era eso del sufragio, y resultó que aunque era para todos, para mí no era, no sé por qué tiquis-miquis[44] del padrón o su madre.[45]

Y se levantó, y se fue a arrodillar en el sitio que dejaba libre la penitente.

—Por ahí, no; por aquí —dijo el sacerdote haciendo arrodillarse a Chiripa delante de sus rodillas.

El miserable sintió una cosa extraña en el pecho y calor en las mejillas, entre vergüenza y desconocida ternura.

—Hijo mío, rece usted el acto de contrición.

—No lo sé —contestó Chiripa humilde, comprendiendo que allí había que decir la verdad... verdadera, no como en la Audiencia. Además, aquello del *hijo mío* le había llegado al alma, y había que tomar la cosa en serio.

El cura le fue ayudando a recitar el «*Señor mío Jesucristo*».

—¿Cuánto tiempo hace que no se ha confesado?

—Pues... *toa la vida.*

—¡Cómo!

—Que nunca.

Era un monte virgen de impiedad inconsciente. No tenía más que el bautismo; a la confirmación no había llegado. Nadie se había cuidado de su salvación, y él sólo había atendido, y mal, a no morirse de hambre.

El cura, varón prudente y piadoso, le fue guiando y enseñando lo que podía en tan breve término. Chiripa no resultaba un gran pecador más que desde el punto de vista de los pecados de omisión; fuera de eso, lo peor que tenía eran unas cuantas borracheras empalmadas,[46] y la pícara blasfemia, tan brutal como falta de intención impía. Pero si jamás había confesado sus culpas, penitencia no le había faltado. Había ayunado bastante, y el frío y el agua y la dureza del santo suelo habían mortificado sus carnes no poco. En esta parte

era recluta disponible para la vida del yermo; tenía cuerpo de anacoreta.

Poco a poco el corazón de Chiripa fue tomando parte en aquella conversión que el clérigo tan en serio y con toda buena fe procuraba. El corazón se convertía mucho mejor que la cabeza, que era muy dura y no entendía.

El clérigo le hacía repetir protestas de fe, de adhesión a la Iglesia, y Chiripa lo hacía todo de buen grado. Pero quiso el cura algo más, que él espontáneamente expresara a su modo lo que sentía, su amor y fidelidad a la religión en cuyo seno le albergaba. Entonces Chiripa, después de pensarlo, exclamó como inspirado:

—¡*Viva Carlos Sétimo!*

—¡No, hombre; no es eso!... No tanto —dijo el confesor sonriendo.

—Como a los carcas los llaman clerófobos...

—¡Tampoco, hombre!...

—Bueno, a los curas...

En fin, aplazando las cuestiones de pura forma y lenguaje, se convino en que Chiripa seguiría las lecciones del nuevo amigo, en aquel templo que había estado abierto para él cuando se le cerraban todas las puertas; allí donde se había librado de los latigazos del aire y el agua.

—¿Conque te has hecho mónago, Chiripa? —le decían otros hambrientos, burlándose de la seriedad con que, días y días, seguía tomando su conversión el pobre diablo.

Y Chiripa contestaba:

—Sí, no me avergüenzo; me he pasao a la Iglesia, porque allí a lo menos hay... alternancia.

---

[37] **gorra de galones** cap with gold braid or military insignia. [38] **calado...huesos** soaked or wet through to the bones. [39] **púlpito de la Epístola** pulpit to the left of the main altar. [40] **parar mientes en** to pay careful heed or close attention to. [41] **carca** derogatory term for the Carlistas, followers of the descendants of don Carlos, pretender to the throne of Spain; strongly favored by the Clergy. [42] **formar cola** to queue up; stand in line. [43] **perdis** un perdido; a good-for-nothing. [44] **tiquis-miquis** ridiculous or affected scruples or words. [45] **del padrón o su madre** on the part of the Registrar or his mother (vulgar expression of contempt). [46] **borracheras empalmadas** one drunken spree after another.

Vicente Blasco Ibáñez (1867–1928)

Blasco Ibáñez fue un autor popular en España y bastante conocido en el extranjero, especialmente en los Estados Unidos, donde llegó a ser doctor *honoris causa* por la universidad de George Washington en 1920. Hombre de temperamento apasionado, abrazó la causa de la libertad individual frente al Estado, defendiendo el anarquismo y en general la idea republicana, lo que le hizo un político de las masas. Fue siete veces diputado y estuvo treinta veces encarcelado por sus ideas políticas. Viajó extensamente por Europa y América.

Suele censurársele por dos razones principales: por su ideología social sin base firme y por su falta de refinamiento artístico. Cierto que Blasco Ibáñez no fue científico, ni un teórico de la sociología, pero nunca pretendió serlo. Quizá peca algunas veces por falta de gusto, de elegancia artística, pero su estilo tiene extraordinaria fuerza, enorme vigor vital, y esa vibración dramática que señala al auténtico novelista.

Blasco Ibáñez siente el sufrimiento del hombre humilde, del indefenso frente al mundo social organizado poderosamente por los ricos, y al mismo tiempo siente la llamada de la tierra, del campo. En su obra se pueden encontrar espléndidas descripciones de la naturaleza, especialmente de la huerta valenciana. Sus mejores novelas tienen por escenario la tierra donde nació: *La barraca* (1898) y *Cañas y barro* (1902). Él mismo ha dividido su obra en diversos períodos. Al primero corresponden las novelas de ambiente regional valenciano. Luego vienen las de tesis como *La Catedral* (1903), *La bodega* (1905). Una novela muy popular es *Sangre y arena* (1908), de tema taurino. Con ocasión de la primera guerra mundial escribió *Los cuatro jinetes del Apocalipsis* (1916), en que ataca el imperialismo alemán. Ambas novelas pasaron al cine y le dieron fama internacional.

Escribió una serie de novelas de tema americano como *Los argonautas* (1914) y otras de tema histórico español. Aunque es un contemporáneo de la generación del 98, sintió los problemas de España como un hombre del pueblo, próximo a la tierra e identificado con ella. Su mentalidad social y artística pertenece más al siglo XIX que al XX.

La bodega es una novela de interés social, escrita con pasión y con una gran tristeza ante la ciega rebelión de las masas ignorantes y sin jefe que las dirija.

LA BODEGA[1]

A media tarde llegaron los primeros grupos de trabajadores al inmenso llano de Caulina. Presentábanse como negras bandadas, saliendo de todos los puntos del horizonte.

Unos bajaban de la serranía, otros venían de los cortijos del llano o de las tierras situadas al otro lado de Jerez, llegando a Caulina después de rodear la ciudad. Los había de los confines de Málaga y de la vecindad de Sanlúcar de Barrameda.[2] El aviso misterioso había volado de los ventorros[3] a los ranchos, por toda la extensa campiña, y cuantos trabajaban en ella acudían presurosos, creyendo llegado el momento de la venganza.

Miraban con ojos feroces a Jerez. El desquite de los pobres estaba próximo, y la ciudad blanca y risueña, la ciudad de los ricos, con sus bodegas y sus millones, iba a arder, iluminando la noche con el esplendor de su ruina.

Se agrupaban los recién llegados a un lado del camino, en la llanura cubierta de matorrales. Los toros que pastaban en ella retirábanse hacia el fondo, como asustados por esta mancha negruzca, que crecía y crecía, alimentada incesantemente con nuevos grupos.

Toda la horda de la miseria acudía a la cita.

Eran hombres tostados, enjutos, sin la más leve ondulación de grasa bajo la lustrosa epidermis. Fuertes esqueletos acusando tras la piel de tirante rigidez sus aristas salientes y sus oquedades obscuras. Cuerpos en los que era mayor el desgaste que la nutrición, y la ausencia de músculos estaba suplida por los manojos de tendones engruesados por el esfuerzo.

Se cubrían con mantas deshilachadas, llenas de remiendos, que esparcían un olor de miseria, o tiritaban, sin más abrigo que un chaquetón haraposo. Los que habían salido de Jerez para unirse a ellos, se distinguían por sus capas, por su aspecto de obreros de ciudad, más próximos en sus costumbres a los señores que a la gente del campo.

Los sombreros, nuevos y flamantes unos, deformados e incoloros otros, con alas caídas y bordes de sierra, cubrían unos rostros en los que se mostraba toda la graduación del gesto humano, desde la indiferencia abobada y bestial a la acometividad del que nace bien preparado para la lucha por la vida.

Aquellos hombres recordaban lejanos parentescos animales. Unos tenían la faz prolongada y ósea, con grandes ojos bovinos y el gesto dulce y resignado: eran los hombres bueyes, deseosos de tenderse en el surco para rumiar sin la más leve idea de protesta, con inmovilidad solemne. Otros mostraban el hocico elástico, bigotudo, y los ojos de metálicos reflejos de los felinos: eran los hombres-fieras, que se estremecían, dilatando sus narices, como si percibiesen ya el olor de la sangre. Los más, de cuerpo negro y miembros retorcidos y angulosos como sarmientos, eran los hombres-plantas, unidos para siempre a la tierra de donde habían surgido, incapaces de movimiento y de ideas, resignados a morir en el mismo sitio, nutriendo su vida buenamente con lo que desechasen los fuertes.

La agitación de la rebeldía, el apasionamiento de la venganza, el egoísmo de mejorar su suerte, parecían igualarlos a todos, con una semejanza de familia. Muchos, al abandonar su vivienda, habían tenido que arrancarse de los brazos de sus mujeres, que lloraban presintiendo el peligro, pero al verse entre los *compañeros*, erguíanse arrogantes, mirando a Jerez con ojos bravucones, cual si fueran a comérsela.

—¡Vamos! —exclamaban—. ¡Que da ánimo ver tantos probes[4] juntos, dispuestos a hacer una hombrada! . . .

Eran más de cuatro mil. Cada vez que llegaba una nueva banda, sus individuos, embozándose en las mantas haraposas para dar mayor misterio a la pregunta, se dirigían a los que aguardaban en el llano.

—¿Qué hay? . . .

Y los que oían la pregunta parecían devolverla con la mirada: «Sí; ¿qué hay?» Todos estaban allí, sin saber por qué ni para qué; sin conocer con certeza quién era el que los convocaba.

Había circulado por el campo la noticia de que aquella tarde, al anochecer, sería la gran revolución, y ellos acudían exasperados por las miserias y persecuciones de la huelga, llevando en la faja una pistola vieja, las hoces, las navajas o las terribles podaderas, que de un sólo revés podían hacer saltar una cabeza.

Llevaban algo más: la fe que acompaña a toda muchedumbre en los primeros momentos de rebeldía; la credulidad, que la hace entusiasmarse con las más absurdas noticias, exagerándolas cada cual por su cuenta para engañarse a sí mismo, creyendo que de este modo fuerza a la realidad con el peso de sus disparatadas invenciones.

La iniciativa de la reunión, la primera noticia, la creían obra del *Madrileño*, un joven forastero que había aparecido en el campo de Jerez en plena huelga, enardeciendo a los simples con sus predicaciones sanguinarias. Nadie le conocía, pero era muchacho de gran verbosidad y pájaro de cuenta, a juzgar por las amistades de que hacía gala.[5] Le había enviado Salvatierra, según él decía, para suplirle en su ausencia.

El gran movimiento social que iba a cambiar la faz del mundo, debía iniciarse en Jerez. Salvatierra y otros hombres no menos famosos estaban ocultos en la ciudad, para presentarse en el momento oportuno.

---

[1] **bodega** wine cellar; or place where wine is produced and stored. By extension, the term may also be used figuratively for the entire wine producing region in and around Jerez de la Frontera (which is noted for its fine Sherry). [2] **Sanlúcar de Barrameda** Seaport in Cádiz province, SW Andalusia; *Málaga*: Port city and capital of Málaga province in S Central Andalusia; *Caulina*: fictitious place name. [3] **ventorro** petty inn or tavern usually located on the outskirts of a town (providing very minimal service in the way of food and accommodations). [4] **probes** pobres (regionalism; a speech distortion peculiar to the area). [5] **hacer gala de** to show off; to boast of.

Las tropas se unirían a los revolucionarios apenas entrasen éstos en la población.

Y los crédulos, con la viveza imaginativa de su raza, aderezaban la noticia, adornándola con toda clase de detalles. Una confianza ciega se esparcía por los grupos. No iba a correr más sangre que la de la gente rica. Los soldados estaban con ellos; los oficiales también estaban al lado de la revolución. Hasta la Guardia Civil,[6] tan odiada por los braceros, merecía su simpatía momentáneamente. Los tricornios[7] también se pondrían de parte del pueblo. Salvatierra andaba en ello, y su nombre bastaba para que todos aceptasen este prodigio nunca visto.

Los más viejos, los que habían presenciado el levantamiento de Septiembre contra los Borbones,[8] eran los más crédulos y confiados. Ellos *habían visto* y no necesitaban que nadie les probase los milagros. Los generales sublevados, los jefes de la escuadra, no habían sido más que autómatas, sometidos al poder del grande hombre de aquella tierra. Don Fernando lo había hecho todo: él había sublevado los barcos, él había arrojado los batallones a Alcolea[9] contra las tropas que venían de Madrid. Y lo que hizo por destronar a una reina y preparar el aborto de una República sietemesina,[10] ¿no había de repetirlo cuando se trataba nada menos que de conquistar el pan para los pobres?...

La historia de aquella comarca, la tradición de la tierra gaditana,[11] provincia de revoluciones, influía en la credulidad de las gentes. Habían visto con tanta facilidad, de la noche a la mañana, derribar tronos y ministerios, que nadie dudaba de la posibilidad de una revolución de mayor importancia que las anteriores, pues aseguraría el bienestar de los infelices.

Transcurrieron las horas y comenzaba a ocultarse el sol, sin que la muchedumbre supiese con certeza qué aguardaba y hasta cuándo iba a permanecer allí.

El tío *Zarandilla* iba de un grupo a otro para satisfacer su curiosidad. Se había escapado de Matanzuela, riñendo con la vieja, que quería impedirle el paso, y desoyendo los consejos del aperador,[12] que le recordaba que a sus años no estaba para aventuras. Quería ver de cerca lo que era una *rigolución*[13] de pobres; presenciar el bendito momento (si es que llegaba) en que los trabajadores de la tierra se quedasen con ella por

riñones,[14] partiéndola en pequeñas parcelas, poblando las inmensas y deshabitadas propiedades,[15] realizando su ensueño.

Intentaba reconocer a la gente con sus débiles ojos, extrañándose de la inmovilidad de los grupos, de la incertidumbre, de la falta de plan.

—Yo he servío como sordao,[16] muchachos —decía—; yo he hecho la guerra, y esto que preparáis ahora es lo mesmo que una batalla. ¿Dónde tenéis la bandera? ¿Dónde está el general?...

Por más que giraba en torno de él su mirada turbia, sólo veía grupos de gentes que parecían embobadas por una espera sin término. ¡Ni general, ni bandera!

—Malo, malo —musitaba *Zarandilla*—. Me paece que me güelvo[17] al cortijo. La vieja tenía razón: esto guele a palos.[18]

Otro curioso iba también de grupo en grupo, oyendo las coversaciones. Era *Alcaparrón*, con el doble sombrero hundido hasta las orejas, moviendo su cuerpo, con femenil contoneo[19] dentro del traje haraposo. Los gañanes acogíanlo con risas. ¿Él también allí?... Le darían un fusil cuando entrasen en la ciudad: a ver si se batía con los burgueses como un valiente.

Pero el gitano contestaba a la proposición con exagerados ademanes de miedo. La gente de su raza no gustaba de guerras. ¡Coger él un fusil! ¿Acaso habían visto muchos gitanos que fuesen soldados?

—Pero robar sí que robarás[20] —le decían otros—.

—Cuando toque el momento del reparto, ¡cómo te vas a poner el cuerpo, gachó![21]

Y *Alcaparrón* reía como un mono, frotándose las manos al hablar del saqueo, halagado en sus atávicos instintos de raza.

Un antiguo gañán de Matanzuela le recordó a su prima Mari-Cruz.

—Si eres hombre, *Alcaparrón*, esta noche podrás vengarte. Toma esta hoz y se la metes en el vientre al granuja de don Luis.

El gitano rehusó la mortífera herramienta, huyendo del grupo para ocultar sus lágrimas.

Comenzaba a anochecer. Los jornaleros, cansados de la espera, se movían, prorrumpiendo en protestas. ¡A ver! ¿quién mandaba allí? ¿Iban a permanecer toda la noche en Caulina? ¿Dónde estaba Salvatierra?

¡Qué se presentase!... Sin él no iban a ninguna parte.

La impaciencia y el descontento hicieron surgir un jefe. Se oyó la voz de trueno de Juanón sobre los gritos del gentío. Sus brazos de atleta se elevaron por encima de las cabezas.

—¿Pero quién ha dao la orden pa reunirnos?...

—¿El Madrileño? A ver: que venga; que lo busquen.

Los obreros de la ciudad, el núcleo de compañeros de la *idea*²² que había salido de Jerez y tenía empeño en volver a entrar con la gente del campo, se agrupó en torno de Juanón, adivinando en él al jefe que iba a unir todas las voluntades.

Encontraron por fin al *Madrileño*, y Juanón lo abordó para saber qué hacían allí. El forastero se expresaba con gran verbosidad, pero sin decir nada.

—Nos hemos reunido para la revolución, eso es: para la revolución social.

Juanón daba patadas de impaciencia. ¿Pero y Salvatierra? ¿Dónde estaba don Fernando?... El *Madrileño* no le había visto, pero sabía, le habían dicho que estaba en Jerez aguardando la entrada de la gente. También sabía, o más bien le habían dicho, que la tropa estaría con ellos. La guardia de la cárcel andaba en el *ajo*.²³ No había más que presentarse, y los mismos soldados abrirían las puertas, poniendo en libertad a todos los compañeros presos.

El gigantón quedó un momento pensativo, rascándose la frente, como si quisiera ayudar con estos restregones la marcha de su pensamiento embrollado.

—Está bien —exclamó después de larga pausa—. Esto es cuestión de ser hombres o no serlo: de meterse en la ciudad, y salga lo que saliere, o de marcharse a dormir.

Brillaba en sus ojos la fría resolución, el fatalismo de los que se resignan a ser conductores de hombres. Echaba sobre él la responsabilidad de una rebelión que no había preparado. Sabía tanto del movimiento sedicioso, como aquella pobre gente que parecía absorta en la penumbra del crepúsculo, sin acertar a explicarse qué hacía allí.

—¡Compañeros! —gritó imperiosamente—. ¡A Jerez los que tengan riñones! Vamos a sacar de la cárcel a nuestros pobres hermanos... y a lo que se tercie.²⁴ Salvatierra está allí.

El primero en aproximarse al improvisado caudillo fue Paco el de Trebujena, el bracero rebelde, despedido de todos los cortijos, que andaba por el campo con su borriquillo vendiendo aguardiente y papeles revolucionarios.

—Yo voy contigo, Juanón, ya que el compañero Fernando nos espera.

—¡El que sea hombre y tenga vergüenza, que me siga! —continuó Juanón a grandes gritos, sin saber ciertamente adónde conducía a los compañeros.

Pero a pesar de sus llamamientos a la virilidad y la vergüenza, la mayor parte de los reunidos se hacía atrás instintivamente. Un rumor de desconfianza, de inmensa decepción, se elevó de la muchedumbre. Los más, pasaban de golpe del entusiasmo ruidoso al recelo y al miedo. Su fantasía de meridionales, siempre dis-

⁶ **Guardia Civil** Civilian police force, created in 1844 to replace the militia; much feared and respected throughout Spain. ⁷ **tricornios** the men of the Guardia Civil, called "tricorns," after an older version of a very distinctive three cornered hat they used to wear; today their black patent leather hats have only two corners. ⁸ **levantamiento... Borbones** the insurrection called *Revolución de Septiembre* which deposed Isabel II from the throne in 1868. ⁹ **Alcolea** A village, just east of Córdoba, scene of the defeat on September 28, 1868 of the royal forces during the revolution which deposed Isabel II. ¹⁰ **sietemesina** premature. ¹¹ **gaditano** of or belonging to Cádiz. ¹² **aperador** a man who makes or repairs farm implements or tools. ¹³ **rigolución** (prov.) revolución. ¹⁴ **por riñones** by force; (lit. "kidneys," but *riñones* is used here as a euphemism for a more colorful and cruder term.) ¹⁵ **inmensas... propiedades** huge estates belonging to absentee landlords. ¹⁶ **sordao** (prov.) soldado. ¹⁷ **güelvo** (prov.) vuelvo. ¹⁸ **güele a palos** (prov.) huele a palos; looks like we're in for a beating or a drubbing. ¹⁹ **contoneo** affected gait or manner of walking; (*contonear*: to walk with exaggerated movements of hips and shoulders; *femenil contoneo*: "swishing"). ²⁰ **Pero robar... robarás** but when it comes to stealing you're not above that! ²¹ **gachó** fellow, guy (Andalusian gypsy word). ²² **la idea** the revolutionary movement. ²³ **andar en el ajo** to be involved in secret negotiations or deals. ²⁴ **a lo que se tercie** to do what we can.

puesta a lo inesperado y maravilloso, les había hecho creer en la aparición de Salvatierra y otros revolucionarios célebres, todos montados en briosos corceles, como caudillos arrogantes e invencibles, seguidos de un gran ejército que surgía milagrosamente de la tierra. ¡Asunto de acompañar a estos auxiliares poderosos en su entrada en Jerez, reservándose la fácil tarea de matar a los vencidos y adjudicarse sus riquezas! Y en vez de esto, les hablaban de entrar solos en aquella ciudad que se dibujaba en el horizonte, sobre el último resplandor de la puesta del sol, y parecía guiñarles satánicamente los ojos rojizos de su alumbrado, como atrayéndolos a una emboscada. Ellos no eran tontos. La vida resultaba dura, con su exceso de trabajo y su hambre perpetua; pero peor era morir. ¡A casa! ¡a casa!...

Y los grupos comenzaron a desfilar en dirección opuesta a la ciudad; a perderse en la penumbra, sin querer oír los insultos de Juanón y los más exaltados.

Estos, temiendo que la inmovilidad facilitase las deserciones, dieron la orden de marcha.

—¡A Jerez! ¡A Jerez!...

Emprendieron el camino. Eran unos mil: los obreros de la ciudad y los hombres-fieras, que habían ido a la reunión oliendo sangre y no podían retirarse, como si les empujase un instinto superior a su voluntad.

Al lado de Juanón, entre los más animosos, marchaba el *Maestrico*, aquel muchacho que pasaba las noches en la gañanía[25] enseñándose a leer y escribir.

—Creo que vamos mal —dijo a su vigoroso compañero—. Marchamos a ciegas. He visto hombres que corrían hacia Jerez, para avisar nuestra llegada. Nos esperan; pero no para nada bueno.

—Tú te cayas, *Maestrico* —repuso imperiosamente el caudillo, que, orgulloso de su cargo, acogía con una irreverencia la menor objeción—. Te cayas; eso es. Y si tienes miedo, te najas[26] como los otros. Aquí no queremos cobardes.

—¡Yo cobarde! —exclamó con sencillez el muchacho—. Adelante, Juanón. ¡Pa lo que vale la vida!...

Marchaban silenciosos, con la cabeza baja, como si fuesen a embestir la ciudad. Trotaban cual si deseasen salir lo antes posible de la incertidumbre que les acompañaba en su carrera.

El *Madrileño* explicaba su plan. A la cárcel seguida-mente: a sacar a los compañeros presos. Allí se les uniría la tropa. Y Juanón, como si no se pudiera ordenar nada que no fuese por su voz, repetía a gritos:

—¡A la cárcel, muchachos! ¡A salvar a nuestros hermanos!

Dieron un largo rodeo para entrar en la ciudad por una callejuela, como si les avergonzase pisar las vías anchas y bien iluminadas. Muchos de aquellos hombres habían estado en Jerez muy contadas veces, desconocían las calles y seguían a sus conductores con la docilidad de un rebaño, pensando con inquietud en el modo de salir de allí si les obligaban a escapar.

La avalancha negra y muda avanzaba con sordo tropel de pasos que conmovía el piso. Cerrábanse las puertas de las casas, apagábanse las luces en las ventanas. Desde un balcón los insultó una mujer.

—¡Canallas! ¡Gentuza ordinaria![27] ¡Ojalá os ahorquen, que es lo que merecéis!...

Y en los guijarros del pavimento resonó el choque de una vasija de barro rompiéndose, sin que los fragmentos alcanzasen a nadie. Era la *Marquesita*, que desde el balcón del ganadero de cerdos indignábase contra aquella gentuza, antipática por su ordinariez, que osaba amenazar a las personas decentes.

Sólo unos pocos levantaron la cabeza. Los demás siguieron adelante, insensibles a la ridícula agresión, deseando llegar cuanto antes al encuentro de los amigos. Los que eran de la ciudad reconocieron a la *Marquesita*, y al alejarse contestaron sus insultos con palabras tan clásicas como impúdicas. ¡Pero qué *punta*[28] aquella! De no ir de prisa, la hubieran dado una zurra por debajo de las enaguas...

La columna sufrió cierto reflujo al subir la cuesta que conducía a la plaza de la Cárcel: el sitio de más «mala sombra»[29] de la ciudad. Muchos de los rebeldes se acordaban de los camaradas de *La Mano Negra:*[30] allí les habían dado garrote.

Estaba solitaria la plaza; el antiguo convento convertido en cárcel[31] tenía cerradas todas sus aberturas, sin una luz en las rejas. Hasta el centinela se había ocultado detrás del gran portón.

Detúvose la cabeza de la columna al entrar en la plaza, resistiendo el empujón de los que venían detrás. ¡Nadie! ¿Quién iba a ayudarles? ¿Dónde estaban los soldados que debían unirse a ellos?...

No tardaron en saberlo. De una reja baja partió una llama fugaz, una línea roja disolviéndose en humo. Un trallazo enorme y seco conmovió la plaza. Después, otro y otro, hasta nueve, que a la gente, inmóvil por la sorpresa, le parecieron infinitos en número. Era la guardia, que hacía fuego antes de que ellos se pusieran delante de los fusiles.

La sorpresa y el terror dieron a algunos un cándido heroísmo. Avanzaban gritando, con los brazos abiertos.

—¡No tiréis, hermanos, que nos han vendío!... ¡Hermanos: que no venimos por la mala!...[32]

Pero los hermanos eran duros de oreja,[33] y seguían tirando. De pronto se inició en la turba el pavor de la fuga. Corrieron todos cuesta abajo, cobardes y valientes, empujándose unos a otros, atropellándose, como si les azotasen las espaldas aquellos disparos que seguían conmoviendo la plaza desierta.

Juanón y los más enérgicos contuvieron al doblar una esquina el torrente de hombres. Los grupos se rehicieron: pero más pequeños, menos compactos. Ya no eran más que unos seiscientos hombres. El crédulo caudillo blasfemaba con voz sorda.

—A ver: que venga el *Madrileño*: que nos explique esto.

Pero fue inútil buscarle. El *Madrileño* había desaparecido en la dispersión, se había escurrido por las callejuelas al sonar los disparos, como todos los que conocían la ciudad. Sólo quedaban al lado de Juanón los que eran de la sierra y marchaban a tientas[34] por las calles, asombrados de ir de un lado a otro sin ver a nadie, como si la ciudad estuviese deshabitada.

—Ni Salvatierra está en Jerez ni sabe na de esto —dijo el *Maestrico* a Juanón—. Me paece que nos la han dao.[35]

—Lo mismo creo —contestó el atleta—. ¿Y qué vamos a jacer? Ya que estamos aquí, vámonos al centro de Jerez, a la calle Larga.

Emprendieron una marcha en desorden por el interior de la ciudad. Lo que les tranquilizaba, infundiéndoles cierto valor, era no encontrar obstáculos ni enemigos. ¿Dónde estaba la Guardia Civil? ¿Por qué se ocultaba la tropa? El hecho de permanecer encerrada en sus acuartelamientos, dejando la ciudad en poder de ellos, les infundía la absurda esperanza de que aún era posible la aparición de Salvatierra, al frente de las tropas sublevadas.

Llegaron sin ningún obstáculo a la calle Larga. Ninguna precaución a su llegada. La vía estaba limpia de transeuntes; pero en los casinos, los balcones mostrábanse iluminados; los pisos bajos no tenían otro cierre que las cancelas de cristales.[36]

Los rebeldes pasaban ante las sociedades[37] de los ricos lanzando miradas de odio, pero sin detenerse apenas. Juanón esperaba un arrebato de cólera del rebaño miserable: hasta se preparaba a intervenir con su autoridad de jefe para aminorar la catástrofe.

—¡Esos son los ricos! —decían en los grupos.

—Los que nos engordan con gazpachos de perro.[38]

—Los que nos roban. ¡Míalos cómo se beben nuestra sangre!...

Y después de una breve detención, seguían su desfile apresuradamente, como si fuesen a alguna parte y temieran llegar con retraso.

Empuñaban las terribles podaderas, las hoces, las navajas... ¡Que saliesen los ricos y verían cómo rodaban sus cabezas sobre el adoquinado![39] Pero había de ser en la calle, pues todos ellos sentían cierta repugnancia a empujar las cancelas, como si los cristales fuesen un muro infranqueable.

---

[25] **gañanía** place where farmhands are lodged or quartered.   [26] **najarse** (gypsy slang) marcharse, largarse.   [27] **gentuza ordinaria** rabble, mob.   [28] **punta** euphemism for "puta".   [29] **mala sombra** bad luck.   [30] **La Mano Negra** A Spanish anarchistic society many of whose members were imprisoned in 1883.   [31] **convento convertido en cárcel** After the government expropriated the Church holdings in 1836, many convents, monasteries, churches, etc., were converted into public buildings.   [32] **por la mala** with bad intentions.   [33] **ser duro de oreja** to lend a deaf ear (to someone's pleas).   [34] **marchaban a tientas** they walked cautiously.   [35] **nos la han dao** (dado) we've been fooled.   [36] **cancelas de cristales** front doors made of glass and covered with iron gratings.   [37] **sociedades** exclusive clubs or societies of the rich.   [38] **gazpacho de perro** dog soup; (*gazpacho* is an Andalusian soup made of strained vegetables and bread with an oil and vinegar base, served cold).   [39] **adoquinado** paving blocks; paving stones; pavement.

Los largos años de sumisión y cobardía pesaban sobre la gente ruda al verse frente a sus opresores. Además, les intimidaba la luz de la gran calle, sus anchas aceras con filas de faroles, el resplandor rojo de los balcones. Todos formulaban mentalmente la misma excusa para disculpar su debilidad. ¡Si pillasen en campo raso a aquella gente! . . .

Al pasar frente al *Círculo Caballista*, aparecieron tras de los cristales varias cabezas de jóvenes. Eran señoritos que seguían con inquietud mal disimulada el desfile de los huelguistas. Pero al verles pasar de largo, mostraron cierta ironía en los ojos, recobrando la confianza en la superioridad de su casta.

—¡Viva la Revolución Social! —gritó el *Maestrico*, como si le doliese pasar silencioso ante el nido de los ricos.

Los curiosos desaparecieron, pero al ocultarse reían, causándoles la aclamación gran regocijo. ¡Mientras se contentasen con gritar! . . .

Llegaron en su marcha sin objeto a la plaza Nueva, y al ver que el jefe se detenía, agrupáronse en torno de él, con la mirada interrogante.

—¿Y ahora qué hacemos? —preguntaron con inocencia—. ¿Adónde vamos?

Juanón ponía un gesto feroz.

—Podéis diros[40] donde queráis; ¡pa lo que hacemos! . . . Yo a tomar el fresco.

Y arrebujándose en la manta, apoyó la espalda en la columna de un farol, quedando inmóvil, en una actitud que revelaba desaliento.

La gente se esparció, dividiéndose en pequeños grupos. Improvisábanse jefes, guiando cada uno a los camaradas en distinta dirección. La ciudad era suya: ¡ahora comenzaba lo bueno! Aparecía el instinto atómico de la raza, incapaz de acometer nada en conjunto, privada del valor colectivo, y que únicamente se siente fuerte y emprendedora cuando cada individuo puede obrar por inspiración propia.

La calle Larga se había obscurecido: los casinos estaban cerrados. Después de la ruda prueba sufrida por los ricos, viendo pasar el desfile amenazante, temían éstos un reculón de la fiera, arrepentida de su magnanimidad, y todas las puertas se cerraban.

Un grupo numeroso se dirigió al teatro. Allí estaban los ricos, los burgueses. Había que matarlos a todos: un drama de verdad. Pero al llegar los jornaleros ante la puerta iluminada, detuviéronse con un temor que tenía algo de religioso. Nunca habían entrado allí. El aire, caliente, cargado de emanaciones de gas, y el rumor de innumerables conversaciones que se escapaban por las rendijas de la cancela, les intimidaron como la respiración de un monstruo oculto tras de las cortinas rojas del vestíbulo.

¡Que salieran! ¡que salieran, y sabrían lo que era bueno! . . . ¿Pero entrar allí? . . .

Asomaron a la puerta varios espectadores, atraídos por la noticia de la invasión que llenaba las calles. Uno de ellos, con capa y sombrero de señorito, osó avanzar hasta aquellos hombres envueltos en mantas, que formaban un grupo frente al teatro.

Cayeron sobre él, rodeándolo, con las podaderas y las hoces en alto, mientras los otros espectadores huían, refugiándose en el teatro. ¡Ya tenían, por fin, lo que buscaban! Era el burgués, el burgués ahito, al que había que sangrar, para que devolviese al pueblo toda la substancia que había sorbido . . .

Pero el «burgués», un joven robusto, de mirada tranquila y franca, les contuvo con un gesto.

—¡Eh, compañeros! ¡Que soy un trabajador como vosotros!

—¡Las manos: a ver las manos! —rugieron algunos braceros, sin abatir sus armas amenazantes.

Y por entre los embozos de la capa aparecieron unas manos fuertes, cuadradas, con las uñas roídas por el trabajo. Uno tras otro, iban aquellos hombres acariciando las palmas, apreciando sus duricias. Tenía callos: era de los suyos. Y las armas amenazadoras volvían a ocultarse bajo las mantas.

—Sí, soy de los vuestros —siguió diciendo el joven—. Soy carpintero, pero me gusta vestir como los señoritos, y en vez de pasar la noche en la taberna, la paso en el teatro. Cada cual tiene sus aficiones . . .

Esta decepción causó tal desaliento en los huelguistas, que muchos de ellos se retiraron. ¡Cristo! ¿dónde se ocultaban los ricos? . . .

Marchaban por las calles anchas y por las callejuelas apartadas, en pequeños grupos, deseando encontrar a alguien para que les enseñase las manos. Era el mejor medio de reconocer a los enemigos del pobre. Pero ni con callos ni sin ellos, encontraban a nadie ante su paso.

La ciudad parecía desierta. La gente, viendo que la fuerza armada seguía oculta en los cuarteles, corría a encerrarse en sus casas, exagerando la importancia de la invasión, creyendo que eran millones de hombres los que ocupaban las calles y los alrededores de la ciudad.

Un grupo de cinco braceros tropezó en una calleja a un señorito. Eran de los más feroces de la banda; hombres que sentían una impaciencia homicida al ver que transcurrían las horas sin que corriese la sangre ...

—¡Las manos, burgués: enséñanos las manos!

El burgués era un adolescente pálido y desmedrado, un muchacho de diez y seis años, con el traje raído, pero con gran cuello y vistosa corbata, el lujo de los pobres. Temblaba de miedo al enseñar sus pobres manos finas y anémicas, manos de escribiente encerrado a las horas de sol en la jaula de una oficina. Lloraba, al excusarse con palabras entrecortadas, mirando las podaderas con ojos de terror, como si le hipnotizase el frío del acero. Venía del escritorio ... había velado ... estaban en el trabajo del balance ...

—Gano dos pesetas, señores ... ¡dos pesetas! No me peguen ... me iré a casa; mi madre me espera ... ¡aaay! ...

Fue un alarido de dolor, de miedo, de desesperación, que conmovió toda la calle. Un aullido espeluznante, al mismo tiempo que estallaba algo como una olla rota, y el joven caía de espaldas en el suelo.

Juanón y Fermín, estremecidos de horror, corrieron hacia el grupo, viendo en el centro de él al muchacho, con la cabeza en un charco negro que crecía y crecía, y las piernas estirándose y contrayéndose con el estertor agónico. Una podadera le había abierto el cráneo, rompiendo los huesos.

Los brutos parecían satisfechos de su obra.

—Míalo —decía uno de ellos—. ¡El aprendiz de burgués se muere como un pollo! ... Ya caerán luego los maestros.

Juanón prorrumpió en blasfemias. ¿Esto era todo lo que sabían hacer? ¡Cobardes! Habían pasado ante los casinos, donde estaban los ricos, los verdaderos enemigos, sin ocurrírseles más que dar voces, temiendo romper cristales que eran su única defensa. Sólo servían para asesinar a un niño, a un trabajador como ellos, a un pobre *zagal* de escritorio, que ganaba dos pesetas y tal vez mantenía a su madre.

Fermín llegó a temer que el atleta cayese navaja en mano sobre sus compañeros.

—¡Aónde ir con estos brutos! —rugía Juanón—. Premita[41] Dios u el demonio que nos cojan a todos y nos ajorquen ... Y a mí el primero, por bestia; por haber creído que servíais pa algo.

El desdichado hombretón se alejó, queriendo evitar un choque con sus feroces camaradas. Estos escaparon también, como si las palabras del jayán les hubiesen devuelto la razón.

Montenegro, al verse solo ante el cadáver, tuvo miedo. Comenzaban a crujir algunas ventanas después de la fuga precipitada de los matadores y huyó, temiendo que le sorprendiesen los vecinos junto al muerto.

No se detuvo en su fuga hasta llegar a las calles grandes. Allí creía estar mejor guardado de las fieras sueltas, que iban exigiendo que las enseñasen las manos.

Al poco rato parecióle que la ciudad despertaba. Sonó a lo lejos un estruendo que hacía temblar el suelo, y poco después pasó al trote un escuadrón de lanceros por la calle Larga. Luego, al extremo de ésta, brillaron las hileras de bayonetas y avanzó la infantería con rítmico paso. Las fachadas de las grandes casas parecían alegrarse, abriendo de golpe sus puertas y balcones.

La fuerza armada extendíase por toda la ciudad. La luz de los faroles hacía brillar los cascos de los jinetes, las bayonetas de los infantes, los tricornios charolados de la Guardia Civil. En la penumbra se destacaban las manchas rojas de los pantalones de la tropa y los correajes amarillos de los guardias.

Los que habían contenido en el encierro a estas fuerzas, creían llegado el momento de esparcirlas. Durante algunas horas, la ciudad se había entregado, sin resistencia, fatigándose en una monótona espera por la parsimonia de los rebeldes. Pero ya había corrido la sangre. Bastaba un solo cadáver, el cadáver que

---

[40] **podéis diros** podéis iros: you can go.   [41] **premita** permita.

justificaría las crueles represalias, para que despertase la autoridad de su sueño voluntario.

Fermín pensaba, con honda tristeza, en el infeliz escribiente, tendido allá en la callejuela, víctima explotada hasta en su muerte, pues facilitaba el pretexto buscado por los poderosos.

Comenzó por todo Jerez la cacería de hombres. Pelotones de Guardia Civil y de infantería de línea[42] guardaban inmóviles la entrada de las calles, mientras la caballería y fuertes patrullas de a pie ojeaban la ciudad, deteniendo a los sospechosos.

Fermín iba de un lado a otro sin encontrar obstáculos. Su exterior era de señorito, y la fuerza armada sólo daba caza a las mantas, a los sombreros de campo, a los chaquetones rudos; a todos los que tenían aspecto de trabajadores. Montenegro los veía pasar en fila, camino de la cárcel, entre las bayonetas y las grupas de los caballos, unos abatidos, como si les sorprendiese la aparición hostil de la fuerza armada «que había de unirse a ellos»; otros asombrados, no comprendiendo cómo las cuerdas de presos despertaban tanta alegría

en la calle Larga, cuando habían desfilado por ella horas antes como triunfadores, sin permitirse el menor atropello.

Era un continuo transitar de gentes prisioneras, cogidas en el momento en que intentaban salir de la población. Otros habían sido detenidos en el refugio de las tabernas o tropezados al azar en aquel ojeo que envolvía las calles.

Algunos eran de la ciudad. Habían salido de sus casas poco antes, al ver terminada la invasión, pero su aspecto de pobres bastaba para que los detuviesen como si fueran rebeldes. Y los grupos de prisioneros pasaban y pasaban. La cárcel resultaba pequeña para tanta gente. Muchos eran conducidos a los acuartelamientos de la tropa.

[42] **pelotones ... línea** platoons of the Civil Guard and of the line infantry.

Cerámica española. Andalucía, siglo 18. Placa. The Metropolitan Museum of Art, Rogers Fund, 1906.

3
LOS DEL '98

Gaudí, Antonio. Español (1852–1926). *La Sagrada Familia*. United Press Photo.

1898—1910(-14)
Cuba
P.R.
Filipinas), Guam

Crisis: Fé vs. razón
↳ nacional // personal
↳ perdieron la guerra
entre los U.U.   '98: intrancilidad

"¿Qué es España?" **

↳ La Generación de '98 — Unamuno — poesía
Machado
Boroja — pesimista (novelas)
Valle inclár

¿cómo vamos a renovar el país?

España tenía falsas valores
buscan valores morales, espirituales   intra

¿Cuándo existieron ?
¿nación primera?
¿Dónde? Castilla

España entra en el siglo XX por la puerta negra de la derrota. Desde 1492, cuando los marinos españoles vieron, a muchos miles de quilómetros de distancia de su patria, unas pequeñas islas que llamaron San Salvador y Cuba, hasta 1898 se cumple el ciclo de los cuatrocientos años del Imperio. En el Caribe se inicia el amanecer de la monarquía española universal y allí llega a su ocaso cuatro siglos más tarde. Hernando de Acuña dijo en un momento de exaltación imperial «un Monarca, un Imperio y una Espada». Era el amanecer cuando cada español se sentía un héroe. Siglos después en el ocaso ceniciento de la derrota otro castellano, Machado, filosofaba: «Castilla miserable ayer dominadora envuelta en sus harapos desprecia cuanto ignora». Aun se repetía con un poco de nostalgia lo que el último soldado de España en los mares del oeste había dicho en el momento en que caía la noche sobre el cielo español: «Más vale honra sin barcos, que barcos sin honra». Aun el «quijote» hispano se consolaba con frases bellas. Pero don Miguel de Unamuno llegaba con el alma cargada de rabia devastadora pidiendo a gritos una renovación: «Muera don Quijote». (Vida Nueva, Madrid, Julio 1898). Lo que se ha llamado «generación del 98» fue un grupo pequeño de hombres que, látigo en mano, trataron de despertar la conciencia de los españoles, cansados, aburridos y sin ilusión. España entra en el siglo XX sin gloria y casi sin esperanza. Pero otra vez se repite la contradicción de 1600. La decadencia española del siglo XVII tiene su compensación en sus triunfos artísticos. El fin de la España imperial tiene su gloria en este puñado selecto de escritores que apoyados en la misma derrota inician una nueva literatura y una nueva filosofía vital. Con ellos comienza un florecimiento vigoroso de la vida literaria y aun artística en general de España.

Lo que buscan estos innovadores es la regeneración de su patria. Pero no por los caminos de la política y del poder material, sino por una renovación de valores espirituales y morales. Cansados de mala política, de mala administración, de mala ignorancia, claman por un cambio radical. Este cambio tiene que traer una España no nueva, no distinta, sino la verdadera, la que según Unamuno está dentro, en la intrahistoria del país. Ramiro de Maeztu, joven vasco, violento y radical, escribe un libro con este título que explica la idea de su generación, Hacia otra España (1899). También Machado, mientras contempla sus tristes campos de Soria, pide al destino «que el sol de España os llene de alegría, de luz y de riqueza». Uno de los rasgos más destacados de estos jóvenes descontentos es su afán de honestidad y de verdad en relación hacia su pueblo. Por eso acusan y condenan violentamente cuanto creen que es inmoral o torcido. Las opiniones y juicios sobre España nunca han sido tan violentos y al mismo tiempo tan sentidos, como los que estos hombres emitieron desde 1895 a 1910. Pero esta crítica nacía del amor: «Soy español, español de nacimiento, de educación, de cuerpo, de espíritu, de lengua y hasta de profesión u oficio», decía Unamuno. Esto mismo afirmaban a su manera los otros miembros del grupo generacional. Dos puntos capitales trataban de clarificar estos hombres, de los que cada uno podía repetir con Unamuno aquello de «me duele España»:

el primero, determinar qué es España; y segundo, cuándo se ha dado la verdadera España en la historia de este pueblo. Sin negar las glorías y los valores del Siglo de Oro, niegan que aquella fuera la verdadera España. La política expansionista de Castilla en la Edad Media y luego la de los Austrias en los siglos XVI y XVII obligó al hombre libre de los diversos reinos peninsulares a participar en una empresa material y egoísta contraria a su innata tendencia espiritualista y mística. Como efecto de esta expansión y actividad guerreras, España perdió la oportunidad de ser ella misma. Las conquistas territoriales, el Escorial, el mundo calderoniano, son falsos, apócrifos y no nacen espontáneamente en el espíritu del hombre español. Lo que hay de verdadero en él es su casticismo auténtico, no el histórico, su anhelo de divinidad, su misticismo estático y su humanismo renacentista cristiano. La derrota de don Quijote simboliza la muerte de todas las posibilidades de lograr una auténtica España.

A partir de la derrota del genuino espíritu de España en el siglo XVI se sigue la bancarrota de 1700 y después la más triste peregrinación del alma de un pueblo en busca de su identidad. El siglo XVIII creyó salvar a España por el progreso material y el racionalismo filosófico; el siglo XIX puso su fe en la filosofía positivista y en los avances técnicos a imitación de lo que se hacía en Europa. A los hombres de la generación del 98, espirituales y ardientes, les disgusta esta inseguridad, esta fluctuación inestable de España. Hay pues que buscar la verdad de esta nación y hacerla vivir. Estos jóvenes pensadores se convierten así en un grupo de soñadores. «Yo voy soñando caminos» dirá Machado. Y porque son soñadores, y sobre todo porque son cruelmente sinceros, no les comprenden y les atacan y los excomulgan los viejos, los políticos, los establecidos en el poder y en las ideas muertas. Hay que buscar el ideal, la verdad y la justicia, dice Unamuno. Para ello hay que ponerse en marcha hacia la tumba de don Quijote: «Si en el camino ¿Tropezais con uno que miente? gritadle a la cara: ¡Mentira!, y, ¡adelante! ¿Tropezais con uno que roba?, gritadle: ¡ladrón! y, ¡adelante! ¿Tropezais con uno que dice tonterías, a quien oye toda una muchedumbre con la boca

abierta?; gritadles: ¡estúpidos!, y ¡adelante! ¡Adelante siempre!» Así vivieron en pugna constante estos escritores con el mundo español presente y con la España de los libros de historia. Creyeron ver la mejor España en los albores de la nacionalidad, en Berceo, en el Arcipreste de Hita, en el romancero. Este grupo de hombres puros en su amor a España, sin rechazar lo bueno del progreso material y de las influencias europeas, quiere volver a la sencillez, a la ingenuidad, y al candor de la primera España. Más aun, Unamuno afirma que hay que españolizar a Europa. Para ello es necesario que don Quijote salga de nuevo al campo para espiritualizar y purificar el mundo moderno. En los años finales del siglo XIX se fundan varias revistas de vida efímera, pero motivadas por este afán de renovación, de cambio. *Vida Nueva*, que nació en junio de 1898 decía así en el primer número: «Venimos a propagar y defender lo nuevo . . . *Vida Nueva* será no el periódico de hoy, sino el periódico de mañana». «Azorín» dice en un artículo publicado en otra revista *Alma Española* y que titula «Somos iconoclastas»: «Lo extraño es que los ataques contra los viejos no sean más frecuentes y más enormes, porque eso indicaría en la juventud una vida y una pujanza que España necesita para su renacimiento futuro».

La influencia literaria de la generación de 98 fue decisiva para el cambio de la sensibilidad y de las tendencias estéticas del siglo XX español. El movimiento modernista fue contemporáneo y paralelo a la generación. Pero estos hombres eran demasiado serios, vivían demasiado angustiados, para cultivar una forma literaria, una estética ajena a sus preocupaciones. Cierto que ellos favorecieron el movimiento modernista, porque éste traía una renovación y porque arrinconaba a los poetas consagrados que los del 98 despreciaban. Ellos fueron los que comprendieron a Rubén Darío, y lo que es más importante, ellos fueron los que hicieron que el poeta de las *Prosas Profanas*, sintiera en su alma la música hispana de los *Cantos de vida y esperanza*. La literatura, el arte y la filosofía españolas han sido diferentes a partir de estos hombres. Despertaron la conciencia nacional y la hicieron ver la tragedia de su decadencia tanto política como intelectual.

Sin embargo, los mares de fe de su entusiasmo no pudieron mover las montañas de la ineducación política de España. El siglo XX español sigue la trayectoria de agitación política del anterior. En lo social se agudizan las luchas entre patronos y obreros, culminando en una famosa «huelga general» en 1919. Antes, en 1909, Barcelona fue el escenario de una «semana trágica» de violencias y crímenes, dando lugar a un proceso contra el anarquista Ferrer Guardia, que fue un asunto discutido por toda la prensa de Europa. Una desgraciada guerra en Marruecos, con el desastre de Anual en que murieron miles de soldados y que provocó la dictadura militar de Primo de Rivera. El comienzo de esta dictadura fue una promesa de paz, pues terminada la guerra de Africa se confiaba en que la nación entrara por un camino de orden y de trabajo. Desgraciadamente el dictador no era un hombre inteligente, que comprendiera la situación social del trabajador y la intelectual de los pensadores. Los estudiantes de las universidades se enfrentaron con el gobierno, se lanzaron a la huelga. Fueron cerradas las universidades de Madrid y Barcelona; desterrado Unamuno; limitada la libertad de expresión.

El rey Alfonso XIII, bueno pero débil y sin conciencia de la revolución social profunda que se realizaba en su país, no supo obtener colaboradores eficaces. En 1931 el pueblo español, dividido y descontento de sus gobernantes, manifestó que quería un cambio político-social. El rey se marchó de España. El 14 de abril de ese año España se declaró república por segunda vez, a los sesenta años después del fracaso de la primera. Pero una vez más se perdió la oportunidad de que un gran pueblo iniciara una nueva vida política. El proletariado español trabajado por las ideas del anarquismo y del socialismo se mostraba escéptico a toda predicación que aconsejara la concordia y la suavidad. La aristocracia, sin influjo político, pero rica en tierras, y la alta burguesía, mantenían una inconsciente y orgullosa despreocupación por los problemas sociales. Mientras tanto los trabajadores de la industria en las grandes ciudades devoraban toda clase de literatura desde Marx y Proudhon hasta las arengas de Lenín. Como había anunciado Ortega y Gasset, se acercaba el momento en que los valores vitales, defendidos por las masas obreras, dominarían sobre los valores morales.

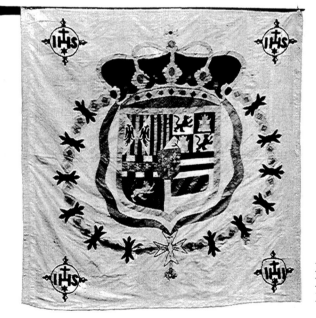

Estandarte con el escudo de armas de España. España, siglo 18. The Metropolitan Museum of Art, Rogers Fund, 1911.

Violencia, incomprensiones, odios, tradicionalismos sin vida, lanzaron a los españoles a la guerra civil más cruel de toda la historia de la nación. Desde 1936 a 1939 España vivió muriendo en una horrible pesadilla de sangre y muerte. Todas las voces de la poesía y de la belleza callaron porque el ruido de las armas cubría toda música del espíritu. La tragedia de España, su división interna, su incapacidad de concordia dentro de la familia, continúa. En 1939 sonó el último disparo, después un largo silencio. Cuando la nube acre de la pólvora y los gritos de los moribundos comenzó a disiparse, volvieron los pájaros a cantar a ambos lados del mar.

Desde 1900 hasta la guerra civil, España presenció un espléndido renacimiento cultural y artístico. En literatura produjo la poesía más refinada y artística de Europa en poetas como Salinas, Cernuda, Guillén, G. Lorca, G. Diego y otros muchos; en pintura Picasso continúa la tradición revolucionaria y creadora de Goya; en música destaca Falla. Iniciado el movimiento cultural renovador por los hombres del 98 se prolonga durante todo el primer tercio del siglo XX en abierta tendencia europeizante, pilotado por Ortega y Gasset, atalaya española hacia el exterior. Por otra parte Europa acepta el influjo artístico de España, reconociendo lo peculiar y característico peninsular. El quehacer intelectual y la vitalidad artística llevaron a la España de principios de siglo a un nivel sólo comparable con el logrado en el Siglo de Oro; lo cual ha hecho que algunos llamen a ese período la Edad de Plata de la cultura española. Bajo esa brillante capa de una floreciente vitalidad cultural y artística latía una inquietud de tipo social, y de raíces morales y religiosas. Una vez más parece que el sino de España es desgarrarse políticamente, ser pobre y transfigurarse por medio del arte.

Miguel de Unamuno (1864–1936)

Miguel de Unamuno es la figura literaria española más discutida de los cien últimos años. Su influjo, que en su tiempo estuvo mezclado con ramificaciones políticas, religiosas y sociales, sigue siendo hoy poderoso en España y fuera de ella. La bibliografía sobre este ibero de difícil clasificación crece cada día con nuevos títulos. Unamuno no es un filósofo o un pensador sereno sino un escritor lleno de pasión humana que en un lenguaje a veces contradictorio y paradógico, presenta sus problemas personales en forma vigorosa, nueva y sobre todo emotiva.

Nació en Bilbao, ciudad industrial del País Vasco. De niño y de joven llevó vida piadosa de católico ferviente. Estudió filosofía en Madrid; fue profesor de griego en la Universidad de Salamanca y más tarde rector de la misma. Por su oposición a la dictadura política fue desterrado en 1924. Vivió seis años en Francia. En 1930 regresó a España y a su querida Salamanca, donde murió. En 1900 Unamuno escribía una dramática y dolorida carta al crítico «Clarín» en que le pedía con lágrimas que le «guiara como a un hermano», y que hablara de él en sus artículos de crítica, porque quería ser leído y conocido en el mundo cultural de España y América. Aquel joven vasco, trasplantado a Madrid y a Salamanca, sentía su orgullo herido al darse cuenta de lo difícil que era ser una figura literaria nacional. Un vasco de su tiempo, con su español duro, incorrecto y poco flexible, era un ciudadano de segunda clase en el mundo de la política, de la literatura y de las relaciones sociales. Unamuno, que siempre fue un hombre de sólida moralidad y de sencillas costumbres familiares, nunca pudo adaptarse a la vida un poco bohemia de los escritores de Madrid; de hecho él resultaba un poco aldeano en la corte.

Fundamentalmente Unamuno es un egoísta. Sólo piensa en sí mismo y en su pervivencia. El mundo es el gran escenario en que él quiere actuar ahora y siempre. Permanecer en los demás, ser objeto de interés, no de amor, de controversia, es la obsesión de Unamuno. Para ello necesita ser inolvidable y para esto tiene que crear una imagen única de sí mismo, tiene que ser distinto de todo el mundo. Así, todo en este escritor lleva el sello de lo personal; cuando escribe se derrama su alma, su ser entero. Toda su obra tiene carácter autobiográfico multiforme y contradictorio (al menos aparentemente), pues hay diversos Unamunos según la emoción del momento. Su obra es, según confiesa él mismo, un desnudarse ante los demás. Este es su atractivo, la pasión y la violencia con que se muestra ante sus lectores. Por la multiplicidad de sus gestos ha sido acusado algunas veces de «farsante» o comediante.

La voluminosa producción de este escritor puede dividirse en muchas categorías, pero son tres las principales: ensayos, novelas y poesía. Entre los ensayos destacan *En torno al casticismo* (1902) en el cual Unamuno trata de penetrar y explicar la manera auténtica de ser de España. *Mi religión y otros ensayos* (1910), *Vida de don Quijote y Sancho* (1905), *Del sentimiento trágico de la vida en los hombres y en los pueblos* (1913). En sus ensayos no es un pensador frío, distanciado, sino como él dice: «yo no doy ideas, no prolongo doctrinas, doy pedazos de mi corazón, de mis fibras pensantes». De sus novelas destacan *Paz en la guerra* (1897), narración casi autobiográfica de su infancia y juventud en Bilbao, y que él siempre consideró con especial amor. Es un tipo de novela nueva en España en la que el autor trata de dar un significado metafísico a la vida. Con *Niebla* (1914) comienza lo que él llama «la nivola», en que se describe el vivir del hombre como un sueño, la vida humana es algo que se sueña más que se vive. *Abel Sánchez* (1917), novela de la pasión de la envidia. *San Manuel Bueno, mártir* (1931). En poesía su obra es muy abundante y muy desigual, pero siempre tremendamente personal. Fue un gran poeta aunque no pagó tributo al oído ni a las tendencias estetizantes del modernismo: *Poesías* (1907), *Rosario de sonetos líricos* (1911), *El Cristo de Velázquez* (1910).

San Manuel Bueno, mártir es una de sus mejores novelas. En ella se muestra el autor en toda su trágica lucha —fe, duda, deseo de inmortalidad— y se justifica la palabra con que con frecuencia se le designa «agonista», porque Unamuno vive una constante agonía, un interrumpido drama, la tragedia de vivir.

SAN MANUEL BUENO, MÁRTIR

Si sólo en esta vida esperamos en Cristo, somos los más miserables de los hombres todos.

(SAN PABLO, I Corintios, xv, 19.)[1]

Ahora que el obispo de la diócesis de Renada, a la que pertenece esta mi querida aldea de Valverde de Lucerna,[2] anda, a lo que se dice,[3] promoviendo el proceso para la beatificación[4] de nuestro don Manuel, o mejor San Manuel Bueno, que fue en ésta[5] párroco, quiero dejar aquí consignado, a modo de confesión y sólo Dios sabe, que no yo,[6] con qué destino,[7] todo lo que sé y recuerdo de aquel varón matriarcal que llenó toda la más entrañada vida[8] de mi alma, que fue mi verdadero padre espiritual, el padre de mi espíritu, del mío, el de Ángela Carballino.

Al otro, a mi padre carnal y temporal, apenas si[9] le conocí, pues se me murió siendo yo muy niña. Sé que había llegado de forastero[10] a nuestra Valverde de Lucerna, que aquí arraigó[11] al casarse aquí con mi madre. Trajo consigo unos cuantos libros, el *Quijote*, obras de teatro clásico, algunas novelas, historias, el *Bertoldo*,[12] todo revuelto, y de esos libros, los únicos casi que había en toda la aldea, devoré yo ensueños[13] siendo niña. Mi buena madre apenas si me contaba hechos o dichos de mi padre. Los de don Manuel, a quien, como todo el pueblo, adoraba,[14] de quien estaba enamorada —claro que castísimamente—, le habían borrado el recuerdo de los de su marido. A quien encomendaba a Dios, y fervorosamente, cada día al rezar el rosario.

De nuestro don Manuel me acuerdo como si fuese de cosa de ayer, siendo yo niña, a mis diez años, antes de que me llevaran al Colegio de Religiosas de la ciudad catedralicia[15] de Renada. Tendría él, nuestro santo, entonces unos treinta y siete años. Era alto, delgado, erguido, llevaba la cabeza como nuestra Peña del Buitre lleva su cresta,[16] y había en sus ojos toda la hondura azul de nuestro lago. Se llevaba las miradas de todos, y tras ellas, los corazones, y él al mirarnos parecía, traspasando la carne como un cristal, mirarnos al corazón. Todos le queríamos, pero sobre todo los niños. ¡Qué cosas nos decía! Eran cosas, no palabras. Empezaba el pueblo a olerle la santidad;[17] se sentía lleno y embriagado de su aroma.

Entonces fué cuando mi hermano Lázaro, que estaba en América, de donde nos mandaba regularmente dinero con que vivíamos en decorosa holgura, hizo que mi madre me mandase al Colegio de Religiosas, a que[18] se completara fuera de la aldea mi educación, y esto aunque a él, Lázaro, no le hiciesen mucha gracia las monjas.[19] «Pero como ahí —nos escribía— no hay hasta ahora, que yo sepa, colegios laicos y progresivos, y menos para señoritas, hay que atenerse a lo que haya. Lo importante es que Angelita se pula y que no siga entre zafias aldeanas.»[20] Y entré en el Colegio, pensando en un principio hacerme en él maestra, pero luego se me atragantó la pedagogía.[21]

En el Colegio conocí a niñas de la ciudad e intimé con algunas de ellas. Pero seguía atenta a las cosas y a las gentes de nuestra aldea, de la que recibía frecuentes noticias y tal vez alguna visita. Y hasta al Colegio llegaba la fama de nuestro párroco, de quien empezaba a hablarse en la ciudad episcopal. Las monjas no hacían sino interrogarme respecto a él.[22]

Desde muy niña alimenté, no sé bien cómo, curiosidades, preocupaciones e inquietudes debidas, en parte al menos, a aquel revoltijo de libros de mi padre, y todo ello se me medró[23] en el Colegio, en el trato, sobre todo con una compañera que se me aficionó desmedidamente[24] y que unas veces me proponía que entrásemos juntas a la vez en un mismo convento, jurándonos, y hasta firmando el juramento con nuestra sangre, hermandad perpetua, y otras veces me hablaba, con los ojos semicerrados, de novios y de aventuras matrimoniales. Por cierto que no he vuelto a saber de ella ni de su suerte,[25] y eso que cuando se hablaba de nuestro don Manuel, o cuando mi madre me decía algo de él en sus cartas —y era en casi todas—, que yo leía a mi amiga, ésta exclamaba como en arrobo:[26] «¡Qué suerte, chica, la de poder vivir cerca de un santo así, de un santo vivo, de carne y hueso, y poder besarle la mano! Cuando vuelvas a tu pueblo escríbeme mucho, mucho y cuéntame de él».

Pasé en el Colegio unos cinco años, que ahora se me pierden como un sueño de madrugada en la lejanía del recuerdo, y a los quince volví a mi Valverde de Lucerna. Ya toda ella era don Manuel;[27] don Manuel con el lago y con la montaña. Llegué ansiosa de cono-

cerle, de ponerme bajo su protección, de que él me marcara el sendero de mi vida.[28]

Decíase que había entrado en el Seminario para hacerse cura, con el fin de atender a los hijos de una su hermana recién viuda, de servirles de padre; que en el Seminario se había distinguido por su agudeza mental y su talento y que había rechazado ofertas de brillante carrera eclesiástica porque él no quería ser

---

[1] "If in this life only we have hope in Christ, we are of all men most miserable." (St. Paul, 1 Cor. 15:19). [2] **Renada, Valverde de Lucerna** These as well as all subsequent place names are fictitious; (yet it is important to note that they function as literary symbols within the framework of the novel; i.e., Renada means "reborn;" Valverde de Lucerna, "green valley of light"). [3] **a lo que se dice** as they say; from what they say. [4] **promoviendo . . . beatificación** working to obtain from the Church a declaration that a deceased person is beatified, (usually the last step toward canonization). [5] **en ésta** in this village or town. [6] **que no yo** because I don't know. [7] **con qué destino** to what end or for what purpose. [8] **la más entrañada vida** the innermost recesses (of my soul). [9] **apenas si** very little; hardly (if at all). [10] **de forastero** as a stranger. [11] **arraigó** took root; settled down. [12] **Bertoldo** meaning blockhead, dunce; a comic character in Italian literature. [13] **devoré yo ensueños** I fed myself on dreams or daydreams. [14] **a quien . . . adoraba** whom she worshipped, as did the whole town. [15] **ciudad catedralicia** a cathedral city; i.e., a Bishop's See. [16] **llevaba . . . cresta** he held his head high like our Peña del Buitre (Vulture Cliffs or Mountain) wears its crest. [17] **olerle la santidad** to be aware of his saintliness. [18] **a que** so that. [19] **no le hiciesen . . . las monjas** he did not care very much about nuns. [20] **Angelita . . . aldeanas** Angelita should acquire some polish and leave the company of uncouth village girls. [21] **se me . . . pedagogía** I couldn't swallow the education courses. [22] **respecto a él** about him. [23] **todo ello . . . medró** all that grew; flourished. [24] **que se . . . desmedidamente** who became extremely fond of me. [25] **ni de su suerte** nor what became of her. [26] **como en arrobo** like someone in a state of rapture. [27] **toda ella era don Manuel** the entire village had become identified with Don Manuel. [28] **de que él me . . . vida** for him to point out to me what path to follow in life.

sino de su[29] Valverde de Lucerna, de su aldea perdida como un broche entre el lago y la montaña que se mira en él.[30]

¡Y cómo quería a los suyos! Su vida era arreglar matrimonios desavenidos, reducir a sus padres hijos indómitos[31] o reducir los padres a sus hijos, y sobre todo consolar a los amargados y atediados[32] y ayudar a todos a bien morir.

Me acuerdo, entre otras cosas, de que al volver de la ciudad la desgraciada hija de la tía Rabona, que se había perdido[33] y volvió, soltera y desahuciada, trayendo un hijito consigo, don Manuel no paró hasta que[34] hizo que se casase con ella un antiguo novio, Perote, y reconociese como suya a la criaturita, diciéndole:

—Mira, da padre a este pobre crío[35] que no le tiene más que en el cielo.

—¡Pero, don Manuel, si no es mía la culpa...!

—¡Quién lo sabe, hijo, quién lo sabe...!, y sobre todo no se trata de culpa.

Y hoy el pobre Perote, inválido, paralítico, tiene como báculo y consuelo de su vida al hijo aquel que, contagiado de la santidad de don Manuel, reconoció por suyo no siéndolo.

En la noche de San Juan,[36] la más breve del año, solían y suelen acudir a nuestro lago todas las pobres mujerucas,[37] y no pocos hombrecillos, que se creen poseídos, endemoniados, y que parece no son sino histéricos y a las veces epilépticos, y don Manuel emprendió la tarea de hacer él de lago, de piscina probática,[38] y tratar de aliviarles y si era posible de curarles. Y era tal la acción de su presencia, de sus miradas, y tal sobre todo la dulcísima autoridad de sus palabras y sobre todo de su voz —¡qué milagro de voz!—, que consiguió curaciones sorprendentes. Con lo que creció su fama, que atraía a nuestro lago y a él[39] a todos los enfermos del contorno. Y alguna vez llegó una madre pidiéndole que hiciese un milagro en su hijo, a lo que contestó sonriendo tristemente:

—No tengo licencia del señor obispo para hacer milagros.

Le preocupaba,[40] sobre todo, que anduviesen todos limpios. Si alguno llevaba un roto en su vestidura,[41] le decía: «Anda a ver al sacristán, y que te remiende[42]

eso». El sacristán era sastre. Y cuando el día primero de año iban a felicitarle por ser el de su santo —su santo patrono era el mismo Jesús Nuestro Señor—,[43] quería don Manuel que todos se le presentasen con camisa nueva, y al que no la tenía se la regalaba él mismo.

Por todos mostraba el mismo afecto, y si a algunos distinguía más con él era a los más desgraciados y a los que aparecían como más díscolos.[44] Y como hubiera en el pueblo un pobre idiota de nacimiento, Blasillo el bobo, a éste es a quien más acariciaba y hasta llegó a enseñarle cosas que parecía milagro que las hubiese podido aprender. Y es que el pequeño rescoldo de inteligencia que aún quedaba en el bobo se le encendía en imitar,[45] como un pobre mono, a su don Manuel.

Su maravilla era la voz, una voz divina, que hacía llorar. Cuando al oficiar en misa mayor o solemne entonaba el prefacio,[46] estremecíase la iglesia y todos los que le oían sentíanse conmovidos en sus entrañas. Su canto, saliendo del templo, iba a quedarse dormido sobre el lago y al pie de la montaña. Y cuando en el sermón de Viernes Santo clamaba aquello de: «¡Dios mío, Dios mío!, ¿por qué me has abandonado?»[47] pasaba por el pueblo todo un temblor hondo como por sobre las aguas del lago en días de cierzo de hostigo.[48] Y era como si oyesen a Nuestro Señor Jesucristo mismo, como si la voz brotara de aquel viejo crucifijo a cuyos pies tantas generaciones de madres habían depositado sus congojas. Como que una vez,[49] al oírlo su madre, la de don Manuel, no pudo contenerse y desde el suelo del templo, en que se sentaba le gritó: «¡Hijo mío!» Y fue un chaparrón de lágrimas entre todos.[50] Creeríase que el grito maternal había brotado de la boca entreabierta de aquella Dolorosa —el corazón traspasado por siete espadas[51]— que había en una de las capillas del templo. Luego Blasillo el tonto iba repitiendo en tono patético por las callejas, y como en eco, el «¡Dios mío, Dios mío!, ¿por qué me has abandonado?», y de tal manera que al oírselo se les saltaban a todos las lágrimas, con gran regocijo del bobo por su triunfo imitativo.

Su acción sobre las gentes era tal que nadie se atrevía a mentir ante él, y todos, sin tener que ir al confesonario, se le confesaban. A tal punto[52] que como hubiese una vez ocurrido un repugnante crimen en una aldea próxima, el juez, un insensato que conocía mal a don Manuel, le llamó y le dijo:

—A ver si usted, don Manuel, consigue que este bandido declare la verdad.

—¿Para que luego pueda castigársele? —replicó el santo varón—. No, señor juez, no; yo no saco a nadie una verdad[53] que le lleve acaso a la muerte. Allá entre él y Dios... La justicia humana no me concierne. «No juzguéis para no ser juzgados», dijo Nuestro Señor.[54]

—Pero es que yo señor cura...

—Comprendido; dé usted, señor juez, al César lo que es del César, que yo daré a Dios lo que es de Dios.[55]

Y al salir, mirando fijamente al presunto reo,[56] le dijo:

—Mira bien si Dios te ha perdonado, que es lo único que importa.

En el pueblo todos acudían a misa, aunque sólo fuese por oírle y por verle en el altar, donde parecía transfigurarse, encendiéndosele el rostro. Había un santo ejercicio que introdujo en el culto popular, y es que, reuniendo en el templo a todo el pueblo, hombres y mujeres, viejos a niños, unas mil personas, recitábamos al unísono, en una sola voz, el Credo;[57] «Creo en Dios Padre Todopoderoso, Criador del Cielo y de la Tierra...» y lo que sigue. Y no era un coro, sino una sola voz, una voz simple y unida, fundidas todas en una y haciendo como una montaña, cuya cumbre, perdida a las veces en nubes, era don Manuel. Y al llegar a lo de «creo en la resurrección de la carne y la vida perdurable» la voz de don Manuel se zambullía, como en un lago, en la del pueblo todo, y era que él se callaba. Y yo oía las campanadas de la villa que se dice aquí que está sumergida en el lecho del lago —campanadas que se dice también se oyen la noche de San Juan— y eran las de la villa sumergida en el lago espiritual de nuestro pueblo; oía la voz de nuestros muertos que en nosotros resucitaban en la comunión de los santos.[58] Después, al llegar a conocer el secreto de nuestro santo, he comprendido que era como si una caravana en marcha por el desierto, desfallecido el caudillo al acercarse al término de su

[29] **porque él ... de su** because he didn't want to belong to anybody but to his (village).   [30] **que se mira en él** which is reflected in it.   [31] **reducir ... indomitos** to make unruly children submit to their parents' will.   [32] **atediados** tired of living.   [33] **que se había perdido** who had gone astray.   [34] **no paró hasta que** he did not give up (trying) until.   [35] **crío** infant.   [36] **noche de San Juan** falls on June 24 (about the time of the summer solstice), a night when spirits are believed to roam.   [37] **pobres mujerucas** poor old women; ("-uca": a depreciatory suffix).   [38] **emprendió ... probática** took upon himself the task of the lake, that of acting as the healing pool (where Christ healed the sick and infirm; John 5:1–13.   [39] **y a él** y (atraía) a él.   [40] **Le preocupaba** It concerned him.   [41] **un roto en su vestidura** any part of his clothing torn or ripped.   [42] **que te remiende eso** let him mend it for you.   [43] **el día primero ... Señor** On New Year's day Catholics celebrate the name of Jesus, which is another name for Emmanuel; (according to Matt. 1:23 where it is written: "Behold, a virgin shall be with child, and shall bring forth a son, and they shall call his name Emmanuel, which being interpreted is, God with us.").   [44] **como más díscolos** somewhat more wayward; intractable.   [45] **es que ... imitar** it's that the tiny spark of intelligence that was still left to the simple minded fellow was kindled by his trying to imitate.   [46] **entonaba el prefacio** he used to chant the Preface (a prayer that introduces the canon of the Mass).   [47] Matt. 27:46 ("My God, my God, why hast thou forsaken me?").   [48] **pasaba ... hostigo** a deep tremor passed through the whole village that was like the rippling of the waters of the lake on days when the cold northerly wind blew over it.   [49] **Como que una vez** It so happened that once.   [50] **Y fue ... todos** And there was a sudden outburst of tears from everyone.   [51] **Dolorosa ... espadas** the Lady of Sorrows is depicted with seven small swords piercing her heart. (See *Valera* footnote No. 47).   [52] **A tal punto** It reached the point.   [53] **no saco ... verdad** I will not force the truth out of anyone.   [54] Matt. 7:1 ("Judge not, that ye be not judged.").   [55] Mark 12:17 ("Render to Caesar the things that are Caesar's, and to God the things that are God's.").   [56] **presunto reo** presumed or suspected criminal.   [57] **Credo** The Apostle's Creed, expressing the principal articles of faith.   [58] **comunión de los santos** communion with the saints; the spiritual and mystical unity of all the faithful.

carrera, le tomaran en hombros los suyos para meter su cuerpo sin vida en la tierra de promisión.[59]

Los más no querían morirse sino cojidos de su mano como de un ancla.[60]

Jamás en sus sermones se ponía a declamar contra impíos, masones, liberales o herejes. ¿Para qué, si no los había en la aldea? Ni menos contra la mala prensa. En cambio, uno de los más frecuentes temas de sus sermones era contra la mala lengua. Porque él lo disculpaba todo y a todos disculpaba. No quería creer en la mala intención de nadie.

—La envidia —gustaba repetir— la mantienen los que se empeñan en creerse envidiados, y las más de las persecuciones son efecto más de la manía persecutoria que no de la perseguidora.[61]

—Pero fíjese, don Manuel, en lo que me ha querido decir . . .

Y él:

—No debe importarnos tanto lo que uno quiera decir como lo que diga sin querer . . .[62]

Su vida era activa y no contemplativa, huyendo cuanto podía de no tener nada que hacer. Cuando oía eso de que la ociosidad es la madre de todos los vicios, contestaba: «Y del peor de todos, que es el pensar ocioso». Y como yo le preguntara una vez qué es lo que con eso quería decir, me contestó: «Pensar ocioso es pensar para no hacer nada o pensar demasiado en lo que se ha hecho y no en lo que hay que hacer. A lo hecho pecho,[63] y a otra cosa, que no hay peor que remordimiento sin enmienda». ¡Hacer!, ¡hacer! Bien comprendí yo ya desde entonces que don Manuel huía de pensar ocioso y a solas, que algún pensamiento le perseguía.

Así es que estaba siempre ocupado, y no pocas veces en inventar ocupaciones. Escribía muy poco para sí, de tal modo que apenas nos ha dejado escritos o notas; mas, en cambio, hacía de memorialista[64] para los demás, y a las madres, sobre todo, les redactaba las cartas para sus hijos ausentes.

Trabajaba también manualmente, ayudando con sus brazos a ciertas labores del pueblo. En la temporada de trilla íbase a la era a trillar y aventar, y en tanto, les aleccionaba o les distraía. Sustituía a las veces a algún enfermo en su tarea. Un día del más crudo invierno se encontró con un niño, muertito de frío,[65] a quien su padre le enviaba a recojer una res a larga distancia, en el monte.

—Mira —le dijo al niño—, vuélvete a casa, a calentarte, y dile a tu padre que yo voy a hacer el encargo.

Y al volver con la res se encontró con el padre, todo confuso,[66] que iba a su encuentro. En invierno partía leña para los pobres. Cuando se secó aquel magnífico nogal —«un nogal matriarcal» le llamaba—, a cuya sombra había jugado de niño y con cuyas nueces se había durante tantos años regalado,[67] pidió el tronco, se lo llevó a su casa y después de labrar en él seis tablas, que guardaba al pie de su lecho, hizo del resto leña para calentar a los pobres. Solía hacer también las pelotas para que jugaran los mozos y no pocos juguetes para los niños.

Solía acompañar al médico en su visita y recalcaba las prescripciones de éste. Se interesaba sobre todo en los embarazos y en la crianza de los niños, y estimaba como una de las mayores blasfemias aquello de: «¡teta y gloria!»[68] y lo otro de: «angelitos al cielo». Le conmovía profundamente la muerte de los niños.

—Un niño que nace muerto o que se muere recién nacido y un suicidio —me dijo una vez— son para mí de los más terribles misterios: ¡un niño en cruz!

Y como una vez, por haberse quitado uno la vida, le preguntara el padre del suicida, un forastero, si le daría tierra sagrada,[69] le contestó:

—Seguramente, pues en el último momento, en el segundo de la agonía, se arrepintió sin duda alguna.

Iba también a menudo a la escuela a ayudar al maestro, a enseñar con él, y no sólo el catecismo. Y es que huía de la ociosidad y de la soledad. De tal modo que por estar con el pueblo, y sobre todo con el mocerío y la chiquillería,[70] solía ir al baile. Y más de una vez se puso en él a tocar el tamboril para que los mozos y las mozas bailasen, y esto, que en otro hubiera parecido grotesca profanación del sacerdocio, en él tomaba un sagrado carácter y como de rito religioso. Sonaba el *Angelus*,[71] dejaba el tamboril y el palillo, se descubría y todos con él, y rezaba: «El ángel del Señor anunció a María: Ave María . . .» Y luego; «Y ahora, a descansar para mañana».

—Lo primero —decía— es que el pueblo esté contento, que estén todos contentos de vivir. El contentamiento de vivir es lo primero de todo. Nadie debe querer morirse hasta que Dios quiera.

—Pues yo sí —le dijo una vez una recién viuda—, yo quiero seguir a mi marido . . .

—¿Y para qué? —le respondió—. Quédate aquí para encomendar su alma a Dios.

En una boda dijo una vez: «¡Ay, si pudiese cambiar el agua toda de nuestro lago en vino, en un vinillo que por mucho que de él se bebiera alegrara siempre sin emborracharse nunca . . . o por lo menos con una borrachera alegre!»[72]

Una vez pasó por el pueblo una banda de pobres titiriteros.[73] El jefe de ella, que llegó con la mujer gravemente enferma y embarazada, y con tres hijos que le ayudaban, hacía de payaso. Mientras él estaba en la plaza del pueblo haciendo reír a los niños y aun a los grandes, ella, sintiéndose de pronto gravemente indispuesta, se tuvo que retirar, y se retiró escoltada por una mirada de congoja del payaso y una risotada de los niños. Y escoltada por don Manuel, que luego, en un rincón de la cuadra de la posada,[74] la ayudó a bien morir. Y cuando, acabada la fiesta, supo el pueblo y supo el payaso la tragedia, fuéronse todos a la posada y el pobre hombre, diciendo con llanto en la voz: «Bien se dice, señor cura, que es usted todo un santo», se acercó a éste queriendo tomarle la mano para besársela, pero don Manuel se adelantó, y tomándosela al payaso, pronunció ante todos:

—El santo eres tú, honrado payaso; te vi trabajar y comprendí que no sólo lo haces para dar pan a tus hijos, sino también para dar alegría a los de los otros, y yo te digo que tu mujer, la madre de tus hijos, a quien he despedido a Dios mientras trabajabas y alegrabas, descansa en el Señor, y que tú irás a juntarte con ella y a que te paguen riendo los ángeles a los que haces reír en el cielo de contento.

Y todos, niños y grandes, lloraban, y lloraban tanto de pena como de un misterioso contento en que la pena se ahogaba.[75] Y más tarde, recordando aquel solemne rato, he comprendido que la alegría imperturbable de don Manuel era la forma temporal y terrena de una infinita y eterna tristeza que con heroica santidad recataba[76] a los ojos y los oídos de los demás.

Con aquella su constante actividad, con aquel mezclarse en las tareas y las diversiones de todos, parecía querer huir de sí mismo, querer huir de su soledad. «Le temo a la soledad», repetía. Mas, aun así, de vez en cuando se iba solo, orilla del lago, a las ruinas de aquella vieja abadía donde aún parecen reposar las almas de los piadosos cistercienses[77] a quienes ha sepultado en el olvido la Historia. Allí está la celda del llamado Padre Capitán, y en sus paredes se dice que aún quedan señales de las gotas de sangre con que las salpicó al mortificarse. ¿Qué pensaría allí nuestro don Manuel? Lo que sí recuerdo es que como una vez, hablando de la abadía, le preguntase yo cómo

[59] **tierra de promisión** the promised land. [60] **Los más . . . ancla** Most of the people did not want to die without holding on to his hand, like an anchor. [61] **más de la manía . . . perseguidora** are due more to a mania for thinking oneself persecuted than to a mania for persecuting anyone. [62] **lo que uno . . . querer** what one means to say as much as what one says without meaning to. [63] **A lo hecho pecho** What's done is done. (Don't cry over spilt milk.) [64] **hacía se memorialista** he wrote letters for other people. [65] **muertito de frío** the poor thing almost frozen to death. [66] **confuso** embarrassed; ashamed. [67] **regalarse** to feast; to treat oneself well. [68] **¡teta y gloria!** no sooner suckled than called to Heaven! [69] **si le daría tierra sagrada** if he would give him a Catholic burial. [70] **el mocerío y la chiquillería** young people and little children. [71] **Angelus** a bell rung at morning, noon, and night as a call to recite the Angelus, a devotional prayer used to commemorate the Annunciation (Luke 1:28 "And the angel came in unto her, and said, Hail . . ."). [72] **si pudiese . . . alegre** if only I could turn all the water in our lake into a wine so light, that no matter how much one drank, it would always make one feel gay without ever getting drunk . . . or at least leave one with a pleasant feeling of drunkenness! [73] **banda . . .titiriteros** a group of wandering puppeteers. [74] **cuadra de la posada** stable of the inn. [75] **en que la pena se ahogaba** the pain was drowned in (a mysterious pleasure or contentment). [76] **recatar** to conceal. [77] **cistercienses** Monks of a very austere contemplative order founded in 1098 at Cistercium (modern Citeaux), France, as an offshoot of the Benedictines.

era que no se le había ocurrido ir al claustro,[78] me contestó:

—No es sobre todo porque tenga, como tengo, mi hermana viuda y mis sobrinos a quienes sostener, que Dios ayuda a sus pobres, sino porque yo no nací para ermitaño, para anacoreta; la soledad me mataría el alma, y en cuanto a un monasterio, mi monasterio es Valverde de Lucerna. Yo no debo vivir solo; yo no debo morir solo. Debo vivir para mi pueblo, morir para mi pueblo. ¿Cómo voy a salvar mi alma si no salvo la de mi pueblo?

—Pero es que ha habido santos ermitaños, solitarios . . . —le dije.

—Sí, a ellos les dio el Señor la gracia de soledad que a mí me ha negado, y tengo que resignarme. Yo no puedo perder a mi pueblo para ganarme el alma. Así me ha hecho Dios. Yo no podría soportar las tentaciones del desierto. Yo no podría llevar solo la cruz del nacimiento.

He querido con estos recuerdos, de los que vive mi fe, retratar a nuestro don Manuel tal como era cuando yo, mocita de cerca de dieciséis años, volví del Colegio de Religiosas de Renada a nuestro monasterio de Valverde de Lucerna. Y volví a ponerme a los pies de su abad.

—¡Hola, la hija de la Simona[79] —me dijo en cuanto me vió—, y hecha ya toda una moza, y sabiendo francés, y bordar y tocar el piano y qué sé yo qué más![80] Ahora a prepararte para darnos otra familia. Y tu hermano Lázaro, ¿cuándo vuelve? Sigue en el Nuevo Mundo, ¿no es así?

—Sí señor, sigue en América . . .

—¡El Nuevo Mundo! Y nosotros en el Viejo. Pues bueno, cuando le escribas, dile de mi parte, de parte del cura, que estoy deseando saber cuándo vuelve del Nuevo Mundo a este Viejo, trayéndonos las novedades de por allá. Y dile que encontrará al lago y a la montaña como los dejó.

Cuando me fuí a confesar con él mi turbación era tanta que no acertaba a articular palabra. Recé el «yo pecadora »[81] balbuciendo, casi sollozando. Y él, que lo observó, me dijo:

—Pero ¿qué te pasa, corderilla? ¿De qué o de quién tienes miedo? Porque tú no tiemblas ahora al peso de tus pecados ni por temor de Dios, no; tú tiemblas de mí, ¿no es eso?

Me eché a llorar.

—Pero ¿qué es lo que te han dicho de mí? ¿Qué leyendas son ésas? ¿Acaso tu madre? Vamos, vamos, cálmate y haz cuenta que estás hablando con tu hermano . . .

Me animé y empecé a confiarle mis inquietudes, mis dudas, mis tristezas.

—¡Bah, bah, bah! ¿Y dónde has leído eso, marisabidilla? Todo eso es literatura. No te des demasiado a ella, ni siquiera a Santa Teresa.[82] Y si quieres distraerte lee el *Bertoldo*, que leía tu padre.

Salí de aquella mi primera confesión con el santo hombre profundamente consolada. Y aquel mi temor primero, aquel más que respeto miedo, con que me acerqué a él, trocóse en una lástima profunda. Era yo entonces una mocita, una niña casi; pero empezaba a ser mujer, sentía en mis entrañas el jugo de la maternidad, y al encontrarme en el confesonario junto al santo varón, sentí como una callada confesión suya en el susurro sumiso de su voz y recordé cómo cuando al clamar él en la iglesia las palabras de Jesucristo: «¡Dios mío, Dios mío!, ¿por qué me has abandonado?», su madre, la de don Manuel, respondió desde el suelo: «¡Hijo mío!», y oí este grito que desgarraba la quietud del templo. Y volví a confesarme con él para consolarle.

Una vez que en el confesonario le expuse una de aquellas dudas, me contestó:

—A eso, ya sabes, lo del Catecismo: «eso no me lo preguntéis a mí, que soy ignorante; doctores tiene la Santa Madre Iglesia que os sabrán responder».

—¡Pero si el doctor aquí es usted, don Manuel . . .!

—¿Yo, yo doctor?, ¿doctor yo? ¡Ni por pienso![83] Yo, doctorcilla, no soy más que un pobre cura de aldea. Y esas preguntas, ¿sabes quién te las insinúa, quién te las dirige? Pues . . . ¡el demonio!

Y entonces, envalentonándome, le espeté a boca de jarro:[84]

—¿Y si se las dirigiese[85] a usted, don Manuel?

—¿A quién?, ¿a mí? ¿Y el demonio? No nos conocemos, hija, no nos conocemos.

—¿Y si se las dirigiera?

—No le haría caso. Y basta. ¿eh?, despachemos,[86] que me están esperando unos enfermos de verdad.

Me retiré, pensando, no sé qué por qué, que nuestro don Manuel, tan afamado curandero[87] de endemoniadas, no creía en el demonio. Y al irme hacia mi casa topé con[88] Blasillo el bobo, que acaso rondaba el templo, -y- que al verme, para agasajarme con sus habilidades, repitió —¡y de qué modo!— lo de «¡Dios mío, Dios mío!, ¿por qué me has abandonado?» Llegué a casa acongojadísima y me encerré en mi cuarto para llorar, hasta que llegó mi madre.

—Me parece, Angelita, con tantas confesiones, que tú te me vas a ir monja[89]

—No lo tema, madre —le contesté—, pues tengo harto que hacer aquí, en el pueblo, que es mi convento.

—Hasta que te cases.

—No pienso en ello —le repliqué.

Y otra vez que me encontré con don Manuel, le pregunté, mirándole derechamente a los ojos:

—¿Es que hay infierno, don Manuel?

Y él, sin inmutarse:

—¿Para ti, hija? No.

—¿Para los otros, lo hay?

—¿Y a ti que te importa, si no has de ir a él?

—Me importa por los otros. ¿Lo hay?

—Cree en el cielo, en el cielo que vemos. Míralo —y me lo mostraba sobre la montaña y abajo, reflejado en el lago.

—Pero hay que creer en el infierno, como en el cielo —le repliqué.

—Sí, hay que creer todo lo que cree y enseña a creer la Santa Madre Iglesia Católica Apostólica Romana. ¡Y basta!

Leí no sé qué honda tristeza en sus ojos, azules como las aguas del lago.

Aquellos años pasaron como un sueño. La imagen de don Manuel iba creciendo en mí sin que yo de ello me diese cuenta, pues era un varón tan cotidiano,[90] tan de cada día como el pan que a diario pedimos en el padrenuestro. Yo le ayudaba cuando podía en sus menesteres, visitaba a sus enfermos, a nuestros enfermos, a las niñas de la escuela, arreglaba el ropero[91] de la iglesia, le hacía, como me llamaba él, de diaco-

nisa. Fuí unos días invitada por una compañera de colegio, a la ciudad, y tuve que volverme, pues en la ciudad me ahogaba, me faltaba algo, sentía sed de la vista de las aguas del lago, hambre de la vista de las peñas de la montaña; sentía, sobre todo, la falta de mi don Manuel y como si su ausencia me llamara, como si corriese un peligro lejos de mí, como si me necesitara. Empezaba yo a sentir una especie de afecto maternal hacia mi padre espiritual; quería aliviarle del peso de su cruz del nacimiento.[92]

Así fuí llegando a mis veinticuatro años, que es cuando volvió de América, con un caudalillo ahorrado,[93] mi hermano Lázaro. Llegó acá, a Valverde de Lucerna, con el propósito de llevarnos a mí y a nuestra madre a vivir a la ciudad, acaso a Madrid.

—En la aldea —decía— se entontece, se embrutece y se empobrece uno.

Y añadía:

—Civilización es lo contrario de ruralización; ¡aldeanerías no!, que no hice que fueras al Colegio para que te pudras luego aquí, entre estos zafios patanes.[94]

[78] **ir al claustro** to become a monk; lit., to enter a cloister. [79] **la Simona** the definite article is used in popular and colloquial style before the given names of women. [80] **qué sé yo qué más!** who knows what else! [81] **el yo pecadora** ("Sinner that I am"): opening words or the Act of Contrition (or confession). [82] *Santa Teresa of Ávila* (1515-1582) great mystic of the Counter-Reformation who wrote extensively, in a vivid colloquial style, expounding her visions and philosophy. [83] **¡Ni por pienso!** By no means!; I should say not! [84] **entonces . . . jarro** then gathering up my courage, I asked him pointblank. [85] **¿Y si se las dirigiera?** And what if I were to ask you? [86] **despachemos** let's finish up. [87] **afamado curandero** famous faith healer. [88] **topé con** (topar con) I ran into. [89] **te me vas a ir monja** you'll up and become a nun one of these days. [90] **un varón tan cotidiano** such an everyday man; like a daily necessity. [91] **arreglaba el ropero** I looked after the church wardrobe. [92] **cruz del nacimiento** the burdensome cross of having been born. [93] **caudalillo ahorrado** a little fortune in savings (or that he had amassed). [94] **zafios patanes** coarse or ignorant yokels.

Yo callaba, aun dispuesta a resistir la emigración; pero nuestra madre, que pasaba ya de la sesentena,[95] se opuso desde un principio. «¡A mi edad, cambiar de aguas!», dijo primero; mas luego dió a conocer claramente que ella no podría vivir fuera de la vista de su lago, de su montaña, y sobre todo de su don Manuel.

—¡Sois como las gatas, que os apegáis a la casa! —repetía mi hermano.

Cuando se percató de todo el imperio[96] que sobre el pueblo todo y en especial sobre nosotras, sobre mi madre y sobre mí, ejercía el santo varón evangélico, se irritó contra éste. Le pareció un ejemplo de la oscura teocracia en que él suponía hundida a España. Y empezó a borbotar[97] sin descanso todos los viejos lugares comunes anticlericales y hasta antirreligiosos y progresistas que había traído renovados del Nuevo Mundo.

—En esta España de calzonazos[98] —decía— los curas manejan a las mujeres y las mujeres a los hombres . . ., ¡y luego el campo!, ¡el campo!, este campo feudal . . .

Para él feudal era un término pavoroso; feudal y medieval eran los dos calificativos que prodigaba[99] cuando quería condenar algo.

Le desconcertaba el ningún efecto que sobre nosotras hacían sus diatribas y el casi ningún efecto que hacían en el pueblo, donde se le oía con respetuosa indiferencia. «A estos patanes no hay quien les conmueva.»[100] Pero como era bueno por ser inteligente, pronto se dió cuenta de la clase de imperio que don Manuel ejercía sobre el pueblo, pronto se enteró de la obra del cura de su aldea.

—¡No, no es como los otros —decía—, es un santo!

—Pero ¿tú sabes cómo son los otros curas? —le decía yo, y él:

—Me lo figuro.

Mas aun así ni entraba en la iglesia ni dejaba de hacer alarde[101] en todas partes de su incredulidad, aunque procurando siempre dejar a salvo a don Manuel. Y ya en el pueblo se fué formando, no sé cómo, una expectativa, la de una especie de duelo entre mi hermano Lázaro y don Manuel, o más bien se esperaba la conversión de aquél por éste. Nadie dudaba de que al cabo el párroco le llevaría a su parroquia. Lázaro, por su parte, ardía en deseos —me lo dijo luego— de ir a oír a don Manuel, de verle y oírle en la iglesia, de acercarse a él y con él conversar, de conocer el secreto de aquel su imperio espiritual sobre las almas. Y se hacía de rogar[102] para ello, hasta que al fin, por curiosidad —decía—, fué a oírle.

—Sí, esto es otra cosa —me dijo luego de haberle oído—; no es como los otros, pero a mí no me la da;[103] es demasiado inteligente para creer todo lo que tiene que enseñar.

—Pero ¿es que le crees un hipócrita? —le dije.

—¡Hipócrita . . . no!, pero es el oficio del que tiene que vivir.

En cuanto a mí, mi hermano se empeñaba en que yo leyese de libros que él trajo y de otros que me incitaba a comprar.

—Conque, ¿tu hermano Lázaro —me decía don Manuel— se empeña en que leas? Pues lee, hija mía, lee y dale así gusto. Sé que no has de leer sino cosa buena; lee aunque sea novelas. No son mejores las historias que llaman verdaderas. Vale más que leas que no el que te alimentes de chismes y comadrerías del pueblo.[104] Pero lee sobre todo libros de piedad que te den contento de vivir, un contento apacible y silencioso.

¿Le tenía él?

Por entonces enfermó de muerte[105] y se nos murió nuestra madre, y en sus últimos días todo su hipo[106] era que don Manuel convirtiese a Lázaro, a quien esperaba volver a ver un día en el cielo, en un rincón de las estrellas desde donde se viese el lago y la montaña de Valverde de Lucerna. Ella se iba ya, a ver a Dios.

—Usted no se va —le decía don Manuel—, usted se queda. Su cuerpo aquí, en esta tierra, y su alma también aquí en esta casa, viendo y oyendo a sus hijos, aunque éstos ni le vean ni le oigan.

—Pero yo, padre —dijo—, voy a Dios.

—Dios, hija mía, está aquí como en todas partes, y le verá usted desde aquí, desde aquí. Y a todos nosotros en Él, y a Él en nosotros.

—Dios se lo pague —le dije.

—El contento con que tu madre se muera —me dijo— será su eterna vida.

Y volviéndose a mi hermano Lázaro:

—Su cielo es seguir viéndote, y ahora es cuando hay que salvarla. Dile que rezarás por ella.

—Pero . . .

—¿Pero . . .? Dile que rezarás por ella, a quien debes la vida, y sé que una vez que se lo prometas rezarás y sé que luego que reces . . .[107]

Mi hermano, acercándose, arrasados sus ojos en lágrimas, a nuestra madre, agonizante, le prometió solemnemente rezar por ella.

—Y yo en el cielo por ti, por vosotros —respondió mi madre, y besando el crucifijo y puestos sus ojos en los de don Manuel, entregó su alma a Dios.

—«¡En tus manos encomiendo mi espíritu!» —rezó el santo varón.

Quedamos mi hermano y yo solos en la casa. Lo que pasó en la muerte de nuestra madre puso a Lázaro en relación con don Manuel, que pareció descuidar algo a sus demás pacientes, a sus demás menesterosos, para atender a mi hermano. Íbanse por las tardes de paseo, orilla del lago, o hacia las ruinas, vestidas de hiedra, de la vieja abadía de cistercienses.

—Es un hombre maravilloso —me decía Lázaro—. Ya sabes que dicen que en el fondo de este lago hay una villa sumergida y que en la noche de San Juan, a las doce, se oyen las campanadas de su iglesia.

—Sí —le contestaba yo—, una villa feudal y medieval . . .

—Y creo —añadía él— que en el fondo del alma de nuestro don Manuel hay también sumergida, ahogada, una villa y que alguna vez se oyen sus campanadas.

—Sí —le dije—, esa villa sumergida en el alma de don Manuel, ¿y por qué no también en la tuya?, es el cementerio de las almas de nuestros abuelos, los de esta nuestra Valverde de Lucerna . . . ¡feudal y medieval!

Acabó mi hermano por ir a misa siempre, a oír a don Manuel, y cuando se dijo que cumpliría con la parroquia,[108] que comulgaría cuando los demás comulgasen, recorrió un íntimo regocijo al pueblo todo, que creyó haberle recobrado. Pero fué un regocijo tal, tan limpio, que Lázaro no se sintió ni vencido ni disminuído.

Y llegó el día de su comunión, ante el pueblo todo, con el pueblo todo. Cuando llegó la vez a mi hermano

pude ver que don Manuel, tan blanco como la nieve de enero en la montaña y temblando como tiembla el lago cuando le hostiga el cierzo, se le acercó con la sagrada forma[109] en la mano, y de tal modo le temblaba ésta al arrimarla a la boca de Lázaro que se le cayó la forma a tiempo que le daba un vahído.[110] Y fue mi hermano mismo quien recogió la hostia y se la llevó a la boca. Y el pueblo al ver llorar a don Manuel, lloró diciéndose: «¡Cómo le quiere!» Y entonces, pues era la madrugada, cantó un gallo.[111]

Al volver a casa y encerrarme en ella con mi hermano, le eché los brazos al cuello y besándole le dije:

—¡Ay Lázaro, Lázaro, qué alegría nos has dado a todos, a todos, a todo el pueblo, a todo, a los vivos y a los muertos y sobre todo a mamá, a nuestra madre! ¿Viste? El pobre don Manuel lloraba de alegría. ¡Qué alegría nos has dado a todos!

—Por eso lo he hecho —me contestó.

—¿Por eso? ¿Por darnos alegría? Lo habrás hecho ante todo por ti mismo, por conversión.

Y entonces Lázaro, mi hermano, tan pálido y tan tembloroso como don Manuel cuando le dió la comunión, me hizo sentarme en el sillón mismo donde

---

[95] **pasaba . . . sesentena** she was already in her sixties. [96] **imperio** strong influence. [97] **borbotar** to pour out. [98] **En esta . . . calzonazos** In this Spain of weak, soft men. [99] **prodigaba** he used freely. [100] **A estos . . . conmueva** There's no way of reaching (or stirring up) these yokels. [101] **ni dejaba . . . alarde** nor did he stop boasting (or making a big noise about). [102] **se hacía de rogar** he wanted to be begged. [103] **no me la da** he doesn't fool me one bit. [104] **que no el que . . . del pueblo** rather than fill your mind with the town's gossip and old wives' tales. [105] **enfermó de muerte** fell deathly ill. [106] **todo su hipo** all she longed for; her only desire. [107] **sé que . . . reces** I know that the moment you pray . . . [108] **que cumpliría . . . parroquia** that he would comply with all the duties of a parishioner. [109] **la sagrada forma** the sacred host or wafer of the Eucharist. [110] **a tiempo . . . vahído** at the same time that he felt a dizzy spell. [111] **cantó un gallo** Mark 14:66–72 ("Before the cock crows twice, thou shalt deny me thrice.").

solía sentarse nuestra madre, tomó huelgo,[112] y luego, como en íntima confesión doméstica y familiar, me dijo:

—Mira, Angelita, ha llegado la hora de decirte la verdad, toda la verdad, y te la voy a decir, porque debo decírtela, porque a ti no puedo, no debo callártela y porque además habrías de adivinarla y a medias,[113] que es lo peor, más tarde o más temprano.

Y entonces, serena y tranquilamente, a media voz, me contó una historia que me sumergió en un lago de tristeza. Como don Manuel le había venido trabajando,[114] sobre todo en aquellos paseos a las ruinas de la vieja abadía cisterciense, para que no escandalizase, para que diese buen ejemplo, para que se incorporase a la vida religiosa del pueblo, para que fingiese creer si no creía, para que ocultase sus ideas al respecto, mas sin intentar siquiera catequizarle, convertirle de otra manera.

—Pero ¿es eso posible? —exclamé consternada.

—¡Y tan posible, hermana, y tan posible! Y cuando yo le decía: «¿Pero es usted, usted, el sacerdote, el que me aconseja que finja?», él, balbuciente: «¿Fingir?, ¡fingir no!, ¡eso no es fingir! Toma agua bendita, que dijo alguien, y acabarás creyendo». Y como yo, mirándole a los ojos, le dijese: «¿Y usted celebrando misa ha acabado por creer?», él bajó la mirada al lago y se le llenaron los ojos de lágrimas. Y así es cómo le arranqué su secreto.

—¡Lázaro! —gemí.

Y en aquel momento pasó por la calle Blasillo el bobo, clamando su: «¡Dios mío, Dios mío!, ¿por qué me has abandonado?» Y Lázaro se estremeció creyendo oír la voz de don Manuel, acaso la de Nuestro Señor Jesucristo.

—Entonces —prosiguió mi hermano— comprendí sus móviles, y con esto comprendí su santidad; porque es un santo, hermana, todo un santo. No trataba al emprender ganarme para su santa causa[115] —porque es una causa santa, santísima—, arrogarse un triunfo, sino que lo hacía por la paz, por la felicidad, por la ilusión si quieres, de los que le están encomendados; comprendí que si les engaña así —si es que esto es engaño— no es por medrar.[116] Me rendí a sus razones, y he aquí mi conversión. Y no me olvidaré jamás del día en que diciéndole yo: «Pero, don Manuel, la ver-

dad, la verdad ante todo», él, temblando, me susurró al oído —y eso que[117] estábamos solos en medio del campo—: «¿La verdad? La verdad, Lázaro, es acaso algo terrible, algo intolerable, algo mortal; la gente sencilla no podría vivir con ella». «¿Y por qué me la deja entrever ahora aquí, como en confesión?», le dije. Y él: «Porque si no, me atormentaría tanto, tanto, que acabaría gritándola en medio de la plaza, y eso jamás, jamás, jamás. Yo estoy para hacer vivir a las almas de mis feligreses, para hacerles felices, para hacerles que se sueñen inmortales y no para matarles. Lo que aquí hace falta es que vivan sanamente, que vivan en unanimidad de sentido, y con la verdad, con mi verdad, no vivirían. Que vivan. Y esto hace la Iglesia, hacerles vivir. ¿Religión verdadera? Todas las religiones son verdaderas en cuanto hacen vivir espiritualmente a los pueblos que las profesan, en cuanto les consuelan de haber tenido que nacer para morir, y para cada pueblo la religión más verdadera es la suya, la que le ha hecho. ¿Y la mía? La mía es consolarme en consolar a los demás, aunque el consuelo que les doy no sea el mío». Jamás olvidaré estas sus palabras.

—¡Pero esa comunión tuya ha sido un sacrilegio! —me atreví a insinuar, arrepintiéndome al punto de haberlo insinuado.

—¿Sacrilegio? ¿Y él que me la dio? ¿Y sus misas?

—¡Qué martirio! —exclamé.

—Y ahora —añadió mi hermano— hay otro más para consolar al pueblo.

—¿Para engañarle? —dije.

—Para engañarle no —me replicó—, sino para corroborarle en su fe.

—Y él, el pueblo —dije—, ¿cree de veras?

—¡Qué sé yo...! Cree sin querer, por hábito, por tradición. Y lo que hace falta es no despertarle. Y que viva en su pobreza de sentimientos para que no adquiera torturas de lujo.[118] ¡Bienaventurados los pobres de espíritu!

—Eso, hermano, lo has aprendido de don Manuel. Y ahora, dime, ¿has cumplido aquello que le prometiste a nuestra madre cuando ella se nos iba a morir, aquello de que rezarías por ella?

—¡Pues no se lo había de cumplir! Pero ¿por quién me has tomado, hermana? ¿Me crees capaz de faltar a mi palabra, a una promesa solemne, y a una promesa hecha, y en el lecho de muerte, a una madre?

—¡Qué sé yo . . .! Pudiste querer engañarla para que muriese consolada.

—Es que si yo no hubiese cumplido la promesa viviría sin consuelo.

—¿Entonces?

—Cumplí la promesa y no he dejado de rezar ni un solo día por ella.

—¿Sólo por ella?

—Pues, ¿por quién más?

—¡Por ti mismo! Y de ahora en adelante, por don Manuel.

Nos separamos para irnos cada uno a su cuarto, yo a llorar toda la noche, a pedir por la conversión de mi hermano y de don Manuel, y él, Lázaro, no sé bien a qué.

Después de aquel día temblaba yo de encontrarme a solas con don Manuel, a quien seguía asistiendo en sus piadosos menesteres. Y él pareció percatarse de mi estado íntimo y adivinar su causa. Y cuando al fin me acerqué a él en el tribunal de la penitencia —¿quién era el juez y quién el reo?—, los dos, él y yo, doblamos en silencio la cabeza y nos pusimos a llorar. Y fué él, don Manuel, quien rompió el tremendo silencio para decirme con voz que parecía salir de una huesa:[119]

—Pero tú, Angelina, tú crees como a los diez años, ¿no es así? ¿Tú crees?

—Sí creo, padre.

—Pues sigue creyendo. Y si se te ocurren dudas, cállatelas a ti misma.[120] Hay que vivir . . .

Me atreví, y toda temblorosa le dije:

—Pero usted, padre, ¿cree usted?

Vaciló un momento y reponiéndose me dijo:

—¡Creo!

—¿Pero en qué, padre, en qué? ¿Cree usted en la otra vida?, ¿cree usted que al morir no nos morimos del todo?, ¿cree que volveremos a vernos, a querernos en otro mundo venidero?, ¿cree en la otra vida?

El pobre santo sollozaba.

—¡Mira, hija, dejemos eso!

Y ahora, al escribir esta memoria, me digo: ¿Por qué no me engañó?, ¿por qué no me engañó entonces como engañaba a los demás? ¿Por qué se acongojó?,

¿porque no podía engañarse a sí mismo, o porque no podía engañarme? Y quiero creer que se acongojaba porque no podía engañarse para engañarme.

—Y ahora —añadió—, reza por mí, por tu hermano, por ti misma, por todos. Hay que vivir. Y hay que dar vida.

Y después de una pausa:

—¿Y por qué no te casas, Angelina?

—Ya sabe usted, padre mío, por qué.

—Pero no, no; tienes que casarte. Entre Lázaro y yo te buscaremos un novio. Porque a ti te conviene casarte para que se te curen esas preocupaciones.

—¿Preocupaciones, don Manuel?

—Yo sé bien lo que me digo. Y no te acongojes demasiado por los demás, que harto tiene cada cual con tener que responder de sí mismo.[121]

—¡Y que sea usted, don Manuel, el que me diga eso!, ¡que sea usted el que me aconseje que me case para responder de mí y no acuitarme por los demás![122] ¡que sea usted!

—Tienes razón, Angelina, no sé ya lo que me digo; no sé ya lo que me digo desde que estoy confesándome contigo. Y sí, sí, hay que vivir, hay que vivir.

[112] **tomó huelgo** he took a deep breath. [113] **habrías de . . . medias** you're bound to guess it, if only partially. [114] **Como . . . trabajando** How Don Manuel had been working on him all along (trying to convince him; win him over). [115] **al emprender . . . causa** when he undertook to win him over to his holy cause . . . he was not trying to claim a triumph for himself. [116] **no es por medrar** not because he has anything to gain by it. [117] **y eso que** and in spite of the fact. [118] **torturas de lujo** excessive torment; an excess of torture. [119] **huesa** tomb; grave. [120] **cállatelas a ti misma** keep them to yourself; (or, don't even admit them to yourself). [121] **harto tiene . . . mismo** it's enough (of a burden) that each one of us has to account for himself. [122] **no acuitarme por los demás** not to worry about the others.

Y cuando yo iba a levantarme para salir del templo, me dijo:

—Y ahora, Angelina, en nombre del pueblo, ¿me absuelves?

Me sentí como penetrada de un misterioso sacerdocio y le dije:

—En nombre de Dios Padre, Hijo y Espíritu Santo, le absuelvo, padre.

Y salimos de la iglesia, y al salir se me estremecían las entrañas maternales.

Mi hermano, puesto ya del todo al servicio de la obra de don Manuel, era su más asiduo colaborador y compañero. Les anudaba, además, el común secreto.[123] Le acompañaba en sus visitas a los enfermos, a las escuelas, y ponía su dinero a disposición del santo varón. Y poco faltó para que no aprendiera a ayudarle a misa. E iba entrando cada vez más en el alma insondable de don Manuel.

—¡Qué hombre! —me decía—. Mira, ayer, paseando a orillas del lago, me dijo: «He aquí mi tentación mayor». Y como yo le interrogase con la mirada, añadió: «Mi pobre padre, que murió de cerca de noventa años, se pasó la vida, según me lo confesó él mismo, torturado por la tentación del suicidio, que le venía no recordaba desde cuándo, *de nación*,[124] decía, y defendiéndose de ella. Y esa defensa fué su vida. Para no sucumbir a tal tentación extremaba los cuidados por conservar la vida. Me contó escenas terribles. Me parecía como una locura. Y yo la he heredado. ¿Y cómo me llama esa agua que con su aparente quietud —la corriente va por dentro[125]— espeja al cielo! ¡Mi vida, Lázaro, es una especie de suicidio continuo, un combate contra el suicidio, que es igual; pero que vivan ellos, que vivan los nuestros!» Y luego añadió: «Aquí se remansa el río en lago, para luego, bajando a la meseta, precipitarse en cascadas, saltos y torrenteras por las hoces y encañadas,[126] junto a la ciudad, y así se remansa la vida, aquí, en la aldea. Pero la tentación del suicidio es mayor aquí, junto al remanso que espeja de noche las estrellas, que no junto a las cascadas que dan miedo. Mira, Lázaro, he asistido a bien morir a pobres aldeanos, ignorantes, analfabetos que apenas si habían salido de la aldea, y he podido saber de sus labios, y cuando no adivinarlo, la verdadera causa de su enfermedad de muerte, y he podido mirar, allí, a la cabecera de su lecho de muerte, toda la negrura de la sima del tedio de vivir.[127] ¡Mil veces peor que el hambre! Sigamos, pues, Lázaro, suicidándonos en nuestra obra y en nuestro pueblo, y que sueñe éste su vida como el lago sueña el cielo.»

—Otra vez —me decía también mi hermano—, cuando volvíamos acá, vimos a una zagala, una cabrera, que enhiesta sobre un picacho de la falda de la montaña,[128] a la vista del lago, estaba cantando con una voz más fresca que las aguas de éste. Don Manuel me detuvo, y señalándomela, dijo: «Mira, parece como si se hubiera acabado el tiempo, como si esa zagala hubiese estado ahí siempre, y como está, y cantando como está, y como si hubiera de seguir estando así siempre, como estuvo cuando no empezó mi conciencia, como estará cuando se me acabe. Esa zagala forma parte, con las rocas, las nubes, los árboles, las aguas, de la naturaleza y no de la historia.» ¡Cómo siente, cómo anima don Manuel a la naturaleza! Nunca olvidaré el día de la nevada en que me dijo: «¿Has visto, Lázaro, misterio mayor que el de la nieve cayendo en el lago y muriendo en él mientras cubre con su toca a la montaña?»

Don Manuel tenía que contener a mi hermano en su celo y en su inexperiencia de neófito. Y como supiese que éste andaba predicando contra ciertas supersticiones populares, hubo de decirle:

—¡Déjalos! ¡Es tan difícil hacerles comprender dónde acaba la creencia ortodoxa y dónde empieza la superstición! Y más para nosotros. Déjalos, pues, mientras se consuelen. Vale más que lo crean todo, aun cosas contradictorias entre sí, a no que no crean nada.[129] Eso de que el que cree demasiado acaba por no creer nada, es cosa de protestantes. No protestemos. La protesta mata el contento.

Una noche de plenilunio[130] —me contaba también mi hermano— volvían a la aldea por la orilla del lago, a cuya sobrehaz rizaba entonces la brisa montañesa y en el rizo cabrilleaban las razas de la luna llena,[131] y don Manuel le dijo a Lázaro:

—¡Mira, el agua está rezando la letanía y ahora dice: *ianua caeli, ora pro nobis*, puerta del cielo, ruega por nosotros!

Y cayeron temblando de sus pestañas a la yerba

del suelo dos huideras lágrimas en que también, como en rocío, se bañó temblorosa la lumbre de la luna llena.

E iba corriendo el tiempo y observábamos mi hermano y yo que las fuerzas de don Manuel empezaban a decaer, que ya no lograba contener del todo la insondable tristeza que le consumía, que acaso una enfermedad traidora le iba minando el cuerpo y el alma. Y Lázaro, acaso para distraerle más, le propuso si no estaría bien que fundasen en la iglesia algo así como un sindicato católico agrario.

—¿Sindicato? —respondió tristemente don Manuel—. ¿Sindicato? ¿Y qué es eso? Yo no conozco más sindicato que la Iglesia, y ya sabes aquello de «mi reino no es de este mundo».[132] Nuestro reino, Lázaro, no es de este mundo . . .

—¿Y del otro?

Don Manuel bajó la cabeza:

—El otro, Lázaro, está aquí también, porque hay dos reinos en este mundo. O mejor, el otro mundo . . . vamos, que no sé lo que me digo. Y en cuanto a eso del sindicato, es en ti un resabio de tu época de progresismo.[133] No, Lázaro, no; la religión no es para resolver los conflictos económicos o políticos de este mundo que Dios entregó a las disputas de los hombres. Piensen los hombres y obren los hombres como pensaren y como obraren, que se consuelen de haber nacido, que vivan lo más contentos que puedan en la ilusión de que todo esto tiene una finalidad. Yo no he venido a someter los pobres a los ricos, ni a predicar a éstos que se sometan a aquéllos. Resignación y caridad en todos y para todos. Porque también el rico tiene que resignarse a su riqueza, y a la vida, y también el pobre tiene que tener caridad para con el rico. ¿Cuestión social? Deja eso, eso no nos concierne. Que traen una nueva sociedad, en que no haya ya ricos ni pobres, en que esté justamente repartida la riqueza, en que todo sea de todos, ¿y qué? ¿Y no crees que del bienestar general surgirá más fuerte el tedio a la vida? Sí, ya sé que uno de esos caudillos de la que llaman la revolución social ha dicho que la religión es el opio del pueblo. Opio . . . Opio . . . Opio, sí. Démosle opio, y que duerma y que sueñe. Yo mismo con esta mi loca actividad me estoy administrando opio. Y no logro dormir

bien y menos soñar bien . . . ¡Esta terrible pesadilla! Y yo también puedo decir con el Divino Maestro: «Mi alma está triste hasta la muerte.»[134] No, Lázaro, no; nada de sindicatos por nuestra parte. Si lo forman ellos me parecerá bien, pues que así se distraen. Que jueguen al sindicato,[135] si eso les contenta.

El pueblo todo observó que a don Manuel le menguaban las fuerzas,[136] que se fatigaba. Su voz misma, aquella voz que era un milagro, adquirió un cierto temblor íntimo. Se le asomaban las lágrimas con cualquier motivo. Y sobre todo cuando hablaba al pueblo del otro mundo, de la otra vida, tenía que detenerse a ratos cerrando los ojos. «Es que lo está viendo», decían. Y en aquellos momentos era Blasillo el bobo el que con más cuajo[137] lloraba. Porque ya Blasillo lloraba más que reía, y hasta sus risas sonaban a lloros.

Al llegar la última Semana de Pasión que con nosotros, en nuestro mundo, en nuestra aldea celebró don Manuel, el pueblo todo presintió el fin de la tragedia. ¡Y cómo sonó entonces aquel: «¡Dios mío, Dios mío!, ¿por qué me has abandonado?», el último que en público sollozó don Manuel! Y cuando dijo lo del

[123] **les anudaba . . . secreto** the secret they shared brought them close together (formed a close bond between them). [124] **de nación** as an inherited trait; a family trait. [125] **la corriente va por dentro** the current runs under the surface. [126] **saltos . . . encañadas** waterfalls and gullies through ravines and gorges. [127] **a la cabecera . . . vivir** beside the death bed, I could glimpse the black depths of the tedium of living. [128] **una zagala . . . montaña** a shepherdess, tending her flock, outlined against the slope of a rocky mountain peak. [129] **a no que no crean nada** rather than not to believe in anything. [130] **plenilunio** full moon. [131] **a cuya . . . luna llena** whose surface the mountain breeze was then rippling; and the moon's creatures were the frollicking white caps that danced in its ripples. [132] John 18:36 ("My kingdom is not of this world."). [133] **resabio . . . progresismo** it's an idea left over from the days when you were a liberal. [134] Matt. 26:38 ("My soul is exceeding sorrowful, even unto death."). [135] **Que jueguen al sindicato** Let them have their fun at this Union game. [136] **le menguaban las fuerzas** he was losing his strength. [137] **con más cuajo** with greater persistence.

Divino Maestro al buen bandolero[138]— «todos los bandoleros son buenos», solía decir nuestro don Manuel—, aquello de: «mañana estarás conmigo en el paraíso». ¡Y la última comunión general que repartió nuestro santo! Cuando llegó a dársela a mi hermano, esta vez con mano segura, después del litúrgico: «... *in vitam aeternam*»[139] se le inclinó al oído y le dijo: «No hay más vida eterna que ésta... que la sueñen eterna... eterna de unos pocos años...» Y cuando me la dió a mí me dijo: «Reza, hija mía, reza por nosotros.» Y luego, algo tan extraordinario que lo llevo en el corazón como el más grande misterio, y fué que me dijo con voz que parecía de otro mundo: «... y reza también por Nuestro Señor Jesucristo...»

Me levanté sin fuerzas y como sonámbula. Y todo en torno me pareció un sueño. Y pensé: «Habré de rezar también por el lago y por la montaña.» Y luego: «¿Es que estaré endemoniada?» Y en casa ya, cojí el crucifijo con el cual en las manos había entregado a Dios su alma mi madre, y mirándolo a través de mis lágrimas y recordando el: «¡Dios mío, Dios mío!, ¿por qué me has abandonado?» de nuestros dos Cristos, el de esta tierra y el de esta aldea, recé, «hágase tu voluntad, así en la tierra como en el cielo», primero, y después: «y no nos dejes caer en la tentación, amén». Luego me volví a aquella imagen de la Dolorosa, con su corazón traspasado por siete espadas, que había sido el más doloroso consuelo de mi pobre madre, y recé: «Santa María, madre de Dios, ruega por nosotros, pecadores, ahora y en la hora de nuestra muerte, amén.» Y apenas lo había rezado cuando me dije: «¿pecadores?, ¿nosotros pecadores?, ¿y cuál es nuestro pecado, cuál?» Y anduve todo el día acongojada por esta pregunta.

Al día siguiente acudí a don Manuel, que iba adquiriendo una solemnidad de religioso ocaso, y le dije:

—¿Recuerda, padre mío, cuando hace ya años, al dirigirle yo una pregunta me contestó: «Eso no me lo preguntéis a mí, que soy ignorante; doctores tiene la Santa Madre Iglesia que os sabrán responder»?

—¡Que si me acuerdo!... y me acuerdo que te dije que ésas eran preguntas que te dictaba el demonio.

—Pues bien, padre, hoy vuelvo yo, la endemoniada, a dirigirle otra pregunta que me dicta mi demonio de la guarda.[140]

—Pregunta.

—Ayer, al darme de comulgar, me pidió que rezara por todos nosotros y hasta por...

—Bien, cállalo y sigue.

—Llegué a casa y me puse a rezar, y al llegar a aquello de «ruega por nosotros, pecadores, ahora y en la hora de nuestra muerte», una voz íntima me dijo: «¿pecadores?, ¿pecadores nosotros?, ¿y cuál es nuestro pecado?» ¿Cuál es nuestro pecado, padre?

—¿Cuál? —me respondió—. Ya lo dijo un gran doctor de la Iglesia Católica Apostólica Española, ya lo dijo el gran doctor de *La vida es sueño*, ya dijo que «el delito mayor del hombre es haber nacido».[141] Ése es, hija, nuestro pecado: el de haber nacido.

—¿Y se cura, padre?

—¡Vete y vuelve a rezar! Vuelve a rezar por nosotros, pecadores, ahora y en la hora de nuestra muerte... Sí, al fin se cura el sueño..., al fin se cura la vida..., al fin se acaba la cruz del nacimiento... Y como dijo Calderón, el hacer bien, y el engañar bien, ni aun en sueños se pierde...

Y la hora de su muerte llegó por fin. Todo el pueblo la veía llegar. Y fué su más grande lección. No quiso morirse ni solo ni ocioso. Se murió predicando al pueblo, en el templo. Primero, antes de mandar que le llevasen a él, pues no podía ya moverse por la perlesía,[142] nos llamó a su casa a Lázaro y a mí. Y allí, los tres a solas, nos dijo:

—Oíd: cuidad de estas pobres ovejas, que se consuelen de vivir, que crean lo que yo no he podido creer. Y tú, Lázaro, cuando hayas de morir, muere como yo, como morirá nuestra Ángela, en el seno de la Santa Madre Iglesia de Valverde de Lucerna, bien entendido. Y hasta nunca más ver, pues se acaba este sueño de la vida...

—¡Padre, padre! —gemí yo.

—No te aflijas, Ángela, y sigue rezando por todos los pecadores, por todos los nacidos. Y que sueñen, que sueñen. ¡Qué ganas tengo de dormir, dormir, dormir sin fin, dormir por toda una eternidad y sin soñar!, ¡olvidando el sueño! Cuando me entierren, que sea en una caja hecha con aquellas seis tablas que tallé del viejo nogal, ¡pobrecito!, a cuya sombra jugué de niño, cuando empezaba a soñar... ¡Y entonces sí que creía en la vida perdurable! Es decir, me figuro ahora que creía entonces. Para un niño creer no es más que soñar. Y para un pueblo. Esas seis tablas que tallé con mis propias manos, las encontraréis al pie de mi cama.

Le dió un ahogo y, repuesto de él,[143] prosiguió:

—Recordaréis que cuando rezábamos todos en uno, en unanimidad de sentido, hechos pueblo, el Credo, al llegar al final yo me callaba. Cuando los israelitas iban llegando al fin de su peregrinación por el desierto, el Señor les dijo a Aarón y a Moisés que por no haberle creído no meterían a su pueblo en la tierra prometida, y les hizo subir al monte de Hor, donde Moisés hizo desnudar a Aarón, que allí murió y, luego subió Moisés desde las llanuras de Moab al monte Nebo a la cumbre del Fasga, enfrente de Jericó, y el Señor le mostró toda la tierra prometida a su pueblo, pero diciéndole a él: «¡No pasarás allá!» y allí murió Moisés y nadie supo su sepultura. Y dejó por caudillo a Josué. Sé tú, Lázaro, mi Josué, y si puedes detener el Sol, detenle, y no te importe del progreso. Como Moisés, he conocido al Señor, nuestro supremo ensueño, cara a cara, y ya sabes que dice la Escritura que el que le ve la cara a Dios, que el que le ve al sueño los ojos de la cara con que nos mira, se muera sin remedio y para siempre. Que no le vea, pues, la cara a Dios este nuestro pueblo mientras viva, que después de muerto ya no hay cuidado, pues no verá nada . . .

—¡Padre, padre, padre! —volví a gemir.

Y él:

—Tú, Ángela, reza siempre, sigue rezando para que los pecadores todos sueñen hasta morir la resurrección de la carne y la vida perdurable . . .

Yo esperaba un «¿y quién sabe . . .?», cuando le dió otro ahogo a don Manuel.

—Y ahora —añadió—, ahora, en la hora de mi muerte, es hora de que hagáis que se me lleve,[144] en este mismo sillón, a la iglesia para despedirme allí de mi pueblo, que me espera.

Se le llevó a la iglesia y se le puso, en el sillón, en el presbiterio, al pie del altar. Tenía entre sus manos un crucifijo. Mi hermano y yo nos pusimos junto a él, pero fué Blasillo el bobo quien más se arrimó. Quería cojer de la mano a don Manuel, besársela. Y como

algunos trataran de impedírselo, don Manuel les reprendió diciéndoles:

—Dejadle que se me acerque. Ven, Blasillo, dame la mano.

El bobo lloraba de alegría. Y luego don Manuel dijo:

—Muy pocas palabras, hijos míos, pues apenas me siento con fuerzas sino para morir. Y nada nuevo tengo que deciros. Ya os lo dije todo. Vivid en paz y contentos y esperando que todos nos veamos un día, en la Valverde de Lucerna que hay allí, entre las estrellas de la noche que se reflejan en el lago, sobre la montaña. Y rezad, rezad a María Santísima, rezad a Nuestro Señor. Sed buenos, que esto basta. Perdonadme el mal que haya podido haceros sin quererlo y sin saberlo. Y ahora, después de que os dé mi bendición, rezad todos a una el Padrenuestro, el Ave María, la Salve, y por último el Credo.

Luego, con el crucifijo que tenía en la mano dió la bendición al pueblo, llorando las mujeres y los niños y no pocos hombres, y en seguida empezaron las oraciones, que don Manuel oía en silencio y cojido de la mano por Blasillo, que al son del ruego se iba durmiendo. Primero el Padrenuestro con su «hágase tu voluntad así en la tierra como en el cielo», luego el Santa María con su «ruega por nosotros, pecadores, ahora y en la hora de nuestra muerte», a seguida la Salve con su «gimiendo y llorando en este valle de lágrimas», y por último el Credo. Y al llegar a la «resurrección de la carne y la vida perdurable», todo el pueblo sintió que su santo había entregado su alma

---

[138] **buen bandolero**　refers to one of the thieves that was crucified with Jesus; Luke 23:39–43 ("Today shalt thou be with me in paradise.")　[139] **in vitam aeternam** (Lat.) in eternal life.　[140] **mi demonio de la guarda**　my guardian devil (as opposed to "guardian angel"—a play on words).　[141] The quotation is from Calderón's *La vida es sueño*, Act I, Sc. 2.　[142] **antes de . . . perlesía**　before having himself carried there, since he was by this time incapacitated by the palsy.　[143] **Le dio . . . de él**　He was convulsed by a sudden choking, and when it subsided (he continued . . .).　[144] **es hora . . . lleve**　it's time now (for you) to have them take me.

a Dios. Y no hubo que cerrarle los ojos, porque se murió con ellos cerrados. Y al ir a despertar a Blasillo nos encontramos con que se había dormido en el Señor para siempre. Así que hubo luego que enterrar dos cuerpos.

El pueblo todo se fue en seguida a la casa del santo a recojer reliquias, a repartirse retazos de sus vestiduras, a llevarse lo que pudieran como reliquia y recuerdo del bendito mártir. Mi hermano guardó su breviario, entre cuyas hojas encontró, desecada y como en un herbario,[145] una clavellina pegada a un papel y en éste una cruz con una fecha.

Nadie en el pueblo quiso creer en la muerte de don Manuel; todos esperaban verle a diario, y acaso le veían, pasar a lo largo del lago y espejado en él o teniendo por fondo las montañas; todos seguían oyendo su voz, y todos acudían a su sepultura, en torno a la cual surgió todo un culto. Las endemoniadas venían ahora a tocar la cruz de nogal, hecha también por sus manos y sacada del mismo árbol de donde sacó las seis tablas en que fue enterrado. Y los que menos queríamos creer que se hubiese muerto éramos mi hermano y yo.

Él, Lázaro, continuaba la tradición del santo y empezó a redactar lo que le había oído, notas de que me he servido para esta mi memoria.

—Él me hizo un hombre nuevo, un verdadero Lázaro, un resucitado[146] —me decía—. Él me dio fe.

—¿Fe? —le interrumpía yo.

—Sí, fe, fe en el consuelo de la vida, fe en el contento de la vida. Él me curó de mi progresismo. Porque hay, Ángela, dos clases de hombres peligrosos y nocivos: los que convencidos de la vida de ultratumba, de la resurrección de la carne, atormentan, como inquisidores que son, a los demás para que, despreciando esta vida como transitoria, se ganen la otra, y los que no creyendo más que en este . . .

—Como acaso tú . . . —le decía yo.

—Y sí, y como don Manuel. Pero no creyendo más que en este mundo, esperan no sé qué sociedad futura, y se esfuerzan en negarle al pueblo el consuelo de creer en otro . . .

—De modo que . . .

—De modo que hay que hacer que vivan de la ilusión.

El pobre cura que llegó a sustituir a don Manuel en el curato entró en Valverde de Lucerna abrumado por el recuerdo del santo y se entregó a mi hermano y a mí para que le guiásemos. No quería sino seguir las huellas del santo. Y mi hermano le decía: «Poca teología, ¿eh?, poca teología; religión, religión.» Y yo al oírselo me sonreía pensando si es que no era también teología lo nuestro.

Yo empecé entonces a temer por mi pobre hermano. Desde que se nos murió don Manuel no cabía decir que viviese. Visitaba a diario su tumba y se pasaba horas muertas contemplando el lago. Sentía morriña de la paz verdadera.

—No mires tanto al lago —le decía yo.

—No, hermana, no temas. Es otro el lago que me llama; es otra la montaña. No puedo vivir sin él.

—¿Y el contento de vivir, Lázaro, el contento de vivir?

—Eso para otros pecadores, no para nosotros, que le hemos visto la cara a Dios, a quienes nos ha mirado con sus ojos el sueño de la vida.

—¿Qué, te preparas a ir a ver a don Manuel?

—No, hermana, no; ahora y aquí en casa, entre nosotros solos, toda la verdad por amarga que sea,[147] amarga como el mar a que[148] van a parar las aguas de este dulce lago, toda la verdad para ti, que estás abroquelada contra ella . . .[149]

—¡No, no, Lázaro; ésa no es la verdad!

—La mía, sí.

—La tuya, ¿pero y la de . . . ?

—También la de él.

—¡Ahora no, Lázaro; ahora no! Ahora cree otra cosa, ahora cree . . .

—Mira, Ángela, una de las veces en que al decirme don Manuel que hay cosas que aunque se las diga uno a sí mismo debe callárselas a los demás, le repliqué que me decía eso por decírselas a él, esas mismas, a sí mismo, y acabó confesándome que creía que más de uno de los más grandes santos, acaso el mayor, había muerto sin creer en la otra vida.

—¿Es posible?

—¡Y tan posible! Y ahora, hermana, cuida que no sospechen siquiera aquí, en el pueblo, nuestro secreto . . .

—¿Sospecharlo? —le dije—. Si intentase, por locura, explicárselo, no lo entenderían. El pueblo no entiende de palabras; el pueblo no ha entendido más que vuestras obras. Querer exponerles eso sería como leer a unos niños de ocho años unas páginas de Santo Tomás de Aquino . . .[150] en latín.

—Bueno, pues cuando yo me vaya, reza por mí y por él y por todos.

Y por fin le llegó también su hora. Una enfermedad que iba minando su robusta naturaleza pareció exacerbársele con la muerte de don Manuel.

—No siento tanto tener que morir —me decía en sus últimos días—, como que conmigo se muere otro pedazo del alma de don Manuel. Pero lo demás de él vivirá contigo. Hasta que un día hasta los muertos nos moriremos del todo.

Cuando se hallaba agonizando entraron, como se acostumbra en nuestras aldeas, los del pueblo a verle agonizar, y encomendaban su alma a don Manuel, a San Manuel Bueno, el mártir. Mi hermano no les dijo nada, no tenía ya nada que decirles; les dejaba dicho todo, todo lo que queda dicho. Era otra laña más entre las dos Valverdes de Lucerna, la del fondo del lago y la que en su sobrehaz se mira,[151] era ya uno de nuestros muertos de vida, uno también, a su modo, de nuestros santos.

Quedé más que desolada, pero en mi pueblo y con mi pueblo. Y ahora, al haber perdido a mi San Manuel, al padre de mi alma, y a mi Lázaro, mi hermano aún más que carnal, espiritual, ahora es cuando me doy cuenta de que he envejecido y de cómo[152] he envejecido. Pero ¿es que los he perdido?, ¿es que he envejecido?, ¿es que me acerco a mi muerte?

¡Hay que vivir! Y él me enseñó a vivir, él nos enseñó a vivir, a sentir la vida, a sentir el sentido de la vida, a sumergirnos en el alma de la montaña, en el alma del lago, en el alma del pueblo de la aldea, a perdernos en ellas para quedar en ellas. Él me enseñó con su vida a perderme en la vida del pueblo de mi aldea, y no sentía yo más pasar las horas, y los días

y los años, que no sentía pasar el agua del lago. Me parecía como si mi vida hubiese de ser siempre igual. No me sentía envejecer. No vivía yo ya en mí, sino que vivía en mi pueblo y mi pueblo vivía en mí. Yo quería decir lo que ellos, los míos, decían sin querer. Salía a la calle, que era la carretera, y como conocía a todos, vivía en ellos y me olvidaba de mí, mientras que en Madrid, donde estuve alguna vez con mi hermano, como a nadie conocía, sentíame en terrible soledad y torturada por tantos desconocidos.

Y ahora, al escribir esta memoria, esta confesión íntima de mi experiencia de la santidad ajena, creo que don Manuel Bueno, que mi San Manuel y que mi hermano Lázaro se murieron creyendo no creer lo que más nos interesa, pero sin creer creerlo, creyéndolo en una desolación activa y resignada.[153]

Pero ¿por qué —me he preguntado muchas veces— no trató don Manuel de convertir a mi hermano también con un engaño, con una mentira, fingiéndose creyente sin serlo? Y he comprendido que fué porque comprendió que no le engañaría, que para con él no le serviría el engaño, que sólo con la verdad, con su verdad, le convertiría; que no habría conseguido nada si hubiese pretendido representar para con él una comedia —tragedia más bien—, la que representaba para

---

[145] **herbario** herbarium; a collection of dried plants (scientifically arranged). [146] **Lázaro, un resucitado** (John 11:44) Lazarus, brought back to life by Jesus. [147] **por amarga que sea** no matter how bitter it may be. [148] **a que** a donde. [149] **que estás . . . ella** you who are opposed to it; (trying to shield yourself against it). [150] *St. Thomas Aquinas* (1225?–74) Italian Dominican monk and theologian. (His synthesis of theology and philosophy, known as Thomism, was officially recognized as a cornerstone in the doctrines of the Roman Catholic Church.). [151] **Era . . . mira** He was one more (or another) link between the Valverdes de Lucerna, the one at the bottom of the lake and the other that is reflected in its surface. [152] **de cómo** how, or in what manner. [153] **se murieron . . . resignada** they died thinking that they did not believe in what is most important for us to believe, but without thinking that they believed in it, they died as believers, with a feeling of desolation acute and resigned.

salvar al pueblo. Y así le ganó, en efecto, para su piadoso fraude; así le ganó con la verdad de muerte a la razón de vida. Y así me ganó a mí, que nunca dejé transparentar a los otros su divino, su santísimo juego. Y es que creía y creo que Dios nuestro Señor, por no sé qué sagrados y no escrudiñaderos designios, les hizo creerse incrédulos. Y que acaso en el acabamiento de su tránsito se les cayó la venda.[154] ¿Y yo, creo?

Y al escribir esto ahora, aquí, en mi vieja casa materna, a mis más que cincuenta años, cuando empiezan a blanquear con mi cabeza mis recuerdos,[155] está nevando, nevando sobre el lago, nevando sobre la montaña, nevando sobre las memorias de mi padre, el forastero; de mi madre, de mi hermano Lázaro, de mi pueblo, de mi San Manuel, y también sobre la memoria del pobre Blasillo, de mi San Blasillo, y que él me ampare desde el cielo. Y esta nieve borra esquinas y borra sombras, pues hasta de noche la nieve alumbra. Y yo no sé lo que es verdad y lo que es mentira, ni lo que vi y lo que soñé —o mejor lo que soñé y lo que sólo vi—, ni lo que supe ni lo que creí. No sé si estoy traspasando a este papel, tan blanco como la nieve, mi conciencia que en él se ha de quedar, quedándome yo sin ella. ¿Para qué tenerla ya . . .?

¿Es que sé algo?, ¿es que creo algo? ¿Es que esto que estoy aquí contando ha pasado y ha pasado tal y como lo cuento? ¿Es que pueden pasar estas cosas? ¿Es que todo esto es más que un sueño soñado dentro de otro sueño? ¿Seré yo, Ángela Carballino, hoy cincuentona, la única persona que en esta aldea se ve acometida de estos pensamientos extraños para los demás? ¿Y éstos, los otros, los que me rodean, creen? ¿Qué es eso de creer? Por lo menos, viven. Y ahora creen en San Manuel Bueno, mártir, que sin esperar inmortalidad les mantuvo en la esperanza de ella.

Parece que el ilustrísimo señor obispo, el que ha promovido el proceso de beatificación[156] de nuestro santo de Valverde de Lucerna, se propone escribir su vida, una especie de manual del perfecto párroco, y recoge para ello toda clase de noticias. A mí me las ha pedido con insistencia, ha tenido entrevistas conmigo, le he dado toda clase de datos, pero me he callado siempre el secreto trágico de don Manuel y de mi hermano. Y es curioso que él no lo haya sospechado. Y confío en que no llegue a su conocimiento todo lo que en esta memoria dejo consignado. Les temo a las autoridades de la tierra, a las autoridades temporales, aunque sean las de la Iglesia.

Pero aquí queda esto, y sea de su suerte lo que fuere.[157]

¿Cómo vino a parar a mis manos este documento, esta memoria de Ángela Carballino? He aquí algo, lector, algo que debo guardar en secreto. Te la doy tal y como a mí ha llegado, sin más que corregir pocas, muy pocas particularidades de redacción. ¿Qué se parece mucho a otras cosas que yo he escrito? Esto nada prueba contra su objetividad, su originalidad. ¿Y sé yo, además, si no he creado fuera de mí seres reales y efectivos, de *alma inmortalidad*? ¿Sé yo si aquel Augusto Pérez, el de mi novela *Niebla*, no tenía razón al pretender ser más real, más objetivo que yo mismo, que creía haberle inventado? De la realidad de este San Manuel Bueno, mártir, tal como me le ha revelado su discípula e hija espiritual Ángela Carballino, de esta realidad no se me ocurre dudar. Creo en ella más que creía el mismo santo; creo en ella más que creo en mi propia realidad.

Y ahora, antes de cerrar este epílogo, quiero recordarte, lector paciente, el versillo noveno de la Epístola del olvidado apóstol San Judas —¡lo que hace un nombre!,[158]—, donde se nos dice cómo mi celestial patrono, San Miguel Arcángel —Miguel quiere decir «¿Quién como Dios?», y arcángel, archimensajero—, disputó con el diablo —diablo quiere decir acusador, fiscal— por el cuerpo de Moisés y no toleró que se lo llevase en juicio de maldición, sino que le dijo al diablo: «El Señor te reprenda.»[159] Y el que quiera entender que entienda.

Quiero también, ya que Ángela Carballino mezcló a su relato sus propios sentimientos, ni sé que otra cosa quepa,[160] comentar yo aquí lo que ella dejó dicho de que si don Manuel y su discípulo Lázaro hubiesen confesado al pueblo su estado de creencia, éste, el pueblo, no les habría entendido. Ni les habría creído, añado yo. Habrían creído a sus obras y no a sus palabras, porque las palabras no sirven para apoyar las obras, sino que las obras se bastan. Y para un pueblo como el de Valverde de Lucerna no hay más confesión que la conducta. Ni sabe el pueblo qué cosa es fe, ni acaso le importa mucho.

Bien sé que en lo que se cuenta en este relato, si se quiere novelesco —y la novela es la más íntima historia, la más verdadera, por lo que no me explico que haya quien se indigne de que se llame novela al Evangelio, lo que es elevarle, en realidad, sobre un croni-

cón cualquiera—, bien sé que en lo que se cuenta en este relato no pasa nada; mas espero que sea porque en ello todo se queda, como se quedan los lagos y las montañas y las santas almas sencillas asentados más allá de la fe y de la desesperación, que en ellos, en los lagos y las montañas, fuera de la historia, en divina novela, se cobijaron.[161]

Salamanca, noviembre de 1930.

Ramón María del Valle-Inclán (1866–1936)

Figura extraña y compleja. Cambió su nombre verdadero por otro de aire aristocrático, fantaseando sobre su familia y ascendencia. Viajó por Méjico. Pero su vida transcurrió en Madrid, de cuyo paisaje humano era él un monumento. Según Gómez de la Serna era «la mejor máscara a pie que cruzaba la calle de Alcalá». Valle-Inclán se creó una personalidad literaria, el marqués de Bradomín, con la que se identificó parcialmente y a quien definió como «católico, feo y sentimental».

Su vida fue una constante aventura. Estuvo en la cárcel por razones políticas. Se casó con una actriz de teatro, tuvo varios hijos y no fue muy feliz en su matrimonio. Sufrió continuos apuros económicos. Fiel a su idea de la literatura, vivió noblemente para ella, no de ella. De entre todos los hombres de su generación, Valle-Inclán destaca por su insaciable afán estilístico, por su dedicación a la literatura como arte. Gran artista, y con sensibilidad de refinado esteta, refleja de una manera personal y presente el pasado histórico.

Es un autor extraordinariamente plástico y sugestivo. Lo erótico, lo místico, lo violento, lo fantástico, lo raro son elementos esenciales en su estética. El elemento religioso se encuentra frecuentemente en sus libros, pero entra en ellos como fondo mágico, misterioso y satánico. Otras veces esa religión es un poderoso elemento decorativo, como lo es todo lo que se refiere a la monarquía y a la aristocracia, que él pinta burlescamente. Su prosa es fascinadora, por la riqueza verbal, por la plasticidad y musicalidad, y por el poder evo-

cador de imágenes de toda clase. A veces es excesiva en su riqueza ornamental. De los escritores españoles de los últimos tiempos son él y Miró los que han penetrado más adentro en la magia de la palabra y en sus infinitas posibilidades sugestivas.

Comenzó su carrera literaria dentro de la tendencia modernista-simbolista, cultivando los temas eróticos y fantásticos, insistiendo en el aspecto refinadamente estético y decadente de sus libros. A partir de 1919 se orienta hacia la sátira y lo grotesco para llegar a lo que

[154] **en el acabamiento . . . venda** (perhaps) at their journey's end the blindfold fell from their eyes. [155] **a blanquear . . . recuerdos** lit.: when my memories are beginning to whiten (fade; lose color) along with my hair. [156] see note 4. [157] **Pero . . . fuere** But here it remains, left to its fate, whatever that may be. [158] **¡lo que hace un nombre!** What a name can do! (or: the equivalent of Shakespeare's oft-quoted cliché: "What's in a name?"). The inference here is that the saintly apostle Judas has fallen into undeserved oblivion because of the approbrium attached to the name of Judas Iscariot, who betrayed Christ. [159] **El Señor te reprenda** May the Lord admonish you. [160] **ni sé que . . . quepa** nor can I think of anything that would be more suitable here. [161] **en ello todo se queda . . . se cobijaron** and there it shall all remain fixed forever in the same way as the lakes and the mountains and the simple saintly souls far beyond the problem of faith and despair, for they found their respite there, in them, in the lakes and the mountains outside the bounds of history, eternalized in the divine novel.

él llamó «el esperpento». El esperpento es una distorsión de la imagen vista en un espejo cóncavo. En este estilo escribió una novela de gran importancia literaria *Tirano Banderas* (1926), varias comedias como *Luces de bohemia* (1924) y una serie bajo el título de *El Ruedo Ibérico*. De su primera época la obra más publicada y estudiada es *Sonatas* (1902–1905) en cuatro partes, correspondientes a las cuatro estaciones del año.

Valle-Inclán conserva en toda su producción la presencia de lo misterioso y mágico, esencia de su alma galaica, y camina a través de ese mundo fantástico como quien forma parte de él. La lectura de muchos de sus libros es difícil por la riqueza del vocabulario, los frecuentes arcaísmos, las referencias al mundo pseudomístico, el lenguaje de germanía y las alusiones a la política española.

«Rosarito» es una narración que combina lo más característico de Valle-Inclán, sin que ofrezca grandes dificultades lingüísticas.

JARDÍN UMBRÍO:

Rosarito

CAPÍTULO I

Sentada ante uno de esos arcaicos veladores con tablero de damas, que tanta boga conquistaron[1] en los comienzos del siglo, cabecea el sueño[2] la anciana Condesa de Cela: Los mechones plateados[3] de sus cabellos, escapándose de la toca de encajes,[4] rozan con intermitencias los naipes alineados para un solitario. En el otro extremo del canapé,[5] está su nieta Rosarito. Aunque muy piadosas entrambas damas, es lo cierto que ninguna presta atención a la vida del santo del día, que el capellán del Pazo lee en altavoz, encorvado sobre el velador,[6] y calados los espejuelos de recia armazón dorada.[7] De pronto Rosarito levanta la cabeza, y se queda como abstraída, fijos los ojos en la puerta del jardín que se abre sobre un fondo de ramajes[8] oscuros y misteriosos. ¡No más misteriosos, en verdad, que la mirada de aquella niña pensativa y blanca! Vista a la tenue claridad de la lámpara, con la rubia cabeza en divino escorzo;[9] la sombra de las pestañas temblando en el marfil de la mejilla;[10] y el busto delicado y

gentil destacándose en penumbra incierta sobre la dorada talla,[11] el damasco azul celeste del canapé, Rosarito recordaba esas ingenuas madonas, pintadas sobre fondo de estrellas y luceros.

CAPÍTULO II

La niña entorna[12] los ojos, palidece, y sus labios agitados por temblor extraño dejan escapar un grito:

—¡Jesús!... ¡Qué miedo!...

Interrumpe su lectura el clérigo; y mirándola por encima de los espejuelos, carraspea:[13]

—¿Alguna araña, eh, señorita?...

Rosarito mueve la cabeza:

—¡No, señor, no!

Rosarito estaba muy pálida. Su voz, un poco velada, tenía esa inseguridad delatora[14] del miedo y de la angustia. En vano por aparecer serena quiso continuar la labor que yacía en su regazo.[15] Temblaba demasiado entre aquellas manos pálidas, trasparentes como las de una santa; manos místicas y ardientes, que parecían adelgazadas en la oración, por el suave roce de las cuentas del rosario.[16] Profundamente abstraída clavó las agujas en el brazo del canapé. Después con voz baja e íntima, cual si hablase consigo misma, balbuceó:

—¡Jesús!... ¡Qué cosa tan extraña!

Al mismo tiempo entornó los párpados, y cruzó las manos sobre el seno de cándidas y gloriosas líneas: Parecía soñar. El capellán la miró con extrañeza:

—¿Qué le pasa, señorita Rosario?

La niña entreabrió los ojos y lanzó un suspiro:

—Diga, don Benicio, será algún aviso del otro mundo?...

—¡Un aviso del otro mundo!... ¿Qué quiere usted decir?

Antes de contestar, Rosarito dirigió una nueva mirada al misterioso y dormido jardín a través de cuyos ramajes se filtraba la blanca luz de la luna, luego en voz débil y temblorosa murmuró:

—Hace un momento juraría haber visto entrar por esa puerta a don Miguel Montenegro...

—¿Don Miguel, señorita?... ¿Está usted segura?

—Sí; era él, y me saludaba sonriendo...

—¿Pero usted recuerda a don Miguel Montenegro? Si lo menos hace diez años que está en la emigración.[17]

—Me acuerdo, don Benicio, como si le hubiese

visto ayer. Era yo muy niña, y fuí con el abuelo a visitarle en la cárcel de Santiago,[18] donde le tenían preso por liberal. El abuelo le llamaba primo. Don Miguel era muy alto, con el bigote muy retorcido, y el pelo blanco y rizoso.

El capellán asintió:

—Justamente, justamente. A los treinta años tenía la cabeza más blanca que yo ahora. Sin duda, usted habrá oído referir la historia . . .

Rosarito juntó las manos:

—¡Oh! ¡Cuántas veces! El abuelo la contaba siempre.

Se interrumpió viendo enderezarse a la Condesa. La anciana señora miró a su nieta con severidad, y todavía mal despierta murmuró:

—¿Qué tanto tienes que hablar, niña? Deja leer a don Benicio.

Rosarito, inclinó la cabeza, y se puso a mover las agujas de su labor. Pero don Benicio, que no estaba en ánimo[19] de seguir leyendo, cerró el libro y bajó los anteojos hasta la punta de la nariz.

—Hablábamos del famoso don Miguel, Señora Condesa. Don Miguel Montenegro, emparentado, si no me engaño, con la ilustre casa de los Condes de Cela . . .

La anciana le interrumpió:

—¿Y a dónde han ido ustedes a buscar esa conversación? ¿También usted ha tenido noticia del hereje de mi primo? Yo sé que está en el país, y que conspira. El cura de Cela, que le conoció mucho en Portugal, le ha visto en la feria de Barbanzón, disfrazado de chalán.[20]

Don Benicio se quitó los anteojos vivamente:

—¡Hum! He ahí una noticia, y una noticia de las más extraordinarias. ¿Pero no se equivocaría el cura de Cela? . . .

La Condesa se encogió de hombros:

—¡Qué! ¿Lo duda usted? Pues yo no. ¡Conozco harto bien a mi señor primo!

—Los años quebrantan las peñas, Señora Condesa: Cuatro[21] anduve yo por las montañas de Navarra[22] con el fusil al hombro, y hoy, mientras otros baten el cobre,[23] tengo que contentarme con pedir a Dios en la misa el triunfo de la santa causa.[24]

Una sonrisa desdeñosa asomó en la desdentada boca de la linajuda señora.[25]

—¿Pero quiere usted compararse, don Benicio? . . . Ciertamente que en el caso de mi primo, cualquiera se miraría[26] antes de atravesar la frontera; pero esa rama de los Montenegros es de locos. Loco era mi tío don José, loco es el hijo y locos serán los nietos. Usted habrá oído mil veces en casa de los curas hablar de don Miguel; pues bien, todo lo que se cuenta no es nada comparado con lo que ese hombre ha hecho.

El clérigo repitió a media voz:

[1] **arcaicos veladores . . . conquistaron** old-fashioned night stands with a checkerboard which were so fashionable. [2] **cabecea el sueño** nods drowsily. [3] **mechones plateados** silvery strands; or graying locks of hair. [4] **toca de encajes** lace night-cap. [5] **canapé** couch, sofa or settee. [6] **encorvado . . . velador** bent over the night-table. [7] **calados . . . dorada** wearing his spectacles with sturdy gold plated frames. [8] **fondo de ramajes** background of foliage. [9] **en divino escorzo** enchanting posture; a charming tilt of the head. [10] **marfil de la mejilla** ivory cheek. [11] **el busto . . . talla** her graceful, delicate bosom outlined in the dim light against the gold-hued carved frame. [12] **entornar** to half-close. [13] **carraspea** to clear the throat. [14] **inseguridad delatora** insecurity that betrays or shows. [15] **que yacía . . . regazo** that was lying in her lap. [16] **por el suave roce . . . rosario** by the gentle pressure of the rosary beads. [17] **emigración** one of several groups of Spaniards who went into exile in the aftermath of the civil wars of the XIX century. [18] **Santiago** Santiago de Compostela in Galicia, (said to have been built on the site of the grave of the apostle St. James) was probably the most visited place of pilgrimage in western Europe; called the "Mecca of Spain." [19] **no estaba en ánimo** did not feel like; had no desire to. [20] **disfrazado de chalán** disguised as a horse dealer. [21] **Cuatro** cuatro años. [22] **Navarra** province of Spain bordered on the north by France; was the scene for many years of the Carlist wars. [23] **baten el cobre** fight hard. [24] **santa causa** holy cause; so-called by the supporters of the Carlist pretender to the throne, presumably because he favored a strong Catholic Church, among other traditionalist causes. [25] **linajuda señora** lady of noble descent. [26] **cualquiera se miraría** anybody would look twice; or be cautious.

—Ya sé, ya sé... Tengo oído mucho. ¡Es un hombre terrible, un libertino, un masón![27]

La condesa alzó los ojos al cielo y suspiró:

—¿Vendrá a nuestra casa? ¿Qué le parece a usted?

—¿Quién sabe? Conoce el buen corazón de la Señora Condesa.

El capellán sacó del pecho de su levitón[28] un gran pañuelo a cuadros azules, y lo sacudió en el aire con suma parsimonia. Después se limpió la calva:

—¡Sería una verdadera desgracia! Si la Señora atendiese mi consejo, le cerraría la puerta.

Rosarito lanzó un suspiro. Su abuela la miró severamente y se puso a repiquetear con los dedos en el brazo del canapé:

—Eso se dice pronto, don Benicio. Está visto que usted no le conoce. Yo le cerraría la puerta y él la echaría abajo. Por lo demás, tampoco debo olvidar que es mi primo.

Rosarito alzó la cabeza. En su boca de niña temblaba la sonrisa pálida de los corazones tristes, y en el fondo misterioso de sus pupilas brillaba una lágrima rota. De pronto lanzó un grito. Parado en el umbral de la puerta del jardín estaba un hombre de cabellos blancos, estatura gentil y talle todavía arrogante y erguido.

CAPÍTULO III

Don Miguel de Montenegro podría frisar en los sesenta años.[29] Tenía ese hermoso y varonil tipo suevo tan frecuente en los hidalgos de la montaña gallega.[30] Era el mayorazgo[31] de una familia antigua y linajuda, cuyo blasón lucía dieciséis cuarteles de nobleza, y una corona real en el jefe.[32] Don Miguel, con gran escándalo de sus deudos y allegados, al volver de su primera emigración hizo picar las armas[33] que campeaban sobre la puerta de su Pazo solariego, un caserón antiguo y ruinoso, mandado edificar por el Mariscal Montenegro, que figuró en las guerras de Felipe V y fué el más notable de los de su linaje. Todavía se conserva en el país memoria de aquel señorón excéntrico, déspota y cazador, beodo y hospitalario. Don Miguel a los treinta años había malbaratado su patrimonio.[34] Solamente conservó las rentas y tierras de vínculo,[35] el Pazo y una capellanía,[36] todo lo cual apenas le daba para comer. Entonces empezó su vida de conspirador y aventurero, vida tan llena de riesgos y azares como la de aquellos segundones hidalgos[37] que se enganchaban en los tercios de Italia por buscar lances de amor, de espada y de fortuna. Liberal aforrado en masón,[38] fingía gran menosprecio por toda suerte de timbres nobiliarios,[39] lo que no impedía que fuese altivo y cruel como un árabe noble. Interiormente sentíase orgulloso de su abolengo,[40] y pese a su despreocupación dantoniana,[41] placíale referir la leyenda heráldica[42] que hace descender a los Montenegros de una emperatriz alemana. Creíase emparentado con las más nobles casas de Galicia, y desde el Conde de Cela al de Altamira, con todos se igualaba y a todos llamaba primos, como se llaman entre sí los reyes. En cambio, despreciaba a los hidalgos sus vecinos y se burlaba de ellos sentándolos a su mesa y haciendo sentar a sus criados. Era cosa de ver a don Miguel erguirse cuan alto era, con el vaso desbordante, gritando con aquella engolada voz[43] de gran señor que ponía asombro en sus huéspedes:

—En mi casa, señores, todos los hombres son iguales. Aquí es ley la doctrina del filósofo de Judea.[44]

Don Miguel era uno de esos locos de buena vena,[45] con maneras de gran señor, ingenio de coplero y alientos de pirata.[46] Bullía de continuo en él una desesperación sin causa ni objeto, tan pronto arrebatada como burlona, ruidosa como sombría. Atribuíansele cosas verdaderamente extraordinarias. Cuando volvió de su primera emigración encontróse hecha la leyenda.[47] Los viejos liberales partidarios de Riego[48] contaban que le había blanqueado el cabello desde que una sentencia de muerte tuviérale tres días en capilla,[49] de la cual consiguiera fugarse por un milagro de audacia. Pero las damiselas de su provincia, abuelas hoy que todas suspiran cuando recitan a sus nietas los versos de «El Trovador»,[50] referían algo mucho más hermoso... Pasaba esto en los buenos tiempos del romanticismo, y fue preciso suponerle víctima de trágicos amores. ¡Cuántas veces oyera Rosarito en la tertulia de sus abuelos la historia de aquellos cabellos blancos! Contábala siempre su tía la de Camarasa —una señorita cincuentona que leía novelas con el ardor de una colegiala, y todavía cantaba en los estrados aristocráticos de Compostela melancólicas tonadas del año treinta—. Amada de Camarasa conoció a don Miguel en Lisboa, cuando las bodas del Infante don Miguel.[51]

"pirata" *Montenegro*

satanismo
arrogancia
heroe Romantico

Era ella una niña, y habíale quedado muy presente[52] la sombría figura de aquel emigrado español de erguido talle y ademán altivo, que todas las mañanas se paseaba con el poeta Espronceda en el atrio de la catedral, y no daba un paso sin golpear fieramente el suelo con la contera de su caña de Indias. Amada de Camarasa no podía menos de suspirar siempre que hacía memoria de los alegres años pasados en Lisboa. ¡Quizá volvía a ver con los ojos de la imaginación la figura de cierto hidalgo lusitano de moreno rostro y amante labia,[53] que había sido la única pasión de su juventud! . . . Pero esta es otra historia que nada tiene que ver con la de don Miguel de Montenegro.

CAPÍTULO IV

El mayorazgo se había detenido en medio de la espaciosa sala, y saludaba encorvando su aventajado talle,[54] aprisionado en largo levitón.

—Buenas noches, Condesa de Cela. ¡He aquí a tu primo Montenegro que viene de Portugal!

Su voz, al sonar en medio del silencio de la anchurosa y oscura sala del Pazo, parecía más poderosa y más hueca. La Condesa, sin manifestar extrañeza, repuso con desabrimiento:

—Buenas noches, señor mío.

Don Miguel se atusó el bigote,[55] y sonrió, como hombre acustumbrado a tales desvíos y que los tiene en poco.[56] De antiguo recibíasele de igual modo en casa de todos sus deudos y allegados, sin que nunca se le antojara tomarlo a pecho:[57] Contentábase con hacerse obedecer de los criados, y manifestar hacia los amos cierto desdén de gran señor. Era de ver cómo aquellos hidalgos campesinos que nunca habían salido de sus madrigueras concluían por humillarse ante la apostura caballeresca y la engolada voz del viejo libertino, cuya vida de conspirador, llena de azares

[27] **masón** freemason (the movement was long considered by the rightists in Spain as a hotbed of radicals or revolutionaries). [28] **pecho de su levitón** from the breast pocket of his frock coat. [29] **podría frisar . . . años** might have been close to sixty. [30] **suevo . . . gallega** reference to the Suevi or Swabians, Germanic tribes that invaded Spain in the fifth century and settled in the north-

western portion of the Iberian peninsula (which today would include the province of Galicia and northern Portugal). [31] **mayorazgo** first-born son; with the right to inherit the property, titles, etc. of a parent, to the exclusion of all other children. [32] **blasón . . . jefe** The coat of arms is generally divided into several parts or fields called "quarters" (cuarteles), whereas the upper part is called «jefe». [33] **hizo . . . armas** had the coat of arms chipped out. [34] **malbaratado su patrimonio** squandered his inheritance. [35] **tierras de vínculo** entailed estate, restricted in the line of succession to the holder of the title of nobility. [36] **capellanía** revenue from a church foundation. [37] **segundones hidalgos** the younger sons of a noble family, who by law could not inherit their father's estate, had no recourse but to enter the church or seek a military career. [38] **Liberal . . . masón** A liberal tainted with freemasonry. [39] **toda suerte . . . nobiliarios** all kinds of titles of nobility. [40] **abolengo** noble ancestry; lineage. [41] **dantoniana** adjective derived from the name of Georges Jacques Danton (1759–94), French revolutionary leader who died on the guillotine. [42] **leyenda heráldica** legend explaining the symbolism of heraldic bearings. [43] **engolada voz** deep, booming voice. [44] **filósofo de Judea** Jesus. [45] **buena vena** good humor. [46] **ingenio . . . pirata** with the talent of a minor poet and the courage of a pirate. [47] **encontróse . . . leyenda** he found that he had already become a legend. [48] **Rafael de Riego** Spanish General who led a rebellion in 1820 to re-establish the liberal Constitution of 1812; died on the gallows in 1823 after his defeat by the forces of Ferdinand VII; he was the idol of the people who immortalized him in the revolutionary "Himno de Riego." [49] **tuviérale . . . capilla** had kept him awaiting execution for three days. [50] **El Trovador** a romantic drama written in 1836 by Antonio García Gutiérrez (1813–1884) which enjoyed great popularity in its day and later inspired the libretto for Verdi's opera, *Il Trovatore* (1853). [51] **Infante don Miguel** (1802–1866) backed by the reactionary absolutists, he laid claim to the throne of Portugal in opposition to his older brother, Pedro I of Brazil, who was supported by the liberals. The Spanish liberals living in exile in Portugal became involved in the Miguelist uprisings and intrigues. Pedro abdicated in favor of his daughter, Maria II, provided that the constitutional charter he had just issued be accepted and that Miguel act as guardian for and marry the queen. [52] **habíale . . . presente** she had a vivid recollection of. [53] **amante labia** sweet talk; smooth tongue. [54] **aventajado talle** tall or large frame. [55] **se atusó el bigote** smoothed his moustache. [56] **a tales . . . poco** to such indifference and who pays scant attention to it. [57] **se le antojara . . . pecho** it never bothered him; he never took it to heart.

Montenegro
+ mismo
D Miguel

quiere lo
que el quiere.
trato a decirse a su
primo y...
¿El lo mató por
venganza?
enojo y venganza?
"sucedo"?

... murió

desconocidos, ejercía sobre ellos el poder sugestivo de lo tenebroso. Don Miguel acercóse rápido a la Condesa y tomóle la mano con aire a un tiempo cortés y familiar:

—Espero, prima, que me darás hospitalidad por una noche.

Así diciendo, con empaque de viejo gentil-hombre,[58] arrastró un pesado sillón de moscovia,[59] y tomó asiento al lado del canapé. En seguida, y sin esperar respuesta, volvióse a Rosarito. ¡Acaso había sentido el peso magnético de aquella mirada que tenía la curiosidad de la virgen y la pasión de la mujer! Puso el emigrado una mano sobre la rubia cabeza de la niña, obligándola a levantar los ojos, y con esa cortesanía exquisita y simpática de los viejos que han amado y galanteado mucho en su juventud, pronunció a media voz —¡la voz honda y triste con que se recuerda el pasado!:

hablando de la Condesa

—¿Tú no me reconoces, verdad, hija mía? Pero yo sí, te reconocería en cualquier parte... ¡Te pareces tanto a una tía tuya, hermana de tu abuelo, a la cual ya no has podido conocer!... ¿Tú te llamas Rosarito, verdad?

—Sí, señor.

Don Miguel se volvió a la Condesa:

—¿Sabes, prima, que es muy linda la pequeña?

Y moviendo la plateada y varonil cabeza continuó cual si hablase consigo mismo:

—¡Demasiado linda para que pueda ser feliz!

se ven
(Mo y Rosarito)

La Condesa, halagada en su vanidad de abuela, repuso con benignidad, sonriendo a su nieta:

—No me la trastornes,[60] primo. ¡Sea ella buena, que el que sea linda es cosa de bien poco!...

El emigrado asintió con un gesto sombrío y teatral y quedó contemplando a la niña, que con los ojos bajos, movía las agujas de su labor, temblorosa y torpe. ¿Adivinó el viejo libertino lo que pasaba en aquella alma tan pura? ¿Tenía él, como todos los grandes seductores, esa intuición misteriosa que lee en lo íntimo de los corazones y conoce las horas propicias al amor? Ello es que una sonrisa de increíble audacia tembló un momento bajo el mostacho blanco del hidalgo y que sus ojos verdes —soberbios y desdeñosos como los de un tirano o de un pirata —se posaron con gallardía donjuanesca sobre aquella cabeza melancólicamente inclinada que con su crencha de oro, partida

por estrecha raya, tenía cierta castidad prerrafaélica.[61] Pero la sonrisa y la mirada del emigrado fueron relámpagos por lo siniestras y por lo fugaces. Recobrada incontinenti[62] su actitud de gran señor, don Miguel se inclinó ante la Condesa:

—Perdona, prima, que todavía no te haya preguntado por mi primo el Conde de Cela.

La anciana suspiró, levantando los ojos al cielo:

—¡Ay! ¡El Conde de Cela, lo es desde hace mucho tiempo mi hijo Pedro!...

El mayorazgo se enderezó en el sillón, dando con la contera de su caña en el suelo:

—¡Vive Dios! En la emigración nunca se sabe nada. Apenas llega una noticia... ¡Pobre amigo! ¡Pobre amigo!... ¡No somos más que polvo!...

Frunció las cejas, y apoyado a dos manos en el puño de oro de su bastón, añadió con fanfarronería:

—Si antes lo hubiese sabido, créeme que no tendría el honor de hospedarme en tu palacio.

—¿Por qué?

—Porque tú nunca me has querido bien. ¡En eso eres de la familia!

La noble señora sonrió tristemente:

—Tú eres el que has renegado de todos. ¿Pero a qué viene recordar ahora eso? Cuenta has de dar a Dios de tu vida, y entonces...

Don Miguel se inclinó con sarcasmo:

—Te juro, prima, que, como tenga tiempo, he de arrepentirme.

El capellán, que no había desplegado los labios, repuso afablemente, —afabilidad que le imponía el miedo a la cólera del hidalgo:

—Volterianismos,[63] don Miguel... Volterianismos que después, en la hora de la muerte...

Don Miguel no contestó. En los ojos de Rosarito acababa de leer un ruego tímido y ardiente a la vez. El viejo libertino miró al clérigo de alto a bajo, y volviéndose a la niña, que temblaba, contestó sonriendo:

—¡No temas, hija mía! Si no creo en Dios, amo a los ángeles...

El clérigo, en el mismo tono conciliador y francote,[64] volvió a repetir:

—¡Volterianismos, don Miguel!... ¡Volterianismos de la Francia!...

No esta allí
porque su amigo murió
y a ayudar a la familia
de su amigo

murió

necesita caballo de
la Condesa

entonces
se queda esa noche
con su prima

Intervino con alguna brusquedad la Condesa, a quien lo mismo las impiedades que las galanterías del emigrado inspiraban vago terror:

—¡Dejémosle, don Benicio! Ni él ha de convencernos ni nosotros a él . . .

Don Miguel sonrió con exquisita ironía:

—¡Gracias, prima, por la ejecutoria de firmeza que das a mis ideas, pues ya he visto cuánta es la elocuencia de tu capellán!

La Condesa sonrió fríamente con el borde de los labios, y dirigió una mirada autoritaria al clérigo para imponerle silencio. Después, adoptando esa actitud seria y un tanto melancólica con que las damas del año treinta se retrataban, y recibían en el estrado a los caballeros, murmuró:

—¡Cuando pienso en el tiempo que hace que no nos hemos visto! . . . ¿De dónde sales ahora? ¿Qué nueva locura te trae? ¡Los emigrados no descansáis nunca! . . .

—Pasaron ya mis años de pelea . . . Ya no soy aquel que tú has conocido. Si he atravesado la frontera, ha sido únicamente para traer socorros a la huérfana de un pobre emigrado, a quien asesinaron los estudiantes de Coimbra.[65] Cumplido este deber, me vuelvo a Portugal.

—¡Si es así, que Dios te acompañe! . . .

CAPÍTULO V

Un antiguo reloj de sobremesa dió las diez. Era de plata dorada y de gusto pesado y barroco, como obra del siglo XVIII. Representaba a Baco coronado de pámpanos y dormido sobre un tonel. La Condesa contó las horas en voz alta, y volvió al asunto de su conversación:

—Yo sabía que habías pasado por Santiago, y que después estuviste en la feria de Barbanzón disfrazado de chalán. Mis noticias eran de que conspirabas.

—Ya sé que eso se ha dicho.

—A ti se te juzga capaz de todo, menos de ejercer la caridad como un apóstol . . .

Y la noble señora sonreía con alguna incredulidad. Después de un momento añadió, bajando insensiblemente la voz:

—¡Es el caso que no debes tener la cabeza muy segura sobre los hombros!

Y tras la máscara de frialdad con que quiso revestir sus palabras, asomaban el interés y el afecto. Don Miguel repuso en el mismo tono confidencial, paseando la mirada por la sala:

—¡Ya habrás comprendido que vengo huyendo! Necesito un caballo para repasar mañana mismo la frontera.

—¿Mañana?

—Mañana.

La Condesa reflexionó un momento:

—¡Es el caso que no tenemos en el Pazo ni una mala montura! . . .[66]

Y como observase que el emigrado fruncía el ceño, añadió:

—Haces mal en dudarlo. Tú mismo puedes bajar a las cuadras y verlo. Hará cosa de un mes pasó por aquí haciendo una requisa la partida de El Manco,[67] y se llevó las dos yeguas que teníamos. No he querido volver a comprar, porque me exponía a que se repitiese el caso el mejor día.

Don Miguel de Montenegro la interrumpió:

—¿Y no hay en la aldea quien preste un caballo a la Condesa de Cela?

A la pregunta del mayorazgo siguió un momento de silencio. Todas las cabezas se inclinaban, y parecían meditar. Rosarito, que con las manos en cruz y la labor caída en el regazo estaba sentada en el canapé al lado de la anciana, suspiró tímidamente:

---

[58] **con empaque . . . gentil-hombre** with the poise of an old courtier.   [59] **sillón de moscovia** armchair made of soft leather.   [60] **No . . . trastornes** Don't put any ideas into her head.   [61] **prerrafaélica** refers to the Pre-Raphaelite Brotherhood, a society of English artists formed in 1848 whose avowed purposes were to encourage fidelity to nature, sincerity, and delicacy of finish (in what they believed was an effort to revise the style and spirit of the Italian artists before the time of Raphael).   [62] **incontinenti** instantly; at once.   [63] **Volterianismos** (remarks) in the manner or spirit of Voltaire.   [64] **francote** openhearted; frank.   [65] **Coimbra** university city and former medieval capital of Portugal located about 108 miles NE of Lisbon.   [66] **ni una mala montura** not even a bad horse or mount.   [67] **la partida de El Manco** a band of guerrillas led by "el Manco" (an armless or one-armed person).

Falero, Luis. Español
(1851–1896). *Estrellas gemelas*.
The Metropolitan Museum of
Art. Regalo de Catherine
Lorillard Wolfe, 1887.

erotic garden

—Abuelita, el Sumiller[68] tiene un caballo que no se
atreve a montar.

Y con el rostro cubierto de rubor, entreabierta la
boca de madona, y el fondo de los ojos misterioso y
cambiante, Rosarito se estrechaba a su abuela cual si
buscase amparo en un peligro. Don Miguel la infundía miedo, pero un miedo sugestivo y fascinador.
Quisiera no haberle conocido, y el pensar en que
pudiera irse la entristecía. Aparecíasele como el héroe
de un cuento medroso y bello cuyo relato se escucha
temblando, y, sin embargo, cautiva el ánimo hasta el
final, con la fuerza de un sortilegio. Oyendo a la niña,
el emigrado sonrió con caballeresco desdén, y aun hubo
de atusarse el bigote suelto y bizarramente levantado
sobre el labio. Su actitud era ligeramente burlona:

—¡Vive Dios! Un caballo que el Sumiller no se
atreve a montar casi debe ser un Bucéfalo.[69] ¡He ahí,
queridas mías, el corcel que me conviene!

La Condesa movió distraídamente algunos naipes de
solitario, y al cabo de un momento, como si el pensamiento y la palabra le viniesen de muy lejos, se dirigió
al capellán:

—Don Benicio, será preciso que vaya usted a la
rectoral y hable con el Sumiller.

Don Benicio repuso, volviendo las hojas de «El
Año Cristiano»:

—Yo haré lo que disponga la señora Condesa;
pero, salvo su mejor parecer, el mío es que más
atendida había de ser carta de vuecencia.[70]

Aquí levantó el clérigo la tonsurada cabeza,[71] y al
observar el gesto de contrariedad con que la dama
le escuchaba, se apresuró a decir:

—Permítame, señora Condesa, que me explique.
El día de San Cidrán fuimos juntos de caza. Entre
el Sumiller y el abad de Cela, que se nos reunió en el
monte, hiciéronme una jugarreta del demonio.[72]

bitter sweet

alta social, vracas en la casa misterioso

[handwritten annotations at top:] Misterio: primero en jardín
- sensual, erótico, aromas
- ramas
- luz de la luna
- da (?) miedo
- libre crear la [el] mundo sensual para la seducción

Todo el día estuviéronse riendo. ¡Con sus sesenta años a cuestas, los dos tienen el humor de unos rapaces![73] Si me presento ahora en la rectoral pidiendo el caballo, por seguro que lo toman a burla. ¡Es un raposo muy viejo el señor Sumiller!

Rosarito murmuró con anhelo al oído de la anciana:

—Abuelita, escríbale usted...

La mano trémula de la Condesa acarició la rubia cabeza de su nieta:

—¡Ya, hija mía!...

Y la Condesa de Cela, que hacía tantos años estaba amagada de parálisis,[74] guióse sin ayuda, y, precedida del capellán, atravesó la sala, noblemente inclinada sobre su muleta, una de esas muletas como se ven en los santuarios[75] con cojín de terciopelo carmesí guarnecido por clavos de plata.

CAPÍTULO VI

[handwritten margin note: jardín]

Del fondo oscuro del jardín, donde los grillos daban serenata, llegaban murmullos y aromas. El vientecillo gentil que los traía estremecía los arbustos, sin despertar los pájaros que dormían en ellos. A veces, el follaje se abría susurrando y penetraba el blanco rayo de la luna, que se quebraba en algún asiento de piedra, oculto hasta entonces en sombra clandestina. El jardín cargado de aromas, y aquellas notas de la noche, impregnadas de voluptuosidad y de pereza, y aquel rayo de luna, y aquella soledad, y aquel misterio, traían como una evocación romántica de citas de amor, en siglos de trovadores. Don Miguel se levantó del sillón, y, vencido por una distracción extraña, comenzó a pasearse entenebrecido y taciturno. Temblaba el piso bajo su andar marcial, y temblaban las arcaicas consolas, que parecían altares con su carga rococa[76] de efigies, fanales y floreros. Los ojos de la niña seguían miedosos e inconscientes el ir y venir de aquella sombría figura: Si el emigrado se acercaba a la luz, no se atrevían a mirarle; si se desvanecía en la penumbra, le buscaban con ansia. Don Miguel se detuvo en medio de la estancia. Rosarito bajó los párpados presurosa. Sonrióse el mayorazgo contemplando aquella rubia y delicada cabeza, que se inclinaba como lirio de oro, y después de un momento llegó a decir:

—¡Mírame, hija mía! ¡Tus ojos me recuerdan otros ojos que han llorado mucho por mí!

Tenía don Miguel los gestos trágicos y las frases siniestras y dolientes de los seductores románticos. En su juventud había conocido a lord Byron y la influencia del poeta inglés fuera en él decisiva. Las pestañas de Rosarito rozaron la mejilla con tímido aleteo y permanecieron inclinadas como las de una novicia. El emigrado sacudió la blanca cabellera, aquella cabellera cuya novelesca historia tantas veces recordara la niña durante la velada, y fue a sentarse en el canapé:

—Si viniesen a prenderme, ¿tú qué harías? ¿Te atreverías a ocultarme en tu alcoba? ¡Una abadesa de San Payo[77] salvó así la vida a tu abuelo!...

[handwritten margin note, right: they're chasing him cuz he's bad]

Rosarito no contestó. Ella, tan inocente, sentía el fuego del rubor en toda su carne. El viejo libertino la miraba intensamente, cual si sólo buscase el turbarla más. La presión de aquellos ojos verdes era a un tiempo sombría y fascinadora, inquietante y audaz: Dijérase que infiltraban el amor como un veneno, que violaban las almas y que robaban los besos a las bocas más puras. Después de un momento, añadió con amarga sonrisa:

—Escucha lo que voy a decirte. Si viniesen a prenderme, yo me haría matar. ¡Mi vida ya no puede

---

[68] **el Sumiller**   the Lord Chamberlain (a high official of the Royal Court or an official who receives the rents and fees of a municipality).   [69] **Bucéfalo**   Bucephalus, the war horse of Alexander the Great.   [70] **salvo ... vuecencia**   baring your better judgement on the matter, my opinion is that a letter from Your Excellency would elicit more satisfactory results.   [71] **tonsurada cabeza**   clean shaven head.   [72] **jugarreta** (del demonio)   a devilishly nasty trick.   [73] **rapaces** (rapaz)   young boys, youths.   [74] **amagada de parálisis**   partially paralyzed; threatened with approaching paralysis.   [75] **como ... santuarios**   The reference is to a religious practice or custom still in evidence throughout Spain whereby the maimed and sick who are healed by faith will hang their crutches beside the image of a saint in testimony of the power of the saint for working miracles.   [76] **rococa**   in the rococo style.   [77] **San Payo**   village in the province of Orense (Galicia).

su Seducción...

ser ni larga ni feliz, y aquí tus manos piadosas me
amortajarían! . . .

Cual si quisiera alejar sombríos pensamientos agitó
la cabeza con movimiento varonil y hermoso, y
echó hacia atrás los cabellos que oscurecían su frente,
una frente altanera y desguarnida, que parecía encerrar
todas las exageraciones y todas las demencias, lo
mismo las del amor que las del odio, las celestes que
las diabólicas . . . Rosarito murmuró casi sin voz:

—¡Yo haré una novena a la Virgen para que le
saque a usted con bien de tantos peligros! . . .

Una onda de indecible compasión la ahogaba con
ahogo dulcísimo. Sentíase presa de confusión extraña,
pronta a llorar, no sabía si de ansiedad, si de pena, si
de ternura; conmovida hasta lo más hondo de su ser,
por conmoción oscura, hasta entonces ni gustada ni
presentida. El fuego del rubor quemábale las mejillas;
el corazón quería saltársele del pecho; un nudo de
divina angustia oprimía su garganta, escalofríos
misteriosos recorrían su carne. Temblorosa, con el
temblor que la proximidad del hombre infunde en las
vírgenes, quiso huir de aquellos ojos dominadores que
la miraban siempre, pero el sortilegio resistió. El
emigrado la retuvo con un extraño gesto, tiránico y
amante, y ella llorosa, vencida, cubrióse el rostro
con las manos, las hermosas manos de novicia, pálidas,
místicas, ardientes.

él ganó

CAPÍTULO VII

La Condesa apareció en la puerta de la estancia,
donde se detuvo jadeante y sin fuerzas:

—¡Rosarito, hija mía, ven a darme el brazo! . . .

Con la muleta apartaba el blasonado portier.
Rosarito se limpió los ojos, y acudió velozmente.
La noble señora apoyó la diestra blanca y temblona
en el hombro de su nieta, y cobró aliento en un
suspiro:

—¡Allá va camino de la rectoral ese bienaventurado de don Benicio! . . .

Después sus ojos buscaron al emigrado:

—¿Tú, supongo que hasta mañana no te pondrás
en camino? Aquí estás seguro como no lo estarías
en parte ninguna.

En los labios de don Miguel asomó una sonrisa
de hermoso desdén. La boca de aquel hidalgo aven-

turero reproducía el gesto con que los grandes señores
de otros tiempos desafiaban la muerte. Don Rodrigo
Calderón[78] debió de sonreír así sobre el cadalso. La
Condesa, dejándose caer en el canapé, añadió con
suave ironía:

—He mandado disponer la habitación en que,
según las crónicas, vivió Fray Diego de Cádiz[79]
cuando estuvo en el Pazo. Paréceme que la habitación
de un Santo es la que mejor conviene a vuesa mercé . . .

Y terminó la frase con una sonrisa. El mayorazgo
se inclinó mostrando asentimiento burlón.

—Santos hubo que comenzaron siendo grandes
pecadores.

—¡Si Fray Diego quisiese hacer contigo un milagro!

—Esperémoslo, prima.

—¡Yo lo espero!

El viejo conspirador, cambiando repentinamente
de talante, exclamó con cierta violencia:

—¡Diez leguas he andado por cuetos y vericuetos,
y estoy más que molido, prima!

Don Miguel se había puesto en pie. La Condesa
le interrumpió murmurando:

—¡Válgate Dios con la vida que traes! Pues es
menester recogerse y cobrar fuerzas para mañana.

Después, volviéndose a su nieta, añadió:

—Tú le alumbrarás y enseñarás el camino, pequeña.

Rosarito asintió con la cabeza, como hacen los
niños tímidos, y fue a encender uno de los cande-
labros que había sobre la gran consola situada enfrente
del estrado. Trémula como una desposada se adelantó
hasta la puerta, donde hubo de esperar a que terminase
el coloquio que el mayorazgo y la Condesa sostenían
en voz baja. Rosarito apenas percibía un vago
murmullo. Suspirando apoyó la cabeza en la pared, y
entornó los párpados. Sentíase presa de una turbación
llena de palpitaciones tumultuosas y confusas. En
aquella actitud de cariátide[80] parecía figura ideal
detenida en el lindar de la otra vida. Estaba tan pálida
y tan triste, que no era posible contemplarla un
instante sin sentir anegado el corazón por la idea de la
muerte . . . Su abuela la llamó:

—¿Qué te pasa, pequeña?

Rosarito por toda respuesta abrió los ojos, sonriendo tristemente. La anciana movió la cabeza con
muestra de disgusto, y se volvió a don Miguel:

Tiene miedo pero todavía lo mira

Da Inés quería Rosarita es más joven, inocente no quería (confundida)

la acción más satánico más pervertido que D. Juan

siempre domina inmoralmente

V quiere la niña

its not ♡ its POWER

she didn't kill herself

misterio... naturaleza

—A ti aún espero verte mañana. El capellán nos dirá la misa de alba en la capilla, y quiero que la oigas...

El mayorazgo se inclinó, como pudiera hacerlo ante una reina. Después, con aquel andar altivo y soberano, que tan en consonancia estaba con la índole de su alma, atravesó la sala. Cuando el portier cayó tras él, la Condesa de Cela tuvo que enjugarse algunas lágrimas.

—¡Qué vida, Dios mío! ¡Qué vida!

CAPÍTULO VIII

La sala del Pazo —aquella gran sala adornada con cornucopias y retratos de generales, de damas y obispos— yace sumida en trémula penumbra. La anciana Condesa dormita en el canapé. Encima del velador parecen hacer otro tanto el bastón del mayorazgo y la labor de Rosarito. Tropel de fantasmas se agita entre los cortinajes espesos. ¡Todo duerme! Mas he aquí, que de pronto la Condesa abre los ojos y los fija con sobresalto en la puerta del jardín. Imagínase haber oído un grito en sueños, uno de esos gritos de la noche, inarticulados y por demás medrosos. Con la cabeza echada hacia delante, y el ánimo acobardado y suspenso, permanece breves instantes en escucha... ¡Nada! El silencio es profundo. Solamente turba la quietud de la estancia el latir acompasado y menudo de un reloj que brilla en el fondo apenas esclarecido...

La Condesa ha vuelto a dormirse.

Un ratón sale de su escondite y atraviesa la sala con gentil y vivaz trotecillo. Las cornucopias le contemplan desde lo alto: Parecen pupilas de monstruos ocultos en los rincones oscuros. El reflejo de la luna penetra hasta el centro del salón: Los daguerrotipos centellean sobre las consolas, apoyados en los jarrones llenos de rosas. Por intervalos se escucha la voz aflautada y doliente de un sapo que canta en el jardín. Es la media noche, y la luz de la lámpara agoniza.

La Condesa se despierta, y hace la señal de la cruz.

De nuevo ha oído un grito, pero esta vez tan claro, tan distinto, que ya no duda. Requiere la muleta, y en actitud de incorporarse escucha. Un gatazo negro, encaramado en el respaldo de una silla, acéchala con ojos lucientes. La Condesa siente el escalofrío del miedo. Por escapar a esta obsesión de sus sentidos, se levanta, y sale de la estancia. El gatazo negro la sigue maullando lastimeramente: Su cola fosca, su lomo enarcado, sus ojos fosforescentes, le dan todo el aspecto de un animal embrujado. El corredor es oscuro. El golpe de la muleta resuena como en la desierta nave de una iglesia. Allá al final, una puerta entornada deja escapar un rayo de luz...

La Condesa de Cela llega temblando.

La cámara está desierta, parece abandonada. Por una ventana abierta, que cae al jardín, alcánzase a ver en esbozo fantástico masas de árboles que se recortan sobre el cielo negro y estrellado: La brisa nocturna estremece las bujías de un candelabro de plata, que lloran sin consuelo en las doradas arandelas: Aquella ventana abierta sobre el jardín misterioso y oscuro tiene algo de evocador y sugestivo. ¡Parece que alguno acaba de huir por ella!...

La Condesa se detiene, paralizada de terror.

En el fondo de la estancia, el lecho de palo santo donde había dormido Fray Diego de Cádiz, dibuja sus líneas rígidas y severas a través de luengos cortinajes de antiguo damasco carmesí que parece tener algo de litúrgico. A veces una mancha negra pasa corriendo sobre el muro: Tomaríasela por la sombra de un pájaro gigantesco: Se la ve posarse en el techo y deformarse en los ángulos, arrastrarse por el suelo y esconderse bajo las sillas: De improviso, presa de un vértigo funambulesco;[81] otra vez salta al muro, y galopa por él como una araña...

La Condesa cree morir.

En aquella hora, en medio de aquel silencio, el

[78] **Rodrigo Calderón** Favorite of the influential Duke of Lerma who was Prime Minister under Felipe III for 20 years. After Lerma's downfall in 1618, Calderón was arrested and executed on October 21, 1621.   [79] **Fray Diego de Cádiz** (1743–1801) Popular Capuchin monk and preacher, famed for his virtue and austerity.   [80] **cariátide** caryatid; a supporting column in the form of a sculptured female figure (in the architecture of Ancient Greece).   [81] **vértigo funambulesco** fantastic giddiness or vertigo.

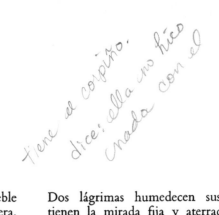

rumor más leve acrecienta su alucinación. Un mueble que cruje, un gusano que carcome en la madera, el viento que se retuerce en el mainel de las ventanas, todo tiene para ella entonaciones trágicas o pavorosas. Encorvada sobre la muleta, tiembla con todos sus miembros. Se acerca al lecho, separa las cortinas, y mira . . . ¡Rosarito está allí inanimada, yerta, blanca!

Dos lágrimas humedecen sus mejillas. Los ojos tienen la mirada fija y aterradora de los muertos. ¡Por su corpiño blanco corre un hilo de sangre! . . . El alfilerón de oro[82] que momentos antes aún sujetaba la trenza de la niña, está bárbaramente clavado en su pecho, sobre el corazón. La rubia cabellera extiéndese por la almohada, trágica, magdalénica . . .

Pío Baroja (1872–1956)

«Hombre humilde y errante» se llamó a sí mismo este escritor que en sus ochenta y cuatro años, entre dos siglos, conoció los cambios más decisivos en la vida política, cultural y social de España.

Estudió la carrera de medicina y la practicó brevemente. Pero no había nacido para curar las enfermedades ajenas, sino para observar la vida, los hombres y para comprenderlos o despreciarlos. Abandonó la medicina y se dedicó a escribir. Su obra es extensísima. El centro de sus novelas lo forma de una u otra forma el tipo de hombre aventurero. Quizá había en Baroja un aventurero frustrado que reaparece una y otra vez en los personajes de sus novelas. Amigo de «Azorín» y muy distinto de él, siente a España, pero se avergüenza de la miseria cultural y de la estupidez que él descubre por todos los pueblos de su país. Hizo ostentación siempre de «no casarse con nadie» y en ese fiero individualismo está la fuerza de su novela y su defecto fundamental. Muestra una clara tendencia a la caricatura, a la exageración y a los matices oscuros, pesimistas. Sintetiza así su visión de la vida española: todo es una «farsa», es decir todo en la España de su tiempo es un abominable engaño. Es un escritor sincero, pero que se expresa en forma negativa. La mayoría de los personajes de sus novelas son seres más o menos desequilibrados, seres que de una u otra manera están en oposición con la vida y con la sociedad. Baroja no cree en la sociedad ni en los redentores de ella, y se ríe y desprecia a los supuestos revolucionarios sociales. Así no ve en el pasado de España mucho de que pueda gloriarse, en el presente nada que produzca satisfacción, y en el futuro no hay esperanza.

Baroja es un gran narrador, pero no es un gran novelista. Infinitos tipos humanos desfilan por sus libros, pero ninguno de ellos es estudiado con profundidad ni puesto al descubierto para el lector. En realidad nunca se sabe cómo son de verdad los hombres nacidos en la fantasía de este escritor vasco malhumorado. Son seres inquietos, intranquilos, que viven en perpetuo movimiento sin decirnos qué es lo que quieren o a dónde van. Como narrador es desordenado. Le falta un plan bien meditado, una organización de la novela. En ella aparecen las cosas a medida que saltan dentro del campo visual del escritor. Por eso al final del libro el insatisfecho lector no sabe qué pensar de todo ello; le han dado muchos detalles, pero no ve cómo todo ello puede integrar una novela completa. La explicación la da el mismo Baroja cuando dice que tampoco la vida tiene plan ni orden y además, según él, «la acción por la acción es el ideal del hombre sano y fuerte». De esta manera sus personajes no paran y la novela se dispersa.

El estilo es algo exclusivo suyo. Nadie en España, entre los escritores notables, ha escrito como él. Lo mismo que sus descripciones, su estilo es bastante limpio, escueto, de frases cortas, desnudas, duras. La forma gramatical es con frecuencia defectuosa. Todo ello hace que su lenguaje parezca pobre, limitado, áspero y poco grato al oído. Comparado con el de otros escritores contemporáneos, su estilo tiene el aire agreste de Vera de Bidasoa, la aldea del Pirineo Vasco de donde procedía su familia. «Para mí, dice Baroja, no es el ideal del estilo ni el casticismo, ni el adorno ni la elocuencia; lo es en cambio la claridad, la precisión y la elegancia.» Naturalmente él no entiende la elegancia como los otros novelistas y escritores la entienden.

Se le ha comparado con Galdós, con quien comparte el conocimiento de España y en especial de Madrid. Como aquél, viajó mucho por toda Europa y conoció todos los rincones de España. Trabajador incansable, vivió alejado de toda actividad social y política y no se casó. Pero mientras Galdós sonreía ante las debilidades y miseria humanas, Baroja desprecia a los hombres en un duro y cruel lenguaje. Entre sus muchas obras son famosas la serie vasca: *La casa de Aizgorri* (1900); *El mayorazgo de Labraz* (1903) y *Zalacaín el aventurero* (1909). *Camino de perfección* (1902); *Aventuras, inventos y mixtificaciones de Silvestre Paradox* (1901); *La feria de los discretos* (1905); *La nave de los locos* (1925); *La sensualidad pervertida* (1920), *El árbol de la ciencia* (1911).

CAMINO DE PERFECCIÓN

Entre los compañeros que estudiaron medicina conmigo ninguno tan extraño y digno de observación como Fernando Ossorio. Era un muchacho alto, moreno, silencioso, de ojos intranquilos y expresión melancólica. Entre los condiscípulos, algunos aseguraban que Ossorio tenía talento; otros, en cambio, decían que era uno de esos estudiantes pobretones que, a fuerza de fuerza, pueden ir aprobando cursos.[1]

Fernando hablaba muy poco, sabía con frecuencia las lecciones, faltaba en ciertos períodos del curso a las clases y parecía no darle mucha importancia a la carrera.

Un día vi a Ossorio en la sala de disección que quitaba cuidadosamente un escapulario[2] al cadáver de una vieja, que después envolvía el trapo en un papel y lo guardaba en la caja de los bisturís.

Le pregunté para qué hacía aquello y me dijo que coleccionaba todos los escapularios, medallas, cintas o amuletos que traían los cadáveres al depósito.[3]

Desde entonces intimamos algo y hablábamos de pintura, arte que él cultivaba como aficionado. Me decía que a Velázquez[4] le consideraba como demasiado perfecto para entusiasmarle; Murillo[5] le parecía antipático; los pintores que le encantaban eran los españoles

anteriores a Velázquez, como Pantoja de la Cruz, Sánchez Coello, y, sobre todo, el Greco.[6]

A pesar de sus opiniones, que a mí me parecían excelentes, no podía comprender que un muchacho que andaba a todas horas con Santana, el condiscípulo más torpe y más negado de la clase,[7] pudiera tener algún talento. Después, cuando en el curso de Patología general comenzamos a ir a la clínica, veía siempre a Ossorio sin hacer caso de[8] las explicaciones del profesor, mirando con curiosidad a los enfermos, haciendo

[82] **alfilerón de oro** large golden hair pin.

[1] **uno de esos . . . cursos** one of those average students who manage to get passing grades by dint of hard work. [2] **escapulario** A cloth badge or other sign of devotion, worn about the neck by members of certain religious orders and groups. [3] **depósito** morgue. [4] *Diego Rodríguez de Silva y Velázquez* (1599–1660), celebrated court painter to Felipe IV, renowned for his objectivity and for the dignity and reserve of his portraits, the most famous of which, "Las Meninas," hangs in the Prado. [5] *Bartolomé Esteban Murillo* (1617–1682), best known for his sentimental religious paintings, such as his Immaculate Conceptions, characterized by soft outlines and warm colors. [6] *Juan Pantoja de la Cruz* (1553–1608), Spanish portrait painter, court painter to Felipe II and Felipe III (examples of his severe portraiture and a fine *Nativity* are to be found in the Prado); he was a pupil and follower of *Alonso Sánchez Coello* (1515–1590), who painted religious themes for most of the palaces and churches of Madrid. Coello was a follower of Titian, and like him, excelled in portraits and single figures and was said to have influenced Velázquez. Many of his paintings were destroyed by fire but among those still extant are the portraits of the infantes Carlos and Isabel. *El Greco* (Domenico Theotocoupoulos, c. 1541–1614), Greek born Spanish painter who settled in Toledo where he developed a highly personal style, painting intense portraits, mystic saints and deeply expressive religious scenes. His elongated distortions, illumination, and flashing accents were misunderstood by his contemporaries and the significance of his great art was not recognized until the XIX century. [7] **más torpe . . . clase** slowest and dimwitted student in the class. [8] **hacer caso de** to take notice of; heed.

dibujos y croquis en su álbum. Dibujaba figuras locas, estiradas unas, achaparradas las otras; tan pronto grotescas y risibles como llenas de espíritu y de vida.[9]

—Están muy bien —le decía yo contemplando las figuras de su álbum—; pero no se parecen a los originales.

—Eso, ¿qué importa? —replicaba él—. Lo natural es sencillamente estúpido. El arte no debe ser nunca natural.

—El arte debe ser la representación de la Naturaleza, matizada al reflejarse en un temperamento[10] —decía yo, que estaba entonces contaminado con las ideas de Zola.[11]

—No. El arte es la misma Naturaleza. Dios murmura en la cascada y canta en el poeta. Los sentimientos refinados son tan reales como los toscos, pero aquéllos son menos torpes. Por eso hay que buscar algo agudo, algo finamente torturado.

—Con estas ideas —le dije una vez—, ¿cómo puede usted resistir a ese idiota de Santana, que es tan estúpidamente natural?

—¡Oh! Es un tipo muy interesante —contestó, sonriendo—. A mí, la verdad, la gente que me conoce me estima; él, no: siente un desprecio tan profundo por mí, que me obliga a respetarle.

Un día, en una de esas conversaciones largas en que se vuelca el fondo de los pensamientos[12] y se vacía espiritualmente una conciencia, le hablé de lo poco clara que resultaba su persona; de cómo algunos días me parecía un necio, un completo badulaque,[13] y otros, en cambio, me asombraba y le creía un hombre de grandísimo talento.

—Sí —murmuró Ossorio vagamente—. Hay algo de eso: es que soy un histérico, un degenerado.

—¡Bah!

—Como lo oye usted. De niño fui de esas criaturas que asombran a todo el mundo por su precocidad. A los ocho años dibujaba y tocaba el piano; la gente celebraba mis disposiciones;[14] había quien aseguraba que sería yo una eminencia; todos se hacían lenguas de mi talento menos mis padres, que no me querían. No es cosa de recordar historias tristes, ¿verdad? Mi nodriza, la pobre, a quien quería más que a mi madre, se asustaba cuando yo hablaba. Por una de esas cuestiones tristes, que decía,[15] dejé a los diez años la casa de

mis padres y me llevaron a la de mi abuelo, un buen señor, baldado, que vivía gracias a la solicitud de una vieja criada; sus hijos, mi madre y sus dos hermanas, no se ocupaban del pobre viejo absolutamente para nada. Mi abuelo era un volteriano convencido, de esos que creen que la religión es una mala farsa; mi nodriza, fanática como nadie; yo me encontraba combatido por la incredulidad del uno y la superstición de la otra. A los doce años mi nodriza me llevó a confesar. Sentía yo por dentro una verdadera repugnancia por aquel acto, pero fui, y en vez de parecerme desagradable se me antojó[16] dulce, grato, como una brisa fresca de verano. Durante algunos meses tuve una exaltación religiosa grande; luego, poco a poco, las palabras de mi abuelo fueron haciendo mella en mi,[17] tanto que cuando a los catorce o quince años me llevaron a comulgar[18] protesté varias veces. Primero, yo no quería llevar lazo en la manga; después dije que todo aquello de comulgarse era una majadería y una farsa, y que en una cosa que va al estómago y se disuelve allí no puede estar Dios, ni nadie. Mi abuelo sonreía al oírme hablar; mi madre, que aquel día estaba en casa de su padre, no se enteró de nada; mi nodriza, en cambio, se indignó tanto que casi reprendió a mi abuelo porque me imbuía ideas antirreligiosas. Él la contestó riéndose. Poco tiempo después, al ir a concluir yo el bachillerato, mi abuelo murió y la presencia de la muerte y algo doloroso que averigüé en mi familia me turbaron el alma de tal modo que me hice torpe, huraño, y mis brillantes facultades desaparecieron, sobre todo mi portentosa memoria. Yo, por dentro, comprendía que empezaba a ver las cosas claras, que hasta entonces no había sido más que un badulaque; pero los amigos de casa decían: «Este chico se ha entontecido».[19] Mi madre, a quien indudablemente estorbaba en su casa y que no quería tenerme a su lado, me envió a que concluyese el grado de bachiller a Yécora, un lugarón[20] de la Mancha, clerical, triste y antipático. Pasé en aquella ciudad levítica[21] tres años, dos en un colegio de escolapios[22] y uno en casa del administrador de unas fincas nuestras, y allí me hice vicioso, canalla, mal intencionado; adquirí todas estas gracias que adornan a la gente de sotana[23] y la que se trata íntimamente con ella. Volví a Madrid cuando murió mi padre; a los dieciocho años me puse a estudiar, y yo, que antes había sido casi un prodigio, no he llegado a ser después ni siquiera un mediano estudiante. Total: que gracias a mi educación han hecho de mí un degenerado.

—¿Y piensa usted ejercer la carrera cuando la concluya? —le pregunté yo.

—No, no. Al principio me gustaba; ahora me repugna extraordinariamente. Además, me considero a mí como un menor de edad, ¿sabe usted?; algún resorte[24] se ha roto en mi vida.

Ossorio me dio una profunda lástima.

Al año siguiente no estudió ya con nosotros, no le volví a ver y supuse que habría ido a estudiar a otra Universidad; pero un día le encontré y me dijo que había abandonado la carrera, que se dedicaba a la pintura definitivamente. Aquel día nos hablamos de tú,[25] no sé por qué.

II

En la Exposición de Bellas Artes, años después, vi un cuadro de Ossorio colocado en las salas del piso de arriba, donde estaba reunido lo peor de todo, lo peor en concepto del Jurado.[26]

El cuadro representaba una habitación pobre con un sofá verde, y encima un retrato al óleo. En el sofá, sentados, dos muchachos altos, pálidos, elegantemente vestidos de negro, y una joven de quince o dieciséis años; de pie, sobre el hombro del hermano mayor, apoyaba el brazo una niña de falda corta, también vestida de negro. Por la ventana, abierta, se veían los tejados de un pueblo industrial, el cielo cruzado por alambres y cables gruesos y el humo de las chimeneas de cien fábricas que iba subiendo lentamente en el aire. El cuadro se llamaba *Horas de silencio*. Estaba pintado con desigualdad; pero había en todo él una atmósfera de sufrimiento contenido, una angustia, algo tan vagamente doloroso, que afligía el alma.

Aquellos jóvenes enlutados en el cuarto abandonado y triste, frente a la vida y al trabajo de una gran capital, daban miedo.[27] En las caras, alargadas, pálidas y aristocráticas de los cuatro se adivinaba una existencia de refinamiento, se comprendía que en el cuarto había pasado algo muy doloroso; quizá el epílogo triste de una vida. Se adivinaba en lontananza una terrible catástrofe; aquella gran capital, con sus chimeneas, era el monstruo que había de tragar a los hermanos abandonados.

Contemplaba yo absorto el cuadro cuando se presentó Ossorio delante de mí. Tenía aspecto de viejo; se había dejado la barba; en su rostro se notaban huellas de cansancio y demacración.[28]

—Oye, tú; esto es muy hermoso —le dije.

—Eso creo yo también; pero aquí lo han metido en este rincón y nadie se ocupa de mi cuadro. Esta gente no entiende nada de nada. No han comprendido a Rusiñol, ni a Zuloaga, ni a Regoyos;[29] a mí, que no sé pintar como ellos, pero que tengo un ideal de arte más grande, me tienen que comprender menos.

—¡Bah! ¿Crees tú que no comprenden? Lo que hacen es no sentir, no simpatizar.

—Es lo mismo.

[9] **Dibujaba . . . vida** He used to draw crazy figures, some were lanky and others stubby; some were as comical and grotesque as others were full of life and vitality. [10] **matizada . . . temperamento** differentiated by (or varying with) the temperament or character it reflects. [11] *Emile Zola* (1840–1902) French novelist and chief exponent of Naturalism in literature. [12] **en que se . . . pensamientos** in which the very depths of one's thoughts are turned inside out. [13] **un completo badulaque** a complete nitwit. [14] **celebraba mis disposiciones** praised my abilities. [15] **que decía** that I mentioned; was referring to. [16] **antojarse a uno** to take a desire or fancy to something. [17] **hacer mella** to make an impression on the mind; to affect. [18] **comulgar** to take communion. [19] **entontecerse** to become foolish. [20] **lugarón** augmentative of "lugar". [21] **ciudad levítica** priestly city; city controlled by the clergy. [22] **colegio de escolapios** parochial school. [23] **gente de sotana** men of the cloth. [24] **resorte** a wire spring. [25] **hablarse de tú** to use the familiar form of address. [26] **en concepto del Jurado** in the opinion of the Judges. [27] **Aquellos jóvenes . . . miedo** Those youngsters dressed in mourning, in the neglected and cheerless room, facing life and the struggle for existence in a big city, inspired one with fear. [28] **se había . . . demacración** he had let his beard grow; his face showed signs of fatigue and emaciation. [29] *Santiago Rusiñol* (1861–1931), Catalonian painter and writer; *Ignacio Zuloaga* (1870–1945), Basque painter, who lived chiefly in Paris though his paintings are Spanish in subject. His figures, often of Basque peasants or of bullfighters, are usually richly colored against a somber background; *Darío de Regoyos* (1857–1916), Spanish painter of the impressionist school.

—¿Y qué ideal es ese tuyo tan grande?

—¡Qué sé yo! Se habla siempre con énfasis y exagera uno sin querer. No me creas; yo no tengo ideal ninguno, ¿sabes? Lo que sí creo es que el arte, eso que nosotros llamamos así con cierta veneración, no es un conjunto de reglas, ni nada; sino que es la vida: el espíritu de las cosas reflejado en el espíritu del hombre. Lo demás, eso de la técnica y el estudio, todo eso es m . . . .

—Ya se ve, ya. Has pintado el cuadro de memoria, ¿eh?, sin modelos.

—¡Claro! Así se debe pintar. ¿Que no se recuerda, lo que me pasa a mí, los colores? Pues no se pinta.

—En fin, que todas tus teorías han traído tu cuadro a este rincón.

—¡Pchs! No me importa. Yo quería que alguno de esos críticos imbéciles de los periódicos, porque mira que son brutos,[30] se hubiera ocupado de mi cuadro, con la idea romántica de que una mujer que me gusta supiera que yo soy hombre capaz de pintar cuadros. ¡Una necedad! Ya ves tú, a las mujeres qué les importará que un hombre tenga talento o no.

—Habrá algunas . . .

—¡Ca! Todas son imbéciles. ¿Vamos? A mí esta Exposición me pone enfermo.

—Vamos.

Salimos del Palacio de Bellas Artes. Nos detuvimos a contemplar la puesta del sol desde uno de los desmontes cercanos.

El cielo estaba puro, limpio, azul, transparente. A lo lejos, por detrás de una fila de altos chopos del Hipódromo,[31] se ocultaba el sol, echando sus últimos resplandores anaranjados sobre las copas verdes de los árboles, sobre los cerros próximos, desnudos, arenosos, a los que daba un color cobrizo y de oro pálido.

La sierra se destacaba como una mancha azul violácea, suave en la faja del horizonte cercana al suelo, que era de una amarillez de ópalo, y sobre aquella ancha lista opalina, en aquel fondo de místico retablo,[32] se perfilaban claramente, como en los cuadros de los viejos y concienzudos maestros, la silueta recortada de una torre, de una chimenea, de un árbol. Hacia la ciudad, el humo de unas fábricas manchaba el cielo azul, infinito, inmaculado . . .

Al ocultarse el sol se hizo más violácea la muralla de a sierra; aun iluminaban los últimos rayos un pico lejano del poniente, y las demás montañas quedaban envueltas en una bruma rosada y espléndida, de carmín y de oro, que parecía arrancada de alguna apoteosis del Ticiano.[33]

Sopló un ligero vientecillo; el pueblo, los cerros, quedaron de un color gris y de un tono frío; el cielo se obscureció.

Oíase desde arriba, desde donde estábamos, la cadencia rítmica del ruido de los coches que pasaban por la Castellana,[34] el zumbido de los tranvías eléctricos al deslizarse por los raíles. Un rebaño de cabras cruzó por delante del Hipódromo; resonaban las esquilas dulcemente.

—¡Condenada Naturaleza! —murmuró Ossorio—. ¡Es siempre hermosa!

Bajamos a la Castellana, comenzamos a caminar hacia Madrid. Fernando tomó el tema de antes y siguió:

—Esto no creas que me ha molestado; lo que me molesta es que me encuentro hueco, ¿sabes? Siento la vida completamente vacía: me acuesto tarde, me levanto tarde, y al levantarme ya estoy cansado; como que me tiendo[35] en un sillón y espero la hora de cenar y de acostarme.

—¿Por qué no te casas?

—¿Para qué?

—¡Toma! ¿Qué sé yo? Para tener una mujer a tu lado.

—He tenido una muchacha hasta unos días en mi casa.

—¿Y ya no la tienes?

—No; se fue con un amigo que le ha alquilado una casa elegante y la lleva por las noches a Apolo.[36] Los dos me saludan y me hablan; ninguno de ellos cree que ha obrado mal conmigo. Es raro, ¿verdad? Si vieras; está mi casa tan triste . . .

—Trabaja más.

—Chico, no puedo. Estoy tan cansado, tan cansado . . .

—Haz voluntad,[37] hombre. Reacciona.

—Imposible. Tengo la inercia en los tuétanos.[38]

—¿Pero es que te ha pasado alguna cosa nueva; has tenido desengaños o penas últimamente?

—No; si, fuera de mis inquietudes de chico, mi vida se

ha deslizado[39] con relativa placidez. Pero tengo el pensamiento amargo. ¿De qué proviene esto? No lo sé. Yo creo que es cuestión de herencia.

—¡Bah! Te escuchas demasiado.

Mi amigo no contestó.

Volvíamos andando por la Castellana hacia Madrid. El centro del paseo estaba repleto de coches; los veíamos cruzar por entre los troncos negros de los árboles; era una procesión interminable de caballos blancos, negros, rojizos, que piafaban impacientes; de coches charolados con ruedas rojas y amarillas, apretados en cuatro o cinco hileras,[40] que no se interrumpían; los cocheros y lacayos sentados en los pescantes con una tiesura de muñecos de madera.[41] Dentro de los carruajes, señoras con trajes blancos en posturas perezosas de sultanas indolentes, niñas llenas de lazos con vestidos llamativos, jóvenes *sportsmen* vestidos a la inglesa y caballeros ancianos mostrando la pechera, resaltante de blancura.

Por los lados, a pie, paseaba gente atildada,[42] esa gente de una elegancia enfermiza que constituye la burguesía madrileña pobre. Todo aquel conjunto de personas y de coches parecían moverse dirigido por una batuta[43] invisible.

Avanzamos Fernando Ossorio y yo hasta el monumento de Colón, volvimos sobre nuestros pasos, llegamos al Obelisco[44] y desde allá, definitivamente, nos dirigimos hacia el centro de Madrid.

El cielo estaba azul, de un azul líquido: parecía un inmenso lago sereno, en cuyas aguas se reflejaban tímidamente algunas estrellas.

La vuelta de los coches de la Castellana tenía algo de afeminamiento espiritual de un paisaje de Watteau.[45]

Sobre la tierra, entre las dos cortinas de follaje formadas por los árboles macizos de hojas, nadaba la niebla tenue, nacida del vaho caluroso de la tarde.

—Sí; la influencia histérica —dijo Ossorio al cabo de unos minutos, cuando yo creí que había olvidado ya el tema desagradable de su conversación—; la influencia histérica se marca con facilidad en mi familia. La hermana de mi padre, loca; un primo, suicida; un hermano de mi madre, imbécil, en un manicomio; un tío, alcoholizado. Es tremendo, tremendo. —Luego, cambiando de conversación, añadió—: El otro día estuve en un baile en casa de unos amigos y me sentí

molesto porque nadie se ocupaba de mí, y me marché en seguida. Estas mujeres —y señaló unas muchachas que pasaron riendo y hablando alto a nuestro lado— no nos quieren. Somos tristes, ya somos viejos también...; si no lo somos, lo parecemos.

—¡Qué le vamos a hacer! —le dije yo—. Unos nacen para buhos, otros para canarios. Nosotros somos buhos o cornejas. No debemos intentar cantar. Quizá tengamos también nuestro fin.

—¡Ah! ¡Si yo supiera para qué sirvo! Porque yo quisiera hacer algo, ¿sabes?; pero no sé qué.

—La literatura quizá te gustaría.

—No; es poco plástico eso.

—Y la medicina, ¿por qué no la sigues?

—Me repugna ese elemento de humanidad sucio con el que hay que luchar: la vieja que tiene la matriz podrida, el señor gordo que pesca indigestiones . . . ; eso es asqueroso.[46] Yo quisiera tener un trabajo espiritual y manual al mismo tiempo; así como ser escultor y tratar con esas cosas tan limpias como la madera y la piedra, y tener que decorar una gran iglesia y pasarme la vida haciendo estatuas, animales fantásticos, canecillos monstruosos y bichos raros;

---

[30] **mira . . . brutos** look here, they're really stupid.
[31] **el Hipódromo** the racetrack (of Madrid). [32] **retablo** a decorative altar-piece containing a picture or bas-relief of subjects from sacred history. [33] *Titian* (1477?–1576), the greatest master of the Venetian school and one of the most influential artists in history. [34] **la Castellana** el Paseo de la Castellana, one of the most beautiful tree-lined boulevards in Madrid. [35] **tenderse** to stretch oneself out, or recline. [36] **Apolo** Madrid theatre. [37] **Haz voluntad** Make an effort. [38] **los tuétanos** bone marrow. [39] **deslizarse** to slip by. [40] **apretados . . . hileras** crowded or squeezed rows of four or five abreast. [41] **con una . . . madera** as stiff as wooden dolls. [42] **gente atildada** fashionable people. [43] **una batuta** baton or wand. [44] **el monumento de Colón** the monument to Christopher Columbus and *el Obelisco* (the obelisk), are both located along the Paseo de la Castellana. [45] *Antoine Watteau* (1684–1721), French painter, known for his charming pictures of informal and fashionable gatherings in imaginary parks. His work was emulated by the rococo painters and decorators of the eighteenth century. [46] **asqueroso** disgusting; sickening.

pero haciéndolo todo a puñetazos,[47] ¿eh? . . . Sí, un trabajo manual me convendría.

—Si no te cansabas.

—Es muy probable. Perdóname, me marcho. Voy detrás de aquella mujer vestida de negro . . . , ¿sabes? Ese entusiasmo es mi única esperanza.

Habíamos llegado a la plaza de la Cibeles;[48] Ossorio se deslizó por entre la gente y se perdió.

La conversación me dejó pensativo. Veía la calle de Alcalá[49] iluminada con sus focos eléctricos, que nadaban en una penumbra luminosa. En el cielo, enfrente, muy lejos, sobre una claridad cobriza del horizonte, se destacaba la silueta aguda de un campanario. Veíanse por la ancha calle en cuesta[50] correr y deslizarse los tranvías eléctricos con sus brillantes reflectores y sus farolillos de color; trazaban zig-zag las luces de los coches, que parecían los ojos llenos de guiños[51] de pequeños y maliciosos monstruos; el cielo, de un azul negro, iba estrellándose. Volvía la gente a pie por las dos aceras, como un rebaño obscuro, apelotonándose, subiendo hacia el centro de la ciudad. Del jardín del ministerio de la Guerra y de los árboles de Recoletos[52] llegaba un perfume penetrante de las acacias en flor; un aroma de languideces y deseos.

Daba aquel anochecer la impresión de la fatiga, del aniquilamiento de un pueblo que se preparaba para los placeres de la noche, después de las perezas del día.

VI

Por entonces ya Fernando comenzaba a tener ciertas ideas ascéticas.

Sentía desprecio por la gimnasia y el atletismo.

La limpieza le parecía bien, con tal de que no ocasionase cuidados.[53]

Tenía la idea del cristiano, de que el cuerpo es una porquería en la que no hay que pensar.

Todas esas fricciones y flagelaciones de origen pagano le parecían repugnantes. Ver a un atleta en un circo le producía una repulsión invencible.

El ideal de su vida era un paisaje intelectual, frío, limpio, puro, siempre cristalino, con una claridad blanca, sin un sol bestial; la mujer soñada era una mujer algo rígida, de nervios de acero; energía de domadora[54] y con la menor cantidad de carne, de pecho, de grasa, de estúpida brutalidad y atontamiento sexuales.

Una noche de carnaval en que Fernando llegó a casa a la madrugada se encontró con su tía Laura, que estaba haciendo té para Luisa Fernanda, que se hallaba enferma.

Fernando se sentía aquella noche brutal; tenía el cerebro turbado por los vapores del vino.

Laura era una mujer incitante, y en aquella hora aún más.

Estaba despechugada;[55] por entre la abertura de su bata se veía un pecho blanco, pequeño y poco abultado, con una vena azul que lo cruzaba; en el cuello tenía una cinta roja con un lazo.

Fernando se sentó junto a ella sin decir una palabra; vio cómo hacía todos los preparativos, calentaba el agua, apartaba después la lamparilla del alcohol, vertía el líquido en una taza e iba después hacia el cuarto de su hermana con el plato en una mano mientras con la otra movía la cucharilla, que repiqueteaba con un tintineo alegre en la taza.[56]

Fernando esperó a que volviera, entontecido, con la cara inyectada por el deseo. Tardó Laura en volver.

—¿Todavía estás aquí? —le preguntó a su sobrino.

—Sí.

—Pero ¿qué quieres?

—¿Qué quiero? —murmuró Fernando sordamente, y acercándose a ella tiró de la bata[57] de una manera convulsiva y besó a Laura en el pecho con labios que ardían.

Laura palideció profundamente y rechazó a Ossorio con un ademán de desprecio. Luego pareció consentir; Fernando la agarró del talle y la hizo pasar a su cuarto.

La luz eléctrica estaba allí encendida; había fuego en la chimenea. Al llegar él allí se sentó en un sofá y miró estúpidamente a Laura; ella, de pie, le contempló; de pronto, abalanzándose sobre él, le echó los brazos al cuello y le besó en la boca; fue un beso largo, agudo, doloroso. Al retroceder ella, Fernando trató de sujetarla, primero del talle, después agarrándola de las manos. Laura se desasió, y tranquilamente, despacio, rechazándole con un gesto violento cuando él quería acercarse, fue dejando la ropa en el suelo y apareció sobre un montón de telas blancas su cuerpo desnudo, alto, esbelto, moreno, iluminado por la luz del techo y por las llamaradas rojas de la chimenea.

La cinta que rodeaba su cuello parecía una línea de

sangre que separaba su cabeza del tronco. Fernando la cogió en sus brazos y la estrechó convulsivamente, y sintió en la cara, en los párpados, en el cuello, los labios de Laura, y oyó su voz áspera y opaca por el deseo.

A medianoche Ossorio se despertó; vio que Laura se levantaba y salía del cuarto como una sombra blanca. Al poco rato volvió.

—¿Adónde has ido? Te vas a enfriar —le dijo.

—A ver a Luisa. Hace frío —y apelotonándose se enlazó a Fernando estrechamente.

Y así en los demás días. Como las fieras que huyen a la obscuridad de los bosques a satisfacer su deseo, así volvieron a encontrarse, mudos, temblorosos, poseídos de un erotismo bestial nunca satisfecho, quizá sintiendo el uno por el otro más odio que amor. A veces, en el cuerpo de uno de los dos quedaban huellas de golpes, de arañazos, de mordiscos. Fernando fue el primero que se cansó. Sentía que su cerebro se deshacía, se liquidaba. Laura no se saciaba nunca: aquella mujer tenía el furor de la lujuria en todo su cuerpo.

Su piel estaba siempre ardiente, los labios secos; en sus ojos se notaba algo como requemado.[58] A Fernando le parecía una serpiente de fuego que le había envuelto entre sus anillos y que cada vez le estrujaba más y más, y él iba ahogándose y sentía que le faltaba el aire para respirar. Laura le excitaba con sus conversaciones sexuales. De ella se desprendía una voluptuosidad tal, que era imposible permanecer tranquilo a su lado.

Cuando sus palabras no llegaban a enloquecer a Fernando ponía sobre su hombro un gato de Angora blanco, muy manso, que tenían, y allí lo acariciaba como si fuera un niño: «¡Pobrecito, pobrecito!», y sus palabras tenían entonaciones tan brutalmente lujuriosas, que a Fernando le hacían perder la cabeza y lloraba de rabia y de furor. Laura quería gozar de todas estas locuras y salían y se daban cita en una casa de la calle de San Marcos. Era una casa estrecha, con dos balcones en cada piso; en uno del principal[59] había una muestra que ponía: «Sastre y modista», y, sostenidos en los hierros de los balcones, abrazados por un anillo, tiestos con plantas. En el piso bajo había un obrador de plancha.[60] Fernando solía esperar a Laura en la calle. Ella llegaba en coche, llamaba en el piso principal; una mujer barbiana, gorda, que venía sin corsé, con un peinador blanco y en chanclas,[61] le abría la puerta y le hacía pasar

a un gabinete amueblado con un diván, una mesa, varias sillas y un espejo grande frente al diván.

Todo aquello le entretenía admirablemente a Laura; leía los letreros que se habían escrito en la pared y en el espejo.

Algunas veces, buscando la sensación más intensa, iban a alguna casa de la calle de Embajadores o de Mesón de Paredes. Al salir de allá, cuando los faroles brillaban en el ambiente limpio de las noches de invierno, se detenían en los grupos de gente que oía a algún ciego tocar la guitarra. Laura se escurría entre los aprendices de taller embozados hasta las orejas en sus tapabocas, entre los golfos, asistentes y criadas.[62] Escuchaban en silencio los arpegios, punteados y acordes, indispensable introducción del cante jondo.[63]

Carraspeaba el cantor, lanzaba doloridos ayes y jipíos, y comenzaba la copla, alzando los turbios ojos, que brillaban apagados a la luz de los faroles.[64]

[47] **a puñetazos** by pounding (with the fists). [48] **plaza de la Cibeles** one of the main intersections in Madrid where a prominent statue and fountain to the goddess is located. [49] **la calle de Alcalá** important thoroughfare in Madrid which radiates from the plaza de la Cibeles above. [50] **calle en cuesta** sloping, graded street. [51] **guiños** winking (of the eyes). [52] **Recoletos** a principal boulevard in Madrid (actually a continuation of the Paseo de la Castellana). [53] **no ocasionase cuidados** as long as it did not cause him too much trouble. [54] **domadora** (fem.) wild animal tamer (masc.: *domador*). [55] **despechugada** décolleté; revealing neck line. [56] **repiqueteaba... taza** ringing (of the spoon) in the cup made a gay tinkling sound. [57] **tiró de la bata** pulled her house coat, or bath robe. [58] **requemado** smouldered; burned. [59] **principal** main floor (the second story in the U.S.). [60] **obrador de plancha** hand laundry. [61] **una mujer... chanclas** a friendly woman, fat, who came dressed without a corset, wearing a white dressing gown and house slippers. [62] **Laura ... criadas** Laura would slip through the group of shop apprentices who were muffled up to their ears in scarves, among the tramps, servants and helpers. [63] **cante jondo** flamenco or Andalusian gypsy music. [64] **Carraspeaba... faroles** The singer cleared his throat, emitted some plaintive Ahs and Ohs and began singing the first verse, raising his misty eyes which shone dimly in the light of the street lamps.

Con los ojos cerrados, la boca abierta y torcida, apenas articulaba el ciego las palabras del lamento gitano, y sus frases sonaban subrayadas con golpes de pulgar sobre la caja sonora de la guitarra.

Aquellas canciones nostálgicas y tristes, cuyos principales temas eran el amor y la muerte, la sangrecita y el presidio, el corazón y las cadenas, y los camposantos y el ataúd de la madre, hacían estremecer a Laura, y sólo cuando Fernando le advertía que era tarde se separaba del grupo con pena y cogía el brazo de su amigo e iban los dos por las calles obscuras.

Muchas veces Fernando, al lado de aquella mujer, soñaba que iba andando por una llanura castellana seca, quemada, y que el cielo era muy bajo, y que cada vez bajaba más, y él sentía sobre su corazón una opresión terrible, y trataba de respirar y no podía.

De vez en cuando un detalle sin importancia reavivaba sus deseos: un vestido nuevo, un escote más pronunciado.[65] Entonces andaba detrás de ella por la casa como un lobo, buscando las ocasiones para encontrarla a solas, con los ojos ardientes y la boca seca, y cuando la cogía, sus manos nerviosas se agarraban como tenazas a los brazos o al pecho de Laura, y con voz rabiosa murmuraba entre dientes: «Te mataría», y a veces tenía que hacer un esfuerzo para no coger entre sus dedos la garganta de Laura y estrangularla.

Laura le excitaba con sus caricias y sus perversidades, y cuando veía a Fernando gemir dolorosamente con espasmos, le decía, con una sonrisa entre lúbrica y canalla:

—Yo quiero que sufras, pero que sufras mucho.

Muchas noches Fernando se escapaba de casa y se reunía con sus antiguos amigos bohemios; pero en vez de hablar de arte bebía frenéticamente.

Por la mañana, cuando iba a casa, cuando por el frío del amanecer se disipaba su embriaguez, sentía un remordimiento terrible, no un dolor de alma, sino un dolor orgánico en el epigastrio y una angustia brutal que le daban deseos de echar a correr dando vueltas y saltos mortales por el aire, como los payasos, lejos, muy lejos, lo más lejos posible.

Solía recordar en aquellos amaneceres una impresión matinal de Madrid, de cuando era estudiante; aquellas mañanas frescas de otoño, cuando iba a San Carlos,[66] se le presentaban con energía, como si fueran los pocos momentos alegres de su vida.

Laura parecía rejuvenecerse con sus relaciones; en cambio, Fernando se avejentaba por momentos,[67] e iba perdiendo el apetito y el sueño. Una neuralgia de la cara le mortificaba horriblemente; de noche le despertaba el dolor, tenía que vestirse y salir a la calle a pasear.

Quizá por contraste, Fernando, que estaba hastiado de aquellos amores turbulentos, se puso a hacer el amor a la muchacha de luto,[68] que era amiga de su prima y se llamaba Blanca.

Laura lo supo y no se incomodó.

—¡Si debías casarte con ella! —le dijo a Fernando—. Te conviene. Tiene una fortuna regular.[69]

A Ossorio le pareció repugnante la observación, pero no dijo nada. . . . .

VII

Fueron tres meses terribles para Fernando.

Una noche, después de salir de la casa en donde se reunían los dos, en vez de callejear, entraron en la iglesia de San Andrés, que estaba abierta. Se rezaba un rosario o una novena; la iglesia estaba a obscuras, había cuatro o cinco viejas arrodilladas en el suelo. Laura y Fernando entraron hasta el altar mayor, y como la verja[70] que comunica la iglesia con la capilla del obispo estaba abierta pasaron adentro y se sentaron en un banco. Después Laura se arrodilló. El lugar, la irreverencia que allí se cometía, impulsaron a Fernando a interrumpir los rezos de Laura, inclinándose para hablarla al oído. Ella, escandalizada, se volvió a reprenderle; él la tomó del talle. Laura se levantó, y entonces Fernando, bruscamente, la sentó sobre sus rodillas.

—Te he de besar aquí —murmuró, riéndose.

—No —dijo ella temblorosamente—, aquí no. Después, mostrándole un Cristo en un altar, apenas iluminado por dos lamparillas de aceite, murmuró—: Nos está mirando.

Ossorio se echó a reír y besó a Laura dos o tres veces en la nuca. Ella se pudo desasir y salió de la iglesia; él hizo lo mismo.

De noche, al entrar en la cama, sin saber por qué, se le apareció claramente sobre el papel de su cuarto un Cristo grande que le contemplaba. No era un Cristo vivo de carne ni una imagen del Cristo: era un Cristo momia. Fernando veía que el cabello era de alguna mujer, la piel de pergamino; los ojos debían de ser de otra persona. Era un Cristo momia que parecía haber resucitado entre los muertos con carne y huesos y cabellos prestados.

—¡Farsante! —murmuró con ironía Ossorio—. ¡Imaginación, no me engañes!

Y no había acabado de decir esto cuando sintió un escalofrío que le recorría la espalda.

Se levantó de su asiento, apagó la luz, se acercó a su alcoba y se tendió en la cama. Mil luces le bailaban en los ojos; ráfagas brillantes, espadas de oro. Sentía como avisos de convulsiones que le espantaban.

—Voy a tener convulsiones —se decía a sí mismo, y esta idea le producía un terror pánico.

Tuvo que levantarse de la cama; encendió una luz, se puso las botas y salió a la calle. Llegó a la plaza de Oriente[71] a toda prisa. Se revolvían en su cerebro un maremágnum[72] de ideas que no llegaban a ser ideas.

A veces sentía como una aura epiléptica, y pensaba: me voy a caer ahora mismo, y se le turbaban los ojos y se le debilitaban las piernas, tanto, que tenía que apoyarse con las manos en la pared de alguna casa.

Por la calle del Arenal fue hasta la Puerta del Sol.[73] Eran las doce y media.

Llegó a Fornos y entró. En una mesa vio a un antiguo condiscípulo de San Carlos que estaba cenando con una mujerona gruesa, y que le invitó a cenar con ellos.

Fernando contestó haciendo un signo negativo con la cabeza, y ya iba a marcharse cuando oyó que le llamaban. Se volvió y se encontró a Paco Sánchez de Ulloa, que estaba tomando café.

Paco Sánchez era hijo de una familia ilustre. Se había gastado toda su fortuna en locuras, y debía una cantidad crecida. Eso sí, cuando se sentía vanidoso y se emborrachaba decía que era el señor del estado de Ulloa, y de Monterroto,[74] y de otros muchos más.

Fernando contó, espantado, lo que le había sucedido.

—¡Bah! —murmuró Sánchez de Ulloa—. Si estuvieras en mi caso no tendrías esos terrores.

—¿Pues qué te pasa?

—Nada. Que ha entrado un imbécil en el ministerio, uno de esos ministros honrados que se dedican a robar

el papel, las plumas, y me dejará cesante. Este otro que se ha marchado era una buena persona.

—Pues, chico; no tenía una gran fama.

—No. Es un ladrón; pero siquiera roba en grande. Él dice: ¿Cuánto se puede sacar al año del ministerio? ¿Veinte mil pesetas? Pues las desprecia; las abandona a nosotros. Que luego divida a España en diez pedazos y los vaya vendiendo uno a Francia, otro a Inglaterra, etc., etc. Hace bien. Cuanto antes concluyan con este cochino país, mejor.

En aquel momento se sentó una muchacha pintada en la mesa en que estaban los dos.

—Vete, joven prostituta —le dijo Ulloa—; tengo que hablar con este amigo.

—¡Desaborío![75] —murmuró ella al levantarse.

—Será lo único que sabrá decir esa imbécil —masculló Fernando con rabia.[76]

—¿Tú crees que las señoras saben decir más cosas? Ya ves María la Gallega, la Regardé, la Churretes[77] y todas esas otras si son bestias; pues nuestras damas son más bestias todavía y mucho más golfas.

—¿Qué, salimos? —preguntó Fernando.

—Sí. Vamos —dijo Ulloa.

Salieron de Fornos y echaron a andar nuevamente hacia la Puerta del Sol.

---

[65] **escote más pronunciado** lower cut neckline. [66] **San Carlos** Madrid's medical school. [67] **se avejentaba por momentos** was looking older by the minute. [68] **de luto** (dressed) in mourning. [69] **fortuna regular** a good sized fortune; a fair amount of money. [70] **verja** iron grate. [71] **plaza de Oriente** square or plaza in front of the Royal Palace. [72] **maremágnum** (Latin: mar grande); fig., abundance or profusion; crowd; confusion. [73] **Puerta del Sol** downtown plaza; actually, the ancient eastern gate of Madrid from which road distances in Spain are measured; a focus of city life for many centuries; **Fornos** well known café, patronized by men of letters. [74] **Monterroto** Lit. "broken mountain" or "broken down heap"—used here ironically. [75] **¡Desaborío!** (*desaborido*: lit., tasteless); You bore! [76] **masculló . . . rabia** (Fernando) muttered with rage. [77] **María la Gallega . . . Churretes** typical names of women of easy virtue.

Ulloa maldecía de la vida, del dinero, de las mujeres, de los hombres, de todo.

Estaba decidido a suicidarse si la última combinación que se traía no le resultaba.[78]

—A mí todo me ha salido mal en esta perra vida —decía Ulloa—, todo. Verdad que en este país el que tiene un poco de vergüenza y de dignidad está perdido. ¡Oh! Si yo pudiera tomar la revancha. De este indecente pueblo no quedaba ni una mosca. Que me decía uno:[79] «Yo soy un ciudadano pacífico.» «No importa. ¿Ha vivido usted en Madrid?» «Sí, señor.» «Que le peguen cuatro tiros.» Te digo que no dejaría ni una mosca, ni una piedra sobre otra.

Fernando le oía hablar sin entenderle. ¿Qué querrá decir? —se preguntaba.

Se traslucía en Ulloa todos los malos instintos del aristócrata arruinado.

Al desembocar en la Puerta del Sol vieron a dos mujeres que se insultaban rabiosamente.

Cuatro o cinco desocupados habían formado corro para oírlas. Fernando y Ulloa se acercaron. De pronto una de las mujeres, la más vieja, se abalanzó sobre la otra. La joven se terció el mantón y esperó con la mano derecha levantada, los dedos extendidos en el aire. En un momento las dos se agarraron del moño y empezaron a golpearse brutalmente. Los del grupo reían. Fernando trató de separarlas, pero estaban agarradas con verdadera furia.

—Déjalas que se maten —dijo Ulloa, y tiró del brazo a Fernando.

Las dos mujeres seguían arañándose y golpeándose en medio de la gente, que las miraba con indiferencia.

De pronto se acercó un chulo,[80] cogió a la muchacha más joven del brazo y le dio un tirón[81] que la separó de la otra; tenía la cara llena de arañazos y de sangre.

—¡Vaya un sainete! —gritó Ulloa—. ¡Y la policía sin aparecer por ninguna parte! ¡Para qué servirá la policía en Madrid!

Las palabras de su amigo, la riña de las dos mujeres, Laura, la aparición de la noche, todo se confundía y se mezclaba en el cerebro de Fernando.

Nunca había estado su alma tan turbada. Ulloa seguía hablando, haciendo fantasías sobre el motivo del país.[82] En este país... ¡Si estuviéramos en otro país!

Dieron una vuelta por la plaza de Oriente y se dirigieron hacia el Viaducto.[83] Desde allá se veía hacia abajo la calle de Segovia, apenas iluminada por las luces de los faroles, las cuales se prolongaban después en dos líneas de puntos luminosos que corrían en zigzag por el campo negro, como si fueran de algún malecón que entrara en el mar.

—Me gusta sentir el vértigo, suponer que aquí no hay una verja a la que uno puede agarrarse[84] —dijo Ulloa.

Por una callejuela próxima a San Francisco el Grande salieron cerca de la plaza de la Cebada, y bajando por la calle de Toledo pasaron por la puerta del mismo nombre.[85] Antes de llegar al puente oyeron gritos y sonidos de cencerros. Traían las reses al matadero. Fernando y Ulloa se acercaron al centro de la carretera.

—¡Eh! ¡Fuera de ahí! —les gritó un hombre con gorra de pelo que corría enarbolando un garrote.[86]

—¿Y si no nos da la gana? —preguntó Ulloa.

—Maldita sea la... —exclamó el hombre de la gorra.

—¡A que le pego un palo a este tío![87] —murmuró Ulloa.

—¡Eh! ¡Eh! ¡Fuera! ¡Fuera! —gritaron desde lejos.

Fernando hizo retroceder a su amigo; el hombre de la gorra echó a correr con el garrote al hombro y comenzaron a pasar las reses saltando, galopando, como una ola negra.

Detrás del ganado venían tres garrochistas a caballo.[88] Ya cerca del Matadero los jinetes gritaron, se encabritaron los caballos y todo el tropel de reses desapareció en un momento.

La noche estaba sombría; el cielo, con grandes nubarrones, por entre los cuales se filtraba de vez en cuando un rayo blanco y plateado de luna.

Ossorio y Ulloa siguieron andando por el campo, llano y negro, camino de Carabanchel Bajo.[89] Llegaron a este pueblo, bebieron agua en una fuente y anduvieron un rato por campos desiertos, llenos de surcos. Era una negrura y un silencio terribles. Sólo se oían a lo lejos ladridos desesperados de los perros. Enfrente, un edificio con las ventanas iluminadas.

—Eso es un manicomio —dijo Ulloa.

A la media hora llegaron a Carabanchel Alto por

un camino a cuya derecha se veía un jardín que terminaba en una plaza iluminada con luz eléctrica.

—La verdad es que no sé para qué hemos venido tan lejos —murmuró Ulloa.

—Ni yo.

—Sentémonos.

Estuvieron sentados un rato sin hablar, y cuando se cansaron salieron del pueblo. Se veía Madrid a lo lejos, extendido, lleno de puntos luminosos, envuelto en una tenue neblina.

Llegaron al cruce de la carretera de Extremadura y pasaron por delante de algunos ventorros.

—¿Tú tienes dinero? —preguntó Ulloa.

—Un duro.

—Llamemos en una venta de éstas.

Hiciéronlo así; les abrieron en un parador y pasaron a la cocina, iluminada por un candil que colgaba de la campana de una chimenea.[90]

—Se encuentra aquí uno en plena novela de Fernández y González,[91] ¿verdad? —dijo Ulloa—. Le voy a hablar de vos al posadero.[92]

—¡Eh, seor[93] hostelero! ¿Qué tenéis para comer?

—Pues hay huevos, sardinas, queso . . .

—Está bien. Traed las tres cosas y poned la mesa junto al fuego. Pronto. ¡Voto a bríos![94] Que no estoy acostumbrado a esperar.

Fernando no tenía ganas de comer; pero, en cambio, su amigo tragaba todo lo que le ponían por delante. Los dos bebían con exageración; no hablaban. Vieron que unos arrieros con sus mulas salían del parador. Debía de estar amaneciendo.

—Vámonos —dijo Fernando.

Pero Ulloa estaba allí muy bien y no quería marcharse.

—Entonces me marcho solo.

—Bueno; pero dame el duro.

Ossorio se lo dio. Salió de la venta.

Empezaba a apuntar el alba;[95] enfrente se veía Madrid envuelto en una neblina de color de acero. Los faroles de la ciudad ya no resplandecían con brillo; sólo algunos focos eléctricos, agrupados en la plaza de la Armería,[96] desafiaban con su luz blanca y cruda la suave claridad del amanecer.

Sobre la tierra violácea de obscuro tinte, con alguna que otra mancha verde, simétrica de los campos de sembradura, nadaban ligeras neblinas; allá aparecía un grupo de casuchas de basurero, tan humildes que parecían no atreverse a salir de la tierra; aquí, un tejar; más lejos, una corraliza con algún grupo de arbolillos enclenques y tristes y alguna huerta por cuyas tapias asomaban masas de follaje verde.

Por la carretera pasaban los lecheros montados en sus caballejos peludos, de largas colas; mujeres de los pueblos inmediatos arreando borriquillos[97] cargados de hortalizas; pesadas y misteriosas galeras, que nadie guiaba, arrastradas por larga reata de mulas medio dormidas; carros de los basureros, destartalados, con las bandas hechas de esparto, que iban dando barquinazos,[98] tirados por algún escuálido caballo precedido de un valiente borriquillo; traperos con sacos al hombro; mujeres viejas, haraposas, con cestas al brazo. A medida que se acercaba Ossorio a Madrid

---

[78] **Estaba decidido . . . resultaba** He had made up his mind to commit suicide in case his latest scheme did not work out.   [79] **Que me decía uno** If one of them should say to me.   [80] **chulo** pimp; procurer.   [81] **un tirón** pull; tug.   [82] **el motivo del país** Spain, as the theme or topic of his conversation.   [83] **el Viaducto** a well known landmark and bridge spanning Segovia Street in Madrid; also a favorite suicide point.   [84] **agarrarse** to grab hold of.   [85] **San Francisco el Grande** cathedral of Madrid; *la Puerta de Toledo:*—monumental gate of Old Madrid.   [86] **con gorra . . . garrote** wearing a fur cap who was running about with a raised stick.   [87] **¡A que le pego . . . tío!** Why for two cents I'd clobber that guy!   [88] **garrochistas a caballo** (three) men on horseback with sticks to goad the cattle along.   [89] **Carabanchel Bajo** a suburb southwest of Madrid.   [90] **de la campana de una chimenea** (hanging) from the hood of a fireplace.   [91] *Manuel Fernández y González* (1821–1888), the most prolific of romantic novelists who gained popularity almost entirely with the historical genre, modeling over 200 novels after Eugene Sue and Victor Hugo.   [92] **hablar de vos** to use the second person plural or *vosotros* form of address.   [93] **seor** for *señor* in popular speech.   [94] **¡Voto a bríos!** I swear to blazes! (or, by the Almighty!)   [95] **Empezaba a apuntar el alba** The sun was just coming up.   [96] **plaza de la Armería** a plaza or square near the Royal Palace.   [97] **arreando borriquillos** prodding their little donkeys along.   [98] **dando barquinazos** bumping along.

iba viendo los paradores abiertos y hombres y mujeres negruzcos que entraban y salían en ellos. Se destacaba la ciudad claramente: el Viaducto, la torre de Santa Cruz, roja y blanca; otras, puntiagudas, piramidales, de color pizarroso, San Francisco el Grande . . .

Y en el aéreo mar celeste se perfilaban, sobre montes amarillentos, tejados, torres, esquinazos y paredones del pueblo.

Sobre el bloque blanco del Palacio Real, herido por los rayos del sol naciente, aparecía una nubecilla larga y estrecha, rosado dedo de la aurora; el cielo comenzaba a sonreír con dulce melancolía, y la mañana se adornaba con sus más hermosas galas azules y rojas.

Subió Ossorio por la cuesta de la Vega, silenciosa, con sus jardines abandonados; pasó por delante de la Almudena,[99] salió a la calle Mayor; Madrid estaba desierto, iluminado por una luz blanca, fría, que hacía resaltar los detalles todos. En el barrio donde vivía Fernando las campanas llamaban a los fieles a la primera misa; alguna que otra vieja encogida,[100] cubierta con una mantilla verdosa, se encaminaba hacia la iglesia, como deslizándose cerca de las paredes.

VIII

Al día siguiente, Ossorio se levantó de la cama tarde, cansado, con la espalda y los riñones doloridos. Seguía pensando en el fenómeno de la noche anterior e interpretándolo de una porción de maneras:[101] unas veces se inclinaba a creer en lo inconsciente; otras, suponía la existencia de fuerzas supranaturales, o, por lo menos, suprasensibles. Había momentos en que se creía en una farsa inventada por él mismo sin darse conciencia clara del hecho; pero, fuese cualquiera la explicación que admitiera, el fenómeno le producía un miedo terrible.

Siempre había sido inclinado a la creencia en lo sobrenatural, pero nunca de una manera tan rotunda[102] como entonces. La época de la pubertad de Fernando, además de ser dolorosa por sus descubrimientos desagradables y penosos, lo fue también por el miedo. De noche, en su cuarto, oía siempre la respiración de un hombre que estaba detrás de la puerta. Además era sonámbulo; se levantaba de la cama muchas veces, salía al comedor y se escondía debajo de la mesa; cuando el frío de las baldosas le despertaba volvía a la cama sin asombrarse.

Tenía dolores de distinto carácter; de distinto color le parecía a él.

Cuando todavía era muchacho fue a ver cómo agarrotaban a los tres reos de la Guindalera,[103] llevado por una curiosidad malsana, y por la noche, al meterse en la cama, se pasó hasta el amanecer temblando; durante mucho tiempo, al abrir la puerta de un cuarto obscuro, veía en el fondo la silueta de los tres ajusticiados: la mujer en medio, con la cabeza para abajo; uno de los hombres, aplastado sobre el banquillo; el otro, en una postura jacarandosa, con el brazo apoyado en una pierna.

Pero aunque el miedo hubiera sido un huésped continuo de su alma, nunca había llegado a una tan grande intranquilidad, de todos los momentos. Desde aquella noche la vida de Fernando fue imposible.

Parecía que la fuerza de su cerebro se disolvía, y, con una fe extraña en un hombre incrédulo,[104] intentaba levantar por la voluntad las mesas y las sillas y los objetos más pesados.

Fue una época terrible de inquietudes y dolores.

Unas veces veía sombras, resplandores de luz, ruidos, lamentos; se creía transportado en los aires o que le marchaba del cuerpo un brazo o una mano.[105]

Otra vez se le ocurrió que los fenómenos medianímicos[106] que a él le ocurrían tenían como causa principal el demonio.

En su cerebro, débil, todas las ideas locas mordían y se agarraban, pero aquélla, no; por más que quiso aferrarse y creer en Satanás, la idea se le escapaba.

Intimamente su miedo era creer que los fenómenos que experimentaba eran única y exclusivamente síntomas de locura o de anemia cerebral.

Al mismo tiempo sentía una gran opresión en la columna vertebral y vértigos y zumbidos, y la tierra le parecía como si estuviera algodonada.

Un día que encontró a un antiguo condiscípulo suyo le explicó lo que tenía y le preguntó después:

—¿Qué haría yo?

—Sal de Madrid.

—¿Adónde?

—A cualquier parte. Por los caminos, a pie, por donde tengas que sufrir incomodidades, molestias, dolores . . .

Fernando pensó durante dos o tres días en el consejo

de su amigo, y viendo que la intranquilidad y el dolor crecían por momentos, se decidió. Pidió dinero a su administrador, cosió unos cuantos billetes en el forro de su americana,[107] se vistió con su peor traje, compró un revólver y una boina y, una noche, sin despedirse de nadie, salió de casa con intención de marcharse de Madrid.

. . . .

XII

Siguiendo las instrucciones que le dieron, Fernando alquiló un caballo y se dirigió a buscar la carretera de Francia. El caballo era un viejo rocín cansado de arrastrar diligencias, que tenía encima de los ojos unos agujeros en donde podrían entrar los puños.[108] Las ancas le salían como si le fueran a cortar la piel. Su paso era lento y torpe, y cuando Ossorio quería hacerle andar más de prisa, tropezaba el animal y tomaba un trote que, al sufrirlo el jinete, parecía como si le estremecieran las entrañas.[109]

A paso de andadura[110] llegó al mediodía a un pueblecillo pequeño con unas cuantas casucas cerradas; sobre los tejados terreros sobresalían las cónicas chimeneas. Llamó en una puerta.

Como no le contestaba nadie, ató el caballo por la brida a una herradura incrustada en la pared y entró en un zaguán miserable, en donde una vieja con un refajo amarillo hacía pleita.[111]

—Buenos días —dijo Fernando—. ¿No hay posada?

—¿Posada? —preguntó con asombro la vieja.

—Sí, posada o taberna.

—Aquí no hay posada ni taberna.

—¿No podía usted venderme pan?

—No vendemos pan.

—¿Hay algún sitio donde lo vendan?

—Aquí cada uno hace el pan para su casa.

—Sí. Será verdad; pero yo no lo puedo hacer. ¿No me puede usted vender un pedazo?

La vieja, sin contestar, entró en un cuartucho y vino con un trozo de pan seco.

—¿Cuántos días tiene? —preguntó Fernando.

—Catorce.

—¿Y qué vale?

—Nada. Es una limosna.

Y la vieja se sentó, sin hacer caso de Fernando.

Aquella limosna le produjo un efecto dulce y doloroso al mismo tiempo. Subió en el jamelgo; fue cabalgando hasta el anochecer, en que se acercó a un pueblo. Una chiquilla le indicó la posada; entró en el zaguán y se sentó a tomar un vaso de agua.

En un cuarto cuya puerta daba al zaguán había algunos hombres de mala catadura[112] bebiendo vino y hablando a voces de política. Se habían verificado elecciones en el pueblo.

En esto llegó un joven alto y afeitado, montado a caballo; ató el caballo a la reja, entró en el zaguán, hizo restallar el látigo[113] y miró a Fernando desdeñosamente.

Uno de los que estaban en el cuarto salió al paso del jaque[114] y le hizo una observación respecto a Ossorio: el joven entonces, haciendo un mohín de desprecio,[115] sacó una navaja del bolsillo interior de la americana y se puso a limpiarse las uñas con ella.

Al poco rato entró en el zaguán un hombre de unos cincuenta años, chato, de cara ceñuda, cetrino, casi

[99] **Almudena** a section of Madrid, and its church of the same name. [100] **alguna . . . encogida** here and there an old shriveled up woman. [101] **de una porción de maneras** in many different ways. [102] **de una manera tan rotunda** in such a definite or pronounced way. [103] **Guindalera** reference to an infamous crime committed during Baroja's childhood. [104] **extraña . . . incrédulo** (a faith that was) strange in a man who had no faith. [105] **le marchaba . . . mano** his arm or hand was moving away from the rest of his body. [106] **fenómenos medianímicos** phenomena related to the world of spirits. [107] **cosió . . . americana** he sewed several bills into the lining of his jacket. [108] **El caballo . . . puños** The horse was an old nag worn out from pulling stagecoaches, with holes over his eyes that were big enough for your fists to fit into. [109] **tomaba un trote . . . entrañas** his trotting took such a turn that the moment the rider felt it, it seemed as if all his insides were trembling. [110] **A paso de andadura** Ambling along. [111] **con un refajo . . . pleita** wearing a short yellow skirt, was plaiting rope. [112] **mala catadura** disreputable appearance. [113] **restallar el látigo** to crack the whip. [114] **salió . . . jaque** came to meet the braggart. [115] **un mohín de desprecio** a snicker of contempt.

elegante, con una cadena de reloj, de oro, en el chaleco.[116] El hombre, dirigiéndose al tabernero, preguntó en voz alta, señalando con el índice a Ossorio.

—¿Quién es ése?

—No sé.

Fernando inmediatamente llamó al tabernero, le pidió una botella de cerveza, y, señalando con el dedo al de la cadena de reloj, preguntó:

—Diga usted, ¿quién es ese chato?

El tabernero quedó lívido; el hombre arrojó una mirada de desafío a Fernando, que le contestó con otra de desprecio. El chato aquel entró en el cuarto donde estaban reunidos los demás. Hablaban todos a la vez, en tono unas veces amenazador y otras irónico.

—Y si no se gana la elección hay puñaladas.

Fernando se olvidó de que era demócrata, y maldijo con toda su alma al imbécil legislador que había otorgado el sufragio a aquella gentuza innoble y miserable, sólo capaz de fechorías cobardes.

Hallábase Ossorio embebido en estos pensamientos cuando el joven jaque, seguido de tres o cuatro, salió al zaguán; primeramente se acercó al caballo que había traído Fernando, y comenzó a hacer de él una serie de elogios burlones; después, viendo que esto no le alteraba al forastero, cogió una cuerda y empezó a saltar como los chicos, amagando dar con ella a Fernando.[117] Éste, que notó la intención, palideció profundamente y cambió de sitio; entonces el joven, creyendo que Ossorio no sabría defenderse, hizo como que le empujaban;[118] y pisó a Fernando. Lanzó Ossorio un grito de dolor; se levantó, y, con el puño cerrado, dio un golpe terrible en la cara de su contrario. El jaque tiró de cuchillo; pero, al mismo tiempo, Fernando, que estaba lívido de miedo y de asco, sacó el revólver y dijo con voz sorda:

—Al que se acerque lo mato. Como hay Dios que lo mato.

Mientras los demás sujetaban al joven, el tabernero le rogó a Fernando que saliera. El pagó, y con la brida del caballo en una mano y en la otra el revólver se acercó a un guardia civil que estaba tomando el fresco en la puerta de su casa y le contó lo que había pasado.

—Lo que debe usted hacer es salir inmediatamente de aquí. Ese joven con el que se ha pegado usted es muy mala cabeza, y como su padre tiene mucha influencia es capaz de cualquier cosa.

Ossorio siguió el consejo que le daban, y salió del pueblo.

A las once de la noche llegó al inmediato,[119] y, sin cenar, se fue a dormir.

En el cuarto que le destinaron[120] había colgadas en la pared una escopeta y una guitarra; encima, un cromo del Sagrado Corazón de Jesús.

Ante aquellos símbolos de la brutalidad nacional comenzó a dormirse, cuando oyó una rondalla de guitarras y bandurrias que debía de pasar por delante de la casa. Oyó cantar una jota, y después otra y otra, a cual más estúpidas y más bárbaras, en las cuales celebraban a un señor que había debido de salir diputado,[121] y que vivía enfrente. Cuando concluyeron de cantar y se preparaba Ossorio a dormirse oyó murmullos en la calle, silbidos, fueras,[122] y después cristales rotos en la casa vecina.

Era encantador; al poco rato volvía la rondalla.

Desesperado Fernando, se levantó y se asomó a[123] la ventana. Precisamente en aquel momento pasaban por la calle, montados a caballo, el joven jaque de la riña del día anterior y dos amigos.

Fernando avisó al posadero de que si preguntaban por él dijese que no estaba allí, y cuando el grupo de los tres, después de preguntar en la posada, entraron en otra calle, Fernando se escabulló, y volviendo grupas echó a trotar,[124] alejándose del camino real hasta internarse en el monte. . . . .

A los dos meses de estar en Toledo Fernando se encontraba más excitado que en Madrid.

En él influían de un modo profundo las vibraciones largas de las campanas, el silencio y la soledad que iba a buscar por todas partes.

En la iglesia, en algunos momentos, sentía que se le llenaban los ojos de lágrimas; en otros seguía murmurando por lo bajo, con el pueblo, la sarta de latines[125] de una letanía o las oraciones de la misa.

El no creía ni dejaba de creer. El hubiese querido que aquella religión tan grandiosa, tan artística, hubiera ocultado sus dogmas, sus creencias, y no se hubiera manifestado en el lenguaje vulgar y frío de los hombres, sino en perfumes de incienso, en murmullos de órgano, en soledad, en poesía, en silencio. Y así, los hombres, que no pueden comprender la divinidad, la sentirían en su alma, vaga, lejana, dulce, sin amenazas, brisa ligera de la tarde que refresca el día ardoroso y cálido.

Y después pensaba que quizá esta idea era de un gran sensualismo, y que en el fondo de una religión así, como él deseaba, no había más que el culto de los sentidos. Pero, ¿por qué los sentidos habían de considerarse como algo bajo, siendo fuentes de la idea, medios de comunicación del alma del hombre con el alma del mundo?

Muchas veces, al estar en la iglesia, le entraban grandes ganas de llorar, y lloraba.

—¡Oh! Ya estoy purificado de mis dudas —se decía a sí mismo—. Ha venido la fe a mi alma.

Pero al salir de la iglesia a la calle se encontraba sin un átomo de fe en la cabeza. La religión producía en él el mismo efecto que la música: le hacía llorar, le emocionaba con los altares espléndidamente iluminados, con los rumores del órgano, con el silencio lleno de misterio, con los borbotones de humo[126] perfumado que sale de los incensarios.

Pero que no le explicaran, que no le dijeran que todo aquello se hacía para no ir al infierno y no quemarse en lagos de azufre líquido y calderas de pez derretida;[127] que no le hablasen, que no le razonasen, porque la palabra es el enemigo del sentimiento; que no trataran de imbuirle un dogma; que no le dijeran que todo aquello era para sentarse en el paraíso al lado de Dios, porque él, en su fuero interno,[128] se reía de los lagos de azufre y de las calderas de pez, tanto como de los sillones del paraíso.

La única palabra posible era amar. ¿Amar qué? Amar lo desconocido, lo misterioso, lo arcano, sin definirlo, sin explicarlo. Balbucir como un niño las palabras inconscientes. Por eso la gran mística Santa Teresa había dicho: *El infierno es el lugar donde no se ama.*

En otras ocasiones, cuando estaba turbado, iba a Santo Tomé a contemplar de nuevo el Enterramiento del conde de Orgaz,[129] y les consultaba e interrogaba a todas las figuras.

Una mañana, al salir de Santo Tomé, fue por la calleja del Conde a una explanada con un pretil.[130]

Andaban por allí unos cuantos chiquillos que jugaban a hacer procesiones;[131] habían hecho unas andas y colocado encima una figurita de barro, con manto de papel y corona de hoja de lata.[132] Llevaban las microscópicas andas entre cuatro chiquillos; por delante iba el pertiguero con una vara con su contera y sus adornos de latón, y detrás varios chicos y chicas con cerillas y otras con cabos de vela.[133]

Fernando se sentó en el pretil.

Enfrente de donde estaba había un gran caserón, adosado a la iglesia, con los balcones grandes y espaciados en lo alto y ventanas con rejas en lo bajo.

Fernando se acercó a la casa, metió la mano por una reja y sacó unas hojas rotas de papel impreso. Eran trozos de los ejercicios de San Ignacio.[134] En la

[116] **chato ... chaleco** flat-nosed, grim looking, with a sallow complexion, almost elegant, with a gold watch chain on his vest. [117] **a saltar ... Fernando** to skip (jump) rope like a child, showing signs of intending to hit Fernando with it. [118] **hizo como que le empujaban** he pretended that they were pushing him. [119] **al inmediato** the neighboring town. [120] **que le destinaron** that they gave him. [121] **que había debido ... diputado** who must have been elected as a deputy. [122] **silbidos, fueras** booing and hissing, cries of "down with". [123] **asomarse a** to look out of (the window). [124] **se escabulló ... trotar** he sneaked out, and turning the horse around, dashed off. [125] **sarta de latines** string of Latin words. [126] **borbotones de humo** puffs of (perfumed) smoke. [127] **calderas de pez derretida** cauldrons of melted tar. [128] **en su fuero interno** in his innermost thoughts; deep inside. [129] **Enterramiento ... Orgaz** "The Burial of the Count of Orgaz," painted c. 1584 by El Greco, on the walls of the parish church of Santo Tomé in Toledo. [130] **explanada con un pretil** a public walk surrounded by a railing. [131] **jugaban ... procesiones** (the children) were playing a game in which they imitated religious processions. [132] **hoja de lata** sheet metal; tin. [133] **por delante ... vela** leading the procession was the mace-bearer with his brass trimmed staff and behind him came several boys and girls carrying matches and candle stubs. [134] **los ejercicios de San Ignacio** refers to the *Spiritual Exercises* (1548) of St. Ignatius of Loyola, (1491–1556), founder of the Society of Jesus. It is a manual of devotions and prayers, and is considered a remarkable treatise on applied psychology as an inducement to religious perfection.

disposición espiritual de Fernando aquello le pareció una advertencia.

Callejeando salió a la puerta del Cambrón, y desde allá, por la Vega Baja, hacia la puerta Visagra.[135]

Era una mañana de octubre. El paisaje allí, con los árboles desnudos de hojas, tenía una simplicidad mística. A la derecha veía las viejas murallas de la antigua Toledo; a la izquierda, a lo lejos, el río con sus aguas de color de limo; más lejos, la fila de árboles que lo denunciaban y algunas casas blancas y algunos molinos de orillas del Tajo. Enfrente, lomas desnudas, algo como un desierto místico; a un lado, el hospital de Afuera;[136] y, partiendo de aquí, una larga fila de cipreses que dibujaba una mancha alargada y negruzca en el horizonte. El suelo de la Vega estaba cubierto de rocío. De algunos montones de hojas encendidas salían bocanadas de humo negro, que pasaban rasando el suelo.

Un torbellino de ideas melancólicas giraban en el cerebro de Ossorio, informes, indefinidas. Se fue acercando al hospital de Afuera, y en uno de los bancos de la Vega se sentó a descansar. Desde allá se veía Toledo, la imperial Toledo, envuelta en nieblas, que se iban disipando lentamente, con sus torres y sus espadañas y sus paredones blancos.

Fernando no conocía de aquellas torres más que la de la catedral; las demás las confundía; no podía suponer de dónde eran.

Acababan de abrir la puerta del hospital de Afuera. Fernando recordaba que allí dentro había algo, aunque no sabía qué.

Atravesó el zaguán y pasó a un patio con galerías sostenidas por columnas a los lados, lleno de silencio, de majestad, de tranquilo y venerable reposo. Estaba el patio solitario; sonaban las pisadas en las losas, claras y huecas. Enfrente había una puerta abierta que daba acceso a la iglesia. Era ésta grande y fría. En medio, cerca del presbiterio, se destacaba la mesa de mármol blanco de un sepulcro. A un lado del altar mayor, una hermana de la Caridad, subida en una escalerilla,[137] arreglaba una lámpara de cristal rojo. Su cuerpo, pequeño, delgado, cubierto de hábito azul, apenas se veía; en cambio, la toca, grande, blanca, almidonada, parecía las alas blancas e inmaculadas de un cisne.[138]

A la derecha del altar mayor, en uno de los colaterales, había un cuadro del Greco, resquebrajado; las figuras, todas alargadas, extrañas, con las piernas torcidas.

A Fernando le llamó la atención; pero estaba más impresionado por el sepulcro, que le parecía una concepción de lo más genial y valiente.

La cara del muerto, que no podía verse más que de perfil, producía verdadera angustia. Estaba, indudablemente, sacada de un vaciado hecho en el cadáver;[139] tenía la nariz corva y delgada; el labio superior, hinchado; el inferior, hundido; el párpado cubría a medias el ojo, que daba la sensación de ser vidrioso.

La hermana de la Caridad se le acercó, y con acento francés le dijo:

—Es el sepulcro del cardenal Tavera.[140] Ahí está el retrato del mismo, hecho por el Greco.

Fernando entró en el presbiterio.

Al lado derecho del altar mayor estaba: era un marco pequeño que encerraba un espectro, de expresión terrible, de color terroso, de frente estrecha, pómulos salientes, mandíbula afilada y prognata.[141] Vestía muceta roja, manga blanca debajo; la mano derecha, extendida junto al birrete cardenalicio; la izquierda, apoyada despóticamente en un libro. Salió Fernando de la iglesia y se sentó en un banco del paseo. El sol salía del seno de las nubes que lo ocultaban.

Veíase la ciudad destacarse lentamente sobre la colina en el azul puro del cielo, con sus torres, sus campanarios, sus cúpulas, sus largos y blancos lienzos de pared de los conventos, llenos de celosías, sus tejados rojizos, todo calcinado, dorado por el sol de los siglos y de los siglos; parecía una ciudad de cristal en aquella atmósfera tan limpia y pura. Fernando soñaba y oía el campaneo de las iglesias que llamaban a misa.

El sol ascendía en el cielo; las ventanas de las casas parecían llenarse de llamas. Toledo se destacó en el cielo, lleno de nubes incendiadas . . . , las colinas amarillearon y se doraron, las lápidas del antiguo camposanto lanzaron destellos al sol . . .[142] Volvió Fernando hacia el pueblo, pasó por la puerta Visagra y después por la del Sol.[143] Desde la cuesta del Miradero se veía la línea valiente formada por la iglesia mudéjar de Santiago del Arrabal, dorada por el sol; luego, la puerta Visagra, con sus dos torres, y al último, el hospital de Afuera. . . . .

XXXIII

Yécora es un pueblo terrible; no es de esas negrísimas ciudades españolas, montones de casas viejas, amarillentas, derrengadas, con aleros enormes sostenidos por monstruosos canecillos, arcos apuntados en las puertas y ajimeces con airosos parteluces, no son sus calles estrechas y tortuosas como obscuras galerías, ni en sus plazas solitarias crece la hierba verde y lustrosa.

No hay en Yécora la torre ojival o románica en donde hicieron hace muchos años su nido de ramas las cigüeñas, ni el torreón de homenaje[144] del noble castillo, ni el grueso muro derrumbado con su ojiva o su arco de herradura en la puerta.

No hay allá los místicos retablos de los grandes maestros del Renacimiento español, con sus hieráticas figuras que miraron en éxtasis los ojos, llenos de cándida fe, de los antepasados; ni la casa solariega de piedra sillar[145] con su gran escudo carcomido por la acción del tiempo; ni las puertas ferradas y claveteadas con clavos espléndidos y ricos; ni las rejas con sus barrotes como columnas salomónicas tomadas por el orín; ni los aldabones en forma de grifos y de quimeras;[146] ni el paseo tranquilo en donde toman el sol, envueltos en sus capas pardas, los soñolientos hidalgos. Allí todo es nuevo en las cosas, todo es viejo en las almas. En las iglesias, grandes y frías, no hay apenas cuadros, ni altares, y éstos se hallan adornados con imágenes baratas traídas de alguna fábrica alemana o francesa.

Se respira en la ciudad un ambiente hostil a todo lo que sea expansión, elevación de espíritu, simpatía humana. El arte ha huido de Yécora, dejándolo en medio de sus campos que rodean montes desnudos, al pie de una roca calcinada por el sol, sufriendo las inclemencias de un cielo africano que vierte torrentes de luz sobre las casas enjabelgadas,[147] blancas, de un color agrio y doloroso, sobre sus calles rectas y monótonas y sus caminos polvorientos, le ha dejado en los brazos de una religión áspera, formalista, seca; entre las uñas de un mundo de pequeños caciques, de leguleyos, de prestamistas, de curas, gente de vicios sórdidos y de hipocresías miserables.

Los escolapios tienen allí un colegio y contribuyen con su educación a embrutecer lentamente el pueblo. La vida en Yécora es sombría, tétrica, repulsiva; no se siente la alegría de vivir; en cambio, pesan sobre las almas las sordideces de la vida.

No se nota en parte alguna la preocupación por la comodidad, ni la preocupación por el adorno. La gente no sonríe.

No se ven por las calles muchachas adornadas con flores en la cabeza, ni de noche los mozos pelando la

[135] **la puerta del Cambrón** an ancient gate, bounding the Jewish quarter of Toledo from north to south (so called from the large number of "cambroneras" or bramble bushes which grew there); frequently restored, it formed part of the ancient city walls constructed by the Visigoth King Wamba; **Vega Baja** lower part of the city where the Cristo de la Vega stands; **la puerta Visagra** the Visagra gate actually consists of two structures: the Puerta Antigua de Visagra dates back to the tenth century and was supposed to have been entered by Alfonso VI and El Cid when they captured Toledo from the Moors. La Puerta Nueva de Visagra consists of sections both constructed and restored by Carlos V and Felipe II. [136] **Hospital de Afuera** shorter and more popular version of the name of the Hospital de Tavera o de San Juan Bautista de Afuera, built in the XVI century by Cardinal Tavera (como "hogar de caridad, templo de la fe y sepultura para sí y su familia"). [137] **subida en una escalerilla** standing on a small ladder. [138] **en cambio . . . cisne** while at the same time her large, white starched headdress looked like the white, immaculate wings of a swan. [139] **sacada . . . cadáver** made from a plaster cast of the corpse. [140] **Cardinal (Juan Pablo) Tavera** (1472–1545) see note 136. [141] **que encerraba . . . prognata** which framed a specter of awesome expression in an earthy color, with a narrow forehead, prominent cheekbones and a sharp and abnormally projecting chin. [142] **las lápidas . . . al sol** the tombstones in the old cemetery sparkled in the sunlight. [143] **la del Sol** la Puerta del Sol, eastern gate of the city of Toledo, built by the Moors in the twelfth century. [144] **torreón de homenaje** The strongest and highest tower of a medieval fortress (in which the knight usually swore his oath of fidelity, promising to defend the castle with his life). [145] **piedra sillar** rough-hewn blocks of stone. [146] **aldabones . . . quimeras** door knockers in the shape of fabled animals and horrible monsters. [147] **enjabelgadas** whitewashed.

pava en las esquinas. El hombre se empareja[148] con la mujer con la obscuridad en el alma, medroso, como si el sexo fuera una vergüenza o un crimen, y la mujer, indiferente, sin deseo de agradar, recibe al hombre sobre su cuerpo y engendra hijos sin amor y sin placer, pensando quizá en las penas del infierno con que le ha amenazado el sacerdote, legando al germen que nace su mismo bárbaro sentimiento del pecado.

Todo allí, en Yécora, es claro, recortado, nuevo, sin matiz, frío. Hasta las imágenes de las hornacinas que se ven sobre los portales están pintadas hace pocos años.

JUVENTUD, EGOLATRÍA

Egotismo

Con el egotismo sucede un poco como con las bebidas frías en verano, que cuanto más se bebe se tiene más sed; pasa también como con los ojos hidrópicos[149] de que habla Calderón en *La vida es sueño*.

El escritor tiene siempre delante de sí como un teclado con una serie de yos. El lírico y el satírico teclean sobre la octava puramente humana; el crítico, sobre una octava de lector; el historiador, sobre la octava de los investigadores. Cuando un escritor habla de sí mismo, tiene que insistir en su yo, que no es puramente un yo de hombre sentimental ni de investigador curioso, sino que, a veces, es un yo un tanto desvergonzado, un yo con nombre y apellido, un yo de bando de capitán general o de governador civil.

Siempre he tenido un poco de reparo[150] en hablar de mí mismo; así que el impulso para escribir estas páginas me ha tenido que venir de fuera.

Como no me suele interesar que un señor me comunique sus inclinaciones o sus veleidades, me parece que al señor le debe pasar algo idéntico si yo le comunico las mías. Ahora, que ha llegado un momento que no me importa lo que piense el señor de mí.

En estas cuestiones de molestarse uno a otro debía existir una fórmula como la de Robespierre: la libertad de molestar de uno empieza donde acaba la libertad de molestar de otro.

Se explica que haya hombres que crean en la ejemplaridad de su vida y que tengan cierto ardor para contarla; yo, en este respecto, no he tenido una vida ejemplar; no he llevado una vida pedagógica que sirva de modelo ni una vida antipedagógica que sirva de contramodelo; tampoco tengo un puñado de verdades en el hueco de la mano para esparcirlas a todos los vientos.[151] Entonces, ¿para qué hablo? ¿Para qué escribo sobre mí mismo? Seguramente para nada útil.

Muchas veces, al dueño de una casa, se le suele preguntar:

—En este cuartucho cerrado, ¿tiene usted algo?

—No; nada más que trastos viejos —contesta él.

Un día el amo de la casa entra en el cuartucho y se encuentra con una porción de cosas inesperadas, cubiertas de polvo, que va sacando fuera y que generalmente no sirven para nada. Es lo que he hecho yo.

Estas cuartillas son como una exudación espontánea. ¿Sinceras? ¿Absolutamente sinceras? No es muy probable. Instintivamente, cuando se pone uno delante de un fotógrafo, finge y compone el rostro; cuando habla uno de sí mismo, finge también.

En un trabajo así, corto, el autor puede jugar con la máscara y con la expresión. En toda la obra entera, que cuando vale algo es una autobiografía larga, el disimulo es imposible, porque allí donde menos lo ha querido el hombre que escribe, se ha revelado.

El hombre malo de Itzea[152]

Cuando yo vine a vivir en esta casa de Vera del Bidasoa,[153] los chicos del barrio se habían apoderado del portal, de la huerta, y hacían de las suyas. Hubo que irlos ahuyentando poco a poco hasta que se marcharon como una bandada de gorriones. Para los chicos, mi familia y yo debíamos de ser gente absurda, y un día, al verme a mí un chiquillo, se escondió en el portal de su casa y dijo:

—¡Que viene el hombre malo de Itzea!

El hombre malo de Itzea era yo.

Quizá este chico había oído a su hermana, y la hermana había oído a su madre, y su madre a la sacristana, y la sacristana al cura, que los hombres de poca religión son muy malos; quizá la opinión no había partido del cura, sino de la presidenta de las

Hijas de María o de la secretaria de la Entronización del Sagrado Corazón de Jesús; quizá alguno había leído un librito del padre Ladrón de Guevara, titulado *Novelistas buenos y malos*, que se repartió en el pueblo el mismo día que yo llegué a él y que dice que yo soy impío, clerófobo y deshonesto. Viniera de un conducto o de otro, el caso, para mí importante, fue que en Itzea había un hombre malo, y que ese hombre malo era yo.

Estudiar y poner en claro los instintos, el orgullo, las vanidades del hombre malo de Itzea, es el objeto de este trabajo.

Archi-europeo

Soy un vasco, no por los cuatro costados,[154] sino por tres costados y medio. El medio costado que me resta, extra-vasco, es lombardo.

De mis ocho apellidos, cuatro son guipuzcoanos, dos navarros, uno alavés y el otro italiano.[155]

Yo supongo que cada apellido representa la tierra donde han vivido los ascendientes de uno, y supongo, además, que todos tiran con fuerza[156] y que cada fuerza de éstas obra en el individuo con parecida intensidad. Suponiéndolo así, la resultante de las fuerzas ancestrales que obran sobre mí, hacen que yo tenga mi paralelo geográfico entre los Alpes y los Pirineos. Yo, a veces, creo que los Alpes y los Pirineos son lo único europeo que hay en Europa. Por encima de ellos me parece ver el Asia; por abajo, el África.

En el navarro ribereño,[157] como en el catalán y como en el genovés, se empieza a notar el africano; en el galo del centro de Francia, como en el austríaco, comienza a aparecer el chino.

Yo, agarrado a los Pirineos y con un injerto de los Alpes, me siento archi-europeo.

Para el lector de dentro de treinta años[158]

Hay entre mis libros dos clases distintas: unos, los he escrito con más trabajo que gusto; otros, los he escrito con más gusto que trabajo.

Esto, que yo creo que se nota, veo que los lectores no lo notan. ¿Será que los sentimientos verdaderos no significan nada en una obra literaria como han pensado algunos decadentes? ¿Será que no se trasluce en las

páginas de un libro el entusiasmo, la cólera, el cansancio, la fatiga y el aburrimiento? Indudablemente no se transparenta ninguna de estas cosas si no se ha entrado de lleno en el libro. Y en mis libros, el lector, en general, no entra. Yo tengo una esperanza, quizá una esperanza cómica y quimérica: la de que el lector español de dentro de treinta o cuarenta años, que tenga una sensibilidad menos amanerada que el de hoy y que lea mis libros, me apreciará más y me desdeñará más.

Obras de juventud

Cuando hojeo los libros míos, ya viejos, me da la impresión de que muchas veces, como un sonámbulo en completa inconsciencia, he andado por la cornisa de un tejado a riesgo de caerme,[159] y otras, me he metido por caminos llenos de zarzas, en donde me he arañado la piel.

Esto lo he hecho, casi siempre, con torpeza; a veces con cierta gracia.

Todas mis obras son de juventud, de turbulencia,

---

[148] **emparejarse** to come together; become one. [149] **ojos hidrópicos** The reference is to the following lines from Calderón's *La vida es sueño*: «Ojos hidrópicos creo / que mis ojos deben ser; / pues cuando es muerte el beber, / beben más, y desta suerte, / viendo que el ver me da muerte, / estoy muriendo por ver.» (Act I, sc. 2). [150] **un poco de reparo** some objection; hesitation. [151] **tampoco . . . vientos** neither do I have (or possess) at my disposition a handful of truths to sow to the four winds. [152] **Itzea** (Basque) nail; or by extension, "the house of nails." (Most farmhouses in the Basque countryside have names that bear some relationship to their location or to some outstanding feature of the house itself.) [153] **Vera del Bidasoa** a town in the province of Navarre, located close to the French border. [154] **por los cuatro costados** on all sides; a hundred per cent. [155] **De mis . . . italiano** Of my eight family names, four of them originate from the province of Guipúzcoa, two from Navarre, one from Alava and the other is Italian. [156] **tiran con fuerza** pull hard. [157] **En el navarro ribereño** In the Navarrese of the (Ebro) river area. [158] **de dentro . . . años** thirty years from now. [159] **he andado . . . caerme** I have tread the edge of a roof at the risk of falling.

quizá de una juventud sin vigor, sin fuerza, pero obras de juventud.

Hay en mi alma, entre zarzales y malezas, una pequeña fuente de Juvencio.[160] Diréis que el agua es amarga y salitrosa, que no es limpia y cristalina. Cierto. Pero corre, salta, tiene rumores y espumas. Eso me basta. No la quiero conservar; que corra, que se pierda. Siempre he tenido entusiasmo por lo que huye.

Los nuevos caminos

Hace unos meses, en una librería de viejo[161] de la vieja calle del Olivo, nos encontramos tres amigos: un literato, un impresor y yo.

—Los tres éramos anarquistas hace quince años —dijo el impresor.

—Hoy ¿qué somos? —pregunté yo.

—Nosotros somos conservadores —contestó el literato—. ¿Y usted?

—Yo creo que tengo las mismas ideas que entonces.

—Es que usted no ha evolucionado —replicó el escritor con cierta sorna.

A mí me gustaría evolucionar, pero ¿a dónde? ¿Cómo? ¿En dónde se va a encontrar una dirección?

Cuando se queda uno al lado de la chimenea, con los pies al fuego, mirando las llamas, supone uno muchas veces que hay nuevos caminos que recorrer en la comarca, pero cuando se mira después el mapa se ve que en todos los aledaños no queda nada nuevo.

Se dirá que se puede evolucionar por ambición. Yo, no. Ortega y Gasset dice de mí que estoy constituido por un fondo insobornable; yo no diré tanto, pero

Goya, Francisco. Español (1746–1828). *Hombres interfiriendo en pelea callejera.* The Metropolitan Museum of Art. Harris Brisbane Dick Fund, 1935.

sí que no me siento hombre capaz de dejarme sobornar en frío[162] por cosas exteriores. Si Mefistófeles[163] tuviera que comprar mi alma, no la compraría con una condecoración ni con un título; pero si tuviera una promesa de simpatía, de efusión, de algo sentimental, creo que entonces se la llevaría muy fácilmente.

Baroja, no serás nunca nada

(CANCIÓN)

Baroja no es nada, y presumo que no sea nunca nada, ha dicho Ortega y Gasset en el número primero de *El Espectador*.[164]

Yo también tengo la sospecha de que no voy a ser nunca nada. Todos los que me han conocido han creído lo mismo.

Cuando fui por primera vez a la escuela, en San Sebastián, yo tenía cuatro años —ya ha llovido desde entonces—; el maestro, don León Sánchez y Calleja, que tenía la costumbre de pegarnos con un puntero muy duro —las venerandas tradiciones de nuestros antepasados—, me miró y dijo:

—Este chico va a ser tan cazurro como su hermano. Nunca será nada.

Estudiaba en Pamplona, en el Instituto, con don Gregorio Pano, que nos enseñaba matemáticas, y este anciano, que parecía el comendador del Tenorio por su cara helada y su perilla blanca, me decía con su voz sepulcral:

—No será usted ingeniero como su padre. Usted no será nunca nada.

Al cursar terapéutica con don Benito Hernando, en San Carlos, don Benito se plantaba delante de mí, y me decía:

—Esa sonrisita . . . , esa sonrisita . . . es una impertinencia. A mí no me viene usted con sonrisas satíricas. Usted no será nunca nada más que un negador inútil.

Yo me encogía de hombros.[165]

Las mujeres que he conocido me han asegurado:

—Tú no serás nunca nada.

Y un amigo que se marchaba al nuevo mundo, indicaba:

—Cuando vuelva, dentro de veinte o treinta años, encontraré a todos los conocidos en distinta posición; uno se habrá enriquecido, el otro se habrá arruinado, éste habrá llegado a ministro, aquél habrá desaparecido en una aldea,[166] tú seguirás como ahora, vivirás igual y tendrás dos pesetas en el bolsillo. No pasarás de ahí.

La idea de que no seré nunca nada está ya muy arraigada en mi espíritu. Está visto, no seré diputado, ni académico, ni caballero de Isabel la Católica,[167] ni caballero de industria, ni concejal, ni chanchullero, ni tendré una buena ropa negra . . . Y, sin embargo, cuando se pasan los cuarenta años, cuando el vientre empieza a hincharse de tejido adiposo y de ambición, el hombre quiere ser algo, tener un título, llevar un cintajo, vestirse con una levita negra y un chaleco blanco, pero a mí me están vedadas estas ambiciones. Los profesores de la infancia y de la juventud se levantan ante mis ojos como la sombra de Banquo;[168] y me dicen: «Baroja, tú no serás nunca nada».

Cuando voy a la orilla del mar, las olas que se agitan a mis pies murmuran: «Baroja, tú no serás nunca nada». La lechuza sabia, que por las noches suele venir al tejado de Itzea, me dice: «Baroja, tú no serás nunca nada», y hasta los cuervos que cruzan el cielo suelen gritarme desde arriba: «Baroja, tú no serás nunca nada . . .» Y yo estoy convencido de que no seré nunca nada.

[160] **Hay en . . . Juvencio** There is a small fountain of youth in my soul playing amid the weeds and brambles. [161] **librería de viejo** used book store. [162] **no me siento . . . frío** I don't feel that I am a man to let himself be bribed in cold blood. [163] **Mefistófeles** In medieval legend, a devil to whom Faust sold his soul for wisdom and power. (The legend has exerted a powerful influence on European literature; i.e., Marlowe's *Dr. Faustus*; Goethe's *Faust*, etc) [164] **El Espectador** (See Ortega y Gasset) 8 volumes of essays published between 1916–1935. [165] **encogerse de hombros** to shrug. [166] **aquél habrá . . . aldea** that one will probably sink into obscurity in some remote little village. [167] **caballero . . . Católica** decorated with the medal of the Order of Isabel la Católica. [168] **sombra de Banquo** the ghost of Banquo (in Shakespeare's *Macbeth*).

José Martínez Ruiz «Azorín» (1873–1967)

La obra que ha dejado este hombre pulcro y atildado es muy voluminosa, y por cualquier parte que se abra desprende un aroma de sabio arcaismo.

Levantino de Monóvar, Alicante, llega a Madrid para estudiar derecho. Es increíble que este literato, con su apariencia aristocrática y reposada, fuera considerado en su juventud un revolucionario. Sin embargo, así fue. Escribió varios libros muy violentos contra personajes de su tiempo. Además usaba un paraguas rojo. Colaboró en varios periódicos; se metió en política: fue diputado. Viajó mucho por España y un poco en Francia.

Pero el escándalo de «Azorín» no es su paraguas de seda roja, sino su prosa. Escribe tan sencillamente, tan natural es su decir, que aquello no parece literatura. Es que él piensa que «el estilo no es nada. El estilo es escribir de tal modo que quien lea piense: Esto no es nada. Esto lo hago yo». Y añade un consejo muy necesario a los retóricos: «Colocad una cosa después de otra y no unas cosas dentro de otras». Con este credo estilístico y una inmensa nostalgia en el alma, se lanza a los viejos caminos de su tierra. Va a buscar a España, y la encuentra en todas partes: en una calleja solitaria de Ávila o Toledo; allí, en el cuarto desnudo de Torre de Juan Abad donde sigue muriendo estóicamente Quevedo; en un polvoriento manuscrito; en una roca del Guadarrama cerca del cielo; en la solitaria venta, en la desolación de la llanura manchega. El alma de «Azorín» siente a España, su vida, su tristeza, en cada detalle. Acaricia los viejos sillones monacales, los silenciosos hierros de una reja cordobesa, un cántaro desportillado, con cariño de maestro, con ternura de madre. Este hombre silencioso está lleno de emoción hacia las cosas insignificantes que son la vida de hoy y de ayer. Lo menudo, lo fugaz —la vibración argentina de una campana en la tarde quieta, el vuelo lento de una cigüeña, el chorrito de la fuente clara— forman la vida. Ortega ha dicho que «Azorín no es un filósofo de la historia, sino un sensitivo de la historia».

Este artista andariego ha visto tanto y tan dentro de España que todo él se ha hecho ojos. Desde que él ha pronunciado la palabra mágica, «Castilla», ésta suena y se ve de modo diferente.

A él se debe el concepto y el nombre de «generación del 98». Un grupo de hombres impacientes, cuya misión fue revivir el pasado, no para vivirlo de nuevo, sino para que no se repitiera en sus errores. Pero no se queda ahí. «Azorín» está empeñado en abrir ventanas que miran a Europa; su afán es rejuvenecer, airear el viejo palacio nobiliario.

Su estilo es miniatura, orfebrería, precisión, y sobre todo, sentimiento. Su producción alcanza ochenta volúmenes de ensayos, crítica literaria y comentarios a mil cosas. Tiene dos novelas de tipo autobiográfico, *La voluntad* (1902) y *Antonio Azorín* (1903), en que describe la inmovilidad de la vida española y su cultura, indecisas entre la tradición nacional y la atracción intelectual europea. Se destacan también *Don Juan* (1922) y *Doña Inés* (1925), *El paisaje de España visto por los españoles* (1917), *Clásicos y modernos* (1913), *Una hora de España* (1924).

Las confesiones de un pequeño filósofo (1904) son recuerdos de infancia y juventud que sugieren el mundo íntimo del hombre-niño visto por el hombre maduro. «La calle de la Montera» (*España. Hombres y paisajes*) es una amable evocación de una calle típica de Madrid.

LAS CONFESIONES DE UN PEQUEÑO FILÓSOFO

Escribiré

No voy a contar mi vida de muchacho y mi adolescencia punto por punto, tilde por tilde.[1] ¿Qué importan y qué podrían decir los títulos de mis libros primeros, la relación de mis artículos agraces,[2] los pasos que di en tales redacciones[3] o mis andanzas primitivas a caza de editores?[4] Yo no quiero ser dogmático y hierático;[5] y para lograr que caiga sobre el papel, y el lector la reciba, una sensación ondulante, flexible, ingenua de mi vida pasada, yo tomaré entre mis recuerdos algunas notas vivaces e inconexas —como lo es la realidad— y con ellas saldré del grave aprieto en que me han colocado mis amigos,[6] y pintaré mejor mi carácter, que no con una seca y odiosa ringla de fechas y de títulos.[7]

Y sea el lector bondadoso, que a la postre[8] todos hemos sido muchachos, y estas liviandades de la mocedad no son sino prólogo ineludible de otras hazañas más fructuosas y transcendentales que realizamos— ¡si las realizamos! —en el apogeo de nuestra vida.

La escuela

Estos primeros tiempos de mi infancia aparecen entre mis recuerdos un poco confusos, caóticos, como cosas vividas en otra existencia, en un lejano planeta. ¿Cómo iba yo a la escuela? ¿Por dónde iba? ¿Qué emociones experimentaba al entrar? ¿Qué emociones sentía al verme fuera de las cuatro paredes hórridas? No miento si digo que aquellas emociones debían de serlo[9] de alegría. Porque este maestro que me inculcó las primeras luces[10] era un hombre seco, alto, huesudo, áspero de condición,[11] brusco de palabras, con unos bigotes cerdosos y lacios,[12] que yo sentía raspear en mis mejillas cuando se inclinaba sobre el catón[13] para adoctrinarme con más ahinco. Y digo ahinco, porque yo —como hijo del alcalde— recibía del maestro todos los días una lección especial. Y esto es lo que aun ahora trae a mi espíritu un sabor de amargura y de enojo.

Cuando todos los chicos se habían marchado, yo me quedaba solo en la escuela . . . La escuela se levantaba[14] a un lado del pueblo, a vista de[15] la huerta, y de las redondas colinas que destacan suaves en el azul luminoso; tenía delante un pequeño jardín con acacias amarillentas y ringleras de evónimus.[16] El edificio había sido convento de franciscanos; el salón de la escuela era largo, de altísimo techo, con largos bancos, con un macilento Cristo bajo dosel morado,[17] con un inmenso mapa cuajado de líneas misteriosas, con litografías en las paredes. Estas litografías, que luego he vuelto a encontrar en el colegio, han sido la pesadilla de mi vida. Todas eran de colores chillones[18] y representaban pasajes bíblicos; yo no los recuerdo todos, pero tengo, allá en los senos recónditos de la memoria, la imagen de un anciano de barbas blancas que asoma, encima de un monte, por entre nubes, y le entrega a otro anciano dos tablas formidables,[19] llenas

de garabatos, largas y con las puntas superiores redondas.

Yo me quedaba solo en la escuela; entonces el maestro me llevaba, pasando por los claustros y por el patio, a sus habitaciones. Ya aquí,[20] entrábamos en el comedor. Y ya en el comedor, abría yo la cartilla,[21] y durante una hora este maestro feroz me hacía deletrear con una insistencia bárbara.

Yo siento aún su aliento de tabaco y percibo el rascar, a intervalos, de su bigote cerdoso. Deletreaba una página, me hacía volver atrás, volvíamos a avanzar, volvíamos a retroceder, se indignaba de mi estulticia, exclamaba a grandes voces: «¡Que no! ¡Que no! »[22] Y al fin yo, rendido, anonadado, oprimido, rompía en un largo y amargo llanto . . .

Y entonces él cesaba de hacerme deletrear y decía moviendo la cabeza: «Yo no sé lo que tiene este chico . . . »

La alegría

¿Cuándo jugaba yo? ¿Qué juegos eran los míos? Os diré uno: no conozco otro. Era por la noche, después de cenar; todo el día había estado yo trafagando en la

---

[1] **tilde por tilde** in every detail; jot by jot
[2] **artículos agraces** controversial and bitter articles.
[3] **redacciones** newspaper offices.   [4] **a caza de editores** hunting for a publisher.   [5] **hierático** aloof; austere.
[6] **aprieto . . . amigos** tight spot my friends have put me in.
[7] **que no . . . títulos** rather than using a dry and obnoxious listing of dates and diplomas.   [8] **a la postre** at the end; after all.   [9] **debían de serlo** must have been.   [10] **primeras luces** elementary education; primary schooling.
[11] **condición** character; nature.   [12] **bigotes . . . lacios** bristly and drooping moustache.   [13] **catón** primary reader.
[14] **se levantaba** rose; stood.   [15] **a vista de** facing; overlooking.   [16] **ringleras de evónimus** rows of shrubs; (Bot.): genus *Eunoymus atro-purpureus*.   [17] **macilento . . . morado** emaciated Christ under a purple canopy.   [18] **colores chillones** gaudy colors.   [19] **tablas formidables** reference to Moses receiving the Holy Tablets (the Ten Commandments) from the Lord on Mt. Sinai (*Exodus* 34).   [20] **Ya aquí** Once there; once we got there.   [21] **cartilla** primer; primary reader.   [22] **¡Que no! . . . !** (I said) no and no again!

escuela a vueltas con las cartillas,[23] o bien metido en casa, junto al balcón, repasando los grabados de un libro. Cuando llegaba la noche, se hacía como un oasis en mi vida; la luna bañaba suavemente la estrecha callejuela; una frescor vivificante venía de los huertos cercanos. Entonces mi vecino y yo jugábamos a la *lunita*. Este juego consiste en ponerse en un cuadro de luz y gritarle al compañero que uno *está en su luna*, es decir, en la del adversario; entonces el otro viene corriendo a desalojarle[24] ferozmente de su posesión, y el perseguido se traslada a otro sitio iluminado por la luna . . . hasta que es alcanzado.

Mi vecino era un muchacho recogido y taciturno, que luego se hizo clérigo; yo creo que éste ha sido nuestro único juego. Pero a veces tenía un corolario verdaderamente terrible. Y consistía en que la criada de mi amigo, que era la mujer más estupenda que he conocido, salía vestida bizarramente con una larga levita, con un viejo sombrero de copa y con una escoba al hombro. Esto era para nosotros algo así como una hazaña mitológica; nosotros admirábamos profundamente a esta criada. Y luego, cuando en esta guisa,[25] nos llevaba a una de las eras próximas,[26] y nos revolcábamos, bañados por la luz de la luna, en estas noches serenas de Levante,[27] sobre la blanda y cálida paja, a nuestra admiración se juntaba una intensa ternura hacia esta mujer única, extraordinaria; que nos regalaba la alegría . . .

El solitario

Y vais a ver un contraste terrible: esta mujer extraordinaria servía a un amo que era su polo opuesto. Vivía enfrente de casa; era un señor silencioso y limpio; se acompañaba siempre de dos grandes perros; le gustaba plantar muchos árboles . . . Todos los días, a una hora fija, se sentaba en el jardín del casino, un poco triste, un poco cansado; luego tocaba un pequeño silbo. Y entonces ocurría una cosa insólita: del boscaje del jardín acudían piando alegremente todos los pájaros; él les iba echando las migajas que sacaba de sus bolsillos. Los conocía a todos: los pájaros, los dos lebreles silenciosos y los árboles eran sus únicos amigos. Los conocía a todos; los nombraba por sus nombres particulares,[28] mientras ellos triscaban sobre la fina arena; reprendía a éste cariñosamente, porque no había venido el día anterior; saludaba al otro que acudía por vez primera. Y cuando ya habían comido todos, se levantaba y se alejaba lentamente, seguido de sus dos perros enormes, silenciosos.

Había hecho mucho bien en el pueblo; pero las multitudes son inconstantes y crueles. Y este hombre un día, hastiado, amargado por las ingratitudes, se marchó al campo. Ya no volvió jamás a pisar el pueblo ni a entrar en comunión con los hombres; llevaba una vida de solitario entre las florestas que él había hecho arraigar y crecer.[29] Y como si este apartamiento le pareciese tenue, hizo construir una pequeña casa en la cima de una montaña, y allí esperó sus últimos instantes.

Y vosotros diréis: «Este hombre abominaba de la vida con todas sus fuerzas.» No, no; este hombre no había perdido la esperanza. Todos los días le llevaban del pueblo unos periódicos; yo lo recuerdo. Y estas hojas diarias eran como una lucecita, como un débil lazo de amor que aun los hombres que más abominan de los hombres conservan, y a los cuales les deben el perdurar sobre la tierra.[30]

« Es ya tarde »

Muchas veces, cuando yo volvía a casa —una hora, media hora después de haber cenado todos—, se me amonestaba por que *volvía tarde*. Ya creo haber dicho en otra parte que en los pueblos sobran las horas, que hay en ellos ratos interminables en que no se sabe qué hacer, y que, sin embargo, *siempre es tarde*.

¿Por qué es tarde? ¿Para qué es tarde? ¿Qué empresa vamos a realizar que exige de nosotros esta rigurosa contabilidad de los minutos? ¿Qué destino secreto pesa sobre nosotros que nos hace desgranar[31] uno a uno los instantes en estos pueblos estáticos y grises? Yo no lo sé; pero yo os digo que esta idea de que siempre es tarde, es la idea fundamental de mi vida; no sonriáis. Y que si miro hacia atrás, veo que a ella le debo esta ansia inexplicable, este apresuramiento por algo que no conozco, esta febrilidad, este desasosiego, esta preocupación tremenda y abrumadora por el interminable sucederse de las cosas a través de los tiempos.

He de decirlo, aunque no he pasado por este mal:

¿sabéis lo que es maltratar a un niño? Yo quiero que huyáis de estos actos como de una tentación ominosa. Cuando hacéis con la violencia derramar las primeras lágrimas a un niño, ya habéis puesto en su espíritu la ira, la tristeza, la envidia, la venganza, la hipocresía . . . Y entonces, con estos llantos, con estas explosiones dolorosas de sollozos y de gemidos, desaparece para siempre la visión riente e ingenua de la vida, y se disuelve, poco a poco, inexorablemente, aquella secreta e inefable comunidad espiritual que debe haber entre los que nos han puesto en el mundo y nosotros los que venimos a continuar, amorosamente, sus personas y sus ideas.

ESPAÑA. HOMBRES Y PAISAJES

La calle de la Montera

LECTOR: existe un axioma en Madrid, cuyo descubrimiento se debe al autor de estas líneas, y que dice de este modo: Si quieres encontrarte con alguien de tu pueblo, pasa por la calle de la Montera. La calle de la Montera es, en efecto, una calle donde están a todas las horas del día todos los forasteros que llegan a Madrid; no podemos dudar de esto, y nosotros, que nos hemos comprado cuellos y puños,[32] cuando éramos estudiantes, en esta calle tan simpática, tan pintoresca, la tenemos un vago, un íntimo cariño . . .

Por ella vamos marchando, lentamente, en esos días de invierno en que el sol baña el alto declive. ¿En qué pensamos nosotros? Tal vez en nada; tal vez en esos días lejanos, que ya no volverán, en que nosotros entrábamos en una de estas camiserías[33] llevando en la mano el *Derecho Político*, del señor Santamaría de Paredes, o los *Procedimientos judiciales* —no sé si se dice así—, del señor Torres Aguilar, del cual ya sólo tenemos una remota idea. De pronto oímos a nuestras espaldas una voz recia que grita:

—¡Azorín!

Nos volvemos rápidamente. ¡Es nuestro paisano don Antonio, o don Fernando, o don Pascual, o don Francisco, o don Diego!

—¡Don Antonio! —exclamamos nosotros también.

Y nos quedamos un momento en silencio, frente a frente, con las manos trabadas. Y un mundo de ideas y de cosas queridas surge en nuestro cerebro. Hace seis, ocho, diez años que no habíamos visto a este amado amigo nuestro. Don Antonio está más pálido que cuando estrechamos su mano la última vez; en su cabeza platean más copiosas las canas,[34] y en su vestir —tan atildado[35] antes, con ese atildamiento peculiar que sólo se ve en provincias—; en su vestir hay una dejadez, un abandono, un descuido que nos llena de una íntima tristeza. ¿Qué dolores, qué angustias, qué adversidades han pasado por el espíritu de nuestro amigo? ¿A qué viene a Madrid? ¿Qué cambios no supondrá esta dejadez del indumento[36] en aquella casa provinciana, tan limpia antaño, tan ordenada, tan abundosa?

—Don Antonio —nos atrevemos a preguntar nosotros—: ¿vive usted aún en la plaza, frente a la fuente?

—Sí, sí —contesta don Antonio con un leve matiz de tristeza.

—¿Y el huerto? —tornamos a[37] preguntar tímidamente—. ¿El huerto de la casa, aquel huerto con parrales, con limoneros y con cipreses? ¿Está lo mismo que antes?

Don Antonio tarda un breve momento en contestar a nuestra pregunta.

[23] **a vueltas . . . cartillas** busy with my school books. [24] **desalojarle** dislodge or remove him from. [25] **en esta guisa** dressed this way; in this fashion. [26] **eras próximas** nearby threshing floor. [27] **Levante** Eastern coast of Spain. [28] **nombraba . . . particulares** he called each one by his (own) name. [29] **florestas . . . crecer** (amid or among) the wooded fields he had helped to plant and grow. [30] **a los cuales . . . tierra** thanks to whom they are still able to go on living. [31] **nos hace desgranar** makes us pick apart one by one. [32] **cuellos y puños** collars and cuffs. [33] **camisería** men's haberdashery shop. [34] **platean . . . canas** the silver threads in his hair are more numerous now. [35] **atildado** spruce; trim. [36] **dejadez del indumento** slovenliness. [37] **tornar a** volver a (to do something again).

—Ya ha desaparecido, —dice al cabo—;[38] abrieron una calle detrás de la casa, y en el huerto edificaron más casas.

Sentimos una angustia indefinible, íntima; en este huerto han pasado las horas más felices de nuestra adolescencia; allí, entre los limoneros, entre los cipreses, entre los laureles —siempre verdes—, bajo los toldos de pámpanos, paseábamos nosotros con Pepita. Y la imagen de esta muchacha delicada, con su delantal blanco —orlado de una cenefita roja—[39] y con sus manos blancas y finas, brota también de pronto entre nuestros recuerdos. Permanecemos silenciosos:

quisiéramos preguntar por Pepita, y presentimos, sin saber por qué, que algo doloroso y terrible va a salir de los labios de nuestro amigo. Durante un instante, en nuestro interior se hace una tragedia mil veces más angustiosa que las de sangre y asolamientos.[40] Nuestro amigo nos contempla un poco indeciso. Y al fin pronunciamos unas palabras frívolas, nos despedimos de don Antonio, de don Fernando o de don Luis, y nos alejamos entristecidos, obsesionados, por esta calle, en donde, cuando éramos muchachos, entrábamos a comprar cuellos y puños, con el *Derecho administrativo* o con los *Procedimientos judiciales*.

Antonio Machado (1875–1939)

«Palabra esencial en el tiempo» llamó Antonio Machado a la poesía, y su vida fue un tranquilo pronunciar esa palabra eterna que queda colgada en el aire, pensativa y viva.

Nace en Sevilla, pero a los pocos años se traslada a Madrid con su familia. Reside en Francia y trabaja como traductor. Enseña francés en el instituto de Soria. Se casa con Leonor, que no tiene más que diez y seis años. Viven en París. Pero la joven cae enferma; vuelven a Soria y ella muere a los veinte años. Herido en lo más íntimo de su corazón, abandona Soria. Enseña en Baeza y luego en Segovia. Escribe obras de teatro con su hermano Manuel. Defiende la causa republicana durante la guerra civil. En 1939, sale de España y muere poco después en Francia.

Machado es un poeta unánimemente respetado y amado. La palabra que lo califica es *autenticidad*. Autenticidad, no sólo en lo que se refiere a la sinceridad del sentimiento, sino porque todo en él está impregnado de poesía y verdad. Entra en el mundo literario en pleno modernismo y acepta algunas formas de esta tendencia; pero su alma es demasiado profunda para limitarse a una poesía en que lo formal y circunstancial imponen su tiranía. Poeta universal y humanísimo, es hombre de altas y nobles ideas. La fuerza de la poesía de Machado está en la inmensa cantidad de sentimiento-idea-amor que contiene. Con frecuencia su arte es pura sugerencia, de dedo que apunta sin decir la palabra.

Por esto el símbolo tiene mucha importancia en su obra lírica. La fuente, el agua, el silencio, el sueño, el camino, el álamo, la tarde, son símbolos y temas poéticos.

A pesar de su sensibilidad tan intensa y personal, no hay en Machado el menor afán de exhibicionismo lírico. Vive y siente y se expresa en una extrema sencillez, casi timidez, sin gesto retórico, habla casi sin levantar la voz. Sus poemas en general son breves. Los críticos le señalan un claro parentesco con Bécquer y Rosalía de Castro, por ese sentimiento recatado, humilde, íntimo.

Su obra es más bien reducida, pero abarca temas fundamentales, metafísicos, de una trascendencia que todos le conceden. El tema del *tiempo* es una constante que con variantes resuena una y otra vez. Castilla (España) está hincada en el alma de Machado; toda Castilla, con sus hombres silenciosos, duros, pobres, y su paisaje solitario, gris o amarillento, «adusta tierra» bajo un «cárdeno cielo violeta». Este paisaje machadiano es un ser vivo que sufre, gime, y aún espera una redención. «Eres tú, Guadarrama, viejo amigo,» o «Soria fría, Soria pura,» o la dulcísima exclamación «Campillo amarillento / como tosco sayal de campesina,» y «Oh, tierra triste y noble...» Hay en Machado una noble tendencia estoica, que da a su poesía un matiz de suave melancolía y resignación. Al mismo tiempo no oculta un fondo ligeramente amargo de escepticismo, aunque no llega a la negación total o al pesimismo. Es como un cansancio de dentro; el poeta busca y medita, pero no pide a las cosas la explicación final o la razón última; simplemente espera en su soledad «al borde del camino». *Soledades* se publicó en 1903; en 1907 apareció la ampliación *Soledades, galerías y otros poemas. Campos de Castilla* en 1912 y *Nuevas canciones* en 1926.

V

Recuerdo infantil

Una tarde parda y fría
de invierno. Los colegiales
estudian. Monotonía
de lluvia tras los cristales.
    Es la clase. En un cartel   5
se representa a Caín
fugitivo, y muerto Abel,
junto a una mancha carmín.
    Con timbre sonoro y hueco[1]
truena el maestro, un anciano   10
mal vestido, enjuto y seco,
que lleva un libro en la mano.
    Y todo un coro infantil
va cantando la lección:
«mil veces ciento, cien mil;   15
mil veces mil, un millón».
    Una tarde parda y fría
de invierno. Los colegiales
estudian. Monotonía
de la lluvia en los cristales.   20

XI

Yo voy soñando caminos
de la tarde. ¡Las colinas
doradas, los verdes pinos,
las polvorientas encinas! . . .
¿Adónde el camino irá?   25
Yo voy cantando, viajero
a lo largo del sendero . . .
—La tarde cayendo está—

«En el corazón tenía
la espina de una pasión;   30
logré arrancármela un día:
ya no siento el corazón.»
    Y todo el campo un momento
se queda, mudo y sombrío,
meditando. Suena el viento   35
en los álamos del río.
    La tarde más se oscurece;
y el camino que serpea
y débilmente blanquea,
se enturbia y desaparece.   40
    Mi cantar vuelve a plañir:
«Aguda espina dorada,
quién te pudiera sentir
en el corazón clavada.»

XXXII

Las ascuas de un crepúsculo morado 45
detrás del negro cipresal humean . . .[2]
En la glorieta[3] en sombra está la fuente
con su alado y desnudo Amor[4] de piedra,
que sueña mudo. En la marmórea taza[5]
reposa el agua muerta.   50

[38] **al cabo** finally; at last. [39] **orlado . . . roja** trimmed with a narrow red border or edging. [40] **que las de sangre y asolamientos** than any tragedy wrought by blood and destruction.

[1] **timbre . . . hueco** a deep resounding tone of voice. [2] **ascuas . . . humean** smoke rises from the embers of a purple twilight beyond the black cypress grove. [3] **glorieta** bower or arbor; also, a circular area set in the middle of an intersection for civic adornment, exhibiting either a statue or fountain, etc. [4] **alado . . . Amor** winged and nude Love; i.e., Cupid. [5] **marmórea taza** marble basin (of the fountain).

XLVI

La noria

La tarde caía
triste y polvorienta.

El agua cantaba
su copla plebeya
en los cangilones   5
de la noria[6] lenta.

Soñaba la mula,
¡pobre mula vieja!,
al compás de sombra
que en el agua sueña.   10

La tarde caía
triste y polvorienta.

Yo no sé qué noble,
divino poeta,
unió a la amargura   15
de la eterna rueda

la dulce armonía
del agua que sueña,
y vendó tus ojos,
¡pobre mula vieja! . . .   20

Mas sé que fue un noble,
divino poeta,
corazón maduro
de sombra y de ciencia.

✳ LIX

Anoche cuando dormía   25
soñé, ¡bendita ilusión!,
que una fontana[7] fluía
dentro de mi corazón.
Di, ¿por qué acequia[8] escondida,
agua, vienes hasta mí,   30
manantial de nueva vida
de donde nunca bebí?

Anoche cuando dormía
soñé, ¡bendita ilusión!,
que una colmena tenía   35
dentro de mi corazón;
y las doradas abejas
iban fabricando en él,
con las amarguras viejas,
blanca cera y dulce miel.   40

Anoche cuando dormía
soñé, ¡bendita ilusión!,
que un ardiente sol lucía
dentro de mi corazón.
Era ardiente porque daba   45
calores de rojo hogar,[9]
y era sol porque alumbraba
y porque hacía llorar.

Anoche cuando dormía
soñé, ¡bendita ilusión!,   50
que era Dios lo que tenía
dentro de mi corazón.

CX

El tren

Yo, para todo viaje
—siempre sobre la madera
de mi vagón de tercera—,[10]
voy ligero de equipaje.
Si es de noche, porque no   5
acostumbro a dormir yo,
y de día, por mirar
los arbolitos pasar,
yo nunca duermo en el tren,
y, sin embargo, voy bien.   10
¡Este placer de alejarse!
Londres, Madrid, Ponferrada,
tan lindos . . . para marcharse.
Lo molesto es la llegada.
Luego, el tren, el caminar,   15
siempre nos hace soñar;
y casi, casi olvidamos
el jamelgo que montamos.
¡Oh, el pollino
que sabe bien el camino!   20
¿Dónde estamos?
¿Dónde todos nos bajamos?
¡Frente a mí va una monjita
tan bonita!
Tiene esa expresión serena   25
que a la pena
da una esperanza infinita.
Y yo pienso: Tú eres buena;
porque diste tus amores

a Jesús; porque no quieres   30
ser madre de pecadores.
Mas tú eres
maternal,
bendita entre las mujeres,
madrecita virginal.   35
Algo en tu rostro es divino
bajo tus cofias de lino.[11]
Tus mejillas
—esas rosas amarillas—
fueron rosadas, y, luego,   40
ardió en tus entrañas fuego;
y hoy, esposa de la Cruz,[12]
ya eres luz, y sólo luz . . .
¡Todas las mujeres bellas
fueran, como tú, doncellas   45
en un convento a encerrarse! . . .
¡Y la niña que yo quiero,
ay, preferirá casarse
con un mocito barbero!
El tren camina y camina,   50
y la máquina resuella,[13]
y tose con tos ferina.[14]
¡Vamos en una centella![15]

CXIII

Campos de Soria

Es la tierra de Soria árida y fría.
Por las colinas y las sierras calvas,
verdes pradillos, cerros cenicientos,
la primavera pasa
dejando entre las hierbas olorosas   5
sus diminutas margaritas blancas.
     La tierra no revive, el campo sueña.
Al empezar abril está nevada
la espalda del Moncayo;[16]
el caminante lleva en su bufanda   10
envueltos cuello y boca,[17] y los pastores
pasan cubiertos con sus luengas capas.

                    II
     Las tierras labrantías,[18]
como retazos de estameñas pardas,[19]
el huertecillo, el abejar, los trozos   15

de verde oscuro en que el merino[20] pasta,
entre plomizos peñascales, siembran
el sueño alegre de infantil Arcadia.[21]
En los chopos lejanos del camino,
parecen humear las yertas ramas   20
como un glauco vapor —las nuevas hojas—
y en las quiebras de valles y barrancas
blanquean los zarzales florecidos,
y brotan las violetas perfumadas.

                    III
     Es el campo undulado, y los caminos   25
ya ocultan los viajeros que cabalgan
en pardos borriquillos,
ya al fondo de la tarde arrebolada
elevan las plebeyas figurillas,

[6] **los cangilones de la noria** the *noria*, (sometimes called the Persian Wheel) is a very ancient type of water wheel having buckets (or *cangilones*) on its rim to raise water, still in use throughout Spain and parts of the Orient for irrigating the fields. The wheel is usually turned by a blindfolded workhorse or mule that goes slowly round and round on a small circular platform (for hours on end) just large enough to support his size and weight.   [7] **fontana** (poet.) fountain or spring.   [8] **acequia** irrigation ditch or drainage channel.   [9] **hogar** hearth or fireplace; hence, home (fig.).   [10] **madera . . . de tercera** wooden benches for train passengers traveling third class.   [11] **cofias de lino** linen coifs or headdresses (such as those worn by nuns).   [12] **esposa de la Cruz** the nun, upon taking her vows, enters into a symbolic marriage with Christ; hence the reference to her as a "spouse of the Cross."   [13] **la máquina resuella** the engine or locomotive puffs (from: *resollar*).   [14] **tos ferina** whooping cough.   [15] **¡Vamos en una centella!** Off we go like a flash! (of lightning).   [16] **Moncayo** Mountain peak in NE central Spain, on the boundary between Aragón and Old Castile.   [17] *Transpose* el caminante lleva cuello y boca envueltos en su bufanda.   [18] **tierras labrantías** arable lands.   [19] **retazos . . . pardas** remnants of brown twilled cloth.   [20] **merino** a fine breed of sheep, originating in Spain.   [21] **Arcadia** located in the central Peloponnesus, this area of Greece is traditionally associated with the pastoral pursuits of its ancient inhabitants; in its figurative meaning: any region of ideal rustic simplicity and contentment.

que el lienzo de oro del ocaso manchan.   30
Mas si trepáis a un cerro y veis el campo
desde los picos donde habita el águila,
son tornasoles de carmín y acero,
llanos plomizos, lomas plateadas,
circuidos por montes de violeta,   35
con las cumbres de nieve sonrosada.

IV

¡Las figuras del campo sobre el cielo!
Dos lentos bueyes aran
en un alcor, cuando el otoño empieza,
y entre las negras testas doblegadas   40
bajo el pesado yugo,
pende un cesto de juncos y retama,
que es la cuna de un niño;
y tras la yunta marcha
un hombre que se inclina hacia la tierra,   45
y una mujer que en las abiertas zanjas
arroja la semilla.
Bajo una nube de carmín y llama,
en el oro fluido y verdinoso
del poniente, las sombras se agigantan.   50

V

La nieve. En el mesón al campo abierto
se ve el hogar donde la leña humea
y la olla al hervir borbollonea.
El cierzo corre por el campo yerto,
alborotando en blancos torbellinos   55
la nieve silenciosa.
La nieve sobre el campo y los caminos,
cayendo está como sobre una fosa.
Un viejo acurrucado tiembla y tose
cerca del fuego; su mechón de lana   60
la vieja hila, y una niña cose
verde ribete a su estameña grana.
Padres los viejos son de un arriero
que caminó sobre la blanca tierra,
y una noche perdió ruta y sendero,   65
y se enterró en las nieves de la sierra.
En torno al fuego hay un lugar vacío
y en la frente del viejo, de hosco ceño,
como un tachón sombrío
—tal el golpe de un hacha sobre un leño—.   70

La vieja mira al campo, cual si oyera
pasos sobre la nieve. Nadie pasa.
Desierta la vecina carretera,
desierto el campo en torno de la casa.
La niña piensa que en los verdes prados   75
ha de correr con otras doncellitas
en los días azules y dorados,
cuando crecen las blancas margaritas.

VI

¡Soria fría, Soria pura,
cabeza de Extremadura,[22]   80
con su castillo guerrero
arruinado, sobre el Duero;[23]
con sus murallas roídas
y sus casas denegridas!
¡Muerta ciudad de señores   85
soldados o cazadores;
de portales con escudos
de cien linajes hidalgos,
y de famélicos galgos,
de galgos flacos y agudos,   90
que pululan
por las sórdidas callejas,
y a la medianoche ululan,
cuando graznan las cornejas!
¡Soria fría! La campana   95
de la Audiencia[24] da la una.
Soria, ciudad castellana
¡tan bella! bajo la luna.

VII

¡Colinas plateadas,
grises alcores, cárdenas roquedas   100
por donde traza el Duero
su curva de ballesta[25]
en torno a Soria, oscuros encinares,
ariscos pedregales, calvas sierras,
caminos blancos y álamos del río,   105
tardes de Soria, mística y guerrera,
hoy siento por vosotros, en el fondo
del corazón, tristeza,
tristeza que es amor! ¡Campos de Soria
donde parece que las rocas sueñan,   110
conmigo vais! ¡Colinas plateadas,
grises alcores, cárdenas roquedas! . . .

VIII

He vuelto a ver los álamos dorados,
álamos del camino en la ribera
del Duero, entre San Polo y San Saturio,[26]   115
tras las murallas viejas
de Soria —barbacana[27]
hacia Aragón, en castellana tierra—.

Estos chopos del río, que acompañan
con el sonido de sus hojas secas   120
el son del agua, cuando el viento sopla,
tienen en sus cortezas
grabadas iniciales que son nombres
de enamorados, cifras que son fechas.
¡Álamos del amor que ayer tuvisteis   125
de ruiseñores vuestras ramas llenas;
álamos que seréis mañana liras
del viento[28] perfumado en primavera;
álamos del amor cerca del agua
que corre y pasa y sueña,   130
álamos de las márgenes del Duero,
conmigo vais, mi corazón os lleva!

IX

¡Oh, sí! Conmigo vais, campos de Soria,
tardes tranquilas, montes de violeta,
alamedas del río, verde sueño   135
del suelo gris y de la parda tierra,
agria melancolía
de la ciudad decrépita.
Me habéis llegado al alma,
¿o acaso estabáis en el fondo de ella?   140
¡Gentes del alto llano numantino[29]
que a Dios guardáis como cristianas viejas,[30]
que el sol de España os llene
de alegría, de luz y de riqueza!

CXXX

La saeta[31]

¡Oh, la saeta, el cantar
al Cristo de los gitanos,
siempre con sangre en las manos,
siempre por desenclavar!

¡Cantar del pueblo andaluz,   5
que todas las primaveras
anda pidiendo escaleras
para subir a la cruz!
¡Cantar de la tierra mía,
que echa flores   10
al Jesús de la agonía,[32]
y es la fe de mis mayores!
¡Oh, no eres tú mi cantar!
¡No puedo cantar, ni quiero
a ese Jesús del madero,[33]   15
sino al que anduvo en el mar!

[22] **cabeza de Extremadura**   Soria occupied an advanced military position during the Christian wars when Extremadura was recaptured from the Moors in the 12th and 13th centuries.   [23] **sobre el Duero**   Soria is located at an elevation above the Duero river.   [24] **Audiencia**   Court House.   [25] **traza . . . ballesta**   the Duero river traces a curve that looks like a cross-bow.   [26] **San Polo y San Saturio**   old churches and monasteries of Soria.   [27] **barbacana**   an outer fortification; an outwork or any outer defense beyond the ditch of a fort.   [28] **liras del viento**   wind lyres or Aeolian harps which are constructed to produce sound when exposed to a current of air.   [29] **llano numantino**   the plains where the ancient Iberian city of Numantia is located. (Numantia repeatedly resisted Roman attempts to capture it and was the last city to fall in the conquest of Spain. In Roman literature, the fall of Numantia is placed beside the fall of Carthage.)   [30] **a Dios . . . viejas** since the region was reconquered from the Moors at an early date (12th and 13th cent.), its Christianity was purer, or less tainted by contact with the Moslems and Jews, as was the case in other parts of Spain.   [31] **La Saeta**   (lit.: the arrow); an ecstatic religious outcry. These songs or chants are heard during Holy Week in southern Spain (Andalusia) as the procession and floats move toward the Cathedral. Such songs are spontaneous outbursts of persons overcome by religious experience; strange, impassioned, unadorned songs of praise and ecstasy addressed to the particular image of the Virgin or Christ which is passing by, with whom they have sought mystic identification. The procession usually remains transfixed until the singer has stopped.   [32] **Jesús de la Agonía** The Andalusian seems to identify particularly with the Christ of the Passion.   [33] **Jesús del madero**   the crucified Christ.

CXXXIII

Llanto[34] de las virtudes y coplas
por la muerte de don Guido

Al fin, una pulmonía
mató a don Guido, y están
las campanas todo el día
doblando por él: ¡din-dán!
    Murió don Guido, un señor   5
de mozo muy jaranero,[35]
muy galán y algo torero;
de viejo, gran rezador.[36]
    Dicen que tuvo un serrallo
este señor de Sevilla;   10
que era diestro
en manejar el caballo,
y un maestro
en refrescar manzanilla.[37]
    Cuando mermó su riqueza,   15
era su monomanía
pensar que pensar debía
en asentar la cabeza.[38]
    Y asentóla
de una manera española,   20
que fue casarse con una
doncella de gran fortuna;
y repintar sus blasones,
hablar de las tradiciones
de su casa,   25
a escándalos y amoríos
poner tasa,[39]
sordina a sus desvaríos.[40]
    Gran pagano,
se hizo hermano   30
de una santa cofradía;[41]
el Jueves Santo salía,
llevando un cirio en la mano
—¡aquel trueno!—,[42]
vestido de nazareno.[43]   35
Hoy nos dice la campana
que han de llevarse mañana
al buen don Guido, muy serio,
camino del cementerio.

Buen don Guido, ya eres ido   40
y para siempre jamás . . .
Alguien dirá: ¿Qué dejaste?
Yo pregunto: ¿Qué llevaste
al mundo donde hoy estás?
    ¿Tu amor a los alamares[44]   45
y a las sedas y a los oros,
y a la sangre de los toros
y al humo de los altares?
    Buen don Guido y equipaje,
¡buen viaje! . . .   50
    El acá
y el allá,
caballero,
se ve en tu rostro marchito,
lo infinito: 55
cero, cero.
    ¡Oh las enjutas mejillas,[45]
amarillas,
y los párpados de cera,
y la fina calavera   60
en la almohada del lecho!
    ¡Oh fin de una aristocracia!
La barba canosa y lacia
sobre el pecho;
metido en tosco sayal,   65
las yertas manos en cruz,
¡tan formal!
el caballero andaluz.

CLXI
Proverbios y cantares

I

El ojo que ves no es
ojo porque tú lo veas;
es ojo porque te ve.

XLI

Bueno es saber que los vasos
nos sirven para beber;
lo malo es que no sabemos   5
para qué sirve la sed.

XLIV
Todo pasa y todo queda,
pero lo nuestro es pasar,
pasar haciendo caminos,   10
caminos sobre la mar.

XLVII
Cuatro cosas tiene el hombre
que no sirven en la mar:
ancla, gobernalle y remos,
y miedo de naufragar.   15

Juan Ramón Jiménez (1881–1958)

«. . . era gran amigo de la soledad; las solemnidades, las visitas, las iglesias me daban miedo», dice recordando su infancia. El amor de la soledad continuó en él durante toda su vida.

Hacia los veinte años deja su histórico puerto andaluz, Moguer, y va a Madrid. Allí publica sus primeros versos: *Ninfeas* (1900) y *Almas de violeta* (1900). Viaja por Europa y en 1916 se casa en Nueva York con Zenobia Camprubí, mujer que influye profundamente en su vida. Vuelve a España y vive una vida retirada y silenciosa escribiendo poesía: *Diario de un poeta recién casado* (1917). Dirige varias revistas poéticas. En 1936 deja definitivamente a su patria y viaja por Suramérica. Reside un tiempo en Florida, pasa a Puerto Rico en 1950, y allí muere en 1958. En 1956, muy enfermo, recibe el premio Nobel de Literatura.

Juan Ramón Jiménez ha sido llamado «poeta esencial», en quien todo es sensibilidad. Toda su vida fue una búsqueda de la poesía pura, desnuda, y, como se decía en su tiempo, intelectualizada, deshumanizada. Como consecuencia de esta actitud sus poemas se mantienen a cierta distancia de la sensibilidad del lector común. No es la poesía de este «provinciano universal» una corriente vital que penetra lenta y melódicamente en el alma, como la de Machado, es poesía de esteta para espíritus afines. «Para mí la poesía ha estado siempre íntimamente fundida con toda mi existencia, y no ha sido poesía objetiva casi nunca», ha dicho él mismo. Pero tampoco es poesía subjetiva al modo tradicional. Su mundo no es el mundo de todos los mortales, sino una creación muy individual.

Dos períodos fundamentales se han señalado en su poesía. Uno el anterior a 1916, en que predomina el contenido musical y la nota de color, de un color nunca estridente sino gris pálido, como la luna, todo ello influido por el modernismo. El paisaje psicológico de esta primera época es de matices melancólicos y otoñales, de hojas secas y crepúsculos. La segunda época puede situarse a partir de su libro *Diario de un poeta recién casado* (1917), en la que el artista busca la máxima estilización, la desnudez total, poesía sin anécdota. El libro en que más intensamente se refleja esa aspiración última es *Estación total*, publicado en 1946 y compuesto entre 1923 y 1936.

Juan Ramón fue considerado el maestro indiscutible de los poetas de la llamada generación del 27 (Guillén, Salinas, Lorca, Alberti y otros), y durante los veinticinco primeros años de este siglo ejerció extraordinaria influencia en la poesía española, tratando siempre de abrirle nuevos horizontes. Un hecho revelador de su obsesión perfeccionista es que, descontento o insatisfecho de la obra realizada, no acepta en

---

[34] **llanto** lament; tears.   [35] **(de mozo muy) jaranero** (as a youth) fond of carousing or merrymaking.   [36] **(de viejo,) gran rezador** (as an old man) much given to prayer.   [37] **manzanilla** Manzanilla has been described by James Michener as "one of Spain's noblest wines, a sherry so pale and dry that it seems hardly to be a liquid but rather a delicate spirit." (*Iberia*, p. 232).   [38] **asentar la cabeza** to settle down.   [39] **poner tasa** to keep within bounds.   [40] **sordina a sus desvaríos** to cover up his own extravagance.   [41] **cofradía** religious brotherhood; fraternal order or society.   [42] **aquel trueno** that scoundrel!   [43] **vestido de nazareno** dressed as a penitent (taking part in the Holy Week processions).   [44] **alamares** ornamental braid and cord used for adornment or button hole loops on jackets and capes such as those worn by bullfighters.   [45] **enjutas mejillas** dried up, sunken cheeks.

Juan Ramón Jiménez. Español (1881–1958). Ganó el Premio Nobel de Literatura en 1956.
United Press International, Inc.

las nuevas ediciones mucho de su trabajo anterior; y él mismo, o bajo su personal cuidado, prepara *Poesías escojidas* (1917), *Segunda antolojía poética* (1922), *Tercera antolojía* (1937).

De los tres grandes poetas que integran el grupo del 98 cada uno representa un aspecto diverso del mundo. Para Oreste Macrí «el tríptico está completo: *Verdad* de Unamuno, *Alma* de Machado, *Belleza* de Juan Ramón Jiménez».

Su obra más conocida y más traducida es *Platero y yo* (1914), en prosa poética, la historia de su burrito, compañero de paseos por Moguer.

SEGUNDA ANTOLOJÍA POÉTICA

Viento negro, luna blanca.
Noche de Todos los Santos.[1]
Frío. Las campanas todas
de la tierra están doblando.

El cielo, duro. Y su fondo   5
da un azul iluminado
de abajo, al romanticismo
de los secos campanarios.

Faroles, flores, coronas,[2]
—¡campanas que están doblando!—   10
... Viento largo, luna grande,
noche de Todos los Santos.

... Yo voy muerto por la luz
agria de las calles; llamo
con todo el cuerpo a la vida;   15
quiero que me quieran; hablo
a todos los que me han hecho
mudo, y hablo sollozando,
roja de amor esta sangre
desdeñosa de mis labios.   20

¡Y quiero ser otro, y quiero
tener corazón, y brazos
infinitos, y sonrisas
inmensas, para los llantos
aquellos que dieron lágrimas   25
por mi culpa!

... Pero ¿acaso
puede hablar de sus rosales
un corazón sepulcrado?

—¡Corazón, estás bien muerto!   30
¡Mañana es tu aniversario!—

Sentimentalismo, frío.
La ciudad está doblando.[3]
Luna blanca, viento negro.
Noche de Todos los Santos.   35

1
Tristeza dulce del campo.
La tarde viene cayendo.
De las praderas segadas
llega un suave olor a heno.

Los pinares se han dormido.   40
Sobre la colina, el cielo
es tiernamente violeta.
Canta un ruiseñor despierto.

Vengo detrás de una copla
que había por el sendero,[4]   45
copla de llanto, aromada
con el olor de este tiempo;
copla que iba llorando
no sé qué cariño muerto,[5]
de otras tardes de setiembre   50
que olieron también a heno.

[1] **Noche de Todos los Santos** All Saints' Eve or the Vigil of All Saints' Day which falls on November 1, is set aside as a day of commemoration of the dead. On this day, commonly referred to as "el día de los muertos," the church bells toll continuously, calling the faithful to pray for the departed.   [2] **Faroles, flores, coronas** "Lanterns, flowers, wreaths,"—the offerings usually placed on the graves of the dead being honored on All Saints' Day.   [3] **La ciudad ... doblando** the entire city is tolling; ringing.   [4] **Vengo ... sendero** I come in search of a ballad that floated over the footpath.   [5] **copla ... muerto** a ballad that was crying for some unknown departed love.

2

No es así, no es de este mundo
vuestro son . . . —Y las llorosas
nieblas que suben del valle
quitan el campo y me borran.—⁶   55

La luna verde de enero
es buena para vosotras,
campanas. —La noche está
fría, despierta y medrosa.—
Y si sonáis, son los vivos   60
los que están muertos, y, ahora,
son los muertos los que viven;
puertas que se cierran, losas
que se abren . . .⁷ ¡Oh la luna
de enero, sobre vosotras!   65
¡Campanas bajo la luna
de enero!

—Silencio . . . Lloran . . .
Lo que llora en el ocaso,
llora en el oriente, llora   70
en una ciudad dormida
de farolas melancólicas;
llora más allá, en el mar;
llora más allá, en la aurora
que platea tristemente   75
el horizonte de sombra—.⁸

Campanarios de la helada,
¿de qué pueblo sois? ¿Qué hora
es en vosotros? Yo no me
acuerdo ya de las cosas . . .   80
¡Son trasfigurado, son
que yerras, campanas locas,
que erráis entre las estrellas
cuajadas!⁹ ¡No!

—Y las llorosas   85
nieblas que suben del valle
quitan el campo y me ahogan
en una ciudad dormida,
de farolas melancólicas.—

3

La calle espera la a noche.   90
Todo es historia y silencio.
Los árboles de la acera
se han dormido bajo el cielo.

—Y el cielo es violeta y triste,
un cielo de abril, un bello   95
cielo violeta, con suaves
preludios del estrelleo.—¹⁰

Por las verjas se ve luz
en las casas. Llora un perro
ante una puerta cerrada.   100
Negro sobre el cielo liso,
revolotea un murciélago . . .

—¡Oh la lámpara amarilla,
la paz de los niños ciegos,
la nostalgia de las viudas,   105
la presencia de los muertos!

¡Cuentos que en aquellas tardes
de abril, que ya nunca han vuelto,
nos contábamos, mirando
fijamente a los luceros!—   110

Y va cayendo la sombra,
dulce y grande, en paz con esos
rumores lejanos que
se escuchan desde los pueblos . . .

4

El guarda del sandiar   115
suena el latón. Los rabúos
huyen,¹¹ las huertas ya solas,
a los pinares oscuros.

Ya nadie va; todos vuelven.
Los montes, con el confuso   120
pinar de la soledad,
parecen de los difuntos.

El hombre en el campo es
pequeño y triste. Entre humos,
la luna de agosto sube,   125
sandía enorme, su mundo.

5

Ya están ahí las carretas . . .¹²
—Lo han dicho el pinar y el viento,
lo ha dicho la luna de oro,
lo han dicho el humo y el eco . . .— 130
Son las carretas que pasan
estas tardes, al sol puesto,
las carretas que se llevan
del monte los troncos muertos.

¡Cómo lloran las carretas   135
camino de Pueblo Nuevo!

Los bueyes vienen soñando,
a la luz de los luceros,
en el establo caliente
que sabe a madre y a heno.   140
Y detrás de las carretas
caminan los carreteros,
con la aijada sobre el hombro
y los ojos en el cielo.

¡Cómo lloran las carretas   145
camino de Pueblo Nuevo!

En la paz del campo van
dejando los troncos muertos
un olor fresco y honrado
a corazón descubierto.¹³   150
Y cae el ángelus¹⁴ desde
la torre del pueblo viejo,
sobre los campos talados,
que huelen a cementerio.

¡Cómo lloran las carretas   155
camino de Pueblo Nuevo!

CIEGO

¡Cómo suena el violín por la viña,
por la viña amarilla,
en el sol de la tarde vacía,
que al ocaso, no mirado de nadie, se riza!¹⁵

—Ha venido a la senda una niña   5
legañosa, picada y oblicua,¹⁶
de la huerta vecina . . .—

¡Cómo suena el violín por la viña encendida!

Se diría
—¿no es verdad, mariposa divina?—   10
que deja la tarde amarilla
—¡cómo suena el violín en la viña!—
herida.

¡Cómo suena el violín por la viña vacía!

¡Inteligencia, dame   15
el nombre exacto de las cosas!
. . . Que mi palabra sea
la cosa misma,
creada por mi alma nuevamente.
Que por mí vayan todos   20
los que no las conocen, a las cosas;
que por mí vayan todos
los que ya las olvidan, a las cosas;
que por mí vayan todos
los mismos que las aman, a las cosas . . .   25
¡Inteligencia, dame
el nombre exacto, y tuyo,
y suyo, y mío, de las cosas.

Orillas

¡Con qué deleite, sombra, cada noche,
entramos en tu cueva
—igual que en una muerte

⁶ **quitan . . . borran** hide the countryside and blot me out. ⁷ **losas que se abren** tombstones that open. ⁸ **que platea . . . sombra** which sadly paints the dark horizon with silver. ⁹ **¡Son trasfigurado . . . cuajadas!** Transfigured song, thou wandering song, wild bells, floating among the clustered stars! ¹⁰ **con suaves . . . estrelleo** with gentle preludes to the starry symphony. ¹¹ **El guarda . . . huyen** The man guarding the watermelon patch sounds his brass. The evil spirits flee. ¹² **carreta** cart or wagon, drawn by oxen, with only two wheels. ¹³ **un olor . . . descubierto** a fresh and honest scent, fragrant as a candid heart. ¹⁴ **cae el ángelus** the Angelus bell rings. ¹⁵ **no mirado . . se riza** unseen or unnoticed, it coils! ¹⁶ **legañosa . . . oblicua** heavy-lidded, pock-marked, and cross-eyed.

gustosa—,
hartos de pensar, tristes,   5
en lo que no podemos cada día!

—Los ojos esos que nos miran nuestros ojos,
más que otros ojos,
que nuestros ojos miran más que a otros ojos,
—estas nostalgias encendidas,   10
como carbones, del cariño—,
también se cierran en nosotros,
casi como en su sombra.—

Silencio. Y quedan
los cuerpos muertos, fardos negros,   15
a lo largo del muelle abandonado,

unidos sólo, bajo las estrellas,
por su espantoso vencimiento.[17]

Puerto real

¡Qué miedo el acordarse
de los muertos instantes
en que fuimos felices!
    Trae
la memoria, con cada uno de ellos,   5
—como en un viento grande
de ruina y sequedades—
su adorno y su paisaje . . .
¡Y son marismas secas, sales
rojas, altas lagunas[18] que creíamos mares!   10

José Ortega y Gasset (1883–1956)

Nace en Madrid. Su padre fue novelista y director de la publicación periódica literaria más importante en la España del siglo XIX, *Los lunes del Imparcial*. Por su madre pertenece a una familia de políticos. Estudió con los jesuitas; se doctoró en la universidad de Madrid y durante dos años frecuentó varias universidades alemanas, especialmente la de Marburgo, donde penetró en el neokantismo. La filosofía alemana dejó muy profundas huellas en su pensamiento. Desde 1910 enseñó metafísica en la universidad de Madrid. Quizá se pueda decir que en la cátedra y con sus escritos ha ejercido la influencia de más largo alcance que ningún otro escritor haya nunca logrado en los círculos intelectuales hispánicos. Viajó por Suramérica, luego por Estados Unidos, Alemania y Suiza, dando conferencias. Fundó la *Revista de Occidente* y la editorial del mismo nombre, instrumentos importantísimos en la difusión de la cultura en España.

Su producción es muy extensa, pero hay unos cuantos títulos fundamentales: *Meditaciones del Quijote* (1914), *España invertebrada* (1921), *La deshumanización del arte* (1925), *La rebelión de las masas* (1925), *El tema de nuestro tiempo* (1923), *El espectador*, en ocho volúmenes (1916–1934).

Ortega fue esencialmente un maestro, un ensayista con evidente afán de perfección estilística. Lleno de preocupaciones intelectuales, examina atentamente todo cuanto en Europa lleva el sello de lo filosófico o de lo artístico.

Fue Ortega un inquietador de la conciencia intelectual de España. Una de las ideas más fecundas de su filosofía se resume en la fórmula: *yo soy yo y mi circunstancia*. Es decir, más allá de la razón pura y de la razón matemática está la *razón vital*. A esto hay que añadir que las circunstancias varían y por tanto ofrecen diversas *perspectivas*, o puntos de vista, para conocer al hombre. La historia de la humanidad es la interrelación entre el hombre y la cultura, el mundo de ideas en que vive.

El estilo de Ortega es brillante, magistral. Aun cuando trata de complicados temas filosóficos, su lenguaje es claro y diáfano. No le gusta introducir palabras nuevas, prefiere revitalizar viejos vocablos, voces clásicas, dándoles nuevos contenidos intelectuales. Hace un continuado uso de metáforas e imágenes. Su prosa es posiblemente la más perfecta del siglo XX. *La rebelión de las masas*, traducida a muchas lenguas, ejerció cierta influencia en el pensamiento contemporáneo.

LA REBELIÓN DE LAS MASAS

I

El hecho de las aglomeraciones

Hay un hecho que, para bien o para mal, es el más importante en la vida pública europea de la hora presente. Este hecho es el advenimiento de las masas al pleno poderío social. Como las masas, por definición, no deben ni pueden dirigir su propia existencia, y menos regentar la sociedad, quiere decirse que Europa sufre ahora la más grave crisis que a pueblos, naciones, culturas, cabe padecer.[1] Esta crisis ha sobrevenido más de una vez en la historia. Su fisonomía y sus consecuencias son conocidas. También se conoce su nombre. Se llama la rebelión de las masas.

Para la inteligencia del formidable hecho conviene que se evite dar, desde luego, a las palabras «rebelión», «masas», «poderío social», etc., un significado exclusiva o primariamente político. La vida pública no es sólo política, sino, a la par y aun antes, intelectual, moral, económica, religiosa; comprende los usos todos colectivos e incluye el modo de vestir y el modo de gozar.

Tal vez la manera mejor de acercarse a este fenómeno histórico consista en referirnos a una experiencia visual, subrayando una facción de nuestra época que es visible con los ojos de la cara.

Sencillísima de enunciar, aunque no de analizar, yo la denomino el hecho de la aglomeración, del «lleno». Las ciudades están llenas de gente. Las casas, llenas de inquilinos. Los hoteles, llenos de huéspedes. Los trenes, llenos de viajeros. Los cafés, llenos de consumidores. Los paseos, llenos de transeúntes. Las salas de los médicos famosos, llenas de enfermos. Los espectáculos, como no sean muy extemporáneos, llenos de espectadores. Las playas, llenas de bañistas. Lo que antes no solía ser problema, empieza a serlo casi de continuo: encontrar sitio.

Nada más. ¿Cabe hecho más simple, más notorio, más constante, en la vida actual? Vamos ahora a punzar el cuerpo trivial de esta observación,[2] y nos sorprenderá ver cómo de él brota un surtidor inesperado, donde la blanca luz del día, de este día, del presente, se descompone en todo su rico cromatismo interior.

¿Qué es lo que vemos, y al verlo nos sorprende tanto? Vemos la muchedumbre, como tal, posesionada de los locales y utensilios creados por la civilización. Apenas reflexionamos un poco, nos sorprendemos de nuestra sorpresa. Pues qué, ¿no es el ideal? El teatro tiene sus localidades para que se ocupen; por tanto, para que la sala esté llena. Y lo mismo los asientos el ferrocarril y sus cuartos el hotel. Sí; no tiene duda. Pero el hecho es que antes ninguno de esos establecimientos y vehículos solía estar lleno, y ahora rebosan, queda fuera gente afanosa de usufructuarlos. Aunque el hecho sea lógico, natural, no puede desconocerse que antes no acontecía y ahora sí; por tanto, que ha habido un cambio, una innovación, la cual justifica, por lo menos en el primer momento, nuestra sorpresa.

Sorprenderse, extrañarse, es comenzar a entender. Es el deporte y el lujo específico del intelectual. Por eso su gesto gremial[3] consiste en mirar el mundo con los ojos dilatados por la extrañeza. Todo en el mundo es extraño y es maravilloso para unas pupilas bien abiertas. Esto, maravillarse, es la delicia vedada al futbolista, y que, en cambio, lleva al intelectual por el mundo en perpetua embriaguez de visionario. Su atributo son los ojos en pasmo.[4] Por eso los antiguos dieron a Minerva la lechuza,[5] el pájaro con los ojos siempre deslumbrados.

---

[17] **espantoso vencimiento** frightful defeat.
[18] **altas lagunas** deep lagoons.

---

[1] **cabe padecer** can possibly suffer; endure.
[2] **vamos . . . observación** let us now probe or puncture the flimsy structure of this observation. [3] **su gesto gremial** a gesture characteristic of the members of a particular group or organization. [4] **los ojos en pasmo** eyes wide-open in amazement. [5] **Por eso . . . lechuza** That is why the ancients gave Minerva the owl. (The author is merely offering further proof here of his contention that the intellectual is a man who looks at the world with wide-eyed wonder; the owl is wide-eyed and Minerva was the Roman goddess of wisdom.)

La aglomeración, el lleno, no era antes frecuente ¿Por qué lo es ahora?

Los componentes de esas muchedumbres no han surgido de la nada. Aproximadamente, el mismo número de personas existía hace quince años. Después de la guerra parecería natural que ese número fuese menor. Aquí topamos, sin embargo, con la primera nota importante. Los individuos que integran estas muchedumbres preexistían, pero no como muchedumbre. Repartidos por el mundo en pequeños grupos, o solitarios, llevaban una vida, por lo visto, divergente, disociada, distante. Cada cual—individuo o pequeño grupo—ocupaba un sitio, tal vez el suyo, en el campo, en la aldea, en la villa, en el barrio de la gran ciudad.

Ahora, de pronto, aparecen bajo la especie de aglomeración, y nuestros ojos ven dondequiera muchedumbres. ¿Dondequiera? No, no; precisamente en los lugares mejores, creación relativamente refinada de la cultura humana, reservados antes a grupos menores, en definitiva, a minorías.

La muchedumbre, de pronto, se ha hecho visible, se ha instalado en los lugares preferentes de la sociedad. Antes, si existía, pasaba inadvertida, ocupaba el fondo del escenario social; ahora se ha adelantado a las baterías,[6] es ella el personaje principal. Ya no hay protagonistas: sólo hay coro.[7]

El concepto de muchedumbre es cuantitativo y visual. Traduzcámoslo, sin alterarlo, a la terminología sociológica. Entonces hallamos la idea de masa social. La sociedad es siempre una unidad dinámica de dos factores: minorías y masas. Las minorías son individuos o grupos de individuos especialmente cualificados. La masa es el conjunto de personas no especialmente cualificadas. No se entienda, pues, por masas sólo ni principalmente «las masas obreras». Masa es «el hombre medio». De este modo se convierte lo que era meramente cantidad—la muchedumbre—en una determinación cualitativa: es la cualidad común, es lo mostrenco[8] social, es el hombre en cuanto no se diferencia de otros hombres, sino que repite en sí un tipo genérico. ¿Qué hemos ganado con esta conversión de la cantidad a la cualidad? Muy sencillo: por medio de ésta comprendemos la génesis de aquélla. Es evidente, hasta perogrullesco,[9] que la formación normal de una muchedumbre implica la coincidencia de deseos, de ideas, de modo de ser, en los individuos que la integran. Se dirá que es lo que acontece con todo grupo social, por selecto que pretenda ser. En efecto; pero hay una esencial diferencia.

En los grupos que se caracterizan por no ser muchedumbre y masa, la coincidencia efectiva de sus miembros consiste en algún deseo, idea o ideal, que por sí solo excluye el gran número. Para formar una minoría, sea la que sea, es preciso que antes cada cual se separe de la muchedumbre por razones *especiales*, relativamente individuales. Su coincidencia con los otros que forman la minoría es, pues, secundaria, posterior a haberse cada cual singularizado, y es, por tanto, en buena parte una coincidencia en no coincidir. Hay casos en que este carácter singularizador del grupo aparece a la intemperie:[10] los grupos ingleses que se llaman a sí mismos «no conformistas», es decir, la agrupación de los que concuerdan sólo es su disconformidad respecto a la muchedumbre ilimitada. Este ingrediente de juntarse los menos precisamente para separarse de los más va siempre involucrado en la formación de toda minoría. Hablando del reducido público que escuchaba a un músico refinado, dice graciosamente Mallarmé que aquel público subrayaba con la presencia de su escasez la ausencia multitudinaria.

En rigor,[11] la masa puede definirse, como hecho psicológico, sin necesidad de esperar a que aparezcan los individuos en aglomeración. Delante de una sola persona podemos saber si es masa o no. Masa es todo aquel que no se valora a sí mismo—en bien o en mal—por razones especiales, sino que se siente «como todo el mundo», y, sin embargo, no se angustia, se siente a sabor al sentirse idéntico a los demás. Imagínese un hombre humilde que al intentar valorarse por razones especiales—al preguntarse si tiene talento para esto o lo otro, si sobresale en algún orden—advierte que no posee ninguna calidad excelente. Este hombre se sentirá mediocre y vulgar, mal dotado; pero no se sentirá «masa».

Cuando se habla de «minorías selectas», la habitual bellaquería suele tergiversar el sentido[12] de esta expresión, fingiendo ignorar que el hombre selecto no es el petulante que se cree superior a los demás, sino el que se exige más que los demás, aunque no logre cumplir en su persona esas exigencias superiores. Y es indudable que la división más radical que cabe hacer en la humani- dad es ésta, en dos clases de criaturas: las que se exigen mucho y acumulan sobre sí mismas dificultades y deberes y las que no se exigen nada especial, sino que para ellas vivir es ser en cada instante lo que ya son, sin esfuerzo de perfección sobre sí mismas, boyas que van a la deriva.[13]

Esto me recuerda que el budismo ortodoxo se compone de dos religiones distintas: una, más rigorosa y difícil; otra, más laxa y trivial: el Mahayana—«gran vehículo» o «gran carril»—y el Himayana—«pequeño vehículo», «camino menor»—.[14] Lo decisivo es si ponemos nuestra vida a uno u otro vehículo,[15] a un máximo de exigencias o a un mínimo.

La división de la sociedad en masas y minorías exce- lentes no es, por tanto, una división en clases sociales, sino en clases de hombres, y no puede coincidir con la jerarquización en clases superiores e inferiores. Claro está que en las superiores, cuando llegan a serlo y mientras lo fueron de verdad, hay más verosimilitud[16] de hallar hombres que adoptan el «gran vehículo», mientras las inferiores están normalmente constituídas por individuos sin calidad. Pero, en rigor, dentro de cada clase social hay masa y minoría auténtica. Como veremos, es característico del tiempo el predominio, aun en los grupos cuya tradición era selectiva, de la masa y el vulgo. Así, en la vida intelectual, que por su misma esencia requiere y supone la cualificación, se advierte el progresivo triunfo de los seudointelectuales incualificados, incalificables y descalificados por su propia contextura. Lo mismo en los grupos super- vivientes de la «nobleza» masculina y femenina. En cambio, no es raro encontrar hoy entre los obreros, que antes podían valer como el ejemplo más puro de esto que llamamos «masas», almas egregiamente[17] disciplinadas.

Ahora bien: existen en la sociedad operaciones, actividades, funciones del más diverso orden, que son, por su misma naturaleza, especiales, y consecuente- mente, no pueden ser bien ejecutadas sin dotes también especiales. Por ejemplo: ciertos placeres de carácter artístico y lujoso, o bien las funciones de gobierno y de juicio político sobre los asuntos públicos. Antes eran ejercidas estas actividades especiales por minorías calificadas—calificadas, por lo menos, en pretensión.[18]

La masa no pretendía intervenir en ellas: se daba cuenta de que si quería intervenir tendría congruente- mente[19] que adquirir esas dotes especiales y dejar de ser masa. Conocía su papel en una saludable dinámica social.

Si ahora retrocedemos a los hechos enunciados al principio, nos aparecerán inequívocamente como nuncios de un cambio de actitud en la masa. Todos ellos indican que ésta ha resuelto adelantarse al primer plano social y ocupar los locales y usar los utensilios y gozar de los placeres antes adscritos a los pocos. Es evidente que, por ejemplo, los locales no estaban premeditados para las muchedumbres, puesto que su dimensión es muy reducida y el gentío rebosa cons- tantemente de ellos, desmostrando a los ojos y con

---

[6] **baterías** footlights. [7] **sólo hay coro** there is only the chorus; (refers to the chorus of the Greek drama whose rôle was to comment upon and sometimes take part in the main action of the play). [8] **mostrenco** maverick; ownerless. [9] **perogrullesco** something that is obvious to everyone; a truism or platitude. (Derived from the proverb or popular saying: "Las verdades de Perogrullo, que a la mano cerrada llamaba puño," which means that there are some truths so obvious that it is foolish to mention or to enunciate them.) [10] **a la intemperie** in the open air; unsheltered; exposed. [11] **en rigor** strictly speaking. [12] **habitual . . . sentido** the most common form of malice is the one which usually twists the meaning. [13] **boyas . . . deriva** buoys that are adrift. [14] After the death of Buddha, his followers divided into two groups the *Hinayana* (or "small vehicle") and the *Mahayana* (or "larger vehicle"). Hinayana Buddhism has maintained the original simple and austere rules of discipline left by the Buddha. *Mahayana* expanded the original teachings of Buddha. This group believes that there are many Buddhas and saints. It also includes a doctrine of heaven and hell and salvation by faith and grace. [15] **a uno u otro vehículo** if we commit ourselves to one or the other way of life; in other words, to choose between the Hinayana which means "small vehicle" and is a more austere form of Buddhism; or the Mahayana which means "larger vehicle." [16] **hay más verosimilitud** there is a greater probability. [17] **egregia- mente** eminently; excellently. [18] **en pretensión** pre- sumably; apparently. [19] **congruentemente** suitably; appropriately.

lenguaje visible el hecho nuevo: la masa, que, sin dejar de serlo, suplanta a las minorías.

Nadie, creo yo, deplorará que las gentes gocen hoy en mayor medida y número que antes, ya que tienen para ello el apetito y los medios. Lo malo es que esta decisión tomada por las masas de asumir las actividades propias de las minorías, no se manifiesta, ni puede manifestarse, sólo en el orden de los placeres, sino que es una manera general del tiempo. Así—anticipando lo que luego veremos—, creo que las innovaciones políticas de los más recientes años no significan otra cosa que el imperio político de las masas. La vieja democracia vivía templada por una abundante dosis de liberalismo y de entusiasmo por la ley. Al servir a estos principios, el individuo se obligaba a sostener en sí mismo una disciplina difícil. Al amparo del principio liberal y de la norma jurídica podían actuar y vivir las minorías. Democracia y ley, convivencia legal, eran sinónimos. Hoy asistimos al triunfo de una hiperdemocracia en que la masa actúa directamente sin ley, por medio de materiales presiones, imponiendo sus aspiraciones y sus gustos. Es falso interpretar las situaciones nuevas como si la masa se hubiese cansado de la política y encargase a personas especiales su ejercicio. Todo lo contrario. Eso era lo que antes acontecía, eso era la democracia liberal. La masa presumía que, al fin y al cabo, con todos sus defectos y lacras, las minorías de los políticos entendían un poco más de los problemas públicos que ella. Ahora, en cambio, cree la masa que tiene derecho a imponer y dar vigor de ley a sus tópicos de café. Yo dudo que haya habido otras épocas de la historia en que la muchedumbre llegase a gobernar tan directamente como en nuestro tiempo. Por eso hablo de hiperdemocracia.

Lo propio acaece en los demás órdenes, muy especialmente en el intelectual. Tal vez padezco un error; pero el escritor, al tomar la pluma para escribir sobre un tema que ha estudiado largamente, debe pensar que el lector medio, que nunca se ha ocupado del asunto, si le lee, no es con el fin de aprender algo de él, sino, al revés, para sentenciar sobre él cuando no coincide con las vulgaridades que este lector tiene en la cabeza. Si los individuos que integran la masa se creyesen especialmente dotados, tendríamos no más que un caso de error personal, pero no una subversión sociológica. Lo

característico del momento es que el alma vulgar, *sabiéndose vulgar, tiene el denuedo de afirmar el derecho de la vulgaridad y lo impone dondequiera.* Como se dice en Norteamérica: ser diferente es indecente. La masa arrolla todo lo diferente, egregio, individual, calificado y selecto. Quien no sea como todo el mundo, quien no piense como todo el mundo, corre el riesgo de ser eliminado. Y claro está que ese «todo el mundo» no es «todo el mundo». «Todo el mundo» era, normalmente, la unidad compleja de masa y minorías discrepantes, especiales. Ahora todo el mundo es sólo la masa.

Este es el hecho formidable de nuestro tiempo, descrito sin ocultar la brutalidad de su apariencia.

II

La subida del nivel histórico

Este es el hecho formidable de nuestro tiempo, descrito sin ocultar la brutalidad de su apariencia. Es, además, de una absoluta novedad en la historia de nuestra civilización. Jamás, en todo su desarrollo, ha acontecido nada parejo.[20] Si hemos de hallar algo semejante, tendríamos que brincar fuera de nuestra historia y sumergirnos en un orbe, en un elemento vital, completamente distinto del nuestro; tendríamos que insinuarnos[21] en el mundo antiguo y llegar a su hora de declinación. La historia del Imperio romano es también la historia de la subversión, del imperio de las masas, que absorben y anulan las minorías dirigentes y se colocan en su lugar. Entonces se produce también el fenómeno de la aglomeración, del lleno. Por eso, como ha observado muy bien Spengler, hubo que construir, al modo que ahora, enormes edificios. La época de las *masas es* la época de lo colosal.

Vivimos bajo el brutal imperio de las masas. Perfectamente; ya hemos llamado dos veces «brutal» a este imperio; ya hemos pagado nuestro tributo al dios de los tópicos; ahora, con el billete en la mano, podemos alegremente ingresar en el tema, ver por dentro el espectáculo. ¿O se creía que iba a contentarme con esa descripción, tal vez exacta, pero externa, que es sólo el haz, la vertiente,[22] bajo los cuales se presenta el hecho tremendo cuando se le mira desde el pasado? Si yo dejase aquí este asunto y estrangulase sin más mi presente ensayo, quedaría el lector pensando, muy justamente, que este fabuloso advenimiento de las masas a la superficie de la historia no me inspiraba otra cosa que algunas palabras displicentes, desdeñosas, un poco de abominación y otro poco de repugnancia; a mí, de quien es notorio que sustento una interpretación de la historia radicalmente aristocrática.[23] Es radical, porque yo no he dicho nunca que la sociedad humana *deba* ser aristocrática, sino mucho más que eso. He dicho, y sigo creyendo, cada día con más enérgica convicción, que la sociedad humana *es* aristocrática siempre, quiera o no, por su esencia misma, hasta el punto de que es sociedad en la medida en que sea aristocrática, y deja de serlo en la medida en que se desaristocratiza. Bien entendido que hablo de la sociedad y no del Estado. Nadie puede creer que frente a este fabuloso encrespamiento de la masa,[24] sea lo aristocrático contentarse con hacer un breve mohín amanerado, como un caballerito de Versalles. Versalles—se entiende ese Versalles de los mohines[25]—no es aristocracia, es todo lo contrario: es la muerte y la putrefacción de una magnífica aristocracia. Por eso, de verdaderamente aristocrático sólo quedaba en aquellos seres la gracia digna con que sabían recibir en su cuello la visita de la guillotina; la aceptaban como el tumor acepta el bisturí. No; a quien sienta la misión profunda de las aristocracias, el espectáculo de la masa le incita y enardece como al escultor la presencia del mármol virgen. La aristocracia social no se parece nada a ese grupo reducidísimo que pretende asumir para sí íntegro el nombre de «sociedad», que se llama a sí mismo «la sociedad», y que vive simplemente de invitarse o de no invitarse. Como todo en el mundo tiene su virtud y su misión, también tiene los suyos dentro del vasto mundo este pequeño «mundo elegante», pero una misión muy subalterna e incomparable con la faena hercúlea de las auténticas aristocracias. Yo no tendría inconveniente en hablar sobre el sentido que posee esa vida elegante, en apariencia tan sin sentido; pero nuestro tema es ahora otro de mayores proporciones. Por supuesto que esa misma «sociedad distinguida» va también con el tiempo. Me hizo meditar mucho cierta damita en flor,[26] toda juventud y actualidad, estrella de primera magnitud en el zodíaco de la elegancia madrileña, porque me dijo: «Yo no puedo sufrir un baile al que han sido invitadas menos

de ochocientas personas.» A través de esta frase vi que el estilo de las masas triunfa hoy sobre toda el área de la vida y se impone aun en aquellos últimos rincones que parecían reservados a los *happy few*.

Rechazo, pues, igualmente toda interpretación de nuestro tiempo que no descubra la significación positiva oculta bajo el actual imperio de las masas y las que lo aceptan beatamente,[27] sin estremecerse de espanto. Todo destino es dramático y trágico en su profunda dimensión. Quien no haya sentido en la mano palpitar el peligro del tiempo, no ha llegado a la entraña del destino, no ha hecho más que acariciar su mórbida mejilla. En el nuestro, el ingrediente terrible lo pone la arrolladora y violenta sublevación moral de las masas, imponente, indomable y equívoca como todo destino. ¿Adónde nos lleva? ¿Es un mal absoluto, o un bien posible? ¡Ahí está, colosal, instalada sobre nuestro tiempo como un gigante, cósmico signo de interrogación, el cual tiene siempre una forma equívoca, con algo, en efecto, de guillotina o de horca, pero también con algo que quisiera ser un arco triunfal!

El hecho que necesitamos someter a anatomía puede formularse bajo estas dos rúbricas:[28] primera, las masas ejercitan hoy un repertorio vital que coincide, en gran parte, con el que antes parecía reservado exclusivamente a las minorías; segunda, al propio tiempo, las masas se han hecho indóciles frente a las minorías; no las obedecen, no las siguen, no las respetan, sino que, por el contrario, las dan de lado[29] y las suplantan.

Analicemos la primera rúbrica. Quiero decir con ella que las masas gozan de los placeres y usan los utensilios

---

[20] **nada parejo** nothing like it.   [21] **insinuarnos** to introduce ourselves by some subtle means (into the ancient world . . .).   [22] **el haz, la vertiente** the surface, the slope.   [23] **interpretación . . . aristocrática** Ortega was accused by some of his critics of being anti-democratic.   [24] **fabuloso . . . masa** fabulous reaching upward or incredible upward mobility of the masses.   [25] **Versalles de los mohines** Versailles of the delicate mannerisms.   [26] **damita en flor** a budding or blossoming young woman or girl.   [27] **aceptan beatamente** they accept unquestioningly, as though it were the gospel.   [28] **rúbricas** headings or captions.   [29] **las dan de lado** they put them aside.

inventados por los grupos selectos y que antes sólo éstos usufructuaban. Sienten apetitos y necesidades que antes se calificaban de refinamientos, porque eran patrimonio de pocos. Un ejemplo trivial: en 1820 no habría en París diez cuartos de baño en casas particulares; véanse las Memorias de la *comtesse* de Boigne.[30] Pero más aún: las masas conocen y emplean hoy, con relativa suficiencia, muchas de las técnicas que antes manejaban sólo individuos especializados.

Y no sólo las técnicas materiales, sino, lo que es más importante, las técnicas jurídicas y sociales. En el siglo XVIII, ciertas minorías descubrieron que todo individuo humano, por el mero hecho de nacer, y sin necesidad de cualificación especial alguna, poseía ciertos derechos políticos fundamentales, los llamados derechos del hombre y del ciudadano, y que, en rigor, estos derechos comunes a todos son los únicos existentes. Todo otro derecho afecto[31] a dotes especiales quedaba condenado como privilegio. Fue esto, primero, un puro teorema e idea de unos pocos; luego, esos pocos comenzaron a usar prácticamente de esa idea, a imponerla y reclamarla: las minorías mejores. Sin embargo, durante todo el siglo XIX, la masa, que iba entusiasmándose con la idea de esos derechos como con un ideal, no los sentía en sí, no los ejercitaba ni hacía valer, sino que de hecho, bajo las legislaciones democráticas, seguía viviendo, seguía sintiéndose a sí misma como en el antiguo régimen. El «pueblo» —según entonces se le llamaba—, el «pueblo» sabía ya que era soberano; pero no lo creía. Hoy aquel ideal se ha convertido en una realidad, no ya en las legislaciones, que son esquemas externos de la vida pública, sino en el corazón de todo individuo, cualesquiera que sean sus ideas, inclusive cuando sus ideas son reaccionarias; *es decir, inclusive cuando machaca y tritura las instituciones donde aquellos derechos se sancionan.* A mi juicio, quien no entienda esta curiosa situación moral de las masas, no puede explicarse nada de lo que hoy comienza a acontecer en el mundo. La soberanía del individuo no cualificado, del individuo humano genérico y como tal, ha pasado, de idea o ideal jurídico que era, a ser un estado psicológico constitutivo del hombre medio. Y nótese bien: cuando algo que fue ideal se hace ingrediente de la realidad, inexorablemente deja de ser ideal. El prestigio y la magia autorizante,[32] que son atributos del ideal, que son su efecto sobre el hombre, se volatilizan. Los derechos niveladores de la generosa inspiración democrática se han convertido, de aspiraciones e ideales, en apetitos y supuestos inconscientes.[33]

Ahora bien: el sentido de aquellos derechos no era otro que sacar las almas humanas de su interna servidumbre y proclamar dentro de ellas una cierta conciencia de señorío y dignidad. ¿No era esto lo que se quería? ¿Que el hombre medio se sintiese amo, dueño, señor de sí mismo y de su vida? Ya está logrado. ¿Por qué se quejan los liberales, los demócratas, los progresistas de hace treinta años? ¿O es que, como los niños, quieren una cosa, pero no sus consecuencias? Se quiere que el hombre medio sea señor. Entonces no extrañe que actúe por sí y ante sí, que reclame todos los placeres, que imponga decidido su voluntad, que se niegue a toda servidumbre, que no siga dócil a nadie, que cuide su persona y sus ocios, que perfile su indumentaria,[34] son algunos de los atributos perennes que acompañan a la conciencia de señorío. Hoy los hallamos residiendo en el hombre medio, en la masa.

Tenemos, pues, que la vida del hombre medio está ahora constituída por el repertorio vital[35] que antes caracterizaba sólo a las minorías culminantes. Ahora bien: el hombre medio representa el área sobre que se mueve la historia de cada época; es en la historia lo que el nivel del mar en la geografía. Si, pues, el nivel medio se halla hoy donde antes sólo tocaban las aristocracias, quiere decir lisa y llanamente que el nivel de la historia ha subido de pronto—tras largas y subterráneas preparaciones, pero en su manifestación, de pronto—, de un salto, en una generación. La vida humana, en totalidad, ha ascendido. El soldado del día, diríamos, tiene mucho de capitán; el ejército humano se compone ya de capitanes. Basta ver la energía, la resolución, la soltura con que cualquier individuo se mueve hoy por la existencia, agarra el placer que pasa, impone su decisión.

Todo el bien, todo el mal del presente y del inmediato porvenir tienen en este ascenso general del nivel histórico su causa y su raíz.

Pero ahora nos ocurre una advertencia impremeditada. Eso, que el nivel medio de la vida sea el de las antiguas minorías, es un hecho nuevo en Europa; pero era el hecho nativo, constitucional, de América. Piense el lector, para ver clara mi intención, en la conciencia de igualdad jurídica. Ese estado psicológico de sentirse amo y señor de sí e igual a cualquier otro individuo, que en Europa sólo los grupos sobresalientes lograban adquirir, es lo que desde el siglo XVIII, prácticamente desde siempre, acontecía en América. ¡Y nueva coincidencia, aun más curiosa! Al aparecer en Europa ese estado psicológico del hombre medio, al subir el nivel de su existencia integral, el tono y maneras de la vida europea en todos los órdenes adquiere de pronto una fisonomía que hizo decir a muchos: «Europa se está americanizando.» Los que esto decían no daban al fenómeno importancia mayor; creían que se trataba de un ligero cambio en las costumbres, de una moda, y, desorientados por el parecido externo, lo atribuían a no se sabe qué influjo de América sobre Europa. Con ello, a mi juicio, se ha trivializado la cuestión, que es mucho más sutil y sorprendente y profunda.

La galantería intenta ahora sobornarme[36] para que yo diga a los hombres de Ultramar que, en efecto, Europa se ha americanizado y que esto es debido a un influjo de América sobre Europa. Pero no; la verdad entra ahora en colisión con la galantería, y debe triunfar. Europa no se ha americanizado. No ha recibido aún influjo grande de América. Lo uno y lo otro, si acaso, se inician ahora mismo; pero no se produjeron en el próximo pasado, de que el presente es brote.[37] Hay aquí un cúmulo desesperante de ideas falsas que nos estorban la visión a unos y a otros, a americanos y a europeos. El triunfo de las masas y la consiguiente magnífica ascensión de nivel vital han acontecido en Europa por razones internas, después de dos siglos de educación progresista de las muchedumbres y de un paralelo enriquecimiento económico de la sociedad. Por ello es que el resultado coincide con el rasgo más decisivo de la existencia americana; y por eso, porque coincide la situación moral del hombre medio europeo con la del americano, ha acaecido que por vez primera el europeo entiende la vida americana, que antes le era un enigma y un misterio. No se trata, pues, de un influjo, que sería un poco extraño, que sería un reflejo, sino de lo que menos se sospecha aún: se trata de una nivelación.[38] Desde siempre se entreveía oscuramente por los europeos que el nivel medio de la vida era más alto en América que en el viejo continente.

La intuición, poco analítica, pero evidente de este hecho, dio origen a la idea, siempre aceptada, nunca puesta en duda, de que América era el porvenir. Se comprenderá que idea tan amplia y tan arraigada no podía venir del viento, como dicen que las orquídeas se crían en el aire sin raíces. El fundamento era aquella entrevisión[39] de un nivel más elevado en la vida media de Ultramar, que contrastaba con el nivel inferior de las minorías mejores de América comparadas con las europeas. Pero la historia, como la agricultura, se nutre de los valles y no de las cimas, de la altitud media social y no de las eminencias.

Vivimos en sazón[40] de nivelaciones: se nivelan las fortunas, se nivela la cultura entre las distintas clases sociales, se nivelan los sexos. Pues bien: también se nivelan los continentes. Y como el europeo se hallaba vitalmente más bajo, en esta nivelación no ha hecho sino ganar. Por tanto, mirada desde este haz, la subversión de las masas significa un fabuloso aumento de vitalidad y de posibilidades; todo lo contrario, pues, de lo que oímos tan a menudo sobre la decadencia de Europa. Frase confusa y tosca, donde no se sabe bien de qué se habla, si de los Estados europeos, de la cultura europea o de lo que está bajo todo esto, e importa infinitamente más que todo esto, a saber: de la vitalidad europea. De los Estados y de la cultura europea diremos algún vocablo[41] más adelante—y acaso la frase susodicha[42] valga para ellos—; pero en cuanto a la vitalidad, conviene desde luego hacer constar que se

---

[30] **Comtesse de Boigne** (1781–1866) who published her *Mémoires* in 1907. [31] **derecho afecto a** rights relating to. [32] **magia autorizante** the magic giving power. [33] **supuestos inconscientes** rights unconsciously assumed to be correct; taken for granted. [34] **que perfile su indumentaria** that he pays a great deal of attention to his clothes. [35] **repertorio vital** way of life; pattern of behavior. [36] **la galantería . . . sobornarme** politeness is now trying to prevail upon me; to bribe me. [37] **de que el presente es brote** of which the present is an offshoot. [38] **nivelación** a leveling; standardization. [39] **entrevisión** insight; intuition. [40] **en sazón** at a time; in a period of. [41] **algún vocablo** a word or two; a few words. [42] **la frase susodicha** the aforesaid.

Baixeras y Verdaguer, Dionisio. Español (1862–   ). *Barqueros de Barcelona.*
The Metropolitan Museum of Art. Regalo de George I. Seney, 1886.

trata de un craso error. Dicha en otro giro,[43] tal vez mi afirmación parezca más convincente o menos inverosímil; digo, pues, que hoy un italiano medio, un español medio, un alemán medio, se diferencian menos en tono vital de un yanqui o de un argentino que hace treinta años. Y éste es un dato que no deben olvidar los americanos.

X

Primitivismo e historia

La Naturaleza está siempre ahí. Se sostiene a sí misma. En ella, en la selva, podemos impunemente ser salvajes. Podemos inclusive resolvernos a no dejar de serlo nunca, sin más riesgo que el advenimiento de otros seres que no lo sean. Pero, en principio, son posibles pueblos perennemente primitivos. Los hay. Breysig los ha llamado «los pueblos de la perpetua aurora», los que se han quedado en una alborada detenida, congelada, que no avanza hacia ningún mediodía.

Esto pasa en el mundo que es sólo Naturaleza. Pero no pasa en el mundo que es civilización, como el nuestro. La civilización no está ahí, no se sostiene a sí misma. Es artificio y requiere un artista o artesano. Si usted quiere aprovecharse de las ventajas de la civilización, pero no se preocupa usted de sostener la civilización . . . , se ha fastidiado usted. En un dos por tres se queda usted sin civilización. ¡Un descuido, y cuando mira usted en derredor todo se ha volatilizado! Como si hubiesen recogido unos tapices que tapaban la pura Naturaleza, reaparece repristinada la selva primitiva.[44] La selva siempre es primitiva. Y viceversa. Todo lo primitivo es selva.

A los románticos de todos los tiempos les dislocaban estas escenas de violación, en que lo natural e infrahumano volvía a oprimir la palidez humana de la mujer,[45] y pintaban al cisne sobre Leda, estremecido; al toro con Pasiphae y a Antíope bajo el cabro.[46] Generalizando hallaron un espectáculo más sutilmente indecente en el paisaje con ruinas, donde la piedra civilizada, geométrica, se ahoga bajo el abrazo de la silvestre vegetación. Cuando un buen romántico divisa un edificio, lo primero que sus ojos buscan es, sobre la acrótera[47] o el tejado, el «amarillo jaramago».[48] Él

anuncia que, en definitiva, todo es tierra; que, dondequiera, la selva rebrota.

Sería estúpido reírse del romántico. *También* el romántico tiene razón. Bajo esas imágenes inocentemente perversas late un enorme y sempiterno problema: el de las relaciones entre la civilización y lo que quedó tras ella—la Naturaleza, entre lo racional y lo cósmico. Reclamo, pues, la franquía[49] para ocuparme de él en otra ocasión y para ser en la hora oportuna romántico.

Pero ahora me encuentro en faena opuesta. Se trata de contener la selva invasora. El «buen europeo» tiene que dedicarse ahora a lo que constituye, como es sabido, grave preocupación de los Estados australianos: a impedir que las chumberas[50] ganen terreno y arrojen a los hombres al mar. Hacia el año cuarenta y tantos, un emigrante meridional, nostálgico de su paisaje—¿Málaga, Sicilia?—, llevó a Australia un tiesto con una chumberita de nada.[51] Hoy los presupuestos de

---

[43] **dicha en otro giro** To put it another way; in other words.   [44] **Como si . . . primitiva** As though a tapestry hiding the purity of Nature had been lifted, and the primeval forest reappears in its pristine form once more.   [45] **A los románticos . . . mujer** The romantics of all times were wild about these rape scenes in which the natural and sub-human forces were constantly shown oppressing the human weakness or frailty of woman.   [46] **cisne sobre Leda** In Greek mythology, Zeus visited Leda in the form of a swan and fathered three of her children; **toro con Pasiphae** —Through the union of Pasiphae and the bull Minos, the Minotaur (a monster with the body of a man and the head of a bull) was conceived; **Antiope bajo el cabro** Antiope was a maiden loved by Zeus, who changed himself into the form of a satyr, and to whom she bore two sons.   [47] **acrótera** (Greek) pedestal, pinnacles or other ornaments on the horizontal copings or parapets of buildings.   [48] **amarillo jaramago** parched or withered hedge mustard (bot.); it grows frequently among ruins and has been a symbol of human decadence since the publication of Rodrigo Caro's «Canción a las ruinas de Itálica» in the seventeenth century.   [49] **franquía** privilege; liberty.   [50] **chumberas** prickly pear or the flat stemmed cactus.   [51] **un tiesto . . . nada** an insignificant little prickly pear in a flower pot.

Oceanía se cargan con partidas onerosas[52] destinadas a la guerra contra la chumbera, que ha invadido el continente y cada año gana en sección más de un kilómetro.

El hombre-masa cree que la civilización en que ha nacido y que usa es tan espontánea y primigenia como la Naturaleza, e *ipso facto* se convierte en primitivo. La civilización se le antoja selva. Ya lo he dicho. Pero ahora hay que añadir algunas precisiones.

Los principios en que se apoya el mundo civilizado —el que hay que sostener— no existen para el hombre-medio actual. No le interesan los valores fundamentales de la cultura, no se hace solidario de ellos, no está dispuesto a ponerse en su servicio. ¿Cómo ha pasado esto? Por muchas causas; pero ahora voy a destacar sólo una.

La civilización, cuanto más avanza, se hace más compleja y más difícil. Los problemas que hoy plantea son archiintrincados.[53] Cada vez es menor el número de personas cuya mente está a la altura de esos problemas. La postguerra[54] nos ofrece un ejemplo bien claro de ello. La reconstitución de Europa—se va viendo—es un asunto demasiado algebraico, y el europeo vulgar se revela inferior a tan sutil empresa. No es que falten medios para la solución. Faltan cabezas. Más exactamente: hay algunas cabezas, muy pocas; pero el cuerpo vulgar de la Europa central no quiere ponérselas sobre los hombros.

Este desequilibrio entre la sutileza complicada de los problemas y la de las mentes será cada vez mayor si no se pone remedio, y constituye la más elemental tragedia de la civilización. De puro ser fértiles y certeros los principios que la informan, aumentan su cosecha en cantidad y en agudeza hasta rebosar la receptividad del hombre normal. No creo que esto haya acontecido nunca en el pasado. Todas las civilizaciones han fenecido por la insuficiencia de sus principios. La europea amenaza sucumbir por lo contrario. En Grecia y Roma no fracasó el hombre, sino sus principios. El Imperio romano finiquita[55] por falta de técnica. Al llegar a un grado de población grande y exigir tan vasta convivencia la solución de ciertas urgencias materiales, que sólo la técnica podía hallar, comenzó el mundo antiguo a involucionar,[56] a retroceder y consumirse.

Mas ahora es el hombre quien fracasa por no poder seguir emparejado con el progreso de su misma civilización. Da grima[57] oír hablar sobre los temas más elementales del día a las personas relativamente más cultas. Parecen toscos labriegos que con dedos gruesos y torpes quieren coger una aguja que está sobre una mesa. Se manejan, por ejemplo, los temas políticos y sociales con el instrumental de conceptos romos[58] que sirvieron hace doscientos años para afrontar situaciones de hecho doscientas veces menos sutiles.

Civilización avanzada es una y misma cosa con problemas arduos. De aquí que cuanto mayor sea el progreso, más en peligro está. La vida es cada vez mejor; pero, bien entendido, cada vez más complicada. Claro es que al complicarse los problemas se van perfeccionando también los medios para resolverlos. Pero es menester que cada nueva generación se haga dueña de esos medios adelantados. Entre éstos—por concretar un poco—hay uno perogrullescamente unido al avance de una civilización, que es tener mucho pasado a su espalda, mucha experiencia; en suma: historia. El saber histórico es una técnica de primer orden para conservar y continuar una civilización provecta. No porque dé soluciones positivas al nuevo cariz de los conflictos vitales—la vida es siempre diferente de lo que fue—, sino porque evita cometer los errores ingenuos de otros tiempos. Pero si usted, encima de ser viejo, y, por tanto, de que su vida empieza a ser difícil, ha perdido la memoria del pasado, no aprovecha usted su experiencia, entonces todo son desventajas. Pues yo creo que esta es la situación de Europa. Las gentes más «cultas» de hoy padecen una ignorancia histórica increíble. Yo sostengo que hoy sabe el europeo dirigente mucha menos historia que el hombre del siglo XVIII y aun del XVII. Aquel saber histórico de las minorías gobernantes—gobernante *sensu lato*[59]—hizo posible el avance prodigioso del siglo XIX. Su política está pensada—por el XVIII— precisamente para evitar los errores de todas las políticas antiguas, está ideada *en vista* de esos errores, y resume en su sustancia la más larga experiencia. Pero ya el siglo XIX comenzó a perder «cultura histórica», a pesar de que en su transcurso los especialistas la hicieron avanzar muchísimo como ciencia. A este abandono se deben en buena parte sus peculiares errores, que hoy gravitan sobre nosotros. En su último tercio se inició—aun subterráneamente—la involución, el retroceso a la barbarie; esto es, a la ingenuidad y primitivismo de quien no tiene u olvida su pasado.

Por eso son *bolchevismo* y *fascismo*, los dos intentos «nuevos» de política que en Europa y sus aledaños[60] se están haciendo, dos claros ejemplos de regresión sustancial. No tanto por el contenido positivo de sus doctrinas, que, aislado, tiene naturalmente una verdad parcial—¿quién en el universo no tiene una porciúncula[61] de razón?—, como por la manera *anti*-histórica, anacrónica, con que tratan su parte de razón. Movimientos típicos de hombres-masas, dirigidos, como todos los que lo son, por hombres mediocres, extemporáneos[62] y sin larga memoria, sin «conciencia histórica», se comportan desde un principio como si hubiesen pasado ya, como si acaeciendo en esta hora perteneciesen a la fauna de antaño.[63]

La cuestión no está en ser o no ser comunista y bolchevique. No discuto el credo. Lo que es inconcebible y anacrónico es que un comunista de 1917 se lance a hacer una revolución que es en su forma idéntica a todas las que antes ha habido y en que no se corrigen lo más mínimo los defectos y errores de las antiguas. Por eso no es interesante históricamente lo acontecido en Rusia; por eso es estrictamente lo contrario que un comienzo de vida humana. Es, por el contrario, una monótona repetición de la revolución de siempre, es el perfecto lugar común de las revoluciones. Hasta el punto que no hay frase hecha, de las muchas que sobre las revoluciones la vieja experiencia humana ha hecho, que no reciba deplorable confirmación cuando se aplica a ésta. «¡La revolución devora sus propios hijos!» «La revolución comienza por un partido mesurado, pasa en seguida a los extremistas y comienza muy pronto a retroceder hacia una restauración», etc., etc. A los cuales tópicos venerables podían agregarse algunas otras verdades menos notorias, pero no menos probables, entre ellas ésta: una revolución no dura más de quince años, período que coincide con la vigencia de una generación.[64]

Quien aspire verdaderamente a crear una nueva realidad social o política, necesita preocuparse ante todo de que esos humildísimos lugares comunes de la experiencia histórica queden invalidados por la situa-

ción que él suscita.[65] Por mi parte reservaré la calificación de genial para el político que apenas comience a operar comiencen a volverse locos los profesores de Historia de los institutos, en vista de que todas las «leyes» de su ciencia resultan caducas, interrumpidas y hechas cisco.[66]

Invirtiendo el signo que afecta al bolchevismo, podríamos decir cosas similares del fascismo. Ni uno ni otro ensayo están «a la altura de los tiempos», no llevan dentro de sí escorzado[67] todo el pretérito, condición irremisible para superarlo. Con el pasado no se lucha cuerpo a cuerpo.[68] El porvenir lo vence porque se lo traga. Como deje algo de él fuera está perdido.

Uno y otro—bolchevismo y fascismo—son dos seudoalboradas,[69] no traen la mañana de mañana, sino la de un arcaico día, ya usado una o muchas veces; son primitivismo. Y esto serán todos los movimientos que recaigan en la simplicidad de entablar un pugilato[70] con tal o cual porción del pasado, en vez de proceder a su digestión.

No cabe duda de que es preciso superar el liberalismo del siglo XIX. Pero esto es justamente lo que no puede hacer quien, como el fascismo, se declara antiliberal. Porque eso —ser antiliberal o no liberal—es lo que

---

[52] **presupuestos . . . onerosas** the state budgets of Oceania are overburdened with onerous entries. [53] **archi-intrincados** extremely complicated; entangled. [54] **postguerra** refers to the period following World War I. [55] **finiquita** expires; dies out. [56] **involucionar** the process of involution; that is, arrest and reversal of development. [57] **dar grima** to disgust; to cause discouragement or fear. [58] **conceptos romos** crude ideas or concepts. [59] **gobernante «sensu lato»** using the word ruling in its broadest sense. [60] **aledaños** surrounding or bordering (states). [61] **porciúncula** the smallest portion. [62] **extemporáneos** with little or no preparation. [63] **antaño** former times; (days) of yore; yesteryear. [64] **vigencia de una generación** when a generation is at the height of its force or power. [65] **suscitar** to give rise to; originate. [66] **hechas cisco** reduced to dust. [67] **escorzado** reduced to the proper proportions; properly outlined. [68] **cuerpo a cuerpo** hand to hand; in single combat. [69] **seudoalboradas** pseudo or false dawnings. [70] **entablar un pugilato** to start a fight or boxing match.

hacía el hombre anterior al liberalismo. Y como ya una vez éste triunfó de aquél, repetiría su victoria innumerables veces o se acabará todo—liberalismo y antiliberalismo—en una destrucción de Europa. Hay una cronología vital inexorable. El liberalismo es en ella posterior al antiliberalismo, o, lo que es lo mismo, es más vida que éste, como el cañón es más arma que la lanza.

Al primer pronto,[71] una actitud *anti*-algo parece posterior a este algo, puesto que significa una reacción contra él y supone su previa existencia. Pero la innovación que el *anti* representa se desvanece en vacío además negador[72] y deja sólo como contenido positivo una «antigualla». El que se declara anti-Pedro no hace, traduciendo su actitud a lenguaje positivo, más que declararse partidario de un mundo donde Pedro no exista. Pero esto es precisamente lo que acontecía al mundo cuando aún no había nacido Pedro. El antipedrista, en vez de colocarse después de Pedro, se coloca antes y retrotrae toda la película a la situación pasada, al cabo de la cual está inexorablemente la reaparición de Pedro. Les pasa, pues, a todos estos *anti* lo que, según la leyenda, a Confucio. El cual nació, naturalmente, después que su padre; pero ¡diablo!, nació ya con ochenta años, mientras su progenitor no tenía más que treinta. Todo *anti* no es más que un simple y hueco *no*.

Sería todo muy fácil si con un *no* mondo y lirondo[73] aniquilásemos el pasado. Pero el pasado es por esencia *revenant*.[74] Si se le echa, vuelve, vuelve irremediablemente. Por eso su única auténtica separación es no echarlo. Contar con él. Comportarse en vista de él para sortearlo,[75] para evitarlo. En suma: vivir «a la altura de los tiempos»,[76] con hiperestésica conciencia de la coyuntura histórica.

El pasado tiene razón, la suya. Si no se le da ésa que tiene, volverá a reclamarla, y de paso, a imponer la que no tiene. El liberalismo tenía una razón, y ésa hay que dársela *per saecula saeculorum*.[77] Pero no tenía toda la razón, y ésa que no tenía es la que hay que quitarle. Europa necesita conservar su esencial liberalismo. Esta es la condición para superarlo.

Si he hablado aquí de fascismo y bolchevismo no ha sido más que oblicuamente, fijándome sólo en su facción anacrónica.[78] Esta es, a mi juicio, inseparable de todo lo que hoy parece triunfar. Porque hoy triunfa el hombre-masa, y, por tanto, sólo intentos por él informados,[79] saturados de su estilo primitivo, pueden celebrar una aparente victoria. Pero, aparte de esto, no discuto ahora la entraña del uno ni la del otro, como no pretendo dirimir el perenne dilema[80] entre revolución y evolución. Lo más que este ensayo se atreve a solicitar es que revolución o evolución sean históricas y no anacrónicas.

El tema que persigo en estas páginas es políticamente neutro, porque alienta en estrato mucho más profundo[81] que la política y sus dissensiones. No es más ni menos masa el conservador que el radical, y esta diferencia—que en toda época ha sido muy superficial—no impide ni de lejos que ambos sean un mismo hombre, vulgo rebelde.

Europa no tiene remisión[82] si su destino no es puesto en manos de gentes verdaderamente «contemporáneas» que sientan bajo sí palpitar todo el subsuelo histórico, que conozcan la altitud presente de la vida y repugnen todo gesto arcaico y silvestre. Necesitamos de la historia íntegra para ver si logramos escapar de ella, no recaer en ella.

XI

La época del « Señorito Satisfecho »

Resumen: El nuevo hecho social que aquí se analiza es éste: la historia europea parece, por vez primera, entregada a la decisión del hombre vulgar como tal. O dicho en voz activa: el hombre vulgar, antes dirigido, ha resuelto gobernar el mundo. Esta resolución de adelantarse al primer plano social se ha producido en él, automáticamente, apenas llegó a madurar el nuevo tipo de hombre que él representa. Si atendiendo a los efectos de vida pública, se estudia la estructura psicológica de este nuevo tipo de hombre-masa, se encuentra lo siguiente: 1.º, una impresión nativa y radical de que la vida es fácil, sobrada,[83] sin limitaciones trágicas; por tanto, cada individuo medio encuentra en sí una sensación de dominio y triunfo que, 2.º, le invita a afirmarse a sí mismo tal cual es, a dar por bueno y completo su haber moral e intelectual.[84] Este contentamiento consigo le lleva a cerrarse para toda instancia exterior,[85] a no escuchar, a no poner en tela de juicio sus opiniones y a no contar con los demás. Su sensación íntima de dominio le incita constantemente a ejercer predominio. Actuará, pues, como si sólo él y sus congéneres existieran en el mundo; por tanto, 3.°, intervendrá en todo imponiendo su vulgar opinión, sin miramientos, contemplaciones, trámites ni reservas; es decir, según un régimen de «acción directa».

Este repertorio de facciones[86] nos hizo pensar en ciertos modos deficientes de ser hombre, como el «niño mimado» y el primitivo rebelde; es decir, el bárbaro. (El primitivo normal, por el contrario, es el hombre más dócil a instancias superiores que ha existido nunca—religión, *tabús*, tradición social, costumbres.) No es necesario extrañarse de que yo acumule dicterios sobre esta figura de ser humano. El presente ensayo no es más que un primer ensayo de ataque a ese hombre triunfante, y el anuncio de que unos cuantos europeos van a revolverse enérgicamente contra su pretensión de tiranía. Por ahora se trata de un ensayo de ataque nada más: el ataque a fondo vendrá luego, tal vez muy pronto, en forma muy distinta de la que este ensayo reviste. El ataque a fondo tiene que venir en forma que el hombre-masa no pueda precaverse contra él, lo vea ante sí y no sospeche que aquello, precisamente aquello, es el ataque a fondo.

Este personaje, que ahora anda por todas partes y dondequiera impone su barbarie íntima, es, en efecto, el niño mimado de la historia humana. El niño mimado es el heredero que se comporta exclusivamente como heredero. Ahora la herencia es la civilización—las comodidades, la seguridad, en suma, las ventajas de la civilización—. Como hemos visto, sólo dentro de la holgura vital que ésta ha fabricado en el mundo, puede surgir un hombre constituído por aquel repertorio de facciones, inspirado por tal carácter. Es una de tantas deformaciones como el lujo produce en la materia humana. Tenderíamos ilusoriamente a creer que una vida nacida en un mundo sobrado sería mejor, más vida y de superior calidad a la que consiste, precisamente, en luchar con la escasez. Pero no hay tal. Por razones muy rigorosas y archifundamentales[87] que no es ahora ocasión de enunciar. Ahora, en vez de esas razones, basta con recordar el hecho siempre repetido que constituye la tragedia de toda aristocracia hereditaria. El aristócrata hereda, es decir, encuentra atribuidas a su persona unas condiciones de vida que él no ha creado; por tanto, que no se producen orgánicamente unidas a su vida personal y propia. Se halla al nacer instalado, de pronto y sin saber cómo, en medio de su riqueza y de sus prerrogativas. Él no tiene, íntimamente, nada que ver con ellas, porque no vienen de él. Son el caparazón gigantesco de otra persona, de otro ser viviente, su antepasado. Y tiene que vivir *como* heredero; esto es, tiene que usar el caparazón de otra vida. ¿En qué quedamos? ¿Qué vida va a vivir el «aristócrata» de herencia: la suya o la del prócer inicial? Ni la una ni la otra. Está condenado a *representar* al otro; por tanto, a *no ser* ni el otro ni él mismo. Su vida pierde, inexorablemente, autenticidad, y se convierte en pura representación o ficción de otra vida. La sobra de medios[88] que está obligado a manejar no le deja vivir su propio y personal destino, atrofia su vida. *Toda vida es lucha, el esfuerzo por ser sí misma.*[89] Las dificultades con que tropiezo para realizar mi vida son, precisamente, lo que despierta y moviliza mis actividades, mis capacidades. Si mi cuerpo no me pesase, yo no podría andar. Si la atmósfera no me oprimiese, sentiría mi cuerpo como una cosa vaga, fofa, fantasmática. Así, en el «aristócrata» heredero toda su persona se va

71 **al primer pronto** At first sight.   72 **vacío ademán negador** empty gesture of negation.   73 **mondo y lirondo** pure and simple.   74 **revenant** (French) recurrent; returning.   75 **sortearlo** to elude or shun cleverly.   76 **a la altura de los tiempos** in keeping with (the demands of) the times; in step or in tune with the times.   77 **per saecula saeculorum** (Latin) throughout the ages; throughout all time.   78 **facción anacrónica** anachronistic aspect or features.   79 **informados** shaped; inspired.   80 **dirimir . . . dilema** to reconcile the perennial dilemma.   81 **alienta . . . profundo** it lives at a deeper level.   82 **no tiene remisión** there's no hope (for Europe).   83 **sobrada** abundant; plentiful.   84 **su haber . . . intelectual** his moral and intellectual makeup.   85 **instancia exterior** outside demands or influence.   86 **repertorio de facciones** multi-faceted behavior.   87 **archifundamentales** the most fundamental (reasons).   88 **la sobra de medios** excessive means or wealth.   89 **el esfuerzo . . . misma** the struggle or effort to be one's self.

envagueciendo,[90] por falta de uso y esfuerzo vital. El resultado es esa específica bobería de las viejas noblezas, que no se parece a nada y que, en rigor, nadie ha descrito todavía en su interno y trágico mecanismo—el interno y trágico mecanismo que conduce toda aristocracia hereditaria a su irremediable degeneración.

Vaya esto tan sólo para contrarrestar[91] nuestra ingenua tendencia a creer que la sobra de medios favorece la vida. Todo lo contrario. Un mundo sobrado de posibilidades produce, automáticamente, graves deformaciones y viciosos tipos de existencia humana—los que se pueden reunir en la clase general «hombre heredero», de que el «aristócrata» no es sino un caso particular, y otro el niño mimado, y otro, mucho más amplio y radical, el hombre-masa de nuestro tiempo. (Por otra parte, cabría aprovechar más detalladamente la anterior alusión al «aristócrata», mostrando cómo muchos de los rasgos característicos de éste, en todos los pueblos y tiempos, se dan, de manera germinal,[92] en el hombre-masa. Por ejemplo: la propensión a hacer ocupación central de la vida los juegos y los deportes; el cultivo de su cuerpo—régimen higiénico y atención a la belleza del traje; falta de romanticismo en la relación con la mujer; divertirse con el intelectual, pero, en el fondo, no estimarlo y mandar que los lacayos o los esbirros le azoten,[93] preferir la vida bajo la autoridad absoluta a un régimen de discusión, etc., etc.).

Insisto, pues, con leal pesadumbre en hacer ver que este hombre lleno de tendencias inciviles, que este novísimo bárbaro es un producto automático de la civilización moderna, especialmente de la forma que esta civilización adoptó en el siglo XIX. No ha venido de fuera al mundo civilizado como los «grandes bárbaros blancos» del siglo V; no ha nacido tampoco dentro de él por generación espontánea y misteriosa, como, según Aristóteles, los renacuajos en la alberca,[94] sino que es su fruto natural. Cabe formular esta ley que la paleontología y biogeografía confirman: la vida humana ha surgido y ha progresado sólo cuando los medios con que contaba estaban equilibrados por los problemas que sentía. Esto es verdad, lo mismo en el orden espiritual que en el físico. Así, para referirme a una dimensión muy concreta de la vida corporal, recordaré que la especie humana ha brotado en zonas del planeta donde la estación caliente quedaba compensada con una estación de frío intenso. En los trópicos, el animal-hombre degenera, y viceversa, las razas inferiores—por ejemplo, los pigmeos—han sido empujadas hacia los trópicos por razas nacidas después que ellas y superiores en la escala de la evolución.

Pues bien: la civilización del siglo XIX es de índole tal que permite al hombre-medio instalarse en un mundo sobrado, del cual percibe sólo la superabundancia de medios, pero no las angustias. Se encuentra rodeado de instrumentos prodigiosos, de medicinas benéficas, de Estados previsores, de derechos cómodos. Ignora, en cambio, lo difícil que es inventar esas medicinas e instrumentos y asegurar para el futuro su producción; no advierte lo inestable que es la organización del Estado, y apenas si siente dentro de sí obligaciones. Este desequilibrio le falsifica,[95] le vicia en su raíz de ser viviente, haciéndole perder contacto con la sustancia misma de la vida, que es absoluto peligro, radical problematismo.[96] La forma más contradictoria de la vida humana que puede aparecer en la vida humana es el «señorito satisfecho». Por eso, cuando se hace figura predominante, es preciso dar la voz de alarma y anunciar que la vida se halla amenazada de degeneración; es decir, de relativa muerte. Según esto, el nivel vital que representa la Europa de hoy es superior a todo el pasado humano; pero si se mira el porvenir, hace temer que ni conserve su altura ni produzca otro nivel más elevado, sino, por el contrario, que retroceda y recaiga en altitudes inferiores.

Esto, pienso, hace ver con suficiente claridad la anormalidad superlativa que representa el «señorito satisfecho». Porque es un hombre que ha venido a la vida para hacer lo que le dé la gana. En efecto: esta ilusión se hace el «hijo de familia». Ya sabemos por qué: en el ámbito familiar, todo, hasta los mayores delitos, puede quedar a la postre impune.[97] El ámbito familiar es relativamente artificial, y tolera dentro de él muchos actos que en la sociedad, en el aire de la calle, traerían automáticamente consecuencias desastrosas e ineludibles para su autor. Pero el «señorito» es el que cree poder comportarse fuera de casa como en casa, el que cree que nada es fatal, irremediable e irrevocable. Por eso cree que puede hacer lo que le dé la gana. ¡Gran equivocación! *Vossa mercê irá á onde o levem,*[98] como se dice al loro en el cuento del portugués. No es que no se *deba* hacer lo que le dé a uno lo gana; es que no se puede hacer sino lo que cada cual *tiene* que hacer, *tiene* que ser. Lo único que cabe es negarse a hacer eso que hay que hacer; pero esto no nos deja en franquía para hacer otra cosa que nos dé la gana. En este punto poseemos sólo una libertad negativa de albedrío[99] —la *voluntad*—. Podemos perfectamente desertar de nuestro destino más auténtico; pero es para caer prisioneros en los pisos inferiores de nuestro destino. Yo no puedo hacer esto evidente a cada lector en lo que su destino individualísimo tiene de tal, porque no conozco a cada lector; pero sí es posible hacérselo ver en aquellas porciones o facetas de su destino que son idénticas a las de otros. Por ejemplo; todo europeo actual sabe, con una certidumbre mucho más vigorosa que la de todas sus «ideas» y «opiniones» expresas, que el hombre europeo actual *tiene* que ser liberal. No discutamos si esta o la otra forma de libertad es la que tiene que ser. Me refiero a que el europeo más reaccionario sabe, en el fondo de su conciencia, que eso que ha intentado Europa en el último siglo con el nombre de liberalismo es, en última instancia, algo ineludible, inexorable, que el hombre occidental de hoy *es*, quiera o no.

Aunque se demuestre, con plena e incontrastable verdad, que son falsas y funestas todas las maneras concretas en que se ha intentado hasta ahora realizar ese imperativo irremisible de ser políticamente libre, inscrito en el destino europeo, queda en pie la última evidencia de que el siglo último tenía *sustancialmente* razón. Esta evidencia *última* actúa lo mismo en el comunista europeo que en el fascista, por muchos gestos que hagan para convencernos y convencerse de lo contrario, como actúa—quiera o no, *créalo o no*— en el católico que preste más leal adhesión al *Sylabus*.[100] Todos «saben» que más allá de las justas críticas con que se combaten las manifestaciones del liberalismo queda la irrevocable verdad de éste, una verdad que no es teórica, científica, intelectual, sino de un orden radicalmente distinto y más decisivo que todo eso—a saber, una verdad de destino—. Las verdades teóricas no sólo son discutibles, sino que todo su sentido y fuerza están en ser discutidas; nacen de la discusión, viven en tanto se discuten y están hechas

exclusivamente para la discusión. Pero el destino—lo que vitalmente se tiene que ser o no se tiene que ser—no se discute, sino que se acepta o no. Si lo aceptamos, somos auténticos; si no lo aceptamos, somos la negación, la falsificación de nosotros mismos. El destino no consiste en aquello que tenemos ganas de hacer; más bien se reconoce y muestra su claro, riguoso perfil en la conciencia de *tener* que hacer lo que no tenemos ganas.

Pues bien: el «señorito satisfecho» se caracteriza por «saber» que ciertas cosas no pueden ser y, sin embargo, y por lo mismo, fingir con sus actos y palabras la convicción contraria. El fascista se movilizará contra la libertad política, precisamente porque sabe que ésta no faltará nunca a la postre y en serio, sino que está ahí, irremediablemente, en la sustancia misma de la vida europea, y que en ella se recaerá siempre que de verdad haga falta, a la hora de la seriedad. Porque ésta es la tónica de la existencia[101] en el hombre-masa: la inseriedad, la «broma». Lo que hacen lo hacen sin el carácter de irrevocable, como hace sus travesuras el «hijo de familia». Toda esa prisa por adoptar en todos los órdenes actitudes aparentemente trágicas, últimas, tajantes, es sólo apariencia. Juegan a la tragedia porque creen que no es verosímil la tragedia efectiva en el mundo civilizado.

[90] **se va envagueciendo** grows dim; becomes vague. [91] **contrarrestar** to counteract; check. [92] **de manera germinal** in an embryonic form. [93] **los lacayos . . . azoten** (to order) his lackeys or henchmen to flog him. [94] **alberca** pond or pool of water. [95] **este desequilibrio le falsifica** this imbalance gives him a false image of himself; prevents him from being true. [96] **problematismo** deep or unending source of problems. [97] **quedar impune** to go unpunished. [98] **Vossa . . . levem** (Portuguese) You will go wherever they take you. [99] **libertad . . . albedrío** a negative freedom to exercise our free choice. [100] **Syllabus** One of two tables or digests of propositions condemned as erroneous: The Syllabus of Pius IX (issued 1864) and the Syllabus of Pius X (issued 1907); the former attacked eighty propositions and the latter sixty-five propositions on rationalism, socialism, communism, etc. [101] **la tónica de la existencia** the keynote of life.

Bueno fuera que estuviésemos forzados a aceptar como auténtico ser de una persona lo que ella pretendía mostrarnos como tal. Si alguien se obstina en afirmar que cree dos más dos igual a cinco y no hay motivo para suponerlo demente, debemos asegurar que no lo cree, por mucho que grite y aunque se deje matar por sostenerlo.

Un ventarrón de farsa general y omnímoda sopla sobre el terruño europeo.[102] Casi todas la posiciones que se toman y ostentan son internamente falsas. Los únicos esfuerzos que se hacen van dirigidos a huir del propio destino, a cegarse ante su evidencia y su llamada profunda, a evitar cada cual el careo con *ese que tiene que ser*.[103] Se vive humorísticamente y tanto más cuanto más tragicota[104] sea la máscara adoptada. Hay humorismo dondequiera que se vive de actitudes revocables en que la persona no se hinca entera y sin reservas.[105] El hombre-masa no afirma el pie sobre la firmeza inconmovible de su sino; antes bien, vegeta suspendido ficticiamente en el espacio. De aquí que nunca como ahora estas vidas sin peso y sin raíz —*déracinées*[106] de su destino— se dejen arrastrar por la más ligera corriente. Es la época de las «corrientes» y del «dejarse arrastrar». Casi nadie presenta resistencia a los superficiales torbellinos que se forman en arte o en ideas, o en política, o en los usos sociales. Por lo mismo, más que nunca triunfa la retórica.

Aclara la situación actual advertir, no obstante, la singularidad de su fisonomía, la porción que de común tiene con otras del pasado. Así acaece que apenas llega a su máxima actitud la civilización mediterránea—hacia el siglo III antes de Cristo—hace su aparición el cínico.[107] Diógenes patea con sus sandalias hartas de barro las alfombras de Arístipo.[108] El cínico se hizo un personaje pululante,[109] que se hallaba tras cada esquina y en todas las alturas.[110] Ahora bien: el cínico no hacía otra cosa que sabotear la civilización aquella. Era el nihilista del helenismo. Jamás creó ni hizo nada. Su papel era deshacer; mejor dicho, intentar deshacer, porque tampoco consiguió su propósito. El cínico, parásito de la civilización, vive de negarla, por lo mismo que está convencido de que no faltará. ¿Qué haría el cínico en un pueblo salvaje donde todos, naturalmente y en serio, hacen lo que él, en farsa, considera como su papel personal? ¿Qué es un fascista si no habla mal de la libertad y un superrealista si no perjura del arte?

No podía comportarse de otra manera este tipo de hombre nacido en un mundo demasiado bien organizado, del cual sólo percibe las ventajas y no los peligros. El contorno lo mima, porque es «civilización»—esto es, una casa—, y el «hijo de familia» no siente nada que le haga salir de su temple caprichoso, que incite a escuchar instancias externas superiores a él y mucho menos que le obligue a tomar contacto con el fondo inexorable de su propio destino.

Salvador de Madariaga (1886–   )

Madariaga es un español universal conocido en la política y diplomacia europeas. Su primera actividad fue el periodismo en el *Times* de Londres. Su primer libro fue una colección de ensayos *Shelley and Calderón and others essays in English and Spanish poetry* (1920). Más tarde fue embajador español y presidente de la Sociedad de las Naciones, en Ginebra.

Hombre de muchos talentos ha escrito sobre todo. Escribe en español, francés e inglés. Por su espíritu pertenece a la generación del 98, pero con una visión y tendencia más europea y universalista. Sus libros son de una u otra manera una interpretación de España y lo español. *Ensayos angloespañoles* (1922), *Guía del lector del Quijote* (1926). *Ingleses, franceses, españoles* (1928) es una penetrante explicación de las características individuales y sociales de los tres pueblos. Por su facilidad estilística, por su sinceridad y por su cosmopolitismo ha influido en el conocimiento que los extranjeros tienen de España. *España, ensayo de historia contemporánea* (1940) es una obra básica en que el autor expone sus ideas sobre la realidad española y su orientación en el futuro. Ha escrito tres libros biográficos sobre *Colón, Hernán Cortés*, y el más discutido y que provocó una enorme polémica, *Bolívar* (1951). Madariaga no es un filósofo ni un investigador profundo y original, pero su acercamiento humanístico a los problemas del hombre hispano le hacen un sembrador de ideas de primera clase.

INGLESES, FRANCESES, ESPAÑOLES

Amor, patriotismo, religión

El amor, en su sentido estricto, la religión y el patriotismo son en último término tres manifestaciones del amor en su sentido amplio. Difieren en cuanto al objeto a que este amor se aplica. En el primer caso, el objeto es otro ser del sexo opuesto; en el segundo, el Ser divino; en el tercero, la patria. El objeto es, por tanto, individual en el amor; universal, en la religión, y nacional o racial, en el patriotismo.

A) EL AMOR
1

El amor tiene sus raíces en el sexo; pero su follaje y sus flores se bañan en la pura luz del espíritu. Es hondamente humano en su completa impureza. Se niega[1] a que el cínico lo arrastre por el suelo y a que el idealista lo sutilice en el aire irrespirable de las platónicas alturas. Considerado como una pasión absoluta, integral y absorbente, es, pues, una manifestación humana en armonía con el carácter español.

Y así se ve que el amor es en España la pasión vigorosa que era de esperar. Absoluta, completa, exigente y agotante.[2] Pide la rendición completa y la posesión sin reserva. Pero decir que «pide» es ya incomprensión, pues obtiene sin pedir. El amor es en España espontáneo y volcánico, como la naturaleza española nos permitía esperar.

Este carácter integral del amor español explica que sea al mismo tiempo hondamente carnal y casto. El don mutuo del cuerpo es la manifestación natural, en el reino de la materia, de la relación más íntima que establece la fusión de las dos pasiones individuales, de las dos corrientes vitales que el amor hace una. Ni elementos intelectuales ni éticos vienen a estorbar el paso libre de esta corriente de pasión que se sabe[3] en

contacto tan directo con las fuentes mismas de la vida. Ningún elemento social viene a complicarla ni a alterar sus leyes primitivas. Los dos sexos se atienen a sus funciones originarias y naturales: afirmativa y posesiva en el hombre; abnegada y pasiva en la mujer. Por muy voluntaria, capaz y enérgica que sea —y la mujer española lo es con frecuencia—, acepta como cosa consabida, más todavía como cosa natural, la supremacía del varón. En todo esto, nada que no vaya de acuerdo con una fidelidad instintiva a las leyes naturales. Así se ve cómo el amor en España actúa a veces con la fuerza implacable que hizo de él en la antigüedad un mito terrible.

La canción popular española atestigua esta fuerza del amor sobre el pueblo de pasión, y el vocabulario popular no puede ser más significativo a este respecto. La lengua ha dejado caer en desuso los vocablos «amor» y «amar», demasiado literarios para su gusto, reemplazándolos con el vigoroso «querer», tan cargado de fuerzas de intensa voluntad. «Querer» tiene un significado completo: implica plena posesión, pero despreciaría la posesión puramente física. El vigor y la fuerza de la pasión amorosa es uno de los rasgos que dan su aroma y originalidad a la vida española. El amor en España hace y deshace vida. La palabra *perdición* no es pura retórica en su copla popular.

---

[102] **terruño europeo** European homeland. [103] **careo . . . ser** confrontation or face to face meeting with the one he ought to be. [104] **tragicota** grotesquely tragic. [105] **la persona . . . reservas** the individual does not commit himself entirely, without reservations. [106] **déracinées** (French) uprooted. [107] **hace . . . el cínico** the cynic appears on the scene. [108] **Diógenes . . . Arístipo** Diogenes in his mud covered sandals tramps over the carpets of Aristippus (Greek philosopher of Cyrene, 435–366? B.C.). *Diógenes* (412?–323 B.C.), Greek Cynic philosopher, reputed to have lived in a tub and to have sought for an honest man at midday with a lantern. [109] **pululante** swarming; teeming. [110] **en todas las alturas** at all levels (of society).

---

[1] **se niega** opposes.   [2] **agotante** exhausting.   [3] **que se sabe** which feels itself.

Ya sabemos que la envidia es el vicio específico del carácter español. En amor, la envidia se llama celos. El amor en España es, pues, celoso. No sólo porque teme perder a la amada, sino quizá más todavía por serle insoportable la idea de que una porción, por mínima que sea, de su belleza se desvíe de su fin y cometido natural, a saber: de su posesor. La amada se hace parte integrante del amado con tal intensidad que el menor movimiento divergente de su parte, la menor tendencia que de manifestarse[4] la separaría siéntela el amado como un desgarrón insoportable dentro de su ser.

Mas tales sufrimientos no son sino manifestaciones del período febril del amor. El amor de hombre a mujer, cuando toma la forma sencilla, genuina, natural y espontánea que suele darle el carácter español, evuelve, naturalmente, de la satisfacción del sexo a la de la paternidad y maternidad. Tal es la evolución que se observa en el amor español. La amada se transforma gradualmente en madre; el amado, en padre. Los hijos son el centro e interés de todo amor. Hecho curioso y notorio en España, las *liaisons* irregulares que a veces aparecen, aun nacidas de un impulso puramente erótico, terminan produciendo hogares poblados de gente menuda,[5] lo mismo que aquellos que el cura ha bendecido en la parroquia del lugar.

2

El amor es en Francia, como todo lo demás, desapasionado. Pierde, por tanto, el fuego primitivo, que sólo permite a esta pasión fundir en vigorosa unidad los elementos heterogéneos de que la naturaleza la compone. La tendencia racionalista francesa contribuye a privarle de no poco de su fulgor espiritual. De modo que el amor en Francia viene a resolverse con frecuencia en una serie de variaciones sobre el tema del placer. Es típico que en la lengua francesa la expresión *s'aimer*[6] tome el sentido preciso que designa el acto carnal.

Los dos elementos esenciales de que se compone el amor en Francia son el cuerpo y el intelecto. El primero, instrumento sumiso del segundo. Mas el intelecto guía y regula el amor francés con todas las cualidades de dominio constante y seguro que caracterizan al francés. Esta dirección se reconoce en tres características: go-

bierno firme de la pasión, libertad de trabas éticas, tendencia hedonista.

Dominio de la pasión, es decir, que el amor francés permite a la pasión, plena libertad, precisamente porque la tiene bien a mano.[7] El amor francés es razonable y no pierde la cabeza. Asociación de dos personas para fines de placer amoroso, nunca horno en que dos almas se funden en una. Las dos personas permanecen lo bastante distintas una de otra para gozarse mutuamente. Recordemos aquí las observaciones hechas sobre la actitud del francés para con las pasiones en general. La persona razonable observa el juego de sus amores como el de un perro favorito, sabiendo que siempre puede traerlo a obediencia sumisa casi instantáneamente.

En esta actitud hay, desde luego, un dominio de las pasiones que era de esperar en el carácter del intelectual, aunque no sea más que porque,[8] los elementos irracionales de la pasión —que son los más desobedientes— se hallan debilitados o eliminados por la luz corrosiva del intelecto. Mas la calma del francés en amor procede también de su libertad de toda traba ética. Las pasiones, como sabemos, son para él manifestaciones perfectamente legítimas de la vida. Así también los placeres corporales. El intelecto omnicomprensivo admite como legítimas todas las acciones, menos las que van contra la tendencia maestra del francés: la verdad. La verdad, ese prurito[9] de verdad que es el resorte real del alma francesa, refuerza en él su actitud franca y abierta en cuestiones sexuales. En la psicología francesa nada de «tapadera»,[10] nada de «censor», nada de represión. Todo a la superficie y todo natural y corriente. Por tanto, no hay sentimentalismo. Una intimidad que en otros países implicaría relaciones personales y permanentes puede traducirse en Francia por sólo un corto saludo con la mirada.

Así simplificado y clarificado, el amor francés puede evolver en plena libertad, siguiendo su tendencia hedonista. Maestra del mundo en el refinamiento de los placeres, Francia ha cultivado con exquisita atención los jardines de Venus.

En la vida colectiva todas estas tendencias armonizan felizmente con la tolerancia moral que ya hemos apuntado como una de las características de la vida social francesa. Los observadores superficiales suelen creer degenerada o afeminada la sociedad francesa al verla tan tolerante. Pero el caso es que, puesto que, como dijo inmortalmente Shakespeare, «nada hay de bueno o malo, salvo lo que el pensamiento quiere así», las libertades que serían prueba de grave corrupción social en otros países no son en Francia más que signos de salud y de vida.

Hay, por otra parte, una relación estrecha entre el amor y la vanidad, por un lado, y por otro, esa forma de vanidad colectiva llamada «gloria» (en el sentido militar del vocablo). No en vano es el gallo, símbolo de Francia, animal a la vez amoroso y bélico. Este parentesco inspira una cuarteta de opereta francesa que merece un grano de inmortalidad:

> *Je suis de Saint Étienne (Loire),*
> *où l'on fabrique tour à tour*
> *les fusils, instruments de gloire,*
> *et les rubans, objects d'amour.*[11]

Por este camino podremos comprender fácilmente por qué el francés suele hallarse libre de toda tendencia a los celos. Su actitud en esta materia difiere de la actitud española como la vanidad francesa difiere del orgullo español. Observó Montesquieu que el orgullo impide trabajar al español y la vanidad obliga a trabajar al francés. De igual modo el orgullo hace que el español sufra atrozmente dominado por los celos, mientras la vanidad salva al francés de conceder demasiada importancia a los sentimientos de una mujer que se desvía de él, porque, al fin y al cabo, si el amor es sobre todo placer, el placer echado a perder no merece nuestras preocupaciones. De aquí que estas materias suelen terminar en Francia con soluciones razonables.

3

En cuanto pasión el amor individual tiene que ser considerado por el hombre de acción como un absurdo enojoso y desagradable. Y así sucede que la colectividad inglesa, poseída de este sentimiento, protege a sus jóvenes contra el absurdo natural, orientando su vitalidad hacia los deportes. La raza, el clima y la educación atlética retrasan en el joven inglés las manifestaciones de la emoción sexual, que suelen hacer aparición tan temprana en la mayoría de las naciones continentales.

Cuando, por fin, se presenta, la colectividad inglesa frunce el entrecejo[12] e insulta al intruso con nombres significativos, tales como *calf love,* amor de ternero.

Así, desde sus comienzos, el amor vive en Inglaterra bajo la vigilancia estrecha de la colectividad. La represión no tarda en seguir a la vigilancia. El mundo de las emociones arraigado en el sexo, se refugia en lo soterraño.[13] Así refugiado, halla, no obstante, una manifestación respetable: el sentimentalismo, y una zona de escape: las regiones vastas, vagamente definidas y de clima húmedo e insano, que llaman en Inglaterra *romance* (es decir, lo romancesco, en cuanto estas palabras admiten traducción).

Insinceridad e irrealidad caracterizan al amor inglés desde sus primeros días, y la disciplina individual actúa como una fuerza real importante. Esta mezcla de elementos reales e irreales produce una atmósfera favorable a la vegetación peculiar que produce el amor inglés. Así, por ejemplo, los casos frecuentes de amistad entre hombres y mujeres—casos que van desde aquellos en que el elemento sexual se halla verdaderamente ausente hasta otros en que esta amistad no es más que una atracción sexual sublimada por no atreverse[14] a salir a luz.

Inglaterra es, pues, un campo ideal para el psicoanalista. Mediante la presión social, las pasiones se degradan. Echadas de la presencia de la conciencia a las cámaras herméticas de la subconciencia, se desarrollan con fuerza, pero mórbidamente. Otras veces pierden toda su vitalidad, produciéndose los tipos asexuados que Inglaterra da en mayor número quizá que ningún otro país. En muchos de estos casos el interés primordial de la vida pasa de lo individual a lo

[4] **que de manifestarse** if it would show up. [5] **gente menuda** children. [6] **s'aimer** [*French*] to love. [7] **la tiene bien a mano** controls it. [8] **aunque no sea más que porque** although it be simply because. [9] **prurito** itching. [10] **«tapadera»** covering up. [11] **je suis . . . d'amour** I am from the town of St. Estephen (Loire), where they make both rifles, instruments of glory and ribbons, objects of love. [12] **frunce el intrecejo** frowns. [13] **soterraño** underground. [14] **por no atreverse** because it does not dare.

social. El grupo más grande —la nación— aparece otra vez victorioso sobre el grupo menor —la famila, el individuo.

Esta dominación de las influencias sociales y éticas sobre el amor implica ventajas considerables para la colectividad. La energía que en otros países se pierde —desde el punto de vista colectivo— en experiencias amorosas, se conserva en Inglaterra en los canales que van a mover los molinos colectivos. Salud y vigor son la recompensa de la abstinencia individual, y, sin embargo, como el diablo, cuando se le trata como tal, reacciona en consecuencia, no faltan signos de un interés poco sano en cuestiones sexuales que estas sanas abstinencias tienden precisamente a fomentar. Ejemplo típico se obtendrá comparando los periódicos ilustrados ingleses por un lado, franceses y españoles por otro. Los franceses, por ejemplo, tratan el sexo como una cuestión perfectamente clara y abierta y con frecuencia como un pretexto para chistes; mas, aun tomándolo por asunto con una frecuencia que raya[15] en la monotonía, no se hallan obsesionados por él. Los periódicos ingleses, por el contrario, con honorables excepciones, padecen obsesión sexual, que se ve emerger en sus páginas bajo toda suerte de disfraces —arte, sociedad, deporte— que le permiten cubrirse, aunque ligeramente, con velos de respetabilidad.

[15] **que raya**   that is close to.

Daumier, Honoré. Francés (1808–1879). *Don Quijote y Sancho Panza.* The Metropolitan Museum of Art, Rogers Fund, 1927.

4

A PARTIR DE 1927

Picasso, Pablo. Español (1881–   ). *Mujer vestida de blanco.*
The Metropolitan Museum of Art, Rogers Fund, 1951.
Comprado al Museum of Modern Art, Lizzie P. Bliss Collection.

Picasso, Pablo. Español (1881–   ). *Tres músicos*. Collection, The Museum of
Modern Art, New York. Mrs. Simon Guggenheim Fund.

principios del siglo XX y cuando ya el modernismo inicia su descenso aparecen algunos movimientos artístico-literarios que pasan rapidamente, pero influyen de alguna manera en la literatura española. El primer movimiento artístico revolucionario fue lanzado por Marinetti en París en 1909 con su *Manifiesto del futurismo*. La idea central era destruir y hacer desaparecer todo arte de raíces tradicionalistas y burguesas. Según él, una locomotora lanzada a toda velocidad es más bella que el más bello poema homérico. El futurismo desencadenó otros movimientos parecidos, aunque no tan radicales ni tan iconoclastas. En España tuvieron importancia entre 1910 y 1925 el *ultraísmo* y el *creacionismo*. Según Guillermo de Torre, «el ultraísmo ha tendido sobre todo a la reintegración lírica, a la rehabilitación genuina del poema. Esto es a la captura de sus más puros e imperecederos elementos —la imagen, la metáfora— y a la supresión de sus cualidades ajenas o parasitarias: la anécdota, el tema narrativo, la efusión erótica ». Estas ideas, que están de acuerdo con la teoría orteguiana de la *Deshumanización del arte*, tuvieron gran repercusión e influencia. Casi todos los poetas españoles entre 1910 y 1925 pagaron su tributo a esta tendencia radical, pero pronto la abandonaron. El *creacionismo* fue introducido en España por el poeta chileno Vicente Huidobro. Esta estética influye más y más profundamente que el *ultraísmo*, porque permite más originalidad y subjetividad por parte del artista. Para Huidobro «una obra de arte es una nueva realidad cósmica que el artista agrega a la Naturaleza, y que debe tener, como los astros, una atmósfera suya . . . El poeta quiere crear un poema tomando de la vida sus motivos y los transforma para darles una nueva vida independiente. Nada de anecdótico ni de descriptivo . . . Hacer un poema como la Naturaleza hace un árbol . . . La poesía es el resultado de una aspiración hacia la realidad absoluta.» Esta teoría ha influido decisivamente en toda la poesía española anterior a la guerra civil y aun en la posterior.

La literatura española de 1910 a 1970 puede dividirse de una manera histórica y muy amplia en dos mitades. La anterior a la guerra civil y la que le sigue. La primera presenta una tendencia general intelectualista. Tanto la novela —Pérez de Ayala, Miró, Gómez de la Serna— como la poesía —Salinas, Guillén, Diego— tienen un marcado carácter intelectual y esteticista. Los novelistas citados son grandes estilistas y no perciben la realidad al modo clásico español, sino que nos dan una visión estética y refinada de ésta. Los poetas, después de su primera fase ultraísta, se orientan hacia una poesía pura, pero con raíces bien profundas en la tradición lírica hispana. Así estos nuevos líricos son hijos inmediatos de A. Machado y de J. R. Jiménez y en la distancia sus abuelos son Berceo —el padre de la lírica española— Gil Vicente, Garcilaso, Fray Luis de León, San Juan de la Cruz y muy especialmente Góngora, a quien les une su afán de refinado esteticismo. Junto a este grupo de poetas intelectuales se muestra otro más reducido en número, pero de vigor y de vitalidad más expansiva y sobre todo más popular. F. García Lorca y R. Alberti dan lugar al renacimiento de una poesía lírica de signo y de alma popular. Estos dos poetas andaluces, como dos poderosas fuerzas incontrolables, se disparan en direcciones opuestas. García Lorca, el poeta con *duende*, penetra en la oscuridad de la magia de los instintos, de las fuerzas misteriosas que dominan y atormentan al hombre elemental, mientras que Alberti, luminoso como el mar, se abre a los caminos y al cielo en una poesía ingenua y alegre. La obra de García Lorca, toda tragedia e instinto de sangre y muerte, procede del pueblo andaluz, el del campo, milenario y sufrido. La obra de Alberti, alegre, culta y expansiva, presenta el otro aspecto, el efusivo, dinámico y sonriente del andaluz amigo del mar, desde los tiempos de Gades.

El teatro anterior a la guerra civil es en general un teatro despreocupado. Sigue triunfando Benavente con sus comedias de tipo psicológico y de orientación socio-moral; Marquina presenta cuadros históricos. Arniches y Muñoz Seca hacen reir a un auditorio burgués sin preocupaciones.

En 1936 un cataclismo nacional provocado por fuerzas tremendas —religión, política, economía, filosofía— sacude a España. Al calmarse aquel terremoto las ruinas cubren a la nación. La muerte, el destierro y el desaliento han apagado muchas voces. Poco a poco la vida vuelve a levantar cabeza. Cuando en 1942 se publica *La familia de Pascual Duarte* de C. J. Cela, se pone en movimiento la nueva ola de escritores, que en el teatro, la novela y la poesía darán carácter y personalidad a estos treinta últimos años de la literatura española. La circunstancia histórica en la que viven estos escritores es única. A la destrucción de todas clases que se produce como consecuencia de la guerra civil hay que añadir la tragedia universal de la segunda guerra mundial. Una de las derivaciones de esta guerra es el hambre y el aislamiento que padece España. Los escritores de una manera o de otra se sienten influenciados por una mentalidad existencialista pagana o por la angustia de una fe religiosa enfrentada con acuciantes problemas de tipo social y político. Esto da lugar a lo que se ha llamado el tremendismo literario. En esta nueva tendencia son los poetas los que se han identifi-

cado más radicalmente con los problemas de la hora presente. La fe religiosa, el poder político, la falta de trabajo, el hambre, la tiranía de la conciencia y de la inteligencia son los temas que predominan en los líricos contemporáneos. Sin embargo el amor sigue siendo el tema más universal y más variadamente expresado.

La novela, aunque ha producido algunas obras apreciables, en conjunto no ha cambiado y ha seguido los modelos del realismo de hace años. Ni la problemática, ni el estilo novelesco han progresado, ni han marcado nuevos rumbos a la ficción del presente o del futuro. Algunos han atribuido esta falta de novela vigorosa y original, y más a tono con la producción de allende las fronteras, al influjo de una censura gubernamental que cohibe la espontaneidad creadora del autor. Sin embargo, esto no explica suficientemente la inferioridad de la novela española. Simplemente no ha aparecido el nuevo Cervantes, o el Pérez Galdós o el Baroja, capaz de crear un mundo novelesco de proporciones y significado universal. En conjunto, pues, se puede afirmar que la novela española contemporánea no ha alcanzado el nivel de la novela realista de fines del siglo XIX y principios del XX. Y sin embargo se ha producido un interesante fenómeno literario. Nunca se han escrito tantas novelas, nunca se han vendido tantas novelas, nunca se han leído tantas novelas como en nuestros días en España. Por otra parte, los editores han establecido numerosos concursos de novela con premios muy remuneradores. Lo cual ha provocado una proliferación inusitada de autores y de obras.

El teatro, como siempre en España, tiene características muy peculiares. En general se puede dividir la producción teatral en cuatro clases: El teatro de evasión o escapista —Casona, Ruiz Iriarte, Neville— que aborda temas líricos y de fantasía, tratados con delicadeza poética y sentimental. Es un teatro que gusta especialmente a la clase media acomodada que no quiere sentirse molestada con la presentación en escena del sufrimiento y la necesidad ajena. El teatro cómico, de tan larga y fecunda tradición en la comedia española, tiene en nuestros días un representante de una extraordinaria fecundidad en Alfonso Paso. Dentro del teatro cómico se destacan dos autores de tendencia humorística mezclada de ironía, Enrique Jardiel Poncela y Miguel Mihura, que cultivan un género que provoca la risa por medio del absurdo. Al teatro moral pertenecen autores como Pemán, Calvo Sotelo y otros que orientan sus comedias hacia los valores morales y religiosos, tradicionales en la vida social y familiar de España. Finalmente el teatro social, independiente de apriorismos religiosos o morales establecidos, trata de enfrentar al espectador con situaciones dramáticas reales y actuales, para provocar en él un efecto catártico que abra sus ojos a las posturas de injusticia y de desorden social que le rodean en la vida ordinaria. Buero Vallejo, Alfonso Sastre, Muñiz, Olmo, Arrabal han iniciado un teatro que une a la sinceridad del tratamiento de sus temas algunas innovaciones técnicas que modernizan la escena española. Entre todos ellos destaca Buero Vallejo, que presenta sus obras con gran honestidad y verdad, muy lejos del entusiasmo lírico de un Lope, pero con un profundo sentido de pudor y de emoción íntima. Como en la novela, tampoco en el teatro han logrado los autores contemporáneos superar una discreta medianía. España, que con Cervantes creó la novela moderna y con la comedia del Siglo de Oro el teatro moderno, no ha logrado producir obras geniales. Conviene anotar aquí que el teatro de García Lorca, simbólico y tenebroso, o lírico y soñador, pertenece a un género distinto y constituye por sí mismo una entidad aparte. Además cronologicamente pertenece al período anterior a la guerra civil, y aunque sus valores poéticos son grandísimos, es un teatro «a fantasía».

Los poetas contemporáneos, a diferencia de sus predecesores de la generación del 27, han abandonado las torres de marfil del esteticismo para mezclarse con el pueblo y sus sufrimientos. Unos, fieles a la ideología tradicional orientan su filosofía en una dirección religioso-moral-familiar —Panero, Rosales, Valverde, Hidalgo—; otros, más atraídos por la realidad cruel de la desigualdad social, claman al cielo y a la tierra por una solución —Celaya, Nora, Cramer, Otero. El primer grupo ofrece un aspecto más conservador y moderado en las ideas y en la estética; el segundo, más apasionado y violento, no concede demasiada importancia a la forma. Según Celaya, «la poesía concebida como un lujo cultural por los neutrales» es un crimen contra el dolor y «la constancia del pueblo callado».

En resumen, se palpa un evidente renacimiento de la vida de las letras españolas contemporáneas con una gran producción en todos los géneros literarios, aunque aún no han aparecido escritores capaces de crear obras de arte de valor indiscutible y perenne.

Pedro Salinas (1891–1951)

El poeta Pedro Salinas fue un madrileño universal. Después de doctorarse, fue profesor en las universidades de Sevilla, de Murcia y de Madrid. Más tarde enseñó en la Sorbona de París y en Cambridge (Inglaterra). En 1938 vino a los Estados Unidos y enseñó en Wellesley College, Johns Hopkins University, en Baltimore y en Puerto Rico.

La poesía de Salinas se caracteriza por su unidad. El tema central es siempre el amor. Un amor que se va purificando de elementos accesorios y se concreta en la mujer, la mujer joven e íntima y de hoy. A diferencia de los líricos barrocos o de los románticos Salinas ve a la mujer amada no en un mundo ficticio o imaginado, sino en la circunstancia del momento actual.

Su poesía es de ideas, de espíritu, de algo que brota en la parte superior del hombre. Sin embargo, no es una poesía fría o cerebral. Un sentimiento refinado y controlado penetra esta lírica, que nunca se desborda. Salinas ve a su amada ni sensual ni sexualmente, sino como realidad poética de cada momento, y todo lo que rodea a ese objeto querido se hace parte de un mundo de poesía refinada y un poco conceptuosa, que oscila entre la realidad y la idea de ella. El amor y sus manifestaciones —el beso, la mirada, el tacto —se sienten con la cabeza más que con el corazón. Esta es la extraña combinación de la estética amorosa de Salinas: la realidad sentida y hecha concepto. No es fácil determinar dónde queda el hombre de carne y hueso, con su pasión y su afán amoroso, y dónde comienza el alambicador de ese sentimiento.

Influenciada por J. R. Jiménez, la poesía de Salinas tiende a la sencillez y a la desnudez expresiva. Su lenguaje es transparente y límpido; su verso humilde y simple. Los metros más usados son los de seis, siete, ocho sílabas y pocas veces los de once. Con todo, no es poesía popular, porque esta aparente sencillez es engañosa. Requiere este arte una disposición psíquica y mental de refinada elegancia para penetrar en su intimidad.

Pedro Salinas, además de poeta, fue crítico muy culto y de sensibilidad penetrante. Publicó ocho libros de versos con los títulos de *Presagios* (1923), *Seguro azar* (1929), *Fábula y signo* (1931) *La voz a ti debida* (1934) *Razón de amor* (1936), *Todo más claro* (1949) *El contemplado* (1946). Todos estos libros de versos han sido reeditados en Madrid bajo el título de *Poesías completas* (1955). En prosa ha escrito un tomo de ensayos para la comprensión de la obra poética, *Reality and the Poet in Spanish Poetry* (1949), *Literatura española siglo XX* (1941), *La poesía de Rubén Darío* (1948) y otros.

Amada exacta

Tú aquí, delante. Mirándote
yo. ¡Qué bodas
tuyas, mías, con lo exacto!
Si te marchas, ¡qué trabajo[1]
pensar en ti, que estás hecha   5
para la presencia pura!

Todo yo a recomponerte[2]
con sólo recuerdos vagos:
te equivocaré la voz;
el cabello, ¿cómo era?   10
Te pondré los ojos falsos.

Tu recuerdo eres tú misma.
Ahora ya puedo olvidarte
porque estás aquí, a mi lado.

La sin pruebas

¡Cuando te marchas, qué inútil
buscar por donde anduviste,
seguirte!

Si has pisado por la nieve,
sería como las nubes   5
—su sombra—, sin pies, sin peso
que te marcara.
Cuando andas,
no te diriges a nada
ni hay senda que luego diga: 10
«Pasó por aquí.»
Tú no sales del exacto
centro puro de tí misma:
son los rumbos confundidos
los que te van al encuentro.   15
Con la risa o con las voces
tan blandamente
descabalas el silencio[3]
que no le duele, que no
te siente: 20
se cree que sigue entero.
Si por los días te busco
o por los años,
no salgo de un tiempo virgen:
fue ese año, fue tal día,   25
pero no hay señal;
no dejas huellas detrás.
Y podrás negarme todo,
negarte a todo podrás,
porque te cortas los rastros   30
y los ecos y las sombras.
Tan pura ya, tan sin pruebas,
que cuando no vivas más
yo no sé en qué voy a ver
que vivías,   35
con todo ese blanco inmenso
alrededor que creaste.

Nombre

¿Por qué tienes nombre tú,
día, miércoles?
¿Por qué tienes nombre tú,
tiempo, otoño?
Alegría, pena, siempre,   5
¿por qué tenéis nombre: amor?

Si tú no tuvieras nombre,
yo no sabría qué era,
ni cómo, ni cuándo. Nada.

¿Sabe el mar cómo se llama,   10
que es el mar? ¿Saben los vientos
sus apellidos, del Sur
y del Norte, por encima
del puro soplo que son?

Si tú no tuvieras nombre,   15
todo sería primero,
inicial, todo inventado
por mí,
intacto hasta el beso mío.
Gozo, amor: delicia lenta   20
de gozar, de amar, sin nombre.

Nombre, ¡qué puñal clavado
en medio de un pecho cándido
que sería nuestro siempre
si no fuese por su nombre!   25

¡Qué Alegría vivir . . .!

¡Qué alegría, vivir
sintiéndose vivido!
Rendirse
a la gran certidumbre, oscuramente,
de que otro ser, fuera de mí, muy lejos,   5
me está viviendo.
Que cuando los espejos, los espías
—azogues,⁴ almas cortas—, aseguran
que estoy aquí, yo, inmóvil,
con los ojos cerrados y los labios   10
negándome al amor
de la luz, de la flor y de los nombres,
la verdad trasvisible⁵ es que camino
sin mis pasos, con otros,
allá lejos, y allí   15
estoy besando flores, luces, hablo.
Que hay otro ser por el que miro el mundo
porque me está queriendo con sus ojos.
Que hay otra voz con la que digo cosas
no sospechadas por mi gran silencio;   20
y es que también me quiere con su voz.
La vida—¡qué transporte ya!—, ignorancia
de lo que son mis actos, que ella hace,
en que ella vive, doble, suya y mía.

Y cuando ella me hable   25
de un cielo oscuro, de un paisaje blanco,
recordaré
estrellas que no vi, que ella miraba,
y nieve que nevaba allá en su cielo.
Con la extraña delicia de acordarse   30
de haber tocado lo que no toqué
sino con esas manos que no alcanzo
a coger con las mías, tan distantes.
Y todo enajenado podrá el cuerpo
descansar, quieto, muerto ya. Morirse   35
en la alta confianza
de que este vivir mío no era sólo
mi vivir: era el nuestro. Y que me vive
otro ser por detrás⁶ de la no muerte.

¡Si tú supieras . . .!

¡Si tú supieras que ese
gran sollozo que estrechas
en tus brazos, que esa
lágrima que tú secas
besándola,   5
vienen de ti, son tú,
dolor de ti hecho lágrimas
mías, sollozos míos!

Entonces
ya no preguntarías   10
al pasado, a los cielos,
a la frente, a las cartas,
qué tengo, por qué sufro.
Y toda silenciosa,
con ese gran silencio   15
de la luz y el saber,
me besarías más,
y desoladamente.

¹ **qué trabajo** how difficult.   ² **todo . . . re-componerte** the whole of me [trying] to assemble you.   ³ **descabalas el silencio** empair the silence.   ⁴ **azogues** quick silver (used to make mirrors).   ⁵ **trasvisible** transparent.   ⁶ **por detrás** beyond.

Con la desolación
del que no tiene al lado   20
otro ser, un dolor
ajeno; del que está
sólo ya con su pena.
Queriendo consolar
en un otro quimérico,[7]   25
el gran dolor que es suyo.

¿Serás? amor . . . ?

¿Serás, amor,
un largo adiós que no se acaba?
Vivir, desde el principio, es separarse.
En el primer encuentro
con la luz, con los labios,   5
el corazón percibe la congoja
de tener que estar ciego y solo un día.[8]
Amor es un retraso milagroso
de su término mismo:
es prolongar el hecho mágico   10
de que uno y uno sean dos, en contra
de la primer condena de la vida.
Con los besos,
con la pena y el pecho se conquistan,
en afanosas lides,[9] entre gozos   15
parecidos a juegos,
días, tierras, espacios fabulosos,
a la gran disyunción[10] que está esperando,
hermana de la muerte o muerte misma.
Cada beso perfecto aparta el tiempo,   20
le echa hacia atrás, ensancha el mundo breve
donde puede besarse todavía.
Ni en el llegar, ni en el hallazgo
tiene el amor su cima:
es en la resistencia a separarse   25
en donde se le siente,
desnudo, altísimo, temblando.
Y la separación no es el momento
cuando brazos, o voces,
se despiden con señas materiales: 30
es de antes, de después.
Si se estrechan las manos, si se abraza,
nunca es para apartarse,
es porque el alma ciegamente siente

que la forma posible de estar juntos   35
es una despedida larga, clara.
Y que lo más seguro es el adiós.

Si te quiero . . .

Si te quiero
no es porque te lo digo:
es porque me lo digo y me lo dicen.
El decírtelo a tí, ¡qué poco importa
a esa pura verdad que es en su fondo   5
quererte! Me lo digo,
y es como un despertar de un no decirlo,
como un nacer desnudo,
el decirlo yo solo, sin designio
de que lo sepa nadie, tú siquiera.   10
Me lo dicen
el cielo y los papeles tan en blanco,
las músicas casuales que se encuentran
al abrir los secretos de la noche.
Si me miro en espejos,   15
no es mi faz lo que veo: es un querer.
El mundo,
según lo voy atravesando,
que te quiero me dice
a gritos o en susurros.   20
Y algunas veces te lo digo a tí;
pero nunca sabrás que ese «te quiero»
sólo signo es, final, y prenda mínima;
ola, mensaje —roto al cabo,
en son, en blanca espuma—   25
del gran querer callado, mar total.

El dolor

No. Ya sé que le gustan
cuerpos recientes, jóvenes,
que le resisten bien
y no se rinden pronto.
Busca carnes rosadas,   5
dientes firmes, ardientes
ojos que aún no recuerdan.
Los quiere más. Así
su estrago
no se confundirá   10

con el quemar del tiempo,
arruinando los rostros
y los torsos derechos.
Su placer es abrir
la arruga en la piel fresca,   15
romper los puros vidrios
de los ojos intactos
con la lágrima cálida.
Doblar la derechura
de los cuerpos perfectos,   20
de modo que ya sea
más difícil mirar
al cielo desde ellos.
Sus días sin victoria
son esos en que quiebra   25
no más que cuerpos viejos,
en donde el tiempo ya
tiene matado mucho.
Su gran triunfo, su júbilo,
tiene color de selva: 30
es la sorpresa, es
tronchar la plena flor,
las voces en la cima
del cántico, los altos
mediodías del alma.   35
    Yo sé cómo le gustan
los ojos.
Son los que miran lejos,
saltando por encima
de su cielo y su suelo,   40
y que buscan al fondo
tierno del horizonte
esa grieta del mundo
que hacen azul y tierra
al no poder juntarse   45
como Dios los mandó.
Esa grieta por donde
caben todas las alas
que nos están batiendo
contra el muro del alma,   50
encerradas, frenéticas.

    Yo sé cómo le gustan
los brazos. Largos, sólidos,
capaces de llevar

sin desmayo,   55
entre torrentes de años,
amores en lo alto,
sin que nunca se quiebren
los cristales sutiles
de distancia y ensueño   60
de que está hecha su ausencia.
Yo sé cómo le gustan
las bocas y los labios.
No los vírgenes, no,
de beso: los besados   65
largamente, hondamente.
Los muertos, sin besar
no conocen el filo
de la separación.
El separarse es   70
dos bocas que se apartan
contra todo su sino
de estar besando siempre.
Y por eso las bocas
que ya besaron son   75
sus favoritas. Tienen
más vida que confiere
a toda boca el don
de haber sido besada.

    Yo sé cómo le gustan   80
las almas. Y por eso
cuando te tengo aquí
y te miro a los ojos,
y el alma allí te luce,
como un grano de arena   85
celeste, estrella pura,
con sino de atraer
más que todas las otras,
te cubro con mi vida
y aquí en mi amor te escondo. 90

    Para que no te vea.

---

⁷ **un otro quimérico** another possible man. ⁸ **un día** some day (in the future). ⁹ **afanosas lides** laborious contests. ¹⁰ **disyunción** separation.

Parada

¡Qué trémulo[11] es el estar
de recién llovida gota
en la hoja
de ese arbusto! Cuando iba
fatal, de la nube al suelo,   5
la delgada hojilla verde
corta su paso
y la para. ¡Qué milagro!
¿La va a salvar de la tierra,
que está tan cerca, a tres palmos,   10
ávida esperando?
¿O será sólo descanso,
desesperada estación
colgante, allí en el camino
desde su arriba a su abajo?   15
¿La hojilla, verde antesala
sólo, breve, deliciosa,
de su tránsito?
Esta vida, columpiándose,
no es vida, dulce es retraso   20
de un morir que no perdona.
Un destino se estremece
en la punta de este ramo,
cuando el pesar de la gota
hace inclinarse a la hoja,   25
ya casi rendida. Pero
si hay algo letal que oprime,
algo verde hay que resiste;
si algo hay que hacia el suelo llama,
algo hay trémulo que salva.   30
Y la hoja
se doblega, va cediendo,
con su gran menuda carga,

de tanto y tanto cristal
celeste; mas no lo rinde,   35
otra vez se yergue y alza
su luz diamante, en volandas.[12]
Morir, vivir, equilibrio
estremecido: igual pesan
en esta verde balanza.   40
Puro silencio, el jardín
se hace escenario del drama.
La pausa entre vida y muerte
fascinada tiene, toda
sin aliento, a la mañana.   45
De miedo, nada se mueve.
La inminencia de un peligro
—muerte de una gota clara—
crea en torno ondas de calma.

¿Y ahora . . . ?   50
Si no sopla un aire súbito,
si un pájaro violento
que no sabe lo que ocurre
no se cala[13] en el arbusto,
si un inocente que juega   55
al escondite no viene
a sacudir esta rama.
Si el sol, la luna, los astros,
los vientos, el mundo entero
se están quietos.   60
Si no pasa nada, nada,
y un presente se hace eterno,
vivirá la gota clara
muchas horas, horas largas,
ya sin horas, tiempos, siglos   65
así, como está
entre la nube y el limo
salvada.

Jorge Guillén (1893–   )

Vio la luz en Valladolid, tierra castellana. Después de graduarse en la universidad española, estudió y enseñó en Suiza, Alemania y de nuevo en España. Fue profesor en las universidades de Murcia y Sevilla, y lector de español en la Sorbona, (París), en Oxford (Inglaterra). En 1938 vino a Wellesley College, y ha enseñado en Harvard.

Jorge Guillén, aunque ha vivido las horas más dramáticas de la historia de España y de Europa —guerra de España y Estados Unidos con la pérdida de Cuba, Puerto Rico y Filipinas, caída de la monarquía, república española, guerra civil 1936–1939, segunda guerra mundial, su exilio— es un optimista. «El mundo está bien hecho», dice el poeta mientras contempla todo lo que le rodea. Guillén no se fija en las imperfecciones de la realidad física o moral. Es un entusiasta de las cosas por ellas mismas. Su visión, a través de una mirada intelectual y optimista del mundo, le hace sentirse identificado con éste. El poeta vive y canta este instante de ahora y aquí, el momento en que sus sentidos perciben la gloriosa y fascinadora realidad. Es extraño que este castellano viejo no sienta ni la nostalgia del pasado ni la preocupación del porvenir. Es un artista puro y de esencias. Por eso su poesía sube de las cosas a sus conceptos. Se ha dicho de J. Guillén que su obra no tiene sentimiento, ni emoción. Sería mejor decir que se trata de una poesía quintaesenciada, hecha de abstracciones. El sentimiento es de tipo intelectual. Se podría llamar a su lírica, poesía deshumanizada, por cuanto que las cosas no son vistas como tales, sino en sus reflejos y en sus efectos en el alma del poeta. Esto produce cierta oscuridad que el lector tiene que penetrar por medio de una luz llamada sutileza y desnudez de lo real objetivo.

Guillén ha dicho que no hay más poesía que la realizada o lograda en el mismo poema: «Poesía pura es todo lo que permanece en el poema después de haber eliminado todo lo que no es poesía». Esto hace que el artista evite cuidadosamente todo aquello que se opone a lo estético, a lo puramente lírico. De esta manera el poeta crea un mundo nuevo que no tiene más que una ligera conexión con la realidad.

Para entender y gustar esta poesía el lector necesita penetrar en la metáfora, es decir, en la interpretación metafórica de las cosas que el autor ha creado. En esta poesía la metáfora abre la puerta de la realidad, no al revés.

La obra lírica de Guillén tiene una casi perfecta unidad. En realidad no ha publicado más que un libro con el título de *Cántico* (1923), que en sucesivas ediciones ha ido aumentando desde setenta y cinco hasta trescientos treinta y cuatro poemas. (1936, 1945, y 1950). Últimamente ha publicado otras series de poemas con los títulos de *Maremagum* (1957) y *Que van a dar en la mar* (1960). En éstos Guillén baja de su mundo optimista y esencial a la realidad del dolor humano. La crueldad, la destrucción, el amor y la muerte aparecen mezclados con el gozo y la satisfacción por la bondad de las cosas.

Advenimiento

¡Oh luna, cuánto abril,
qué vasto y dulce el aire!
Todo lo que perdí
volverá con las aves.

Sí, con las avecillas   5
que en coro de alborada
pían[1] y pían, pían
sin designio de gracia.

La luna está muy cerca,
quieta en el aire nuestro.   10
El que yo fui me espera
bajo mis pensamientos.

[11] **trémulo** shaky.   [12] **en volandas** on wings.
[13] **no se cala** does not swoop.

[1] **de alborada pían** chirp at dawn.

Cantará el ruiseñor
en la cima del ansia.
Arrebol, arrebol   15
entre el cielo y las auras.

¿Y se perdió aquel tiempo
que yo perdí? La mano
dispone, dios ligero,
de esta luna sin año.   20

El sediento

¡Desamparo tórrido![2]
La acera de sombra
palpita con toros
ocultos. Y topan.[3]

Un sol sin aleros[4]   5
masa de la tarde,
convierte en silencio
de un furor el aire.

¡De prisa, que enfrente
la verja franquea   10
su reserva![5] Huele,
huele a madreselva.

Penumbra de olvido
guardan las persianas.
Sueño con un frío   15
que es amor, que es agua.

¡Ah! Reveladora,
el agua de un éxtasis
a mi sed arroja
la eternidad.[6] ¡Bebe!   20

Cima de la delicia

¡Cima de la delicia!
Todo en el aire es pájaro.
Se cierne lo inmediato
resuelto en lejanía.[7]

¡Hueste de esbeltas fuerzas!   5
¡Qué alacridad de mozo
en el espacio airoso,
henchido de presencia!

El mundo tiene cándida
profundidad de espejo.   10
Las más claras distancias
sueñan lo verdadero.

¡Dulzura de los años
irreparables![8] ¡Bodas
tardías con la historia   15
que desamé a diario!

Más, todavía más.
Hacia el sol, en volandas
la plenitud se escapa.
¡Ya sólo sé cantar!   20

Beato sillón

¡Beato sillón! La casa
corrobora su presencia
con la vaga intermitencia
de su invocación en masa
a la memoria. No pasa   5
nada. Los ojos no ven:
saben. El mundo está bien
hecho. El instante lo exalta
a marea, de tan alta,
de tan alta, sin vaivén.[9]   10

Perfección

Queda curvo el firmamento,
compacto azul, sobre el día.
Es el redondeamiento
del esplendor: mediodía.
Todo es cúpula. Reposa,   5
central sin querer, la rosa,
a un sol en cenit sujeta.
Y tanto se da el presente,[10]
que el pie caminante siente
la integridad del planeta.   10

Unos caballos

Peludos, tristemente naturales,
en inmovilidad de largas crines
desgarbadas, sumisos a confines,
abalanzados por los herbazales,[11]

unos caballos hay. No dan señales   5
de asombro, pero van creciendo afines[12]
a la hierba. Ni bridas ni trajines
se atienen[13] a su paz: son vegetales.

Tanta acción de un destino acaba en alma.
Velan soñando sombras las pupilas,   10
y asisten, contribuyen a la calma

de los cielos—si a todo ser cercanos,
al cuadrúpedo ocultos—las tranquilas
orejas. Ahí están: ya sobrehumanos.

Equilibrio

Es una maravilla respirar lo más claro.
Veo a través del aire la inocencia absoluta,
y si la luz se posa como una paz sin peso,
el alma es quien gravita con creciente volumen.
Todo se rinde al ánimo[14] de un sosiego imperioso.   5
A mis ojos tranquilos más blancura da el muro,
entre esas rejas verdes lo diario es lo bello,
sobre la mies la brisa como una forma ondula,
hasta el silencio impone su limpidez concreta.
Todo me obliga a ser centro del equilibrio.   10

Los jardines

Tiempo en profundidad: está en jardines.
Mira cómo se posa. Ya se ahonda.
Ya es tuyo su interior. ¡Qué transparencia
de muchas tardes, para siempre juntas!
Sí, tu niñez, ya fábula de fuentes.[15]   5

Las doce en el reloj

Dije: ¡Todo ya pleno![16]
Un álamo vibró.
Las hojas plateadas
sonaron con amor.
Los verdes eran grises,   5
el amor era sol.
Entonces, mediodía,
un pájaro sumió[17]

su cantar en el viento
con tal adoración,   10
que se sintió cantada
bajo el viento la flor
crecida entre las mieses
más altas. Era yo,
centro en aquel instante   15
de tanto alrededor,
quien lo veía todo
completo para un dios.
Dije: Todo completo.
¡Las doce en el reloj!   20

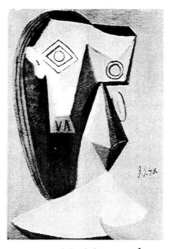

Collection, The Museum of
Modern Art, New York.

[2] **Desamparo tórrido** Scorching solitude.
[3] **topan** strike head on.   [4] **un sol sin aleros** a sun without eaves [to protect yourself against it].   [5] **franquea su reserva** opens up its seclusion.   [6] **reveladora . . . eternidad** el agua, reveladora, arroja a mi sed la eternidad de un éxtasis.   [7] **Se . . . lejanía** Nearness now distant hovers.
[8] **años irreparables** irretrievable years.   [9] **El . . . vaivén . . .** The instant exalts it to a tide, so high, so high that it is motionless.   [10] **y . . . presente** and the present is so vivid.
[11] **sumisos . . . herbazales** checked by fences, their long necks stretched out over the pasture.   [12] **afines** like.
[13] **se atienen** match.   [14] **al ánimo** to the desire.
[15] **ya . . . fuentes** already a running fairy-tale.   [16] **todo ya pleno** total fullness.   [17] **sumió** sunk.

Gerardo Diego (1896–   )

El autor, nacido en Santander, profesor en Madrid y académico de la Española, es un representante de todos los movimientos poéticos que se han producido en España durante el siglo XX. El mismo lo confiesa así, indirectamente, cuando afirma: «Yo no soy responsable de que me atraigan simultáneamente el campo y la ciudad, la tradición y el futuro; de que me encante el arte nuevo y me extasíe el antiguo; de que me vuelva loco la retórica hecha, y me torne más loco el capricho de volver a hacérmela nueva —para mi uso particular e intransferible». Fue entusiasta seguidor de los movimientos ultraísta y creacionista, así como del cubismo literario. Sin embargo en el fondo de su tendencia estética hay una raíz gongorina o de refinamiento artístico. En sus primeros poemas hay una clara influencia de J. R. Jímenez y de Antonio Machado. Lo religioso tiene una gran importancia en toda su obra lírica. G. Diego es también un buen conocedor de la música y tiene diversos sonetos a maestros compositores. Los toros han atraído su atención y ha escrito poemas en verso y en prosa sobre la fiesta nacional y sobre toreros famosos.

Entre sus muchos libros de poesía destacan *Romancero de la novia* (1920 y 1944) *Imagen* (1922) de tendencia creacionista con sintaxis y tipografía novedosas; *Fábula de Equis y Zeda* (1932) siguiendo tendencias neo-gongorinas: *Alondra de verdad* (1943), *Egloga de Antonio Bienvenida* (1956).

El ciprés de Silos

Enhiesto surtidor[1] de sombra y sueño
que acongojas al cielo con tu lanza.
Chorro que a las estrellas casi alcanza
devanado a sí mismo en loco empeño.[2]
Mástil de soledad, prodigio isleño;[3]   5
flecha de fe, saeta de esperanza.
Hoy llega a tí, riberas del Arlanza,
peregrina al azar, mi alma sin dueño.
Cuando te vi, señero,[4] dulce, firme,
qué ansiedades sentí de diluirme   10
y ascender como tú, vuelto[5] en cristales,

como tú, negra torre de arduos filos
ejemplo de delirios verticales,
mudo ciprés en el fervor de Silos.

Tren

Venid conmigo
Cada estación es un poco de nido
El alma llora porque se ha perdido
        Yo   ella
        como   dos   5
golondrinas   paralelas
Y arriba una bandada de estrellas mensajeras
El olvido
        deposita sus hojas
                en todos los caminos 10
Sangre   Sangre de aurora
        Pero no es más que agua
Agitando los árboles
        llueven
                llueven silencios
                        ahorcados de las ramas. 15

Paraiso

Danzar
                          Cautivos del bar
        La vida es una torre
y el sol un palomar
Lancemos las camisas tendidas a volar   5

        Por el piano arriba
subamos con los pies frescos de cada día

        Hay que dejar atrás
las estelas oxidadas
y el humo casi florecido   10

        Hay que llegar sin hacer ruido
        Bien saben los remeros

con sus alas de insecto que no pueden cantar
y que su proa no se atrevió a volar

        Ellos son los pacientes hilanderos de rías   15
fumadores tenaces de espumas y de días

Danzar

                    Cautivos del bar
Porque las nubes cantan
aunque estén siempre abatidas las alas de la mar   20

De un lado a otro del mundo
los arcoiris van y vienen
para vosotros todos
los que perdisteis los trenes

Y también por vosotros   25
mi flauta hace girar los árboles
y el crepúsculo alza
los pechos y los mármoles

Las nubes son los pájaros
y el sol el palomar   30

Hurra

                    Cautivos del bar
La vida es una torre
que crece cada día sobre el nivel del mar.

Otoño

Mujer densa de horas
y amarilla de frutos
como el sol del ayer

El reloj de los vientos te vió florecer
cuando en su jaula antigua   5
se arrancaba las plumas el terco atardecer

El reloj de los vientos
despertador de pájaros pascuales[6]
que ha dado la vuelta al mundo
y hace juegos de agua en los advientos   10

De tus ojos la arena fluye en un río estéril

 ‾ Y tantas mariposas distraídas
han fallecido en tu mirada
que las estrellas ya no alumbran nada

Mujer cultivadora   15
de semillas y auroras

Mujer en donde nacen las abejas
que fabrican las horas

Mujer puntual como la luna llena

Abre tu cabellera origen de los vientos   20
que vacía y sin muebles
mi colmena te espera

Canciones

Como el viento en el aire,
como en el mar la ola,
como el agua en el río,
vas dejando una estela
                    sola,   5
una invisible estela de vacío.

¿Por qué cuando te hablo
cierro los ojos?
Yo pienso en aquel día
en que tú me los cierres   10
—esperanza infinita—
a ver si mis palabras
—costumbre larga mía—
pueden más que la muerte.

Mi vida ya no es veleta   15
que gira a todos los vientos.
Es brújula firme y quieta,
pastora de pensamientos.

Quisiera ser convexo
para tu mano cóncava.   20
Y como un tronco hueco
para acogerte en mi regazo
y darte sombra y sueño.
Suave y horizontal e interminable
para la huella alterna y presurosa   25
de tu pie izquierdo
y de tu pie derecho.
Ser de todas las formas

---

[1] **Enhiesto surtidor** Erect fountain.   [2] **devanado . . . empeño** spinning itself in an impossible task.
[3] **isleño** isolated.   [4] **señero** unique.   [5] **vuelto** trans-
formed.   [6] **pájaros pascuales** easter birds.

como agua siempre a gusto en cualquier vaso
siempre abrazándote por dentro.   30
Y también como vaso
para abrazar por fuera al mismo tiempo.
Como el agua hecha vaso
tu confín[7]—dentro y fuera— siempre exacto.

    Mujer de ausencia,   35
escultura de música en el tiempo.

Cuando modelo el busto
faltan los pies y el rostro se deshizo.
Ni el retrato me fija con su química
el momento justo.   40
Es un silencio muerto
en la infinita melodía.
Mujer de ausencia, estatua
de sal que se disuelve, y la tortura
de forma sin materia.   45

Dámaso Alonso (1898–   )

Nació en Madrid; se doctoró allí bajo la dirección del gran maestro Menéndez Pidal; ha enseñado en universidades alemanas, inglesas y norteamericanas; es académico de la Española, de la de Historia; incansable conferenciante, autor de libros y ensayos y poeta. Se da en él la combinación del "scholar", como lingüista e historiador de la literatura, del crítico literario y del artista. Entre sus libros más importantes están *La lengua poética de Góngora* (1935), *La poesía de San Juan de la Cruz* (1942), *Poesía española* (1950). De su poesía las obras más importantes son *Oscura noticia* (1944) y sobre todo *Hijos de la ira* (1944). Conviene aquí recordar lo que D. Alonso, compañero y colaborador con Salinas, Cernuda, Aleixandre, Guillén y otros, confiesa en 1948: «Las doctrinas estéticas de hacia 1927, que para otros fueron tan estimables, a mí me resultaron heladoras de todo impulso creativo. Para expresarme con libertad, necesité la terrible sacudida de la guerra española . . . Hoy es sólo el corazón del hombre lo que me interesa; expresar con mi dolor o con mi esperanza el anhelo o la angustia del eterno corazón del hombre». En *Oscura noticia* el poeta orienta su vida hacia la búsqueda de Dios y en *Hijos de la ira* describe el encuentro del hombre con Dios. Ambas obras están escritas en verso libre y en estilo apasionado y desgarrado. Al D. Alonso, autor de estos dos libros, se le ha llamado existencialista (epíteto que él ha rechazado), tremendista, y poeta angustiado. Sin duda estos versos han influido en la lírica contemporánea de la postguerra española.

Los contadores de estrellas

Yo estoy cansado.
        Miro
esta ciudad
    —una ciudad cualquiera—
donde ha veinte años vivo.   5
    Todo está igual.
        Un niño
inútilmente cuenta las estrellas
en el balcón vecino.
    Yo me pongo también . . .   10
Pero él va más de prisa: no consigo
alcanzarle:
        Una, dos, tres, cuatro,
cinco . . .
    No consigo   15
alcanzarle: Una, dos . . .
tres . . .
      cuatro . . .
          cinco . . .

Ciencia de amor

No sé. Sólo me llega en el venero[1]
de tus ojos, la lóbrega noticia
de Dios; sólo en tus labios, la caricia
de un mundo en mies,[2] de un celestial granero.
    ¿Eres limpio cristal, o ventisquero[3]   5
destructor? No, no sé . . . De esta delicia,
yo sólo sé su cósmica avaricia,

el sideral latir con que te quiero.
Yo no sé si eres muerte o si eres vida,
si toco rosa en ti, si toco estrella,   10
si llamo a Dios o a ti cuando te llamo.
Junco en el agua o sorda piedra herida,
sólo sé que la tarde es ancha y bella,
sólo sé que soy hombre y que te amo.

Vida

Entre mis manos cogí
un puñadito de tierra.
Soplaba el viento terrero.[4]
La tierra volvió a la tierra.
Entre tus manos me tienes,   5
tierra soy.
El viento orea[5]
tus dedos, largos de siglos.
Y el puñadito de arena
—grano a grano, grano a grano—   10
el gran viento se lo lleva.

La injusticia

¿De qué sima te yergues, sombra negra?
¿Qué buscas?
Los oteros,
como lagartos verdes, se asoman a los valles
que se hunden entre nieblas en la infancia del mundo. 5
Y sestean,[6] abiertos, los rebaños,
mientras la luz palpita, siempre recién creada,
mientras se comba el tiempo,[7] rubio mastín que
duerme a las puertas de Dios.
Pero tú vienes, mancha lóbrega,
reina de las cavernas, galopante en el cierzo, tras tus
corvas pupilas, proyectadas   10
como dos meteoros crecientes de lo oscuro,
cabalgando en las rojas melenas del ocaso,
flagelando las cumbres
con cabellos de sierpes, látigos de granizo.
Llegas,   15
oquedad devorante[8] de siglos y de mundos,
como una inmensa tumba,
empujada por furias que ahincan sus testuces,
duros chivos erectos,[9] sin oídos, sin ojos,
que la terneza ignoran.   20

Sí, del abismo llegas,
hosco sol de negruras, llegas siempre,
onda turbia, sin fin, sin fin manante,
contraria del amor, cuando él nacida[10]
en el día primero.   25
Tú empañas[11] con tu mano
de húmeda noche los cristales tibios
donde al azul se asoma la niñez transparente, cuando
apenas
era tierna la dicha, se estrenaba la luz,
y pones en la nítida mirada   30
la primer llama verde
de los turbios pantanos.
Tú amontonas el odio en la charca inverniza[12]
del corazón del viejo,
y azuzas el espanto   35
de su triste jauría abandonada
que ladra furibunda en el hondón del bosque.[13]
Y van los hombres, desgajados pinos,
del oquedal en llamas, por la barranca abajo,
rebotando en las quiebras,   40
como teas de sombra, ya lívidas, ya ocres,[14]
como blasfemias que al infierno caen.
. . . Hoy llegas hasta mí.
He sentido la espina de tus podridos cardos,
el vaho de ponzoña de tu lengua   45

[7] **confín** boundary.

[1] **venero** spring of water.   [2] **en mies** riping.
[3] **ventisquero** snow-drift.   [4] **viento terrero** land
breeze.   [5] **orea tus dedos** cools (or goes through) your
fingers.   [6] **sestear** take a nap.   [7] **se comba el tiempo**
the time bends.   [8] **oquedad devorante** ravenous hollow.
[9] **que . . . erectos** that drive their heads, hard stiff bucks.
[10] **cuando él nacido** born at the same time as he (el amor).
[11] **empañas** dimmed.   [12] **charca inverniza** dirty wintery
pond.   [13] **azuzas . . . bosque** you incite the fright of his
sad, barking, and mad pack of hounds, deep in the forest.
[14] **desgajados . . . ocres** like uprooted pines, from the burning woods down the ravine, rebounding over the shattered
boulders like torches of darkness, at times livid, at times ochre.

y el girón de tus alas que arremolinan el aire.[15]
El alma era un aullido
y mi carne mortal se helaba hasta los tuétanos.
   Hiere, hiere sembradora del odio:
no ha de saltar el odio, como llama de azufre, de mi
      herida.   50
Heme aquí,
soy hombre, como un dios,
pasajero bullir de un metal misterioso que irradia la
      ternura.

Podrás herir la carne   55
y aun retorcer el alma como un lienzo:
no apagarás la brasa del gran amor que fulge
dentro del corazón,
bestia maldita.
   Podrás herir la carne.   60
No morderás mi corazón,
madre del odio.
Nunca en mi corazón,
reina del mundo.

Luis Cernuda (1902–1963)

El sevillano Cernuda, después de ser profesor en Toulouse (Francia) participó en las luchas políticas de España; al final de la guerra civil pasó a Inglaterra, Estados Unidos y Méjico. En 1936 publicó su libro *La realidad y el deseo*, en que recoge toda su producción lírica anterior. La poesía de Cernuda está saturada de una profunda nostalgia, y un sentimiento de insatisfacción lo llena todo. Se le ha comparado con su paisano Bécquer. Es un artista de líneas claras y diáfanas. Dotado de una gran sensibilidad y atormentado por la lucha entre la carne y el espíritu escribe una poesía que avanza desde la sencillez y la gracia andaluza hasta la soledad y la tragedia íntima. Su estética evolucionó desde el surrealismo de *Un río, un amor* (1929), en que busca la liberación de la realidad, hasta *Como quien espera el alba* (1943), donde manifiesta su fe en la poesía como solución al conflicto constante entre el hombre y la sociedad. Sus temas iniciales son el amor, la tristeza, los recuerdos de felicidades pasadas y el anhelo de un mundo más habitable. Garcilaso, Góngora y un neoromanticismo son las influencias más evidentes en su obra. Pero es el título de su libro de 1936, que vuelve a publicarse en 1958, *La realidad y el deseo*, el que explica la íntima razón de su poesía. Ésta, como en todos los grandes poetas, oscila entre las influencias de los dos polos opuestos que son el ser y el desear. Su larga estancia de desterrado político en Méjico orienta su anhelo de un mundo deseable hacia un lugar concreto, la tierra de su infancia, Andalucía, que le inspira versos en que describe el paisaje y los pueblos del sur español. Cernuda escribió también algunos ensayos en prosa que coleccionó en *Estudios sobre poesía española contemporánea* (1957).

Ha publicado también cuentos y narraciones breves.

I

Los árboles al poniente
Dan sombra a mi corazón.
¿Las hojas son verdes? Son
De oro fresco y transparente.
Buscando se irá el presente,   5
De rosas hecho y de penas.
Y yo me iré. Las arenas
Han de cubrirme algún hoy.
Canción mía, ¿qué te doy,
Si alma y vida son ajenas?   10

   Escondido en los muros
Este jardín me brinda
Sus ramas y sus aguas
De secreta delicia.

   ¡Qué silencio! ¿Es así   15
El mundo? Cruza el cielo
Desfilando paisajes,
Risueño hacia lo lejos.

   Tierra indolente. En vano
Resplandece el destino.   20
Junto a las aguas quietas
Sueño y pienso que vivo.

Mas el tiempo ya tasa[1]
El poder de esta hora;
Madura su medida   25
Escapa entre sus rosas.

Y el aire fresco vuelve
Con la noche cercana,
Su tersura olvidando
Las ramas y las aguas.   30

Jardín antiguo

Ir de nuevo al jardín cerrado,
que tras los arcos de la tapia,
entre magnolios, limoneros,
guarda el encanto de las aguas.

Oir de nuevo en el silencio,   5
vivo de trinos y de hojas,
el susurro tibio del aire
donde las almas viejas flotan.

Ver otra vez el cielo hondo
a lo lejos, la torre esbelta   10
tal[2] flor de luz sobre las palmas:
las cosas todas siempre bellas.

Sentir otra vez, como entonces,
la espina aguda del deseo,
mientras la juventud pasada   15
vuelve. ¡Sueño de un dios sin tiempo!

Cementerio en la ciudad

Tras de la reja abierta entre los muros,
la tierra negra sin árboles ni hierba,
con bancos de madera donde allá a la tarde
se sientan silenciosos unos viejos.
En torno están las casas, cerca hay tiendas,   5
calles por las que juegan niños, y los trenes
pasan al lado de las tumbas. Es un barrio pobre.

Tal remiendos de las fachadas grises,
cuelgan en las ventanas trapos húmedos de lluvia.
Borradas están ya las inscripciones   10
de las losas con muertos de dos siglos,
sin amigos que les olviden, muertos

clandestinos. Mas cuando el sol despierta,
porque el sol brilla algunos días hacia junio,
en lo hondo algo deben sentir los huesos viejos.   15
Ni una hoja ni un pájaro. La piedra nada más.
    La tierra.

¿Es el infierno así? Hay dolor sin olvido,
con ruido y miseria, frío y sin esperanza.
Aquí no existe el sueño silencioso
de la muerte, que todavía la vida   20
se agita entre estas tumbas, como una prostituta
prosigue su negocio bajo la noche inmóvil.

Cuando la sombra cae desde el cielo nublado
y el humo de las fábricas se aquieta
en polvo gris, vienen de la taberna voces,   25
y luego un tren que pasa
agita largos ecos como un bronce iracundo.
No es el juicio aún, muertos anónimos.
Sosegaos, dormid; dormid si es que podeis.
Acaso Dios también se olvida de vosotros.   30

La visita de Dios

Pasada se halla ahora la mitad de mi vida.
El cuerpo sigue en pie y las voces aún giran
Y resuenan con el canto marchito en mis oídos,
Mas los días esbeltos ya se marcharon lejos;
Sólo recuerdos pálidos de su amor me ha dejado.   5
Como el labrador al ver su trabajo perdido
Vuelve al cielo los ojos esperando la lluvia,
También quiero esperar en esta hora confusa
Unas lágrimas divinas que aviven mi cosecha.

[15] **He . . . aire** I have felt the sting of your rotten thistles, the fume of your poisonous tongue and the tatter of your wings whirling the air.

[1] **tasa** limits.   [2] **tal** like.

Pero hondamente fijo queda el desaliento,   10
Como huésped oscuro de mis sueños.
¿Puedo esperar acaso? Todo se ha dado al hombre
Tal distracción efímera de la existencia;
A nada puede unir esto ansia suya que reclama
Una pausa de amor entre la fuga de las cosas.   15
Vano sería dolerse del trabajo, la casa, los amigos
          perdidos
En aquel gran negocio demoníaco de la guerra.

    Estoy en la ciudad alzada para su orgullo por el
          rico,
Adonde la miseria oculta canta por las esquinas
O expone dibujos que me arrasan de lágrimas los
          ojos.   20
Y mordiendo mis puños con salvaje tristeza
Aún cuento mentalmente mis monedas escasas,
Porque un trozo de pan aquí y unos vestidos
Suponen un esfuerzo mayor para lograrlos
Que el de los viejos héroes cuando vencían   25
Monstruos, rompiendo encantos con su lanza.

    La revolución renace siempre, tal un fénix
Llameante en el pecho de los desdichados.
Esto lo sabe el charlatán bajo los árboles
De las plazas, y su baba argentina, su cascabel
          sonoro,[3]   30
Silbando entre las hojas encanta al pueblo
Robusto y engañado con maligna elocuencia.
Y canciones de sangre acunan su miseria.

    Por mi dolor comprendo que otros inmensos
          sufren
Hombres callados a quienes falta el ocio   35
Para arrojar al cielo su tormento. Mas no puedo
Copiar su enérgico silencio que me alivia
Este consuelo de la voz, sin tierra y sin amigo,
En la profunda soledad de quien no tiene
Ya nada entre sus brazos, sino el aire en torno,   40
Lo mismo que un navío al alejarse sobre el mar.

    ¿Adónde han ido las viejas compañeras del hombre?

Mis zurcidoras de proyectos,[4] mis tejedoras de
          esperanzas
Han muerto. Sus agujas y madejas reposan
Con polvo en un rincón, sin la melodía del trabajo 45
Como una sombra aislada al filo de los días,
Voy repitiendo gestos y palabras mientras lejos
          escucho.

    El tiempo, ese blanco desierto ilimitado,
Esa nada creadora, amenaza a los hombres
Y con luz inmortal se abre ante los deseos
          juveniles.   50
Unos quieren asir locamente su mágico reflejo,
Mas otros lo conjuran con un hijo
Ofrecido en los brazos como víctima,
Porque de nueva vida se mantiene su vida
Como el agua del agua llorada por los hombres.   55

    Pero a ti, Dios, ¿con qué te aplacaremos?
Mi sed eras tú, tú fuiste mi amor perdido,
Mi casa rota, mi vida trabajada, y la casa y la vida
De tantos hombres como yo a la deriva[5]
En el naufragio de un país. Levantados de naipes,[6] 60
Unos tras otros iban cayendo mis pobres paraísos.
¿Movió tu mano el aire que fuera derribándolos
Y tras ellos, en el profundo abatimiento, en el
          hondo vacío,
Se alza al fin ante mí, la nube que oculta tu
          presencia?

    No golpees airado mi cuerpo con tu rayo;   65
Si el amor no eres tú, ¿quién lo será en tu mundo?
Compadécete al fin, escucha este murmullo
Que ascendiendo llega como una ola
Al pie de tu divina indiferencia.
Mira las tristes piedras que llevamos   70
Ya sobre nuestros hombros para enterrar tus dones:
La hermosura, la verdad, la justicia, cuyo afán
          imposible
Tú sólo eras capaz de infundir en nosotros.
Si ellas murieran hoy, de la memoria tú te borrarías
Como un sueño remoto de los hombres que fueron.75

Vincente Aleixandre (1898–   )

Nació en Sevilla, estudió en Madrid. Fue profesor en la Escuela Superior de Comercio. A causa de su delicada salud se retiró de toda actividad exterior y se dedicó a la poesía. En 1949 fue elegido miembro de la Real Academia Española.

Es uno de los autores españoles que incorporó el surrealismo a la poesía castellana, pero con libertad suficiente para no ser esclavo de una escuela estética. Dice Aleixandre: «la poesía no es cuestión de palabras» y sus versos son expresión de una intensa vitalidad del espíritu. El tema central de su obra es el amor en su doble aspecto: como fuerza destructora y como ilusión que ilumina en la sombra de la vida. La naturaleza, grande, poderosa, a veces asoladora, es una selva en la que el poeta lucha, ama y sufre.

Sus imágenes, comparaciones y metáforas son de una espléndida y a veces barroca luminosidad. Su trayectoria estética puede dividirse en dos grandes períodos. El primero, representado sobre todo por su libro *La destrucción o el amor* (1933), muestra al poeta dramaticamente confundido e identificado con la naturaleza en sus fuerzas destructivas. En el segundo período, *Sombra del paraíso* (1944), el poeta se universaliza. La luz penetra en su realidad tenebrosa, iluminándola, haciéndola más inocente y pura y sobre todo más humana, con una dulce emoción de nostalgia. Además Aleixandre es un poeta de preocupaciones metafísicas que tienen un eje fundamental que es el amor. Si Juan Ramón Jiménez fue el artista que más influyó en los líricos españoles desde 1910 a 1930, Aleixandre ha sido su sucesor en la dirección general de la promoción poética española posterior a la guerra civil.

Otras obras de Aleixandre: *Ámbito* (1928), *Espadas como labios* (1932), *Pasión de la tierra* (1933), *Mundo a solas* (1950), *Poemas paradisíacos* (1952). En prosa *Pasión de la tierra* (1935), *Los encuentros* (1958).

Ven siempre, ven

No te acerques. Tu frente, tu ardiente frente, tu
    encendida frente,
las huellas de unos besos,

ese resplandor que aun de día se siente si te acercas,
ese resplandor contagioso que me queda en las
    manos,
ese río luminoso en que hundo mis brazos,   5
en el que casi no me atrevo a beber, por temor
    después a ya dura vida de lucero[1]

No quiero que vivas en mí como vive la luz,
con ese ya aislamiento de estrella que se une con
    su luz,
a quien el amor se niega a través del espacio
duro y azul que separa y no une,   10
donde cada lucero inaccesible
es una soledad, que, gemebunda,[2] envía su tristeza.

La soledad destella en el mundo sin amor.
La vida es una vívida corteza,
una rugosa piel inmóvil   15
donde el hombre no puede encontrar su descanso,
por más que aplique su sueño contra un astro
    apagado.

Pero tú no te acerques. Tu frente destellante,[3]
    carbón encendido que me arrebata a la
    propia conciencia,
duelo fulgúreo[4] en que de pronto siento la tentación
    de morir,   20
de quemarme los labios con tu roce indeleble,[5]
de sentir mi carne deshacerse contra tu diamante
    abrasador.

[3] **baba . . . sonoro** silvery spittle (cunning word), his harmonious tinkling bell.   [4] **Mis . . . proyectos** My menders of projects.   [5] **a la deriva** adrift.   [6] **levantados de naipes** build upon playing-cards.

[1] **a ya . . . lucero** to a steady hard life of a morning-star.   [2] **gemebunda** moaning.   [3] **frente destellante** flashing forehead.   [4] **duelo fulgúreo** resplendent duel.   [5] **roce indeleble** indelible rubbing.

No te acerques, porque tu beso se prolonga como
    el choque imposible de las estrellas,
como el espacio que súbitamente se incendia,
éter propagador donde la destrucción de los mundos 25
es un único corazón que totalmente se abrasa.

Ven, ven, ven como el carbón extinto oscuro
    que encierra una muerte;
ven como la noche ciega que me acerca su rostro;
ven como los dos labios marcados por el rojo,
por esa línea larga que funde los metales.   30

Ven, ven, amor mío; ven, hermética frente,
    redondez casi rodante
que luces como una órbita que va a morir en mis
    brazos;
ven como dos ojos o dos profundas soledades,
dos imperiosas llamadas de una hondura que no
    conozco.

¡Ven, ven, muerte, amor; ven pronto, te destruyo; 35
ven, que quiero matar o amar o morir o darte todo;
ven, que ruedas como liviana piedra,
confundida como una luna que me pide mis rayos!

Vida

Un pájaro de papel en el pecho
dice que el tiempo de los besos no ha llegado;
vivir, vivir, el sol cruje[6] invisible,
besos o pájaros, tarde o pronto o nunca.
Para morir basta un ruidillo,   5
el de otro corazón al callarse,
o ese regazo ajeno[7] que en la tierra
es un navío dorado para los pelos rubios.
Cabeza dolorida, sienes de oro, sol que va a ponerse;
aquí en la sombra sueño con un río,   10
juncos de verde sangre que ahora nace,
sueño apoyado en ti calor o vida.

Soy el destino

Sí, te he querido como nunca.

¿Por qué besar tus labios, si se sabe que la muerte
    está próxima,
si se sabe que amar es sólo olvidar la vida,
cerrar los ojos a lo oscuro presente
para abrirlos a los radiantes límites de un cuerpo?   5

Yo no quiero leer en los libros una verdad que
    poco a poco sube como un agua,
renuncio a ese espejo que dondequiera las montañas
    ofrecen,
pelada roca donde se refleja mi frente
cruzada por unos pájaros cuyo sentido ignoro.

No quiero asomarme a los ríos donde los peces
    colorados con el rubor de vivir,   10
embisten a las orillas límites de su anhelo,
ríos de los que unas voces inefables se alzan,
signos que no comprendo echado entre los juncos.

No quiero, no; renuncio a tragar ese polvo, esa
    tierra dolorosa, esa arena mordida,
esa seguridad de vivir con que la carne comulga[8]   15
cuando comprende que el mundo y este cuerpo
ruedan como ese signo que el celeste ojo no entiende.

No quiero, no, clamar, alzar la lengua,
proyectarla como esa piedra que se estrella en la
    altura,
que quiebra los cristales de esos inmensos cielos   20
tras los que nadie escucha el rumor de la vida.

Quiero vivir, vivir como la yerba dura,
como el cierzo o la nieve, como el carbón vigilante,
como el futuro de un niño que todavía no nace,
como el contacto de los amantes cuando la luna los
    ignora.   25

Soy la música que bajo tantos cabellos
hace el mundo en su vuelo misterioso,
pájaro de inocencia que con sangre en las alas
va a morir en un pecho oprimido.

Soy el destino que convoca a todos los que aman, 30
mar único al que vendrán todos los radios amantes
que buscan a su centro, rizados por el círculo
que gira como la rosa rumorosa y total.

Soy el caballo que enciende su crin contra el
    pelado viento,
soy el león torturado por su propia melena,   35
la gacela que teme al río indiferente,

el avasallador tigre que despuebla la selva,
el diminuto escarabajo que también brilla en el día.

Nadie puede ignorar la presencia del que vive,
del que en pie en medio de las flechas gritadas,[9]   40
muestra su pecho transparente que no impide mirar,
que nunca será cristal a pesar de su claridad,
porque si acercáis vuestras manos, podréis sentir la
    sangre.

Se querían

Se querían.
Sufrían por la luz, labios azules en la madrugada,
labios saliendo de la noche dura,
labios partidos, sangre, ¿sangre dónde?
Se querían en un lecho navío, mitad noche mitad
    luz.   5

Se querían como las flores a las espinas hondas,
a esa amorosa gema del amarillo nuevo,[10]
cuando los rostros giran melancólicamente,
giralunas[11] que brillan recibiendo aquel beso.

Se querían de noche, cuando los perros hondos   10
laten bajo la tierra y los valles se estiran
como lomos arcaicos que se sienten repasados:[12]
caricia, seda, mano, luna que llega y toca.

Se querían de amor entre la madrugada,
entre las duras piedras cerradas de la noche,   15
duras como los cuerpos helados por las horas,
duras como los besos de diente a diente sólo.

Se querían de día, playa que va creciendo,
ondas que por los pies acarician los muslos,
cuerpos que se levantan de la tierra y flotando . . .   20
Se querían de día, sobre el mar, bajo el cielo.

Mediodía perfecto, se querían tan íntimos,
mar altísimo y joven, intimidad extensa,
soledad de lo vivo, horizontes remotos
ligados como cuerpos en soledad cantando.   25

Amando. Se querían como la luna lúcida,
como ese mar redondo que se aplica a ese rostro,
dulce eclipse de agua, mejilla oscurecida,
donde los peces rojos van y vienen sin música.

Día, noche, ponientes, madrugadas, espacios,   30
ondas nuevas, antiguas, fugitivas, perpetuas,
mar o tierra, navío, lecho, pluma, cristal,
metal, música, labio, silencio, vegetal,
mundo, quietud, su forma. Se querían, sabedlo.

El árbol

El árbol jamás duerme.
Dura pierna de roble, a veces tan desnuda, quiere un
    sol muy oscuro.
Es un muslo piafante[13] que un momento se para,
mientras todo el horizonte se retira con miedo.

Un árbol es un muslo que en la tierra se yergue
    como la erecta vida.   5
No quiere ser ni blanco ni rosado,
y es verde, verde siempre como los duros ojos.

Rodilla inmensa donde los besos no imitarán
    jamás falsas hormigas.
Donde la luna no pretenderá ser un sutil encaje.
Porque la espuma que una noche osara hasta
    rozarlo[14]   10
a la mañana es roca, dura roca sin musgo.

Venas donde a veces los labios que las besan
sienten el brío del acero que cumple,[15]
sienten ese calor que hace la sangre brillante
cuando escapa apretada entre los sabios músculos.   15

Sí. Una flor quiere a veces ser un brazo potente.
Pero nunca veréis que un árbol quiera ser otra cosa.
Un corazón de un hombre a veces resuena
    golpeando.
Pero un árbol es sabio, y plantado domina.

---

[6] **cruje** crackles. [7] **regazo ajeno** another's lap. [8] **con que . . . comulga** that the flesh swallows. [9] **gritadas** screaming. [10] **amorosa . . . nuevo** loving gem of the new [bud] yellow. [11] **giralunas** moon-flowers. [12] **como . . . repasados** like old backs feeling tender caresses. [13] **muslo piafante** a stamping thigh. [14] **osara . . . rozarlo** that dared to graze. [15] **el brío . . . cumple** the mettle of the well-tempered steel.

Todo un cielo o un rubor sobre sus ramas
    descansa.   20
Cestos de pájaros niños no osan colgar de sus
    yemas.[16]
Y la tierra está quieta toda ante vuestros ojos.
Pero yo sé que ella se alzaría como un mar por
    tocarle.

En lo sumo, gigante, sintiendo las estrellas todas
    rizadas[17] sin un viento,
resonando misteriosamente sin ningún viento
    dorado,   25
un árbol vive y puede, pero no clama nunca,
ni a los hombres mortales arroja nunca su sombra.

Nacimiento del amor

¿Cómo nació el amor? Fue ya en otoño.
Maduro el mundo,
no te aguardaba ya. Llegaste alegre,
ligeramente rubia, resbalando en lo blando
del tiempo. Y te miré. ¡Qué hermosa   5
me pareciste aún, sonriente, vívida,
frente a la luna aún niña, prematura en la tarde,
sin luz, graciosa en aires dorados; como tú,
que llegabas sobre el azul, sin beso,
pero con dientes claros, con impaciente amor!   10

Te miré. La tristeza
se encogía a lo lejos, llena de paños largos,[18]
como un poniente graso[19] que en sus ondas retira.
Casi una lluvia fina —¡el cielo, azul! —mojaba
tu frente nueva. ¡Amante, amante era el destino   15
de la luz! Tan dorada te miré que los soles
apenas se atrevían a insistir, a encenderse
por ti, de ti, a darte siempre
su pasión luminosa, ronda tierna[20]
de soles que giraban en torno a ti, astro dulce,   20
en torno a un cuerpo casi transparente, gozoso,
que empapa luces húmedas, finales, de la tarde,
y vierte, todavía animal, sus auroras.

Eras tú amor, destino, final amor luciente,
nacimiento penúltimo hacia la muerte acaso.   25
Pero no. Tú asomaste. ¿Eras ave, eras cuerpo,

alma sólo? ¡Ah, tu carne traslúcida
besaba como dos alas tibias,
como el aire que mueve un pecho respirando,
y sentí tus palabras, tu perfume,   30
y en el alma profunda, clarividente,
diste fondo! Calado de ti hasta el tuétano de la luz,[21]
sentí tristeza, tristeza del amor: amor es triste.

En mi alma nacía el día. Brillando
estaba de ti; tu alma en mí estaba.   35
Sentí dentro, en mi boca, el sabor a la aurora.
Mis ojos dieron su dorada verdad. Sentí a los
    pájaros
en mi frente piar, ensordeciendo
mi corazón. Miré por dentro
los ramos, las cañadas luminosas, las alas variantes,[22] 40
y un vuelo de plumajes de color, de encendidos
presentes me embriagó, mientras todo mi ser a un
    mediodía,
raudo, loco, creciente se incendiaba,
y mi sangre ruidosa se despeñaba en gozos
de amor, de luz, de plenitud, de espuma.   45

El moribundo

II. SILENCIO
Miró, miró por último y quiso hablar.
Unas borrosas letras sobre sus labios aparecieron.
Amor. Sí, amé. He amado. Amé, amé mucho.
Alzó su mano débil, su mano sagaz, y un pájaro
voló súbito en la alcoba. Amé mucho, el aliento
    aún decía.   5
Por la ventana negra de la noche las luces daban su
    claridad
sobre una boca, que no bebía ya de un sentido
    agotado.
Abrió los ojos. Llevó su mano al pecho y dijo:
Oídme.
Nadie oyó nada. Una sonrisa oscura veladamente
    puso su dulce máscara   10
sobre el rostro, borrándolo.
Un soplo sonó. Oídme. Todos, todos pusieron su
    delicado oído.
Oídme. Y se oyó puro, cristalino, el silencio.

Federico García Lorca (1898–1936)

El poeta del « alma gitana » nació en un pueblecito de Granada. Estudió la carrera de derecho y después marchó a Madrid. *El Romancero gitano* (1928) fue una revelación y al mismo tiempo una conmoción dentro del mundo poético en que reinaba J. R. Jiménez. En 1930 visitó Estados Unidos donde se inspiró para su *Poeta en Nueva York* (1930). Después vino *Poema del cante jondo* (1931). Viajó por la América Española en 1933–1934. Entre otras varias obras de teatro estrenó *Bodas de sangre* (1933), *Yerma* (1934) y dejó escrita *La casa de Bernarda Alba* (1936). Aunque murió joven, víctima inocente de la guerra civil, dejó una abundante y riquísima obra.

García Lorca explicó en una bella charla las diferencias entre musa, ángel y *duende* como fuente de inspiración poética. Su poesía tiene duende, es decir, magia, misterio, sangre. «Al duende hay que despertarlo en las últimas habitaciones de la sangre.» En toda la literatura española es difícil encontrar alquien con la intuición, el instinto, el genio para la poesía de raíces misteriosas como este lírico granadino. Aunque en cierta ocasión dijo que su poesía era fruto del esfuerzo y del estudio, es indudable que hay en él una fuente tenebrosa y ardiente que brota desde muy adentro.

Es el poeta de lo primitivo, de lo irracional vital, de lo mítico; toda su obra es metáfora que se desarrolla sin fin, a través de valores musicales y plásticos. Sus imágenes son inesperadas. Vive en una atmósfera estética que no pertenece a lo que se considera mundo clásico, es decir, la tradición humanística.

De una forma u otra García Lorca une lo lírico y lo dramático; un aire de tragedia, de rito sangriento, recorre sus versos, como una amenaza a punto de cumplirse: cuchillos, luna, muerte, frío, plata, negro, caballos, noche. Al mismo tiempo mezcla lo popular con reminiscencias infantiles, lo absurdo con lo irracional. Los poderes subterráneos del espíritu se unen para integrar una atmósfera de misterio, una vaga emoción de lo inconcreto, pero presente, de lo mágico. Toda su poesía está penetrada de esa tensión dramático-trágica.

Su teatro es culminación de la obra lírica; es poesía dramática y dramatizada. En este teatro irrumpen con violencia sísmica las fuerzas instintivas desencadenadas, reprimidas hasta entonces por las convenciones sociales que esclavizan lo espontáneo, lo salvaje del ser humano. El odio y el deseo; sexo y maternidad; sangre y venganza. El amor —afecto, ternura, sentimiento de unión de almas— no se da en su teatro trágico, ni en toda su producción. La interpretación de la obra de García Lorca, tanto la lírica como la escrita para ser representada, ofrece especiales dificultades. Requiere un conocimiento profundo de su mundo metafórico y no debe ser considerada como una pintura del mundo real. Los gitanos de este autor no existen en la realidad, ni las mujeres andaluzas son unas maníacas del sexo o de la sangre. Pero por medio y a través de la metáfora y del mito es posible intuir profundidades del alma humana que sólo el genio poético puede atisbar.

Se ha puesto el sol

Se ha puesto el sol. Los árboles
meditan como estatuas.
Ya está el trigo segado.
¡Qué tristeza
de las norias paradas![1]   5

    Un perro campesino
quiere comerse a Venus y le ladra.
Brilla sobre su campo de pre-beso
como una gran manzana.

---

[16] **yemas** buds. [17] **rizadas** rippled. [18] **paños largos** mourning clothes. [19] **poniente graso** fat sunset (opulent). [20] **ronda tierna** tender serenade. [21] **diste .., luz** threw anchor. Soaked by you to the very marrow of light. [22] **las cañadas . . . variantes** the luminous dells. the multi-colored wings.

[1] **norias paradas** stopped water wheels.

Los mosquitos —Pegasos² del rocío—   10
vuelan, el aire en calma.
La Penélope³ inmensa de la luz
teje una noche clara.

«Hijas mías, dormid, que viene el lobo»,
las ovejitas balan.   15
«¿Ha llegado el otoño compañeras?».
dice una flor ajada.

¡Ya vendrán los pastores con sus nidos
por la sierra lejana!
Ya jugarán los niños en la puerta   20
de la vieja posada
y habrá coplas de amor
que ya se saben
de memoria las casas.

Prólogo

Mi corazón está aquí,
Dios mío
hunde tu cetro en él,⁴ Señor.
Es un membrillo
demasiado otoñal   5
y está podrido.
Arranca los esqueletos
de los gavilanes líricos⁵
que tanto, tanto lo hirieron
y si acaso tienes pico   10
móndale su corteza
de hastío.⁶

Mas si no quieres hacerlo
me da lo mismo,
guárdate tu cielo azul,   15
que es tan aburrido,
el rigodón de los astros.⁷
Y tu Infinito,
que yo pediré prestado
el corazón a un amigo.   20
Un corazón con arroyos
y pinos,
y un ruiseñor de hierro
que resista
el martillo   25
de los siglos.

Además, Satanás me quiere mucho,
fue compañero mío
en un examen de
lujuria, y el pícaro   30
buscará a Margarita⁸
—me lo tiene ofrecido—.
Margarita morena,
sobre un fondo de viejos olivos,
con dos trenzas de noche   35
de estío,
para que yo desgarre
sus muslos limpios.
Y entonces, ¡oh Señor!,
seré tan rico   40
o más que tú,
porque el vacío
no puede compararse
al vino
con que Satán obsequia   45
a sus buenos amigos.
Licor hecho con llanto.
¡Qué más da!
Es lo mismo
que tu licor compuesto   50
de trinos.

Dime, Señor,
¡Dios mío!
¿Nos hundes en la sombra
del abismo?   55
¿Somos pájaros ciegos
sin nidos?

La luz se va apagando.
¿Y el aceite divino?
Las olas agonizan.   60
¿Has querido
jugar como si fuéramos
soldaditos?⁹
Dime, Señor,
¡Dios mío!   65
¿No llega el dolor nuestro
a tus oídos?
¿No han hecho las blasfemias
Babeles sin ladrillos

para herirte, o te gustan   70
los gritos?
¿Estás sordo? ¿Estás ciego?
¿O eres bizco
de espíritu
y ves el alma humana   75
con tonos invertidos?

    ¡Oh Señor soñoliento!
¡Mira mi corazón
frío
como un membrillo   80
demasiado otoñal
que está podrido!
Si tu luz va a llegar,
abre los ojos vivos;
pero si continúas   85
dormido
ven, Satanás errante,
sangriento peregrino,
ponme la Margarita
morena en los olivos   90
con las trenzas de noche
de estío,
que yo sabré encenderle
sus ojos pensativos
con mis besos manchados   95
de lirios.
Y oiré una tarde ciega
mi ¡Enrique!, ¡Enrique!,[10]
lírico,
mientras todos mis sueños   100
se llenan de rocío.
Aquí, Señor, te dejo
mi corazón antiguo,
voy a pedir prestado
otro nuevo a un amigo.   105
Corazón con arroyos
y pinos,
corazón sin culebras
ni lirios.
Robusto, con la gracia   110
de un joven campesino
que atraviesa de un salto
el río.

El lagarto viejo

En la agostada senda
he visto al buen lagarto
(gota de cocodrilo)
meditando.
Con su verde levita   5
de abate[11] del diablo,
su talante correcto[12]
y su cuello planchado,
tiene un aire muy triste
de viejo catedrático.   10
¡Esos ojos marchitos
de artista fracasado,
cómo miran la tarde
desmayada!

    ¿Es éste su paseo   15
crepuscular, amigo?
Usad bastón, ya estáis[13]
muy viejo, Don Lagarto,
y los niños del pueblo
pueden daros un susto.   20
¿Qué buscáis en la senda,
filósofo cegato,[14]
si el fantasma indeciso
de la tarde agosteña
ha roto el horizonte?   25

[2] **Pegasos** Pegasus, in Greek mythology, horse with wings, the steed of the Muses. [3] **Penélope** in Greek legend the faithful wife of Odysseus who waited twenty years for her husband's return, while weaving endlessly a never finished veil. [4] **hunde tu cetro** stab (deepen) your sceptre in it. [5] **gavilanes líricos** Lyrical hawks, symbol of pride. [6] **si . . . hastío** and if you have a beak, strip off his bark of boredom. [7] **rigodón . . . astros** the rigadoom of the stars. [8] **Margarita** young maid in Goethe's play *Faust.* [9] **soldaditos = soldaditos de plomo** tin soldiers. [10] **Enrique** reference to the German poet Heinrich Heine (1797–1856). He influenced the Spanish poets of the second half of the XIX Century. [11] **abate** priest. [12] **galante correcto** good manners. [13] **Usad . . . estáis** the poet uses the formal and old form of "vos". [14] **cegato** short sighted.

¿Buscáis el azul limosna
del cielo moribundo?
¿Un céntimo de estrella?
¿O acaso
estudiasteis un libro   30
de Lamartine,[15] y os gustan
los trinos platerescos[16]
de los pájaros?

(Miras al sol poniente,
y tus ojos relucen,   35
¡oh dragón de las ranas!,
con un fulgor humano.
Las góndolas sin remos
de las ideas, cruzan
el agua tenebrosa   40
de tus iris quemados.[17])

¿Venís quizá en la busca
de la bella lagarta,
verde como los trigos
de mayo,   45
como las cabelleras
de las fuentes dormidas,
que os despreciaba, y luego
se fue de vuestro campo?
¡Oh dulce idilio roto   50
sobre la fresca juncia![18]
¡Pero vivir!, ¡qué diantre!,[19]
me habéis sido simpático.
El lema de «Me opongo
a la serpiente » triunfa   55
en esa gran papada[20]
de arzobispo cristiano.

Ya se ha disuelto el sol
en la copa del monte,
y enturbian el camino   60
los rebaños.
Es hora de marcharse,
dejad la angosta senda
y no continuéis
meditando.   65
Que lugar tendréis luego
de mirar las estrellas

cuando os coman sin prisa
los gusanos.

¡Volved a vuestra casa   70
bajo el pueblo de grillos!
¡Buenas noches, amigo
don Lagarto!

Ya está el campo sin gente,
los montes apagados   75
y el camino desierto;
sólo de cuando en cuando
canta un cuco en la umbría
de los álamos.

La guitarra

Empieza el llanto
de la guitarra.
Se rompen las copas[21]
de la madrugada.
Empieza el llanto   5
de la guitarra.
Es inútil callarla.
Es imposible
callarla,
Llora monótona   10
como llora el agua,
como llora el viento
sobre la nevada.
Es imposible
callarla.   15
Llora por cosas
lejanas.
Arena del Sur caliente
que pide camelias blancas.
Llora flecha sin blanco,   20
la tarde sin mañana,
y el primer pájaro muerto
sobre la rama.
¡Oh guitarra!
Corazón malherido   25
por cinco espadas.[22]

La balada del agua del mar

El mar
sonríe a lo lejos.
Dientes de espuma,
labios de cielo.

—¿Qué vendes, oh joven turbia 5
con los senos al aire?

—Vendo, señor, el agua
de los mares.

—¿Qué llevas, oh negro joven,
mezclado con tu sangre? 10

—Llevo, señor, el agua
de los mares.

—Esas lágrimas salobres
¿de dónde vienen, madre?

—Lloro, señor, el agua 15
de los mares.

—Corazón, y esta amargura
seria, ¿de dónde nace?

—¡Amarga mucho el agua
de los mares! 20

El mar
sonríe a lo lejos.
Dientes de espuma,
labios de cielo.

Pueblo

Sobre el monte pelado
un calvario.²³
Agua clara
y olivos centenarios.
Por las callejas 5
hombres embozados,²⁴
y en las torres
veletas girando.

Eternamente
girando. 10
¡Oh pueblo perdido,
en la Andalucía del llanto!

Sorpresa

Muerto se quedó en la calle
con un puñal en el pecho.
No lo conocía nadie.
¡Cómo temblaba el farol!
Madre. 5
¡Cómo temblaba el farolito
de la calle!
Era madrugada. Nadie
pudo asomarse a sus ojos
abiertos al duro aire. 10
Que muerto se quedó en la calle
que con un puñal en el pecho
y que no lo conocía nadie.

Camino

Cien jinetes enlutados,
¿dónde irán,
por el cielo yacente²⁵
del naranjal?
Ni a Córdoba ni a Sevilla 5
llegarán.
Ni a Granada la que suspira
por el mar.²⁶
Esos caballos soñolientos

---

¹⁵ **Lamartine** French romantic poet (1790–1869).
¹⁶ **trinos platerescos** silvery trillings.   ¹⁷ **iris quemados**
scorched irises.   ¹⁸ **juncia** sedge.   ¹⁹ **¡qué diantre!** oh
hell!   ²⁰ **papada** double chin.   ²¹ **copas** goblets.
²² **Corazón . . . espadas** Heart badly wounded by five
swords (five fingers).   ²³ **calvario** stations of the cross
along the mountain side.   ²⁴ **embozados** their faces
covered.   ²⁵ **cielo yacente** stretched out sky (the orange
grove is like a sky).   ²⁶ **suspira . . . mar** yearns for the sea.

Tejido español o portugués, 1775–1785.
The Metropolitan Museum of Art.

los llevarán   10
al laberinto de las cruces
donde tiembla el cantar.
Con siete ayes clavados,[27]
¿dónde irán
los cien jinetes andaluces   15
del naranjal?

Memento

Cuando yo me muera,
enterradme con mi guitarra
bajo la arena.

   Cuando yo me muera,
entre los naranjos   5
y la hierbabuena.

   Cuando yo me muera,
enterradme si queréis
en una veleta.

   ¡Cuando yo me muera! 10

Romance de la pena negra

Las piquetas de los gallos[28]
cavan buscando la aurora,
cuando por el monte oscuro
baja Soledad Montoya.
Cobre amarillo, su carne,   5
huele a caballo y a sombra.
Yunques ahumados[29] sus pechos
gimen canciones redondas.
Soledad, ¿por quién preguntas
sin compaña y a estas horas?   10
Pregunte por quien pregunte,
dime: ¿a ti qué se te importa?
Vengo a buscar lo que busco,
mi alegría y mi persona.
Soledad de mis pesares,   15
caballo que se desboca,
al fin encuentra la mar
y se lo tragan las olas.
No me recuerdes el mar,
que la pena negra, brota   20
en las tierras de aceituna

bajo el rumor de las hojas.
¡Soledad, qué pena tienes!
¡Qué pena tan lastimosa!
Lloras zumo de limón   25
agrio de espera y de boca.[30]
¡Qué pena tan grande! Corro
mi casa como una loca,
mis dos trenzas por el suelo,
de la cocina a la alcoba.   30
¡Qué pena! Me estoy poniendo
de azabache, carne y ropa.
¡Ay mis camisas de hilo!
¡Ay mis muslos de amapola!
Soledad: lava tu cuerpo   35
con agua de las alondras,
y deja tu corazón
en paz, Soledad Montoya.

   Por abajo canta el río
volante de cielo y hojas.   40
Con flores de calabaza,
la nueva luz se corona.
¡Oh pena de los gitanos!
Pena limpia y siempre sola.
¡Oh pena de cauce oculto   45
y madrugada remota!

Muerte de Antoñito el Camborio

Voces de muerte sonaron
cerca del Guadalquivir.
Voces antiguas que cercan
voz de clavel varonil.[31]
Les clavó sobre las botas   5
mordiscos de jabalí.
En la lucha daba saltos

---

[27] **siete . . . clavados** seven wails nailed (reference to the seven swords piercing the heart of the Lady of Sorrows).
[28] **las piquetas . . . gallos** the cock's crows. [29] **yunques ahumados** dark anvils. [30] **agrio . . . boca** bitter to taste because of the waiting. [31] **clavel varonil** viril carnation (man's flower).

jabonados[32] de delfín.
Bañó con sangre enemiga
su corbata carmesí,   10
pero eran cuatro puñales
y tuvo que sucumbir.
Cuando las estrellas clavan
rejones al agua gris,
cuando los erales sueñan   15
verónicas de alhelí,[33]
voces de muerte sonaron
cerca del Guadalquivir.

    Antonio Torres Heredia,
Camborio de dura crin,   20
moreno de verde luna,
voz de clavel varonil:
¿Quién te ha quitado la vida
cerca del Guadalquivir?
Mis cuatro primos Heredias   25
hijos de Benamejí.
Lo que en otros no envidiaban,
ya lo envidiaban en mí.
Zapatos color corinto,
medallones de marfil,   30
y este cutis amasado
con aceituna y jazmín.
¡Ay Antoñito el Camborio,
digno de una Emperatriz!
Acuérdate de la Virgen   35
porque te vas a morir.
¡Ay Federico García.
llama a la Guardia Civil!
Ya mi talle se ha quebrado
como caña de maíz.   40

    Tres golpes de sangre tuvo
y se murió de perfil.[34]
Viva moneda que nunca
se volverá a repetir.
Un ángel marchoso[35] pone   45
su cabeza en un cojín.
Otros de rubor cansado,
encendieron un candil.
Y cuando los cuatro primos
llegan a Benamejí,   50

voces de muerte cesaron
cerca del Guadalquivir.

Llanto por Ignacio Sánchez Mejías[36]

    1. LA COGIDA Y LA MUERTE
A las cinco de la tarde.
Eran las cinco en punto de la tarde.
Un niño trajo la blanca sábana
a las cinco de la tarde.
Una espuerta de cal ya prevenida[37]   5
a las cinco de la tarde.
Lo demás era muerte y sólo muerte
a las cinco de la tarde.

    El viento se llevó los algodones[38]
a las cinco de la tarde.   10
Y el óxido sembró cristal y níquel[39]
a las cinco de la tarde.
Ya luchan la paloma y el leopardo
a las cinco de la tarde.
Y un muslo con un asta desolada[40]   15
a las cinco de la tarde.
Comenzaron los sones del bordón[41]
a las cinco de la tarde.
Las campanas de arsénico y el humo
a las cinco de la tarde.   20
En las esquinas grupos de silencio
a las cinco de la tarde.
¡Y el toro solo corazón arriba!
a las cinco de la tarde.
Cuando el sudor de nieve fue llegando   25
a las cinco de la tarde,
cuando la plaza se cubrió de yodo
a las cinco de la tarde,
la muerte puso huevos en la herida[42]
a las cinco de la tarde.   30
A las cinco de la tarde.
A las cinco en punto de la tarde.

    Un ataúd con ruedas es la cama
a las cinco de la tarde.
Huesos y flautas suenan en su oído   35
a las cinco de la tarde.
El toro ya mugía por su frente
a las cinco de la tarde.

El cuarto se irisaba de agonía
a las cinco de la tarde.   40
A lo lejos ya viene la gangrena
a las cinco de la tarde.
Trompa de lirio por las verdes ingles[43]
a las cinco de la tarde.
Las heridas quemaban como soles   45
a las cinco de la tarde,
A las cinco de la tarde.
¡Ay qué terribles cinco de la tarde!
¡Eran las cinco en todos los relojes!
¡Eran la cinco en sombra de la tarde! 50

2. LA SANGRE DERRAMADA
    ¡Que no quiero verla!

    Dile a la luna que venga,
    que no quiero ver la sangre
    de Ignacio sobre la arena.

        ¡Que no quiero verla!   5

    La luna de par en par.
    Caballo de nubes quietas,
    y la plaza gris del sueño
    con sauces en las barreras.
        ¡Que no quiero verla!   10
    Que mi recuerdo se quema.
    ¡Avisad a los jazmines
    con su blancura pequeña!

        ¡Que no quiero verla!

    La vaca del viejo mundo   15
    pasaba su triste lengua
    sobre un hocico de sangres
    derramadas en la arena,
    y los toros de Guisando,[44]
    casi muerte y casi piedra,   20
    mugieron como dos siglos
    hartos de pisar la tierra.
    No.
        ¡Que no quiero verla!

    Por las gradas[45] sube Ignacio   25
    con toda su muerte a cuestas.[46]
    Buscaba el amanecer,

y el amanecer no era.
Busca su perfil seguro,
y el sueño lo desorienta.   30
Buscaba su hermoso cuerpo
y encontró su sangre abierta.
¡No me digáis que la vea!
No quiero sentir el chorro
cada vez con menos fuerza;   35
ese chorro que ilumina
los tendidos[47] y se vuelca
sobre la pana y el cuero
de muchedumbre sedienta.
¡Quién me grita que me asome![48]   40
¡No me digáis que la vea!

    No se cerraron sus ojos
cuando vio los cuernos cerca,
pero las madres terribles
levantaron la cabeza.   45
Y a través de las ganaderías,
hubo un aire de voces secretas
que gritaban a toros celestes,
mayorales[49] de pálida niebla.

---

[32] **jabonados** slippery (also: graceful).   [33] **las estrellas . . . alhelí** the stars thrust spears through the dark water, when the year old bulls dream of passes with the cape (in the bullring).   [34] **de perfil** lying on his side.   [35] **marchoso** lively gait.   [36] **Ignacio Sánchez Mejías** well known bullfighter and learned man; killed in the ring in 1934.   [37] **Una . . . prevenida** A basket of lime ready (for the burial).   [38] **algodones** swabs (to stop the bleeding).   [39] **óxido . . . niquel** the peroxide covered glass and chromium plated (instruments of surgery).   [40] **muslo . . . desolada** [the struggle between] the thigh and the sorrowful horn.   [41] **bordón** bass-string in the guitar.   [42] **la muerte . . . herida** death laid eggs in the wound (death worms).   [43] **trompa . . . ingles** [a river of blood like] red lilies through the groin; **trompa:** shaped like a trumpet.   [44] **toros de Guisando** four prehistoric statues in bull shape in the province of Avila.   [45] **gradas** bullring rows of seats.   [46] **muerte a cuestas** carrying his own death in his back.   [47] **tendidos** the different sections of the audience in a bullring.   [48] **que me asome** that I come forward [to see].   [49] **mayorales** head shepherds.

No hubo príncipe en Sevilla   50
que comparársele pueda,
ni espada como su espada
ni corazón tan de veras.
Como un río de leones
su maravillosa fuerza,   55
y como un torso de mármol
su dibujada prudencia.
Aire de Roma andaluza
le doraba la cabeza
donde su risa era un nardo   60
de sal[50] y de inteligencia.
¡Qué gran torero en la plaza!
¡Qué gran serrano en la sierra!
¡Qué blando con las espigas!
¡Qué duro con las espuelas!   65
¡Qué tierno con el rocío!
¡Qué deslumbrante en la feria!
¡Qué tremendo con las últimas
banderillas de tiniebla![51]

    Pero ya duerme sin fin.   70
Ya los musgos y la hierba
abren con dedos seguros
la flor de su calavera.
Y su sangre ya viene cantando:
cantando por marismas y praderas,   75
resbalando por cuernos ateridos,[52]
vacilando sin alma por la niebla,
tropezando con miles de pezuñas
como una larga, oscura, triste lengua,
para formar un charco de agonía   80
junto al Guadalquivir de las estrellas.
¡Oh blanco muro de España!
¡Oh negro toro de pena!
¡Oh sangre dura de Ignacio!
¡Oh ruiseñor de sus venas!   85
No.
¡Que no quiero verla!
Que no hay cáliz que la contenga,
que no hay golondrinas que se la beban,
no hay escarcha de luz que la enfríe,   90
no hay canto ni diluvio de azucenas,

no hay cristal que la cubra de plata.
No.
¡¡Yo no quiero verla!!

Cuerpo presente[53]

La piedra es una fuente donde los sueños gimen
sin tener agua curva ni cipreses helados.
La piedra es una espalda para llevar al tiempo
con árboles de lágrimas y cintas y planetas.

    Yo he visto lluvias grises correr hacia las olas   5
levantando sus tiernos brazos acribillados,
para no ser cazadas por la piedra tendida
que desata sus miembros sin empapar la sangre.

    Porque la piedra coge simientes y nublados
esqueletos de alondras y lobos de penumbra;   10
pero no da sonidos, ni cristales, ni fuego,
sino plazas y plazas y otras plazas sin muros.

    Ya está sobre la piedra Ignacio el bien nacido.
Ya se acabó; ¿qué pasa? Comtemplad su figura:
la muerte le ha cubierto de pálidos azufres   15
y le ha puesto cabeza de oscuro minotauro.[54]

    Ya se acabó. La lluvia penetra por su boca.
El aire como loco deja su pecho hundido,
y el Amor, empapado con lágrimas de nieve,
se calienta en la cumbre de las ganaderías.   20

    ¿Qué dicen? Un silencio con hedores reposa.
Estamos con un cuerpo presente que se esfuma,
con una forma clara que tuvo ruiseñores
y la vemos llenarse de agujeros sin fondo.

    ¿Quién arruga el sudario? ¡No es verdad lo que   25
        dice!
Aquí no canta nadie, ni llora en el rincón,
ni pica las espuelas, ni espanta la serpiente:
aquí no quiero más que los ojos redondos
para ver ese cuerpo sin posible descanso.

    Yo quiero ver aquí los hombres de voz dura.   30
Los que doman caballos y dominan los ríos:
los hombres que les suena el esqueleto y cantan
con una boca llena de sol y pedernales.

Aquí quiero yo verlos. Delante de la piedra.
Delante de este cuerpo con las riendas quebradas. 35
Yo quiero que me enseñen dónde está la salida
para este capitán atado por la muerte.

Yo quiero que me enseñen un llanto como un río
que tenga dulces nieblas y profundas orillas,
para llevar el cuerpo de Ignacio y que se pierda 40
sin escuchar el doble resuello de los toros.

Que se pierda en la plaza redonda de la luna
que finge cuando niña doliente res inmóvil;
que se pierda en la noche sin canto de los peces
y en la maleza blanca del humo congelado. 45

No quiero que le tapen la cara con pañuelos
para que se acostumbre con la muerte que lleva.
Vete, Ignacio: No sientas el caliente bramido.
Duerme, vuela, reposa: ¡También se muere el mar!

Casida[55] del llanto

He cerrado mi balcón
porque no quiero oír el llanto
pero por detrás de los grises muros
no se oye otra cosa que el llanto.

Hay muy pocos ángeles que canten, 5
hay muy pocos perros que ladren,
mil violines caben en la palma de mi mano.

Pero el llanto es un perro inmenso,
el llanto es un ángel inmenso,
el llanto es un violín inmenso, 10
las lágrimas amordazan al viento,
y no se oye otra cosa que el llanto.

Casida de la muchacha dorada

La muchacha dorada
se bañaba en el agua
y el agua se doraba.

Las algas y las ramas
en sombra la asombraban, 5
y el ruiseñor cantaba
por la muchacha blanca.

Vino la noche clara,
turbia de plata mala,
con peladas montañas 10
bajo la brisa parda.

La muchacha mojada
era blanca en el agua
y el agua, llamarada.

Vino el alba sin mancha, 15
con mil caras de vaca,
yerta y amortajada
con heladas guirnaldas.

La muchacha de lágrimas
se bañaba entre llamas, 20
y el ruiseñor lloraba
con las alas quemadas.

La muchacha dorada
era una blanca garza
y el agua la doraba. 25

Canto nocturno de los marineros andaluces

De Cádiz a Gibraltar
¡qué buen caminito!
El mar conoce mi paso
por los suspiros.

¡Ay muchacha, muchacha, 5
cuanto barco en el puerto de Málaga!

De Cádiz a Sevilla
¡cuántos limoncitos!
El limonar me conoce
por los suspiros. 10

---

[50] **de sol** of grace.   [51] **banderillas de tiniebla**
short spears of death.   [52] **ateridos** rigid with cold.
[53] **cuerpo present** laid-out body.   [54] **minotauro** in
Greek mythology a monster half man, half bull.   [55] **Casida**
A kind of arabic poetry.

¡Ay muchacha, muchacha,
cuanto barco en el puerto de Málaga!

De Sevilla a Carmona
no hay un solo cuchillo.
La media luna, corta,   15
y el aire, pasa, herido.

¡Ay muchacho, muchacho,
que las olas me llevan mi caballo!

Por las salinas muertas
yo te olvidé, amor mío.   20
El que quiera un corazón
que pregunte por mi olvido.

¡Ay muchacho, muchacho,
que las olas se llevan mi caballo!

Cádiz, que te cubre el mar,   25
no avances por ese sitio.
Sevilla, ponte de pie
para no ahogarte en el río.

¡Ay muchacha!
¡Ay muchacho!   30
¡Qué buen caminito!
Cuánto barco en el puerto
y en la playa ¡qué frío!

Rafael Alberti (1902–   )

Andaluz del Puerto de Santa María, junto a Cádiz. En Madrid quiso ser pintor de la nueva tendencia cubista. Pero enfermó del pecho, tuvo que descansar en la sierra y allí comenzó la carrera que desde entonces ha continuado brillantemente, la de poeta. Al caer la monarquía y con el advenimiento de la república se orientó hacia la política. Se unió al partido comunista, del que más tarde fue expulsado. Tomó parte activa en la guerra civil. Al terminar ésta, se fue a la Argentina, donde ha continuado escribiendo. Tres etapas recorre la producción poética de Alberti: La primera y la mejor y que él califica de «contribución a la poesía burguesa» se extiende de 1924 a 1931. Desde este año hasta más allá de la guerra civil se orienta hacia lo social y lo político y su poesía, además de lo lírico se mezcla con elementos de vulgaridad y de mal gusto. Finalmente en Argentina vuelve a ser el escritor de la primera época, pero más maduro y reposado.

Su primer libro, con el que ganó el Premio Nacional de Literatura, *Marinero en tierra* (1925) ha quedado clavado como una piedra importante en la literatura lírica popular española. Le sigue *El alba del alhelí* (1927). El mejor juicio y autorizada opinión de esta obra los dio J. R. Jiménez, al decir de ella que es «poesía *popular,* . . . personalísima; de tradición española . . .

nueva, fresca y acabada a la vez; rendida, ágil, graciosa, parpadeante: andalucísima». En 1929 publicó uno de sus mejores y más dramáticos libros, *Sobre los ángeles,* en que el autor describe intensa y doloridamente su pérdida de la fe religiosa tradicional. El dramatismo de estos versos está mezclado con rasgos superrealistas, que a veces hacen un poco dificultosa su lectura e interpretación.

También ha escrito para el teatro. Su primer amor de artista y de joven, «la pintura», se manifiesta en sus poemas dedicados a los pintores (El Greco, Picasso . . .). En prosa ha escrito *Imagen primera de* . . . (1945) sobre sus recuerdos de hombres notables españoles, y *La arboleda perdida* (1953), de tipo autobiográfico.

Aranda de Duero[1]

Madruga, la amante mía,
madruga, que yo lo quiero.

En las barandas[2] del Duero,
viendo pasar el alba fría,
yo te espero.   5

No esperes que zarpe el día,[3]
que yo te espero.

De Aranda de Duero
a Peñaranda de Duero

¡Castellanos de Castilla,
nunca habéis visto la mar!

¡Alerta, que en estos ojos
del sur y en este cantar
yo os traigo toda la mar!   5

Peñaranda de Duero

¿Por qué me miras tan serio,
carretero?

Tienes cuatro mulas tordas,[4]
un caballo delantero,
un carro de ruedas verdes,   5
y la carretera toda
para ti,
carretero.

¿Qué más quieres?

Los dos ángeles

Ángel de luz, ardiendo,
¡oh, ven!, y con tu espada
incendia los abismos donde yace
mi subterráneo ángel de las nieblas.

¡Oh espadazo[5] en las sombras!   5
Chispas múltiples,
clavándose en mi cuerpo,
en mis alas sin plumas,
en lo que nadie ve,
vida.   10

Me estás quemando vivo.
Vuela ya de mí, oscuro
Luzbel de las canteras sin auroras,[6]
de los pozos sin agua,
de las simas sin sueño,   15
ya carbón del espíritu,
sol, luna.

Me duelen los cabellos
y las ansias. ¡Oh, quémame!
¡Más, más, sí, sí, más! ¡Quémame!   20

¡Quémalo, ángel de luz, custodio mío,
tú que andabas llorando por las nubes,
tú, sin mí, tú, por mí,
ángel frío de polvo, ya sin gloria,
volcado en las tinieblas!   25

¡Quémalo, ángel de luz,
quémame y huye!

Gimiendo

Gimiendo por ver el mar,
un marinerito en tierra
iza al aire[7] este lamento:

¡Ay mi blusa marinera![8]
Siempre me la inflaba el viento   5
al divisar la escollera.

Con él

Si Garcilaso volviera,
yo sería su escudero;
que buen caballero era.

Mi traje de marinero
se trocaría en guerrera[9]   5
ante el brillar de su acero;
que buen caballero era.

¡Qué dulce oírle, guerrero,
al borde de su estribera!
En la mano, mi sombrero;   10
que buen caballero era.

---

[1] Aranda de Duero and Peñaranda de Duero are two small towns in Old Castille.   [2] **barandas** river banks.
[3] **zarpe el día** the day sail.   [4] **mulas tordas** dapple mules.
[5] **espadazo** sword blow.   [6] **Luzbel . . . auroras** Satan of the quarries without dawn.   [7] **iza al aire** hoists in the air.   [8] **blusa marinera** little boy's sailor suit.   [9] **guerrera** soldier's uniform.

Picasso, Pablo. Español (1881–   ). *Cabeza de mujer.*
The Metropolitan Museum of Art. Regalo del
Sr. y la Sra. Justin K. Thannhauser, 1950.

Los ángeles muertos

Buscad, buscadlos;
en el insomnio de las cañerías olvidadas,
en los cauces interrumpidos por el silencio de las
    basuras.
No lejos de los charcos incapaces de guardar una
    nube,
unos ojos perdidos,   5
una sortija rota
o una estrella pisoteada.

Porque yo los he visto:
en esos escombros momentáneos que aparecen en
    las neblinas.
Porque yo los he tocado: 10
en el destierro de un ladrillo difunto,
venido a la nada desde una torre o un carro.
Nunca más allá de las chimeneas que se derrumban
ni de esas hojas tenaces que se estampan[10] en los
    zapatos.

En todo esto.   15
Mas en esas astillas vagabundas[11] que se consumen
    sin fuego,
en esas ausencias hundidas que sufren los muebles
    desvencijados,[12]
no a mucha distancia de los nombres y signos que
    se enfrían en las paredes.

Buscad, buscadlos:
debajo de la gota de cera que sepulta la palabra de
    un libro   20
o la firma de uno de esos rincones de cartas
que trae rodando el polvo.
Cerca del casco perdido de una botella,[13]
de una suela extraviada en la nieve,
de una navaja de afeitar abandonada al borde de
    un precipicio.   25

El toro de la muerte

Negro toro, nostálgico de heridas,
corneándole al agua sus paisajes,[14]
revisándole cartas y equipajes
a los trenes que van a las corridas.

¿Qué sueñas en tus cuernos, qué escondidas 5
ansias les arrebolan los viajes,[15]

qué sistema de riegos y drenajes
ensayan en la mar tus embestidas?

Nostálgico de un hombre con espada,
de sangre femoral y de gangrena,   10
ni el mayoral ya puede detenerte.

Corre, toro, a la mar, embiste, nada,
y a un torero de espuma, sal y arena,
ya que intentas herir, dale la muerte.

Balada de lo que el viento dijo

La eternidad bien pudiera
ser un río solamente,
ser un caballo olvidado
y el zureo[16]
de una paloma perdida.   5

En cuanto el hombre se aleja
de los hombres, viene el viento
que ya le dice otras cosas,
abriéndole los oídos
y los ojos a otras cosas.   10

Hoy me alejé de los hombres,
y solo, en esta barranca,
me puse a mirar el río
y vi tan sólo un caballo
y escuché tan solamente   15
el zureo
de una paloma perdida.

Y el viento se acercó entonces,
como quien va de pasada,[17]
y me dijo: 20
La eternidad bien pudiera
ser un río solamente,
ser un caballo olvidado
y el zureo
de una paloma perdida.   25

[10] **se estampan** stick. [11] **astillas vagabundas** flying splinters. [12] **mueble desvencijado** rickety furniture. [13] **casco de una botella** broken bottle. [14] **corneándole ... paisajes** goring the landscapes [mirrored] in the water. [15] **los ... viajes** turn aglow when traveling. [16] **zureo** cooing. [17] **de pasada** in passing.

Ramón Sender (1902–   )

Sender es un auténtico hombre de Aragón, donde nació en Alcolea de Cinca (Huesca). Hombre de acción, trabajó desde joven en la prensa madrileña. Afiliado al partido comunista, visita Rusia; pero, disgustado con la mecanización y despersonalización del hombre que el partido impone, llevado de sus tendencias anárquicas, se separa y trabaja de un modo independiente. Al terminar la guerra civil española, en la que pierde varios miembros de su familia, va a Cuba, Méjico y por fin a Estados Unidos. Aquí ha enseñado en varias universidades y ha publicado muchos libros. Entre sus excelentes novelas conviene destacar la primera, *Imán* (1929), reflejo de sus experiencias de soldado en la campaña de Marruecos y que es una protesta contra la guerra. *Mr. Witt en el Cantón* (1935), sobre, el anarquismo ibérico. *Crónica del Alba* (1942), con recuerdos y fantasías de la niñez. *El verdugo afable* (1952), en que de nuevo Sender encarna en un joven sus tendencias anarquistas. De tema no español es una novela de extraordinaria fuerza, alucinante y fantástica *Epitalamio del negro Trinidad* (1942). Sender ha escrito otras extensas novelas y narraciones breves. Una de ellas, que también podría titularse novela corta, es *Mosén Millán* o *Requiem por un campesino español* (1953). Se trata de un relato dramático y doloroso, en que el sacerdote de un pequeño pueblo español recuerda, mientras espera la hora de decir una misa de requiem, la historia de un joven a quien él, indirectamente, traiciona y lleva a la muerte. La combinación de presente y pasado, recuerdo y presencia, está perfectamente lograda. Sender tiene también algunos libros de crítica y ensayo. El estilo literario de Sender es de aparente sencillez, pero de riguroso y enérgico trazo. Preocupado con los valores sociales y humanos, sus novelas revelan la inquietud por lograr una sociedad más justa y más armoniosa. Tiene fe en el hombre y su idealismo le hace esperar que llegue el día de una sociedad en que los hombres se entiendan y se amen. Sender es probablemente el mejor, el más original y valiente novelista de la España contemporánea.

LA FOTOGRAFÍA DE ANIVERSARIO

Había daguerrotipos[1] amarillentos que estaban encuadrados en marcos de plata. Ocupaban la parte más alta de las paredes del estudio.

Muchas más fotografías. Mujeres, hombres, niños. Cada una con su historia. Abajo y en el centro de la pared el retrato ampliado de un hombre con marco dorado y un crespón de luto[2] en un ángulo. Era un amigo de la familia que había muerto hacía poco.

La mujer del fotógrafo, Rosario, iba y venía en traje de novia.

Aquel día se cumplían las bodas de plata. Y querían celebrarlas de alguna manera. No sabían cómo.

Teodosio contemplaba a su mujer por encima de las gafas y del periódico desplegado. Por fin dejó el papel en el suelo y habló:

—¿Qué haces, Rosario? ¿No puedes estarte quieta?

Parecían los dos salidos de un daguerrotipo, también. El fotógrafo tenía uno de aquellos bigotes estólidos[3] de 1905 y en el talle de ella se presentía la rigidez del corsé puritano. Teodosio se frotaba las manos y se estiraba los puños duros de la camisa cuyos gemelos hacían un ruidito y mirando al techo exclamaba:

—Se acabó, querida. Se acabó. Pero ¿no puedes estarte quieta?

—Fui esta mañana al salón de belleza y al volver compré flores. Mira este ramo de violetas. Me lo he prendido con los rabos hacia arriba. Hacia arriba quieren decir amor y fidelidad. Hacia abajo indiferencia.

Callaba Teodosio distraído y absorto en sus meditaciones. Luego cerraba los ojos y esperaba, seguro de que su mujer iba a decir algo más.

—Mira, me he puesto las joyas, también.

—Ya veo —comentaba él con un recelo cómico—. Tú lo que quieres es que te haga un retrato de aniversario.

—¿Por qué no?

—Es verdad. ¿Por qué no? Pero los tiempos son otros. Han pasado años y tú no eres ya una novia ni yo un novio aunque nos pongamos los trajes de boda. Ha llovido mucho desde entonces.

Ella protestaba. Las protestas de Rosario eran cantarinas y melosas:[4]

—El corazón es siempre joven como dice Campoamor. ¿Qué hay de malo en hacerse una foto de aniversario? Hoy es el día. Tal vez el año próximo estaremos demasiado viejos. Porque la vejez viene así, de pronto.

—Yo no soy un fotógrafo de aniversarios sino un fotógrafo psicológico. El barrio entero lo sabe.

—¿Qué es eso de psicológico?

—Fotógrafo de almas, mujer.

Ella se quedaba perpleja un momento, pero preguntaba:

—Bien, ¿no tengo yo un alma?

—Lo que es eso . . . —replicaba Teodosio soplando en su pipa vacía— todo el mundo tiene un alma.

Volvía ella a sus coqueterías del tiempo de soltera, estimulada por el vestido blanco:

—Retrátame, Teodosio.

En el muro el retrato que tenía un crespón de luto en el ángulo superior izquierdo mostraba la cara de un hombre de media edad con tufos rizados sobre la oreja.[5] Rosario miraba aquel retrato y Teodosio explicaba cargando la pipa:

—El alma sale o no sale al rostro, Rosario. Hoy tienes la expresión vacía.

Ella se sentaba, se levantaba, se volvía a sentar. Al lado de la ventana en una jaula cantaba un canario. Y los retratos del muro formaban una galería curiosa. Unos estaban serios y otros sonreían. Pero la seriedad de los unos era con doble fondo jovial y la alegría de los otros forzada y falsa. El único que parecía seguro de su propia solemnidad era Gustavo.

El de los crespones de luto.

Y sin embargo, en su vida no había sido lo que se dice un hombre serio. Cuando ella lo miraba se decía: «Ahí está, el pobre, con sus bigotes afilados y tiesos de torito negro de Mihura».[6] Lo pensaba con amistad, casi con ternura. Cuando miraba aquel retrato Teodosio suspiraba y decía entre dientes:

—¡Lo que somos! Aire, viento, nada. Eso somos.

—No hables así en un día como hoy.

Quedaban los dos callados, pero no por mucho tiempo.

—¿Qué me miras, Teodosio?

El la encontraba rara con el vestido de boda, las manos inquietas en los guantes blancos que le llegaban hasta encima del codo. La encontraba rara y se lo dijo:

No parecía ella, Rosario.

—Se comprende, esposo mío. Han pasado tantas cosas en las últimas semanas que cualquiera otra mujer estaría loca.

En el silencio del estudio el trémolo del canario parecía luminoso y Rosario seguía indagando:

—Cuando dejaste el periódico en el suelo dijiste: se acabó. ¿Qué es lo que se acabó?

—La información sobre la muerte de Gustavo. Ya no dicen nada los periódicos.

Era Gustavo el personaje cuyo retrato tenía el lazo de crespón. Y ella cambiaba de registro de voz para decir:

—Ayer leí yo algo. El sumario ha sido sobre . . . sobre . . .

No acertaba y el marido acudía en su ayuda:

—Sobreseído.[7] Se diría que respiras mejor desde entonces.

Ella miraba atentamente a Teodosio como si quisiera penetrar en lo más hondo de sus pensamientos y por fin dijo:

—Era para perder la cabeza. Otra mujer que no fuera yo . . .

Al ver que Teodosio parecía contagiado de su melancolía Rosario cambió de humor y se puso ligera y casi alegre para decir:

—Yo la conservo, digo, la cabeza y además he sido sincera con el juez, contigo y con todo el mundo. Olvidemos la pesadumbre de un día. Mira mis violetas, querido.

---

[1] **daguerrotipos** daguerreotype.   [2] **crespón de luto** mourning crape.   [3] **estólido** stupid; **talle** waist; **corsé** girdle; **gemelos** cuff-links.   [4] **cantarinas y melosas** full of music and pleasing.   [5] **tufos rizados** curly hair over the ears.   [6] **tiesos . . . Mihura** stiff like a pretty black Mihura bull. (Mihura is the most famous breed of fighting bulls.)   [7] **sobreseído** staid judgement.

—En las fotos —dijo él, distraído— salen mejor las flores de azahar.

Las fotos del muro parecían mirar a aquel viejo matrimonio con simpatía. Había una señora de mucho pecho que flotaba en un mar de tules.[8] Era doña Tecla la del boticario, fallecida también. Desde el otro mundo parecía mirar a los casados y complacerse en el aniversario.

Suspiraba ella. Suspiraba él. Suspiraba ella de nuevo, esta vez con una especie de entusiasmo. Luego decía:

—Ay, Teodosio, qué hondo me salió ese suspiro.

—Vamos, vamos, ya digo que se acabó. No era muy sentimental Teodosio. Aunque podía ser atento, afable y hasta cariñoso con ella veinte años después de la boda. Callaban los dos. De la calle llegaba el pregón de un vendedor ambulante y ella sonreía con tristeza:

—¡Lo que yo he sufrido, Teodosio!

—Hay que sobreponerse. ¿Qué pasaría en la vida si no pudiéramos sobreponernos?

—Lo malo lo he olvidado, Teodosio. Pero no me pidas que olvide nuestra boda en un día como éste.

Entre las fotos había un niño desnudo que se murió también sin que se supiera de qué. Y al lado, un obispo con su mitra haciendo el gesto de la bendición patriarcal.

Vivía aún aquel obispo y todos decían que era un santo.

Debajo de aquel retrato había otro de doña Paula la prestamista.[9] Parecía una condesa con su cabello en forma de corona y un moño alto en el centro.

Eso decía Rosario cuando la miraba.

Llegaba de la calle el fragor de un motor de camión. Los camiones en la calle lo irritaban, a Teodosio. Relacionaba aquellos motores con la vida mecánica y material de la urbe. Su estudio era el arte. Los camiones la vida comercial e industrial. La vulgaridad de la existencia.

—Tengo una sorpresa para ti —decía ella—. Adivínalo.

—¿Una corbata?

Ella se ponía intrigante como una niña pequeña. Cualquier forma de abandono la conducía a los días de la adolescencia tal vez por el vestido blanco y también por el canario que anunciaba con sus gorjeos la primavera:

—Algo más importante, querido. Pero, por favor, Teodosio, quítate las gafas.

—¿Por qué?

Ella inclinaba la cabeza —toda rizos— sobre un hombro:

—Porque parece que me miras y no me miras.

Se quitaba las lentes el fotógrafo y miraba al techo, luego a la ventana y por fin otra vez a su esposa:

—Todavía tienes el ramo histórico, Rosario.

Ella se acercaba al sillón donde solían sentarse los clientes para hacerse la foto. Consultaba al mismo tiempo, recelosa, la expresión del marido. En el silencio se oía el pico del canario partiendo cañamones.[10]

Se atrevió a más, Rosario. Se atrevió a encender la batería grande. Dos columnas de focos paralelos, uno a cada lado del sillón. Estaba esplendente en su vestido blanco de seda.

—Permíteme, Teodosio.

Tomó una expresión afectada y sentimental:

—Que no diga la gente que tu esposa es la única a quien nunca le has hecho una foto de aniversario.

Él no parecía interesarse y ella se impacientaba:

—Aquí está mi alma, Teodosio. ¿No la sabes ver?

Se incorporaba Teodosio lentamente. Y se desperezaba alzando los brazos al cielo como un actor trágico. Al hacerlo vio los daguerrotipos de lo alto del muro. Había un varón con perilla y pelo a la romana, poeta ilustre.

La foto tenía en una esquina una corona de laurel dorado.

Aquella foto y la del obispo eran el orgullo de Teodosio y parecían disputarse la presidencia del estudio.

Teodosio con los brazos todavía en cruz sintió un asomo de mareo[11] y se quedó vacilando un momento. Cuando pasó el mareo movió la cabeza compadecido de sí mismo, pensó que tenía ya cincuenta años y que aquellos mareos debían ser cosa de la edad y preguntó:

—¿Por qué quieres la foto precisamente hoy?

—Por el vestido. ¿Es que no te dice nada este vestido blanco?

—Te has puesto demasiadas cosas. El reloj pulsera, los pendientes de oro, el broche de perlas.

—Es para enviarle la foto a mi hermana y que vea todo lo que tengo.

Se hacía atrás, Teodosio, chupando su pipa:

—Yo no soy un repórter. Yo soy un artista. Además . . .

La miraba experto y monitor:

—Con el traje de boda no van bien las joyas. Al menos tantas joyas.

—¿Me las quito?

Con la prisa feliz del que ha conseguido su propósito ella corrió al lado de una mesita auxiliar donde había una palmera con un lazo color rosa y se fue quitando las joyas y dejándolas en el mármol. Detrás de la palmera, en el muro, había una foto de boda también. Él tenía una cara boba de garbanzo. Redonda, toda recogida en la nariz. Ella cejuda, nariguda, opulenta. O como decía Rosario: «con mucho desarrollo».

Era Rosario fina a su manera.

Teodosio seguía haciendo observaciones mientras ella volvía al sillón:

—Ese peinado no me gusta. Las ondas parecerán de metal. ¿Tú no sabes que en las fotos lo importante es el claroscuro?

—Iba a ponerme el velo encima del peinado, pero tú dices que es grotesco.

—No he dicho grotesco sino inadecuado. Tú sabes que me molesta que me atribuyas palabras que no he dicho.

Otra vez en el sillón ella acomodaba los pliegues de su falda y avanzaba un chapín[12] también de seda. Detrás del sillón las nubes de un decorado idílico se veían en un horizonte de aurora con amorcillos rosados flotando en una esquina. Encendiendo un foco arriba y otro abajo la nube parecía de tormenta o de bonanza, según. Los amorcillos desaparecían o estaban presentes, a voluntad. Ella se rebullía en el asiento:

—Perdona, querido. Anda, ahora. Hazme el favorcito.

Miraba Teodosio muy conscientemente. Se había puesto al lado de la cámara para tener el mismo foco y calculaba las sombras y las luces con cuidado. Era Teodosio duro de oído y treinta años de profesión no habían bastado para hacerle entender que el nombre del objetivo no era —como él pronunciaba— *objectivo*. Aquella *c* superflua no había podido eliminarla todavía. Diciendo objectivo creía Teodosio que no sólo era un

artista sino también un hombre de ciencia. Y miraba entornando los ojos:

—Hm . . .

Ella se ahuecaba[13] un poco el pelo:

—¿Estoy así mejor?

Teodosio encendía un foco central. Era un chorrito de luz azul que caía del techo y daba de frente sobre la imagen. Aquel foco era el «espíritu santo» y solían ponerlo en las fotos de primera comunión. Al sentir la luz sobre sus ojos ella se esponjaba:[14]

—¿Así, querido?

—Vamos a ver . . . Bueno, salta a la vista que no somos ya ni sombra de lo que fuimos. Esos trajes de boda hacen de nosotros caricaturas. Mira mi pantalón, con los dos botones de arriba desabrochados y así y todo a punto de estallar. Caricaturas.

—El tiempo no pasa en vano.

Era verdad. Otra foto en el muro mostraba a dos viejos valetudinarios retratados en sus bodas de platino. Se habían vestido de gala. Ella parecía un chimpancé melancólico y él un saltamontes disecado.[15] Pero juntaban sus cabezas para la foto.

Se veía que los dos llevaban peluquín, es decir, cabello artificial.

Y desde su marco miraban a Rosario que esperaba en el sillón.

Marido y mujer se contemplaban en un grande y profundo silencio. Ella un poco deprimida. En algún lugar se oía zumbar una mosca atrapada por una araña. El canario hizo un arpegio.[16]

—Caricaturas, Teodosio, es verdad. Pero no importa. Hazme dos fotos. Una de cuerpo entero y otra de busto.

—Lo importante es la cabeza, querida.

—Si quieres hacerme una cabeza también . . . que sea como aquélla.

---

[8] **tules** laces.　[9] **prestamista** money-lender; **moño** tuft of hair.　[10] **cañamones** hempseeds.　[11] **asomo de mareo** a little fainting spell.　[12] **chapín** slipper. [13] **se ahuecaba** she was puffing up.　[14] **se esponjaba** she was all puffed up.　[15] **saltamontes disecado** mummified grasshopper.　[16] **arpegio** musical scale.

Señalaba la de la Patti, toda rizos como un perrito de aguas[17] que estaba encima de la puerta. También la cantante era abundante en su «desarrollo».

Rosario en ese terreno no tenía que envidiarles nada.

Se ponía Teodosio debajo del trapo negro y disponía el foco lentamente. La cámara que tenía tres patas parecía tener cinco ahora. Salía Teodosio con una sombra adusta en el perfil:

—Tu cara no me gusta.

—Teodosio —suplicaba ella— hoy es un gran día. No caviles. ¡Si supieras la sorpresa que te guardo!

—¿Qué?

—Adivínalo.

—¿Unos guantes de gamuza?

—No. Algo muchísimo más importante.

—Bien. Descansa la espalda en el sillón. Más atrás. Siéntate más atrás.

Alzaba una mano en el aire y reclamaba: «Mira aquí». Ella al alzar la vista tomaba una expresión un poco perruna y Teodosio se impacientaba:

—No, no es eso. Tú no eres un perro, creo yo.

Ella miraba a otra parte ruborizada:

—Hijo, por Dios.

—Mira a este otro lado. Sin timidez. Sin humildad. No, no es eso. Ahora pones una expresión noble y condescendiente y tú no tienes nada de eso. La expresión es falsa. En estos días he visto a menudo esa expresión. Digo en tu cara. ¿Por qué? Se diría que hay algo nuevo y diferente en tu vida. No tampoco . . . No pongas esos ojos inocentes. Perdona que me ponga tan detallista, pero como te dije antes yo he sido siempre un psicólogo. Ahora quieres dar otra vez una impresión aristocrática y para eso levantas la cabeza. ¿Por qué? La verdadera distinción no es nunca arrogante. Yo la llamaría consuetudinaria.

—¡Ay, Teodosio, tú lo sabes todo! ¿Así?

—Eso es peor. ¿No puedes ponerte natural?

Se sentía ella impaciente, pero conseguía reprimirse:

—Más vale que no me lleves la contraria, querido. Yo creo que me pongo natural.

—Si esa es tu naturaleza, continúas siendo falsa. Falsa hasta la punta de los pies.

Ella retiró su chapín y lo ocultó bajo la falda.

—Falsa hasta los cabellos.

Rosario acudió a protegerlos con la mano:

—Teodosio, parece mentira. ¡Qué maneras de hablar!

Y paseó su mirada por el muro de enfrente cubierto también de fotografías. La verdad era que casi todas aquellas expresiones eran falsas. Rosario tenía que evitar parecerse a la joven del rincón que miraba como una gata al acecho[18] y también a la del retrato sepia y oro.

Teodosio vigilaba desde la cámara.

—No. Ahora levanta la mirada. Bah, bah, bah, no es eso. Se diría que tienes miedo.

—¿Por qué voy a tener miedo?

—Eso digo yo. Perdona querida. Mira a la jaula del pájaro. Bien. Mantén[19] esa expresión si puedes. Un momento.

Ella lo veía con los ojos febriles y pensaba: «está inspirado». El fotógrafo se puso otra vez debajo del lienzo. En la jaula el canario se afilaba el pico sobre un alambre y se oía el ruidito seco.

—La verdad, Rosario. Hoy no eres tú. Tienes la expresión vacía.

—Hombre, qué cosas dices.

—Mira aquí. Con confianza, con abandono.

—¿Así?

—No me miras con confianza sino con la satisfacción de una persona que ha hecho un truco[20] difícil y le ha salido bien.

—¿Qué truco voy a hacer yo?

Cambiaba de posición y preguntaba una vez más:

—¿Ahora?

Debajo del trapo negro las palabras del fotógrafo tenían un acento un poco lúgubre:

—Mírame de modo que salga el alma a tus ojos. ¿No eres mi esposa? Para que salga el carácter en las fotografías es necesario, como dice el profesor Van der Goat, un cierto claroscuro moral. Espontaneidad por un lado. Arte por otro. Tú pones la espontaneidad. Yo el arte. Mírame con amor, palomita.

Se sentía Rosario halagada:

—Ay, Dios mío, ese eres tú. Me llamas palomita como entonces. Te guardo una sorpresa.

—¿Qué sorpresa?

—Adivínalo, bien mío.

—¿Una cigarrera de plata?

—No, algo de más valor. De un sinfín más de valor.

—Mírame con arrobamiento. Aquí, ahora, al «objectivo». Tu boca tiene todavía un rictus falso.

Se limpiaba los labios, Rosario:

—Comienzo a fatigarme y no sé lo que hago.

No quería Teodosio hacer una foto a su mujer si no era una verdadera y memorable obra de arte. Y por eso exigía —como él solía decir— su colaboración:

—Un poco de melancolía, Rosario. Piensa en una frustración, en algo que quieres y no tienes. Mira al muro, allá. No allá, al bebé.

Indicaba la foto de un niño desnudo, caído boca abajo, levantado a medias sobre sus manos, con el traserito al aire.

—Antes esa foto te daba tristeza, cuando la mirabas.

—Ahora más bien alegría, Teodosio.

—¿Por qué?

—Ay, maridito. Lo penetras y lo adivinas todo.

—¿Pero por qué?

Ella se sentía de veras confusa. No sabía dónde poner los ojos:

—Es un secreto, querido.

—Bah, todo el mundo sabe que desde que nos casamos quieres un hijo. No quieres otra cosa.

—Es verdad. No puedo olvidar lo que decía mi pobre madre que en paz descanse.

Imitaba Rosario la voz de su madre, una voz redondita y satisfecha que decía: «En marzo conocí a mi novio, en abril nos casamos y en mayo estaba encinta».

Estas evocaciones no hacían feliz a Teodosio:

—También me lo decía a mí. Y tu madre ponía en esas palabras cierta perfidia. No importa. Son los derechos universales de la maternidad. La madre quiere un hijo, la abuela un nieto y así hasta el infinito. Es natural y no le reprocho yo nada a tu madre. Tú querías un niño. Pero ya te dije antes de casarnos que probablemente no tendríamos hijos. El médico no aseguró de una manera concluyente que yo fuera del todo estéril. No dijo que lo fuera para siempre.

—Claro, querido ¿Cómo te iba a decir una cosa así?

—¿Por qué no?

—Los médicos no dicen eso a un marido. No sólo tienen que saber medicina sino también filosofía de la vida. El médico te dijo: tal vez no tendrán ustedes hijos. Tal vez. ¿Te das cuenta de la diferencia?

—Sí, ya veo. No era seguro sino hipotético.

—Eso es.

Ella miraba al techo. En el centro había una fama[21] con su trompeta en bajorrelieve. Había otras figuras simbólicas en yeso policromado.

—Hay una diferencia —insistía ella.

—La hay. Lo reconozco. Una levísima diferencia, pero la hay.

Reía ella histéricamente y Teodosio que no creía haber dicho nada realmente divertido, se ofendía un poco. Pero viendo una expresión nueva en la cara de su mujer se disponía a abrir el obturador. No tardaba en decepcionarse porque aquella expresión se desvanecía. Y salía de debajo del trapo negro: «Inútil. No veo nada».

Su esposa no estaba en *disposición cooperadora*.

Y se ponía triste como si fuera a llorar. Aquellos cambios le resultaban a Teodosio chocantes y molestos. Rosario decía:

—No tienes confianza en mí, eso es. Estás amoscado[22] y celoso y piensas todavía en lo que yo me sé. En Gustavo. Confiésalo. ¡Pobre hombre que nos mira desde el otro mundo y que . . .!

Súbitamente cambiaba el registro de su voz y la expresión de sus ojos para hacer un paréntesis:

—¿Tú crees que los muertos nos miran? Desde el otro mundo, digo.

—Hay opiniones sobre el caso, pero yo nunca he creído en el mundo de ultratumba. No creo en más espectros[23] que en los de la luz solar.

—Pues la mirada de Gustavo desde esa ampliación de la pared me sigue a todas partes. Me ponga donde me ponga, allí me mira. No es agradable, la verdad. Te juro Teodosio que no es agradable.

Sonrió él, superior:

—Es sólo apariencia. Cuando lo retraté estaba

---

[17] **perrito de aguas** water spaniel.   [18] **al acecho** in ambush; **sepia** brownish-gray.   [19] **mantén** keep.   [20] **truco** trick.   [21] **fama** a figure of "the fame"; **bajorrelieve** bas-relief.   [22] **amoscado** irritated.   [23] **espectro** spectrum, ghost.

mirando el «objectivo» y ahora sus ojos siguen al espectador. Es lo que se llama una ilusión óptica.

—Bien me confunde, a veces.

—Pero sin motivo.

—Eso . . .

—¿Qué? —preguntó él, inquieto.

—Nada. Quiero decir que eso, según como se mire.

—De cualquier modo que se mire, querida.

—Teodosio, ya veo. ¿Tú sabes lo que pienso? Si me quisieras me preguntarías cuál es mi sorpresa de aniversario.

—¿Un alfiler de corbata?

Ella negaba en silencio. Y ese silencio se hacía más ostensible por el tic-tac de un reloj de pared antiguo. Se disponía Rosario gravemente a hacer la revelación:

—Escucha lo que voy a decirte, querido. Un día a pesar de todo, podríamos tener un hijo. Es lo que te dijo el médico.

—No dijo eso.

—Lo dio a entender. No dijo que sí ni que no, maridito mío. Entonces ¿qué es lo que podíamos y debíamos entender? Dependía de nosotros.

—Tal vez —concedió él sin fe ninguna—. Quería decir que tal vez.

Y viendo una expresión natural en ella se dispuso a hacer la foto. «Quédate así, no te muevas». Ponía la mano en la pera de goma[24] y se disponía a disparar. «Ahora eres natural de veras. Si crees que un día puedes tener un hijo piensa que será como el de la foto, con sus piernecitas rosadas. Mira a la foto. No a esa sino a la otra. No a Gustavo».

Al oir este nombre la expresión de Rosario se ensombreció y el marido se dio cuenta. Se apartó de la cámara y fue a sentarse en una silla:

—¿Por qué mirabas a Gustavo? Lo miraste y por tus ojos pasó una nube. Una nube de tormenta.

—Ya te he dicho que es él quien me mira a mí. La mirada de un muerto impone. Más valdría que lo sacáramos del estudio. Demasiados ojos hay en las paredes para añadir dos más. Me pone nerviosa Gustavo desde ese marco de luto. Ese crespón negro acabará por traernos mala suerte.

Hizo una pausa y añadió tristemente:

—Dios lo tenga en su gloria.

Sombrío y reflexivo Teodosio aspiraba en la pipa:

—Un mes se cumplirá mañana. Dios lo haya perdonado. Mira a donde quieras. De un modo u otro voy a hacer la fotografía. Esta foto será sólo de busto. De cintura para arriba.

Dejaba la pipa en la mesita auxiliar y volvía al lado de la cámara una vez más: «De cintura para arriba». Dispuesto a hacer la foto abrió el objetivo y ella soltó la carcajada.

—¡Estropeaste la placa, Rosario! Al precio que está el material podrías tener más cuidado. ¡Por una vez que tenías la expresión adecuada!

—Es que todos esos ojos del muro me recordaron algo y no pude aguantar. Cuando me da lo que tú llamas la hilaridad, no puedo.

—Pero ¿qué te recordaron?

—Unas palabras del difunto Gustavo cuando me dijo que las mujeres sólo se retratan de cintura para arriba y que él las prefería de cintura para abajo.

Cuando lo hubo dicho se puso colorada hasta las orejas, hasta la punta de la nariz. La frente se ponía rosa, brillante, mate otra vez.

—Eso es una desvergüenza, Rosario —dijo el fotógrafo—. Con todos los respetos para el difunto. Un hombre de cuarenta años no dice esas cosas y menos a la esposa de un amigo.

Mientras hablaba cambiaba el chasis con su placa.[25] Rosario dijo:

—¡Vamos! Teodosio, haz la foto de una vez y no caviles.[26]

Pareció vacilar, el marido. Miró el retrato de Gustavo y de pronto desistió hermético y taciturno:

—No hay fotografía, Rosario.

—¿Por qué, si se puede saber?

—Tú no pones nada de tu parte.

—Es que no puedo ser natural —lloriqueó ella—,[27] lo que se dice natural hasta que veas mis adentros. Hasta que sepas la noticia. Digo, el regalo y la sorpresa que te traigo.

Como el que se arroja al agua, deprisa, confusa y cerrando los ojos añadió:

—Esta mañana estuve en la clínica de maternidad y dentro de seis meses, en mayo, seré madre. Y tú serás padre. Esta es la sorpresa. El médico no dijo que no podía tener hijos. Dijo que tal vez.

—¿Por qué lo dices cerrando los ojos?

—Porque la luz me hiere.

—Ahora no hay luz directa sobre tus ojos.

Se quedaron los dos meditando. Ella seguía cabizbaja y todavía con los ojos cerrados. En su jaula el canario se bañaba y se le oía sacudir las alas.

—Abre los ojos —dijo él—. ¿Es . . . seguro? ¿Qué pruebas tienes?

—Una foto de rayos X. ¿Quieres verla?

Teodosio negó asustado y después de meditar largamente comentó con humor amargo:

—La verdad, es un regalo original. Bien . . . yo no digo nada. Pero me niego a hacer la fotografía por ahora, más tarde veremos. Esos ojos de las paredes me ponen a mí también de un temple que no va bien con la fecha que celebramos. En este momento al oír tu revelación Gustavo hizo un gesto desde su marco. Puedes salir del sillón, ¿oyes? No hay fotografía.

Se levantó ella, resignada y fue a la mesita donde había dejado las joyas. Iba poniéndose el broche de perlas, el brazalete . . .

—Todo porque he mirado el retrato de Gustavo. Parece mentira.

—No te precipites en tus opiniones.

—Estás celoso. Celos de un muerto.

—Nunca, Rosario. Eso sería inadecuado.

—¡Y sacrílego!

—Para que veas que no, vuelve al sillón, Rosario. ¿Estás sorda? Vuelve al sillón y enciende la batería. Dices que vas a tener un hijo y yo reflexiono. Eso es todo.

Ella tomó un ramo de flores blancas que había en la mesa y obedeció. Por el hecho de llevar aquella brazada de flores todo parecía más fácil. La luz caía sobre el ramo y se vertía hacia arriba contra el rostro de ella. Teodosio seguía disculpándose:

—Tienes opiniones equivocadas sobre mí y quiero desmentirte. Lo único que pasa es que yo soy un fotógrafo psicológico y exijo tu cooperación.

Ella se ponía las flores en el regazo:

—¿Así?

Cuando menos lo esperaba. Teodosio abrió el obturador y después de una pausa lo volvió a cerrar:

—Ya está. ¿Tú ves? ¿Tienes algo que decir ahora?

Se quedaba Rosario en el sillón entre las baterías

encendidas. «Gracias, maridito mío». Y añadía hablando por hablar:

—Dudo que haya salido bien. Me cogiste de sorpresa. Ya sé que ese es tu estilo. La sorpresa. Pero estaba preocupada por el niño. Dentro de seis meses nacerá. Seis meses de espera. Se me hace muy largo, pero la formación del bebé lleva tiempo. Las manitas, las uñitas, el corazoncito, llevan tiempo. Seis meses. Tendrá los ojitos como tú. Y la boca como yo. ¿Qué dices ahora querido?

—¡Un hijo! ¿Te das cuenta? ¿Recuerdas la advertencia del médico hace años?

—¡Qué pesadez! —dijo ella confusa.

Puso la mano delante de sus ojos como si los defendiera de la luz. Pero el marido comprendió que los defendía de las miradas de las fotos esparcidas por las paredes.

—Tú dices que los médicos tienen que ser filósofos —aventuraba él—. ¿Y qué filosofía es esa?

—Hombre, cae de su peso.

—¿Pero qué es? ¿No sabes decirlo? ¿No te atreves a decirlo?

En el silencio se oyeron caer sobre el suelo de linoleo dos o tres gotas del baño del canario. Seguía Teodosio mirándola fijamente a ella y de pronto, sin mostrar indignación alguna, de una manera natural y como por broma arrojó el chásis con la placa al suelo y lo pisoteó:

—No hay foto, Rosario. Lo rompo aunque el material está caro porque la cámara es mía, la placa es mía. Hago lo que quiero. También a mí me miran los ojos de las paredes. Y más que mirar. Me hablan.

—Hombre . . . —dijo ella, recelosa.

—Me hablan. Unas veces a coro y otras de uno en uno.

Lloraba Rosario sentada en el sillón entre las baterías de luz blanca, azul y rosada:

—Todo porque miré ese retrato y tú siempre tuviste celos de Gustavo. No basta que haya muerto, el

---

[24] **pera de goma** rubber bulb. [25] **chasis con su placa** frame with its photographic plate. [26] **no caviles** stop worrying. [27] **lloriqueó** moaned.

pobre. Además, bien mirado, la noticia del hijo te deja frío.

—Más que frío. Congelado.

—Me miras con odio. Vaya un esposo. En tus ojos veo todo lo que callas.

—Reflexiono nada más.

Miraba alrededor con ojos extraviados:

—¿Hay un poco de whisky?

—En la mesa. No, en la otra, querido.

Mientras se servía Teodosio miró con ironía las joyas que su mujer se había quitado y dejado sobre el mármol:

—Eso es lo que nos queda al cabo de los años. El alcohol a nosotros, las joyas a las mujeres. Nada.

—¿Cómo que nada? Hijo, ese brazalete vale un potosí.

—Digo moralmente. Nada.

Suspiró. El canario había salido del baño y se sacudía las plumas, en su pequeño trapecio. Un rayito de sol atravesaba la jaula como una saeta de oro.

—Nada. Las joyas, el whisky.

—No hables así, querido. La vida es la vida.

—¿Qué quieres decir con eso?

—La ley de la vida es tener hijos. Y nosotros vamos a tener uno, por fin. Por eso quería yo —dijo ella tímidamente— una buena foto. Dentro de unos meses estaré deformada. ¿Y quién sabe lo que puede suceder en el alumbramiento? Vieja soy para alumbrar. ¿A dónde mirarás tú el día de mañana si estás solo entre estas cuatro paredes? Por eso quería la foto. Siquiera que estén mis ojos también en la pared. Digo, ahí, con los demás.

Teodosio seguía concentrado y caviloso:

—Un hijo. Una foto. La foto ¿de cintura para arriba o para abajo?

Ella pasaba una vez más de la tristeza a la risa:

—Ay, Teodosio, no me hagas reír. Yo creo que es por mi estado.

Abstraído Teodosio delante del retrato del muerto pensaba en voz alta:

—Gustavo, nunca fue muy responsable, pero en los últimos años se diría que había perdido el control de sus actos.

Hacía una nueva pausa y Rosario desde el sillón asentía:

—Siempre fue un tarambana[28] Gustavo.

—Yo, con el tiempo, también voy cambiando. Soy cada día más . . .

Ella salía al paso alarmada:

—Teodosio, hoy es una fecha grande en nuestra vida.

—Todos los días son grandes y todos son miserables. Hay que pensar que dentro de cien años seremos polvo, como Gustavo.

—Gustavo no es polvo todavía.

Desconcertada por lo absurdo de estas palabras se calló. Luego quiso rectificar:

—Quiero decir . . .

Y comprendiendo que aquello era imposible alzó la voz, histérica:

—Teodosio, no hables de Gustavo. No decimos más que cosas que no vienen a cuento.[29] ¿Qué tiene que ver Gustavo con nuestra vida? Y menos ahora.

Seguía él con sus reflexiones en voz alta:

—Lo mejor sería callarse para siempre. ¡Un hijo!

—Yo creía hace tiempo en algunas cosas.

—En el amor.

—Ilusiones.

—Aunque sean ilusiones, ¿hay algo más hermoso en el mundo?

Al llegar ahí se oyó llamar a la puerta de la calle. Rosario se levantó:

—Anda querido y abre si son clientes. Abre, pero diles que hoy no trabajas. Tú para mí y yo para ti. Hoy es un día de intimidad conyugal.

Mientras Teodosio abría Rosario acabó de ponerse las joyas otra vez con la expresión ausente. Volvía el marido explicando:

—Es la hija del doctor Sandoval con su novio. Se han casado esta tarde y vienen a hacerse un retrato. No podemos negarnos. Pasen ustedes, señores. Por aquí.

Entraron el novio y la novia, ella con un traje blanco y velo y él de negro. Teodosio declaró entre orgulloso e irónico que estaban celebrando también el aniversario de su boda. La novia toda risas y gorjeos alzaba la voz:

—¡Qué casualidad! Esto nos dará buena suerte. ¿Hace mucho que se casaron?

Respondía Teodosio sin dejar de disponer la cámara: «Figúrese, veinte años. Aquí, por favor. La novia sentada y usted de pie al lado». Mientras se instalaban

Rosario miraba satisfecha y soñadora. Teodosio seguía:

—Mi especialidad son las fotos de novios, por lo que hay en ellas de verdad afectiva como yo digo. Un momento. Pónganse más juntos. No tan juntos, por favor. A mí me gusta dar a las fotos una atmósfera de legítima intimidad. No demasiada, claro. Cuando se trata de una novia como usted, tan llena de candor juvenil y un novio tan... tan enamorado...

—¿Qué sabe usted si mi novio está enamorado? —preguntó la novia divertida.

—Soy intuitivo y adivino que tienen los dos fe en el amor. Ojalá la tengan siempre.

—¿Es que la ha perdido usted? —preguntó el novio, irónico.

—A mi edad es mejor dejar la pregunta sin respuesta para no producir efectos deprimentes. Ustedes viven la primavera de su pasión. Ojalá sea perenne.

Intervenía Rosario:

—Dice palabras un poco raras, pero en esto de la fotografía es un genio.

Manipulaba el fotógrafo en la cámara sin dejar de hablar:

—Como decía antes una cierta intimidad es obligada en las fotografías nupciales. Les recomiendo que junten sus cabezas hasta tocarse. Así, inclinándolas un poco. Esas maneras las ha puesto de moda Hollywood, emporio del arte. Así... ¿qué te parece, Rosario?

—Ay, Dios mío, qué hermosa pareja.

—Un momento, señores. Cuidado. ¡Ahá, ya está! Muchas gracias.

El novio dijo que quería otra y Teodosio se apresuró a afirmar: «Lo supongo. La segunda será mirándose a los ojos de un modo familiar y tranquilo. ¿A ver? Inclínese usted sobre ella, señor. Delicadamente. Eso es. Esta foto será solamente de cintura para abajo».

Extrañado el novio alzó las cejas y el fotógrafo ruborizado se apresuró a rectificar:

—Perdone, quería decir de busto.

Trataba Rosario de contener la risa y su marido la miraba indignado y añadía:

—Sí, de busto nada más. ¿A ver? Una expresión menos pasional, caballero.

—¡Deja al novio que mire a su amorcito como quiera!

—Esta foto será —insistía Teodosio— como una promesa de la dulce costumbre en la que se convierte el fogoso amor juvenil.

—Eso viene con los hijos —dijo Rosario.

—En algunos casos. Oh, ustedes los recién casados son los clientes que ayudan más al fotógrafo. Bueno, el amor nos hace artistas a todos. Esa es mi opinión. Usted, señora, sería la ilusión de cualquier hombre y usted...

El novio no parecía gustar de aquellas efusiones.

—Lo que dice es muy interesante, pero tenemos prisa.

—Comprendo. ¿Sabe usted? —seguía jovial y locuaz—. Algunos dicen que soy poeta: «Amor divina flama, motor del universo...» Todo es necesario en mi profesión, señores. Un momento... Ya está, amigos míos. Muchas gracias y muchas felicidades.

—¿A dónde piensan ir en viaje de novios? —preguntaba Rosario.

—A París.

—Les felicito. Nosotros no fuimos y es como si me faltara algo en la vida.

Miraba la novia el retrato de Gustavo:

—¿Qué foto es esa?

—Un amigo —dijo Rosario como quien se disculpa—. Murió.

—¿No es el que se ahogó en el río? —preguntaba el novio.

Se miraron en silencio como si indagara[30] cada uno la impresión que el hecho de ahogarse en el río les hacía a los otros. La novia sin saber por qué se sintió inquieta y tomó a su marido por la mano:

—Estar aquí entre estos cuatro muros es como estar en medio de una multitud.

—Es verdad —dijo él—. Vámonos.

Se cambiaron saludos, felicitaciones y adioses. Un minuto después estaban otra vez solos Teodosio y su mujer y ella volvía a mostrarse melancólica:

---

[28] **tarambana** madcap.   [29] **no vienen a cuento** meaningless.   [30] **si indagara** as if they were searching.

—Teodosio, tú nunca me llevaste a París. Pero me mirabas el día de la boda lo mismo que miraba el novio a su amorcito. Eso, sí. Yo llevaba también azahar. Azahar en el pecho y en la frente.

—Comprendo tu emoción. Yo entonces era otra cosa. Un joven lleno de . . .

—Y yo.

—Yo no he dicho de qué estaba lleno.

—Lo recuerdo. Mirabas de un modo muy azorante. Y yo iba cubierta de azahar. Ya sabes lo que significa el azahar: la virginidad.

Reía Teodosio disimuladamente y ella se escamaba:[31]

—¿De qué te ríes?

—Esta vez, Rosario, has estado ligera. Hay cosas de las cuales no habla una mujer. En silencio esas cosas son sublimes. Si se habla son cosas grotescas.

Ella se dirigió lentamente a un rincón del estudio donde había un gramófono y leyó el título de un disco: «Torna a Sorrento».

—¿Qué es Sorrento? —preguntó.

—Una ciudad italiana, supongo.

Sonaba la música con sus sentimentales excesos y ella escuchaba en éxtasis:

—Ay, querido mío. Esa tonada calienta mi corazón. ¿Recuerdas? Yo llevaba una corona de azahar y . . .

—Ya lo has dicho, Rosario.

Escuchaban los dos transportados de nostalgias cuando el novio apareció otra vez en la puerta:

—Olvidé pedirles que envíen las fotos y los negativos a casa de mi suegro. Los negativos también. Ah, y que no exhiban la foto en la vitrina ni en ninguna parte. Es un deseo de ella.

—Comprendo, sólo se hace con el consentimiento de los clientes.

Se inclinó el novio y se fue musitando fórmulas[32] de gratitud. Rosario seguía con sus memorias:

—También tú le pediste al fotógrafo los negativos. Pero nuestra foto la pusieron en la pared de la vitrina y todo el mundo se paraba a vernos. Hasta que la foto se puso amarilla con el sol.

Entonces la gente cantaba aquella canción: «Torna a Sorrento». El recuerdo la ponía tierna, pero se tranquilizaba de repente y sin transición para preguntar:

—¿Qué nombre le pondremos al niño, amor mío?

—Cualquiera.

—¿El tuyo?

—No, el mío no.

—Tampoco a mí me gusta tu nombre, que parece cosa de broma. Tú sabes que nuestros nombres nunca me han convencido. El pobre Gustavo dijo que debíamos ponerle . . .

—¿Qué sabía de eso Gustavo?

Ella se quedó sin aliento. En el gramófono el cantante italiano arrastraba una nota lánguidamente. Callaba el canario impresionado en su jaula y Rosario dijo:

—Al fin era amigo nuestro, ¿comprendes?

—¿Pero es que lo supo antes que yo?

Ella se envolvía en palabras:

—No. Era suponiendo que algún día yo podría tener un hijo como las demás mujeres casadas. Era sólo una hipótesis. Se habla y se habla. Y una oye sin que eso quiera decir nada. Ni se aprueba ni se desaprueba, tú sabes. Una oye.

—¿Y qué nombre dijo? —preguntaba él.

Rosario, sintiéndose en un terreno resbaladizo,[33] hablaba como contra su voluntad:

—Un nombre que no recuerdo. Parecía nombre de farmacia.

Trataba de recordar, el marido esperaba ansioso y por fin ella se atrevió a decirlo:

—Hipo . . . Hipoclorito.

—Se burlaba de ti.

—¿Cómo?

Se levantó Teodosio indignado y fue a buscar un frasco al armario donde los guardaba todos. Volvió con él en la mano explicando:

—Es un líquido para revelar las placas. Se burlaba de ti, de mí y del niño. ¿Por qué se burlaba de nosotros?

—El mundo está lleno de gente rara. Era un poco viva la virgen,[34] Gustavo.

Escuchaba al cantante en el gramófono y entornaba los párpados suspirando. El tenor pedía a su amada con una larga nota suplicante que volviera a su lado:

. . . *Torna a Sorreeeeento.*

Seguía Teodosio con su obsesión:

—Se burlaba Gustavo. ¿Por qué se burlaba?

—Ya murió. Paz a sus huesos, Teodosio. Dios lo haya perdonado.

Después de una larga pausa y tratando de evitar que sus ojos se vidriaran[35] de lágrimas, Rosario añadió:

—Dios nos perdone a todos.

Teodosio volvió la cabeza a medias en la dirección del fonógrafo:

—Cierra la música, Rosario, o al menos ponla más baja.

Ella le obedeció y entretanto Teodosio reflexionaba con los ojos bajos y la pipa apagada entre los dientes:

—Hipoclorito . . . ¡miserable!

—Olvídalo, querido. Tanta preocupación te puede hacer mal. Tuvo una muerte horrible y no está bien guardarle rencor.

—Podía haber muerto como las personas decentes. Su muerte echó lodo sobre mi nombre.

—No, eso no, —saltó ella—. Di lo que quieras, pero ningún diario publicó tu nombre. Sólo hablaron los papeles de mi declaración el día que me llamó el juez a su oficina. Eso fue todo. Si te digo la verdad, Teodosio, yo no siento su muerte.

—Yo no te pregunto si la sientes o no.

—Pero lo digo porque me sale del corazón. Yo no he dicho que me alegro. Sólo digo que no siento su muerte.

El marido por primera vez aquél día de celebración le tomó la mano. Entonces ella no pudo evitar las lágrimas. El contacto de la mano le hizo llorar. Y entre las lágrimas hablaba:

—Sufro lo mío en silencio, Teodosio. Sin un alma a quien decirle nada. Sin poderme consolar ni siquiera contigo en un día como éste.

—Vamos, vamos.

Trataba él de ser afable porque deseaba hacerle preguntas difíciles y esperaba que ella le respondiera.

—El juez te llamó dos veces en la última semana, ¿no es eso? ¡Qué ocurrencia estar con Gustavo el mismo día que sucedió el accidente!

—¿Qué piensas?

—Yo no pienso nada, pero ¡qué ocurrencia del diablo!

Ella se disculpaba con una agilidad y una prisa un poco chocantes:

—Me encontró en la calle y como era de noche quiso acompañarme. Una fineza. ¿Hay algo de malo en eso? No caviles, Teodosio.

—Nunca puedo comprender cómo fue aquello. Anda, querida, repítelo.

Se acercaba ella aunque no podía resistir el olor agrio de la pipa y se sentaba en un cojín a sus pies.

—Ya te lo he dicho otras veces.

—Repítelo hoy querida.

—Bien, como quieras. Nos encontramos en la calle. Yo vi que Gustavo había bebido y tú sabes como era. Se empeñó en venir conmigo y acompañarme porque era ya noche. Ibamos caminando al borde mismo de la orilla. Por aquel lado el río está hondo. Volvía yo de la clínica y acababa de saber la gran noticia: estaba contenta.

—¿No dices que la has sabido esta mañana?

Se ladeaba ella para poner la cabeza toda rizos en las rodillas de su esposo:

—Esta mañana era la tercera vez que iba al médico. La noticia la sabía hace ya un mes, pero guardaba el secreto para el día del aniversario. ¡Ay, qué día aquel, Teodosio!

—Bueno, bueno. Era de noche. Estábais solos. Por eso te preguntó el juez si tú lo habías empujado. No había testigos y un juez tiene que estar en todo. Podía ser que alguien lo hubiera empujado.

—¿Cómo?

—Que lo hubiera empujado alguien.

—¿Por qué? No me mires así, querido. Me miras impávido[36] como las fotos de las paredes. Todos queréis ser testigos en esta vida. El juez me preguntó. La verdad es que me lo preguntó de un modo . . . No me mires así, Teodosio. Ya sabes lo que dijeron los médicos que le hicieron la autopsia.

—Le encontraron alcohol en las venas. Eso te favoreció.

Quedaron los dos mirándose a los ojos y pensando en Gustavo.

—Muy joven murió —dijo él.

---

[31] **se escamaba**   she was becoming uneasy.
[32] **musitando fórmulas**   muttering expressions.   [33] **terreno resbaladizo**   slippery ground.   [34] **un poco viva la virgen**   a happy-go-lucky fellow.   [35] **se vidriaran**   would glisten.
[36] **impávido**   coldly.

—Había hecho ya todo lo que tenía que hacer en la vida, —respondió ella.

Se quedaba el marido con los ojos perdidos en el aire.

—Te veo —dijo él— en la noche caminando al lado del río, con Gustavo. Quisiera hacerte una pregunta, pero no me atrevo.

—¿Qué pregunta?

—Tú sabes Rosario. Es una pregunta que sólo podrías contestar tú.

La miraba a los ojos profundamente y ella no retiraba los suyos. No comprendía él que Rosario le resistiera la mirada. Y añadía:

—Tú lo sabes, querida. La pregunta está en el aire aquí entre nosotros y tú sabes cuál es. Para mi tranquilidad dime sí o no.

—Tu pregunta es igual a la del juez.

—No es igual, porque yo soy tu marido y te quiero. Vamos, no llores. Dime sí o no. Bueno ni siquiera tienes que decirlo. Basta con que muevas la cabeza, tu bonita cabeza llena de rizos.

Lloraba más Rosario y se resistía a responder. Por fin entre hipos y sollozos habló:

—Piensa lo que quieras, pero no me mires así. Y no me obligues tampoco a decirlo con todas las letras. Tú siempre adivinas la verdad dentro de mí.

Y cambiando abruptamente de tema añadió:

—¿Cuándo me harás la foto?

Se levantó y se dirigió al sillón que sobre la tarima y entre las baterías encendidas parecía un trono. Teodosio la acompañaba cuidadoso y solícito mientras ella seguía hablando:

—Cuando nazca el niño . . .

El marido la ayudaba a sentarse:

—Poco a poco, querida. Las violetas con los rabitos hacia arriba son de una delicadeza encantadora.

—Amor, quieren decir.

Ella se puso colorada y Teodosio añadió una terneza. Le dijo que era hermosa y ella respondía: «Favor me haces». Luego Rosario tuvo una idea:

—¿Por qué no vienes aquí y nos hacemos la foto juntos?

—Bien, preparé el obturador.

—Pero ponte el chaquet para estar los dos al caso.

La obedecía Teodosio diciendo que aquella foto se podría llamar un autorretrato doble.

—¿Me llevarás a París? —preguntaba ella.

Terminó Teodosio de disponer la cámara, contestó a su esposa con una mirada afirmativa y corrió a su lado.

—Mírame, querida.

Ella lo miró y dijo entre dientes:

—¡Qué felicidad tener la vida completa!

Callaron, se quedaron inmóviles un momento y por fin se oyó el ruidito de relojería del obturador automático.

Francisco Ayala (1906—   )

Natural de Granada. Professor en la Universidad de Madrid, en Bryn Mawr College y en la Universidad de Nueva York. Ha fundado la revista *Realidad* en Buenos Aires y *La Torre* en Puerto Rico. Desde muy joven comenzó a destacarse en la literatura narrativa: *Tragicomedia de un hombre sin espíritu* (1925), *Historia de un amanecer* (1926), *Los usurpadores* (1949), *La cabeza del cordero* (1949), *Historia de Macacos* (1955), *Muertes de perro* (1959), *El fondo del vaso* (1962). Ayala es sociólogo y ha escrito varios ensayos importantes como *El escritor en la sociedad de masas* (1955), *Tratado de Sociología* (1947), *Experiencia e invención* (1960), *Tecnología y Libertad* (1959). Ayala es un escritor poderoso, que

recuerda a Quevedo. Es un filósofo y un escrutador de las almas. Con tremendo desgarro el novelista presenta la monstruosidad de los hombres cuando, empujados por la ambición y el odio, llegan al crimen y a la degradación. Su sátira mordaz, cínica y aguda no perdona la hipocresía de los poderosos. Como sociólogo que es, sus novelas tienen una perspectiva panorámica de la realidad humana. Cervantes había dicho que cada hombre es hijo de sus propias obras, Ayala afirma que «cada cual es autor de su propia suerte». Su novela *Muertes de perro* es sin duda la que contiene más elementos crítico-sociales presentados con una prosa un poco dura y cargada de incisos, paréntesis y, sobre todo, poder expresivo.

«The Last Supper» es una narración que reune varias de las más destacadas cualidades del estilo de Ayala; realismo, ironía mordaz, desenfado y enorme pesimismo. La larga permanencia de Ayala en Argentina ha dejado huellas en su vocabulario y en algunos modismos.

THE LAST SUPPER

Ocultos y extrañísimos son los caminos de la Providencia. ¿Quién hubiera podido imaginar dónde y cómo iban a encontrarse ahora, al cabo del tiempo, aquellas dos antiguas amigas que, desde los años del colegio, allá en Europa, no se veían ni siquiera habían vuelto a saber una de otra? . . . ¿Quién le hubiera dicho a la señora Trude, cuando, apremiada por incoercible necesidad, irrumpió[1] en este bar-restaurante tras haber vacilado ante el vestíbulo de un cine,[2] una cafetería y las escaleras del subterráneo (*troppo tarde*[3] ya, ¡ay!, para regresar al hotel); cuando, en fin, pasó de largo, con sus tacones cansados, pero muy digna, ante el mostrador, quién le hubiera dicho a esta dama . . .?

En aquel momento la pobre sólo tenía ojos para anhelar, a derecha e izquierda, en la fresca oscuridad del local, el consabido[4] *Women* (*Ladies*, acaso, con un poco de suerte); hasta que, por último, descubrió al fondo *Men*, y, al ladito mismo,[5] gracias a Dios, la entrada gemela. Puede imaginarse cuán impetuosamente empujó la puerta y cómo, despreciando el sórdido lavabo, se precipitó sobre la segunda puertecita, o más bien mampara,[6] para encontrarse allí, *oh, malheur!*,[7] en vez de la ansiada *privacy*, la mirada furibunda de otra señora que, instalada majestuosamente, repelía con ademán perentorio[8] el asalto de quien así osaba perturbarla en la beata posesión[9] de lo por derecho de primer ocupante venía disfrutando.

Mas la comprensible consternación ocasionada por este nuevo e imprevisto obstáculo hubo de ceder pronto en doña Trude a una grande, a una enorme sorpresa. Sólo a medias entendió las injurias de la otra; pues he aquí que —aparte de tener el inglés enmohecido[10] todavía por el largo desuso—, ¡ufa!, aquella

energúmena ¿no era . . . ?; aquella cara abotargada bajo el sombrerito de flores malva,[11] ¿no era la de Sara Gross, hecha, claro está, la corrección debida al paso de los años?

—¿Eres tú . . . *Are you* Sara Gross?

Lo era, cómo no. Con increíble celeridad la expresión de la ira había cedido en la imprevista[12] Sara al asombro, y ahora (*Lieber Gott!*),[13] desde su inmundo sitial, le tendía cordialmente ambos brazos:

—¡Trude!

Mientras que en éste parecía ceder su terrible apuro y darle tregua en homenaje a la antigua amistad.

—¡Qué sorpresa! —dijo; alargó la mano a su compañera de colegio, como si quisiera ayudarle a levantarse (estaba gorda, la Sarita); volvió a exclamar—: ¿Tú, Sara? —agregó otras cuantas frases de alborozo y, luego, sensatamente—: Oye, querida: si has terminado, hazme el favor, hijita, y perdona, *please*.

Un rato después estaban sentadas ambas en un rincón del mismo bar degustando sendas coca-colas, y se reían de la pequeñez del mundo, de sus casualidades.

—¡Venirse a encontrar ahí, precisamente en aquel sitio —ponderaba Trude—, el día mismo de su llegada a Nueva York!

Se preguntaba cuánto tiempo hacía que no se habían visto. Y miraba a su amiga de adolescencia, a la gritona y vaga[14] y vivísima Sara Gross, que ahora se había puesto tan gorda y que estaba, quién lo hubiera adivinado, en América.

—Pero si tú lo sabías, Trude, que nosotros nos

---

[1] **apremiada . . . irrumpió** pressed by an urgent emergency, dashed. [2] **tras . . . cine** after having hesitated in front of a movie-theater entrance. [3] **subterráneo . . . tarde** subway (*too late*). [4] **consabido** well-known. [5] **al ladito mismo** right there. [6] **mampara** divider. [7] **oh, malheur!** oh! damn it! (French). [8] **ademán perentorio** dictatorial gesture. [9] **beata posesión** happy possession. [10] **aparte de** besides; **enmohecido** rusty. [11] **cara . . . malva** swollen face under a little hat of purple flowers. [12] **imprevista** unprepared. [13] (*Lieber Gott*) living God (German). [14] **gritona y vaga** vociferous and lazy.

vinimos para acá poco después de casarme, hace ya lo menos veinte años.

¡A tiempo!, pensó Trude, ¡vivísima siempre!; y dijo:

—Es verdad, ahora me acuerdo; pero, hijita, son tantas y tales las cosas ocurridas allá, en Europa, desde entonces . . .

Bueno, más valía dejar eso; era demasiado penoso. Además, pensaba Trude, durante ese tiempo tú has estado aquí dándote buena vida, y así se te ve de lustrosa.

—Dejemos eso, querida; hablemos de cosas menos tristes. Es cierto que tú te casaste, y luego . . . Bueno, pues al cabo del tiempo volvemos a reunirnos a este lado del Atlántico.

Y pasó a informarla —con su gran locuacidad, sus ojillos vivaces y sus manos inquietas— de que habían llegado aquella mañana misma ella y Bruno, su marido, procedentes de la Argentina.

—Sí, esta misma mañana, al amanecer, veíamos por vez primera la famosa estatua de la Libertad. Y en seguida, caramba, tropezar contigo. ¿No es fantástico?

La informó luego de que habían pasado varios años en Buenos Aires y, antes, en La Habana.

—Desde el cuarenta y tres estamos a este lado del charco. Un montón de años ya en este dichoso continente. Demasiados, ¿no? Pero, mira, qué quieres que te diga: cada vez que recuerdo aquel *cauchemar*[15] pienso que, a pesar de todo, el *New World* . . .

No podía quejarse, lo reconocía. Ahora, Bruno y ella, venían a probar los Estados Unidos. Si las cosas salían aquí como antes en Cuba y luego en la Argentina . . . Sonrió, frotándose las manos. Lo de la Argentina, como lo de Cuba, quedaba organizado y en marcha: cosa de darse una vuelta por allí de vez en cuando. Trude explicó a su amiga que Bruno —¡ya lo conocerás, chica!— era formidable. El negocio había sido por completo idea suya: él descubrió la fórmula del producto, él atinó maravillosamente con la marca, y él había montado la propaganda y distribución con plena eficacia. Tres aciertos combinados, la triple llave del éxito; aunque ella, ¿por qué negarlo?, le había secundado en forma decisiva. Ahora, sin pérdida de momento, a patentar la marca[16] e introducir aquí el producto. ¿Que qué producto era? Sonrió:

—Pues, verás, hija mía; se trata de un raticida[17] infalible; de veras, sí, de veras infalible; en eso está la base sólida del negocio, en el secreto industrial de la fórmula . . . Sin cuentos:[18] allí donde se rociaba[19] *La última cena*, a la mañana siguiente amanecían patas arriba cuantas ratas y ratones . . . —se interrumpió y, con una sombra de inquietud, preguntó a su amiga—: ¿Qué te parece la marca, di? ¿Entrará bien aquí, en los Estados Unidos? Tú, que conoces el país, ¿qué te parece?: *The Last Supper*. En Latinoamérica, eso fue maravilloso.

Sin aguardar respuesta (Sara Gross se había concentrado para meditar sobre el caso, entornados los gruesos párpados sobre su botella de coca-cola), sin aguardar el dictamen, Trude afirmó que esa marca había sido un gran hallazgo de Bruno, tan importante casi, o tal vez más, que la fórmula del producto mismo.

—Trata de visualizar la caja de cartón, redonda, con *La última cena* de Leonardo, en colores. Arriba, la etiqueta sola, y las instrucciones, en la parte interior de la tapa. Un hallazgo, te lo aseguro. Y, como tantas veces, fruto de la pura casualidad, por lo menos en parte. Verás: fue cuando los muy salvajes bombardearon Milano[20] y se dio por perdida, ¿te acuerdas?, la célebre obra de Da Vinci,[21] que a Bruno le vino la idea. Él es un gran *amateur*, un espíritu exquisito —ya lo conocerás—, y su indignación no tuvo límites. Para la cosas de la cultura es una fiera Bruno; un verdadero fanático. En fin, pensó: ¿Ellos destruyeron *La última cena*? Pues yo haré que esa pintura llegue a todas partes, se grabe para siempre en todas las imaginaciones . . . Ni yo misma supe, durante varios días, lo que estaba urdiendo. Como ves, su propósito era, ante todo, de reivindicación artística. Coincidió con la oportunidad de patentar el matarratas, y resultó luego que la marca encerraba enorme valor publicitario. Date cuenta: para empezar, es un motivo artístico lleno de nobleza; luego, constituye una frase acuñada, que quién no recuerda, y, para colmo, alude sutilmente a los efectos mortíferos —infalibles, te juro— que produce la ingestión de los polvos.

Sara asentía, cada vez más convencida. Pronunciaba, susurraba casi, saboreando entre sus labios pesados, relucientes de pintura: *The Last Supper, The Last Supper*, y cada vez le gustaba más.

—En Sudamérica —continuó Trude— eso ha marchado de lo mejor: el negocio es allá firmísimo. Hasta —¿podrás creerlo?, ya tú sabes cómo son aquellas gentes—, hasta tuvimos la *chance*[22] de que, en un momento dado, se puso de moda suicidarse con nuestro producto. Figúrate la publicidad gratuita cada vez que los periódicos informaban: «Ingiriendo una fuerte dosis de *La última cena* puso anoche fin a su vida...»

Ambas amigas sonrieron, llenas de comprensión irónica: las pobres criadas suicidándose por contrariedades amorosas con una fuerte dosis de *La última cena*... Sonreían. Y ahora Trude se concedió una pausa para, cortésmente, inquirir a su vez sobre la vida de Sara.

Después de haber trotado el día entero se estaba bien ahí, charlando con la vieja amiga en aquel rincón apacible y fresco. Pero la otra no lo permitió:

—No, no, ya habrá tiempo; nuestra existencia ha sido bastante insípida; ya vendrán ustedes a casa, y habrá tiempo de todo; ahora háblame más de ti. Todavía no me has contado nada de las cosas de *allá*.

Trude no quería ni acordarse de las cosas de allá.

—¿Para qué volver sobre tales horrores? Procuro borrarlo todo de la memoria, es lo mejor. Quien no lo ha pasado, no puede imaginarse. El pobre Bruno —figúrate, un espíritu tan refinado, una verdadera alma de artista— tuvo que conocer hasta la experiencia del campo de concentración. Sí, casi un año se pasó en el *Konzentrationlager* (allí fue donde, cavilando y observando, y con ayuda de una curiosa casualidad, dio con la fórmula del raticida). El hombre que vale, por nada se amilana.[23] ¡Qué días amargos, pobre Bruno! En cuanto a mí, ¿qué voy a contarte, hijita? Ahora, pasado el tiempo, me extraña, me parece una pesadilla, y casi me da risa. Sí, tan absurdo y tan grotesco fue todo, que me produce una risa fría; es como el recuerdo de un sueño bufo[24] que ha torturado a una horriblemente, pero que, al final, no es nada. Un mal sueño. ¿Podrás creerme si te digo, omitiendo otros detalles, que hasta me hicieron recorrer a cuatro patas y con un bozal en la cara todo el Paseo Central, nuestro paseo de los domingos, te acuerdas, hasta dar la vuelta al Parque?

—¿A ti, querida? —exclamó Sara tomándole las manos, que se le habían puesto temblonas.

Pero Trude, excitada ya, agregó en voz muy alta:

—Y la infamia peor fue obligar a mi niño...

Se quedó cortada. Sara la miraba con los ojillos más redondos que nunca. Le preguntó, por fin:

—Entonces, ¿tienes un hijo?

—Lo tenía —consiguió articular Trude.

Pero ya se había descompuesto, ya no le salían más palabras, gesticulaba en vano. Y Sara, que la observaba con alarma, vio cómo, por último, abría enorme la boca, igual que un perro, y rompía a llorar, a hipar,[25] a sollozar, a ladrar casi.

Consternadísima, Sara Gross oprimió el brazo de su amiga, le tomó la mano.

—Vamos. vamos, serénate, querida, cálmate; la gente va a darse cuenta; tranquilízate, Trude —la exhortó—. Vamos, no hay que pensar más en esas cosas. Ea, ya pasó, ¿no? Yo tuve la culpa, tonta de mí, por preguntarte; pero ya pasó —le oprimía bondadosamente la mano.

Trude se contuvo, secó sus ojos enrojecidos y sonrió:

—Perdona, Sara; ya pasó.

Ya había pasado.

—Sí, querida, no hay que volver la vista atrás; lo pasado, pasado está. Hablemos de lo porvenir, de ustedes, de lo que vamos a hacer, ahora que estamos juntas de nuevo, aquí en Nueva York.

—Sí, tienes razón —reconoció Trude—. Lo pasado, pasado está. ¿Para qué, si ya aquello no tiene remedio? Hay que seguir viviendo. Perdóname, Sara. Decías que irá bien como marca *The Last Supper* para este país...

---

[15] **cauchemar** nightmare (French).   [16] **patentar la marca** secure the patent.   [17] **raticida** rat-killer.   [18] **sin cuentos** no nonsense.   [19] **se rociaba** it was sprinkled.   [20] **Milano** Milan, Italy. During the World War II, the Allies bombarded the city occupied by the German Army.   [21] **Da Vinci** Leonardo Da Vinci (1452–1519) painter, architect, and scientist, painted the *Last Supper*.   [22] **chance** the good luck.   [23] **El hombre... amilana** a worthy man never fails.   [24] **sueño bufo** ridiculous nightmare.   [25] **hipar** to whimper.

Leopoldo Panero (1909–1962)

De Astorga, León. Estudió en Inglaterra y Francia y obtuvo su licenciatura en Derecho en la universidad de Madrid. La poesía de Panero tiene un tema casi único, «el hombre ante Dios». Este hombre es el hombre que tiene sus pies, como raíces, plantados en la tierra, su España y más en particular su Astorga; que tiene una familia, la esposa y los hijos, que llena su corazón y su necesidad de ternura; y finalmente tiene a Dios. El Dios de Panero es un padre al que el poeta hace mil preguntas, y ante quien se siente como un niño confiado y al mismo tiempo temeroso. Se trata de una poesía limpia y tersa, llena de sentimiento, de emoción y de intimidad. Es poesía para leer en voz baja en forma meditativa. Sus versos se destacan por su armonía y equilibrio, con una marcada tendencia a huir de lo artificioso para comunicar una clara impresión de verdad y sinceridad. Para Dámaso Alonso el lírico de Astorga es un poeta «arraigado», es decir que piensa, siente y se expresa como artista de profundas y vitales convicciones de valor humano, eterno y tradicional. Su obra lírica es más bien corta. *Versos del Guadarrama* (1930–1939), *La estancia vacía* (1945) y *Escrito a cada instante* (1948). En 1953 escribió su *Carta personal*, que es una réplica a *Canto general* del poeta chileno Neruda (1950). En ella Panero defiende los valores espirituales de España en América.

Por donde van las águilas

Una luz vehemente y oscura, de tormenta,
flota sobre las cumbres del alto Guadarrama,
por donde van las águilas. La tarde baja, lenta,
por los senderos verdes, calientes de retama.

Entre las piedras brilla la lumbre soñolienta   5
del sol oculto y frío. La luz, de rama en rama,
como el vuelo de un pájaro, tras la sombra se
    ahuyenta.
Bruscamente, el silencio crece como una llama.

Tengo miedo. Levanto los ojos. Dios azota
mi corazón. El vaho de la nieve se enfría   10
lo mismo que un recuerdo. Sobre los montes flota

la paz, y el alma sueña su propia lejanía.
Una luz vehemente desde mi sueño brota
hacia el amor. La tarde duerme a mis pies, sombría.

Hijo mío

Desde mi vieja orilla, desde la fe que siento,
hacia la luz primera que torna el alma pura,
voy contigo, hijo mío, por el camino lento
de este amor que me crece como mansa locura.

Voy contigo, hijo mío, frenesí soñoliento   5
de mi carne, palabra de mi callada hondura,
música que alguien pulsa no sé dónde, en el viento,
no sé dónde, hijo mío, desde mi orilla oscura.

Voy, me llevas, se torna crédula mi mirada,
me empujas levemente (ya casi siento el frío);   10
me invitas a la sombra que se hunde a mi pisada,

me arrastras de la mano . . . Y en tu ignorancia fío,
y a tu amor me abandono sin que me quede nada,
terriblemente solo, no sé dónde, hijo mío.

Soneto

Señor, el viejo tronco se desgaja,
el recio amor nacido poco a poco,
se rompe. El corazón, el pobre loco,
está llorando a solas en voz baja,

del viejo tronco haciendo pobre caja   5
mortal. Señor, la encina en huesos toco
deshecha entre mis manos, y Te invoco
en la santa vejez que resquebraja

su noble fuerza. Cada rama, en nudo,
era hermandad de savia y todas juntas   10
daban sombra feliz, orillas buenas.

Señor, el hacha llama al tronco mudo,
golpe a golpe, y se llena de preguntas
el corazón del hombre donde suenas.

Fluir de España

Voy bebiendo en la luz, y desde dentro
de mi caliente amor, la tierra sola
que se entrega a mis pies como una ola
de cárdena hermosura. En mi alma entro;

hundo mis ojos hasta el vivo centro   5
de piedad que sin límites se inmola

lo mismo que una madre. Y tornasola
la sombra del planeta nuestro encuentro.

Tras el límpido mar la estepa crece,
y el pardo risco, y la corriente quieta   10
al fondo del barranco repentino

que para el corazón y lo ensombrece,
como gota del tiempo ya completa
que hacia Dios se desprende en su camino.

Miguel Hernández (1910–1942)

Nació en Horihuela (Murcia). Fue pastor y comenzó a leer después de los once años. En 1934 fue a Madrid, donde se puso en contacto con los artistas y escritores más importantes de su tiempo. Publicó libros de poemas y varias obras de teatro. Después de la guerra civil fue encarcelado y murió enfermo de tuberculosis cuando tenía solamente treinta y dos años. Hernández no escribió mucho pero trajo a la lírica española de su época el aire fresco y vigoroso del hombre sencillo del campo. Por aquellos años triunfaban la poesía intelectual, un poco difícil, de los autores de la generación del 27, y la renovación de la poesía culta de Garcilaso y Góngora. Hernández cayó en medio del mundo literario madrileño como una sorpresa. Venía de su campo murciano cargado de fuerza espontánea, original. En un principio sus libros revelan la influencia de los clásicos españoles —Garcilaso, Lope, Quevedo— luego la de sus amigos de Madrid —Neruda, Aleixandre— y finalmente descubren su propia y exclusiva personalidad. Su obra en general está construida en versos perfectos, sonoros y palpitantes. Es indudable que su humanismo de carne y hueso influye en la poesía real, angustiada y sincera, de la postguerra española. Entre sus libros más importantes están *Perito en lunas* (1933), en que paga tributo a la moda gongorina de la época, con metáforas e imágenes brillantes y agudas, pero demasiado rebuscadas. *El rayo que no cesa* (1936) es la muerte que acecha al poeta, y que Hernández describe y siente de una manera muy personal y dolorida. *Viento del pueblo* (1937), sobre la guerra civil, y el drama *El labrador de más aire* (1937), de pasiones aldeanas e intención social. Sus últimos poemas, escritos en la cárcel, son *El hombre acecha* (1939) y *Cancionero y romancero de ausencias* (1938–1941), que contiene algunos de los más dramáticos e impresionantes de sus versos.

Me tiraste un limón, y tan amargo,
con una mano cálida, y tan pura,
que no menoscabó[1] su arquitectura
y probé su amargura sin embargo.

Con el golpe amarillo, de un letargo   5
dulce pasó a una ansiosa calentura
mi sangre, que sintió la mordedura
de una punta de seno duro y largo.

Pero al mirarte y verte la sonrisa
que te produjo el limonado hecho,[2]   10
a mi voraz malicia tan ajena,

se me durmió la sangre en la camisa,
y se volvió el poroso y áureo pecho[3]
una picuda y deslumbrante pena.

---

[1] **no menoscabó** did not impair.   [2] **limonado hecho** lemonated deed.   [3] **poroso . . . pecho** the porous and golden breast (the lemon).

① La Re-humanizacion de la poesia

② Dos tendencias

lo social   cuestiones existenciales (crisis de fe-)
la injusticia   *consuelo fe   VS   duda
social   Refugio   los   desarraijados
                           arraijados   (rootless in faith)
                           (rooted en fe)

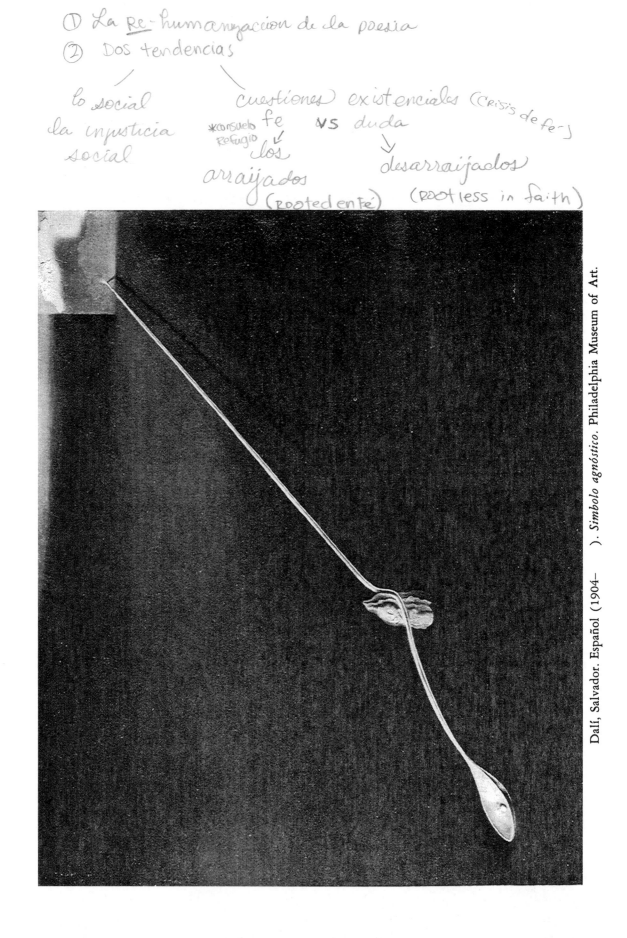

Dalí, Salvador. Español (1904–   ). *Símbolo agnóstico.* Philadelphia Museum of Art.

Como el toro he nacido para el luto
y el dolor, como el toro estoy marcado
por un hierro infernal en el costado
y por varón en la ingle con un fruto.[4]

Como el toro lo encuentra diminuto   5
todo mi corazón desmesurado,
y del rostro del beso enamorado,
como el toro a tu amor se lo disputo.

Como el toro me crezco en el castigo,[5]
la lengua en corazón tengo bañada   10
y llevo al cuello un vendaval sonoro.

Como el toro te sigo y te persigo,
y dejas mi deseo en una espada,
como el toro burlado, como el toro.

Por una senda van los hortelanos,
que es la sagrada hora del regreso,
con la sangre injuriada por el peso
de inviernos, primaveras y veranos.

Vienen de los esfuerzos sobrehumanos   5
y van a la canción, y van al beso,
y van dejando por el aire impreso
un olor de herramientas y de manos.

Por otra senda yo, por otra senda
que no conduce al beso, aunque es la hora,   10
sino que merodea sin destino.

Bajo su frente trágica y tremenda,
un toro solo en la ribera llora,
olvidando que es toro y masculino.

Nanas de la cebolla

(Dedicadas a su hijo, a raíz de recibir una carta de su
mujer, en la que le decía que no comía más que pan y
cebolla.)

La cebolla es escarcha
cerrada y pobre.
Escarcha de tus días
y de mis noches.
Hambre y cebolla,   5
hielo negro y escarcha
grande y redonda.

En la cuna del hambre
mi niño estaba.
Con sangre de cebolla   10
se amamantaba.
Pero tu sangre,
escarchada de azúcar,
cebolla y hambre.

Una mujer morena   15
resuelta en luna
se derrama hilo a hilo
sobre la cuna.
Ríete, niño,
que te tragas la luna   20
cuando es preciso.

Alondra de mi casa,
ríete mucho.
Es tu risa en los ojos
la luz del mundo.   25
Ríete tanto
que mi alma al oírte
bata el espacio.[6]

Tu risa me hace libre,
me pone alas.   30
Soledades me quita,
cárcel me arranca.
Boca que vuela,
corazón que en tus labios
relampaguea.   35

Es tu risa la espada
más victoriosa,
vencedor de las flores
y las alondras.
Rival del sol.   40
Porvenir de mis huesos
y de mi amor.

---

[4] **por varón . . . fruto** as a man with the seed of
life in the groin. [5] **castigo** bullfighting techniques to
subdue the bull. [6] **bata el espacio** beat the air (with my
soul wings).

La carne aleteante,
súbito el párpado,[7]
el vivir como nunca,   45
coloreado.
¡Cuánto jilguero
se remonta, aletea,
desde tu cuerpo!

Desperté de ser niño: 50
nunca despiertes.
Triste llevo la boca,
ríete siempre.
Siempre en la cuna,
defendiendo la risa   55
pluma por pluma.

Ser de vuelo tan alto,[8]
tan extendido,
que tu carne es el cielo
recién nacido.   60
¡Si yo pudiera
remontarme al origen
de tu carrera!

Al octavo mes ríes
con cinco azahares.   65
Con cinco diminutas
ferocidades.
Con cinco dientes
como cinco jazmines
adolescentes.   70

Frontera de los besos
serán mañana,
cuando en la dentadura
sientas un arma.
Sientas un fuego   75
correr dientes abajo
buscando el centro.

Vuela, niño, en la doble
luna del pecho;
él, triste de cebolla,   80
tú, satisfecho.
No te derrumbes.
No sepas lo que pasa
ni lo que ocurre.

José Luis Hidalgo (1919–1947)

Poeta santanderino, muerto en plena juventud a los veintiocho años, ha dejado tres libros de poesía: *Raíz* (1943), *Los animales* (1944) y *Los muertos* (1947). Este último de la medida de su sensibilidad: se enfrenta con el problema de la «muerte» con una frecuencia obsesiva y trágica. Los mismos títulos de muchos de sus versos manifiestan la preocupación angustiosa de la muerte, que en él tenía una raíz física, pues, enfermo de tuberculosis, murió en un sanatorio.

«Espera siempre», «Esta noche», «Muerte», «Estoy maduro» y otras más hablan de la obsesión del autor. Pero su poesía no es tremendista, ni desesperada, ni existencialista; su alma es profundamente religiosa y se acerca a Dios con humildad y confianza.

Espera siempre

La muerte espera siempre entre los años
como un árbol secreto que ensombrece,
de pronto, la blancura de un sendero
y vamos caminando y nos sorprende.

Entonces, en la orilla de su sombra,   5
un temblor misterioso nos detiene:
miramos a lo alto y nuestros ojos
brillan como la luna, extrañamente.

Y, como luna, entramos en la noche
sin saber dónde vamos, y la muerte   10
va creciendo en nosotros, sin remedio,
con un dulce terror de fría nieve.

La carne se deshace en la tristeza
de la tierra sin luz que la sostiene.
Sólo quedan los ojos que preguntan
en la noche total y nunca mueren.

Dime, dime, Señor: ¿Por qué a nosotros
nos elegiste para tu batalla?
Y después, con la muerte, ¿qué ganamos,   15
la eterna paz o la eterna borrasca?

2
Esta noche

Si en la noche de Dios yo me muriera
y el mundo de los vivos yo dejase,
qué triste sonaría entre los hombres
el ruido de mi alma al derrumbarse.

En la noche desnuda se alzarían
los pájaros divinos, y en el aire   5
sus alas romperían el durísimo
silencio de los siglos que en él yace.

Sólo un viento furtivo cruzaría
el aliento de un niño cuando nace.   10
Niña el alma elevándose, muriendo
al encontrarse viva sin su carne.

Y la noche, la noche, las estrellas
impasibles brotando eternidades,
y la mano de Dios inmensamente   15
abierta temblorosa y esperándome.

3
Muerte

Señor: lo tienes todo; una zona sombría
y otra de luz, celeste y clara.
Mas, dime Tú, Señor, ¿los que se han muerto,
es la noche o el día lo que alcanzan?

Somos tus hijos, sí, los que naciste,   5
los que desnudos en su carne humana
nos ofrecemos como tristes campos
al odio o al amor de tus dos garras.

Un terrible fragor de lucha, siempre
nos suena oscuramente en las entrañas,   10
porque en ellas Tú luchas sin vencerte,
dejándonos su tierra ensangrentada.

4
Yo quiero ser el árbol

Siniestra es la raíz del Luzbel de mi carne
y sombría la estrella de tu sabiduría.
Ocultos son los fuegos, Señor, donde consumes
este tallo desnudo que es apenas mi vida.

Negra luz de la tierra, roja luz de tus ojos,   5
iguales son las llamas por tu mano blandidas,
fulgiendo en este páramo donde habitamos tristes,
soplados por el viento de tu luz ofendida.

Restitúyeme puro a esta tierra que piso
o dame la luz alta que en las estrellas brilla.   10
Yo quiero ser el Árbol, quiero tener mis frutos:
la tierra, el mar, el cielo, la eternidad perdida.

5
Estoy maduro

Me ha calentado el sol ya tantos años
que pienso que mi entraña está madura
y has de bajar, Señor, para arrancarme
con tus manos inmensas y desnudas.

Pleno y dorado estoy para tu sueño,   5
por él navegaré como una luna
que irá brillando silenciosamente,
astro frutal sobre tu noche pura.

Una nube vendrá y acaso borre
mi luz para los vivos y, entre lluvia,   10
zumo dulce de Ti, te irá cayendo
la savia de mi ser, como una música.

[7] **súbito el párpado** quick moving eyelid.
[8] **Ser . . . alto** to fly, so high.

Será que estaré muerto y entregado
otra vez a la tierra de las tumbas.
Pero, sangre inmortal, mi roja entraña 15
de nuevo quemará tu luz futura.

6
Oración en silencio

Cuando estoy preguntando y, de repente,
levanto a Ti los ojos y me callo,

entonces es, Señor, que Tú me escuchas
y te hablo.

La luz crece en mi alma dulcemente 5
y en ella está mi cuerpo iluminado
como muerto ya en Ti, cuando me tengas
puro y blanco.

El silencio es, Señor, como la muerte
y sólo muerto has de escuchar mi llanto. 10
Escucha mi silencio: aún estoy vivo
y preguntando.

Blas de Otero (1916–   )

desarraigados

Nace en Bilbao; estudia derecho en Valladolid; no ejerce su carrera, sino que se dedica a la enseñanza y a la poesía. Su producción lírica, no mucha, evoluciona desde una temática religiosa y espiritualista hasta la de tendencia social y aun política. Frente a la intención juanramoniana de escribir para la «inmensa minoría», Otero prefiere vociferar ante la «inmensa mayoría». Es pues su obra un grito rebelde, medio sumiso a la fe, que el poeta lanza a los «hombres» que viven a su alrededor, y para los cuales busca una justicia cumplida en el cielo y en la tierra. Otero convencido de que su vida conlleva una misión social, adopta un gesto de rebelde y de redentor. Al hacerse eco del dolor humano se hace portavoz de los anhelos y de las injusticias que sufren sus hermanos. Se enfrenta con Dios, un Dios tremendo, sordo y cruel, de quien no recibe respuesta. Ante este silencio, Otero pierde la fe y se siente vencido. Por eso, de ahora en adelante hablará a los hombres. Pero éstos están en guerra continua, y su mensaje será la paz. Otero, bilbaíno como Unamuno, aunque sin la cultura y el saber de éste, participa de su preocupación de España. Pero a diferencia de su paisano, el poeta de hoy no penetra en la «intrahistoria», ni en el alma del pueblo, se queda en la superficie, donde su gesticulación y su voz dramáticas aparecen a veces con un gesto un poco histriónico. Su lenguaje, como el de Don Miguel, es duro, sin la flexibilidad del que lo ha hablado bien desde niño, y revela su origen vizcaíno.

Cántico espiritual (1942), *Angel fieramente humano* (1950) *Redoble de conciencia* (1951), *Pido la paz y la palabra* (1955) y *En castellano* (1959).

> . . . Tántalo en fugitiva fuente de oro.
>
> Quevedo.

Cuerpo de la mujer, río de oro
donde, hundidos los brazos, recibimos
un relámpago azul, unos racimos
de luz rasgada en un frondor de oro.[1]

Cuerpo de la mujer o mar de oro 5
donde, amando las manos, no sabemos
si los senos son olas, si son remos
los brazos, si son alas solas de oro . . .

Cuerpo de la mujer, fuente de llanto
donde, después de tanta luz, de tanto 10
tacto sutil, de Tántalo es la pena.

Suena la soledad de Dios. Sentimos
la soledad de dos. Y una cadena
que no suena, ancla en Dios almas y limos.[2]

Lástima

Cosa de grande maravilla y lástima que sea aquí tanta la flaqueza e impureza del ánima que siendo la mano de Dios de suyo tan blanda y suave, la sienta el alma aquí tan grave y contraria.

San Juan de la Cruz.

Me haces daño, Señor. Quita tu mano
de encima. Déjame con mi vacío,
déjame. Para abismo, con el mío
tengo bastante. Oh Dios, si eres humano,
compadécete ya, quita esa mano   5
de encima. No me sirve. Me da frío
y miedo. Si eres Dios, yo soy tan mío
como tú. Y a soberbio, yo te gano.
Déjame. ¡Si pudiese yo matarte,
como haces tú, como haces tú! Nos coges   10
con las dos manos, nos ahogas. Matas
no se sabe por qué. Quiero cortarte
las manos. Esas manos que son trojes[3]
del hambre, y de los hombres que arrebatas.

Es inútil

Con hambre quedará si en esto queda.
Juan Boscán.

Cada beso que doy, como un zarpazo
en el vacío, es carne olfateada
de Dios, hambre de Dios, sed abrasada
en la trenzada hoguera de un abrazo.
Me pego a ti, me tiendo en tu regazo   5
como un náufrago atroz que gime y nada,
trago trozos de mar y agua rosada:
senos las olas son, suave el bandazo.[4]
Se te quiebran los ojos y la vida.
Lloras sangre de Dios por una herida   10
que hace nacer, para el amor, la muerte.
¡Y es inútil pensar que nos unimos!
¡Es locura creer que pueda verte,
oh Dios, abriendo, entre la sombra, limos!

A la inmensa mayoría

Aquí tenéis, en canto y alma, al hombre
aquel que amó, vivió, murió por dentro
y un buen día bajó a la calle: entonces
comprendió: y rompió todos sus versos.

Así es, así fue. Salió una noche   5
echando espuma por los ojos, ebrio
de amor, huyendo sin saber adónde:
adonde el aire no apestase a muerto.
Tiendas de paz, brizados pabellones,[5]
eran sus brazos, como llama al viento;   10
olas de sangre contra el pecho, enormes
olas de odio, ved, por todo el cuerpo.
¡Aquí! ¡Llegad! ¡Ay! Angeles atroces[6]
en vuelo horizontal cruzan el cielo;
horribles peces de metal recorren   15
las espaldas del mar, de puerto a puerto.
Yo doy todos mis versos por un hombre
en paz. Aquí tenéis, en carne y hueso,
mi última voluntad. Bilbao, a once
de abril, cincuenta y tantos.   20

[1] **frondor** foliage.   [2] **limos** bodies.   [3] **trojes** granaries.   [4] **bandazo** violent side movement of a
ship.   [5] **tiendas . . . pabellones** tents of peace, adorned
pavilions.   [6] **ángeles atroces** heinous angels.

Camilo José Cela (1916–   )

Nació en Iria Flavia (La Coruña) de familia gallega, inglesa e italiana. Es académico de la Española. Cela es un autor muy discutido. La disputa sobre el escritor tiene como centro el hecho de si él es o no es novelista. Algunos críticos le niegan esta cualidad, mientras otros, tan buenos como los primeros, afirman que, por ejemplo, *La colmena* es la novela de la postguerra aún no superada en España. Al gallego Cela le tienen sin cuidado estas disputas entre los críticos, y sigue su camino jalonado con nuevos libros. Novelista o no, todos convienen en que su prosa es extraordinaria. Su conocimiento del lenguage y, sobre todo, y más importante, su sensitividad a la pulsación, a la vida íntima de la palabra y de la expresión, son insuperables. Además de esta maestría de la palabra, Cela posee un humor que es socarronería de alma galaica. Contempla el paisaje espiritual y humano de España con cierto aire distraído y descuidado en apariencia, pero percibiendo, analizando y burlándose un poco de esos seres humanos atareados en buscar la manera de matar el hambre o satisfacer la vanidad. Cela conoce muy bien España y a los españoles, pero a diferencia de los del 98 no los toma en serio. No le interesa el pasado, ni el presente histórico, simplemente observa al hombrecillo español que, como una hormiga, se afana por subsistir día a día en una tierra pobre y cruel.

Entre sus novelas la primera es *La familia de Pascual Duarte* (1942). Con esta obra se inicia la nueva época de la novela contemporánea. Novela cruel y dura, que inicia la corriente llamada «tremendismo». A partir de este libro los escritores españoles adoptan un lenguage más realista y crudo. *Pabellón de reposo* (1943), *La colmena* (1951), una pintura triste y repelente, pero fascinadora, de técnica impecable, de la vida de Madrid poco después de la guerra civil. *Mrs. Caldwell habla con su hijo* (1953), *La catira* (1955), de tema y paisaje venezolanos. A Cela le gusta caminar y recorrer los pueblos de España. Como fruto de esas caminatas ha publicado varios libros de viajes: *Viaje a la Alcarria* (1951), *Del Miño al Bidasoa* (1952), *Judíos, moros y cristianos* (1956). Ninguno de estos tres volúmenes es un tratado de sociología hispana, pero en un estilo de una verdad de carne y hueso, el autor nos da mil detalles de la psicología y de la vida social española.

JUDÍOS, MOROS Y CRISTIANOS

Desde el camino de los Hoyos es desde donde mejor se puede ver la airosa mole del Alcázar. En los terraplenes[1] que caen sobre el arroyo Clamores, que corre entre chopos, cerca ya de la proa del Alcázar y cuando el regato vacía sus asquerosas aguas en el Eresma, don Pío Baroja sitúa toda la triste miseria, toda la ruin cochambre del arrabal: «En una hendedura del monte, unas mujeres andrajosas charlaban sentadas en el suelo; una de ellas, barbuda, de ojos encarnados, tenía una sartén sobre una hoguera de astillas, que echaba un humo irrespirable.»

Cuando pasa el vagabundo, cincuenta años más tarde, las mujeres ya no están. Por los mismos desmontes, unos niños con el culo al aire, nietos, quizás, de la mujer barbuda y sus amigas, andan a ranas[2] sin entusiasmo alguno.

El vagabundo cruza un puentecillo y, por la margen izquierda del Eresma, se llega hasta la puente Castellana, por donde entró en Segovia.

El vagabundo que, andando, andando, se había olvidado de comer, se sienta en una piedra y apaga las ansias del buche[3] con las migas que restan en su macuto: un pan de trigo y dos cortezas de cerdo sabrosas como una bendición.

El vagabundo, que había oído hablar del auto-stop, quiere probar fortuna y hace señas a un coche que baja por la ronda de Santa Lucía. El dueño del coche, un señor más serio de lo preciso para el cochino fotingo[4] que lleva, no debe ser partidario de esto del auto-stop porque ni mira para el vagabundo; a lo mejor va preocupado con tomar bien la curva del puente, todo puede ser.

El vagabundo, al pie del puente, se entretiene en ver fluir las aguas del Eresma, mientras el cochecillo de quien no lo quiso llevar se pierde, entre una nube de polvo, por la carretera de Zamarramala.

Una niña pequeña, a orillas del río, acaricia a un can triste, de lanas desteñidas y aburrido mirar, que le lame la mano con una resignada y culta cortesía. Lo más probable es que la niña y el perro, que no tienen ya nada que hacer hasta que sean viejos y empiecen a pudrirse, se sientan casi felices y al borde de ser inefablemente dichosos.

Un bando de chovas[5] negras y graznadoras pasa sobre la cabeza del vagabundo en busca de un sitio donde posarse, de un sitio que no sea el tejado de la Vera Cruz.

Al sol de la media tarde, las mujeres del barrio de San Marcos cosen y recosen sus negras sayas mil veces cosidas y recosidas ya.

Un clérigo con andares de mozo campesino cruza el puente, camino de la ciudad. Lleva la sotana algo corta y representa tener escasos años. De los borceguíes[6] que calza se le disparan, por el talón, los nuevos y bien listados tiradores.

—Buenas tardes.

—Buenas tardes nos dé Dios, hermano.

Por la ronda de Santa Lucía vuelve a escucharse un ruido resoplante. Por la ronda de Santa Lucía, y echando humo por el pitorro[7] del radiador, baja una camioneta canija, despintada de verde.

—¡Eh!

El hombre de la camioneta, al ver al vagabundo, toca con la bocina los siete golpes de *Una copita de ojén*[8] y le dice adiós con la mano.

—¡Eh!

—¡Eh!

El hombre de la camioneta no para pero, por lo menos, saluda como las personas. La camioneta llevaba sobre la portezuela un letrero que decía: «Portes económicos[9] *El Maño*. Sucesor de *El Rápido*. Cuéllar». La camioneta, según opinó un niño con cara de enterado, que llevaba al brazo un tabaque lleno de peces, iba cargada de gaseosas y de oranges y pasaba por allí todas las tardes, a la misma hora.

—¿Y no para nunca?

—No, señor, no puede. ¿No ve usted que la cuesta es mucha?[10]

—¡Ah, ya!

El vagabundo vuelve a sentarse y decide liar un pitillo, antes de arrancar.[11] El niño de los peces se le sentó al lado.

—¿Molesto?

—No, hijo, ¡qué has de molestar!

El niño de los peces era un niño muy fino, un niño que sabía las buenas maneras que manda la urbanidad.

—Es que, si molesto, me voy.

—Que no, hombre, que no molestas, te digo. Por mí puedes quedarte todo el tiempo que gustes.

El niño de los peces sonrió.

—Gracias.

El niño de los peces era un niño rubio y zanquilargo,[12] simpático, aunque sabihondo, y pintado de pecas por la nariz, por la frente y por los carrillos. Al vagabundo, que es hombre agradecido, le gustó que el niño de los peces quisiera arrimársele.

—¿Cómo te llamas?

—Pedrito, para servirle.

—¿Pedrito qué?

—Pues Pedrito Martínez Tajueco.

—Muy bien. ¿Y eres de aquí?

—No, señor, soy de Pedraza, pero allí. ¡ya lo ve usted!, padre estaba de más.[13]

—¡Ah! ¿Y qué es tu padre?

—Consumero, padre es consumero,[14] de los del pincho.

---

[1] **terraplenes** embarkments; **proa** bow; **regato** rivulet; **cochambre** filth; **arrabal** outskirts. [2] **andan a ranas** looking for frogs. [3] **buche** craw; **macuto** knapsack. [4] **fotingo** poor looking car. [5] **chovas** crows. [6] **borceguíes** half-boots. [7] **pitorro** top end; **canija** sickly. [8] **toca . . . ojén** imitate with the horn the seven notes of the song, *A Little Glass of Brandy*. [9] **portes económicos** low fees; **tabaque** basket; **gaseosas, oranges** soft drinks. [10] **la cuesta es mucha** the road is too steep. [11] **arrancar** starting to move. [12] **zanquilargo** long-legged; **sabihondo** know-all; **pecas** freckles. [13] **estaba de más** he was not needed. [14] **consumero** excise-officer; **pincho** wire used by the excisemen to uncover hidden merchandise.

Henri, Robert. Americano (1865–1929). *La gitana española.* The Metropolitan
Museum of Art, Arthur H. Hearn Fund, 1914.

El diablo, con su trotecillo de burro espadón,[15] pasó por debajo de la puente Castellana.

—¡Ah! ¿Y tu madre?

—Pues . . . , ¡ya ve usted!

El niño miró para el suelo y para su azafate[16] de peces. Los peces, aún vivos y con la boca abierta, tenían los ojos espantados.

—Madre no está con nosotros.

—¿Se murió?

—No, señor, se fue con un cabo de Regulares . . .[17]

El vagabundo, por curioso, se topó con la penitencia en su pecado.

—¡Vaya por Dios!

—Sí, señor, eso es lo que dice padre.

Una alta cigüeña voló camino del Parral.

—¡Qué bien vuela! ¿Verdad, Pedrito?

—Sí, señor, vuela muy bien.

Sobre Pedrito y sobre el vagabundo se quedó flotando como una[18] vaga nube de recelo. Pedrito, como era niño, no la veía. Los niños, que en algunas cosas ven doble, en otras son ciegos como topos.

—¿Va usted muy largo?

El vagabundo, que estaba dándole vueltas a la cosa, no le entendió.

—¿Qué?

—Nada, que si va usted muy largo.

—¡Ah! Pues . . . si, voy algo largo.

—¿A dónde?

—¡Psché! ¡Quién lo sabe! A dar vueltas por ahí, por los caminos y por los pueblos de dónde no me echen . . .

Pedrito se quedó pensativo.

—A mí también me gustaría andar por ahí, de un lado para otro, como hace usted.

El vagabundo le cambió la conversación. El vagabundo no quiere hacer prosélitos[19] ni tener más cofrades que los que Dios disponga. La cofradía y el proselitismo son usos prohibidos por la vieja ley de los caminos.

—Oye, Pedrito.

—Mande.

—¿Tienes hermanos?

Pedrito miró para atrás. En la orilla del río, una niña pequeña acariciaba a un can triste, de lanas con la color perdida y cansado y desilusionado mirar.

—Sí, señor, tengo una hermana pequeña; se llama Teresita.

Por la ronda de Santa Lucía retumbó otro motor.

—Pedrito, dicen que a la tercera va la vencida.[20]

—Sí, señor, eso dicen.

El coche que bajaba enfilando el puente era un coche lujoso y con mucho brillo, que llevaba una banderita en una aleta.[21]

—No lo pare usted, no nos van a hacer caso.

—Tienes razón . . .

Pedrito era un niño de ideas tristes y contagiosas, de ideas que encogían el ánimo poco a poco, como crecen los árboles y los animales. El vagabundo, a pesar de todo, hizo una seña al coche.

—¡Eh!

El coche paró, unos pasos más adelante, y dio marcha atrás. Por la ventanilla asomó una cabeza sin peinar pero de muy buenos modales.

—¿Quería usted algo?

—¡Hombre!

El vagabundo se había cortado un poco. La verdad es que nunca hubiera creído que el coche había de parar.

—Nosotros vamos a Valladolid, dando algunas vueltas; si le sirve, le llevamos. Nosotros vamos a pasar por Santa María de Nieva, por Coca, por Cuéllar, por Olmedo, por Medina del Campo, por Rueda, y por Tordesillas; si le hace avío[22] lo llevamos.

El vagabundo no sabía cómo decir que sí.

—¡Hombre, avío sí que me hace!

El señor del coche abrió la portezuela y el vagabundo se coló dentro, a la parte de atrás; delante iban el señor del coche y una mujer bien vestida y muy perfumada que, seguramente, era la suya. El señor del

---

[15] **trotecillo . . . espadón** trotting like a castrated donkey. [16] **azafate** tray. [17] **regulares** army unit stationed in Spanish Morocco. [18] **como una** something like; **topos** moles. [19] **prosélitos** followers; **cofrades** confrères. [20] **a la . . . vencida** you succeed at the third attempt. [21] **aleta** fender. [22] **si le hace avío** if it fits you.

coche era un tío con suerte, un hombre que tenía un coche lucido, una mujer muy aparente y una pelambrera revuelta. A lo mejor, el señor del coche era también propietario de una finca, y de un barco, y de un aeroplano.

—¿Es suyo el niño?

—No, señor, yo no soy propietario de nada.

El coche arrancó y Pedrito, saliéndose de la puente, le dijo adiós al vagabundo. No tenía la cara triste, Pedrito.

—Adiós, Pedrito.

Pedrito estuvo diciendo adiós hasta que el vagabundo lo perdió de vista.

—Oiga, usted, esa banderita, ¿de qué país es? ¿De Francia?

—No; ése es el gallardete[23] del Touring Club de Genève.

—¡Ah, ya!

Santa María de Nieva es un pueblo joven como un pimpollo. En Castilla, a los pueblos que aun no cumplieron los seiscientos años, se les llama jóvenes, jóvenes como pimpollos. Santa María de Nieva nació de un milagro y prosperó a fuerza de privilegios. A fines del siglo XIV, a un pastor de Nieva, pueblo que queda enfrente, se le apareció la Virgen; en torno al lugar del suceso se erigió un santuario, y, alrededor del santuario, se fue agrupando el caserío. Catalina de Lancáster, reina de Castilla y esposa del doliente Enrique III, con el que se casó a los catorce años llevándole cuatro a él, protegió al pueblo recién nacido, que pronto llegó a crecer.

—¿Nos paramos?

—Como guste, usted manda.

El dueño del automóvil le dijo unas palabritas a su señora—palabritas que el vagabundo no cogió, quién sabe si por discretas y susurrantes o por extrañas y poco cristianas—y cruzó el pueblo sin meter el freno.

En Coca sí se para el amo del coche y, con él, su señora y el vagabundo. Coca está a una legua cumplida de Nava de la Asunción y a poco del abrazo que se dan las aguas del Eresma y del Voltoya. Coca es pueblo de cuesta[24] y buenas aguas, bosques de pino y frescas alamedas. Coca es villa de muy antiguo origen; según los libros, siglo y medio antes de Jesucristo, ya estaban sus hombres organizados militarmente para pelear, con

denuedo, contra los romanos. Coca fue tomada a los moros por Alfonso el *Bravo*. Don Gonzalo, el arzobispo de Toledo, dio una lista de las ciudades ganadas por el rey a los sarracenos, en unos versos latinos que el vagabundo se imagina fundidos en bronce y presentados en bandeja de mármol.

Coca fue plaza murada en la Edad Media y de su pasado esplendor aún se guardan remotos vestigios. El castillo de Coca—hoy convertido en silo y en escuela agropecuaria por el Estado—se ve desde muy lejos, se llegue el visitante por el camino que se llegue. El castillo de Coca es fortaleza terrera,[25] de fábrica de ladrillo, con foso, cuatro torres ochavadas, airosa arquería de matacanes, almenas y adarves decorados con primor, y recia torre del homenaje. El castillo de Coca tomó el partido de Isabel, en su lucha contra la Beltraneja.[26]

El amo del coche, que es hombre acostumbrado a medir de prisa, que es hombre que encuentra lo más natural del mundo llegarse hasta Coca, desde las puertas de Segovia, en una hora y muy poquito más, pronto se impacientó.

—¿Nos vamos?

Al vagabundo no le cabía en la cabeza que aquel señor fuera tan azogue.[27]

—Pero, ¿y la gente?

—¿Qué gente?

—Hombre, pues esa gente que anda por ahí...

El dueño del automóvil hizo un gesto muy raro.

—¡Ah, la gente! Sí, sí, déjala, no se moleste; no necesito nada, muchas gracias.

—Bueno.

El vagabundo volvió al coche; a veces, lo mejor es dejarse llevar.

De Coca a Cuéllar se pasa por Fuente el Olmo de Iscar, por Fresnada de Cuéllar, por Chañe y por Arroyo de Cuéllar. El vagabundo, a quien remuerde un poco la conciencia por ir tan de prisa, se echa a dormir para no darse cuenta.

A la hora de merendar, el amo del coche despertó al vagabundo. El coche estaba parado en la plaza de Cuéllar, delante de un café de regular ver.[28]

—¡Eh, arriba! ¿Se quedó usted dormido?

El vagabundo, al principio, se azaró un tanto.[29]

—No, no, me había quedado algo traspuesto,[30] de eso no pasó...

El amo ofreció un pitillo al vagabundo.

—Gracias, usted dispense; de eso no fumo, me da tos.

El amo del coche se llevó el pitillo a la boca sin insistir.

—Bueno, vamos a merendar. ¿Nos acompaña usted?

—Hombre . . .

El vagabundo se imaginó ver algo raro volándole por los instintos del vientre y cortó[31] al amo del coche el ademán de dejarlo solo en la plaza; a lo mejor, el amo del coche no lo hubiera hecho, pero hubo un instante en que el vagabundo se lo pensó así.

—Sí, sí ¡ya lo creo! Yo tengo mucha costumbre de merendar. A mí, ¿sabe usted?, cuando se me presenta la ocasión, jamás la desperdicio.

El vagabundo en el café de Cuéllar, merendó como un potentado: jamón, chorizo, salchichón, cerveza de botella y pan. El amo del coche y su señora, tampoco se quedaron atrás.[32]

—¿Nos acercamos al castillo, a echarle una ojeada?

—Bueno, pero sólo por fuera, ¿eh?

—¿Y por dentro por qué no?

—No, por nada . . . Dentro tiene poco que ver.

El castillo de Cuéllar es más sobrio, menos elegante y dibujado que el castillo de Coca, más militar, más misterioso y peleador, quizás; por lo menos, en su apariencia. De grandiosos, por ahí se andan[33] los dos. El castillo de Cuéllar corona el cerro sobre el que se levanta el pueblo, y desde él se ven, con buena vista y cielo limpio, las torres de Segovia, a naciente,[34] y las de Olmedo, a poniente. El castillo de Cuéllar es fortaleza roquera,[35] con planta cuadrilonga, de fábrica de mampostería y flanqueado por cubos que parecen cada cual de su padre y su madre,[36] con arco árabe defendido por dos garitas y sólida torre cuadrada. El castillo de Cuéllar levantó pendones por[37] la Beltraneja, en su guerra contra Isabel.

El amo del coche era hombre discreto y se conformó con ver el castillo por fuera. También pudiera ser que lo que el vagabundo tomó por discreción no fuera otra cosa que falta de interés.

—¿Seguimos?

—Bueno.

Sentada frente al castillo y con la mirada fija en sus duras piedras, una mujer aún joven, con un niño mamujón[38] a los pechos, cría, tras la mirada dolorosa, un amargor que no puede ocultar. El vagabundo, al verla, discurre si no pesará un sino trágico sobre los habitantes del castillo de Cuéllar, los hombres que siempre pierden.

En Cuéllar aún quedan restos de las viejas murallas, desmanteladas ya y sin grandeza.

—¿Seguimos?

Ahora fue el vagabundo quien habló.

—Sí, cuando usted quiera.

El vagabundo, triste sin saber por qué, no abrió los ojos hasta las cuatro leguas, en Iscar, ya en tierra de Valladolid.

—¿Se durmió usted otra vez?

—No, no, señor; iba pensando.

—¡Ah!

Iscar es pueblo de pinar y despoblado, con castillo en ruinas, pastos cuando los hay, y yeseras y carboneras[39] de poca vida.

Olmedo, la llave de Castilla, entre los olmos que verdean las márgenes del Eresma y del Adaja, fue escenario de los amores adúlteros del rey don Pedro con doña María de Padrilla, de cuya unión vino al mundo

[23] **gallardete** pennant. [24] **de cuesta** in a hill. [25] **terrera** steep ground; **de fábrica** built of; **foso** moat; **ochavada** octagonal; **arquería . . . homenaje** series of machicolations, merlons and defences; beautifully decorated, and a strong main tower. [26] **Beltraneja** According to the gossip of the time this lady was the daughter of Queen Juana de Portugal but not of Enrique IV, her husband, King of Castille. Beltraneja's party was defeated and thus Isabela became Queen of Castile. [27] **tan azogue** so restless. [28] **de regular ver** nice looking. [29] **se . . . tanto** was a little embarrassed. [30] **traspuesto** sleepy. [31] **cortó el ademán** stopped the gesture. [32] **tampoco se quedaron atrás** neither were they little eaters. [33] **por ahí se andan** there is not much difference. [34] **a naciente** to the east. [35] **roquera** rocky; **cuadrilonga** four sided; **mampostería** rubble work; **flanqueado** side-protected. [36] **de su padre y su madre** very strong. [37] **levantó pendones por** favored. [38] **mamujón** sucking; **cría un amargor** breeds a bitterness. [39] **yeseras y carboneras** gypsum-kilns and charcoal pits.

doña Constanza, duquesa de Lancáster por su matrimonio.[40]

A una legua de Olmedo, en lo que fue convento de jerónimos de la Mejorada, aún se estremecen los aires con el difícil asilo que los monjes pudieron darle a don Miguel Ruiz de la Fuente, cuando se acogió a sagrado[41] allá por el primer cuarto del XVI, con las manos aún manchadas en la sangre fresca de don Juan de Vivero, «la gala de Medina, la flor de Olmedo»,[42] que murió a hierro en la costanilla[43] que, desde entonces, se llama del Caballero.

De Olmedo a Medina del Campo, en terreno de llanura, no se topan más casas que las de Pozal de Gallinas, que ya ni se sabe lo que se hizo del despoblado de Pedro Miguel.

El castillo de la Mota, ya en Medina, ha sido reconstruido hace poco. El vagabundo no entiende mucho de arquitecturas pero piensa, porque se lo dicta el sentido común, que en estas cosas, aunque no se acierte del todo, bastante se hace ya con evitar que se sigan derrumbando, poco a poco. El castillo de la Mota es también de ladrillo, como el de Coca, e incluso, mirándolo bien, algo parecido. El castillo de la Mota, además de sus muchos recuerdos de la reina Isabel, guarda memoria de la locura de doña Juana,[44] que no quería salir de la cocina, y de la prisión y la fuga de César Borgia, que se descolgó con una cuerda desde las almenas y llegó a caballo hasta los términos del rey de Navarra.

Ya en Medina del Campo, y antes de dar dos vueltas, el amo del coche volvió a sus impaciencias.

—¿Nos vamos?

El vagabundo buscó un arranque.[45]

—No, mire; un servidor, si usted se lo permite, prefiere quedarse. Uno, ¿sabe usted?, no tiene prisa, lo que se dice prisa, y además, ¿qué quiere usted?, a uno no le gusta viajar de noche.

—¿Y no quiere usted que le llevemos a Valladolid?

—Pues, no, muchas gracias. ¿Para qué?

—No, para nada, pero es que me había parecido entenderle que iba usted a Valladolid.

—Pues . . . ¡La verdad es que no sé qué decirle! A Valladolid, si voy; pero ya llegaré . . .

—Bueno, bueno.

El amo del coche se echó mano[46] al bolsillo y entregó tres duros al vagabundo.

—¡Hombre, no se moleste!

—No es molestia. ¿Los quiere?

—Sí, sí.

El amo del coche puso el motor en marcha.

—Bueno. Pues adiós y suerte. Y muchas gracias por su compañía.

—¡Hombre, eso a usted! Por su compañía, por su transporte y por sus tres duros.

El amo del coche sonrió, y su señora también.

—Adiós.

El vagabundo se destocó,[47] para despedir cumplidamente al amo del coche y a su señora.

—Adiós, sigan bien.

El coche se puso en marcha y un niño bizco que se entretenía en sobar[48] el gallardete del Touring Club de Genève, tuvo que soltarlo.

Carmen Laforet (1921–   )

Aunque nacida en Barcelona, pasó su infancia y primera juventud en las Islas Canarias. Volvió a la Península para sus estudios universitarios. En 1946 publicó su primera novela, *Nada*, con la que ganó el premio Nadal, que se concedía aquel año por primera vez. Aunque no ha sido una escritora muy fecunda, ha publicado en 1952 *La isla y los demonios* y *La mujer nueva* (1955) con la que ganó el Premio Menorca y el Nacional de Literatura. Ha publicado además *La llamada*, colección de novelas cortas, cuentos y una trilogía bajo el título de *Tres pasos fuera del tiempo*.

Carmen Laforet, como Cela dos años antes, causó una gran conmoción en las letras españolas con *Nada*. El hecho de su juventud y de ser mujer produjeron en la pobreza novelística de la postguerra civil una sorpresa que fue parte del enorme éxito conseguido por libro. La autora es fundamentalmente una escritora realista, y su estilo no ha traído ninguna novedad estilística a la ficción. Pero en *Nada* se presentó al público español con una gran franqueza, dando a conocer, con sinceridad y candor, la miseria íntima de una familia burguesa. Aquella honradez narrativa, en la que se mezclaba a la objetividad del relato una delicada y sutil ternura femenina, conquistaron una justa popularidad para la autora. Quizás una de las cualidades más valiosas de aquella novela es la exposición de la secreta verdad de las familias respetables, sin disimulo, ante el pueblo español tan celoso y sensible a las apariencias de la respetabilidad. En este sentido, *Nada* tiene un indudable valor sociológico. La autora se ha ido orientando más y más en la dirección de la narrativa ideológica. El cuento «El aguinaldo» es una muestra de esta tendencia.

EL AGUINALDO[1]

El día de Navidad casi no amaneció sobre aquella ciudad pequeñita, fría, completamente aplastada por un cielo gris. A las diez de la mañana, en casa del doctor López-Gay se veía brillar la luz eléctrica de los cristales de algunas ventanas.

La casa del doctor era un chalet[2] muy bonito, con un gran jardín, donde solían jugar dos o tres niños rubios. Aquellos días de Navidad la casa se llenaba de huéspedes. Venían de un pueblo cercano el padre y las hermanas del doctor, y desde Madrid la madre y el hermano de la señora del doctor. Un hermano muy jovial que hacía chistes con las solteronas López-Gay, y una madre demasiado joven y elegante para ser ya la abuela de aquellos niños juguetones, y que causaba cierta sensación en la ciudad.

Este año no había venido el joven chistoso, y las señoritas López-Gay lo echaron mucho de menos durante la cena celebrada después de la misa del gallo y que había sido espléndida, como siempre. Había venido sola Isabel; la madre, esbelta y elegante, que aún lo parecía más en contraste con su hija Margarita, próxima a traer al mundo un nuevo retoño . . .[3] Y que —todo hay que decirlo— era un poco despectiva con sus parientes políticos.[4]

A las diez y media, el chófer del doctor llegó con el automóvil frente a la verja. Era uno de los pocos chóferes uniformados que existían en la ciudad, y contribuía en mucho al prestigio de hombre adinerado de que gozaba López-Gay.

El chófer atravesó el jardín, húmedo y triste aquel día, y rodeó la casa para entrar por la cocina. Le dio un vaho cálido en la cara cuando empujó la puerta de la cocina desde el pequeño vestíbulo, y se encontró el espectáculo que esperaba: una cocinera atareada[5] ya, con la cara encendida por el calor de la lumbre, y una ayudanta, llegada para la ocasión, completamente aturdida por las órdenes de la otra.

—¿Ya estás aquí? . . . Mariquilla, di que avisen a la señora de Madrid que ya está el chófer para ir al hospital.

—¿A la señora de Madrid? ¿No va doña Margarita a repartir los aguinaldos?

—No, hijo. Con eso del estado interesante,[6] dice que no puede soportar ir a esa sala del doctor . . . Lo estuvieron discutiendo ayer mismo, y doña Isabel se

[40] King don Pedro of Castille (1334–1369) was married to Blanca of Borbon. His Mistress María de Padilla bore him two daughters, Constanza and Isabel. They married two sons of the King of England, the Duke of York and the Duke of Lancaster.   [41] **se acogió a sagrado** entered a religious asylum.   [42] see Lope de Vega's *El caballero de Olmedo*.   [43] **costanilla** steep street.   [44] **doña Juana** Queen doña Juana, daughter of Queen Isabela, married Philip the Fair. Juana lost her mind and was confined to several castles. César Borgia, (1476–1507) son of Pope Alexander VI was involved in many political and military quarrels. [45] **buscó un arranque** was looking for one excuse; **un servidor** I (old way of saying I am at your service).   [46] **se echó mano al** reached for.   [47] **se destocó** pulled off his cap.   [48] **sobar** to paw.

[1] **aguinaldo** Christmas and New Year's gifts. [2] **chalet** cottage.   [3] **nuevo retoño** new sprout (child). [4] **parientes políticos** in-laws.   [5] **atareada** busy; **lumbre** kitchen fire; **aturdida** confused.   [6] **estado interesante** pregnancy.

ofreció . . . Yo creo que a don Julio no le hizo gracia, porque ya se sabe lo mucho que se criticó en esta casa el año pasado a la mujer del doctor Pinto, que mandó una criada con los dulces a la sala de su marido . . . Pero, mira, ha tenido que tragárselo el pobre don Julio, como se traga tantas cosas . . . La señora de Madrid ha dicho que era un crimen obligar a su hija a ver esos espectáculos estando como está, y además ha dicho que eso de las costumbres provincianas de hacer todos lo mismo siempre, y en el mismo día, era una verdadera bobada, que los dulces se podían mandar con un criado a la sala de las tontas,[7] porque a las tontas lo mismo les daba, y, en cambio, su hija Margarita se sentía enferma sólo de pensar en verlas a ellas . . . Y después de decir todo esto, como don Julio se puso colorado como un tomate y dijo que estaba en juego su prestigio, doña Isabel dijo que si el prestigio de su yerno[8] dependía de una tontería tan grande, iría ella misma . . . Y va. De modo que es a ella a quien llevas . . . Y, por más señas, ya te puedes ir hacia el «auto», porque esa señora todo lo hace de prisa, y a lo mejor llega antes que tú y te tiene que abrir ella la portezuela.

—No estaría malo, mujer . . . Vaya, adiós . . .

El chófer todavía se reía al recordar las expresiones y la charla de la cocinera cuando abrió la portezuela del «auto» para que subiese Isabel.

La cocinera había subrayado mucho los acentos de la conversación y los gestos de los labios para explicar cómo la «señora de Madrid» y el yerno «estaban de punta».[9]

Juana, la doncella, entregó un gran paquete al chófer y él lo colocó en el asiento delantero, junto al volante. «Los dulces», pensó . . . Y echó una ojeada a la señora. A él también le asombraba que aquella mujer fuese una abuela . . . Era muy guapa, y casi joven. Tenía los ojos claros y la boca muy bonita . . . Pero, sobre todo, sus piernas esbeltas eran las de una muchacha, y su estatura, y su manera de caminar . . . Había algo en ella más joven que en su misma hija cuando uno no se fijaba demasiado en su cutis.[10]

El chófer apenas pudo verla ahora, enfundada[11] en un abrigo de piel, con un sombrerito muy sencillo, mirando hacia la ventanilla. Aquella luz del día no le favorecía; su cara parecía más dura y triste que de costumbre.

—¿Ya sabe adónde vamos?

—Sí, señora.

Isabel estaba pasando un ataque de melancolía. De un tiempo a aquella parte encontraba la vida sin sentido, y estos ataques se repetían con cierta frecuencia.

«Tiene que ser algo físico —pensaba—. No es posible que un estado de ánimo le coja a una por la garganta como una mano, y la doble así, hacia el suelo . . . Tengo que ir a un médico . . . Pero ¿qué voy a explicarle? . . . ¿A un psicoanalista quizá? . . .»

La boca de Isabel se curvó en una sonrisa burlona. Suspiró.

«Tengo años y nada más que años . . . La vida me ha dado todo lo que tenía que darme ya, y cuando miro hacia atrás la encuentro un poco vacía . . . Nada de lo que he hecho hasta ahora me convence . . . Nada me ha llenado del todo. Los enamoramientos se pasan. Los hijos crecen y la decepcionan a una . . .»

Hizo un gesto. Abrió su bolso. Iba a encender un pitillo,[12] pero recordó el ruego de Margarita de que se abstuviese de hacerlo en la calle, mientras estuviese allí.

—Llama mucho la atención, y vas a estar tan pocos días, que bien puedes . . .

Podía. Cerró el bolso. Frunció el ceño al recordar lo aterrada que vivía Margarita entre el qué dirán[13] de la ciudad. Margarita, a quien ella había educado para ser libre e independiente como el aire. Margarita, con su carrera universitaria, sus viajes sola al extranjero, su talento indudable de poeta . . . ¿Indudable? Margarita no había vuelto a escribir en todos aquellos años . . .

Sin embargo, Isabel se preciaba de buena crítica, y sabía que su hija tenía aquel don . . . No era apasionada. El hijo, en cambio, un zoquete. Pero ganaba dinero, y se había casado «bien». Ahora estaría celebrando las fiestas en casa de los padres de su mujer . . . , contento de liberarse de aquella costumbre de venir cada año a esta ciudad, a esta casa, y encontrarse frente a la aburrida familia política de Margarita . . .

El coche se había detenido. El chófer estaba esperando. Isabel sintió como un sobresalto al darse cuenta de lo enorme y vetusto del edificio frente al que estaban. Se dio cuenta también, con cierto asombro, de que ésta era la primera vez en su vida que iba a entrar en un hospital.

Justo, comenzaba a nevar en el momento en que ella atravesaba la acera desde el coche. Un par de copos muy leves le cayeron sobre el sombrero. «El hospital de esta ciudad es como todo en esta ciudad —pensó—: horrible.» No había allí silencio ni blancura. Paredes sucias, gentes extrañas, pobres, que bajaban y subían por las escaleras. Unos enfermeros poco amables al dar indicaciones... No es que fueran poco amables con ella, pero sí con aquellas gentes que tenían permiso para ver a sus familiares el día de Navidad.

Isabel se encontró, sin saber cómo, acogida por una monjita.

—¿La mamá de la señora Gay?... ¡Quién lo diría!... Parece usted su hermana. Venga por aquí; hay que atravesar el patio para llegar a la sala de las mujeres... Pasaremos delante de la capilla. ¿No quiere entrar a ver el Nacimiento?[14]

—Tengo un poco de prisa, hermana... ¡Qué tristes deben de ser estas fiestas en un hospital! ¿Verdad?

Isabel hablaba como para sí misma. La hermana le sonrió.

—En todas partes está el Señor... En todas partes nace Él y eso es lo importante... ¿No le parece?

—Sí... Es claro...

Isabel balbucía, muy poco convencida. Realmente, se había olvidado por completo del sentido religioso de las fiestas al hacer el comentario. Pensaba solamente en las reuniones familiares, un poco pesadas a veces, pero, sin embargo, alegres e insustituibles, de estos días... Y estaba atravesando unas salas grandes, tristísimas, llenas de camas en fila, en su peregrinaje detrás de la hermana. Un mundo de dolor descarado,[15] abierto, aparecía en las sonrisas de los enfermos que tenían visita, en la seriedad exhausta de los que estaban solos... Y aquella pobreza terrible que exhibían en sus ropas de dormir... Isabel había creído siempre que el Estado daba blancos camisones a todos los enfermos; había creído siempre que el «Estado» era más rico, y que todo aquello, «hospitales y cosas así», estaban muy bien, y que no hacía falta esa manía de las visitas de caridad a los acogidos.

El olor a desinfectantes mareaba. Isabel se sentía mareada. Había tomado de manos del chófer el gran paquetón de dulces.

—También me han dado estos libros, señora.

—Ah, sí... —Isabel se dirigió a la monja—, Deben de ser para una enferma de otra sala... Una tal Manuela Ruiz... Me ha encargado mucho mi yerno este aguinaldo... Son las obras de San Juan de la Cruz...

—¡Vamos!... ¡Qué delicadeza tiene el doctor con nuestra Manuela!... Verdad que es una verdadera santa y que como está en esta sala —porque está en la sala de las tontas—, nadie se para a hablar con ella. Pero el doctor dice que es una mujer de talento, y ha hecho que se interese por ella nuestro capellán, y una señorita de las que visitan a nuestros pobres también viene ahora de cuando en cuando y le lee cosas... La pobrecilla disfruta mucho. Y, mire usted, lo que más le gusta es San Juan, tan difícil que es... Yo misma le confieso que no puedo leerlo... Por eso el doctor le ha mandado estos libros... Entrégueselos usted misma. Siempre se acuerda de los que la visitan y reza por ellos.

Isabel estaba interesada por aquella enferma tan intelectual. «La soledad sonora», «La música callada»..., recordó. ¿Cómo se podrán saborear esas cosas entre estos muros, Dios mío?

De pronto, Isabel se encontró en un mundo aparte. En un lugar de pesadilla donde, ayudada por una hermana, tuvo que repartir dulces a los imbéciles. Comprendía que su hija no tuviese fuerzas para estar allí ni un minuto. Las tontas reían, lloraban, se disputaban los caramelos. Casi todas tenían alguna deformidad. No había ninguna en la cama.

—¿Quién es Manuela Ruiz, hermana?

[7] **tontos** mentally retarded. [8] **yerno** son-in-law. [9] **estaban de punta** were on bad terms. [10] **cutis** skin. [11] **enfundada** wrapped. [12] **pitillo** cigarette. [13] **el qué dirán** gossips. [14] **Nacimiento** Nativity scene (the crib). [15] **dolor descarado** impudent suffering.

—Venga conmigo.

Junto a una ventana, en un sillón, estaba una especie de guiñapo[16] que era Manuela Ruiz. La cabeza sujeta a un madero para que no se le cayese hacia delante. Completamente paralítica, deformada. Una horrible cicatriz de la boca a la barbilla era el canal por donde años y años se le deslizaba la baba,[17] sin que ella pudiese limpiarla . . . Un espanto[18] tan grande, que las manos de Isabel temblaban al enseñarle los libros que le traía.

—Vengo de parte del doctor López-Gay —dijo gritando, porque estaba segura de que aquella criatura era sorda también.

—No se esfuerce; oye perfectamente —aclaró la hermana—. La dejo con ella unos minutos mientras voy a poner paz a aquel grupo que riñe por los caramelos.

Isabel no se atrevió a huir, y se encontró sentada en una silla junto a aquella pobre humanidad. Le parecía que estaba soñando un mal sueño.

—Váyase, señora. Usted no está acostumbrada . . .

Era Manuela la que hablaba. Muy despacio, pero clara y distintamente. Decía las cosas con fatiga y suavidad. Y, de pronto, Isabel vio una cosa asombrosa. Vio unos enormes ojos negros, limpios y brillantes, que la miraban con compasión . . . Isabel no había sentido jamás sobre ella una mirada compasiva . . . Y la verdad era que pensaba que tampoco podría soportarla si algún día llegaba. Hoy era ese día. Aquel pobre ser sufriente le tenía pena, porque le notaba[19] el espanto y la repugnancia en la cara. Isabel enrojeció. Se rehizo.

—No, por Dios . . . Tengo mucho gusto en hablar con usted unos minutos . . . ¿De modo que le gusta la poesía de San Juan de la Cruz? . . . ¿Se dedicaba usted a algo intelectual antes . . . , antes de venir aquí? . . .

Los ojos inteligentes miraban como tratando de entender.

—Antes de venir aquí . . . Hace tantos años eso . . . Llevo aquí cuarenta años . . . Antes de venir aquí yo era una muchacha de pueblo . . . Llevaba camino de casarme . . .

«Cuarenta años —pensaba Isabel—. ¡Cuarenta años! . . . » Tuvo ganas de gritar aquello . . . ¡Cuarenta años muriéndose y sin morirse! . . . Cuarenta Navidades allí . . .

—¿Ya no queda ningún pariente que la venga a ver en Navidad?

De nuevo una sonrisa en los ojos.

—No, señora.

«Cuarenta años —pensaba Isabel— es casi toda mi vida. Esa vida en la que yo he estudiado, he ido a los bailes, me he enamorado, he hecho viajes deliciosos, me he casado, he tenido dos hijos fuertes, guapos, me he quedado viuda, he llegado a tener un círculo de amistades encantadoras y he distraído mi soledad con mil cosas agradables que proporcionan la cultura y el dinero . . . Todos los años hago un viaje a París, unas veces a comprarme libros, otras, las más, a comprarme sombreros, aunque siempre acabo comprando las dos cosas . . . Tengo nietos . . . »

Era un recuento febril,[20] un recuento rápido y desordenado el que hacía Isabel de su vida junto al sillón de la paralítica. Y se le antojaba ahora una vida asombrosa, aunque hacía un rato aún la había considerado vacía, sin objeto . . . Y, sin embargo, a pesar de ser una vida maravillosa, algo sin objeto sí que era. Algo faltaba en ella aún. No sabía qué.

—¿Y ha sido durante esta enfermedad tan larga cuando usted ha empezado a aficionarse a leer?

—No, señora . . . Yo no sé leer . . . Ni podría, aunque quisiera, así como estoy . . .

—¿Entonces?

—A veces me leen . . . Estos dos últimos años algunas personas muy buenas vienen y me leen. El doctor lo ha visto y por eso me manda ese libro. ¡Todo lo que dicen esos libros es tan verdadero! . . . Durante estos años Dios se ha acercado a mí tanto, que puedo entenderlo . . . Sin ningún trabajo de mi parte, el Señor me ha ido dejando vacía y sola del todo para que fuese para Él . . . Durante mucho tiempo yo no entendía . . . Sufría, le pedía a Dios mi curación . . . Luego empecé a comprender cómo podía yo aceptar este sufrimiento, esta soledad, y entonces todo fue tan hermoso . . . Dios acepta mi sufrimiento ofrecido; yo puedo rogarle así por los pecadores, por los enfermos que aún no comprenden, por todos . . . ¡Es tan hermoso! . . . Comprender que Cristo nació para enseñarnos un camino . . . ¡Es tan hermoso! . . . Todos los días doy gracias a Dios que me ha elegido para Él . . . Cuando me leen esos libros de San Juan tengo ganas de llorar muchas veces, porque dicen cosas que poco a poco yo he ido pensando . . .

La hermanita encontró a Isabel inclinada hacia Manuela, escuchando con una atención que casi le hacía abrir la boca las palabras de la enferma; aquellas palabras que salían tan despacio, tan roncas y, sin embargo, claras.

Isabel se estaba olvidando del aspecto de aquella cabeza sufriente, del olor nauseabundo de sudor y desinfectantes que le hacía ponerse enferma. Oía lo único que no esperaba haber oído nunca en el hospital: un canto a la vida. No a la vida hermosa, lejana, añorada, sino a la vida vivida con toda su angustia, dolor y abandono, minuto a minuto, durante cuarenta años.

—¡Ha sido tan hermoso! . . .

La mujer explicaba su milagro. Su diálogo con Dios en el terrible abandono de aquella sala. Aquella vida divina, que había sensibilizado a la muchacha analfabeta[21] y campesina, hasta hacerla gustar en «su verdad» al difícil, maravilloso, místico castellano.

Isabel creía un rato antes que la vida no tenía nada que enseñarle ya; y ahora estaba aprendiendo . . . Siempre había tenido un gran interés por aprender, por captar cosas . . . Por eso estaba inclinada hacia la paralítica como bebiendo sus palabras.

—No hables más, Manuela, hija —dijo la monja.

—Tiene sufrimientos horribles —explicó luego a Isabel—, pero es una santita . . . Edifica estar un poco junto a ella, ¿no cree? . . . Su yerno se sienta muchas veces a su lado. Dice que se siente mucho más bueno . . . Dice que es una verdadera santa y que los santos siempre hacen pequeños milagros a los que se acercan a ellos. Es un hombre extraordinario el doctor López-Gay. Estará muy orgullosa de que sea su yerno, ¿verdad?

Isabel estaba conmovida. Ya no veía la miseria del hospital, atenta a sus propias sensaciones. La idea de su yerno —a quien siempre había creído un hombre vulgar— sentándose junto a aquella mujer, escuchándola, preocupándose de su aguinaldo de Navidad no por tonterías del qué dirán provinciano, sino por un impulso de su espíritu, esa idea la reconciliaba con Julio, le hacía ver en él algo muy distinto, quizá aquella persona que pudo enamorar a Margarita hasta el punto de casarse y enterrarse en aquel pequeño y aburrido lugar del mundo.

Estaba nevando. El automóvil iba despacio por las calles entre la nieve. Era un verdadero día de Navidad. El chalé de López-Gay parecía encantado bajo aquella capa de blancura.

Isabel encontró a la familia reunida en la sala grande, junto al «Nacimiento». Estaban los pequeños, Margarita, las cuñadas y el suegro, todos.

—¿Ha vuelto ya del hospital, Isabel?

Lo preguntaba Julio, que, subido en una silla, tenía aires[22] de chico travieso arreglando las figuras de unos pastores en el risco más alto.

—Sí, querido Julio . . . Me ha gustado mucho.

—¡No me digas, mamá!

Margarita le ayudaba a quitarse el abrigo y sonreía absorta mirando la cara de su madre.

—Aunque, realmente, tienes un aspecto radiante . . . ¡Eres extraordinaria! Vas a llevar un aguinaldo y vuelves con cara de haber encontrado la piedra filosofal . . . ¿No es verdad, Julio?

—Así es —dijo Julio seriamente, mirando a su suegra—. ¿De modo que le ha gustado?

¡Qué cordial la voz de Julio! De nuevo se conmovió Isabel.

—Sí; creo que, en verdad, he encontrado la piedra filosofal . . . Tengo que pensar ahora en ella para que no se me pierda . . . No creáis que es broma . . .

Isabel habló jovialmente, ligeramente, mientras se acercaba al fuego encendido y se calentaba las manos. Ni su hija ni los demás le prestaban mucha atención, pero ella sabía que su yerno sí; su yerno la estaba escuchando. Su yerno, que en aquel momento se acercaba y atizaba la lumbre . . .

—Me gustaría hablar algún día contigo, Julio.

—Para eso nos reunimos en estas fiestas, madre, para hablar de todo, para entendernos . . . —hizo una pausa—. Estoy seguro de que ha hablado con Manuela, ¿no es verdad?

---

[16] **guiñapo** rag. [17] **baba** spittle. [18] **espanto** horror. [19] **le notaba** she was noticing. [20] **recuento febril** feverish inventory. [21] **analfabeta** illiterate. [22] **tenía aires** looked like; **risco** steep rock.

Isabel asintió en silencio. Como unas horas antes la melancolía, ahora una cálida dicha la llenó en aquella sala confortable, entre aquellas personas dignas de ser queridas... Porque, por primera vez, quería ella a estos parientes políticos. Era realmente un pequeño milagro el que experimentaba en su espíritu. Hubiera querido recordar las palabras de Manuela para saber si podían tener tanto alcance como para bendecir su propia vida. Pero no eran las palabras, sino quien y como las decía. No sabía lo que le pasaba... Sí, tendría que hablar con Julio, con Margarita, con todos. Quizá con Manuela otra vez... Quizá sólo un poco con Dios, como la pobre Manuela había hecho tantos años para aprender a vivir su vida.

—¡Qué fantástica nevada navideña!

Eso fue lo que dijo en alta voz al levantar los ojos desde el fuego. Y todos miraron hacia la ventana por donde se veían las blancas maravillas de la nieve.

Miguel Delibes (1920—   )

Vallisoletano, profesor de Derecho Mercantil, y director de un periódico provincial. En 1948 alcanzó el premio Nadal con su novela *La sombra del ciprés es alargada*. Las novelas de Delibes presentan el mundo humilde, y a veces miserable, de los pobres y de los trabajadores. Aunque diferente de Cela, sus narraciones, como las de aquél, descubren las realidades de la sociedad española. Su estilo es sobrio, sencillo y eficaz. En él se mezclan armoniosamente una suave ironía con la más sincera y espontánea simpatía por sus personajes. Delibes es gran narrador y siente el placer humilde de describir las andanzas de las gentes para las que la vida es un dolor. Sus personajes son profundamente humanos y en general producen un viva sintonía por parte del lector. Entre sus varios libros conviene destacar *El camino* (1950), en el que se cuenta la vida y aventuras de tres niños en un estilo conmovedor y palpitante. *Diario de un cazador* (1954) es quizás el libro más en armonía con la tendencia humorístico-realista del autor. En él Delibes presenta un espléndido ejemplar de hombre español, amigo de hablar, de no hacer nada, y cuya afición a la caza condiciona su vida toda. La novela tiene un auténtico sabor y ambiente populares. Escrita en el estilo del realismo español tradicional, está por encima de él, porque el autor ni predica, ni critica, ni se hace moralizador. El simpático protagonista, cazador incansable, fascina al lector, pero no le engaña con su aparente sinceridad, que en el fondo oculta una tremenda trampa. Es un vago que busca trabajar lo menos posible. En 1962 publicó otra novela, no muy larga, *Las ratas*. Sin duda es su novela más dura y deprimente. La miseria y la brutalidad de un feo pueblo aldeano aplasta y ahoga al lector. Con todo, el escritor ha logrado comunicar un aliento de compasiva ternura hacia esas podres gentes castellanas, que llevan cientos de años viviendo en la más desoladora abyección y miseria.

EN UNA NOCHE ASÍ

Yo no sé qué puede hacer un hombre recién salido de la cárcel en una fría noche de Navidad y con dos duros en el bolsillo. Casi lo mejor si, como en mi caso, se encuentra solo es ponerse a[1] silbar una banal canción infantil y sentarse al relente del parque[2] a observar cómo pasa la gente y los preparativos de la felicidad de la gente. Porque lo peor no es el estar solo, ni el hiriente frío de la Nochebuena, ni el terminar de salir de la cárcel, sino el encontrarse uno a los treinta años con el hombro izquierdo molido por el reuma, el hígado trastornado, la boca sin una pieza y hecho una dolorosa y total porquería. Y también es mala la soledad y la conciencia de la felicidad aleteando en torno,[3] pero sin decidirse a entrar en uno. Todo eso es malo, como es malo el sentimiento de todo ello y como es absurda y torpe la pretensión de reformarse uno de cabo a rabo en una noche como ésta, con el hombro izquierdo molido por el reuma y con un par de duros[4] en el bolsillo.

La noche está fría, cargada de nubes grises, abultadas y uniformes, que amenaza nieve. Es decir, puede nevar o no nevar, pero el que nieve o no nieve no remediará mi reuma, ni mi boca desdentada, ni el horroroso vacío de mi estómago. Por eso fui a donde había música y me encontré a un hombre con la cara envuelta en una hermosa bufanda,[5] pero con un traje raído,[6] cayéndosele a pedazos. Estaba sentado en la acera, ante un café brillantemente iluminado, y tenía entre las piernas, en el suelo, una boina negra, cargada de monedas de poco valor. Me aproximé a él y me detuve a su lado sin decir palabra, porque el hombre interpretaba en ese momento en su acordeón «El Danubio Azul» y hubiera sido un pecado interrumpirle. Además, yo tenía la sensación de que tocaba para mí y me emocionaba el que un menesteroso tocase para otro menesteroso en una noche como ésta. Y al concluir la hermosa pieza, le dije:

—¿Cómo te llamas?

Él me miró con las pupilas semiocultas bajo los párpados superiores, como un perro implorando para que no le den más puntapiés. Yo le dije de nuevo:

—¿Cómo te llamas?

Él se incorporó y me dijo:

—Llámame Nicolás.

Recogió la gorra, guardó las monedas en el bolsillo y me dijo:

—¿Te parece que vayamos andando?

Y yo sentía que nos necesitábamos el uno al otro, porque en una noche como ésta un hombre necesita de otro hombre y todos del calor de la compañía. Y le dije:

—¿Tienes familia?

Me miró sin decir nada. Yo insistí y dije:

—¿Tienes familia?

Él dijo, al fin:

—No te entiendo. Habla más claro.

Yo entendía que ya estaba lo suficientemente claro pero le dije:

—¿Estás solo?

Y él dijo:

—Ahora estoy contigo.

—¿Sabes tocar andando? —le dije yo.

—Sé —me dijo.

Y le pedí que tocara «Esta noche es Nochebuena» mientras caminábamos y los escasos transeúntes rezagados nos miraban con un poco de recelo, y yo,

mientras Nicolás tocaba, me acordaba de mi hijo muerto y de la Chelo y de dónde andaría la Chelo y de dónde andaría mi hijo muerto. Y cuando concluyó Nicolás, le dije:

—¿Quieres tocar ahora «Quisiera ser tan alto como la luna, ay, ay »?

Yo hubiera deseado que Nicolás tocase de una manera continuada, sin necesidad de que yo se lo pidiera, todas las piezas que despertaban en mí un eco lejano o un devoto recuerdo, pero Nicolás se interrumpía a cada pieza y yo había de rogarle que tocara otra cosa en su acordeón, y para pedírselo había de volver a mi recuerdo, desde mi triste realidad actual, y cada incorporación al pasado me costaba un estremecimiento y un gran dolor.

Y así, andando, salimos de los barrios céntricos y nos hallábamos —más a gusto— en pleno foco de artesanos y menestrales.[7] Y hacía tanto frío que hasta el resuello del acordeón se congelaba en el aire como un jirón de niebla blanquecina. Entonces le dije a Nicolás:

—Vamos ahí dentro. Hará menos frío.

Y entramos en una taberna destartalada,[8] sin público, con una larga mesa de tablas de pino sin cepillar[9] y unos bancos tan largos como la mesa. Hacía bueno[10] allí y Nicolás se recogió la bufanda. Vi entonces que tenía media cara sin forma, con la mandíbula inferior quebrantada y la piel arrugada y recogida en una pavorosa cicatriz. Tampoco tenía ojo en ese lado. Él me vio mirarle y me dijo:

—Me quemé.

Salió el tabernero, que era un hombre enorme con el cogote[11] recto y casi pelado y un cuello ancho, como el de un toro. Tenía las facciones abultadas y la camisa recogida por encima de los codos. Parecía uno de esos tipos envidiables que no tienen frío nunca.

—Iba a cerrar —dijo.

---

[1] **ponerse a** start to.   [2] **al relente del parque** under the night's dew.   [3] **aleteando en torno** flying around.   [4] **un par de duros** two bucks.   [5] **bufanda** scarf.   [6] **traje raído** worn out suit.   [7] **artesanos y menestrales** workmen and tradesmen.   [8] **destartalada** jumbled.   [9] **sin cepillar** unpolished.   [10] **hacía bueno** it was pleasant.   [11] **cogote** back part of the neck.

Y yo dije:

—Cierra. Estaremos mejor solos.

Él me miró y luego miró a Nicolás. Vacilaba. Yo dije:

—Cierra ya. Mi amigo hará música y beberemos. Es Nochebuena.

Dijo Nicolás:

—Tres vasos.

El hombrón, sin decir nada, trancó[12] la puerta, alineó tres vasos en el húmedo mostrador de cinc y los llenó de vino. Apuré[13] el mío y dije:

—Nicolás, toca «Mambrú[14] se fue a la guerra», ¿quieres?

El tabernero hizo un gesto patético. Nicolás se detuvo. Dijo el tabernero:

—No; tocará antes «La última noche que pasé contigo». Fue el último tango que bailé con ella.

Se le ensombreció la mirada de un modo extraño. Y mientras Nicolás tocaba, le dije:

—¿Qué?

Dijo él:

—Murió. Va para tres años.

Llenó los vasos de nuevo y bebimos, y los volvió a llenar y volvimos a beber, y los llenó otra vez y otra vez bebimos, y después, sin que yo dijera nada, Nicolás empezó a tocar «Mambrú se fue a la guerra» con mucho sentimiento. Noté que[15] me apretaba la garganta y dije:

—Mi chico cantaba esto cada día.

El tabernero llenó otra vez los vasos y dijo sorprendido:

—¿Tienes un hijo que sabe cantar?

Yo dije:

—Le tuve.

Él dijo:

—También mi mujer quería un hijo, y se me fue sin conseguirlo. Ella era una flor, ¿sabes? Yo no fui bueno con ella y se murió. ¿Por qué será que mueren siempre los mejores?

Nicolás dejó de tocar. Dijo:

—No sé de qué estáis hablando. Cuando la churrera[16] me abrasó la cara la gente bailaba «La morena de mi copla». Es de lo único que me acuerdo.

Bebió otro vaso y tanteó[17] en el acordeón «La morena de mi copla». Luego lo tocó ya formalmente.

Volvió a llenar los vasos el tabernero y se acodó en el mostrador. La humedad y el frío del cinc no parecían transmitirse a sus antebrazos desnudos. Yo le miraba a él, y miraba a Nicolás y miraba al resto del recinto despoblado y entreveía en todo ello un íntimo e inexplicable latido familiar. A Nicolás le brillaba el ojo solitario con unos fulgores extraños. El tabernero dulcificó su dura mirada y después de beber dijo:

—Entonces ella no me hacía ni fu ni fa.[18] Parecía como si las cosas no pudieran ser de otra manera, y a veces yo la quería y otras veces la maltrataba; pero nunca me parecía que fuera ella nada extraordinario. Y luego, al perderla, me dije: «Ella era una flor». Pero ya la cosa no tenía remedio y a ella la enterraron, y el hijo que quería no vino nunca. Así son las cosas.

En tanto duró su discurso, yo me bebí un par de copas; por supuesto con la mayor inocencia. Yo no buscaba en una noche como ésta la embriaguez, sino la sana y caliente alegría de Dios y un amplio y firme propósito de enmienda. Y la música que Nicolás arrancaba del acordeón estimulaba mis rectos impulsos y me empujaba a amarle a él y a amar al tabernero y a amar a mi hijo muerto y a perdonar a la Chelo su desvío. Y dije:

—Cuando el chico cayó enfermo yo le dije a la Chelo que avisara al médico y ella me dijo que un médico costaba diez duros. Y yo dije: «¿Es dinero eso?». Y ella dijo: «Yo no sé si será dinero o no, pero yo no lo tengo». Y yo dije entonces: «Yo tampoco lo tengo, pero eso no quiere decir que diez duros sean dinero».

Nicolás me taladraba con su ojo único enloquecido por el vino. Había dejado de tocar y el acordeón pendía desmayado[19] de su cuello, sobre el vientre, como algo frustrado o prematuramente muerto. El instrumento tenía mugre[20] en las orejas y en las notas y en los intersticios del fuelle; pero sonaba bien y lo demás no importaba. Y cuando Nicolás apuró otra copa, le bendije interiormente, porque se me hacía que bebía música y experiencia y disposición para la música. Le dije:

—Toca «Silencio en la noche», si no estás cansado.

Pero Nicolás no me hizo caso; quizá no me entendía. Su único ojo adquirió de pronto una expresión retrospectiva. Dijo Nicolás:

—¿Por qué he tenido yo en la vida una suerte tan

perra? Un día yo vi en el escaparate de una administración de loterías el número 21, y me dije: «Voy a comprarle; alguna vez ha de tocar el número 21». Pero en ese momento pasó un vecino y me dijo: «¿Qué miras en ese número, Nicolás? La lotería no cae en los números bajos». Y yo pensé: «Tiene razón; nunca cae la lotería en los números bajos». Y no compré el número 21 y compré el 47.234.

Nicolás se detuvo y suspiró. El tabernero miraba a Nicolás con atención concentrada. Dijo:

—¿Cayó, por casualidad, el gordo en el número 21?

A Nicolás le brillaba, como de fiebre, el ojo solitario. Se aclaró la voz con un carraspeo y dijo:

—No sé; pero en el 47.234 no me tocó ni el reintegro.[21] Fue una cochina suerte la mía.

Hubo un silencio y los tres bebimos para olvidar la negra suerte de Nicolás. Después bebimos otra copa para librarnos, en el futuro, de la suerte perra. Entre los tres iba cuajando un casi visible sentimiento de solidaridad. Bruscamente el tabernero nos volvió la espalda y buscó un nuevo frasco en la estantería. Entonces noté yo debilidad en las rodillas y dije:

—Estoy cansado; vamos a sentarnos.

Y nos sentamos Nicolás y yo en el mismo banco y el tabernero, con la mesa por medio, frente a nosotros; y, apenas sentados, el tabernero dijo:

—Yo no sé qué tenía aquella chica que las demás no tienen. Era rubia, de ojos azules y, a su tiempo, se movía bien. Era una flor. Ella me decía: «Pepe, tienes que vender la taberna y dedicarte a un oficio más bonito». Y yo le decía: «Sí, encanto». Y ella me decía: «Es posible que entonces tengamos un hijo». Y yo le decía: «Sí, encanto». Y ella decía: «Si tenemos un hijo, quiero que tenga los ojos azules como yo». Y yo le decía: «Sí, encanto». Y ella decía . . .

Balbucí yo:

—Mi chico también tenía los ojos azules y yo quería que fuese boxeador. Pero la Chelo se plantó y me dijo que si el chico era boxeador ella se iba. Y yo le dije: «Para entonces ya serás vieja; nadie te querrá». Y ella se echó a llorar. También lloraba cuando el chico se puso malito y yo, aunque no lloraba, sentía un gran dolor aquí. Y la Chelo me echaba en cara el que yo no llorase, pero yo creo que el no llorar deja el sentimiento

seco, y eso es peor. Y cuando llamamos al médico la Chelo volvió a llorar, porque no teníamos los diez duros, y yo la pregunté: «¿Es dinero eso?». El chico no tenía los ojos azules por entonces, sino pálidos y del color del agua. El médico, al verlo, frunció el morro y dijo: «Hay que operar en seguida». Y yo dije: «Opere». La Chelo me llevó a un rincón y me dijo: «¿Quién va a pagar todo esto? ¿Estás loco?». Yo me enfadé: «¿Quién ha de pagarlo? Yo mismo», dije. Y trajeron una ambulancia y aquella noche yo no me fui a echar la partida,[22] sino que me quedé junto a mi hijo, velándole. Y la Chelo lloraba silenciosamente en un rincón, sin dejarlo un momento.

Hice un alto y bebí un vaso. Fuera sonaban las campanas anunciando la misa del Gallo.[23] Tenían un tañido lejano y opaco aquella noche y Nicolás se incorporó y dijo:

—Hay nieve cerca.

Se aproximó a la ventana, abrió el cuarterón,[24] lo volvió a cerrar y me enfocó su ojo triunfante:

—Está nevando ya —dijo—. No me he equivocado.

Y permanecimos callados un rato, como si quisiéramos escuchar desde nuestro encierro el blando posarse de los copos sobre las calles y los tejados. Nicolás volvió a sentarse y el tabernero dijo, destemplado:[25]

—¡Haz música!

Nicolás ladeó la cabeza y abrió el fuelle del acordeón en abanico. Comenzó a tocar «Adiós, muchachos, compañeros de mi vida». El tabernero dijo:

—Si ella no se hubiera emperrado[26] en pasar aquel

---

[12] **trancó** barred. [13] **apuré** I gulped.
[14] **Mambrú** John Churchill, duke of Marlborough (1650–1722) as a general of the British Army participated in the Spanish War of Succession (in the Low Countries). Has become popular because of a ludicrous song in which the hero is named Mambrú. [15] **noté que** [la emoción] me. [16] **churrera** doughnut maker. [17] **tantear** tried. [18] **ni fu, ni fa** so-so. [19] **Pendía desmayado** was hanging lifeless. [20] **mugre** grime. [21] **reintegro** refund of the price of the lottery ticket. [22] **echar la partida** play a game. [23] **misa de Gallo** Christmas midnight mass. [24] **cuarterón** a window panel. [25] **destemplado** intemperately. [26] **emperrado** insisted.

día con su madre, aún estaría aquí, a mi lado. Pero así son las cosas. Nadie sabe lo que está por pasar. También, si no hubiera tabernas, el chófer estaría sereno y no hubiera ocurrido lo que ocurrió. Pero el chófer tenía que estar borracho y ella tenía que ver a su madre y los dos tenían que coincidir en la esquina precisamente, y nada más. Hay cosas que están escritas y nadie puede alterarlas.

Nicolás interrumpió la pieza. El tabernero le miró airado y dijo:

—¿Quieres tocar de una vez?

—Un momento —dijo Nicolás—. El que yo no comprara el décimo de la lotería con el número 21 aquella tarde fue sólo culpa mía y no puede hablarse de mala suerte. Ésa es la verdad. Y si la churrera me quemó es porque yo me puse debajo de la sartén. Bueno. Pero ella estaba encima y lo que ella decía es que lo mismo que me quemó pudo ella coger una pulmonía con el aire del acordeón. Bueno. Todo eso son pamplinas y ganas de embrollar[27] las cosas. Yo la dije: «Nadie ha pescado una pulmonía con el aire de un acordeón, que yo sepa». Y ella me dijo: «Nadie abrasó a otro con el aceite de freir los churros». Yo me enfadé y dije: «¡Caracoles,[28] usted a mí!». Y la churrera dijo: «También pude yo pescar una pulmonía con el aire del acordeón».

A Nicolás le brillaba el ojo como si fuese a llorar. Al tabernero parecía fastidiarle el desahogo de Nicolás.

—Toca; hoy es Nochebuena —dijo.

Nicolás sujetó entre sus dedos el instrumento. Preguntó:

—¿Qué toco?

El tabernero entornó los ojos, poseído de una acuciante y turbadora nostalgia:

—Toca de nuevo «La última noche que pasé contigo», si no te importa.

Escuchó en silencio los primeros compases, como arrobado. Luego dijo:

—Cuando bailábamos, ella me cogía a mí por la cintura en vez de ponerme la mano en el hombro. Creo que no alcanzaba a mi hombro, porque ella era pequeña, y por eso me agarraba por la cintura. Pero eso no nos perjudicaba, y ella y yo ganamos un concurso de tangos. Ella bailaba con mucho sentimiento el tango. Un jurado le dijo: «Chica, hablas con los pies». Y ella

vino a mí a que la besara en los labios, porque habíamos ganado el concurso de tangos y porque para ella, el bailar bien el tango, era lo primero y más importante en la vida después de tener un hijo.

Nicolás pareció despertar de un sueño.

—¿Es que no tienes hijos? —preguntó.

El tabernero arrugó la frente.

—He dicho que no. Iba a tener uno cuando ella murió. Para esos asuntos iba a casa de su madre. Yo aún no lo sabía.

Yo bebí otro vaso antes de hablar. Tenía tan presente a mi hijo muerto, que se me hacía que el mundo no había rodado desde entonces. Apenas advertí la ronquera de mi voz, cuando dije:

—Mi hijo murió aquella noche y la Chelo se marchó de mi lado sin despedirse. Yo no sé qué temería la condenada, puesto que el chico ya no podría ser boxeador. Pero se fue y no he sabido de ella desde entonces.

El acordeón de Nicolás llenaba la estancia de acentos modulados como caricias. Tal vez por ello, el tabernero, Nicolás y un servidor, nos remontábamos en el aire, con sus notas, añorando las caricias que perdimos. Sí, quizá fuera por ello, por el acordeón; tal vez, por la fuerza evocadora de una noche como ésta. El tabernero tenía ahora los codos incrustados en las rodillas y la mirada perdida bajo la mesa de enfrente.

Nicolás dejó de tocar. Dijo:

—Tengo la boca seca.

Y bebió dos nuevos vasos de vino. Luego apoyó el acordeón en el borde de la mesa para que su cuello descansara de la tirantez del instrumento. Le miré de refilón[29] y vi que tenía un salpullido en la parte posterior del pescuezo. Pregunté:

—¿No duele eso?

Pero Nicolás no me hizo caso. Nicolás obedecía los mandatos imperativos. Ni me miró esta vez siquiera. Dijo:

—Mi cochina suerte llegó hasta eso. Una zarrapastrosa[30] me abrasó la cara y no saqué ni cinco por ello. Los vecinos me dijeron que tenía derecho a una indemnización, pero yo no tenía cuartos para llevar el asunto por la tremenda.[31] Me quedé sin media cara y ¡santas pascuas![32]

Yo volví a acordarme de mi hijo muerto y de la Chelo y pedí a Nicolás que interpretase «Al corro, claró». Después bebí un trago para entonarme y dije:

—En el reposo de estos meses he reflexionado y ya sé por qué la Chelo se fue de mi lado. Ella tenía miedo de la factura del médico y me dejó plantado como una guarra.[33] La Chelo no me quería a mí. Me aguantó por el chico; si no, se hubiera marchado antes. Y por eso me dejó colgado[34] con la cuenta del médico y el dolor de mi hijo muerto. Luego, todo lo demás. Para tapar un agujero tuve que abrir otro agujero, y me atraparon. Esa fue mi equivocación: robar en vez de trabajar. Por eso no volveré a hacerlo . . .

Me apretaba el dolor en el hombro izquierdo y sentía un raro desahogo hablando. Por ello, bebí un vaso y agregué:

—Además . . .

El tabernero me dirigió sus ojos turbios y cansados, como los de un buey:

—¿Es que hay más? —dijo.

—Hay —dije yo—. En la cárcel me hizo sufrir mucho el reuma y para curarlo me quitaron los dientes y me quitaron las muelas y me quitaron las anginas; pero el reuma seguía. Y cuando ya no quedaba nada por quitarme me dijeron: «El 313[35] tome salicilato».

—¡Ah! —dijo Nicolás.

Yo agregué:

—El 313 era yo anteayer.

Y después nos quedamos todos callados. De la calle ascendía un alegre repiqueteo de panderetas y yo pensé en mi hijo muerto, pero no dije nada. Luego vibraron al unísono las campanas de muchas torres y yo pensé: «¡Caramba, es Nochebuena; hay que alegrarse!». Y bebí un vaso.

Nicolás se había derrumbado de bruces sobre la mesa y se quedó dormido. Su respiración era irregular, salpicada de fallos y silbidos;[36] peor que la del acordeón.

Ana María Matute (1926—   )

Una de las características más acusadas de esta escritora es su manera personal subjetiva de ver y describir la realidad. Frente al realismo al modo tradicional de la mayoría de los novelistas españoles, ella ofrece una visión original e individual que la distingue de ellos. Su fantasía creadora se mueve no en el mundo de los objetos y de los seres reales, sino en la dinámica visión de su propia vida. La autora logra que su mundo propio y el de la realidad exterior, aunque simultáneos y a veces ensamblados, conserven siempre su individualidad e independencia. Al mismo tiempo Matute, aunque no pretenda hacer novelas de tesis, se acerca a los problemas sociales y políticos con vigor y emoción. Su estilo muestra una clara tendencia hacia lo enfático y apasionado. Su lenguaje vigoroso llega a veces al tremendismo verbal. Ha recibido varios galardones literarios por sus libros. Sus más conocidos son *Los Abel*, (1947); *Fiesta al Noroeste* que obtiene el Premio «Café Gijón» (1952); *Pequeño teatro* (1954), que le trae el Premio Planeta. En 1958 publica una novela que no satisface a la crítica, *Los hijos muertos*, aunque con ella

logra el Premio Nacional de Literatura. Finalmente, publica una trilogía cuyo primer volumen, *Primera memoria* (1960), se ve coronado con el Premio Nadal. Los dos tomos que completan la trilogía son *El río* (1963) y *Los soldados lloran de noche* (1964). Ha publicado también libros de cuentos.

Ana María Matute, y otras cuatro o cinco mujeres novelistas, forman un grupo de escritoras, que, con estilo muy personal y una visión independiente de la vida, ofrecen un marcado y valioso contraste con el resto de los novelistas españoles.

---

[27] **pamplinas . . . embrollar** trifles and ill-will to entangle.   [28] **caracoles** ha! bah!   [29] **refilón** askance; **salpullido** skin rash.   [30] **zarrapastrosa** slovenly one.   [31] **por la tremenda** against wind and tide.   [32] **santas pascuas** and that was it.   [33] **como una guarra** behaving like a pig.   [34] **colgado** stuck.   [35] **el 313** the inmate number 313; **salicilato** soda bicarbonate.   [36] **fallos y silbidos** stops and wheezings.

PECADO DE OMISIÓN

A los trece años se le murió la madre, que era lo
último que le quedaba. Al quedar huérfano, ya hacía lo
menos tres años que no acudía a la escuela, pues tenía
que buscarse el jornal de un lado para otro. Su único
pariente era un primo de su padre, llamado Emeterio
Ruiz Heredia. Emeterio era el alcalde y tenía una casa
de dos pisos asomada[1] a la plaza del pueblo, redonda y
rojiza bajo el sol de agosto. Emeterio tenía doscientas
cabezas de ganado paciendo por las laderas de Sagrado,
y una hija moza, bordeando los veinte, morena,
robusta, riente y algo necia. Su mujer, flaca y dura
como un chopo,[2] no era de buena lengua[3] y sabía
mandar. Emeterio Ruiz no se llevaba bien con aquel
primo lejano, y a su viuda, por cumplir, la ayudó
buscándole jornales extraordinarios. Luego, al chico,
aunque lo recogió una vez huérfano, sin herencia ni
oficio, no le miró a derechas.[4] Y como él, los de su
casa.

La primera noche que Lope durmió en casa de
Emeterio, lo hizo debajo del granero. Se le dio cena y
un vaso de vino. Al otro día, mientras Emeterio se
metía la camisa dentro del pantalón, apenas apuntando
el sol en el canto de los gallos, le llamó por el hueco de
la escalera, espantando a las gallinas que dormían entre
los huesos:

—¡Lope!

Lope bajó descalzo, con los ojos pegados de legañas.[5]
Estaba poco crecido para sus trece años y tenía la
cabeza grande, rapada.

—Te vas de pastor a Sagrado.

Lope buscó las botas y se las calzó. En la cocina,
Francisca, la hija, había calentado patatas con pimentón.
Lope las engulló deprisa, con la cuchara de aluminio
goteando a cada bocado.

—Tú ya conoces el oficio. Creo que anduviste una
primavera por las lomas de Santa Áurea, con las cabras
del Aurelio Bernal.

—Sí, señor.

—No irás solo. Por allí anda Roque el Mediano.
Iréis juntos.

—Sí, señor.

Francisca le metió una hogaza en el zurrón, un
cuartillo de aluminio, sebo de cabra y cecina.[6]

—Andando —dijo Emeterio Ruiz Heredia.

Lope le miró. Lope tenía los ojos negros y redondos,
brillantes.

—¿Qué miras? ¡Arreando!

Lope salió, zurrón al hombro. Antes, recogió el
cayado, grueso y brillante por el uso, que aguardaba,
como un perro, apoyado en la pared.

Cuando iba ya trepando por la loma de Sagrado, lo
vio don Lorenzo, el maestro. A la tarde, en la taberna,
don Lorenzo lió un cigarrillo junto a Emeterio, que
fue a echarse una copa de anís.[7]

—He visto al Lope —dijo—. Subía para Sagrado.
Lástima de chico.

—Sí —dijo Emeterio, limpiándose los labios con el
dorso de la mano—. Va de pastor. Ya sabe: hay que
ganarse el currusco.[8] La vida está mala. El «esgraciao»[9]
del Pericote no le dejó ni una tapia en que apoyarse y
reventar.

—Lo malo —dijo don Lorenzo, rascándose la oreja
con su uña larga y amarillenta— es que el chico vale. Si
tuviera medios podría sacarse partido de él.[10] Es listo.
Muy listo. En la escuela . . .

Emeterio le cortó:

—¡Bueno, bueno! Yo no digo que no. Pero hay que
ganarse el currusco. La vida está peor cada día que pasa.

Pidió otra de anís. El maestro dijo que sí con la
cabeza.

Lope llegó a Sagrado, y voceando encontró a Roque
el Mediano. Roque era algo retrasado y hacía unos
quince años que pastoreaba para Emeterio. Tendría
cerca de cincuenta años y no hablaba casi nunca. Durmieron en el mismo chozo de barro, bajo los robles,
aprovechando el abrazo de las raíces. En el chozo sólo
cabían echados, y tenían que entrar a gatas, medio
arrastrándose.[11] Pero se estaba fresco en el verano y
bastante abrigado en el invierno.

El verano pasó. Luego, el otoño y el invierno. Los
pastores no bajaban al pueblo, excepto el día de la
fiesta.[12] Cada quince días un zagal les subía la «collera»:
pan, cecina, sebo, ajos. A veces, una bota de vino. Las
cumbres de Sagrado eran hermosas, de un azul profundo, terrible, ciego. El sol, alto y redondo como una
pupila impertérrita, reinaba allí. En la neblina del
amanecer, cuando aún no se oía el zumbar de las moscas
ni crujido alguno, Lope solía despertarse, con la

techumbre de barro encima de los ojos. Se quedaba quieto un rato, sintiendo en el costado el cuerpo de Roque el Mediano, como un bulto alentante.[13] Luego, arrastrándose, salía para el cerradero.[14] En el cielo, cruzados como estrellas fugitivas, los gritos se perdían, inútiles y grandes. Quién sabía hacia qué parte caerían. Como las piedras. Como los años. Un año, dos, cinco.

Cinco años más tarde, una vez Emeterio le mandó llamar por el zagal.[15] Hizo reconocer a Lope por el médico, y vio que estaba sano y fuerte, crecido como un árbol.

—¡Vaya roble! —dijo el médico, que era nuevo. Lope enrojeció y no supo qué contestar.

Francisca se había casado y tenía tres hijos pequeños, que jugaban en el portal de la plaza. Un perro se le acercó, con la lengua colgando. Tal vez le recordaba. Entonces vio a Manuel Enríquez, el compañero de la escuela que siempre le iba a la zaga.[16] Manuel vestía un traje gris y llevaba corbata. Pasó a su lado y les saludó con la mano.

Francisca comentó:

—Buena carrera, ése. Su padre lo mandó estudiar y ya va para abogado.

Al llegar a la fuente volvió a encontrarlo. De pronto, quiso llamarle. Pero se le quedó el grito detenido, como una bola, en la garganta.

—¡Eh! —dijo solamente. O algo parecido.

Manuel se volvió a mirarle, y le conoció. Parecía mentira: le conoció. Sonreía.

—¡Lope! ¡Hombre, Lope . . .!

¿Quién podía entender lo que decía? ¡Qué acento tan extraño tienen los hombres, qué raras palabras salen por los oscuros agujeros de sus bocas! Una sangre espesa iba llenándole las venas mientras oía a Manuel Enríquez.

Manuel abrió una cajita plana, de color de plata, con los cigarrillos más blancos, más perfectos que vio en su vida. Manuel se la tendió, sonriendo.

Lope avanzó su mano. Entonces se dio cuenta de que era áspera, gruesa. Como un trozo de cecina. Los dedos no tenían flexibilidad, no hacían el juego. Qué rara mano la de aquél otro: una mano fina, con dedos como gusanos grandes, ágiles, blancos, flexibles. Qué mano aquélla, de color de cera, con las uñas brillantes, pulidas. Qué mano extraña: ni las mujeres las tenían

igual. La mano de Lope rebuscó, torpe. Al fin, cogió el cigarrillo, blanco y frágil, extraño, en sus dedos amazacotados:[17] inútil, absurdo, en sus dedos. La sangre de Lope se le detuvo entre las cejas. Tenía una bola de sangre agolpada, quieta, fermentando entre las cejas. Aplastó el cigarrillo con los dedos y se dio media vuelta. No podía detenerse, ni ante la sorpresa de Manuelito, que seguía llamándole:

—¡Lope! ¡Lope!

Emeterio estaba sentado en el porche, en mangas de camisa, mirando a sus nietos. Sonreía viendo a su nieto mayor, y descansando de la labor, con la bota de vino al alcance de la mano. Lope fue directo a Emeterio y vio sus ojos interrogantes y grises.

—Anda, muchacho, vuelve a Sagrado, que ya es hora . . .

En la plaza había una piedra cuadrada, rojiza. Una de esas piedras grandes como melones que los muchachos transportan desde alguna pared derruida. Lentamente, Lope la cogió entre sus manos. Emeterio le miraba, reposado, con una leve curiosidad. Tenía la mano derecha metida entre la faja y el estómago. Ni siquiera le dio tiempo de sacarla: el golpe sordo, el salpicar de su propia sangre en el pecho, la muerte y la sorpresa, como dos hermanas, subieron hasta él, así, sin más.

---

[1] **asomada a** facing.   [2] **chopo** poplar tree.
[3] **buena lengua** kind talk.   [4] **no . . . derechas** did not like him.   [5] **pegados de legañas** glued with sleep.
[6] **hogaza . . . cecina** large loaf of bread in his bag, an aluminum pint container, goat's fat and dried beef.   [7] **echarse . . . anís** to have a glass of anisette.   [8] **currusco** bread.
[9] **esgraciao** wretched one.   [10] **si . . . él** if he only had some money he could be of much use.   [11] **durmieron . . . arrastrándose** they slept in the same dried mud hut made using the roots of the oak-trees. They could only fit in the hut by lying on the floor and they had to enter on all-fours, half-crawling.   [12] **fiesta** town's patron saint day.   [13] **bulto alentante** something breathing.   [14] **cerradero** corral.
[15] **le mandó . . . zagal** had him summoned through the head shepherd.   [16] **le iba a la zaga** was behind him.   [17] **amazacotados** heavy and clumsy.

Cuando se lo llevaron esposado, Lope lloraba. Y cuando las mujeres, aullando como lobas, le querían pegar e iban tras él, con los mantos alzados sobre las cabezas, en señal de duelo, de indignación: «Dios mío, él, que le había recogido. Dios mío, él, que le hizo hombre. Dios mío, se habría muerto de hambre si él no le recoge...», Lope sólo lloraba y decía:

—Sí, sí, sí...

Rafael Sánchez Ferlosio (1927—   )

Sánchez Ferlosio ha escrito poco. Hasta ahora no ha publicado más que dos novelas y algunas narraciones breves o cuentos en revistas. Sus dos novelas son *Alfanhui* (1951) y *El jarama* (1956). La primera es una mezcla de realidad y fantasía; la historia de un niño cuya existencia oscila entre lo que ve y toca y lo que imagina.

La segunda, con la que obtuvo el premio Nadal, es una novela sin aventuras y sin héroes. Libro de gran valor literario y técnico, de lenguaje hermoso en su simplicidad y sencillez, no gusta al lector ordinario que se acerca a la ficción buscando la peripecia y la intriga trepidante. Sin embargo, además de su valor estilístico, posee una dimensión social que le hace ser documento de gran valor para conocer a cierta parte de la sociedad española.

En sus narraciones breves, como en sus novelas, ofrece Sánchez Ferlosio una combinación poco frecuente de sentimiento y sobriedad, contenidos bajo una cubierta de frialdad. El cuento «Y el corazón caliente» presenta esa característica, la impenetrable coraza de un hombre duro, que al fin se quiebra para dar lugar a las lágrimas. El estilo puede presentar algunas dificultades al lector no familiarizado con este lenguaje popular y familiar lleno de elipsis, anacolutos y elementos expletivos. El autor demuestra no sólo conocer y dominar los resortes del lenguaje, sino, sobre todo una íntima asimilación de los procesos peculiares del habla popular.

Y EL CORAZÓN CALIENTE

Estos días de atrás, cuando hizo tantísimo frío, no se veían más que cosechas y cosechas destruidas del hielo, por toda la carretera litoral de Barcelona hasta Tortosa. Murieron inclusive muchos árboles frutales, y naranjos, y olivos. Hasta viejos olivos, ya árboles grandes, padres, se llegaron a helar, como los débiles geranios. La cosecha de flores, arrasada. Se lamentaban por sus flores los campesinos del Panadés, de la Plana de Reus, del campo de Tarragona.

Sobrevivían los pinos marítimos bajo el cielo de acero, contra vientos glaciales que entraban de la mar a mediodía: los arbustos bravíos,[1] agitando sus melenas verdioscuras entre los blancos peñascales, hacia las faldas del Montsant.

Y que las flores, allá penas, ya podía fastidiarse la cosecha de flores[2] —discutía en un bar de carretera entre Vendrell y Tarragona un camionero[3] de Aragón. Empellones[4] de viento oprimían la puerta de cristales y hacían crujir las maderas y vibrar los cuadrados cristalitos de colores, por toda la fachada del local. Qué gracia,[5] ¿es que no eran también una riqueza?, ¿es que acaso no daban dinero por las flores?, que a ver si[6] con el frío tenía perdido el sentido común. Un tercero salió con que[7] no sería extraño, con que si aquellos fríos exagerados, tan fuera de la ley, traían a la gente trastornada con las reacciones más impropias; que a él, sin ir más lejos, le daba por la risa, por echarse a reír a carcajadas, ya tan disparatado como era tantísimo frío.[8] Por las rendijas se metían los cuchillos de aire, al calor del ambiente empañado[9] de alientos humanos y de vapor de cafetera, entre tufos de anhídrido carbónico y aromas de tabaco y de café. Ardía la salamandra de antracita;[10] su largo tubo negro atravesaba el cielo del local, por encima de todas las cabezas, y salía a la calle por un agujero circular, recortado como una gatera[11] en uno de aquellos más altos cristalitos de colores. El barman meneaba la cabeza: pues no era cosa de reírse, no, que las flores valían mucho dinero. De nuevo, el de Aragón,[12] que por las flores era una pajarada[13] andar llorando, cuando tantas legumbres y hortalizas, de las que se sustentan las personas, se habían echado igualmente a perder; flores, para los muertos; no quiero flores —dijo—, primero son los vivos. Se volvía, al decirlo, hacia las mesas, y agitaba en el aire la cucharilla del café. Detrás jugaban a las cartas. El barman no podía estar conforme: y que las flores podían ser un lujo para aquel que las compra; pero que no lo eran para quien las produce y las vende, habiendo puesto en ellas su dinero, su inteligencia y su trabajo. Y el maño,[14] que ya en ese plan[15] más valía dejar de discutir; que si quería entender las cosas de esa forma, sobre esa base lo mismo podía valorar esta jarra —la levantó del mármol, mostrándola en su mano—, no ya por el servicio que le hacía, sino por lo que a cualquier caprichoso antojase[16] ofrecerle por ella, que caprichosos siempre hay. A lo que el barman replicó que si las flores eran un capricho, se trataba de un capricho bastante común, y que, si se iba a ver, la mitad de la vida son caprichos, y en ellos se gastan los hombres gran parte del dinero, y que a ver si es que él no fumaba y no iba al cine alguna vez. En esto, el de Aragón ya le estaba diciendo que no con la cabeza desde antes de saber lo que el barman le decía, y replicó que[17] al cine, por llevar a sus hijas los domingos, pero que a él le aburría más que una misa; y respecto al fumar, el tabaco no era un capricho, sino una necesidad más necesaria que otras muchas. Entonces el que le entraba[18] la risa por el frío los mira a la cara a los dos: «A ver quien es más cabezota» —les dice riendo. El barman se encoge de hombros, y ya dejaron la disputa.

El camionero se tomó una copita de ginebra, detrás del café; después enciende media faria[19] y dice que se marcha, que se le helaba el radiador.[20] Al cruzar el umbral sintió de golpe todo el frío, y se vuelve a los otros, se sonríe: que si también sería a lo mejor algún capricho[21] viajar en un diita[22] como aquél. Le vieron, por los cristales empañados, cruzar la carretera; parecía un perrito, con aquel cuerpo que tenía, embutido en el cuero; lo vieron encaramarse a la cabina del enorme camión encarnado. Llevaba una carga de hierro, de estas formas corrientes que se emplean para la construcción.

Conque no habrían pasado[23] un par de horas, poco más de las cuatro serían, cuando vienen dos hombres a caballo por el kilómetro cuarenta entre Reus y Tortosa, y en esto, al asomar de una revuelta,[24] ven abajo el camión, con las ruedas al aire, salido del asfalto y recostado sobre el lado izquierdo. Pican a los caballos y llegan a él, y se apean, y allí no ven a nadie, ni señales de sangre en la cabina ni nada. La caja del camión estaba así apoyada contra un árbol, que eso fue, desde luego lo que lo perdonó[25] de despeñarse hasta la playa; y toda la carga volcada hacia el barranco, cada hierro por su lado, esparcidos por entre las peñas de la abrupta ladera.

Así es que al no ver a nadie en el sitio, echan una mirada en derredor, cuando de pronto, ahí mismo, al otro lado de la carretera: el hombrecín. Allí junto se había agazapado, en una especie de cobijo, como una garita de tierra, que hacía de terraplén,[26] y quieto allí, sin decir nada, las manos así puestas sobre un cacho de fuego que se había organizado con cuatro palitroques y un puñado de pasto y hojas secas. Conque acuden a él y le hablan, esas preguntas que se hacen, sobre qué había pasado, si estaba herido a lo mejor,[27] si notaba

[1] **arbustos bravíos** wild shrubs; **verdioscuras** dark green; **peñascales** rocky hills. [2] **allá . . . flores** who cares, to the devil the crop of flowers. [3] **camionero** truck driver. [4] **empellones** heavy blows. [5] **Qué gracia** that's funny. [6] **que a ver si** is he going to. [7] **salió con que** said that. [8] **que él . . . frío** he then and there had to laugh, to guffaw, so absurd was so much cold. [9] **empañado** blurred. [10] **salamandra de antracita** burning coal heater. [11] **gatera** cat's hole. [12] [*decía*]. [13] **era una pajarada** it was ridiculous. [14] **maño** nickname of the people of Aragón. [15] **que ya en ese plan** if you put things that way. [16] **antojase** *se le antojase* could fancy. [17] [*iba*]. [18] **el que le entraba** *aquel a quien le entraba*. [19] **media faria** half cigar. [20] [*de su camión*]. [21] **que si . . . capricho** don't you think it is kind of a silly idea. [22] **diita** what a horrible day. [23] **Conque . . . pasado** and then barely had passed. [24] **al . . . revuelta** just coming out of a sharp turn. [25] **lo perdonó** saved it. [26] **allí . . . terraplén** right there he had crouched, in some sort of a shelter, like a sentry-box, that served as an embankment. [27] **a lo mejor** perhaps.

alguna cosa.[28] Y él no los mira siquiera, ni levanta los ojos de la lumbre; no hizo más que mover levemente la cabeza en sentido negativo. Le insistieron a ver qué le pasaba —ya un poco molestos, ellos—, si precisa de algo, si tienen que avisar a alguna parte, una ayuda, cualquier cosa que sea; y lo mismo, sigue el tío[29] sin mirarlos a la cara. Nada más una mano levantó, con fastidio, señalando a las bestias,[30] y ya por fin les suelta una arrogancia: pues sí, que enganchasen[31] las bestias al camión, y ellos empujando por detrás; nunca se sabe, a lo mejor entre los cuatro eran capaces de sacarlo. Ellos, oiga, esto no, no nos ha de hablar mal, y que tendría[32] sin duda sus razones para estar contrariado, pero ellos no hacían sino cumplir con el deber de socorrerlo, y tampoco tenían ningún derecho[33] a recibir malas palabras. El otro, nada, echando palitos en el fuego, sin mirarlos; que agradecido[34] —les dijo—, pero que a ver ya qué cuernos[35] de ayuda le iban a servir, cuando ya estaba hecho el deterioro,[36] y sucedido cuanto tenía que suceder; que prosiguiesen su camino, y a la paz. Lo miran de mala manera, ya ellos con el pie en el estribo y cogiéndose a las sillas, y le dice el más joven —hijo del otro, a lo mejor—, le dice, montando, que en fin, que ahí lo dejan; que por verlo en el trance[37] en que se halla, no quieren tomárselo en cuenta,[38] pero que a otro a estas alturas[39] ya le habrían fracturado los huesos que el camión había tenido el mal gusto de no quererle fracturar. Y con esto[40] ya pican los dos a sus caballerías y se largan sin más contemplaciones.[41]

De forma que siguieron los dos hombres carretera adelante, y más allá se toparon con otro camión que venía para ellos, y le hacen señas de que pare. Acercó uno la bestia al camión, mientras el chófer ya bajaba el cristal de la cabina: «¿qué vols?».[42] Venía un ayudante con él. Y a todo esto[43] los fríos aquellos apretando, que iban a más a cada instante. Enteramente blancos salían los vapores que soltaba el tapón del radiador y los resuellos que brotaban de las narices del caballo. Pues ya el hombre les cuenta lo que hay, que ha volcado un camión allí atrás, no habrá[44] un kilómetro, más tal y tal detalle, la forma en que el sujeto se había puesto, que no valía la pena desde luego molestarse por tipos así, pero que se iba a congelar con aquel frío tan asesino. Y el chófer, que cómo es el hombre. Pues

pequeñín, ya tendría cumplidos los cuarenta, con cara de garbanzo, un tipo atravesado, hepático,[45] una guerrera de esas de cuero, y que le estaba la guerrera un poco grande; y el camión, colorado. Se miraron los otros —se ve que ya le conocían—, y asentían sonriendo, el identificarlo por las señas que les daba de él el del caballo; y que si seguro que no estaba herido. Que no, que ni un rasguño.

Ya por fin continúan los del camión, y acto seguido se presentan en el lugar del accidente, y en esto hay ya también un Citroen[46] allí parado, del cual Citroen ya se había apeado un señor a la vera[47] del maño, y el maño sin moverse, ni pío;[48] en la misma postura seguía, encogido, ni mira a los que llegan —siquiera hubiese[49] levantado la cara de la lumbre un instante: ni eso, no miró. Se apean los del camión, se acercan igualmente, y que vaya por Dios,[50] pues cómo habrá volcado de esa forma —todo esto con buenas palabras—; y mudo, no contesta; encogerse de hombros, lo único, apartar la cabeza hacia un lado, como aquel que no quiere saber nada de nada. «No, si no les contesta[51] —advierte el del turismo[52]—. No sé lo que le pasa; debe de estar acobardado.» Miraron ellos para el hombre, y hacia el Citroen detrás de él; también venía una mujer con un gorro de lana amarillo, tras el cristal del parabrís.[53] Ya uno de ellos le dice al marido, o el parentesco que tuviera,[54] le pregunta: «¿No trae usted una botella, un licor para el viaje, alguna cosa de bebida?» Asintió el del turismo, «whisky», le dice, y se acerca a por él. Y en lo que va el hombre al coche y regresa, se le ocurre al ayudante del camión tocarle al maño en el hombro con la mano,[55] que no tenía que angustiarse, que salvando el pellejo, lo demás . . . , y el maño se revuelve, evitando la mano; un resorte muy brusco le hizo, como el que se la habría mordido, capaz, si no la quita a tiempo; y se dispara en qué querían con él,[56] ¿habían volcado ellos? No. Pues cada cual por su camino, entonces. Que ni siquiera tenían que haberse parado, ¿qué venían a apiadarse[57] de nadie?, como si él no lo supiera lo que tenía que purgar. ¿No tenían sus vehículos en regla?,[58] ¡pues hala!; que se agachasen sobre otro para curiosear.

Luego ya, se ha acercado también la señora con el hombre del whisky; se inclinó ella hacia el maño y le ofrece un paquete de galletas cuadradas, de estas que vienen envueltas en papel celofán.[59] La mira, y que cómo quería[60] que él comiese galletas ahora, que cómo comprendía[61] que un hombre se pusiese a comer una galleta en una situación como la suya; si no[62] lo veía ella misma que no podía ser, que aquello era una equivocación. Y el marido, por lo menos el whisky le pide que se tome, ¿qué le cuesta tomarse un traguito? De beber, pues tampoco, tampoco podía beber; que no se molestasen, ¿les parecía corriente ponerse él ahora a beber o a comer galletitas? «Mire que estamos a nueve bajo cero» —le decía el del turismo. Ni eso, no quiso beber. «Déjelo, éste está un poco mal de la cabeza y se cree que nos vamos a tirar aquí horas enteras los demás, contemplándolo a él,[63] hasta que quiera decidirse a ser una persona razonable.» Y a todo esto no tenía ya más palitroques y hojas secas al alcance de la mano, y nada más había un rescoldillo de brasa[64] debajo de él: le subía una hebra de humo[65] azulado hacia los ojos y se los hacía llorar. Claro que sí, que se marchasen—dijo, que no tenían necesidad de padecer el frío ni de purgar ninguna cosa allí con él; que lo dejasen, que él ya lo pasaría[66] tal como a él solo le pertenecía tenerlo que pasar. Y la señora,[67] que cómo pretendía que se fuesen tranquilos; que no se podían marchar en modo alguno con aquel cargo de conciencia.[68] «Venga, maño, levanta ya de ahí, métete en la cabina ahora mismo, o lo hacemos nosotros a la fuerza; estás entreteniendo a estos señores, estás dando la lata, te comportas como una criatura de tres años, ya sabes además que no podemos parar mucho tiempo, que los depósitos se hielan.» Estaba tiritando debajo de sus ropas, y levanta los ojos y mira a la señora y ya saca una voz disminuida,[69] por favor, que siguieran su viaje, que comprendiesen que él no podía cogerle las galletas ni el whisky de su esposo, pero que igual lo agradecía; que por él no tuviesen cuidado, que helarse no se helaba; que se hielan las plantas y las flores y los árboles, todo bicho viviente, pero que el hombre no se hiela, porque si no a ver[70] quien queda para sufrir el castigo del frío, y para alguien tendría que estar hecho ese castigo, que se fuesen tranquilos, que no le vendría esa suerte de quedarse congelado como una coliflor, porque para eso tenía la sangre caliente, no fría como los vegetales, para poder darse cuenta de las cosas y padecerlas y purgarlas y encima vivir todavía; que allí

había volcado y ya nadie podía levantarlo de pasar su castigo, aunque hubiese personas amables y buenos compañeros; y después les dio el nombre de su pueblo, en la provincia de Teruel, y las señas de su casa, que allí tenían la de ellos, si pasaban un día. Ya la señora, ante aquello, se volvió hacia los otros con una mirada de inquietud, y luego miró al maño nuevamente, encogido en el suelo, tiritando, sobre la mancha negra de su lumbre apagada. «No padezcan[71] ustedes de marcharse, señora; sin reparo ninguno» —la tranquilizó el ayudante—; «descuiden que nosotros aquí no lo

[28] **si . . . cosa** if he felt something wrong. [29] **el tío** the guy. [30] **señalando a las bestias** pointing at the horses. [31] **enganchasen** harness. [32] **esto no . . . tendría** this is too much, you can't talk to us like this, because you may have. [33] **derecho** duty (they were not compelled by duty). [34] **que agradecido** that he was thankful. [35] **qué cuernos** what the hell kind of help. [36] **deterioro** damage. [37] **trance** difficult situation. [38] **no quieren . . . cuenta** don't mind. [39] **a estas alturas** by this time [after so much insulting]. [40] **con esto** with these comments. [41] **sin . . . contemplaciones** without more ado. [42] **«¿qué vols?»** what do you want? (Catalan). [43] **Y . . . esto** And meantime. [44] **no habra** less than. [45] **un tipo . . . hepático** kind of a troublesome man, ill-disposed. [46] **Citroen** French-make car. [47] **a la vera** near. [48] **ni pío** not a bit. [49] **siquiera hubiese** at least he could have. [50] **y que . . . Dios** sorry what happened. [51] **si no les contesta** he is not going to answer you. [52] **turismo** car. [53] **parabrís** windshield. [54] **o el . . . tuviera** or whatever his relationship [with the woman in the car]. [55] [*diciéndole*]. [56] **un resorte . . . con él** he made a rude gesture, and he could bite his hand, but luckily the other one removed his hand on time; and starts exploding about why they have to bother him. [57] **apiadarse** feel sorry; **purgar** to atone. [58] **vehículos en regla** their trucks in good shape; **pues hala** then go. [59] **papel celofán** plastic film cover. [60] [*ella, la señora*]. [61] **que cómo comprendía** how could she imagine. [62] **si no** couldn't she. [63] **contemplándolo a él** pampering him. [64] **rescoldillo de brasa** little bit of hot ashes. [65] **hebra de humo** thread of smoke. [66] **lo pasaría** he will take things. [67] [*dijo*]. [68] **cargo de conciencia** sense of guilt. [69] [*y dijo que*]. [70] **porque . . . ver** otherwise you tell me. [71] **no padezcan** don't feel bad about.

dejamos ». No paraba aquel aire glacial que congelaba el vaho de los cristales, formando sobre ellos dibujos de escarcha; y el maño miraba a los otros, desde abajo, con unos ojos muy abiertos, que iban de una cara a otra, atentamente, como queriéndoles seguir cada palabra y cada gesto.

Y ya se van a ir los del Citroen, y los del camión todavía diciéndole al maño que atendiese a razones, que por qué no ponía un poquito de su parte, también, para no echarse al surco[72] de aquella manera; al fin y al cabo era un percance que todos ellos estaban expuestos a tenerlo el día menos pensado, sin que fuera tampoco de mayor gravedad, ni para acobardarse hasta tal punto y quedarse aculado en aquella zorrera;[73] y que si tenía pensamiento de continuar así en ese plan, que entonces no se incomodase si lo cogían ellos por un brazo cada uno y lo sacaban de allí a viva fuerza. Él, que no le contasen lo que era aquel percance,[74] que ya él lo veía por sí mismo clarísimamente, que no era tampoco una berza[75] para pasarlo sin sentir, ni quedarse congelado lo mismo que las berzas cuando el hielo las hiela, lo mismo que el camión, ahí patas arriba, que ya ni siente ni padece, ni si estaban a nueve bajo cero como si estaban a noventa, no; a él nadie tenía que explicarle lo que era aquel castigo, porque tenía la sangre funcionando y el coraje de tanta mala sombra[76] como le había sobrevenido. Llega en esto un ronquido de motos y aparece de pronto la pareja de Policía de Carreteras y se paran y acuden al maño, que ya está tiritando todo él como una hoja y haciendo diente con diente, de frío.[77] Los otros les contaron lo ocurrido a los dos policías y que se debía de haber acoquinado,[78] a lo mejor por el susto del vuelco y por la consiguiente desazón, y se negaba a moverse de allí,

por cosas raras que se imaginaba, obligaciones, vaya usted a saber. Los policías se dirigen a él, y que vamos, que se levantase, que el día no estaba para bromas ni muchísimo menos, y que se metiese en el otro camión, que a por el suyo ya mandarían una grúa, cuando fuera. El maño se revuelve, que allí la mala sombra lo había revolcado y de allí no daría un paso más, donde lo había cogido su castigo. Ya sin más, echan mano de él los policías y lo levantan a la fuerza; él queriendo zafarse, y renegando, y ellos intentando aplacarlo y someterlo, hasta que casi a rastras y a empujones lograron ya sentarlo en la cabina del camión, entre el ayudante y el chófer, donde al cabo dejó de resistirse, agachó la cabeza y se quedó taciturno, encogido y temblando, casi enfermo de frío.

Oscurecido, llegaron al bar de carretera donde había estado el maño a mediodía, y le hicieron bajarse, los otros, y entrar en el local. Los policías habían precedido al camión, y ahora uno de ellos le indica que se siente al calor, junto a la salamandra, y al barman que le ponga un café doble, con un chorrito[79] de coñac. Y mientras se lo pone, los otros en la barra comentan en voz baja lo ocurrido, y el maño ahí sentado, los brazos sobre el mármol de una mesa, y así fijo, que no se le cuajaba la mirada[80] sobre ninguna cosa. Conque ya se le acerca el mismo policía, con el café con leche, y se lo deja en la mesa, humeando, delante de él, y que se anime, hombre, que no se lo deje enfriar, le recomienda, que ya vería cómo con eso reaccionaba y entraría enseguida en calor. Él rehusó, apartó el vaso de sí con el codo, y abatió la cabeza sobre el mármol, enterrando la cara entre los brazos, y se puso a llorar seguidamente.

Madrid, febrero de 1956.

Picasso, Pablo. Español
(1881–   ). *Cuarta dimensión.*
United Press Photo.

Julián Marías (1941—   )

Marías ha sido llamado «el mejor, el más fiel y a la vez el más original discípulo de Ortega y Gasset». Escritor, conferenciante, y profesor incansable, ha enseñado en la universidad de Madrid, en Harvard, en UCLA, Yale; ha dado conferencias en muchos países de Europa y América. De entre sus muchas obras de temas filosóficos destacan: *Historia de la Filosofía* (1941), que ha tenido repetidas ediciones, *Miguel de Unamuno* (1943), *Introducción a la filosofía* (1947), *Filosofía española actual* (1949), *Ortega y la idea de la razón vital* (1949). Además, tiene varios libros de ensayos y estudios como *Los españoles* (1962), *Los Estados Unidos en escorzo* (1956). La cualidad básica que ennoblece la prosa de Marías es su sencillez y precisión. De Ortega, su maestro, tiene la universalidad de su ideología y una generosa comprensión de los problemas de una filosofía humanística. Estilísticamente, no logra la alta elegancia, un poco barroca y brillante, del modelo. En cambio, su claridad y nitidez ayudan a la exposición de las ideas. Marías representa el nuevo tipo de español intelectual y humanista, que, sin renegar del pasado —historia, religión, cultura— establece un puente con el futuro. Hombre abierto y muy culto trabaja por reconciliar todas las ideologías y sobre todo los espíritus de los españoles.

LA FIGURA DE ESPAÑA

Don Quijote, en un momento de magnífica confianza en sí mismo, dice a su vecino el labrador Pedro Alonso: «Yo sé quién soy, y sé que puedo ser no sólo los que he dicho, sino todos los doce Pares de Francia y aun todos los nueve de la fama,[1] pues a todas las hazañas que ellos todos juntos y cada uno por sí hicieron se aventajarán las mías». Pero cuando, al final de su carrera, las dudas sobre sí propio le acometen y atosigan,[2] se refiere a los santos de los retablos y dice melancólicamente: «Ellos conquistaron el cielo a fuerza de brazos, porque el cielo padece fuerza,[3] y yo hasta ahora no sé lo que conquisto a fuerza de mis trabajos».

Cada uno de nosotros, allá en el fondo de su alma, sabe quién es. Pero a veces se olvida; sobre todo cuando los espejos exteriores le devuelven imágenes deformadas y acaso contradictorias de sí mismo. Temo que éste sea el caso de los españoles. Se les dicen tantas cosas en las que no creen o creen a medias, que buscan su figura y no la encuentran; más bien tropiezan con varias contrafiguras, con las inversiones de las figuras propuestas y en las que no se reconocen. Y así muchos oscilan entre una petulancia[4] sin convicción y en hueco y un profundo y corrosivo desaliento que ni siquiera los pone en carne viva. No voy a tratar aquí de este tema, que sería plantear sencillamente el problema de España; sólo quiero pararme un momento a considerar lo que es, queramos o no y a pesar de todos, nuestra figura.

Cuando Ortega, en 1949, acabó su conferencia ante el público americano reunido en Aspen, Colorado, para escuchar su palabra, el gran estudioso alemán y europeo Ernst Robert Curtius lo señaló diciendo a sus oyentes: «Ahí tienen ustedes el Mediterráneo y un pueblo que ha mandado en el mundo».

Creo que esta observación de Curtius no debiera

[72] **echarse al surco** to give up. [73] **aculado . . . zorrera** sitting on that fox-hole. [74] **percance** accident. [75] **berza** cabbage (stupid). [76] **coraje . . . sombra** anger of so much bad luck. [77] **haciendo . . . frío** chattering with cold. [78] **se debía . . . acoquinado** no doubt he was terrified. [79] **chorrito** a little bit. [80] **se le . . . mirada** couldn't fix his eyes.

[1] **Pares de Francia** " knights chosen by the kings of France, called "Pares" because all were equal in courage, nobility, and strength" *Don Quijote*, I, CXLIX; **nueve de la fama** Josue, David, Judas Machabee, Hector, Alexander, Julius Caesar, King Arthur, Charlemagne, Godfrey of Bouillon. [2] **atosigan** harass him. [3] **padece fuerza** has to be forced. [4] **petulancia** flippancy.

Sorolla y Bastida, Joaquín.
Español (1863–1923).
*La Señora de Sorolla vestida
de negro.* The Metropolitan
Museum of Art, Wolfe Fund,
1911.

olvidarse cuando se piensa en España. Ni la debieran olvidar los extranjeros ni, sobre todo, nosotros los españoles. No quiero decir con esto nada remotamente parecido a que España mande hoy en el mundo, o haya conservado parte de su antiguo poder, o vaya a recuperarlo en el porvenir. Pero un país que ha mandado en el mundo —lo han hecho tan pocos— tiene que poseer algunas cualidades que difícilmente desaparecen y se evaporan sin huella. Un país semejante no puede ser «cualquiera», y por tanto no se lo debe poner sin más en fila[5] con otros que pueden ser «comparables» estadísticamente en población, producción, renta nacional, capacidad industrial o poder militar, pero tienen algo muy distinto detrás y quizá son recién llegados al escenario histórico, en lugar de haber tenido papeles decisivos en el drama de la historia.

Muchos norteamericanos me han hablado, por ejemplo, del tremendo impacto que produjo en sus vidas la guerra civil española, hasta qué profundos estratos los conmovió. Para muchos que entonces eran muy jóvenes, fue su «pubertad» histórica; algunos me han confesado que la sintieron con mayor intensidad y emoción que la Guerra Mundial que la sucedió inmediatamente, y en la cual los Estados Unidos estuvieron decisivamente envueltos. Esto es, a mi entender, una prueba de que España, incluso en declinación,[6] todavía «importa» y cuenta, que sigue siendo un factor considerable en el mundo como una realidad compleja y múltiple, por lo menos —y no es poco— en la configuración del alma del hombre occidental.

Por otra parte, debiera ser claro y notorio para todos que la auténtica minoría creadora española, intelectual y literaria, ha sido en este tiempo una de las más influyentes en la determinación de los rasgos esenciales de la cultura actual, a pesar del hecho evidente de que el volumen total de sus realizaciones es muy inferior al de Inglaterra, Alemania, Francia o los Estados Unidos. Baste con nombrar unas cuantas figuras que cuentan en el mundo entre los pares del siglo XX: Unamuno, Ortega, Juan Ramón Jiménez, García Lorca, Manuel de Falla, Picasso, Miró, Casals; a los cuales habría que añadir unos cuantos más, de talla igualmente alta, pero que, por el campo de su actividad o por azares históricos, han tenido menos resonancia o más restringida, menos popularidad y notoriedad pero no menos influencia profunda, más allá de nuestras fronteras: Valle-Inclán, Azorín, Baroja, Machado, Menéndez Pidal, Ramón y Cajal ... Sería simplemente imposible trazar el perfil del mundo en que vivimos sin contar con la contribución de estos hombres y —aunque menos visible— de otros todavía jóvenes que siguen en formas nuevas el mismo camino histórico y tienen una influencia creciente en los estratos más hondos, no sólo de España, sino —por lo pronto —de toda la América española, incluyendo el Brasil. Porque, aunque muchos extranjeros y no pocos españoles no se den cuenta de ello, mientras la mayoría de los escritores hispanoamericanos tienen un público limitado a sus países respectivos y son relativamente poco conocidos en los demás, los autores más ampliamente leídos —y escuchados— en el mundo hispánico han sido y son escritores y pensadores de España; naturalmente, hay que precisar cuáles.

Y no es esto sólo. España en su conjunto, como una totalidad —como un pueblo— tiene una sutil influencia sobre la evolución y las condiciones de la vida pública de todos los países de lengua española. En primer lugar, en todos ellos hay minorías muy activas, eficaces y poderosas que están compuestas de inmigrantes españoles y de sus hijos; éstos se sienten arraigados, pertenecientes, sin duda, a los países de su adopción, pero al mismo tiempo vuelven los ojos a España, buscan en ella inspiración, ideas, creencias, sentimientos, estímulos, pautas de conducta,[7] de estimación y juicio. Por otra parte, incluso los hispanoamericanos de ascendencia española remota, y hasta los de diferente origen, ya que la sociedad en que viven es de linaje español, tienen presente, y acaso más de lo que piensan, la imagen de España; si ésta está «en forma»,[8] se convierte en un modelo positivo; si decae, se frustra, fracasa o se abandona al desaliento, carecen de un estímulo particularmente enérgico; si está descarriada y desorientada, su propia perturbación e inquietud se refleja en los

---

[5] **no se . . . fila** cannot be lined up.   [6] **declinación** descent [way-down].   [7] **pautas de conducta** guide-lines for action.   [8] **en forma** in good shape.

países de Hispanoamérica. Valdría la pena emprender un estudio del influjo *involuntario* e indeliberado de España en la historia reciente de la América española; pienso que proporcionaría más de una sorpresa.

Desde un punto de vista más amplio, que no afecta sólo a los españoles y a los pueblos de nuestra estirpe histórica, sino a todo el mundo, no puedo menos de pensar que importa mucho cómo sintamos los españoles nuestra propia realidad, cuál sea nuestra figura interior y la que proyectamos sobre todos los espejos circundantes. Porque sería peligroso para todos desdeñar o desatender lo que pueda ocurrir en países que no son —o no son ya— grandes potencias. Las experiencias más recientes muestran que la mayoría de las perturbaciones que ha padecido el mundo han venido de países relativamente sin importancia. El sistema actual del escenario histórico es sumamente complejo

y delicado; cada pieza tiene su función propia; cualquier fricción puede estropear la máquina; cualquier desajuste puede resultar, a la larga, causa del fracasa de muy grandes empresas; la paralización de una ruedecilla puede ser desastrosa; incluso un poco de excesivo calor en un punto concreto puede incendiar un continente —o el mundo.

Temo que sería acaso imprudente desconocer o desdeñar lo que sucede o puede suceder en España. Y lo más importante que pasa es cómo nos sentimos ser, en qué posible figura nuestra[9] nos reconocemos y afirmamos.

[9] **en qué . . . nuestra** in which of our possible portraits.